U0939986

企业所得税
实务与税务风险管理

彭怀文◎著

中国铁道出版社有限公司
CHINA RAILWAY PUBLISHING HOUSE CO., LTD.

图书在版编目（CIP）数据

企业所得税实务与税务风险管理 / 彭怀文著 .—北京：中国铁道出版社有限公司，2020.8

ISBN 978-7-113-26825-1

Ⅰ . ①企… Ⅱ . ①彭… Ⅲ . ①企业所得税－税收管理－中国 Ⅳ . ① F812.424

中国版本图书馆 CIP 数据核字（2020）第 066847 号

书　　名： 企业所得税实务与税务风险管理
QIYE SUODESHUI SHIWU YU SHUIWU FENGXIAN GUANLI

作　　者： 彭怀文

责任编辑： 王　佩　　**读者热线：**(010)63560056

责任印制： 赵星辰　　**封面设计：** 仙境

出版发行： 中国铁道出版社有限公司（100054，北京市西城区右安门西街 8 号）

印　　刷： 三河市兴达印务有限公司

版　　次： 2020 年 8 月第 1 版　2020 年 8 月第 1 次印刷

开　　本： 787 mm×1 092 mm 1/16　**印张：** 32　**字数：** 738 千

书　　号： ISBN 978-7-113-26825-1

定　　价： 99.00 元

前言

PREFACE

为深入贯彻落实党中央、国务院关于优化营商环境和推进“放管服”改革的系列部署，进一步深化税务系统“放管服”改革，优化税收环境，国家税务总局从2017年起推出了一系列的改革措施，省级及以下各级税务机关在总局的措施基础上依法落实到位。

税务“放管服”改革后，减少或简化了企业涉税的行政审批、审核、备案、资料报送等手续，极大地方便了企业办理涉税事务。在企业得到方便之时，也对企业及其财务人员提出了更高的要求，因为企业在享受更多权利的同时，也意味着更多的义务，更多的义务意味着更多的风险。

企业所得税涉及面广，与会计核算、相关法律法规联系紧密。近年来，企业会计准则陆续修订，在“放管服”改革的背景下税法也是变动频繁，很容易给企业的税务处理带来风险。为此，笔者根据多年的企业财务管理经验，结合税法和企业会计准则、企业内部控制规范等编写了本书。本书包括以下九个部分的内容：

第一部分“税务放管服改革带给企业的便利与税务风险”，涉及“放管服”改革后税务的管理措施与企业面临的税务风险，以及应对办法等。

第二部分“企业收入的财税处理实务与税务风险管理”，主要讲述“收入”的税会差异、财税处理及税务风险管理等。

第三部分“税前扣除项目与税前扣除凭证”，涉及税前扣除原则与内容、税前扣除凭证、扣除凭证上抬头不是本企业名称的税前扣除问题、职工薪酬的财税处理及风险管理、重点与难点税前扣除项目的财税处理及税务风险管理等。

第四部分“收入类调整项目的财税处理及风险管理”，涉及视同销售、未按权责发生制原则确认收入、投资收益、不征税收入及政府补助等的财税处理及风险管理。

第五部分“资产类调整项目的财税处理”，涉及固定资产、无形资产、存货、投资性房地产等财税处理及税务风险管理。

第六部分“资产损失的财税处理及税务风险管理”，涉及资产损失税前扣除的总体性规定以及存货、固定资产、无形资产、货币资产等损失的财税处理及税务风险管理。

第七部分“特殊事项的财税处理及税务风险管理”，涉及政策性搬迁、企业筹建期间开办费、企业重组及递延纳税事项、弥补亏损、租赁等业务的财税处理及税务风险管理。

第八部分“企业所得税优惠政策事项的财税处理及税务风险管理”，涉及企业所得税优惠事项管理、分项优惠事项说明以及优惠政策叠加享受问题等。

第九部分“企业所得税的后续管理”，涉及企业所得税汇算清缴后和纳税检查后的调账处理、核定征收转为查账征收的衔接处理等问题。

为了便于读者掌握以上内容的财税处理及税务风险管理，本书在编写过程中遵循了以下原则：一是按照最新版的会计准则和最新税法规定分析了会计处理和税务处理及其差异；二是以案例的形式，讲解了经济业务的财税处理及纳税调整，并进行了企业所得税年度纳税申报表的填报；三是对案例涉及的税务风险管理提出了管理方案。

本书在编写过程中，尽可能地采用了最新的企业会计准则和税法规定（截至2020年2月底），但是有时还是赶不上变化，读者需要注意相关规定的时效性。

由于本书涉及内容较多，笔者水平有限，有些问题的处理在实务中可能还存在争议、遗漏或不妥之处，敬请广大读者批评指正（phw321@vip.qq.com）。

彭怀文

2020年3月

目录

CONTENTS

实务操作案例索引

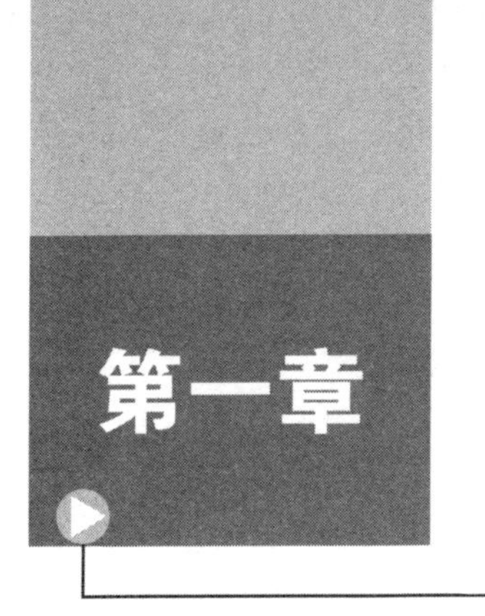

第一章 税务放管服改革带给企业的便利与税务风险

从 2017 年开始，在税务管理领域听到最多的一个词语就是：放管服改革。从上至下，各级税务管理部门相继出台了很多放管服改革的措施。在减税降费的大背景下，国家出台了很多税收优惠政策；同时结合放管服改革，降低了企业享受优惠政策的门槛，将很多前置审批改为备案制，很多备案直接以申报表代替备案，以资料报送备案改为资料“留存备查”等。

凡事有利有弊！税务管理的放管服改革带给企业的好处显而易见，新闻媒体有太多报道，笔者就不再赘述。

很多财务人员因一些新政策减少了审批或因之少“跑路”而欢呼，比如企业资产损失税前扣除不再报送相关资料。可是，企业该准备的资料能少一些吗？如果财务人员不清楚相关政策或懒惰，资产损失相关资料准备不充分甚至没有留存备查，当年申报时确实是轻轻松松地就过关了。可是，后续管理呢？这有多大的“坑”，企业管理者和财务人员是否思考过呢？

第一节　放管服改革后税务的管理措施与企业税务风险

一、何谓放管服？

放管服，是简政放权、放管结合、优化服务的简称。

“放”——政府下放行政权，减少没有法律依据和法律授权的行政权；厘清多个部门重复管理的行政权。“管”——政府部门要创新和加强监管职能，利用新技术新体制加强监管体制创新。“服”——转变政府职能减少政府对市场进行干预，将市场的事推向市场来决定，减少对市场主体过多的行政审批等行为，降低市场主体的市场运行的行政成本，促进市场主体的活力和创新能力。简政放权是民之所望、施政所向。

“放”即简政放权，降低准入门槛。“管”即公正监管，促进公平竞争。“服”即高效服务，营造便利环境。

2015 年 5 月 12 日，国务院召开全国推进简政放权放管结合职能转变工作电视电话会议。中共中央政治局常委、国务院总理李克强发表重要讲话，首次提出“当前和今后一个时期，深化行政体制改革，转变政府职能总的要求是：简政放权、放管结合、优化服务协同推进，即‘放、管、服’三管齐下”。2016 年 3 月 5 日李克强总理在《政府工作报告》中提出，持续推进简政放权、放管结合、优化服务，不断提高政府效能。

2016 年 3 月 16 日李克强总理在会见采访十二届全国人大四次会议中外记者并答问时说：“‘放管服’改革实质是政府自我革命，要削手中的权、去部门的利、割自己的肉。计利当计天下利，要相忍为国、让利于民，用政府减权、限权和监管改革，换来市场活力和社会创造力释放。以舍小利成大义、以牺牲‘小我’成就‘大我’。”

为深入贯彻落实党中央、国务院关于优化营商环境和推进“放管服”改革的部署要求，2017 年 9 月 14 日，国家税务总局发布《关于进一步深化税务系统“放管服”改革　优化税收环境的若干意见》（税总发〔2017〕101 号），集成推动税务系统“放管服”改革提质升级。税总发〔2017〕101 号文要求，进一步深化简政放权、切实创新监管方式、不断优化纳税服务、持续改进税收执法、统筹升级信息系统 5 方面提出了 30 项改革措施，持续优化税收环境，提升税收治理能力和服务水平。

2018 年 8 月 20 日，国家税务总局下发了《关于贯彻落实全国深化“放管服”改革转变政府职能电视电话会议精神　优化税收营商环境有关事项的通知》（税总函〔2018〕461 号），为深化税务系统“放管服”改革，要切实解决办税痛点堵点，不断提升纳税人获得感，持续优化税收营商环境，出台了一系列改革措施。

二、税务部门在“放”与“服”的同时还有哪些“管”的措施

“管”——政府部门要创新和加强监管职能，利用新技术新体制加强监管体制创新。因此，税务部门再怎么简政放权，都是在法律法规规定范围之内，并不是就放任不管，所以才有“放管结合”之说。

第一，法律法规赋予税务部门的法律责任。法律面前人人平等，税收方面的法律法规既约束纳税人，也约束税务部门及税务人员。因此，法律法规是税务部门“管”的最大倚仗，一旦纳税人违反了相关税务管理的法律法规，依法处理既是税务部门的权利也是其法律责任。纳税人只有依法依规的前提下，才能充分地享受到放管服改革带来的便利。

第二，高科技和大数据带来的税务管理高效便利。高效便利的征管信息系统是优化纳税服务、管理税收风险、规范税收执法的“主支撑”。国家税务总局从优化金税三期系统功能、完善增值税发票管理新系统、加快推进电子税务局建设、集成整合信息系统、加快对接国家数据共享交换平台、推动数据融合联通 6 方面部署改革措施。

比如电子底账系统，现在很多纳税人就感觉到害怕了。因为很多企业发现，税务局约谈的次数多了，以前没有发现的问题感觉最近都多了起来，今天是发票失控要求转出，明天是接受了虚开发票，要求提供资料证明清白，好不容易清静一天，发票编码开错又被发现了。电子底账是核心，新系统建立了及时、完整、准确的发票电子底账库，即开具发票信息库，纳税人开具发票的全票面信息，包括汉字和数字内容都会实时加密上传，生成电子底账库。电子底账库将作为纳税申报，发票数据查验以及税源管理，数据分析利用的依据，开票数据

还会实时跨省异地推送，实现增值税纳税人纳税申报一窗式票票比对、票表比对，可有效解决不法分子虚开发票、篡改发票汉字信息等问题，全面提高税收管理质量和效率。税务部门实时采集包括交易双方的交易商品名称、交易金额、数量、单位等内容信息，及时准确完整，为企业画出一幅经营图，包括行业、企业经济发展和物流情况等，通过新系统掌握大部分经济活动动向，强化税源管理。

第三，加强税银合作，主动发现逃税线索。2017 年 8 月 29 日，国务院办公厅发布《关于完善反洗钱、反恐怖融资、反逃税监管体制机制的意见》（国办函〔2017〕84 号），要求各部门发现异常，互相分享信息。因为之前税务掌握私人账户资金变动是非常困难的，现在变得越来越容易！税务机关可以检查从事生产经营的涉嫌纳税人的银行存款账户，包括纳税人存款账户余额和资金往来情况。

最后，税务稽查始终是税务部门管理的利器。税务稽查是税收征收管理工作的重要步骤和环节，是税务机关代表国家依法对纳税人的纳税情况进行检查监督的一种形式。税务稽查的依据是各种具有法律效力的税收法律、法规及政策规定。具体包括日常稽查、专项稽查和专案稽查。税务稽查对象一般应当通过以下 3 种方法产生：通过电子计算机选案分析系统筛选；根据稽查计划、按照征管户数的一定比例筛选或者随机抽样选择；根据公民举报、有关部门转办、上级交办、情报确定。

国家税务总局在《关于进一步深化税务系统“放管服”改革 优化税收环境的若干意见》（税总发〔2017〕101 号）明确强调：加强税务稽查“双随机、一公开”监管，进一步强化金税三期双随机工作平台的运用和管理，结合信用管理、“黑名单”合理确定随机抽查的比例和频次，及时公开随机抽查事项清单和查处结果，提高稽查随机抽查的针对性、有效性和透明度，拓展跨区域稽查范围，提升税务稽查资源的配置效率。

作为企业管理者和财务人员，一定要警钟长鸣，不要想到税务部门现在放管服改革了，很多事情不需要跑来跑去地找人审批了，税务局专管员也不三天两头来找你“麻烦”了，就可以恣意妄为，就可以降低对企业税务工作的重视度，这样会付出沉重的代价。

三、税务部门放管服改革后企业面临的税务风险

笔者在此处说的税务风险，是指企业有意愿遵从国家法律法规，只是因为对税法规定不了解，或了解不充分、疏忽等造成的多交税款，或者无意中违反了税法相关规定而被处罚等；而不包括故意违反税法规定的风险，比如故意隐瞒收入、虚列开支等行为，因为明知故犯不能算是风险。

因此，笔者认为从企业角度出发，所谓的税务风险，就是企业虽然没有偷逃税款的主观愿望，或没有故意非法避税之目的，但是不恰当的或不合理的财税处理仍然可能给企业造成损失或潜在损失，即可能造成企业多交税或者被税务部门处罚。企业的税务风险与税务部门所说的税务风险是相对的，税务部门需要防范和管理的税务风险是避免发生企业偷逃税等情况。因此，税务部门或税务处理人员口中的税务风险，与企业面临的税务风险是有区别的，本书中提及的税务风险在没有特别说明的情况下是指企业的税务风险。

在放管服改革后，国家税务总局在2017年发布了《关于为纳税人提供企业所得税税收政策风险提示服务有关问题的公告》（国家税务总局公告2017年第10号），对企业所得税汇算清缴通过网络申报时，税务机关在纳税人正式申报纳税前，依据现行税收法律法规及相关管理规定，利用税务登记信息、纳税申报信息、财务会计信息、备案资料信息、第三方涉税信息等内在规律和联系，依托现代技术手段，就税款计算的逻辑性、申报数据的合理性、税收与财务指标的关联性等，提供风险提示服务，目的是帮助纳税人提高税收遵从度，减少纳税风险。

税务部门的风险提示服务，可以提醒企业关注纳税风险。但是企业面临的税务风险，不仅仅是只是提示的这些风险，有些风险是不会提示的。比如资产损失税前扣除要求完备的证据材料，资料备案报送改为企业留存备查后，即便是企业材料不全，在网上申报一样没有任何问题，但是风险是显而易见的。因此，本书后面章节中提到的“税务风险”是从企业风险角度出发的，与系统提示的“税务风险”是不完全一致的。企业税务风险是一种可能性，通过适当而合理的管理，可以有效地降低或避免这种可能性实际发生，从而避免给企业带来不必要的损失或者麻烦。

企业所得税是所有税种中最复杂的，企业任何一笔的经济业务都会涉及企业所得税相关规定，也会涉及企业生产经营管理，同时企业的财务管理和会计处理也与企业所得税息息相关，所以企业所得税又被业界称为税种之王。企业所得税的管理，不但企业财务管理人员觉得管理和处理难度大，连税务部门也同样觉得管理难度大。

因此，在税务放管服改革后，税务部门被大力放权，不能也不准过多地干预企业，下放了很多审批、审核或备案环节，交由企业自行判断决定。企业看似获得了更多自主权，但是对企业的财务管理及企业财务人员素质要求却是大大提高。

第一，税务审批或审核环节减少，意味着企业税务处理过程中审核把关环节的减少，意味着企业税务风险的增加。税务审批，税务机关必然会给出审批意见，企业按照审批处理自然是没有问题的。如果税务审批过程中，税务机关要求企业补充相关资料或补充说明等，就是给予了企业一次改正的机会，确保经过审批后享受相关的政策而无后顾之忧。如果税务审批过程中，税务机关给出了否定意见，可能是企业对相关政策理解不到位或依据不足造成的，虽然企业不能享受相关政策带来的利益，但是可避免了企业盲目而擅自享受相关政策带来的税务风险。放管服改革后，大量的税务审批被取消，由企业自主判断是否具有享受相关政策的资格。企业财务人员是否具有自主判断的能力，以及判断结果是否正确，其后果都由企业自主承担。有税务审批，即便错误了，也有税务审批机关这个“背锅侠”。没有了税务审批，便利与风险共存，切实需要企业提高应对之法，以便在享受政策红利的同时尽量减少风险。

第二，税务备案资料报送环节的减少，意味着企业资料审核和资料保管等等工作的增加。税务备案资料，是证明企业能够享受某项政策的重要依据，因此在税务管理中非常重要。在减少税务审批的同时，也大量减少了备案资料的报送，改为“留存备查”。“留存备查”就是以前需要进行备案的资料不再报送给税务部门了，由企业自行保存，以备税务机关必要时检查。原来企业在报送的过程中，税务部门会进行审查，发现资料不全或不符合税法要求的，会要求企业补充相关资料。而改为企业留存备查后，同样也少了一个检查环节（该环节也相当于是风险提示环节）。

企业留存备查可能存在的问题：一是企业没有按照税法规定收集相关资料，二是企业没有保存好相关的资料。企业可能因为人为因素或者客观条件，造成没有按照税法规定收集齐全相关资料就直接享受了相关税收政策。人为因素包括经办人员不知道需要收集相关资料，也包括经办人员懒散而没有及时收集并存档造成相关资料遗失等。企业留存备查的涉税资料，按照税法规定需要至少保存 10 年。企业如果因各种原因没有保存好相关资料，造成相关资料遗失、毁损或者不全，都有可能造成企业的税务风险。

第三，税务专管员的取消，意味着企业办税人员被动接受培训机会的减少，意味着与税务机关直接沟通机会的减少，也意味着对企业管束的减少。以前虽然很多企业财务负责人和办税人员在某些时候会讨厌税务专管员，但是一旦税务方面有什么疑难问题等都还是习惯性地第一时间找专管员。因此，专管员有时像“保姆”，有时又像“婆婆”。现在少了专管员的经常过问，可能部分企业财务人员就会放松对税务风险的关注与把控。

第四，税收优惠政策越来越多，中国会计准则与世界会计准则越来越趋同，税务与会计的差异也就越来越多，出现税务风险的机会加大。放管服改革及国家加大减税力度以来，出台的优惠政策是越来越多。而中国会计准则近年来国际化步伐也越来越快，一方面出台了新的会计准则，另一方面又加速修订以前的会计准则，造成的结果就是税务与会计的差异越来越多。自营改增以来，无论是增值税还是企业所得税都是在不停地改革中，会计准则也是不断新增和修改，大部分财税人员需要不断地去学习新的财税知识，因精力有限，难免会百密一疏。

第二节　企业税务风险管理

企业税务风险也是企业经营过程中不可避免的一种风险，企业应合理控制税务风险，防范税务违法行为，依法履行纳税义务，避免因没有遵循税法可能遭受的法律制裁、财务损失或声誉损害。

一、税务风险及管理

（一）税务风险的概念

税务风险，是指因税务问题而产生的未来不确定性，以及对企业实现其经营目标的影响。企业风险一般可分为战略风险、财务风险、市场风险、运营风险、法律风险等。税务风险是财务风险的主要组成部分。

税务风险具有客观性、普遍性、损失性和可变性四种特性。

（二）企业税务风险管理与企业财务管理的关系

税务风险管理与公司财务管理是相互联系、相互影响的关系。

首先，科学合理的税务风险管理能降低或免除企业被税务机关处罚的风险，也能避免企业多交“冤枉税”，在可能的情况下通过纳税规划也增加企业的资金流入，因而它是实现企业财务管理基本目标的重要途径之一。

其次，在税务风险管理下的企业有效结构重组，能促进企业迅速走上规模经营之路，规模经营往往是实现利润最大化，也就是企业财务管理最终目标的有效途径。

最后，企业的财务策划是使税务风险管理得以实现的保证。任何一项税务风险管理的实践，都离不开财务策划手段的运用。通过财务策划，可以保证税务风险管理方案的落实，可以进行税务收益预测和风险成本的认定。

（三）企业税务风险管理应遵循的原则

1．遵从性与合规性

税务风险管理在企业财务管理中的应用方案设计的前提是税法与财务法规的双重合法性。税务风险管理是利用税收政策的规定，熟练掌握纳税方法，适当控制收支等途径获得节税利益，它是一种合法行为，与偷税、逃税有本质区别。因而，企业在进行税务风险管理与规划时，必须以税法条款为依据，遵循税法精神。

2．成本与效益原则

税务风险管理在企业财务管理中的应用方案设计的基础是收益必须大于支出。企业进行税务风险管理，最终目标是为了实现防范税务违法行为，依法履行纳税义务，避免因没有遵循税法可能遭受的法律制裁、财务损失或声誉损害，从而提高企业整体价值。

但企业在进行税务风险管理及筹划付诸实施的过程中，又会发生种种成本，因而企业在进行税务风险管理时，必须先对预期收入与成本进行对比，只有在预期收益大于其成本时，筹划方案才可付诸实施，否则会得不偿失。此外，企业在进行税务风险管理时，不能只注重某一纳税环节中个别税种的税负高低，而要着眼于整体税负的轻重，同时还应运用各种财务模型对不同税务风险管理方法进行选择和组合，以实现节税与增收的综合效果。

二、税务风险管理策略

（一）建立税收风险防范系统

1．信息系统

企业财务部门应随时跟踪财税政策的最新变化，有效收集涉税信息，定期将有关法规及其对本企业财务、业务的影响以及应对措施下发企业各部门或控股子公司、分公司等。

各子公司、分公司财务人员也必须跟踪财税政策的最新变化，特别是所在地区税收管理的地方性规定，并就地方性规定向母公司或总公司提交有关建议。

2．有效实现涉税信息共享

涉税信息必须在财务人员中共享，也必须与公司管理层和相关业务层面共享，将税收实施措施提前制订并贯穿到业务流程中，并使公司在市场、销售、物流等涉税业务环节发生紧密的互动关系，有效识别、评估交易环节的税收影响。

3．建立健全并实施企业税务风险的内控体系

企业应将税务风险管理纳入整个企业风险管理的内控体系，建立与完善税务风险的管理制度，配置合适的机构和人员从事税务风险管理工作。

企业的风控与合规部门应对税务内控体系的执行情况加强监督，通过内部审计定期评价税务内控体系；财务部门及时收集相应程序执行反馈意见和落实改进措施；人力资源部门应将税务内控工作成效作为相关人员的业绩考评指标。必要时企业可以聘请外部专家就有关税务内部控制的改进提出建议或意见，以便及时纠正控制运行中的偏差。

企业应定期回顾和反省现有制度措施的有效性、必要性、充分性，不断改进和优化税务内控制度和流程，避免繁复冗长无效流程，监控成本的上升。

（二）企业层面的税务风险管理策略

公司的税务风险管理策略包括：避免、保留、减少、转移和利用税务风险。

1．避免税务风险

避免税务风险的策略包括但不限于：通过推出一个市场或地域，或者抛售、放弃一个产品类别或业务来避免税务风险；禁止不可接受的高税务风险活动、交易、财务损失及资产损失，如通过适当控制的方式；通过设计及实施内部防护措施来消除税务风险等。

2．保留税务风险

保留税务风险的策略包括但不限于：接受目前的税务风险水平，但税务风险水平不能再加大；通过增加额外费用，在市场与法制环境允许的情况下，弥补税务风险承担者的损失，并通过这种方式重新定价产品或服务；及时进行税务风险评估；对先行税务风险的关键控制点进行分析；合理纳税规划，在可接受的税务风险水平下维持原有的业务操作模式；设置专职人员定期进行税务风险测评与监控，据此作出意外事件的反应计划。

3．减少税务风险

减少税务风险的策略包括但不限于：降低风险，合理调整业务操作模式，减少税务风险触发机会；控制风险，通过内部税务操作规程控制，将不可预见的意外税务风险事件降低到可接受的程度。

4．利用税务风险

利用税务风险的策略包括但不限于：通过有效的方法在公司内部化解税务风险，并产生预期收益；通过公司的经营模式将财务、生产、销售及公司组织进行多样化改造；通过重组、合并等手段充分利用税务政策，享受税务规划收益等。

税务风险管理策略的选择就是上述各种风险控制政策的单独应用、组合分析与多种策略的结合。税务风险管理策略体现在公司具体的税务风险控制政策与过程中。税务风险控制过程包括全面税务风险控制与特殊税务风险控制，如，制订税务风险控制方向、设置税务风险管理边界、组织税务风险控制活动、选择及发展高素质员工、分配税务风险控制职责并计量业绩。特殊税务风险控制体现在某些特殊商业模式下的特定税务风险。

三、影响税务风险的环境因素

（一）企业的经营理念

企业管理者的经营意识、管理风险、风险观念等方面都会对税务风险产生一定的影响。一般来说，粗放型的经营理念、个性张扬的领导风格、淡泊的风险观念都易引发税务风险。

（二）人员素质

企业职工的教育背景、工作经历、工作态度、专业能力等，对于税务风险的影响至关重要。不论业务人员还是财务人员，都可能导致税务风险，因为税务风险可能来源于经营业务，也可能来源于财税管理。对于企业财务人员的要求更为重要，企业必须聘用具有专业技能和专业资格的人员从事财务管理和税务活动。企业应定期对财务人员或业务人员进行税务知识和税务风险等培训，财务人员应积极主动参加税务局举办各种免费培训会等，通过培训提高人员素质。

（三）法律意识

企业应重视法律规定，在合同签订、业务流程、税务处理等方面必须强调法律意识，一切交易活动按照法律要求履行。即使企业在税务上存在问题，也可以通过涉税自查、管理沟通、税企沟通、行政复议、法律诉讼等方式进行防范、化解和控制。当然，行政复议和法律诉讼应尽量避免，因为其成本过大，也会对企业形象造成影响。

（四）涉税资料

涉税资料包括经济合同、商业票据、会计账簿、会计凭证、员工花名册、纳税资料等方面的文件资料。它们是纳税的依据、完成纳税义务的凭证、税务检查的对象、税务案件的证据等。因此，涉税方面的税务文件、合同、档案、税务资料、纳税证明等必须严格按照会计档案规定进行妥善保管，税法有特殊规定的按税法规定要求进行存档管理。

涉及财务人员工作变动或离职的，对涉税资料的移交应严格按会计档案移交管理办法进行，必须要有监交人进行见证与监督，移交与接手双方和监交人应在移交清单上签字确认。监交人应由熟悉涉税资料或企业税务工作的人员担任，一般应由移交人的上级主管担任监交人。

（五）税务稽查和纳税评估

税务稽查和纳税评估是税务机关进行税务管理的重要环节，是税务机关履行其职能的表现。企业应该正视税务稽查和纳税评估，给予协助配合，并与税务人员充分沟通，寻求税务的支持与理解，这对于防范纳税风险非常关键。如果不能够正确应对，那么则会妨碍企业正常经营，引发连锁税务检查，增加额外税务负担。

（六）管理流程

企业管理程序、业务控制模式、财务控制手段等构成了管理流程，不同的管理流程会带来不同的结果，其蕴含的税务风险也不同。越是缜密的管理流程越能够合理规避税务风险。其中税务管理流程更为关键，通过良好的税务管理流程运作，可以有效降低税务风险。

税务管理流程是实现依法纳税、科学纳税，降低税务风险的重要步骤，其中包含了内部控制的思想。因此，要做到以下风险控制要求：

第一，流程中的各个环节不能由一人一个部门全部包揽，必须贯彻合理分工和内部牵制制度，在会计处理与税务处理后，必须有专业审核或内部审计把关。

第二，流程中遇到的棘手涉税问题及其处理结果应及时反馈到企业高层。

第三，流程中的责任要进行划分，要明确权利责任，建立部门主管负责制。

（七）社会关系

良好的社会关系，畅通而快捷的沟通渠道，是防范纳税风险的基本保障。企业面对社会各界，必须妥善处理好各方面的关系。

（八）税务环境

良好的税务环境有利于企业的生产经营，因此企业应充分考虑当地的税务环境，包括当地政府的观念、公务员的素质、经济发展水平、市场开放程度等方面。

综上所述，控制纳税风险的措施是：重视风险、加强涉税管理、提高专业能力、提高应对技巧、处理好社会关系。只有在这些方面做好工作，才能真正有效化解和控制企业的纳税风险。

四、税务风险管理机构与人员

进行税务风险控制，必须从人员、机构、规章制度、操作流程等方面进行全面配置、合理安排才能起到应有的作用。

人员方面，企业应配备经验丰富的专业人员并组成团队。机构方面，企业应根据企业规模，成立专门的涉税管理部门或在财务部门内设置专门的税务工作组或指定专人负责。

规章制度方面，企业应建立健全纳税业务规范与责任考核制度；操作流程方面，企业应建立系统完善的税务风险控制流程。

大中型企业进行税务风险控制，应从人员、机构、规章制度、操作流程等方面进行全面配置、合理安排，才能起到应有的作用。人员方面，应配备经验丰富的税务专业人士。机构方面，必须成立专门的涉税管理部门或在财务部门内设置专门的税务工作组。规章制度方面，必须建立健全纳税业务规范与责任考核制度。操作流程方面，必须建立系统完善的税务风险控制流程；小企业重在基本规范与业务操作模式的建立，只需要配备专业人员即可。

五、税务风险的评估

税务风险管理贯穿于企业经营活动的各个部门，因此税务风险控制的关键在于协助过程责任人来识别、量化并管理风险。过程责任人需要一个风险管理框架，以便理解这种以过程为导向的方式方法。制订税务风险管理过程的框架是企业税务风险管理的基础与前提。通过切实有效的措施，可以实现两个目标：第一，为制订过程和风险责任人、确定税务风险管理的实质基本内容提供一个有用的框架；第二，为形成和提升综合风险管理能力提供系统化的管理过程。

评估纳税风险就是对企业具体经营行为涉及的纳税风险进行识别和明确责任人，是企业纳税风险管理的核心内容。要考虑以下几个问题：

厘清企业有哪些具体经营行为；分析哪些经营行为涉及税务问题；这些经营行为分别涉及哪些税务风险；所有税务风险中，哪些是主要风险；和这些税务风险相关有哪些工作岗位；这些岗位的相关责任人是谁。

要结合自查做一下对比分析和思考：哪些风险是由于财务或涉税部门与公司管理层及其他部门（特别是生产和销售部门）沟通不畅造成的，如何搜集有关信息，如何进行信息的有效沟通，怎样的信息管理系统能最有效地服务于企业的税务风险管理。

评估税务风险的基本过程如下：

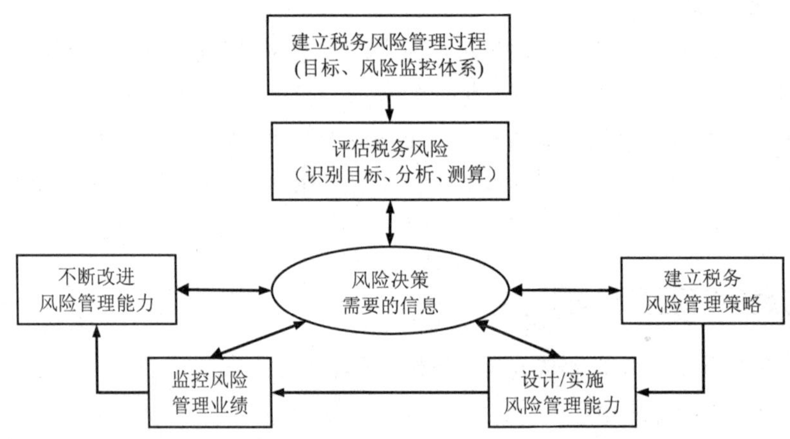

六、税务风险的应对及处理

（一）应了解的纳税人权利

1．知情权

纳税人有权向税务机关了解国家税收法律、行政法规的规定以及与纳税程序有关的情况，包括：现行税收法律、行政法规和税收政策规定；办理税收事项的时间、方式、步骤以及需要提交的资料；应纳税额核定及其他税务行政处理决定的法律依据、事实依据和计算方法；与税务机关在纳税、处罚和采取强制执行措施时发生争议或纠纷时，纳税人可以采取的法律救济途径及需要满足的条件。

2．保密权

纳税人有权要求税务机关为公司的商业秘密、技术信息、经营信息等情况保密。但根据法律规定，税收违法行为信息不属于保密范围。

3. 申请退还多缴税款权

对纳税人超过应纳税额缴纳的税款，税务机关发现后，将自发现之日起10日内办理退还手续；纳税人自结算缴纳税款之日起三年内发现的，可以向税务机关要求退还多缴的税款并加算银行同期存款利息。税务机关将自接到纳税人退还申请之日起30日内查实并办理退还手续，涉及从国库中退库的，依照法律、行政法规有关国库管理的规定退还。

4. 税收监督权

纳税人对税务机关违反税收法律、行政法规的行为，如税务人员索贿受贿、徇私舞弊、玩忽职守，不征或者少征应征税款，滥用职权多征税款或者故意刁难等，可以进行检举和控告。同时，纳税人对其他纳税人的税收违法行为也有权进行检举。

5. 陈述与申辩权

纳税人对税务机关作出的决定，享有陈述权、申辩权。如果纳税人有充分的证据证明自己的行为合法，税务机关就不得对纳税人实施行政处罚；即使纳税人的陈述或申辩不充分合理，税务机关也会向纳税人解释实施行政处罚的原因。税务机关不会因纳税人的申辩而加重处罚。

6. 对未出示税务检查证和税务检查通知书的拒绝检查权

税务人员进行税务检查时，应当出示税务检查证和税务检查通知书；对未出示税务检查证和税务检查通知书的，纳税人有权拒绝检查。

7. 税收法律救济权

纳税人对税务机关作出的决定，依法享有申请行政复议、提起行政诉讼、请求国家赔偿等权利。

纳税担保人同税务机关在纳税上发生争议时，必须先依照税务机关的纳税决定缴纳或者解缴税款及滞纳金或者提供相应的担保，然后可以依法申请行政复议；对行政复议决定不服的，可以依法向人民法院起诉。对税务机关的处罚决定、强制执行措施或者税收保全措施不服的，可以依法申请行政复议，也可以依法向人民法院起诉。

8. 依法要求听证的权利

对税务机关作出规定金额以上罚款的行政处罚之前，税务机关会向纳税人送达《税务行政处罚事项告知书》，告知纳税人已经查明的违法事实、证据、行政处罚的法律依据和拟将给予的行政处罚。对此，纳税人有权要求举行听证。税务机关将应纳税人的要求组织听证。如纳税人认为税务机关指定的听证主持人与本案有直接利害关系，纳税人有权申请主持人回避。

对应当进行听证的案件，税务机关不组织听证的，行政处罚决定不能成立，但纳税人放弃听证权利或者被正当取消听证权利的除外。

（二）沟通与协调

企业在应对税务风险中，应加强沟通与协调工作。沟通包括内部沟通与外部沟通。

内部沟通工作包括财务部内部或税务管理机构内部的沟通和针对业务流程、业务模式以及具体业务等企业部门间的沟通。

外部沟通是指企业与各级税务机关的日常沟通、专项沟通、纳税评估沟通、税务稽查沟通（稽查前的沟通、稽查过程中的沟通、稽查初步结论的沟通）等。

企业应建立税务风险管理的信息与沟通制度，明确税务相关信息的收集、处理和传递程序，确保企业涉税管理部门内部、企业涉税管理部门与其他部门、企业涉税管理部门与董事会、监事会等企业治理层以及管理层的沟通和反馈，发现问题应及时报告并采取应对措施。

企业应定期了解企业所在地税务部门的税收任务完成情况和税务部门的检查计划。关注本企业纳税过程中的不确定事项，主动与主管税务机关沟通，或侧面向非管辖税务机关咨询，事先协调解决。

不要认为税务局来查账便是“找麻烦”，要知道税务人员查账也是职责所在，如同企业的员工要上班一样。只有对其工作理解和支持才能更好地降低税务风险。特别是在一些法令规定较模糊的税务问题的处理上，强化沟通可以较好地解决这个问题。

企业要加强对风险管理涉及部门和人员的培训和沟通，增进相关部门和人员对控制税务风险的理解，税务风险控制策略和目标应让涉及的部门和人员熟知，纳税风险管理的流程和结果应被书面记录。

税务信息不仅包括税收法规和政策，也包括企业内部涉税信息的形成、传递、编汇和使用，因此在沟通的内容上，就不能仅仅局限在税收政策的沟通上，还要注重所有涉税信息的横向与纵向沟通。比如在确认销售额时，就需要生产、销售、管理等各个部门的协调配合，才能准确地确定销售时点，并准备好与之相关的原材料供应单、销货单、审核单等同期资料，这样才能确保税务管理人员能够及时、准确申报纳税，并将税务风险降到最低。而要做到这一点，没有一个通畅、有效的沟通渠道是不行的。因此，企业内部对税务风险的管理，就有赖于一套可靠的税务信息系统。企业可以按照税务风险管理流程的要求分析内部涉税信息系统是否能满足需要，是否存在税务风险隐患。与此同时，企业还应建立税务风险管理的信息与沟通制度，明确税务相关信息的收集、处理和传递程序，确保与管理层和相关业务部门保持良好的沟通和反馈，从而及时发现问题并采取应对措施。

做好税企协调工作。由于某些税收政策具有相当大的弹性空间，税务机关在税收执法上拥有较大的自由裁量权，现实中企业进行的税务筹划的合法性还需要得到税务行政执法部门的确认。在这种情况下，企业特别需要加强与税务机关的联系和沟通，争取在税法的理解上与税务机关取得一致，特别在某些模糊和新生事物的税收处理方面，要能得到税务部门的认可。

（三）接到稽查预告通知的处理策略

根据相关规定，除被举报有税收违法行为、税务稽查机关有根据认为纳税人有税收违法行为或预先通知有碍税务稽查外，实施税务稽查前必须向纳税人发出书面稽查通知。因此，一般情况下，按照工作要求，被国家税务总局列为年度税务稽查对象的，以及被各省级、地市级、县级税务局列入年度检查计划对象的，都会收到各地税务机关发出的《稽查预告通知书》（有的地区是通过媒体集中公告的形式发出通知），告知其稽查时间、内容，特别是自查的相关工作要求。很多事实证明，思想上高度重视、行动上积极主动才是明智之举，才能最大限度化解企业可能面临的税务风险。

1. 要积极参加税务机关组织的查前约谈和查前辅导

为确保工作质量，税务稽查部门下达稽查预告通知书后，会召集预告对象进行查前约谈或查前辅导，一方面明确自查表格填写、上报时限等相关工作要求，另一方面为纳税人释疑解惑、解答相关税收政策问题。对这样的税务服务活动，企业应积极参加。特别注意的是，应与税务稽查部门充分沟通，了解其针对本企业的稽查重点。

一般来说，除被举报外，被税务局确定为稽查对象，主要有两种原因：一是根据纳税人日常征管数据分析，稽查部门有理由认为纳税人存在涉税疑点问题；二是纳税人所在行业是当年国家税务总局或省级税务局指定的检查重点。通过沟通，了解自身有哪些方面可能存在涉税问题引起稽查部门注意，接下来的自查工作才能有的放矢。

2. 要认真、细致地开展自查工作

安排纳税人自查是《稽查预告通知书》的主要内容和目的。一般来说，符合自查要求补缴的税款仅需承担滞纳金，不会有处罚，所以“自查出问题”和“被查出问题”后果截然不同。企业如果有涉税问题，自查便是自我救赎的最后机会。

企业应根据时间安排、本单位人员及业务能力情况，或是组织本单位财务人员，或是向上级公司申请税务专业人员，或是聘请中介机构，进行税务自查工作。税务机关下发的《纳税自查提纲》会分行业对共性涉税问题进行明确的提示，是自查时最好的参照，企业应按照《纳税自查提纲》的指引，分税种对稽查涉及年度纳税义务履行情况进行梳理。对提纲之外可能存在的非共性问题，企业也不能掉以轻心。如果税务机关未下发《纳税自查提纲》，则企业应对照税法规定，结合行业特点及企业自身情况自行拟定自查提纲，以便有计划、分步骤、有重点地对涉税问题进行排查。

自查中发现较难把握的涉税问题或税收争议问题，应及时与主管税务机关沟通，以便根据税务机关要求做出正确的税务处理，避免因错误理解税收政策或税收争议问题而带来税务风险。

3. 要认真填写上报自查相关报表、及时申报补缴相关税款

自查完毕后，企业应按要求填写《自查报告表》等相关表格，并要求附上相关说明，在填列问题时，计税依据、税目、税率、税款归属期、税款数额等相关数据应仔细计算、核对，防止出错，以免引发二次税务风险。需要注意的是，自查补税有严格的时限要求，如果不是在自查期间，而是在税务检查期间补缴，依照《税收征管法》进行处罚。如果因没有按时申报补缴自查的税款，给企业带来税务处罚，得不偿失。自查相关工作完成后，企业应将相关资料整理并归档，以便日后税务检查人员、财务人员等查阅、核对。

（四）税务稽查中的处理策略

企业在接到税务机关检查通知后，应积极响应，准确了解税务检查的性质，进场时间，是否符合法定程序，并做好迎接检查的准备工作，必要时聘请中介机构协助或申请上级公司

税务专业人员进驻帮助。

税务检查人员进场后，企业应以财务人员或涉税管理人员为主要接待人员，必要时企业负责人出面，非财务核算资料不得擅自向检查人员提供，对于税务检查人员的疑问要妥为解释，不得随意表态。应对税务检查时要按照税法规定维护企业权利。

1．落实与检查相关问题，做好人员分工以及相关准备工作

需要落实的问题有：税务稽查机关，检查人员的姓名和联系方式以及所在处室，税务稽查的方式，需要调取的资料等。

与税务稽查有关的情况落实后，财务（税务）负责人应将接受检查的情况向企业领导层汇报，企业应召开相关会议，通报相关情况，对部门间协作提出要求，因为即将面对的税务稽查，虽然由财务部门牵头负责，但很多事宜需要牵涉到其他部门。

按检查人员的要求，被查单位财务负责人应将各项准备工作进行分工，有负责接待的，有负责整理相关资料的，有专门负责回答相关问题或陪同检查人员到生产现场、仓库等，责任明确，工作起来才能有条不紊。

2．态度上积极主动，用真心换取理解

检查人员虽然代表税务机关行使执法权，但是他们也是人，检查时自然希望对方理解、支持、积极配合自己的工作。因此，被查单位切不可因为检查人员的检查影响了自己正常工作而有不良情绪的外露，特别是检查人员询问有关或要求提供某些资料时，拒不配合，是不明智的。如果没有问题，耐心地把问题向检查人员解释清楚；如果确实有问题不好回答，可以礼貌性回避，也不必显得不耐烦或态度生硬予以拒绝。检查人员很多时候的心态就是对方越不配合越要加大检查力度，所以不耐烦或态度生硬只能招致检查人员的反感和更深入的检查。

3．认真审查相关文书，签字落笔要慎重

在检查过程中和检查结束后，会有需要法律文书或取证资料需要被查单位有关人员签字盖章确认，由于事关后续的涉税问题处理，一定要认真审查、核对，确定无误后，再签字确认。

当检查即将结束时，检查人员要求被查单位财务负责人签字时，要认真审查，看底稿内容是否真实，是否正确地反映了所检查问题的情况。其他取证资料要审查是否取自被查单位，取证过程是否合法。还有补税计算表，应核对税种、税目、税率是否正确，计税依据是否正确，对核对中发现的错误要立即提出，与检查人员交涉，以保证合法权益不受损害。

不能因为对检查人员的问题结论有异议而拒不在相关证据资料上签字。有了合法证据，并不等于一定能定性处理，税务检查完毕，稽查局内部还有审理环节，要对检查人员的处理意见进行审查，检查人员的处理意见有错误的会得到纠正。

（五）应对税务稽查结果的处理策略

面对税务机关对企业的税务稽查处理决定，企业应从程序方面和内容方面围绕《税收处罚决定书》进行分析，本着实质重于形式的原则，分清主次，积极有效地解决税务争议或纠纷。

1．程序方面

分析援引法律条文的准确性、完整性：税务稽查人员在填制税务文书时，有的只引用省级或市级颁发的规范性文件，作为执法依据；有的没有具体文号、名称或随意省略；有的税务文书的格式部分不符合相关法律、法规的规定等，这些问题都有可能成为纳税人维护自身权益的依据。

当事人申辩笔录是否缺乏。《中华人民共和国行政处罚法》明确规定：当事人有权进行陈述和申辩。行政机关必须充分听取当事人的意见，对当事人提出的事实、理由和证据，应当进行复核；当事人提出的事实、理由或者证据成立的，行政机关应当采纳。因此，稽查执法中，应当把当事人的书面陈述、申辩整理在案。有陈述申辩材料的，应当整理归档；口头陈述申辩的，应当制作陈述申辩笔录；当事人放弃陈述或者申辩权利的，也应制作申辩笔录，并填写“当事人无陈述、申辩意见”字样。

支持税务处理结论的证据不足。主要表现在认定违法事实的主要证据不足，有些起主要证据作用的税务稽查底稿无纳税人签字，起不到证据作用；所取主要证据不足以支持税务处理结论。

税务文书送达存在的问题。有的处罚决定送达回证上没有当事人签字，即使有，也大多为企业会计签字，还有的没有签收时间等。而文书送达必须有送达回证、挂号信回执、登报的报样等，以此证明当事人收到有关文书，或证明有关文书送达当事人；如果当事人没有委托社会中介组织进行代理，则应直接送达企业法定代表人或负责收件人。

2．内容方面

分析税务稽查人员掌握的证据是否充分，有无稽查人员超越权限或以个人的理解对涉税法律、法规及规章进行解释，并以此作为涉税事项的处罚依据。

分析税务稽查人员的执法程序是否合法，稽查处罚决定必须载明查结的具体违法事实、证据、性质及处罚的具体依据，缺一不可。

分析处罚是否失当，是否与《税收征收管理法》规定的相符。对税务稽查人员滥用自由裁量权时，在收到《税务行政处罚事项告知书》后，应积极向主管税务机关及其上一级税务机关反映，争取获得同情与理解。收到《税收处罚决定书》后，视企业情况和处罚金额的大小，决定是否行使复议的权利。

3．救济行为

税务机关对纳税人实施检查并对有关问题进行违法认定及处罚决定之前，纳税人对作出决定的事实、理由和依据有事先知悉的权利。

听证：在税务处罚决定作出前，被处罚企业可按规定申请举行听证或税务机关主动举行听证。在听证会上，纳税人有申辩权、质证权，最后陈述权，申请证据重新核实权。

行政复议：如果纳税人及其他当事人认为税务机关的具体行政行为侵犯其合法权益，可依法向税务行政复议机关申请行政复议。行政复议是纳税人保护自身权益的重要手段。企业必须认真研究税务检查结论及证明材料，特别是涉及补税或其他违章违法认定的，必须细致审核。如存在争议，可依法申请复议等权利维护措施。

行政诉讼：如果纳税人对行政复议决定不服，可以依照行政诉讼法的规定向人民法院提起行政诉讼。

七、企业所得税税务风险管理办法（模板）

该模板为笔者拟订，读者可以参考，并根据自己企业实际情况进行修订后使用。

XX 集团公司企业所得税税务风险管理办法

1. 总则

1.1 为强化企业所得税的税务风险管理，建立规范、有效的税务风险控制体系，提高企业财务管理水平和税务风险防范能力，按照《企业内部控制基本规范》《×× 集团公司全面风险管理制度》及税法相关规定，制定本办法。

1.2 本办法所称企业所得税税务风险（以下简称税务风险），指与企业所得税相关的未来不确定性对公司实现经营目标的影响，导致多交税、违反规定而遭法律惩罚以及造成企业声誉损害等。

1.3 本办法旨在指导本公司及下辖企业（含控股公司、参股公司、分公司，以下简称下辖企业）合理控制税务风险，防范税务违法行为，依法履行纳税义务。

1.4 公司在进行税务风险管理工作时，应满足遵从性与合规性，必须以税法条款为依据，遵循税法精神。管理方案设计的前提是税法与财务法规的双重合法性。

1.5 公司开展税务风险管理工作，应坚持成本与效益原则。公司本着从实际出发、务求实效的原则，以对重大风险的管理和重要流程的内部控制为重点，积极开展风险管理工作。

2. 税务风险管理组织体系

2.1 公司税务风险管理的组织体系由公司总裁办公会、财务部、审计部、法律顾问、各部门内设的有风险职能的部门或岗位构成。

2.2 总裁办公会负责审议和审批财务部提出的税务风险防范的指导意见、税务风险控制措施和涉税行政诉讼决定；对公司税务风险状况和税务风险管理能力及水平进行评价，提出完善公司税务风险管理和内部控制的建议。

2.3 财务部负责拟定公司税务风险防范的指导意见和税务风险控制措施，经审批后在财务管理过程中负责具体实施，并在实施过程中根据实际情况或税法变动而提出修改意见。

2.3.1 财务部内部设税务经理专门负责公司税务管理工作，向财务负责人汇报工作，并指导下辖企业的税务工作。

2.3.2 财务部根据需要配置税务工作人员，下辖企业根据实际情况可设置兼职或专职的税务主管。

2.3.3 税务经理和税务主管应具备税务专业知识和实务工作经历，至少具备中级职称。

2.4 审计部负责协助公司识别和评价重大税务风险问题，帮助公司改进风险管理与控制系统；通过评价控制的效率与效果、促进其持续改善等工作，帮助公司维持有效的控制系统；履行检查与评价、咨询与服务的职能。

2.5 法律顾问为公司税务风险管理提供法律参考意见；审核相关法律文书及合同，防范法律风险；协助财务部处理公司涉税纠纷事务，代表公司参与涉税的听证会、行政复议或行政诉讼，维护公司的合法权益。

2.6 公司各部门负责人为税务风险控制的第一责任人，履行风险控制职能，执行具体的风险管理制度，建立部门内权责明确、相互制衡的岗位职责和部门内全面、合理的风控制度，并针对业务主要风险环节制订业务操作流程。

2.7 人力资源部应将税务风险管理工作列入相应岗位的工作绩效考核指标。

3. 税务风险防控措施

3.1 公司应从企业经营理念、人员素质、法律意识、涉税资料、管理流程等方面做好税务风险的预防工作，并将税务风险的防控工作纳入公司整体风险管理体系。

3.2 公司将税务风险培训作为企业内部培训的组成部分，跨部门的培训由人力资源部和财务部共同商定，财务部内部培训由财务负责人安排。跨部门培训每年至少举行 2 次，每次学时不得低于 1 小时；财务部内部培训每月至少举办一次。培训内容包括但不限于最新税收法规、公司税务管理措施及变动、税务处罚案例等。

3.3 审计部在常规审计中，应当将税务风险列入审计目标，每年至少应进行一次税务风险专题审计。对审计报告列出的税务风险问题，财务部应牵头相关部门在 10 个工作日内拿出书面的整改措施，会商审计部意见后按公司文件报批程序审批下发实施。审计部对整改措施实施情况进行跟踪查验。

3.4 公司对外销售合同须经财务部和法律顾问审核同意后方可签署，财务部应将发票开具与货款支付列入审核重点，原则上应要求收到货款后才能开具发票。如购货方属于强势方，要求必须先开具发票才付款的，应在合同条款中进行明确发票开具与付款的先后顺序及付款方式，如是现金付款的还应补充注明发票及现金收款收据共同构成购货方的付款依据。

3.5 财务部应制定发票开具管理细则，严格控制对外发票的开具，尤其是增值税专用发票。

3.5.1 开票员必须在见到经过审批的销售合同、销售单等凭据后，并在公司 ERP 系统中核对开票数据，确认无误后方可开具发票。发票开具完成后，应在相应销售单上加盖“已开发票”的印戳，并在 ERP 系统中注明“已开发票”。

3.5.2 个人现金付款或网络付款的，如果要求开具单位发票的，只能开具增值税普通发票且发票内容与所购货物不得变更，且只能在购货时开具不得事后补开。财务部拟定电销平台针对顾客的《开具发票注意事项》，由法律顾问审核后发布。

3.5.3 发生退货业务时，个人客户必须退回发票；单位客户可以按税法规定开具红字发票。

3.6 公司发生视同销售业务的，会计核算人员应按规定计算视同销售税金并制作《视同销售业务处理单》，并经税务经理或税务主管复核签字后进行会计处理。

3.7 财务部拟定公司财务报销凭据管理细则，明确可以报销和不可以报销的凭据范围，经审批后实施。财务部应指导其他部门如何正确取得报销发票或其他凭据，对于不合规发票如何补救处理等。

3.8 对于税收优惠事项，财务部应按《企业所得税优惠事项管理目录》及相关税收规定要求准备优惠事项所涉及的“主要留存备查资料”。

公司享受的优惠事项，应分别单独准备税法规定的主要留存备查资料，并按档案管理规定进行收集、整理、装订、保管等。公司享受的所有优惠事项留存备查资料，均应在企业所得税汇算清缴时收集完成并装订归档，如不能按时完成，企业应暂时放弃该项优惠事项的享受。

优惠事项需要留存备查资料收集涉及的部门应配合财务部工作，应尽可能地向财务部提供资料原件，如不能提供原件须提供复印件，并在复印件每页上加盖“与原件一致”印戳和部门印章。资料移交（含复印件）手续按公司内部文件传递管理办法执行。

3.9 公司发生资产损失需要税前扣除时，应按《企业资产损失所得税税前扣除管理办法》（国家税务总局公告2011年第25号）等规定准备证据材料，并按资产类别和申报方式分别收集准备，程序按本办法3.8条规定执行。

3.10 会计核算严格按照会计准则规定进行，对于会计处理与税务处理的差异应做备查登记。会计复核岗在审核会计凭证时，同时登记《税会差异台账》，税务专员复核《税会差异台账》并每月汇总以作为所得税汇算清缴的依据。

固定资产因享受加速折旧优惠政策导致的税会差异，除登记《税会差异台账》外，还应单独按照享受优惠政策的固定资产个别登记《固定资产加速折旧税会差异台账》。

企业研发费用支出应单独“研发支出”辅助账及汇总表，专门备查登记可以加计扣除的研发支出，具体格式按《国家税务总局关于企业研究开发费用税前加计扣除政策有关问题的公告》（国家税务总局公告2015年第97号）所附表格格式执行。

所有税会差异台账与“研发支出”辅助账及汇总表，应在所得税汇算清缴后打印出纸质文件。

3.11 税务专员对月（季）度预缴纳税申报表、年度申报表涉及的纳税调整事项、享受所得税优惠事项、弥补亏损等，在申报表填写完毕时分门别类写出说明，供税务经理（主管）审核申报表时使用。该说明应打印出纸质文件。

3.12 企业所得税汇算清缴后，应将纸质的预缴申报表、年度申报表和与企业所得税有关的台账、辅助账、税收优惠事项资料、资产损失资料、纳税调整说明等归集整理并按档案管理规定装订成册，电子版的涉税资料分类后刻录成光盘。当年新装订成册的企业所得税涉税档案，财务部可以保留一年时间，在次年6月30日前移交公司档案室。

3.13 财务部应指定专人负责涉税资料的收集、整理、保管与归档，公司档案管理员指导财务部做好涉税档案管理工作。财务人员涉及税务管理的，包括涉税资料与涉税档案管理的，岗位变动或离职时应对涉税事项进行专门的移交，填写《财务人员涉税事项交接表》。

3.14 企业所得税预缴和年度纳税申报表由财务部税务专员负责填报，预缴申报表由税务经理审核签字后即可申报，年度申报表经税务经理复核并经财务负责人审核签字后方可申报。

3.15 税务专员申请应交税款资金，经税务经理复核、财务负责人批准签署后，税务专员按国家规定期限向主管税务机关申报缴纳税金。

3.16 公司遇资产收购、合并、分立等企业重组事项，或遇重大税务疑难问题等，经申请批准后可聘请中介机构或专业人士协助公司处理相关涉税问题。

3.17 财务部应做好与各级税务机关的日常沟通、专项沟通、纳税评估沟通、税务稽查沟通（稽查前的沟通、稽查过程中的沟通、稽查初步结论的沟通）等工作。

4. 税务稽查的处理策略

4.1 接到税务局稽查预告通知后，税务经理（主管）应在第一时间向财务负责人汇报，汇报稽查时间、内容，特别是自查的相关工作要求。财务负责人在接到汇报后，应及时做出相关工作安排，并向公司管理层通报相关情况。

4.2 财务部要积极参加税务机关组织的查前约谈和查前辅导培训会等，具体工作由税务经理（主管）亲自参与或安排税务专员参加，必要时由财务负责人参加。应与税务稽查部门充分沟通，了解其针对本企业的稽查重点和具体负责本企业稽查的人员联系方式、科室等信息。

4.3 财务部应按《稽查预告通知书》的要求，认真、细致地开展自查工作。税务经理负责组织财务人员学习该次税务稽查的文件与相关税务知识等，并对自查准备工作中的注意事项作出说明，财务负责人对自查工作作出安排。自查工作如果涉及财务部以外部门的，其他部门应予以配合。

4.4 公司应根据税务稽查的重要性、时间安排、本单位人员及业务能力情况，尽可能地组织本单位财务人员做好自查工作；必要时下辖企业可以向公司财务部申请聘请税务专业人士，或是经批准后聘请中介机构，进行税务自查工作。

4.5 公司应按照《纳税自查提纲》的指引，分税种对稽查涉及年度纳税义务履行情况进行梳理。对提纲之外可能存在的非共性问题，企业也应慎重对待。如税务机关未下发《纳税自查提纲》，则财务部结合行业特点、各级税务局公布的年度税务检查重点、当前舆论热点及企业自身情况等自行拟定自查提纲，以便有计划、分步骤、有重点地对涉税问题进行排查。

4.6 自查中发现较难把握的涉税问题或税收争议问题，应及时与主管税务机关沟通，以便根据税务机关要求作出正确的税务处理，避免因错误理解税收政策或税收争议问题而带来税务风险。

4.7 自查完毕后，应按要求填写《自查报告表》等相关表格，并要求附上相关说明，在填列问题时，计税依据、税目、税率、税款归属期、税款数额等相关数据应仔细计算、核对，避免出错而引发二次税务风险。

4.8 自查相关工作完成后，企业应将相关资料整理并归档，以便日后税务检查人员、财务人员等查阅、核对。

4.9 企业在接到税务机关检查进场通知后，应积极响应，准确了解税务检查的性质、进场时间、是否符合法定程序，并落实税务稽查机关、检查人员的姓名和联系方式以及所在处室、税务稽查的方式、需要调取资料等。

4.10 与税务稽查有关的情况落实后，税务经理应将接受检查的情况向财务负责人汇报，财务负责人组织召开相关会议，通报相关情况，对部门间协作提出要求。

4.11 税务经理拟订迎接检查的工作计划，经财务负责人批准后实施。工作计划应将各项准备工作进行分工，有负责接待的、有负责整理相关资料的，有专门负责回答相关问题或陪同检查人员到生产现场、仓库等，责任明确。必要时聘请中介机构协助或申请上级公司税务专业人士进驻帮助。

4.12 税务检查人员进场后，公司以税务经理和税务专员为主要接待人员，必要时财务负责人和企业负责人出面接待。公司行政部协助财务部做好接待相关工作。

4.13 税务稽查期间，非财务核算资料不得擅自向检查人员提供，对于税务检查人员的疑问要妥为解释，不得随意表态。应对税务检查时要按照税法规定维护企业权利。

4.14 在税务检查中，负责与检查人员对接的，应以积极主动的态度对待检查人员，切不可有不良情绪的表露。检查中涉及的涉税问题，如果没有问题，耐心地把问题向检查人员解释清楚；如果确实有问题不好回答，可以礼貌性回避，也不必显得不耐烦或态度生硬予以拒绝。

4.15 在检查过程中和检查结束后，会有需要法律文书或取证资料需要被查单位有关人员签字确认，由于事关后续的涉税问题处理，一定要认真审查、核对，确定无误后，再签字确认。

4.16 当检查即将结束时，检查人员要求被查单位财务负责人签字时，要认真审查，看底稿内容是否真实、是否正确地反映了所检查问题的情况。其他取证资料要审查是否取自被查单位，取证过程是否合法。还有补税计算表，应核对税种、税目、税率是否正确，计税依据是否正确，对核对中发现的错误要立即提出，与检查人员交涉，以保证合法权益不受损害。

4.17 对检查人员的问题结论有异议的，相关证据资料如属实应签字，但是对于结论性问题签字时应注明企业的不同意见或注明“不认可该税务检查结论”字样。

4.18 面对税务机关对企业的税务稽查处理决定，企业从程序方面和内容方面围绕《税收处罚决定书》进行分析，本着实质重于形式的原则，分清主次，积极有效地解决税务争议或纠纷。法律顾问应积极参与税务争议与纠纷的解决工作，并在不同处理阶段给出法律处理意见。

4.19 根据具体情况，财务负责人可以对税务处罚做出要求听证或行政复议的救济决定，经总裁办公会审议批准后可对经行政复议不服的税务处罚决定提起行政诉讼。在听证、行政复议或行政诉讼过程中，法律顾问全力配合财务部工作，并与财务负责人或税务经理代表公司出席听证会、行政复议或行政诉讼的庭审等。

5. 附则

5.1 其他税种税务风险管理参照本办法执行。

5.2 本办法经总裁办公会审议通过后生效，修改亦同。

5.3 本办法自下发之日起实施。

5.4 本办法中涉及的相关表单详见附件。

附件 1　视同销售业务处理单（模板）

视同销售业务处理单

时间：　　　年　　月　　日　　　　　　　　　　　　　　　　　编号：税控01-××××××

<table>
<tr><td>业务情况简述</td><td colspan="2"></td></tr>
<tr><td>视同销售分类
（括号中选择打钩）</td><td>（　）非货币性资产交换
（　）用于市场推广或销售
（　）用于交际应酬
（　）用于职工奖励或福利
（　）用于股息分配</td><td>（　）用于对外捐赠
（　）用于对外投资项目
（　）提供劳务
（　）其他</td></tr>
<tr><td rowspan="2">视同销售收入</td><td colspan="2">视同销售价格确认办法：</td></tr>
<tr><td colspan="2">视同销售收入金额计算：</td></tr>
<tr><td>视同销售成本</td><td colspan="2"></td></tr>
<tr><td>会计处理
（会计分录）</td><td colspan="2"></td></tr>
<tr><td rowspan="2">税会差异分析</td><td colspan="2">增值税影响：</td></tr>
<tr><td colspan="2">企业所得税影响：</td></tr>
</table>

审核：　　　　　　　　　　　　　　　　初核：　　　　　　　　　　　　　　　　处理制单：

说明：本处理单一式两份，一份附在会计凭证中，一份交税务资料专员存档备查。

附件 2　税会差异台账（模板）

税会差异台账

序号	时间	凭证号	摘要	会计处理	税务处理	税款差异	
						类型	所得税影响与纳税调整

附件 3　固定资产加速折旧税会差异台账（模板）

固定资产加速折旧税会差异台账

编号：________

基础信息	资产编号		资产类别	
	资产名称		入账时间	
税务处理	计税基础		加速折旧方法	
	折旧年限		预计净残值	
	____年度折旧额		____年度折旧额	
	____年度折旧额		____年度折旧额	
	____年度折旧额		____年度折旧额	
	____年度折旧额		____年度折旧额	
	____年度折旧额		____年度折旧额	
会计处理	固定资产原值		折旧方法	
	折旧年限		预计净残值	
	____年度折旧额		____年度折旧额	
	____年度折旧额		____年度折旧额	
	____年度折旧额		____年度折旧额	
	____年度折旧额		____年度折旧额	
	____年度折旧额		____年度折旧额	
税会差异	____年度调整额		____年度调整额	
	____年度调整额		____年度调整额	
	____年度调整额		____年度调整额	
	____年度调整额		____年度调整额	
	____年度调整额		____年度调整额	

附件 4　财务人员涉税事项交接表（模板）

财务人员涉税事项交接表

移交人员信息	姓名		移交前工作岗位	
	移交前具体涉税工作			
涉税资料移交清单	资料名称及份数： 1. 2. 3. 4. 5.			

续上表

涉税事项	正在办理事项	
	待办理事项	
	需关注事项	
涉税工作通讯录	姓名、单位、电话、微信、QQ等： 1. 2. 3.	
其他事项		

监督人： 接交人： 移交人：

说明：财务部内部岗位变动，该表一式三份，财务部、移交人、接交人各一份；移交人跨部门工作变动、离职时，该表一式四份，财务部、移交人、接交人、人力资源部各一份。

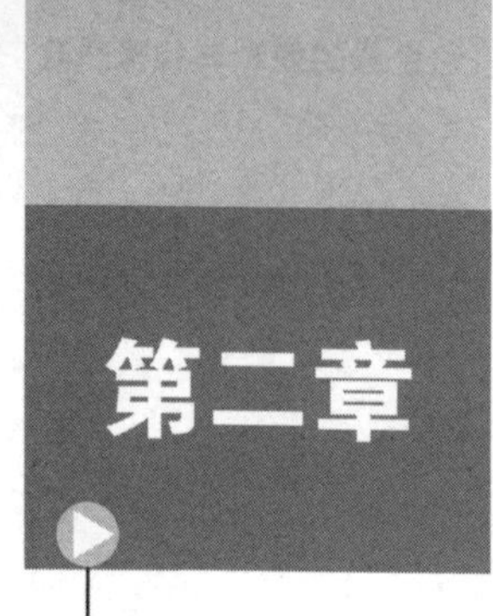

第二章 企业收入的财税处理实务与税务风险管理

会计准则和税法分别对收入进行了定义，但是二者存在很大差异。无论是确认原则，还是种类都有很大差异。

《中华人民共和国企业所得税法》（简称《企业所得税法》，下文涉及法律法规均为简称）第六条规定，企业以货币形式和非货币形式从各种来源取得的收入，为收入总额。包括：（一）销售货物收入；（二）提供劳务收入；（三）转让财产收入；（四）股息、红利等权益性投资收益；（五）利息收入；（六）租金收入；（七）特许权使用费收入；（八）接受捐赠收入；（九）其他收入。

本章内容主要包括企业所得税申报表《一般企业收入明细表》（A101010）涉及的相关内容。需要特别说明的是，《一般企业收入明细表》（A101010）填报的“收入”口径是“应根据国家统一会计制度的规定”，也就是说该表是填写会计处理确认的“收入”数据而不是税务处理确认的“收入”数据，二者如果存在差异不在该表上调整，而是通过其他专门报表进行纳税调整。

第一节　收入的税会差异分析

由于税法与会计上收入的分类和范围、收入确认的时间、收入确认的条件、收入的计量原则等方面的差异，从而使得收入在税法与会计上形成了各种税会差异。

收入是税务稽查的必查内容，看似简单，实则最容易出现税务风险。

一、收入的税务与会计分类及范围差异分析

（一）收入的税务与会计相关规定

会计上的收入主要分为《企业会计准则第 14 号——收入》中的收入，和其他相关准则涉及的长期股权投资、租赁、原保险合同、再保险合同等形成的收入。

依据《企业会计准则第 14 号——收入》（2017 版）第二条规定，收入，是指企业在日常活动中形成的、会导致企业所有者权益增加的、与所有者投入资本无关的经济利益的总流入。

而税法上的收入，《企业所得税法》第六条规定了9类。

（二）收入范围的税会差异分析

从上面关于收入的会计和税法的相关规定可以看到，会计上的收入实际上分散于多个会计准则中，而税法上的收入，直接在《企业所得税法》第六条进行了范围的规定。

从会计科目上来看，会计上的收入，主要是指主营业务收入和其他业务收入；而税法上的收入，是指所有能够增加应纳税所得额的项目，除包括会计确认的主营业务收入和其他业务收入外，还包括会计确认的接受捐赠等形成的营业外收入、金融资产及长期股权投资形成的投资收益等项目。

从具体分类来看，会计上的收入主要有销售商品收入、提供劳务收入和让渡资产使用权收入这三大类；而税法上，是将收入进行了重新的分类。

税法规定的销售货物收入、提供劳务收入、转让财产（不包括固定资产和无形资产）收入、租金收入和特许权使用费收入，与会计确认的主营业务收入相对应。税法规定的股息、红利等权益性投资收益和利息收入，与会计确认的投资收益相对应。税法规定的固定资产和无形资产转让收入、现金资产溢余收入、接受捐赠收入，以及其他收入中的债务重组收入、违约金收入、补贴收入、确实无法偿付的应付款项等，与会计确认的资产处置收益、营业外收入相对应。

二、收入的确认条件

在税法没有对收入确认的条件作专门规定的情况下，按照税法没有明确规定时依照会计规定处理的原则，大多数情况下，会计与税法确认收入的条件是相同的。

（一）会计准则对商品销售收入确认条件的规定

2006版《企业会计准则第14号——收入》第四条规定，销售商品收入同时满足下列条件的，才能予以确认：（一）企业已将商品所有权上的主要风险和报酬转移给购货方；（二）企业既没有保留通常与所有权相联系的继续管理权，也没有对已售出的商品实施有效控制；（三）收入的金额能够可靠地计量；（四）相关的经济利益很可能流入企业；（五）相关的已发生或将发生的成本能够可靠地计量。

2017版《企业会计准则第14号——收入》第五条规定，当企业与客户之间的合同同时满足下列条件时，企业应当在客户取得相关商品控制权时确认收入：（一）合同各方已批准该合同并承诺将履行各自义务；（二）该合同明确了合同各方与所转让商品或提供劳务（以下简称“转让商品”）相关的权利和义务；（三）该合同有明确的与所转让商品相关的支付条款；（四）该合同具有商业实质，即履行该合同将改变企业未来现金流量的风险、时间分布或金额；（五）企业因向客户转让商品而有权取得的对价很可能收回。

在合同开始日即满足前款条件的合同，企业在后续期间无须对其进行重新评估，除非有迹象表明相关事实和情况发生重大变化。合同开始日通常是指合同生效日。

目前收入准则的2006版和2017版均有效，只是部分企业从2018年开始执行2017版收入准则。

（二）税法对商品销售收入确认条件的规定

《国家税务总局关于确认企业所得税收入若干问题的通知》（国税函〔2008〕875号）第一条规定，除企业所得税法及实施条例另有规定外，企业销售收入的确认，必须遵循权责发生制原则和实质重于形式原则。企业销售商品同时满足下列条件的，应确认收入的实现：

（1）商品销售合同已经签订，企业已将商品所有权相关的主要风险和报酬转移给购货方；

（2）企业对已售出的商品既没有保留通常与所有权相联系的继续管理权，也没有实施有效控制；

（3）收入的金额能够可靠地计量；

（4）已发生或将发生的销售方的成本能够可靠地核算。

（三）商品销售收入确认条件的税会差异分析

首先，会计确认收入时需要考虑谨慎性原则，无论是旧版还是新版的收入准则，都强调商品销售的“经济利益很可能收回”；而税法确认收入一般不考虑谨慎性原则，不考虑商品销售后是否能够收回货款，税款的征收要遵循法律性原则和确保收入的原则，注重界定和准确计算应纳税额的计税依据。如有时会计在确认收入时因考虑谨慎性原则而不确认收入，但是在税法上仍然应确认收入并相应调增应纳税所得额。

其次，对于不具备商业实质或者公允价值不能可靠计量的非货币性资产交换，会计不确认收入，而税法仍然会确认收入。

三、收入确认的原则及例外原则

无论是会计准则还是税法规定，都强调收入确认需要遵循权责发生制原则；但是会计准则同时又强调实质重于形式原则。

除《企业所得税法》及其实施条例另有规定外，税法无规定的，税务处理应遵循会计准则规定。但是，针对一些特例，税法也有不是权责发生制原则的例外处理规定：

（一）按照合同约定的收款日期确认收入

税法规定，利息收入、租金收入、特许权使用费收入及分期收款销售商品收入等，以合同约定的收款日期确认收入的实现。

特别说明，《国家税务总局关于贯彻落实企业所得税法若干税收问题的通知》（国税函〔2010〕79号）第一条规定，跨年度一次性收取租金的收入，满足条件的企业也可以选择适用权责发生制原则。

（二）按工作量或完工进度确认收入

企业受托加工制造大型机械设备、船舶、飞机等，以及从事建筑、安装、装配工程业务或者提供劳务等，持续时间超过12个月的，应按照纳税年度内完工进度或者完成的工作量确认收入的实现。

（三）按分得产品的时间确认收入

采取产品分成取得收入的，按照企业分得产品的时间确认收入的实现，其收入金额按照产品的公允价值确定。

（四）接受捐赠按照实际收到捐赠资产的时间确认收入

（五）按照利润分配日确认收入

股息、红利等权益性投资，除国务院财政、税务主管部门另有规定外，按照被投资方股东会或股东大会作出利润分配或转股决定的日期确认收入的实现。

（六）会员费按收入时确认

支付的会员费只有会籍，其他服务或商品消费需要另外收费的，取得该会员费时确认收入；如果支付会员费入会后，不再付费或者可以低于非会员的价格销售商品或提供服务的会员费，应在整个受益期内分期确认收入。

以上几点，接受捐赠收入的会计处理与税法规定一致，不存在税会差异；其余几点可能均存在税会差异。对于税法规定可以不按照权责发生制处理的，企业应通过填报《未按权责发生制确认收入纳税调整明细表》（A105020）和《投资收益纳税调整明细表》（A105030）等进行纳税调整。

【案例 2-1】未满足收入确认条件的商品销售的财税处理及风险管理

利君公司 2018 年 11 月 1 日将一批商品销售给甲公司，商品售价 30 万元，价税合计 34.8 万元，该批商品成本 24 万元。货物已经发出，增值税专用发票已经开具。购销合同约定 30 日内支付货款。11 月末利君公司得到消息，甲公司所在地发生严重地震灾害，给甲公司造成重大财物损失，甲公司何时能支付货款难以判断。截至 2018 年底，利君公司仍未收到甲公司货款，且甲公司的财务状况仍然没有得到改善。

假定利君公司在 2018 年度适用 2006 版收入准则，增值税税率为 16%。

问题：2018 年度利君公司销售商品的会计处理及涉及的相关纳税调整与所得税申报表应如何填报。

解析：

1. 会计处理

利君公司根据甲公司的实际情况，应遵循会计收入准则对收入确认条件进行职业判断，对于货款很可能不能收回，不满足收入确认条件的，会计上不能确认收入。

销售发出商品时：

借：发出商品　　240 000.00

　贷：库存商品　　240 000.00

同时，将增值税专用发票注明的增值税税额挂往来账：

借：应收账款——甲公司　　48 000.00

　贷：应交税费——应交增值税（销项税额）　　48 000.00

2. 税会差异分析

根据税法规定，利君公司销售甲公司商品应确认销售收入30万元、销售成本24万元；而会计上由于不满足收入确认条件，既没有确认收入，也没有确认销售成本。因此，应对销售收入和销售成本同时进行纳税调整。

3. 2018年企业所得税申报表的相关填报

第一步：填写《视同销售和房地产开发企业特定业务纳税调整明细表》（A105010），见表2-1-1。

表2-1-1

A105010　　视同销售和房地产开发企业特定业务纳税调整明细表　　单位：万元

行次	项　目	税收金额	纳税调整金额
		1	2
1	一、视同销售（营业）收入（2+3+4+5+6+7+8+9+10）	30.00	30.00
10	（九）其他	30.00	30.00
11	二、视同销售（营业）成本（12+13+14+15+16+17+18+19+20）	24.00	24.00
20	（九）其他	24.00	24.00

第二步：填写《纳税调整项目明细表》（A105000），见表2-1-2。

表2-1-2

A105000　　纳税调整项目明细表　　单位：万元

行次	项　目	账载金额	税收金额	调增金额	调减金额
		1	2	3	4
1	一、收入类调整项目（2+3+4+5+6+7+8+10+11）	—	—	30.00	0.00
2	（一）视同销售收入（填写A105010）	—	30.00	30.00	—
12	二、扣除类调整项目（13+14+…24+26+27+28+29+30）	—	—	0.00	24.00
13	（一）视同销售成本（填写A105010）	—	24.00	—	24.00

4. 税务风险说明

有人对这类会计上不满足收入确认条件的直接通过《纳税调整项目明细表》（A105000）的“收入类调整项目”和“扣除类调整项目”的“其他”项目进行调整，而不通过《视同销售和房地产开发企业特定业务纳税调整明细表》（A105010）的“视同销售”的“其他”项目调整。

这样填报有以下两点税务风险：

（1）违背A105010表填报说明对“视同销售”的“其他”项目说明。会计处理不作为销售收入核算，而税收规定确认为应税收入的金额，因此会计处理以不满足收入确认条件而不作为收入核算，应作为税收“视同销售”处理。

（2）既然税务上要确认商品销售收入，那么其销售额自然也应作为业务招待费、广告费和业务宣传费等扣除计算基数。如果不填报“视同销售”，则不能作为费用税前扣除计算的基数。有人会说，如果次年满足收入确认条件了，又调整回来了，这时不是一样可以作为费用扣除计算基数了吗？如果真的这样调整回来作为次年费用扣除的计算基数的话，又违反税法规定了，因为税收上已经视同销售了，会计上再确认收入，税务上只是应调减收入。另外，还有可能后续是购货方倒闭等情况出现而直接导致坏账损失，会计上永远无确认收入的时间。

5. 企业后续风险管理

针对案例中所述情况，企业在正确填报申报表的同时，还应做好后续管理工作。

（1）登记税会差异及纳税调整台账，说明纳税调整的原因；

（2）收集销售合同、购货方出现不能付款状况的证明材料等资料存档备查。

【案例 2-2】未满足收入确认条件的商品销售后续的财税处理及风险管理

继续沿用【案例 2-1】，利君公司 2019 年可能发生下面两种情况。

第一种情况：利君公司 2019 年度收回甲公司货款；

第二种情况：甲公司在 2019 年度破产，利君公司彻底失去收回货款的可能。

问题：分别就上述两种情况，进行会计处理和填报 2019 年涉及上述业务的企业所得税申报表。

解析：

1. 第一种情况的会计处理

确认收入：

借：银行存款　　348 000.00

　贷：主营业务收入　　300 000.00

　　　应收账款——甲公司　　48 000.00

（备注：由于增值税专用发票已在 2018 年度随货开具，2019 年度增值税税率调整不影响增值税销项税额。）

结转成本：

借：主营业务成本　　240 000.00

　贷：发出商品　　240 000.00

2. 第一种情况下的 2019 年企业所得税申报表填报

第一步：填写《视同销售和房地产开发企业特定业务纳税调整明细表》（A105010），见表 2-1-3。

表 2-1-3

A105010　　视同销售和房地产开发企业特定业务纳税调整明细表　　单位：万元

行次	项　目	税收金额	纳税调整金额
		1	2
1	一、视同销售（营业）收入（2+3+4+5+6+7+8+9+10）	-30.00	-30.00
10	（九）其他	-30.00	-30.00
11	二、视同销售（营业）成本（12+13+14+15+16+17+18+19+20）	-24.00	-24.00
20	（九）其他	-24.00	-24.00

第二步：填写《纳税调整项目明细表》(A105000)，见表2-1-4。

表 2-1-4

A105000　　纳税调整项目细表　　单位：万元

行次	项　目	账载金额	税收金额	调增金额	调减金额
		1	2	3	4
1	一、收入类调整项目（2+3+4+5+6+7+8+10+11）	—	—	-30.00	0.00
2	（一）视同销售收入（填写A105010）	—	-30.00	-30.00	—
12	二、扣除类调整项目（13+14+…24+26+27+28+29+30）	—	—	0.00	-24.00
13	（一）视同销售成本（填写A105010）	—	-24.00	—	-24.00

说明：通过对比就可以发现，2019年的报表其实就是在2018年的数据前加上了一个负号，也就是对2018年的调整数据进行再次调整。如果是只有这么一笔视同销售的纳税调整，且是负数的话，所得税申报系统可能会出现风险预警提示，而我们上一年度已经准备好了相关资料就不用担心。

3. 第二种情况的会计处理

确认损失：

借：营业外支出　　288 000.00

　贷：发出商品　　240 000.00

　　　应收账款——甲公司　　48 000.00

4. 第二种情况下的2019年企业所得税申报表填报

第一步：填报《资产损失税前扣除及纳税调整明细表》(A105090)，见表2-1-5。

表 2-1-5

A105090　　资产损失税前扣除及纳税调整明细表　　单位：万元

行次	项　目	资产损失账载金额	资产处置收入	赔偿收入	资产计税基础	资产损失的税收金额	纳税调整金额
		1	2	3	4	5（4-2-3）	6（1-5）
2	二、应收及预付款项坏账损失	28.80	0.00	0.00	34.80	34.80	-6.00
3	其中：逾期三年以上的应收款项损失	0.00	0.00	0.00	0.00	0.00	0.00
4	逾期一年以上的小额应收款项损失	28.80	0.00	0.00	34.80	34.80	-6.00
5	三、存货损失	0.00	0.00	0.00	0.00	0.00	0.00
6	其中：存货盘亏、报废、损毁、变质或被盗损失	—	—	—	—	—	—
28	合计（1+2+5+7+9+12+14+16+23+25+26+27）	28.80	0.00	0.00	34.80	34.80	-6.00

填报说明：①此处为什么会填在“应收及预付款项坏账损失”栏目中呢？因为税务处理上是按照甲公司货款未收回的坏账损失进行申报备案的，而不是存货损失申报备案，所以虽然会计科目是“发出商品”的损失，但是税务报表应按照“应收账款”的损失进行填报。②应收账款的计税基础是34.8万元（增值税发票价税合计金额）。③虽然放管服改革后，不再要

求报送资产损失的相关资料，但是还是要必须满足《企业资产损失所得税税前扣除管理办法》（国家税务总局公告2011年第25号）规定且能够取得相关证据资料的情况下，才能填报《资产损失税前扣除及纳税调整明细表》（A105090）进行税前扣除。

第二步：填报《纳税调整项目明细表》（A105000），见表 2-1-6。

表 2-1-6

A105000　　纳税调整项目明细表　　单位：万元

行次	项　目	账载金额	税收金额	调增金额	调减金额
		1	2	3	4
1	一、收入类调整项目（2+3+4+5+6+7+8+10+11）	—	—	0.00	0.00
2	（一）视同销售收入（填写A105010）	—	0.00	0.00	—
12	二、扣除类调整项目（13+14+…+24+26+27+28+29+30）	—	—	0.00	0.00
13	（一）视同销售成本（填写A105010）	—	0.00	—	0.00
31	三、资产类调整项目（31+32+33+34）	—	—	0.00	6.00
34	（三）资产损失（填写A105090）	28.80	34.80	0.00	6.00

5. **税务风险提示**

（1）在次年能够收回货款的情况下，企业办税人员可能会遗忘该笔收入在上年度税务方面已经是确认过收入的，本年度应该纳税调减，结果会造成企业多交税。

（2）在次年没有收回货款，还没有达到税法规定的资产损失标准或没有收集齐全证据材料的情况下，就按照会计处理申报了税前扣除。后果就是一旦被检查出来会受到补税等处罚。

6. **企业后续风险管理**

（1）企业所得税申报表填报好以后，财务管理人员安排不同人员结合税会差异台账进行复核。

（2）出现资产损失，严格按照税法规定判断申报资产损失税前扣除，并按照税法规定准备相关的证据材料，并装订存档备查。

第二节　销售商品收入的财税处理及税务风险管理

销售商品收入一直是企业经营中最主要的一项收入，一般销售商品收入属于主营业务收入。由于销售商品各种结算方式不同，税法和会计上对收入的确认也有很大不同。销售商品收入的税会差异主要有收入确认时间、销售方式以及视同销售这三项税会差异。

一、销售商品收入确认时间的税会差异

（一）商品销售收入确认时间的会计规定

2017 版《企业会计准则第 14 号——收入》关于收入确认时点与 2006 版准则的最大区别，是以“控制权转移”替代“风险报酬转移”作为收入确认时点的判断标准（具体规定详见新

收入准则第四条、第十三条、第三十二条)。将"控制权转移"的判断分为五个步骤:一是识别客户合同,二是识别履约义务,三是确定交易价格,四是分摊交易价格,五是确认收入。

企业应当在客户取得相关商品控制权时点确认收入。在判断客户是否已取得商品控制权时,企业应当考虑下列迹象:

(1)企业就该商品享有现时收款权利,即客户就该商品负有现时付款义务。

(2)企业已将该商品的法定所有权转移给客户,即客户已拥有该商品的法定所有权。

(3)企业已将该商品实物转移给客户,即客户已占有该商品实物。

(4)企业已将该商品所有权上的主要风险和报酬转移给客户,即客户已取得该商品所有权上的主要风险和报酬。

(5)客户已接受该商品。

(6)其他表明客户已取得商品控制权的迹象。

因此,下列商品销售方式,通常按规定的时点确认为收入,在会计上,有证据表明不满足收入确认条件的除外:

(1)赊销方式销售货物,会计上按货物控制权发生转移时确认收入。

(2)分期收款方式销售货物,会计上分期收款销售商品的处理:在货物已经交付于购货方后,标志着与货物有关的控制权、所有权和报酬已经转移至购货方,满足收入确认条件,应确认收入。如果合同或协议价款的收取时间超过合理期限,实质上具有融资性质的,应当按照应收的合同或协议价款的公允价值(通常为合同或协议价款的现值)确定销售商品收入金额。应收的合同或协议价款与其公允价值之间的差额,应当在合同或协议期间内采用实际利率法进行摊销,计入当期损益(冲减财务费用)。

(3)预收货款方式销售货物,会计上在货物控制权发生转移时确认收入。

(4)委托收款方式销售货物,会计上在发出货物并办妥托收手续的当天确认收入。

(5)委托代销方式销售货物,会计上在收到代销清单时确认收入。

(6)直接收款方式销售货物,会计上收取款项且货物控制权发生转移时确认收入。

(7)提货交款方式销售货物,会计上在收到款项并货物控制权发生转移时确认收入。

(二)商品销售收入确认时间的税法规定

在税法方面,依据《关于确认企业所得税收入若干问题的通知》(国税函〔2008〕875号)规定,采取下列商品销售方式的,应按以下规定确认收入实现时间:

(1)销售商品采用托收承付方式的,在办妥托收手续时确认收入。

(2)销售商品采取预收款方式的,在发出商品时确认收入。

(3)销售商品需要安装和检验的,在购买方接受商品以及安装和检验完毕时确认收入。如果安装程序比较简单,可在发出商品时确认收入。

(4)销售商品采用支付手续费方式委托代销的,在收到代销清单时确认收入。

对于税法上没有明确规定收入确认时间的,按会计规定处理,具体见表2-2-1。

表 2-2-1

会计与税法关于收入确认时间对照表

销售方式	会计上确认收入时间	企业所得税确认收入时间
托收承付方式	货物控制权发生转移时确认收入	办妥托收手续时确认收入
预收款方式	货物控制权发生转移时确认收入	发出商品时确认收入
需要安装和检验的	在购买方接受商品以及安装和检验完毕时确认收入。如果安装程序比较简单，可在货物控制权发生转移时确认收入	在购买方接受商品以及安装和检验完毕时确认收入。如果安装程序比较简单，可在发出商品时确认收入
支付手续费方式委托代销	收到代销清单时确认收入	收到代销清单时确认收入
赊销方式	按货物控制权发生转移时确认收入	税法无规定，适用会计规定确认收入
分期收款方式	购货方取得货物控制权并满足收入确认条件时确认	按合同约定的收款日期确认收入
委托收款方式	发出货物并办妥托收手续的当天确认收入	税法无规定，适用会计规定确认收入

二、商业折扣、折让与销售退回的财税处理及风险管理

（一）商业折扣的财税处理及风险管理

商业折扣，是指企业根据市场供需情况，在销售商品时为了促进商品销售、增加销量，或保守商业秘密、隐藏实际交易价格，或针对不同身份的顾客，在出售商品时给予买方价格上的让步行为。商业折扣是企业最常用的促销方式之一。企业为了扩大销售、占领市场，采用销量越多、价格越低的促销策略，也就是我们通常所说的“薄利多销”，如购买 5 件，销售价格折扣 10%；购买 10 件，折扣 20% 等。其特点是折扣在实现销售的同时发生。

1．会计处理

销售方按照折扣后的实际交易价格确认收入的实现。

2．税务规定

（1）《国家税务总局关于确认企业所得税收入若干问题的通知》（国税函〔2008〕875 号）规定：企业为促进商品销售而在商品价格上给予的价格扣除属于商业折扣，商品销售涉及商业折扣的，应当按照扣除商业折扣后的金额确定销售商品收入金额。

（2）《国家税务总局关于折扣额抵减增值税应税销售额问题通知》（国税函〔2010〕56 号）规定：纳税人采取折扣方式销售货物，销售额和折扣额在同一张发票上分别注明是指销售额和折扣额在同一张发票上的“金额”栏分别注明的，可按折扣后的销售额征收增值税。未在同一张发票“金额”栏注明折扣额，而仅在发票的“备注”栏注明折扣额的，折扣额不得从销售额中减除。

说明：虽然国税函〔2010〕56 号的规定是针对增值税，但是实务中对企业所得税同样适用。因为如果没有在同一张发票“金额”栏注明折扣额的话，税务局可以认定为无票支出等，可以有很多理由让你服气。《国家税务总局企业销售折扣在计征所得税时如何处理问题的批复》（国税函〔1997〕472 号）也明确回答：纳税人销售货物给购货方的销售折扣，如果销售额和折扣

额在同一张销售发票上注明的，可按折扣后的销售额计算征收所得税；如果将折扣额另开发票，则不得从销售额中减除折扣额；纳税人销售货物给购货方的回扣，其支出不得在所得税前列支。

3．商业折扣的税会差异

商业折扣的税会差异就是会计和税务对待“实质”与“形式”的差异。会计处理时遵从“实质重于形式”，不需要过问商业折扣是否在同一张发票上开具的问题。税务处理遵从税收法定原则，税法既然规定了商业折扣必须开具在同一张发票上，那就必须要有这个形式，否则即便实质上属于商业折扣也不能在税前扣除。

【案例 2-3】商品销售有商业折扣的财税处理及风险管理

2018 年度，甲公司为推销新品，与 A 客户签订协议约定：商品价格 200 元 / 件（含税价），当客户累计购货达到 10 000 件时给予 5% 的折扣。

A 客户前两次累计进货 9 000 件，都是按照正常价格支付了款项。第三次进货 1 000 件，刚好达到协议约定的门槛。甲公司按照全额开具了发票，发票价税合计金额 200 000 元。同时，在发票备注栏注明折扣金额 100 000 元。最终，甲公司第三次实际收款 100 000 元。

假定甲公司的新品税率为 16%。

问题：甲公司商业折扣的财税处理及纳税调整。

解析：

1. 甲公司会计处理

借：银行存款　　100 000.00

　　主营业务收入——折扣与折让　　100 000.00

　贷：主营业务收入——×× 商品　　172 413.79

　　　应交税费——应交增值税（销项税额）　　27 586.21

2. 税务处理及税会差异分析

由于发票开具的折扣不符合税法规定，折扣额未在金额栏填开，增值税和企业所得税均不认同该项折扣。增值税只能按照折扣前的金额作为计税依据，会计处理确认的“折扣与折让”而冲减收入在企业所得税方面是不被认可的，需要进行纳税调整。

3. 企业所得税申报表填报

对于案例中的折扣调整只需要填报《纳税调整项目明细表》（A105000），见表 2-2-2。

表 2-2-2

A105000　　纳税调整项目明细表　　单位：元

行次	项　目	账载金额	税收金额	调增金额	调减金额
		1	2	3	4
1	一、收入类调整项目（2+3+4+5+6+7+8+10+11）	—	—	100 000.00	0.00
10	（八）销售折扣、折让和退回	100 000.00	0.00	100 000.00	0.00

4. 税务风险提示

没有将商业折扣是否满足税法规定进行区分，可能造成应调整而未调整，或者不应调整而进行调整。结果是，应调整而未调整被稽查出来就会受到处罚，不应调整而进行调整就会多交税。

5. 税务风险管理

（1）要求开发票时，尽可能把商业折扣按税法规定开在同一张发票上。

（2）如果出现了商业折扣不满足税法规定的情况，在做会计分录时要在摘要中备注，或者采用单独台账登记。

（二）现金折扣的财税处理

现金折扣，是指为敦促顾客尽早付清货款而向客户提供的一种价格优惠。现金折扣的实质是企业为提前收回其卖方信贷资金而发生的代价，是一种融资性质的理财费用，因而销售折扣不得从销售额中减除，所以我国会计核算采用的总价法，在现金折扣发生时才将折扣额计入当期财务费用。现金折扣发生在销货之后。

现金折扣的表示方式为：2/10，1/20，*n*/30（即 10 天内付款，货款折扣 2%；20 天内付款，货款折扣 1%，30 天内全额付款折扣一定比例 *n*）。

《国家税务总局关于确认企业所得税收入若干问题的通知》（国税函〔2008〕875 号）规定，债权人为鼓励债务人在规定的期限内付款而向债务人提供的债务扣除属于现金折扣，销售商品涉及现金折扣的，应当按扣除现金折扣前的金额确定销售商品收入金额，现金折扣在实际发生时作为财务费用扣除。

【案例 2-4】商品销售发生现金折扣的财税处理及风险管理

乙公司 2018 年 9 月 1 日销售一批商品，销售价格 100 000 元（不含税价），税率 16%，销售条件为 2/10、1/20、*n*/30。买方于 2018 年 9 月 9 日付款，享受现金折扣 2 320 元。

问题：乙公司现金折扣的财税处理。

解析：

1. 销售商品时

借：应收账款　　116 000.00
　贷：主营业务收入　　100 000.00
　　应交税费——应交增值税（销项税额）　　16 000.00

2. 收到货款时

借：银行存款　　113 680.00
　财务费用——现金折扣　　2 320.00
　贷：应收账款　　116 000.00

3. 根据《国家税务总局关于确认企业所得税收入若干问题的通知》（国税函〔2008〕875 号）规定，该现金折扣在实际发生时可以在税前扣除，因此无税会差异，不需要进行纳税调整。

4. 税务风险管理

现金折扣一般不会产生税会差异，但是并不意味着就没有税务风险。企业须将双方签署的合同及对方付款时间等证据材料存档备查。

为防止与其他利息支出混淆，现金折扣应设置“财务费用——现金折扣”明细科目单独核算。

（三）销售折让的财税处理

销售折让是指企业因出售的商品质量不符合要求，或者商品型号、款式陈旧过时等原因在售价上给予买方的减让，以保障大部分营业收入的实现，避免买方全额退货。

销售折让可能发生在企业销售收入确认之前，也可能发生在销售收入确认之后；销售折让发生时，有可能买方退还了原开具的发票而重新开具新的发票，也有可能是专门开具了红字的折让发票，也有可能是既没有重开发票也没有开红字折让发票。各种不同情形需要区分对待。

1. 销售折让发生在收入确认之前

如果买方退还了原发票而重新开具了新发票，或者买方提供了折让证明单而开具了红字折让发票，卖方只需要按照折让后金额确认收入即可，一般情况下无税会差异，无须进行纳税调整。

如果既没有重开发票也没有开红字折让发票，会计处理可以确认折让，但是折让金额得不到税务认可，增值税和企业所得税应税收入还必须要按照折让前金额确认。因此，这种情况的销售折让必然存在税会差异，必然需要进行纳税调整。

2. 销售折让发生在收入确认之后

如果因发票问题而产生税会差异，与收入确认之前一样，不再探讨，本处探讨发生之后且发票处理都符合税法规定的情况。

《国家税务总局关于确认企业所得税收入若干问题的通知》（国税函〔2008〕875号）规定，企业因售出商品的质量不合格等原因而在售价上给的减让属于销售折让；企业因售出商品质量、品种不符合要求等原因而发生的退货属于销售退回。企业已经确认销售收入的售出商品发生销售折让和销售退回，应当在发生当期冲减当期销售商品收入。

（1）发生在本年度的。在发生时，会计处理直接折让金额冲减收入即可，且无税会差异，无需进行纳税调整。

（2）发生在以后年度的。无论会计怎么处理，税务处理都是在发生当期确认。

会计处理要按照《企业会计准则第29号——资产负债表日后事项》区分是否属于资产负债表日后事项。如果会计处理属于资产负债表日后事项的，会计处理需要调整上年度财务报表，而税务处理则是确认在发生年度，二者存在时间上的差异需要进行纳税调整。如果折让发生在财务报表报出后，不属于资产负债表日后事项的，则会计处理和税务处理都在同一年度，就不会存在税会差异。

【案例 2-5】商品销售发生折让的财税处理及风险管理

丙公司 2017 年 12 月 10 日售出一批商品，售价 100 万元（不含税价），已给客户开具了发票价税合计 117 万元。客户收到货后，认为商品存在一些瑕疵，希望价格折让或退货。经过分析认为，客户不会退货而只是希望得到折让，故在 2017 年度会计上确认了该笔销售收入。双方在 2018 年 1 月 5 日谈妥，给予对方 2.34 万元（含税）的折让，客户提供折让证明由丙公司开具红字折让发票。2018 年 1 月 8 日办妥并收回货款存入银行。假定适用的增值税税率为 17%。

问题：丙公司销售折让的财税处理。

解析：

1. 2017 年度确认收入

借：应收账款　　1 170 000.00

　贷：主营业务收入　　1 000 000.00

　　　应交税费——应交增值税（销项税额）　　170 000.00

2. 2018 年 1 月 8 日发生销售折让

（1）2018 年度会计处理

收妥货款：

借：银行存款　　1 146 600.00

　　以前年度损益调整　　20 000.00

　贷：应收账款　　1 170 000.00

　　　应交税费——应交增值税（销项税额）　　−3 400.00

（红字折让发票注明的增值税税额）

调整对企业所得税的影响：

借：应交税费——应交企业所得税　　5 000.00

　贷：以前年度损益调整　　5 000.00

（备注：假定企业所得适用税税率 25%，“以前年度损益调整”=2 万元 ×25%）

同时，结转“以前年度损益调整”：

借：利润分配——未分配利润　　13 500.00

　　盈余公积　　1 500.00

　贷：以前年度损益调整　　15 000.00

（盈余公积假定按照净利润 10% 提取）

（2）同时需要对 2017 年度的财务报表进行调整

借：主营业务收入　　20 000.00

　贷：应收账款　　20 000.00

调整本年利润：

借：本年利润　　　　　　　　　　　　　　　　　20 000.00

　贷：主营业务收入　　　　　　　　　　　　　　　20 000.00

调整所得税费用：

借：应交税费——应交企业所得税　　　　　　　　　5 000.00

　贷：所得税费用　　　　　　　　　　　　　　　　5 000.00

调整盈余公积等：

借：利润分配——未分配利润　　　　　　　　　　13 500.00

　　盈余公积　　　　　　　　　　　　　　　　　1 500.00

　贷：本年利润　　　　　　　　　　　　　　　　15 000.00

3. 税务处理及税会差异分析

无论会计怎么处理，销售折让发生在2018年度，根据《国家税务总局关于确认企业所得税收入若干问题的通知》(国税函〔2008〕875号)规定，只能冲减2018年度的应税销售收入。

而会计处理根据《企业会计准则第29号——资产负债表日后事项》规定，该事项属于资产负债表日后调整事项，虽然销售折让发生在2018年度，但是必须调整2017年度的财务报表。

因此，存在税会差异，必须进行纳税调整。

（1）丙公司2017年度企业所得税申报表填报，见表2-2-3。

表2-2-3

A105000　　　　纳税调整项目明细表　　　　单位：万元

行次	项　目	账载金额	税收金额	调增金额	调减金额
		1	2	3	4
1	一、收入类调整项目（2+3+4+5+6+7+8+10+11）	—	—	2.00	0.00
10	（八）销售折扣、折让和退回	2.00	0.00	2.00	0.00

（2）丙公司2018年度企业所得税申报表填报，见表2-2-4。

表2-2-4

A105000　　　　纳税调整项目明细表　　　　单位：万元

行次	项　目	账载金额	税收金额	调增金额	调减金额
		1	2	3	4
1	一、收入类调整项目（2+3+4+5+6+7+8+10+11）	—	—	0.00	2.00
10	（八）销售折扣、折让和退回	0.00	2.00	0.00	2.00

4. 税务风险提示

（1）没有注意折让发生的时间，没有按照税法规定进行纳税调整。

（2）上一年度进行了纳税调增，而下一个年度却忘记纳税调减。

（3）销售折让发生，既没有退回发票，也没有开具红字折让发票，没有进行纳税调整。

5. 税务风险管理

（1）企业在与购货方协商时，尽可能要求退回发票或开具红字折让发票。

（2）对既没有退回发票也没有开具红字折让发票的折让，在会计分录摘要中备注或进行单独台账登记。

（3）正式申报前，由不同人员进行复核，检查折让是否存在纳税调整遗漏事项。

（四）销售退回

销售退回是指企业售出的商品由于质量问题等原因而发生的退货。

1. 会计处理

根据不同情形进行处理：

（1）适用2006版收入准则的：在收入确认之前发生退货的，借记“库存商品”，贷记“发出商品”“应交税费——应交增值税（销项税额）（红字）”等。

（2）适用2006版收入准则的：在收入确认之后退回的，要分几种情况分别处理：

① 如果退货发生在售出的当年度的，直接冲减收入即可。

借：主营业务收入

　贷：应收账款

　　　应交税费——应交增值税（销项税额）（红字）

同时，结转成本：

借：库存商品

　贷：主营业务成本

② 如果退货跨年度且属于资产负债表日后调整事项的（即在财务报表报出日之前发生的）：

A. 退货发生年度会计分录：

借：以前年度损益调整

　贷：应收账款

　　　应交税费——应交增值税（销项税额）（红字）

收到退货：

借：库存商品

　贷：以前年度损益调整

调整企业所得税：

借：应交税费——应交企业所得税

　贷：以前年度损益调整

同时，结转以前年度损益调整：

借：利润分配——未分配利润

　　盈余公积

　贷：以前年度损益调整

B．调整商品售出年度的财务报表

借：主营业务收入

　贷：应收账款

　　应交税费——应交增值税（销项税额）（红字）

借：库存商品

　贷：主营业务成本

同时还要调整“本年利润”“所得税费用”“应交税费——应交企业所得税”“利润分配——未分配利润”“盈余公积”等科目。

③ 如果退货发生在以后年度且是财务报表报出日之后的，按照第①种情况处理即可。

（3）适用 2017 版收入准则的，属于附有销售退回条款的销售。借记“库存商品”“预计负债——应付退货款”“应交税费——应交增值税（销项税额）”，贷记“应收退货成本”“银行存款”等科目。如果实际退货数量低于预估退货数量时，须将“预计负债——应付退货款”差额转入“主营业务收入”“应收退货成本”转入“主营业务成本”；如果实际退货数量高于预估退货数量时，高出部分退货的会计处理按照 2016 版收入准则进行处理。

2．税务规定

《国家税务总局关于确认企业所得税收入若干问题的通知》（国税函〔2008〕875 号）规定，企业因售出商品质量、品种不符合要求等原因而发生的退货属于销售退回。企业已经确认销售收入的售出商品发生销售退回，应当在发生当期冲减当期销售商品收入。

【案例 2-6】商品销售退回的财税处理及风险管理

丁公司 2017 年 12 月 15 日售出一批商品，开具了增值税专用发票，价款 200 万元，价税合计 234 万元，货款截至年底未收到，该批商品成本 150 万元。由于质量问题且双方协商不成功，该批商品于 2018 年 3 月 1 日被退回。由于增值税专用发票已经被客户抵扣而无法退回，丁公司按增值税相关规定开具了红字专用发票。丁公司 2017 年度财务报表于 2018 年 3 月 31 日经董事会审批后报出。

问题：丁公司销售退货涉及的财税处理及纳税调整

解析：

1．会计处理

A．2018 年 3 月份会计处理

a．退货发生时

科目	借方	贷方
借：以前年度损益调整	2 000 000.00	
贷：应收账款		2 340 000.00
应交税费——应交增值税（销项税额）		−340 000.00
借：库存商品	1 500 000.00	
贷：以前年度损益调整		1 500 000.00

b．调整“递延所得税资产”科目

借：递延所得税资产　　125 000.00

　贷：以前年度损益调整　　125 000.00

说明：会计处理由于属于资产负债表日后事项而调整2017年度的收入，但是税法规定只能在退货发生年度（2018年）确认冲减收入，因此不能调减应税所得额，故而应交企业所得税也不会减少，但是2017年所交的这部分税款可以在2018年抵扣，故应调整“递延所得税资产”，金额 =（200−150）×25%=12.50（万元）。

c. 同时，结转以前年度损益调整

借：利润分配——未分配利润　　337 500.00

　　盈余公积　　37 500.00(375 000 × 10%)

　贷：以前年度损益调整　　375 000.00 万元 [(2 000 000−1 500 000) × (1−25%)]

（假定盈余公积按照净利润的10%提取）

B. 2017年度企业财务报表调整

a. 调整收入

借：主营业务收入　　2 000 000.00

　贷：应收账款　　2 340 000.00

　　　应交税费——应交增值税（销项税额）　　−340 000.00

b. 调整成本

借：库存商品　　1 500 000.00

　贷：主营业务成本　　1 500 000.00

c. 调整“本年利润”

借：本年利润　　500 000.00

　　主营业务成本　　1 500 000.00

　贷：主营业务收入　　2 000 000.00

同时：

借：本年利润　　500 000.00

　贷：利润分配　　500 000.00

d. 调整“所得税费用”

借：递延所得税资产　　125 000.00

　贷：所得税费用　　125 000.00

（假定企业所得税税率25%）

e. 调整“盈余公积”等

借：利润分配——未分配利润　　337 500.00

　　盈余公积　　37 500.00

　贷：利润分配　　375 000.00

（假定盈余公积按照净利润的10%提取）

2. 税务处理

无论会计怎么处理，销售退回发生在2018年度，根据《国家税务总局关于确认企业所得税收入若干问题的通知》（国税函〔2008〕875号）规定，只能冲减2018年度的销售收入。

而会计处理根据《企业会计准则第29号——资产负债表日后事项》规定，该事项属于资产负债表日后调整事项，虽然销售退回发生在2018年度，但是必须调整2017年度的财务报表。

因此，存在税会差异，必须进行纳税调整。

（1）丁公司2017年度企业所得税申报表填报，见表2-2-5。

表2-2-5

A105000　　纳税调整项目明细表　　单位：万元

行次	项　目	账载金额	税收金额	调增金额	调减金额
		1	2	3	4
1	一、收入类调整项目（2+3+4+5+6+7+8+10+11）	—	—	200.00	0.00
10	（八）销售折扣、折让和退回	200.00	0.00	200.00	0.00
12	二、扣除类调整项目（13+14+…24+26+27+28+29+30）	—	—	0.00	150.00
30	（十七）其他	-150.00	0.00	0.00	150.00

（2）丁公司2018年度企业所得税申报表填报，见表2-2-6。

表2-2-6

A105000　　纳税调整项目明细表　　单位：万元

行次	项　目	账载金额	税收金额	调增金额	调减金额
		1	2	3	4
1	一、收入类调整项目（2+3+4+5+6+7+8+10+11）	—	—	0.00	200.00
10	（八）销售折扣、折让和退回	0.00	200.00	0.00	200.00
12	二、扣除类调整项目（13+14+…24+26+27+28+29+30）	—	—	150.00	0.00
30	（十七）其他	0.00	-150.00	150.00	0.00

3. 税务风险提示

（1）混淆退货时间对会计和税务的影响，遗漏应纳税调整的退货业务。

（2）只进行了纳税调增，次年没有进行对应的纳税调减。

（3）开具了增值税发票的退货，没有按照税法规定开具相应的红字发票。

4. 税务风险管理

（1）发生退货纳税调增的，及时进行税会差异台账登记。

（2）所得税申报时，检查上年度台账登记，本年是否有退货引起的纳税调减。

（3）收集退货发生的证据材料，并存档。

三、代销商品的财税处理及风险管理

（1）对于视同买断方式代销商品，其实质属于销售商品，而不是让他人代销，和销售商品的税会处理类似。即受托方在取得代销商品后，无论是否能够卖出、是否获利，均与委托方无关，在符合销售商品条件时，委托方应确认相关销售商品收入。

（2）而对于非买断式代销商品，例如委托方和受托方之间的协议明确表明，将来受托方没有将商品售出时可以将商品退回给委托方，或受托方因代销商品出现亏损时可以要求委托方补偿，那么，委托方在交付商品时不确认销售商品收入，受托方也不作购进商品处理，受托方将商品销售后，按实际售价确认收入，并向委托方开具代销清单，委托方收到代销清单时，再确认本企业的销售收入。

（3）对于收取手续费方式代销商品。委托方在发出商品时通常不应确认销售商品收入，而应在收到受托方开出的代销清单时确认销售商品收入；纳税人代销货物，纳税义务发生时间为收到代销单位销售的代销清单的当天；在收到代销清单前已收到全部或部分货款的，其纳税义务发生时间为收到全部或部分货款的当天。

注意：对于发出代销商品超过 180 天仍未收到代销清单及货款的，在增值税上按视同销售实现，一律征收增值税，其纳税义务发生时间为发出代销商品满 180 天的当天。

四、附有销售退回条款的商品销售财税处理及风险管理

附有销售退回条款的商品销售，是指购买方依照有关协议规定的条件，可以在一定期间内退货的销售方式。

《企业会计准则第 14 号——收入》（2017 版）第三十二条规定，对于附有销售退回条款的销售，企业应当在客户取得相关商品控制权时，按照因向客户转让商品而预期有权收取的对价金额（即不包含预期因销售退回将退还的金额）确认收入，按照预期因销售退回将退还的金额确认负债；同时，按照预期将退回商品转让时的账面价值，扣除收回该商品预计发生的成本（包括退回商品的价值减损）后的余额，确认为一项资产，按照所转让商品转让时的账面价值，扣除上述资产成本的净额结转成本。每一资产负债表日，企业应当重新估计未来销售退回情况，如有变化，应当作为会计估计变更进行会计处理。

而在税法上无论附有销售退回条件售出的商品是否退回，均在满足税法规定确认收入时全额确认收入，计算缴纳增值税和所得税应税收入，而不是按扣除预计退货金额后的余额确认。只有退货实际发生时，才冲减增值税计税依据和企业所得税应税收入。

【案例 2-7】附有销售退回条款的商品销售财税处理及风险管理

怀文公司为增值税一般纳税人（增值税税率为 13%），企业所得税税率为 25%。怀文公司于 2019 年 12 月 10 日将一批商品销售给利君公司，销售价格为 100 万元（不含增值税），商品销售成本为 80 万元。根据双方签订的协议，利君公司在收到货后 3 个月内不满意有权退货，按以往的经验估计退货的可能性为 10%。截至 2019 年 12 月 31 日商品已发出，款项尚未收到，

增值税专用发票已开具。

假定怀文公司适用2017版收入准则，退货发生不会对商品价值产生减损。

问题：怀文公司2019年所涉及账务处理与纳税调整。

解析：

1. 会计处理

发出商品时：

借：应收账款　　1 130 000.00

　贷：主营业务收入　　900 000.00（1 000 000×90%）

　　合同负债——预计退货款　　100 000.00（1 000 000×10%）

　　应交税费——应交增值税（销项税额）　　130 000.00

同时结转成本：

借：主营业务成本　　720 000.00（800 000×90%）

　应收退货成本　　80 000.00（800 000×10%）

　贷：库存商品　　800 000.00

2. 税会差异分析

无论是或有负债，还是销售退回的估计，在没有实际发生时税务一律不予认可。因此，会计处理确认的销售收入冲减需要通过纳税调整来进行修正。

3. 2019年企业所得税申报表的相关填报

第一步：填写《视同销售和房地产开发企业特定业务纳税调整明细表》（A105010），见表2-2-7。

表2-2-7

A105010　　视同销售和房地产开发企业特定业务纳税调整明细表　　单位：万元

行次	项　目	税收金额	纳税调整金额
		1	2
1	一、视同销售（营业）收入（2+3+4+5+6+7+8+9+10）	10.00	10.00
10	（九）其他	10.00	10.00
11	二、视同销售（营业）成本（12+13+14+15+16+17+18+19+20）	8.00	8.00
20	（九）其他	8.00	8.00

第二步：填写《纳税调整项目明细表》（A105000），见表2-2-8。

表2-2-8

A105000　　纳税调整项目明细表　　单位：万元

行次	项　目	账载金额	税收金额	调增金额	调减金额
		1	2	3	4
1	一、收入类调整项目（2+3+4+5+6+7+8+10+11）	—	—	10.00	0.00

续上表

行次	项　目	账载金额	税收金额	调增金额	调减金额
		1	2	3	4
2	（一）视同销售收入（填写A105010）	—	10.00	10.00	—
12	二、扣除类调整项目（13+14+…24+26+27+28+29+30）	—	—	0.00	8.00
13	（一）视同销售成本（填写A105010）	—	8.00	—	8.00

4. 税务风险说明

（1）直接通过《纳税调整项目明细表》（A105000）的“收入类调整项目”和“扣除类调整项目”的“其他”项目进行调整，而不通过《视同销售和房地产开发企业特定业务纳税调整明细表》（A105010）的“视同销售”的“其他”项目调整。

（2）遗漏预计退货冲减收入的纳税调整。

（3）将实际退货当成估计退货进行纳税调整。

5. 企业后续风险管理

针对案例中所述情况，企业在正确填报申报表的同时，还应做好后续风险管理工作。

（1）登记税会差异及纳税调整台账，说明纳税调整的原因。

（2）如果附带退货条件的商品销售经常发生，设置单独的估计退货明细账。

（3）检查收入明细账，注意将实际退货与估计退货进行区分。既要避免多调整，也要避免少调整。

（4）在次年实际退货发生后，应及时进行会计处理，并对或有负债进行调整处理。在次年所得税汇算申报时将上年度的估计退货进行反调整。

五、售后回购的财税处理及风险管理

售后回购是指企业销售商品的同时承诺或有权选择日后再将该商品（包括相同或几乎相同的商品，或以该商品作为组成部分的商品）购回的销售方式。

（一）会计处理

2017版《企业会计准则第14号——收入》第三十八条规定企业区分两种情形分别进行：

（1）企业因存在与客户的远期安排而负有回购义务或企业享有回购权利的，表明客户在销售时点并未取得相关商品控制权，企业应作为租赁交易或融资交易进行相应的会计处理。其中，回购价格低于原售价的应视为租赁交易，按照《企业会计准则第21号——租赁》的相关规定进行会计处理；回购价格不低于原售价的应视为融资交易，在收到客户款项时确认金融负债，并将该款项和回购价格的差额在回购期间内确认为利息费用等。企业到期未行使回购权利的，应当在该回购权利到期时终止确认金融负债，同时确认收入。

（2）企业负有应客户要求回购商品义务的，应在合同开始日评估客户是否具有行使该要求权的重大经济动因。客户具有行使该要求权重大经济动因的，企业应当将售后回购作为租赁交易或融资交易，按照上一种情形有规定进行会计处理；否则，企业应当将其作为附有销售退回条款的销售交易，按照本准则第三十二条规定进行会计处理。

因此，售后回购通常会存在三种情形：

一是按照合同约定企业有义务回购该商品，即存在远期安排；

二是按照合同约定企业有权利回购该商品，即企业拥有回购选择权；

三是按照合同约定当客户要求时，企业有义务回购该商品，即客户拥有回售选择权。

因此，售后回购按照新收入准则处理，应按照下图所示进行：

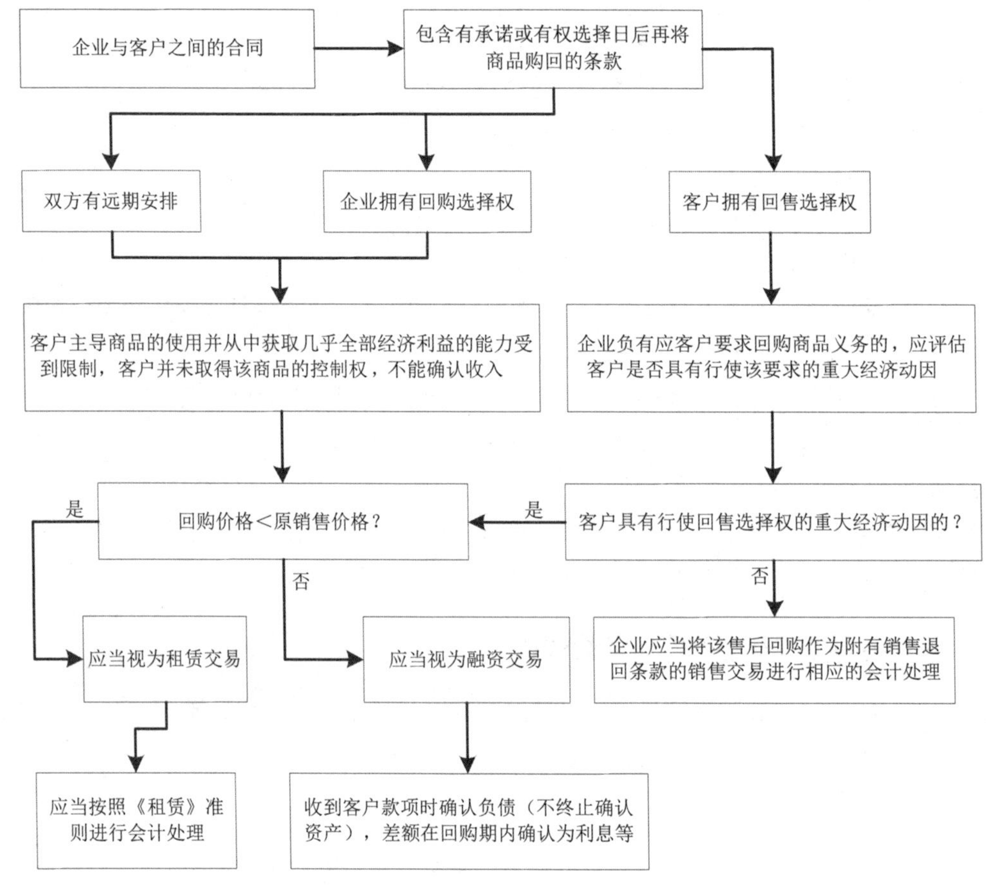

售后回购的会计处理流程图

（二）税务处理

《国家税务总局关于确认企业所得税收入若干问题的通知》（国税函〔2008〕875号）第一条第（三）项规定：采用售后回购方式销售商品的，销售的商品按售价确认收入，回购的商品作为购进商品处理。有证据表明不符合销售收入确认条件的，如以销售商品方式进行融资，收到的款项应确认为负债，回购价格高于原售价的，差额应在回购期间确认为利息费用。

说明：按国税函〔2008〕875号规定，售后回购方式销售商品，一般情况下是需要直接确认收入的，只有在有证据表明不符合销售收入确认条件的，才会作为负债确认。

【案例 2-8】回购价格高于原售价的售后回购方式销售商品的财税处理及风险管理

甲公司在 2019 年 7 月 1 日与乙公司签订一项销售合同，根据合同向乙公司销售一批商品，开出的增值税专用发票上注明的销售价格为 100 万元，增值税额为 13 万元。商品尚未发出，款项已收到。该批商品的成本为 80 万元。7 月 2 日，签订的补充合同约定，甲公司应于同年 11 月 30 日将所售商品购回，回购价为 110 万元（不含增值税额）。

甲公司在 2019 年 11 月 30 日行使了回购的权利，甲公司按约定支付回购价款 124.30 万元，并取得增值税专用发票。

假定甲公司已执行新收入准则。

问题：甲公司 2019 年度售后回购的财税处理。

解析：

1. 会计处理

（1）2019 年 7 月 1 日，收到货款。

	借方	贷方
借：银行存款	1 130 000.00	
贷：应交税费——应交增值税（销项税额）		130 000.00
合同负债		1 000 000.00

（2）回购价格大于原售价的差额，应在回购期间计提利息，计入财务费用。

	借方	贷方
借：财务费用——售后回购融资利息	100 000.00	
贷：合同负债		100 000.00

（3）11 月 30 日回购商品时，收到了增值税专用发票并支付回购价款。

	借方	贷方
借：应交税费——应交增值税（进项税额）	143 000.00	
合同负债	1 100 000.00	
贷：银行存款		1 243 000.00

2. 税务处理及纳税调整

案例中的情况，满足《国家税务总局关于确认企业所得税收入若干问题的通知》（国税函〔2008〕875 号）规定，满足“以销售商品方式进行融资”的条件，不确认企业所得税的应税收入。税务处理与会计处理一致，不作纳税调整。

3. 税务风险提示

（1）税务处理时应严格区分售后回购的类型，避免将可以作为销售和购进分开处理的销售交易与融资交易相混淆。二者混淆的结果是，将可以作为销售和购进分开处理的混淆为售后回购的融资交易，企业将减少商品销售收入数，从而导致业务招待费等税前扣除计算基数的减少或者影响当期损益。反之，将会加大计算基数或影响当期损益。减少基数的，导致企业多交税，税务部门不会找企业麻烦；反之可能就有麻烦。而影响当期损益的结果，在没有进行合理纳税调整的情况下也就会发生税务风险，多交税或少交税的可能都是存在的。

（2）将售后回购融资利息与一般的借贷利息支出混淆。税法对企业向非金融机构借款的利息支出有诸多限制，因而产生很多纳税调增，而售后回购融资利息却未见相关限制规定。售后回购融资的实际利率可能会大于一般的借贷利率，混淆的结果可能导致纳税调整错误。

4. 税务风险管理

（1）正确区分售后回购的类型，严格按照税法规定进行税务处理。

（2）将售后回购融资交易产生利息费用单独核算。

（3）收集售后回购相关资料并存档。

【案例 2-9】回购价格低于原售价的售后回购销售商品的财税处理及税务风险管理

A 公司是一家钢铁制造企业，生产的产品为建筑用架管。在 2019 年 6 月 30 日与 B 公司签订一项销售合同，根据合同向 B 公司销售一批架管，开出的增值税专用发票上注明的销售价格为 110 万元，增值税额为 14.30 万元。当日商品发出，款项已收到。该批商品的成本为 80 万元。7 月 1 日，签订的补充合同约定，A 公司应于 2021 年 6 月 30 日将所售商品购回，回购价为 80 万元（不含增值税额），价税合计 90.40 万元。

B 公司在 2021 年行使了回购的权利，A 公司按约定支付回购价款 90.40 万元，并取得增值税专用发票。

资料：假设架管可以使用 8 年，在使用期间按平均年限法折旧，预计净残值率为 10%。

假定 A 公司已经执行新收入准则。

问题：A 公司售后回购业务的财税处理。

解析：案例中的售后回购，回购价格低于原售价，根据新修订的收入准则规定，应当按照租赁准则进行会计处理，视为租赁交易。根据租赁准则规定，案例中售后回购形成的租赁属于经营性租赁，不构成融资性租赁。

1. 会计处理

（1）2019 年 6 月 30 日收到销售款。

借：银行存款　　1 243 000.00

　贷：合同负债　　1 100 000.00

　　应交税费——应交增值税（销项税额）　　143 000.00

同时，发出商品：

借：固定资产——出租固定资产（架管）　　800 000.00

　贷：存货　　800 000.00

（2）2019 年度确认租赁收入。

假定按直线法分配，则 2019 年度应分配确认收入 =（110−80）/2/2=7.5（万元）。

借：合同负债　　75 000.00

　贷：其他业务收入——租赁收入　　75 000.00

同样道理，2021 年度应确认租赁收入 15.00 万元，2020 年度应确认租赁收入 7.50 万元。会计分录不再赘述。

（3）2019年度确认架管折旧。

2019年度折旧额 =80×(1−10%)/(8×2)=4.5（万元）。

借：其他业务成本——租赁成本　　45 000.00

　贷：累计折旧　　45 000.00

同样道理，2020年度应确认租赁成本及固定资产折旧9.00万元，2021年度应确认租赁成本和固定资产折旧4.5万元。会计分录不再赘述。

（4）2021年6月回购。

借：合同负债　　800 000.00

　　应交税费——应交增值税（进项税额）　　104 000.00

　贷：银行存款　　904 000.00

对于回购回来的架管，根据A公司对其后续处理，做出恰当的会计处理。如果是继续用于出租，则不做会计处理，将其继续保留在“固定资产——出租固定资产”内即可。如果折价销售处理，直接按照固定资产清理进行会计处理。

假定A公司在收回该批架管后，在2021年7月以75.00万元（不含税价）对外售出并收到货款。则会计处理如下：

第一步：

借：固定资产清理　　620 000.00

　贷：固定资产——出租固定资产（架管）　　620 000.00（800 000−90 000×2）

第二步：

借：银行存款　　847 500.00

　贷：固定资产清理　　750 000.00

　　应交税费——应交增值税（销项税额）　　97 500.00（750 000×13%）

第三步：

借：固定资产清理　　130 000.00

　贷：资产处置收益　　130 000.00

2. 税务处理

（1）增值税：案例中售后回购的增值税处理，会计处理与税务处理是一致的。

（2）企业所得税：

根据《国家税务总局关于确认企业所得税收入若干问题的通知》（国税函〔2008〕875号）第一条第（三）项规定，对于有证据表明不符合销售收入确认条件的，如以销售商品方式进行融资，收到的款项应确认为负债，回购价格大于原售价的，差额应在回购期间确认为利息费用。

该项规定直接点明了回购价格大于原售价的情况，但是对于回购价格低于原售价的情况却并没有详细阐明。对于“有证据表明”的证据具体是什么，后续也没有相关规定进行明确，因此实务中很多税务机关都只是认可在回购价格大于原售价的情况下，才可以做负债确认而不做收入确认。所以，为了避免产生税务争议以及税务风险，建议对于售后回购的回购价格低于原售价的，在税务处理时还是先做收入确认。

因此，A公司2019年度对于架管应确认销售收入110万元，销售成本80万元；2021年度应确认购入资产，计税基础是80万元。

3. 税会差异分析

2019年度：会计上，确认收入7.5万元，确认成本4.5万元；而税务方面，需要确认收入110万元，成本80万元。其中差异均需要做纳税调整。

2020年度：会计上确认了租赁收入和成本，而税务方面什么都不需要确认，因此也需要进行纳税调整。

2021年度：会计上继续确认租赁收入和成本，而税务方面仍然不需要确认租赁收入和成本，仅仅需要确认购入资产及计税基础即可。但是，售后回购的管架计税基础是回购价格，因此计税基础是80万元；而会计处理的结果，管架已经作为出租的固定资产处理，通过两年折旧，到2021年6月30日时，其资产的账面价值是62万元（80−9×2）。另外，税务上回购资产仍然属于存货性质（因为2019年度税务处理时是直接确认了收入而未确认固定资产），与会计处理计入固定资产也是存在差异的。如果后续处置，也要注意资产类别的差异。

4. 纳税调整

下面通过A公司企业所得税申报表填报来说明纳税调整的具体过程。

（1）2019年度填报与调整过程。

第一步：填写《一般企业收入明细表》（A101010），见表2-2-9。

表2-2-9

A101010　　一般企业收入明细表　　单位：万元

行次	项　目	金　额
1	一、营业收入（2+9）	7.50
9	（二）其他业务收入（10+12+13+14+15）	7.50
12	2.出租固定资产收入	7.50

第二步：填写《一般企业成本支出明细表》（A102010），见表2-2-10。

表2-2-10

A102010　　一般企业成本支出明细表　　单位：万元

行次	项　目	金　额
1	一、营业成本（2+9）	4.50
9	（二）其他业务成本（10+12+13+14+15）	4.50
12	2.出租固定资产成本	4.50

第三步：填写《视同销售和房地产开发企业特定业务纳税调整明细表》（A105010），见表2-2-11。

表 2-2-11

A105010　　视同销售和房地产开发企业特定业务纳税调整明细表　　单位：万元

行次	项　目	税收金额	纳税调整金额
		1	2
1	一、视同销售（营业）收入（2+3+4+5+6+7+8+9+10）	110.00	110.00
10	（九）其他	110.00	110.00
11	二、视同销售（营业）成本（12+13+14+15+16+17+18+19+20）	80.00	80.00
20	（九）其他	80.00	80.00

说明：由于售价低于同购价格，为避免税务争议，税务处理按照销售收入确认，但是会计上没有确认资产的销售收入，所以只能做视同销售的纳税调整。

第四步：填写《资产折旧、摊销情况及纳税调整明细表》（A105080），见表 2-2-12。

表 2-2-12

A105080资产折旧、摊销情况及纳税调整明细表　　单位：万元

行次	项　目		账载金额				税收金额			纳税调整
			资产原值	本年折旧、摊销额	累计折旧、摊销额	资产计税基础	税收折旧额（摊销额）	加速折旧统计额	累计折旧、摊销额	金额
			1	2	3	4	5	7=5−6	8	9(2−5)
1	一、固定资产（2+3+4+5+6+7）		80.00	4.50	4.50	0.00	0.00	—	0.00	4.50
7	所有固定资产	（六）其他	80.00	4.50	4.50	0.00	0.00	—	0.00	4.50

第五步：填写《纳税调整项目明细表》（A105000），见表 2-2-13。

表 2-2-13

A105000　　纳税调整项目明细表　　单位：万元

行次	项　目	账载金额	税收金额	调增金额	调减金额
		1	2	3	4
1	一、收入类调整项目（2+3+…8+10+11）	—	—	110.00	7.50
2	（一）视同销售收入（填写A105010）	—	110.00	110.00	—
11	（九）其他	7.50	0.00	0.00	7.50
12	二、扣除类调整项目（13+14+…24+26+27+28+29+30）	—	—	0.00	80.00
13	（一）视同销售成本（填写A105010）	—	80.00	—	80.00
31	三、资产类调整项目（32+33+34+35）	—	—	4.50	0.00
32	（一）资产折旧、摊销（填写A105080）	4.50	0.00	4.50	0.00

（2）2020 年度填报与纳税调整。

在 2020 年度，会计上继续确认了租赁收入与租赁成本，而税务上不予认可，因此对于租赁收入和租赁成本都应进行纳税调整，将其调整后最终体现为 0，具体调整过程就不再赘述。

（3）2021 年度填报与纳税调整。

假定 2021 年回购后直接折价处理，销售价格为 75 万元，即前述“会计处理”环节最后的会计分录。

第一步：填写《一般企业收入明细表》（A101010），见表 2-2-14。

表 2-2-14

A101010　　一般企业收入明细表　　单位：万元

行次	项　目	金　额
1	一、营业收入（2+9）	7.50
9	（二）其他业务收入（10+12+13+14+15）	7.50
12	2.出租固定资产收入	7.50
16	二、营业外收入（17+18+19+20+21+22+23+24+25+26）	13.00
17	（一）非流动资产处置利得	13.00

第二步：填写《一般企业成本支出明细表》（A102010），见表 2-2-15。

表 2-2-15

A102010　　一般企业成本支出明细表　　单位：万元

行次	项　目	金　额
1	一、营业成本（2+9）	4.50
9	（二）其他业务成本（10+12+13+14+15）	4.50
12	2.出租固定资产成本	4.50

第三步：填写《视同销售和房地产开发企业特定业务纳税调整明细表》（A105010），见表 2-2-16。

表 2-2-16

A105010　　视同销售和房地产开发企业特定业务纳税调整明细表　　单位：万元

行次	项　目	税收金额	纳税调整金额
		1	2
1	一、视同销售（营业）收入（2+3+4+5+6+7+8+9+10）	75.00	75.00
10	（九）其他	75.00	75.00
11	二、视同销售（营业）成本（12+13+14+15+16+17+18+19+20）	80.00	80.00
20	（九）其他	80.00	80.00

说明：架管回购后对外折价销售，会计上没有确认销售收入而是作为固定资产清理处理的，税务上是按照购进资产处理并对外销售应做存货性质处理（因为税务处理根本就没有确认为固定资产），故应做视同销售纳税调整，视同销售收入就是收到的不含税金额，而架管在回购时的计税基础是80万元，故视同销售成本就应该是80万元。

第四步：填写《资产折旧、摊销情况及纳税调整明细表》（A105080），见表 2-2-17。

表 2-2-17

资产折旧、摊销情况及纳税调整明细表（A105080）　单位：万元

行次	项　目		账载金额			税收金额				纳税调整
			资产原值	本年折旧、摊销额	累计折旧、摊销额	资产计税基础	税收折旧额（摊销额）	加速折旧统计额	累计折旧、摊销额	金额
			1	2	3	4	5	7=5-6	8	9(2-5)
1	一、固定资产（2+3+4+5+6+7）		80.00	4.50	4.50	0.00	0.00	—	0.00	4.50
7	所有固定资产	（六）其他	80.00	4.50	4.50	0.00	0.00	—	0.00	4.50

第五步：填写《纳税调整项目明细表》（A105000），见表 2-2-18。

表 2-2-18

A105000　纳税调整项目明细表　单位：万元

行次	项　目	账载金额	税收金额	调增金额	调减金额
		1	2	3	4
1	一、收入类调整项目（2+3+…8+10+11）	—	—	75.00	20.50
2	（一）视同销售收入（填写A105010）	—	75.00	75.00	—
11	（十七）其他	20.50	0.00	0.00	20.50
12	二、扣除类调整项目（13+14+…24+26+27+28+29+30）	—	—	0.00	80.00
13	（一）视同销售成本（填写A105010）	—	80.00	—	80.00
31	三、资产类调整项目（32+33+34+35）	—	—	4.50	0.00
32	（一）资产折旧、摊销（填写A105080）	4.50	0.00	4.50	0.00

说明：由于会计处理确认了固定资产清理的“非流动资产处置利得”13万元和架管的租赁收入7.5万元，而税务上应确认架管的商品销售额75万元，所以此处应调减收入20.5万元（13+7.5）和调增收入75万元。

5. **税务风险说明及管理**

（1）鉴于售后回购时回购价格低于原售价是否可以不确认收入的税务规定不明确，因此不能擅自在税务处理时不确认收入，谨慎起见还是先确认销售收入，然后在回购的时候再做资产购进。

（2）由于售后回购时回购价格低于原售价，会计处理与税务处理差异较大，一定要做好税务和会计处理差异备查登记。

（3）由于会计上没有完整确认收入的部分，税务规定是应确认收入，故应通过“视同销售”进行纳税调整，不可在《纳税调整项目明细表》（A105000）的“其他”中直接进行纳税调整。

六、附有客户额外购买选择权的销售业务财税处理及风险管理

附有客户额外购买选择权的情况包括销售激励、客户奖励积分、未来购买商品的折扣券以及合同续约选择权等。比较常见的有商场超市促销送积分、航空公司累计里程送机票、餐饮企业消费返券、信用卡积分兑换礼品等。

（一）会计处理

《企业会计准则第 14 号——收入》(2017 版）要求：对于附有客户额外购买选择权的销售，企业应当评估该选择权是否向客户提供了一项重大权利。企业提供重大权利的，应当作为单项履约义务，应当将交易价格分摊至该项履约义务，在客户未来行使购买选择权取得相关商品控制权时，或该选择权失效时，确认相应的收入。客户虽然有额外购买选择权，但客户行使该选择权购买商品时的价格反映了这些商品单独售价的，不应被视为企业向该客户提供了一项重大权利。比如，企业向客户提供续约选择权，企业可以无须估计该选择权的单独售价，而是直接把其预计提供的额外商品的数量以及预计将收取的相应对价金额纳入原合同，并进行相应的会计处理。

会计准则对相关问题说得有点高深莫测，很多人读了也是云山雾绕。下面对上述内容简单总结：

（1）第一步是先评估额外购买选择权是否是一项重大权利。

（2）如果是一项重大权利，则要确认该选择购买权的公允价值，确认为合同负债；未来客户行使选择权时或选择权失效时，再确认该部分收入。

（3）如果不是一项重大权利，不需做特别会计处理，该选择购买权也无须确认公允价值。

其实在 2008 年度的时候，财政部曾经就奖励积分的会计处理给出一个解决办法。《财政部关于做好执行会计准则企业 2008 年年报工作的通知》(财会函〔2008〕60 号），对奖励积分的会计处理是：企业在销售产品或提供劳务的同时授予客户奖励积分的，应当将销售取得的货款或应收货款在商品销售或劳务提供产生的收入与奖励积分之间进行分配，与奖励积分相关的部分应首先作为递延收益，待客户兑换奖励积分或失效时，结转计入当期损益。

新版收入准则规定与财会函〔2008〕60 号有类似的地方，但是新版收入准则更加谨慎，要求企业须进行职业判断。

（二）税务处理

税务方面没有单独的有关附有客户额外购买选择权的销售业务相关规定，但是对于不同情况下的销售奖励（积分）处理可以遵照相关税法规定。

1. 积分兑换礼物

积分兑换礼物，包括兑换实物和免费服务（如航空公司积分兑换机票等）。

（1）营改增文件规定。

《财政部 国家税务总局关于全面推开营业税改征增值税试点的通知》(财税〔2016〕36 号）附件 1 第十四条规定，下列情形视同销售服务、无形资产或者不动产：(一）单位或者个体工商户向其他单位或者个人无偿提供服务，但用于公益事业或者以社会公众为对象的除外。(二）单位或者个人向其他单位或者个人无偿转让无形资产或者不动产，但用于公益事业或者以社会公众为对象的除外。(三）财政部和国家税务总局规定的其他情形。

（2）《增值税暂行条例实施细则》规定。

第四条规定，单位或者个体工商户的下列行为，视同销售货物：(八）将自产、委托加工或者购进的货物无偿赠送其他单位或者个人。

（3）企业所得税方面规定。

《国家税务总局关于企业处置资产所得税处理问题的通知》（国税函〔2008〕828号）规定，因资产所有权属已发生改变而不属于内部处置资产，应按规定视同销售确定收入。

（4）对税法规定的说明。

虽然营改增文件和《增值税实施细则》规定都强调“无偿”，而积分兑换礼物很多人理解不属于“无偿”行为，因为前提都是要消费后才有积分。但是，在国家税务总局没有明确该行为是否属于“无偿”行为时，企业擅自理解为“无偿”行为是存在税务风险的。此前财税〔2013〕106号文件有一个规定，航空运输企业提供的旅客利用里程积分兑换的航空运输服务，不征收增值税。关于电信营改增的财税〔2014〕43号文也规定，以积分兑换形式赠送的电信业服务，不征收增值税。后来，这两个文件都被财税〔2016〕36号文废止，积分兑换再也没有了统一的中央口径。在全面营改增后，各省市区通过问答形式给出的地方性口径都是需要视同销售的。

而企业所得税方面国税函〔2008〕828号更是说得很清楚，兑换礼物肯定是“所有权属”发生改变，视同销售毫无问题。

如果销售（消费）的同时即赠送礼物，只要将赠送礼物价值与原商品（服务）开具在同一张发票上并将礼物价值在“金额”栏以折扣体现，可以按照折扣处理。

2. 现金券或打折券

现金券是指未来消费或者购物时，可以充当现金使用。打折券是指未来消费时，持券可以给予高于一般消费者的折扣比例。

现金券或打折券性质比较接近，现金券相当于是固定金额的折扣，而打折券是固定比例的折扣。如果企业能做到，当消费者拿着现金券或折扣券来消费时，销售的商品和折扣额同时开在一张发票上，“金额”栏注明折扣额，那么可以作为商业折扣处理。

【案例2-10】促销活动发现金抵扣券的财税处理及税务风险管理

2019年国庆节期间，某火锅店开展“满一百送一百”的促销活动。活动规则是：消费者消费满100元时，赠送100元现金抵扣券，不足不送；当消费者下次来店消费时抵扣券可以作为现金使用于火锅菜品消费（不包含烟酒和饮料等）；现金抵扣券不找零，不兑换现金，不兑换礼物（含烟酒和饮料等）；现金抵扣券有效期至2020年1月31日。

2019年国庆节期间，该火锅店实现营业收入106万元（含税），实际送出现金抵扣券面值100万元，预计抵扣使用率80%。

截至2019年12月31日，消费者进店消费使用现金抵扣券面值70万元，还有30万元现金抵扣券未使用。根据以往经验估计，剩下的30万元抵扣券预计还有10万元会在失效前到店消费使用。

假定该火锅店为一般纳税人，企业所得税为查账征收。

问题：该火锅店涉及现金抵扣券的财税处理及纳税调整。

解析：

1. 会计处理

本案例中，火锅店授予顾客现金抵扣券是一项重大权利，应当作为一项单独的履约义务。顾客消费单独售价106万元（含税）；考虑到现金抵扣券使用率（80%），火锅店估计现金抵扣券单独售价为80万元（100×80%，含税价）。火锅店按照单独服务（消费）和现金抵扣券单独售价的相对比例对交易价格进行分摊：

分摊至服务（消费）的交易价格=[106/(106+80)]×106=60.41（万元）；

分摊至现金抵扣券的交易价格=[106/(106+80)]×80=45.59（万元）。

（1）发放现金抵扣券的会计分录。

借：银行存款　　1 060 000.00

　贷：主营业务收入　　569 905.66（604 100/1.06）

　　合同负债　　430 094.34（455 900/1.06）

　　应交税费——应交增值税（销项税额）　　60 000.00

（2）截至2018年12月31日现金抵扣券使用抵扣了70万元，因此应按照消费者实际使用额占预期将抵扣使用的现金券（100×80%）的比例为基础确认收入。

使用的70万元现金券应当确认的收入=70/80×43.01=37.63（万元）

剩余未使用的现金券=43.01-37.63=5.38（万元）（仍然作为负债）

截至2019年12月31日估计的会在失效前使用的现金券与初始预计相符，不调整剩余未使用现金券的合同负债价值。

借：合同负债　　376 300.00

　贷：主营业务收入　　376 300.00

2. 税务处理及纳税调整

在现金抵扣券使用时企业需要做好折扣的形式要件，方可避免视同销售，否则需要视同销售计算增值税和企业所得税应税收入。

会计处理截至年底确认的“合同负债”余额（5.38万元），在企业所得税纳税申报时调增为收入。

3. 火锅店2019年度企业所得税填报

第一步：填写《视同销售和房地产开发企业特定业务纳税调整明细表》（A105010），见表2-2-19。

表2-2-19

A105010　　视同销售和房地产开发企业特定业务纳税调整明细表　　单位：万元

行次	项　目	税收金额	纳税调整金额
		1	2
1	一、视同销售（营业）收入（2+3+4+5+6+7+8+9+10）	5.38	5.38
10	（九）其他	5.38	5.38
11	二、视同销售（营业）成本（12+13+14+15+16+17+18+19+20）	0.00	0.00
20	（九）其他	0.00	0.00

第二步：填写《纳税调整项目明细表》（A105000），见表2-2-20。

表 2-2-20

A105000　　纳税调整项目明细表　　单位：万元

行次	项　目	账载金额	税收金额	调增金额	调减金额
		1	2	3	4
1	一、收入类调整项目（2+3+4+5+6+7+8+10+11）	—	—	5.38	0.00
2	（一）视同销售收入（填写A105010）	—	5.38	5.38	—
12	二、扣除类调整项目（13+14+…+24+26+27+28+29+30）	—	—	0.00	0.00
13	（一）视同销售成本（填写A105010）	—	0.00	—	0.00

4. **税务风险说明**

（1）没有处理好销售折扣形式要件，不符合税法关于折扣的规定，如开具的发票没有扣减现金抵扣券金额。

（2）遗漏合同负债预计价值而少记收入的纳税调整。

5. **企业后续风险管理**

针对案例中所述情况，企业在正确填报申报表的同时，还应做好后续风险管理工作。

（1）登记税会差异及纳税调整台账，说明纳税调整的原因。

（2）收集促销合同宣传资料及现金抵扣券的使用规则等资料并存档。

（3）检查合同负债明细账，及时当年度使用的现金券按比例确认收入，年底重新估计使用率以便调整未使用部分的价值。

（4）在次年现金券使用和到期失效后，应及时进行会计处理，及时确认收入。在次年所得税汇算申报时将上年度的纳税调整进行反调整。

七、税法上的视同销售业务

视同销售，一直是税法与会计差异中的难点、重点，本书将相关内容安排在第四章。

第三节　提供劳务收入的财税处理及风险管理

所谓劳务就是以劳动形式为他人提供有价值的劳动。虽然会计准则中并没有列举劳务的具体范围，但是一般认为，会计上的劳务和企业所得税法规定的劳务的范围应是一致的。

一、劳务收入的内容

依据《企业所得税法实施条例》第十五条规定，《企业所得税法》所称提供劳务收入，是指企业从事建筑安装、修理修配、交通运输、仓储租赁、金融保险、邮电通信、咨询经纪、文化体育、科学研究、技术服务、教育培训、餐饮住宿、中介代理、卫生保健、社区服务、旅游、娱乐、加工以及其他劳务服务活动取得的收入。

二、短期劳务确认收入的税会对比

劳务收入，大部分在会计和企业所得税上确认时条件和时点一致，但是也有部分是有区别的。短期劳务（非跨年度劳务）的收入、成本费用的结转均在一个年度内完成，会计与税法不存在差异。

《企业会计准则第 14 号——收入》(2006 版）应用指南和《关于确认企业所得税收入若干问题的通知》(国税函〔2008〕875 号）都对提供劳务的收入确认进行了规定。具体对比见表 2-3-1。

表 2-3-1

劳务费税会对比表

劳务费名称	收入准则应用指南	国税函〔2008〕875号
安装费	在资产负债表日根据安装的完工进度确认收入。安装工作是商品销售附带条件的，安装费在确认商品销售实现时确认收入	应根据安装完工进度确认收入。安装工作是商品销售附带条件的，安装费在确认商品销售实现时确认收入
宣传媒介的收费	在相关的广告或商业行为开始出现于公众面前时确认收入。广告的制作费，在资产负债表日根据制作广告的完工进度确认收入	应在相关的广告或商业行为出现于公众面前时确认收入。广告的制作费，应根据制作广告的完工进度确认收入
软件费	在资产负债表日根据开发的完工进度确认收入	为特定客户开发软件的收费，应根据开发的完工进度确认收入
服务费	在提供服务的期间内分期确认收入	包含在商品售价内可区分的服务费，在提供服务的期间分期确认收入
艺术表演、招待宴会和其他特殊活动的收费	在相关活动发生时确认收入。收费涉及几项活动的，预收的款项应合理分配给每项活动，分别确认收入	在相关活动发生时确认收入。收费涉及几项活动的，预收的款项应合理分配给每项活动，分别确认收入
会员费	申请入会费和会员费只允许取得会籍，所有其他服务或商品都要另行收费的，在款项收回不存在重大不确定性时确认收入。申请入会费和会员费能使会员在会员期内得到各种服务或商品，或者以低于非会员的价格销售商品或提供服务的，在整个受益期内分期确认收入	申请入会或加入会员，只允许取得会籍，所有其他服务或商品都要另行收费的，在取得该会员费时确认收入。申请入会或加入会员后，会员在会员期内不再付费就可得到各种服务或商品，或者以低于非会员的价格销售商品或提供服务的，该会员费应在整个受益期内分期确认收入
特许权费	属于提供设备和其他有形资产的特许权费，在交付资产或转移资产所有权时确认收入；属于提供初始及后续服务的特许权费，在提供服务时确认收入	属于提供设备和其他有形资产的特许权费，在交付资产或转移资产所有权时确认收入；属于提供初始及后续服务的特许权费，在提供服务时确认收入
劳务费	长期为客户提供重复的劳务收取的劳务费，在相关劳务活动发生时确认收入	长期为客户提供重复的劳务收取的劳务费，在相关劳务活动发生时确认收入

从上表的对比中可以看到，会计准则与税法规定实际上是一致的，只是表述略有不同。

三、一次性入网费收入的税收争议与税务风险

法律法规的特点是简明扼要，不可能事无巨细。因此，如何理解和解读一些税收法律法规的条款往往会存在巨大的争议。财税字文件和国家税务总局公告每年都会发布很多，其中很大一部分就是对《企业所得税法》及其实施条例起解释的作用，对相同的经济业务税务处理全国给出统一的标准，省级税务局在各自辖区内也发布类似的政策文件。

对于一次性收取的入网费的税务处理，由于国家税务总局没有发布相关政策文件，因此

存在巨大的争议，不但企业与税务部门有不同理解，连全国各地税务局执行的口径也不一致。

《吉林省地方税务局　吉林省国家税务局关于供热企业收取的一次性入网费征收企业所得税问题的通知》（吉地税〔2008〕137号）规定，根据《中华人民共和国企业所得税法实施条例》第二十条规定，供热企业取得的一次性入网费收入，按照合同约定的使用人应付一次性入网费的日期确认收入的实现；使用人提前付款或者未约定付款日期的，以实际收到一次性入网费的日期确认收入的实现。

《河北省地方税务局关于企业所得税若干业务问题的公告》（河北省地方税务局公告2014年第4号）第十一条规定，对企业因生产经营需要而向电力、供气、供水、供热等单位缴纳的电力增容费、管网建设费、集中供热初装费，应作为其他长期待摊费用，自支出发生月份的次月起，分期摊销，摊销期限不得低于3年。相关单位收取的上述费用，应计入收入总额，在3年内均匀计入其当年应纳税所得额计征企业所得税。

《宁夏回族自治区国家税务局　宁夏回族自治区地方税务局关于明确企业所得税管理若干问题的公告》（宁夏回族自治区国家税务局　宁夏回族自治区地方税务局公告2013年第1号）第四条规定，根据《企业所得税法》及其实施条例和《财政部关于企业收取的一次性入网费会计处理的规定》（财会字〔2003〕16号），对企业一次性向服务对象收取的增容费、入网费等，如以后年度对其经营项目的建设、维护和管理另外收费的，在取得该笔一次性收费时即可确认收入，计入当期应纳税所得额；如一次性收费作为对其经营项目以后年度的维护和管理费用，不再向用户单独收取维护和管理费用的，应按10年的期限平均摊销确认为递延收益，从取得收入当年开始，可分期计入应纳税所得额。

3个省（区）3种税务处理方式，之所以出现较大分歧，就在于国家税务总局对此没有明确规定，各地税务部门各自按照自己对税法的理解而自行其是。

企业遇到这种有争议的情况，很容易发生税务风险。“有事问度娘”是现在人的习惯，可是你得到的结果可能是别人省份的规定，你问的网友也是外省的。

因此，应先查找本地税务部门有无明确规定，如有则按其规定执行。查找本地税务部门的规定，一定要到本地税务部门官网上去查找最原始的出处，现在的政策都会及时公开的，比如某个文件是省税务局发布的，一定要在该省税务局官网上找到，而不能仅仅是某个网友在某个帖子或文章提到的。如无则应咨询主管税务机关，并将咨询结果以恰当的方式记录并保存。总之，不能张冠李戴，不能把外省的政策拿到本省来用。

四、跨年劳务收入的确认税会差异分析

依据《企业会计准则第14号——收入》（2006版）规定，对于跨年劳务，采用完工进度法（又称完工百分比法）划分不同年度的劳务收入和劳务支出。企业应按照从接受劳务方已收或应收的合同或协议价款确定劳务收入总额，根据纳税期末提供劳务收入总额乘以完工进度扣除以前纳税年度累计已确认提供劳务收入后的金额，确认为当期劳务收入。同时，按照提供劳务估计总成本乘以完工进度扣除以前纳税期间累计已确认劳务成本后的金额，结转为当期劳务成本。完工百分比法的测量标准有三种：一是已完成工作的测量，二是已提供劳务

占劳务总量的比例，三是发生成本占总成本的比例。

而在税法上，依据《关于确认企业所得税收入若干问题的通知》（国税函〔2008〕875号）的规定，对会计上的完工百分比法予以了认可，即税会一致。

同时，在采用完工百分比法划分跨年度劳务收入和劳务支出时，要求提供劳务交易的结果能够可靠估计，会计和税法的相关规定都承认以下三条标准：一是收入的金额能够可靠地计量，二是交易的完工进度能够可靠地确定，三是交易中已发生和将发生的成本能够可靠地计量。

此外，会计准则还强调"相关的经济利益很可能流入企业"的标准，对于经济利益预期不能流入企业的，则会计上从风险角度考虑，不确认劳务收入；税法规定未强调这一标准，不论经济利益是否能够流入企业，只要满足上述三条标准即应确认收入，市场经营风险由企业承担。按照税法确认收入后，如果以后经济利益未能流入企业，则可以作为"财产损失"，申请在企业所得税税前扣除。

【案例2-11】会员费收入的财税处理及风险管理

立博俱乐部推出两款会员卡，金卡购卡者支付5万元取得会籍，服务费和商品销售均打8折；钻石卡购卡者一次支付30万元，在5年内免收服务费，商品销售打5折。2019年立博俱乐部共销售金卡500张，钻石卡200张。

上述会员费价格均是含税价格，立博俱乐部是一般纳税人。该俱乐部只对会员开放，服务费和商品销售打8折其实是最低折扣。

问题：立博俱乐部会员费收入的财税处理。

解析：

1. 会计处理

金卡会员费只是属于取得会籍，服务和商品销售都还需要另外付费，所谓的"8折"也是促销的噱头，所以应在取得收入时确认而无须考虑受益期间分摊的问题，而钻石卡则在5年内不用再支付服务费，因此需要考虑在受益期间分摊的问题。

借：银行存款	85 000 000.00
贷：主营业务收入——金卡会员费	23 584 900.00
——钻石卡会员费	11 320 800.00
合同负债——钻石卡会员费	45 283 000.00
应交税费——应交增值税（销项税额）	4 811 300.00

2. 税务处理及税会差异分析

对于金卡，由于属于仅申请入会成为会员，只允许取得会籍，所有其他服务或商品都要另行收费，所以在取得该会员费时直接确认收入；对于钻石卡，由于属于申请入会成为会员后，会员在会员期内不再付费就可得到各种服务或商品打折类型，因此会员费应在整个受益期（5年）内分期确认收入，也就是对于销售钻石卡2019年应确认收入（含税）=200×30/5=1 200（万元），不含税收入1 132.08万元（假设分期时2019年按一年计算）。

会员费收入与预付卡收入不一样，会员费收入在取得时就应确认增值税，适用税率6%

（小规模纳税人征收率3%）。

本案例无税会差异，不需要进行纳税调整。

3. 税务风险提示

将不应分期的会员费收入按照分期类型纳税申报，反之将可以分期的会员费收入一次性申报纳税。

4. 税务风险管理

（1）收集会员卡章程等证据材料并存档。

（2）合理区分会员费收入类型，并复核其纳税义务时间点。

第四节　建造合同收入的财税处理及风险管理

依据《企业会计准则第15号——建造合同》的规定，所谓建造合同，是指为建造一项或数项在设计、技术、功能、最终用途等方面密切相关的资产而订立的合同。一般分为固定造价合同和成本加成合同。

2017版企业所得税申报表《一般企业收入明细表》（A101010）填报说明第六行“建造合同收入”，是填报纳税人建造房屋、道路、桥梁、水坝等建筑物，以及生产船舶、飞机、大型机械设备等取得的主营业务收入。

一、会计准则下建造合同收入确认方法

财政部在《关于修订印发〈企业会计准则第14号——收入〉的通知》（财会〔2017〕22号）中对《企业会计准则第14号——收入》的施行时间作了说明：在境内外同时上市的企业以及在境外上市并采用国际财务报告准则或企业会计准则编制财务报表的企业，自2018年1月1日起施行；其他境内上市企业，自2020年1月1日起施行；执行企业会计准则的非上市企业，自2021年1月1日起施行。同时，允许企业提前执行。执行本准则的企业，不再执行财政部于2006年2月15日印发的《财政部关于印发〈企业会计准则第1号——存货〉等38项具体准则的通知》（财会〔2006〕3号）中的《企业会计准则第14号——收入》和《企业会计准则第15号——建造合同》，以及财政部于2006年10月30日印发的《财政部关于印发〈企业会计准则——应用指南〉的通知》（财会〔2006〕18号）中的《〈企业会计准则第14号——收入〉应用指南》。

因此，《企业会计准则第15号——建造合同》并不是完全失效了，只是执行2017版收入准则的企业不再执行而已，因为2017版收入准则已经包含了建造合同准则相关内容。《企业会计准则第15号——建造合同》语言更加直白，也更加贴近实务，故本节会计处理主要介绍《企业会计准则第15号——建造合同》。

（一）建造合同的结果能够可靠估计的会计收入确认方法

依据《企业会计准则第15号——建造合同》第十八条、第二十一条规定，在资产负债表

日，建造合同的结果能够可靠估计的，应当根据完工百分比法确认合同收入和合同费用。完工百分比法，是指根据合同完工进度确认收入与费用的方法。

企业确定合同完工进度可以选用下列方法：累计实际发生的合同成本占合同预计总成本的比例；已经完成的合同工作量占合同预计总工作量的比例；实际测定的完工进度。

在资产负债表日，应当按照合同总收入乘以完工进度扣除以前会计期间累计已确认收入后的金额，确认为当期合同收入。当期完成的建造合同，应当按照实际合同总收入扣除以前会计期间累计已确认收入后的金额，确认为当期合同收入。

（二）建造合同的结果不能可靠估计的会计收入确认方法

依据《企业会计准则第 15 号——建造合同》第二十五条规定，建造合同的结果不能可靠估计的，应当分别下列情况处理：

（1）合同成本能够收回的，合同收入根据能够收回的实际合同成本予以确认，合同成本在其发生的当期确认为合同费用。

（2）合同成本不可能收回的，在发生时立即确认为合同费用，不确认合同收入。使建造合同的结果不能可靠估计的不确定因素不复存在的，应当按照本准则建造合同的结果能够可靠估计的规定确认与建造合同有关的收入和费用。

（三）合同预计总成本超过合同总收入时的会计收入确认方法

依据《企业会计准则第 15 号——建造合同》第二十七条规定，合同预计总成本超过合同总收入的，应当将预计损失确认为当期费用。

（四）2017 版《企业会计准则第 14 号——收入》对建造合同收入确认的规定

对于在某一时段内履行的履约义务，企业应当在该段时间内按照履约进度确认收入，但是，履约进度不能合理确定的除外。企业应当考虑商品的性质，采用产出法或投入法确定恰当的履约进度。其中，产出法是根据已转移给客户的商品对于客户的价值确定履约进度；投入法是根据企业为履行履约义务的投入确定履约进度。对于类似情况下的类似履约义务，企业应当采用相同的方法确定履约进度。

当履约进度不能合理确定时，企业已经发生的成本预计能够得到补偿的，应当按照已经发生的成本金额确认收入，直到履约进度能够合理确定为止。

二、企业所得税法下的建造合同收入确认方法

（1）依据《企业所得税法实施条例》第二十三条第（二）项规定，企业受托加工制造大型机械设备、船舶、飞机，以及从事建筑、安装、装配工程业务或者提供其他劳务等，持续时间超过 12 个月的，按照纳税年度内完工进度或者完成的工作量确认收入的实现。

（2）依据《国家税务总局关于确认企业所得税收入若干问题的通知》（国税函〔2008〕875 号）第二条规定：企业在各个纳税期末，提供劳务交易的结果能够可靠估计的，应采用完工进度（完工百分比）法确认提供劳务收入。

企业提供劳务完工进度的确定，可选用下列方法：①已完工作的测量；②已提供劳务占劳务总量的比例；③发生成本占总成本的比例。

企业应按照从接受劳务方已收或应收的合同或协议价款确定劳务收入总额，根据纳税期末提供劳务收入总额乘以完工进度扣除以前纳税年度累计已确认提供劳务收入后的金额，确认为当期劳务收入；同时，按照提供劳务估计总成本乘以完工进度扣除以前纳税期间累计已确认劳务成本后的金额，结转为当期劳务成本。

三、建造合同确认收入的税会差异分析

（一）建造合同确认收入与企业所得税法对比

具体内容见表 2-4-1。

表 2-4-1

建造合同收入确认方法税会差异表

<table>
<tr><th>结果能否可靠估计</th><th>会计上收入确认方法</th><th>税法上收入确认方法</th></tr>
<tr><td>结果能够可靠估计</td><td>1.在资产负债表日，建造合同的结果能够可靠估计的，应当根据完工百分比法确认合同收入和合同费用。完工百分比法，是指根据合同完工进度确认收入与费用的方法。
2.企业确定合同完工进度可以选用下列方法：累计实际发生的合同成本占合同预计总成本的比例；已经完成的合同工作量占合同预计总工作量的比例；实际测定的完工进度。
3.在资产负债表日，应当按照合同总收入乘以完工进度扣除以前会计期间累计已确认收入后的金额，确认为当期合同收入。当期完成的建造合同，应当按照实际合同总收入扣除以前会计期间累计已确认收入后的金额，确认为当期合同收入</td><td rowspan="2">1.企业在各个纳税期末，提供劳务交易的结果能够可靠估计的，应采用完工进度（完工百分比）法确认提供劳务收入。
2.企业提供劳务完工进度的确定，可选用下列方法：(1)已完工作的测量；(2)已提供劳务占劳务总量的比例；(3)发生成本占总成本的比例。
3.企业应按照从接受劳务方已收或应收的合同或协议价款确定劳务收入总额，根据纳税期末提供劳务收入总额乘以完工进度扣除以前纳税年度累计已确认提供劳务收入后的金额，确认为当期劳务收入；同时，按照提供劳务估计总成本乘以完工进度扣除以前纳税期间累计已确认劳务成本后的金额，结转为当期劳务成本</td></tr>
<tr><td>结果不能可靠估计</td><td>1.合同成本能够收回的，合同收入根据能够收回的实际合同成本予以确认，合同成本在其发生的当期确认为合同费用。
2.合同成本不可能收回的，在发生时立即确认为合同费用，不确认合同收入。使建造合同的结果不能可靠估计的不确定因素不复存在的，应当按照本准则建造合同的结果能够可靠估计的规定确认与建造合同有关的收入和费用</td></tr>
</table>

从表 2-4-1 对比可以看到，对于建造合同收入的确认，企业所得税法与会计中建造合同的结果能够可靠估计的收入确认方法基本一致，而最大的差异主要是对于结果不能可靠估计时的税会处理。对于不能可靠预计的，一般应按主管税务机关确定的方法（如按上年的实际收入、计划收入或其他方法）先预缴所得税款，到工程完成后再汇算清缴。

（二）建造合同预计总成本超过合同总收入形成合同预计损失的税会差异

依据《企业所得税法》第八条规定，只有实际发生的损失才准许税前扣除。而会计处理基于谨慎性原则，当建造合同预计总成本超过合同总收入形成合同预计损失时，在合同成本发生时确认为合同费用，计入当期损益。

合同预计损失不属于实际发生的损失，在计算应纳税所得额时不得税前扣除，应按照税法的规定进行纳税调整。

【案例 2-12】建造合同结果不能可靠估计的财税处理及风险管理

2019 年 5 月，甲建筑公司与乙公司签订了一项总金额 1 000 万元（不含税）的建造合同。2019 年实际发生工程成本 300 万元，占合同总成本的 50%，但建筑公司在年末时对该项工程的完工进度无法可靠确定。

乙公司在 2019 年度累计向甲公司支付工程款 150 万元，甲公司收到款项后给乙公司开具了增值税专用发票（税率 9%）。由于乙公司出现资金链断裂，预计剩余款项很大可能不能收回。

问题：甲公司的财税处理及风险管理。

解析：

1. 会计处理

由于后期款项很大可能不能收回，因此应仅就已经收到部分确认收入，其实际发生的成本支出全部确认为合同费用。

（1）发生工程成本。

借：工程施工——合同成本　　3 000 000.00

　贷：应付职工薪酬、原材料等　　3 000 000.00

（2）收到工程款。

借：银行存款　　1 500 000.00

　贷：工程结算　　1 376 146.79

　　应交税费——应交增值税（销项税额）　　123 853.21

（3）确认收入与成本。

确认收入：

借：工程结算　　1 376 146.79

　贷：主营业务收入　　1 376 146.79

确认成本：

借：主营业务成本　　3 000 000.00

　贷：工程施工——合同成本　　3 000 000.00

2. 税务处理及纳税调整

由于实际发生的成本占合同总成本的 50%，税务处理应确认完工进度为 50%，应确认建造合同收入 500 万元，建造合同成本 300 万元。与会计处理存在差异，应做纳税调整。

3. 甲公司 2019 年度企业所得税申报表填报

第一步：填写《视同销售和房地产开发企业特定业务纳税调整明细表》（A105010），见表 2-4-2。

表 2-4-2

A105010　　视同销售和房地产开发企业特定业务纳税调整明细表　　单位：万元

行次	项　目	税收金额	纳税调整金额
		1	2
1	一、视同销售（营业）收入（2+3+4+5+6+7+8+9+10）	362.39	362.39
10	（九）其他	362.39	362.39
11	二、视同销售（营业）成本（12+13+14+15+16+17+18+19+20）	0.00	0.00
20	（九）其他	0.00	0.00
21	三、房地产开发企业特定业务计算的纳税调整额（22-26）	0.00	0.00

说明：表中数据来源，等于税务处理确认收入金额减去会计处理确认收入，即500-137.61。

第二步：填写《纳税调整项目明细表》（A105000），见表 2-4-3。

表 2-4-3

A105000　　纳税调整项目明细表　　单位：万元

行次	项　目	账载金额	税收金额	调增金额	调减金额
		1	2	3	4
1	一、收入类调整项目（2+3+4+5+6+7+8+10+11）	—	—	362.39	0.00
2	（一）视同销售收入（填写A105010）	—	362.39	362.39	—
12	二、扣除类调整项目（13+14+…24+26+27+28+29+30）	—	—	0.00	8.00
13	（一）视同销售成本（填写A105010）	—	0.00	—	8.00
45	合计（1+12+30+35+41+42）	—	—	362.39	0.00

4. 税务风险说明

没有按照税法规定确认应税收入，直接按照开票金额或会计处理确认收入作为应税收入，从而导致企业所得税申报时未做纳税调整。

5. 企业后续风险管理

针对案例中所述情况，企业在正确填报申报表的同时，还应做好后续风险管理工作。

（1）登记税会差异及纳税调整台账，说明纳税调整的原因。

（2）收集建造合同、实际投入成本等资料并存档，如果后期发生资产损失以便作为相关证据材料。

（3）后期如果合同得到继续履行并能收回合同约定价款或大部分成本时，需要对2018年度的纳税调整进行反调整。

第五节　企业所得税申报表上的其他收入

企业所得税申报表《一般企业收入明细表》（A101010）包含的收入有两大类：一是营业收入，二是营业外收入。

前面已经讲解了商品销售收入、提供劳务和建造合同收入这些企业最常见的收入。剩下的收入类型，大部分将在以后章节中会涉及，此处不再讲解。

一、让渡资产使用权收入

让渡资产使用权收入，在税法上并未有这种分类，而是会计准则中的一种收入分类。

《企业会计准则第 14 号——收入》（2006 版）第十六条规定，让渡资产使用权收入包括利息收入、使用费收入等。

对于利息收入，一般企业属于投资收益，企业所得税申报也不在《一般企业收入明细表》（A101010）填报。涉及利息收入的财税处理，本书将在投资收益纳税调整的章节讲解。

使用费收入主要是指特许权使用费收入等，本书将在特许权使用费收入章节（未按权责发生制确认收入）讲解。

二、出租资产收入

《一般企业收入明细表》（A101010）在“其他业务收入”下，分了“出租固定资产收入”“出租无形资产收入”和“出租包装物和商品收入”三项，这三项都适用《企业会计准则第 21 号——租赁》，因此这三项收入专门放在租赁章节。

三、营业外收入

《一般企业收入明细表》（A101010）的“营业外收入”包括 10 类：（一）非流动资产处置利得；（二）非货币性资产交换利得；（三）债务重组利得；（四）政府补助利得；（五）盘盈利得；（六）捐赠利得；（七）罚没利得；（八）确实无法偿付的应付款项；（九）汇兑收益；（十）其他。其中大部分营业外收入在本书以后章节都有涉及，此处不过多讲解，此处只讲后面章节可能不会涉及的。

非流动资产处置利得：根据新的会计准则和财务报表格式，企业处置非流动资产利得不再计入“营业外收入——非流动资产处置利得”科目，而是计入“资产处置收益”科目。在企业所得税申报表没有重新修订前（国家税务总局公告 2018 年第 57 号仍然没有修订该处），企业“资产处置收益”贷方发生额应填入《一般企业收入明细表》（A101010）“营业外收入——非流动资产处置利得”，借方发生额填入《一般企业成本支出明细表》（A102010）“营业外支出——非流动资产处置损失”。

四、企业接受捐赠的财税处理

对于企业接受捐赠，会计处理一般分为两类，一类是接受捐赠计入收入，另一类是接受捐赠作为资本金。

（一）企业接受捐赠计入收入的财税处理

对于企业接受捐赠计入收入，一般会计处理如下：

企业取得的货币性资产捐赠，应按实际取得的金额，借记“库存现金”或“银行存款”等科目，贷记“营业外收入——接受捐赠货币性资产价值”科目。

企业取得的非货币性资产捐赠，应按准则规定确定入账价值，借记“库存商品”“固定资产”“无形资产”“长期股权投资”等科目，一般纳税人如涉及可抵扣的增值税进项税额，按可抵扣的增值税进项税额，借记“应交税费——应交增值税（进项税额）”科目，按接受捐赠资产和税法规定确定的入账价值，贷记“营业外收入——接受捐赠非货币性资产价值”科目，按企业因接受捐赠资产支付或应付的金额，贷记“银行存款”“应交税费”等科目。

在税法上，对于企业接受捐赠计入收入依据《企业所得税法实施条例》第二十一条规定，企业所得税法第六条第（八）项所称接受捐赠收入，是指企业接受的来自其他企业、组织或者个人无偿给予的货币性资产、非货币性资产。接受捐赠收入，按照实际收到捐赠资产的日期确认收入的实现。

一般来说企业接受捐赠会计与税法一致，即按市价（或公允价值）确认收入或应纳税所得额。

（二）企业接受捐赠作为资本金的财税处理

企业接受捐赠作为资本金一般是指企业的股东对企业进行捐赠，且合同、协议约定作为资本金（包括资本公积）的情况。

在会计上，《企业会计准则解释第 5 号》规定应当将相关利得计入所有者权益（资本公积）。企业接受非控股股东（或非控股股东的子公司）直接或间接代为偿债、债务豁免或捐赠的，应如何进行会计处理？

企业接受代为偿债、债务豁免或捐赠，按照企业会计准则规定符合确认条件的，通常应当确认为当期收益；但是，企业接受非控股股东（或非控股股东的子公司）直接或间接代为偿债、债务豁免或捐赠，经济实质表明属于非控股股东对企业的资本性投入。

企业发生破产重整，其非控股股东因执行人民法院批准的破产重整计划，通过让渡所持有的该企业部分股份向企业债权人偿债的，企业应将非控股股东所让渡股份按照其在让渡之日的公允价值计入所有者权益（资本公积），减少所豁免债务的账面价值，并将让渡股份公允价值与被豁免的债务账面价值之间的差额计入当期损益。控股股东按照破产重整计划让渡了所持有的部分该企业股权向企业债权人偿债的，该企业也按此原则处理。

而在税法上，《国家税务总局关于企业所得税应纳税所得额若干问题的公告》（国家税务总局公告 2014 年第 29 号）规定，（一）企业接收股东划入资产（包括股东赠予资产、上市公司在股权分置改革过程中接收原非流通股股东和新非流通股股东赠予的资产、股东放弃本企业的股权，下同），凡合同、协议约定作为资本金（包括资本公积）且在会计上已做实际处理的，不计入企业的收入总额，企业应按公允价值确定该项资产的计税基础。（二）企业接收股东划入资产，凡作为收入处理的，应按公允价值计入收入总额，计算缴纳企业所得税，同时按公允价值确定该项资产的计税基础。

也就是说，企业接受捐赠计入资本金的会计处理和税务处理方法也是一致的。

五、确实无法偿付的应付款项

《企业所得税法实施条例》第二十二条规定，企业所得税法第六条第（九）项所称其他收入，是指企业取得的除企业所得税法第六条第（一）项至第（八）项以外的其他收入，包括企业资产溢余收入、逾期未退包装物押金收入、确实无法偿付的应付款项、已作坏账损失处理后又收回的应收款项、债务重组收入、补贴收入、违约金收入、汇总收益等。

关于如何判定“确实无法偿付的应付款项”，《企业所得税法实施条例》和国家税务总局至今未给出具体条款，全国各省市区执行口径也不一致，有些省份给出了明确标准，有些省份没有标准。企业所在地是否有具体标准，建议咨询主管税务机关。

如果企业所在地税务规范文件中有具体标准，则按照标准执行。如果没有具体标准，企业从减少税务风险的角度出发应尽早确认为应税收入，可以按照以下标准判断：

对于应付未付款项，若债权人已经死亡、破产、注销等，则债务人的应付未付款项应作为“确实无法偿付的应付款项”计入当期应税收入；若债权人仍然正常经营，但是已经超过诉讼时效且债务人根本没有主动支付愿望或意愿的，债务人应计入当期应税收入。

以上标准是企业自身的标准或者财务人员职业判断的标准，不具有权威性，也不具有法定性，在具体应用时应从严从紧。如果企业还是没有把握或担心税务风险，建议咨询主管税务机关。

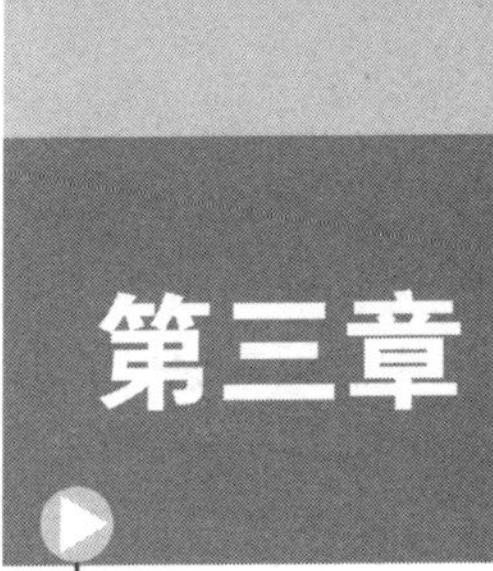

第三章 税前扣除项目与税前扣除凭证

税前扣除项目是指企业实际发生的与取得收入有关的、合理的支出，包括成本、费用、税金、损失和其他支出，准予在计算应纳税所得额时扣除。

税前扣除项目必须依赖税前扣除凭证来证明经济业务的发生，税前扣除凭证是税前扣除必不可少的证明材料。

根据《企业所得税税前扣除凭证管理办法》（国家税务总局公告 2018 年第 28 号）的规定，税前扣除凭证，是指企业在计算企业所得税应纳税所得额时，证明与取得收入有关的、合理的支出实际发生，并据以税前扣除的各类凭证。

第一节　税前扣除原则与内容

一、税前扣除原则概述

《企业所得税法》第八条规定，企业实际发生的与取得收入有关的、合理的支出，包括成本、费用、税金、损失和其他支出，准予在计算应纳税所得额时扣除。《企业所得税法实施条例》第九条规定，企业应纳税所得额的计算，以权责发生制为原则，属于当期的收入和费用，不论款项是否收付，均作为当期的收入和费用；不属于当期的收入和费用，即使款项已经在当期收付，均不作为当期的收入和费用。《企业所得税法实施条例》第二十八规定，企业发生的支出应当区分收益性支出和资本性支出。收益性支出在发生当期直接扣除；资本性支出应当分期扣除或者计入有关资产成本，不得在发生当期直接扣除。

上述规定说明，成本费用的税前扣除，企业所得税法及其实施条例确立了以下五大原则：真实性原则、合理性原则、相关性原则、权责发生制原则以及区分收益性支出与资本性支出的原则。但是，这里要注意，这五大原则的前提是合法性原则，也就是说，任何成本费用的税前扣除，一定要合法。

除上述六大原则外，另外还有配比原则和确定性原则等。

（一）合法性原则

虽然《企业所得税法》规定了税前扣除真实性、合理性、相关性等原则，但事实上，还有一项原则，虽然企业所得税法没有明文规定，却是蕴含在整个所得税法中的根本原则，即合法性原则。

例如，企业业务招待费用，实际发生了10万元，如果是真实、合理、相关的，是不是这10万元就能按规定税前扣除了呢？当然不是！按规定税前扣除，前提是合法。如果消费时享受了店家的低折扣而放弃了索要发票，直接以白条报销或者找些假发票报销，这当然不能按税法规定的业务招待费税前扣除计算标准进行税前扣除，因为在发票方面不符合税法规定。

当然，这里的合法，主要是指要符合特定的法律法规，即涉及企业所得税税前扣除的相关法律法规等，而不是所有的法律。

（二）权责发生制原则

《企业所得税法实施条例》第九条规定，企业应纳税所得额的计算，以权责发生制为原则，属于当期的收入和费用，不论款项是否收付，均作为当期的收入和费用；不属于当期的收入和费用，即使款项已经在当期收付，均不作为当期的收入和费用。本条例和国务院财政、税务主管部门另有规定的除外。也就是说，权责发生制原则是应纳税所得额计算的根本原则，特殊情况下使用收付实现制须有明文规定。会计准则相关规定是严格按照权责发生制处理的，而税法规定则是权责发生制与收付实现制的结合。

（三）真实性原则

依据企业所税法的规定，所谓真实性原则，就是必须是实际发生的成本费用，如果根本没有发生或者在以后才发生，现在尚未发生的成本费用，除税法另有规定外，都不得税前扣除。而企业的各项经济交易的真实发生，应当与合法有效的凭据相辅相成。一般来说，一个真实的、实际发生的成本费用应有各类证据进行证明。

在企业经营活动中，发票往往成为企业证明成本费用实际真实发生的重要凭证。也就是通常所说的以票控税，税前扣除要有合法有效的发票等凭证。

在这里尤其要注意，有发票，不代表就一定是真实发生，例如虚构交易开具发票，这里涉及的成本费用就不得税前扣除。同时，没发票也不代表就一定不是真实发生，例如，企业支付给工人的薪资等，就没有发票。

（四）合理性原则

合理性原则是企业所得税税前扣除的另一项基本原则，是建立在税前扣除真实性和合法性原则基础上的要求。

《企业所得税法实施条例》对合理性原则作出了较为明确的规定。合理性原则为防止企业利用不合理的支出调节利润水平，规避税收，以及全面加强我国的一般反避税工作提供了依据。

（五）相关性原则

相关性原则，即“与取得收入有关”。

与取得收入有关，本身是一个弹性相对比较大的不确定概念，若将任何与企业所取得的收入有一定联系的支出，都界定为“与取得收入有关”的支出，那么势必无限制地扩大了企业可以税前扣除的支出范围，架空了支出扣除中的相关性原则，因为企业任何形式的支出，从某种意义上来说，都可以与企业的收入扯上关系。因此，《企业所得税法实施条例》对相关性原则作出了较为明确的规定。

所谓“与取得收入直接相关的支出”，是指企业所实际发生的能直接带来经济利益的流入或者可预期经济利益的流入的支出。

一是这类允许税前扣除的支出，应该是能给企业带来现实、实际的经济利益，如生产性企业为生产产品而购买储存的原材料，服务性企业为收取服务费用而雇用员工为客户提供服务，或者购买储存的提供服务过程中所耗费的材料等支出，就属于能直接给企业带来现实、实际经济利益的支出，属于与“取得收入直接相关的支出”。

二是这类允许税前扣除的支出，应该是能给企业带来可预期经济利益的流入。虽然企业的这类支出，并不直接或者即时地表现为相应现实、实际经济利益的流入，但是根据社会一般经验或者判断，如果这种支出所对应的收益，将是可预期的，那么这类支出也就属于“与取得收入直接相关的支出”。如企业的广告费支出，虽然这些支出并不能即时地带来企业经济利益的流入，但是根据社会上一般理性的理解，这类广告将提高企业及其产品或者服务的知名度，提高其在消费者中的认同度等，进而推动消费者购买它们的产品或者服务，提升或者加大企业的获利空间，故其也应属于“与取得收入直接相关的支出”。

（六）区分收益性支出与资本性支出的原则

由于收益性支出和资本性支出的扣除方式是完全不同的，因此，正确区分收益性支出与资本性支出对于企业所得税税前扣除具有重要意义。收益性支出一般是在支出发生的当期就可以税前扣除，而资本性支出通常是会通过折旧、摊销等方式来分期进行税前扣除。

（七）配比原则

配比原则，是指企业在计算应纳税所得额时，收入与其成本、费用应当相互配比，同一会计期间内的各项收入和与其相关的成本、费用，应当在该会计期间内确认。具体讲，企业所得税的配比原则包括两层含义：

一是因果配比，是将收入与其对应的成本、费用相配比。其中，应税收入应与为取得应税收入而支出的相对应的成本、费用相配比；不征税收入或免税收入应与为取得不征税收入或免税收入而支出的相对应的成本、费用相配比。

二是时间配比，是将一定时期的收入与同时期为取得该收入而支出的相对应的成本、费用与损失相配比。当期的收入应在当期申报，当期的成本、费用与损失应在当期扣除，不允许提前或滞后扣除。

收入逾期未申报的，应以偷税论处，并加收滞纳金；已发生的成本、费用与损失当期未扣除的，原则上一般不允许在以后的纳税年度补扣。《国家税务总局关于企业所得税应纳税所得额若干税务处理问题的公告》（国家税务总局公告2012年第15号）第六条规定，根据《中华人民共和国税收征收管理法》的有关规定，对企业发现以前年度实际发生的、按照税收规定应在企业所得税前扣除而未扣除或者少扣除的支出，企业做出专项申报及说明后，准予追补至该项目发生年度计算扣除，但追补确认期限不得超过5年。

（八）确定性原则

确定性原则，是指税前扣除金额和扣除凭证反映的支出金额必须是确定的，不可计量、待确定的金额不会被税务机关认可为成本列支的项目。

也就是说，或有支出不得在税前扣除。比如常见的产品保修费用，在预提时不得税前扣除，因为这时金额是不确定的，属于或有支出，只有实际发生后才能根据实际支出金额申报税前扣除。确定性原则，有时又引申出实际支付原则。比如企业在账面上计提的工资，必须在实际支出后才能税前扣除。

二、税前扣除项目的内容

《企业所得税法》第八条规定，企业实际发生的与取得收入有关的、合理的支出，包括成本、费用、税金、损失和其他支出，准予在计算应纳税所得额时扣除。

（一）成　本

成本是指企业在生产经营过程中发生的商品销售成本、劳务成本、建造合同成本、业务支出以及为收入发生的其他支出，包括企业销售存货（包括商品、产品、在产品、原辅材料、下脚料、废料、废旧物资等）、提供劳务以及转让固定资产、无形资产、金融资产等的成本。

（二）费　用

费用是指企业生产、经营、管理过程中发生的销售费用（营业费用）、管理费用和财务费用。

（三）税　金

税金是指企业在经营过程中发生的除企业所得税和增值税以外的各项税金及附加。税金在税前扣除有两种形式：一是在发生的当期扣除；二是在发生时先计入相关资产的计税基础，然后再按照税法规定随资产转为成本费用时扣除。

《国家税务总局关于雇主为雇员承担全年一次性奖金部分税款有关个人所得税计算方法问题的公告》（国家税务总局公告2011年第28号）规定，雇主为雇员承担的个人所得税款，应属于个人工资薪金的一部分，凡单独作为企业管理费列支的，在计算企业所得税时不得税前扣除。

（四）损　失

损失是指企业在生产经营过程中发生的与生产经营相关的资产损失，主要包括存货的盘亏、损耗、毁损、报废损失，固定资产的盘亏、毁损、报废损失，非货币性资产转让损失，坏账损失，投资损失，资产被盗损失，自然灾害等不可抗力造成的损失等。

（五）其他支出

其他支出是指除成本、费用、税金、损失外，企业在生产经营过程中发生的与生产经营活动相关的、合理的支出。

比如公益性捐赠，可以按税法规定在税前扣除。税收优惠政策中的加计扣除，可以在正常扣除实际发生额的基础上按照税法规定的加计扣除比例再次扣除。以前年度亏损额，虽然不是本年度的实际支出，但是也可以按照税法规定在本年度或以后年度税前扣除。

第二节　税前扣除凭证

国家税务总局在 2018 年 6 月 6 日正式发布了《企业所得税税前扣除凭证管理办法》（国家税务总局公告 2018 年第 28 号，以下简称《扣除凭证管理办法》）。

税前扣除凭证，是指企业在计算企业所得税应纳税所得额时，证明与取得收入有关的、合理的支出实际发生，并据以税前扣除的各类凭证。

我国企业所得税实行的是法定扣除，因此，一项支出能否税前扣除，首先要看其是否属于税法允许扣除的支出项目，然后再看该项支出对应的凭证能否作为有效扣除凭证。

在影响应纳税所得额的因素中，涉及项目最多、变数最大的是各项扣除金额，其实物载体就是扣除凭证。在预缴所得税时，有效扣除凭证的作用尚不那么突出，但在汇算清缴时，必须取得有效凭证方能进行扣除。

一、税前扣除的凭证种类

（一）按来源分类

税前扣除凭证按照来源分为内部凭证和外部凭证。

（1）内部凭证是指企业自制用于成本、费用、损失和其他支出核算的会计原始凭证。内部凭证的填制和使用应当符合国家会计法律、法规等相关规定。

内部凭证税前扣除项目以企业内部自制凭证，如工资单、工资费用汇总表、材料成本核算表（入库单、领料单、耗用汇总表等）、资产折旧或摊销表、制造费用归集与分配表、产品成本计算单等，作为税前扣除凭证。

企业发生资产损失的，以根据《扣除凭证管理办法》准备的企业内部证明材料作为税前扣除凭证。

发生在增值税起征点以下的小额零星支出，对方为依法无须办理税务登记的单位或者个人，可以内部自制凭证作为税前扣除凭证，自制凭证（付款凭证）应载明收款单位名称、个人姓名及身份证号、支出项目、收款金额等相关信息。比如，企业的内部卫生间下水道堵塞，请了一位修理工，修好后支付了150元的修理费。企业就可以自制付款凭证支付，样式如下：

付款凭证		
时间：2018年7月30日		
付款事由	卫生间下水道堵塞疏通修理费	
付款金额	（大写）：壹佰伍拾元整	小写：￥150.00元
收款方全称	×××	
个人身份证号码或单位社会信用代码	11012019901010××××	
联系方式	139××123456	
付款方式	现金（√） 网银转账（ ） 支付宝转账（ ）	
备 注		

审批：　　复核：　　经办人：　　收款人签收：×××

企业内部自制凭证应根据企业实际情况统一格式，如果使用的比较频繁的话最好是统一印制，需要时进行填制。

（2）外部凭证是指企业发生经营活动和其他事项时，从其他单位、个人取得的用于证明其支出发生的凭证，包括但不限于发票（包括纸质发票和电子发票）、财政票据、完税凭证、收款凭证、分割单等。

（二）按是否缴纳增值税分类

根据应否缴纳增值税，外部凭证可分为应税项目凭证和非应税项目凭证。

《扣除凭证管理办法》所指的应税劳务，是指《企业所得税法实施条例》第十五条规定的劳务收入，因为该管理办法针对的就是企业所得税。该条规定，企业所得税法第六条第（二）项所称提供劳务收入，是指企业从事建筑安装、修理修配、交通运输、仓储租赁、金融保险、邮电通信、咨询经纪、文化体育、科学研究、技术服务、教育培训、餐饮住宿、中介代理、卫生保健、社区服务、旅游、娱乐、加工以及其他劳务服务活动取得的收入。

1．境内增值税应税项目

（1）对方为企业或个体工商户。

交易对方是企业或个体工商户的，支出以对方开具的发票作为税前扣除凭证。也就是说，凡对方能够开具增值税发票的，必须以发票作为扣除凭证。以往一些企业（如银行）用利息单、收费单等代替发票给予企业，而没有按照规定开具发票，《扣除凭证管理办法》发布后，必须统一按照规定开具发票。否则，相关企业发生的利息和手续费等，将无法税前扣除。

“三合一”改革后，企业含个体工商户，只要办理了工商登记，就自动办理了税务登记，自然就能开具增值税发票。故企业与有营业执照的小微企业或个体工商户交易时，必须要求对方开具发票，而不能因为属于“小额零星支出”就以内部自制凭证进行税前扣除。

（2）对方为无需办理税务登记的单位。

企业与一些单位发生交易，这些交易虽为应税劳务，但这些单位无须办理税务登记，无法日常开具增值税发票，此种情形，可以用代开发票或收款凭证及内部凭证作为税前扣除凭证。如从政府机关、社会团体收购废旧物资，这些单位无法开具增值税发票，这种情况要么代开，要么以这些单位开具的收款凭证作为税前扣除凭证。

（3）对方为个人。

交易对方为个人且从事小额零星经营业务，即企业与个人发生交易，且与该个人应税交易额未超过增值税相关政策规定起征点的，企业支出可以税务机关代开的发票或者收款凭证以及内部凭证作为税前扣除凭证。根据《中华人民共和国增值税暂行条例》及实施细则、《财政部税务总局关于延续小微企业增值税政策的通知》（财税〔2017〕76 号）等政策规定，小额零星经营业务可按以下标准判断：按月纳税的，月销售额不超过 3 万元；销售应税劳务的，为月销售额 1 500 ~ 3 000 元；按次纳税的，每次（日）销售额 300 ~ 500 元（具体标准按照各省有关部门规定执行）。但是，如果个人销售额超过上述规定，相关支出仍应以发票（包括按照规定由税务机关代开的发票）作为税前扣除凭证。

2. 非增值税应税项目

企业在境内发生的不属于应税项目的支出，如企业按照规定缴纳的政府性基金、行政事业性收费、税金、土地出让金、社会保险费、工会经费、住房公积金、公益事业捐赠支出、向法院支付的诉讼费用等，一般情况下按以下规定处理：

（1）对方为单位。企业以对方开具的发票以外的其他外部凭证，如财政票据、完税凭证、收款凭证等作为税前扣除凭证，税法有特殊规定按照规定执行。

（2）对方为个人。企业以内部凭证作为税前扣除凭证。

企业在境内发生的支出项目虽不属于应税项目，但按税务总局规定可以开具发票的，可以发票作为税前扣除凭证。

企业从境外购进货物或者劳务发生的支出，以对方开具的发票或者具有发票性质的收款凭证、相关税费缴纳凭证等作为税前扣除凭证。

（三）常见的税前扣除有效凭证

（1）购买货物、服务，接受劳务、受让不动产、无形资产，支付给境内企业或单位的应税项目款项，该企业或单位开具的发票。

对方为依法无须办理税务登记的单位或者从事小额零星经营业务的个人，其支出以税务机关代开的发票或者收款凭证或内部凭证作为税前扣除凭证，收款凭证应载明收款单位名称、个人姓名及身份证号、支出项目、收款金额等相关信息。

中国铁路总公司及其所属运输企业（含分支机构）可暂延用其自行印制的铁路票据，因此铁路票据也可以作为税前扣除凭证使用。

（2）支付给行政机关、事业单位等非企业性单位的租金等经营性应税收入，该单位开具（税务机关代开）的发票。

（3）从境内的农（牧）民手中购进免税农产品，农（牧）民开具的农产品销售发票或者企业自行开具的农产品收购发票。

（4）缴纳政府性基金、行政事业性收费，征缴部门开具的财政票据。

（5）缴纳可在税前扣除的各类税金及附加，税务机关开具的完税证明或税收缴款书。

（6）拨缴职工工会经费，工会组织开具的《工会经费收入专用收据》或税收代收凭据。

（7）支付的土地出让金，国土部门开具的财政票据。

（8）缴纳的社会保险费，社保机构开具的财政票据（社会保险费专用收据或票据，从2019年起税务局代征社保费后就会变成税务局的代收凭据）。

（9）缴存的住房公积金，住房公积金管理中心盖章的住房公积金汇（补）缴书和银行转账单据。

（10）通过公益性社会团体或者县级以上人民政府及其部门用于法定公益事业的捐赠，财政部门监制的捐赠票据，如《公益性单位接受捐赠统一收据》等。

（11）由税务部门或其他部门代收的且允许扣除的费、金，代收部门开具的代收凭据、缴款书（如工会经费代收凭据）等。

（12）根据法院判决、调解、仲裁等发生的支出，以法院判决书、裁定书、调解书，以及可由人民法院执行的仲裁裁决书、公证债权文书和付款单据。

（13）企业发生的资产损失税前扣除，按照《企业资产损失所得税税前扣除管理办法》（国家税务总局2011年第25号）公告发布的规定执行。

（14）支付给境内单位和个人的非应税项目又非政府部门收取的，如不属于价外费用的违约金、赔偿费，解除劳动合同（辞退）补偿金、拆迁补偿费等，以盖有收款单位印章的收据或收款个人签具的收据、收条或签收花名册等单据以及已签订的合同为收款凭证，并附有收款单位或个人的证照或身份证明复印件为辅证。收款凭证应载明收款单位名称、个人姓名及身份证号、支出项目、收款金额等相关信息。

（15）支付给中国境外单位或个人的款项，应当提供合同、外汇支付单据、境外该国规定的合法凭据或单位、个人签收单据等。税务机关在审查时有疑义的，可以要求其提供境外公证机构的确认证明并经税务机关审核认可。

（16）支付的与其他企业、个人在境内共同接受应税劳务支出，采取分摊方式的，发票抬头是本企业的，以发票和分割单作为税前扣除凭证，附相关合同协议；如果发票抬头不是本企业的，则以发票抬头方开具的分割单作为税前扣除凭证，附相关合同协议。

（17）支付的与其他企业、个人在境内共同接受非应税劳务支出，采取分摊方式的，外部凭证抬头开具的是本企业的，以外部凭证和分割单作为税前扣除凭证，附相关合同协议；如果外部凭证抬头开具的不是本单位，则以外部凭证抬头方开具的分割单作为税前扣除凭证，附相关合同协议。

（18）企业租用办公、生产用房等资产发生的水、电、燃气、冷气、暖气、通信线路、有线电视、网络等费用，如果出租方采取分摊方式的，企业以出租方开具的其他外部凭证作为税前扣除凭证，附确认分割单、发票的复印件、实际付款单据等。

二、税前扣除凭证的基本原则

税前扣除凭证在管理中遵循真实性、合法性、关联性原则。

真实性是指税前扣除凭证反映的经济业务真实，且支出已经实际发生；合法性是指税前扣除凭证的形式、来源符合国家法律、法规等相关规定；关联性是指税前扣除凭证与其反映的支出相关联且有证明力。

三、税前扣除凭证与扣除项目的关系

税前扣除凭证是企业计算企业所得税应纳税所得额时，扣除相关支出的依据。

企业支出的税前扣除范围和标准应当按照《企业所得税法》及其实施条例等相关规定执行。

四、税前扣除凭证与相关资料的关系

企业在经营活动和经济往来中常常伴生有合同协议、付款凭证等相关资料，在某些情形下，则为支出依据，如法院判决企业支付违约金而出具的裁判文书。以上资料不属于税前扣除凭证，但属于与企业经营活动直接相关且能够证明税前扣除凭证真实性的资料，企业也应按照相关规定，履行保管责任，以备核实。

在某些情形下，企业发生的支出不会伴生合同协议，而只有支出依据，企业也应将这类资料留存备查。

五、取得税前扣除凭证的时间要求

企业应在当年度《企业所得税法》规定的汇算清缴期结束前取得税前扣除凭证。

企业应在支出发生时取得符合规定的税前扣除凭证，但是考虑到在某些情形下企业可能需要补开、换开符合规定的税前扣除凭证，为此，《扣除凭证管理办法》规定了企业应在当年度《企业所得税法》规定的汇算清缴期结束前取得符合规定的税前扣除凭证。

六、未取得合规税前扣除凭证的补救措施

企业在规定期限内取得符合规定的发票、其他外部凭证的，相应支出可以税前扣除。应当取得而未取得发票、其他外部凭证或者取得不合规发票、不合规其他外部凭证的，可以按照以下规定处理：

（1）能够补开、换开符合规定的发票、其他外部凭证的，相应支出可以税前扣除。

（2）因对方注销、撤销、依法被吊销营业执照、被税务机关认定为非正常户等特殊原因无法补开、换开符合规定的发票、其他外部凭证的，凭相关资料证实支出真实性后，相应支出可以税前扣除。

（3）未能补开、换开符合规定的发票、其他外部凭证并且未能凭相关资料证实支出真实性的，相应支出不得在发生年度税前扣除。

七、以前年度支出税前扣除的税务处理

由于一些原因（如购销合同、工程项目纠纷等），企业在规定的期限内未能取得符合规定的发票、其他外部凭证或者取得不合规发票、不合规其他外部凭证，企业没有主动进行税前扣除的，待以后年度取得符合规定的发票、其他外部凭证后，相应支出可以追补至该支出发生年度扣除，追补扣除年限不得超过5年。其中，因对方注销、撤销、依法被吊销营业执照、被税务机关认定为非正常户等特殊原因无法补开、换开符合规定的发票、其他外部凭证的，企业在以后年度凭相关资料证实支出真实性后，相应支出也可以追补至该支出发生年度扣除，追补扣除年限不得超过5年。

税务机关发现企业应当取得而未取得发票、其他外部凭证或者取得不合规发票、不合规其他外部凭证，企业自被告知之日起60日内补开、换开符合规定的发票、其他外部凭证或者按照《扣除凭证管理办法》第十四条规定凭相关资料证实支出真实性后，相应支出可以在发生年度税前扣除。否则，该支出不得在发生年度税前扣除，也不得在以后年度追补扣除。

八、税前扣除凭证的特殊规定或要求

纳税人所取得的发票、收据等税前扣除凭证，票据自身和内容及开具均须真实且符合相关规定。不符合规定的发票，伪造、变造、虚假的票据等不得作为有效扣除凭证。

特殊支付项目还应将相关资料作为附件或备查资料。否则，可能对税前扣除带来不确定性，而不确定性就存在风险。

（1）工资扣除，须辅以工资分配方案、工资表、工资实际支付凭据、企业与职工签订的劳动合同、个人所得税扣缴情况以及社保机构盖章的社会保险名单清册等。

（2）会议费支出，须有召开会议的文件、通知、会议纪要、参会人员的签到单等能够证明会议真实性的资料以及会议费用明细单等。

（3）企业集团或其成员企业统一向金融机构借款分摊集团内部其他成员企业使用的，满足“统借统还”条件的，凡能出具从金融机构取得借款的证明文件，可以在使用借款的企业间合理地分摊利息费用，借款使用方分摊的合理利息凭免税的增值税普通发票在税前扣除。

（4）不征税收入用于支出所形成的费用，不得在计算应纳税所得额时扣除；用于支出所形成的资产，其计算的折旧、摊销不得在计算应纳税所得额时扣除。

（5）《发票管理办法》第三十四条规定，单位和个人从中国境外取得与纳税有关的发票或者凭证，税务机关在纳税审查时有疑义的，可以要求其提供境外公证机构或者注册会计师的确认证明，经税务机关审核认可后，方可作为记账核算的凭证。境外发票可以作为税前扣除的凭证，但税务稽查时，如果对境外发票有异议，可以要求企业提供境外公证机构或境外注册会计师的证明，不能提供证明的，一律不得税前扣除。

（6）《财政部 国家税务总局关于企业手续费及佣金支出税前扣除政策的通知》（财税〔2009〕29号）明确，除委托个人代理外，企业以现金等非转账方式支付的手续费及佣金不得在税前扣除。也就是说，如果不是以转账形式支付，即使业务真实，并取得中介服务机构的

发票，也不能够在税前扣除。所以，要求必须通过银行转账，只有符合这些规定才能扣除。

（7）预付卡（购物卡）发票

企业购买、充值预付卡，应在业务实际发生时税前扣除。按照购买或充值、发放和使用等不同情形进行以下税务处理：

① 在购买或充值环节，只能取得税率栏为“不征税”的增值税普通发票，预付卡应作为企业的资产进行管理，购买或充值时发生的相关支出不得税前扣除。

② 在发放环节，凭相关内外部凭证，证明预付卡所有权已发生转移的，根据使用用途进行归类，按照税法规定进行税前扣除（如：发放给职工的可作为工资、福利费，用于交际应酬的作为业务招待费进行税前扣除）。

③ 本企业内部使用的预付卡，在相关支出实际发生时，凭相关凭证在税前扣除。

现行企业所得税征缴方式为按季（月）预缴、年终汇算清缴。企业当年度实际发生的相关成本、费用，由于各种原因未能及时取得该成本、费用的有效凭证，在预缴季度所得税时，可暂按账面发生金额进行核算；但在汇算清缴时，应补充提供该成本、费用的有效凭证。

九、企业税前扣除凭证方面可能存在的主要问题（税务风险）

在我国现行税收体系下，以票控税盛行，因此发票无疑是所有税前扣除凭证中最重要的部分（没有之一），税前扣除凭证绝大部分也是发票。《扣除凭证管理办法》规定，企业取得不合规发票和不合规其他外部凭证，不得作为税前扣除凭证。

因此，要降低企业所得税的税务风险，企业必须做好外来扣除凭证的风险管理工作。但是企业在外来扣除凭证方面或多或少存在如下问题（税务风险）：

（一）以白条或收款收据充当发票

现实中，在某些时候确实不能取得发票；但是，企业中也有些人员常常以此为借口，对方本来应该开具发票，经办人不去争取或不愿取得发票，而是以白条或对方开具的收款收据等来充当发票。因此，企业在财务报销方面需要严格把关。

《扣除凭证管理办法》规定，对方为依法无需办理税务登记的单位或者从事小额零星经营业务的个人，其支出可以收款凭证及内部凭证作为税前扣除凭证，收款凭证应载明收款单位名称、个人姓名及身份证号、支出项目、收款金额等相关信息。小额零星经营业务的判断标准是个人从事应税项目经营业务的销售额不超过增值税相关政策规定的起征点。因此，要注意该类不要发票的小额零星支出满足税法规定，不可擅自扩大金额与范围。

（二）假发票问题

假发票的税务风险不言而喻。出现假发票，有可能是商家使用假发票，也有可能是业务经办人舞弊等原因而购买使用假发票。企业在财务报销时需严格审核鉴别，充分利用税务局查询平台进行查询鉴定，将假发票挡在门外。

此处所谓的假发票，也包括《发票管理办法》所列的企业取得私自印制、伪造、变造、作废等不符合规定的发票。

（三）填写不规范的发票

《扣除凭证管理办法》规定，填写不规范等不符合规定的发票不得作为税前扣除凭证。

《发票管理办法》第二十一条规定，不符合规定的发票，不得作为财务报销凭证，任何单位和个人有权拒收。

常见填写不规范有以下几种情况：

1．项目填写不全、发票印章不符的发票

《发票管理办法》及其实施细则要求，发票的填写要项目齐全，内容真实，字迹清楚，全部联次一次开具，内容完全一致，并加盖发票专用章。因此，项目填写不全、加盖财务专用章或公章等都是属于不符合规定发票。

2．发票开具没有使用中文

《发票管理办法实施细则》第二十九条规定，开具发票应当使用中文。民族自治地方可以同时使用当地通用的一种民族文字。

根据上述规定，开具发票时应该使用中文。如果纳税人在开具发票时违规使用外文，而被认定为属于不按规定开具发票的情形的，可能会影响税前扣除。

如果在发票中含有外文的用语，但具有不可替代性、国际通用性或行业惯用性，可以不认定为属于“不按规定开具发票的情形”，也不应影响税前扣除，如货物名称开具为“TCL 电视机”“PVC 人造革”等，在单位栏中填写国际标准计量单位的，如“KG”“KM”等。

3．没有填开付款方全称的发票

《国家税务总局关于进一步加强普通发票管理工作的通知》（国税发〔2008〕80 号）要求，在日常检查中发现纳税人使用不符合规定发票特别是没有填开付款方全称的发票，不得允许纳税人用于税前扣除、抵扣税款、出口退税和财务报销。

4．没有填写购买方的纳税人识别号或统一社会信用代码

《国家税务总局关于增值税发票开具有关问题的公告》（国家税务总局公告 2017 年第 16 号）规定，自 2017 年 7 月 1 日起，购买方为企业的，索取增值税普通发票时，应向销售方提供纳税人识别号或统一社会信用代码；销售方为其开具增值税普通发票时，应在“购买方纳税人识别号”栏填写购买方的纳税人识别号或统一社会信用代码。不符合规定的发票，不得作为税收凭证。

5．应该在发票备注栏注明相关内容但是未按规定注明

对于常见的建筑业发票、销售不动产发票、出租不动产的发票以及货物运输服务等应特别关注一下备注栏是否注明了相关内容。

（1）《国家税务总局关于全面推开营业税改征增值税试点有关税收征收管理事项的公告》（国家税务总局公告 2016 年第 23 号）规定：

提供建筑服务，纳税人自行开具或者税务机关代开增值税发票时，应在发票的备注栏注明建筑服务发生地县（市、区）名称及项目名称；

销售不动产，纳税人自行开具或者税务机关代开增值税发票时，应在发票“货物或应税

劳务、服务名称”栏填写不动产名称及房屋产权证书号码（无房屋产权证书的可不填写），“单位”栏填写面积单位，备注栏注明不动产的详细地址；

出租不动产，纳税人自行开具或者税务机关代开增值税发票时，应在备注栏注明不动产的详细地址。

（2）《国家税务总局关于停止使用货物运输业增值税专用发票有关问题的公告》（国家税务总局公告2015年第99号）第一条规定，增值税一般纳税人提供货物运输服务，使用增值税专用发票和增值税普通发票，开具发票时应将起运地、到达地、车种车号以及运输货物信息等内容填写在发票备注栏中，如内容较多可另附清单。

涉及发票合规的规定较多且变化不断，财务人员应时刻关注最新规定，避免不合规发票给企业带来的税务风险。

（四）非法代开或虚开的发票

非法代开、虚开发票，都不得税前扣除。

所谓的非法代开或虚开发票，就是开票单位没有实际发生发票内容显示的经济业务，而是代其他单位或个人以自己单位名义开具的发票，或者虚拟某项经济业务而开具发票。税法规定，除税务机关可以依法代开发票外，其他单位和个人不得代开发票，更不允许虚开发票。

非法代开发票或虚开发票严重违反了合法性原则和真实性原则，因此企业需要特别注意避免代开发票的问题（税务局代开除外）和虚开发票问题，一定要坚决杜绝。即便不是代开发票或虚开发票，但是也要严格防止将货款或服务费等支付给开票单位以外的收款单位或个人。

企业为避免被怀疑接受代开或虚开发票，在财务管理工作中应要求提供类似于《扣除凭证管理办法》第十四条规定的证明材料，不得是一张发票就财务报销。

（五）不合理费用发票

在民营企业比较常见，公司股东等将个人消费或家庭消费发票混入企业支出在企业报销。不合理费用发票属于与公司收入无关的发票，不得用于企业税前扣除。

（六）不合规其他外部凭证

《扣除凭证管理办法》规定，不符合国家法律、法规等相关规定的其他外部凭证（以下简称“不合规其他外部凭证”），不得作为税前扣除凭证。

目前对于什么是不合规其他外部凭证具体标准尚未规定，笔者个人理解如下：

财政票据和发票类似，开具时要满足财政部门对于财政票据使用与开具的管理规定，应做到填写项目齐全，内容真实，字迹清楚，全部联次一次开具，内容完全一致，并加盖收款单位印章（可能是专门的收费专用章或财务章、公章）。

其他的非应税项目收款凭证应载明收款单位名称、个人姓名及身份证号、支出项目、收款金额等相关信息。对方是单位的应加盖公章或财务专用章，个人应签名或按指纹。

第三节　扣除凭证上抬头不是本企业名称的税前扣除问题

在实务中，有发票（含其他票据）抬头不是本企业名称的情况。对于这种发票能否在税前扣除一直存在争议，原来各地执行口径也存在差异。《扣除凭证管理办法》正好给出了一个统一口径。

一、原来执行情况及争议

（一）客观存在的现象

发票（含其他票据）抬头是外单位或个人的问题，比较常见的有：只能开具个人名称的、外单位人员为本单位办事的差旅费问题、以股东个人名义贷款但资金企业使用的贷款利息问题、私车公用费用问题等。

对于抬头不是本单位的发票或票据，是否能在税前扣除，除广告费和业务宣传费有规定可以签署分摊协议后按规定扣除外，其余支出一直没有规定。

对于企业租房无法取得水电费发票的问题，也许是反映较多，国家税务总局大企业税收管理司曾经印发过《关于2009年度税收自查有关政策问题的函》（企便函〔2009〕33号），该文第一条第十四款有如下规定：

企业与其他企业或个人共用水、电，无法取得水、电发票的，应以双方的租用合同、电力和供水公司出具给出租方的原始水、电发票或复印件、经双方确认的用水、电量分割单等凭证，据实进行税前扣除。

但是企便函〔2009〕33号不属于规范性文件，不具有普遍约束力，而且该文很快就被停止执行（2011年10月13日发文停止）。但是，部分省市区借鉴了该文的规定，允许企业因租房发生的水电费、燃气费、暖气费等只能开具房东名称的发票，可以凭租赁合同、相关发票原件（或复印件及分割单）等在税前扣除。

（二）反对税前扣除的依据

《国家税务总局关于进一步加强普通发票管理工作的通知》（国税发〔2008〕80号），该文第八条第二款规定，在日常检查中发现纳税人使用不符合规定发票特别是没有填开付款方全称的发票，不得允许纳税人用于税前扣除、抵扣税款、出口退税和财务报销。

外单位名称（包括个人名称）肯定不是付款方全称，所以很多税务机关以此给出的结论就是“不得允许纳税人用于税前扣除”。

（三）赞成税前扣除的依据

《企业所得税法》第八条规定，企业实际发生的与取得收入有关的、合理的支出，包括成本、费用、税金、损失和其他支出，准予在计算应纳税所得额时扣除。

毫无疑问，企业财务人员肯定是赞成税前扣除的，可是很多时候税务人员不认可，因为国税发〔2008〕80号还没有废止。

对于承担的外单位人员差旅费，也有税务机关认为是一种交际应酬行为，可以业务招待费在税前扣除。

（四）以前可以税前扣除的抬头是个人名称的票据

现实生活中，有些票据只能是个人名字，比如实名制的火车票、飞机票等，还有我们财务人员参加会计资格考试报名费等，工伤人员的医疗费等。这些都是现实情况，也都符合税法规定的扣除原则，如果仅仅因为是个人名字就不能税前扣除，税务局就有点强人所难了。因此，对于只能开具个人名称的票据，如果满足税前扣除原则是可以税前扣除的。各地可能有不同规定，但是都是大同小异，可以税前扣除的个人抬头票据包括但不限于：

（1）允许税前扣除的医药费票据；

（2）飞机票和火车票、出差过程中的人身意外保险费，因公出差员工的签证费等；

（3）符合职工教育经费列支范围的职业技能鉴定费、职业资格认证费、职业资格考试报名费等；

（4）员工入职前体检费用，员工职业健康体检费用；

（5）允许税前扣除的外籍个人住房补贴，员工凭发票实报实销，合同是员工个人与业主签订的租赁合同，发票抬头是员工个人。

二、新规定直接解决了争议问题

《扣除凭证管理办法》第十八条和第十九条规定，企业与其他企业（包括关联企业）、个人在境内共同接受应税劳务或非应税劳务，或者企业租房时出租方采取分摊方式的，可以分割单等作为税前扣除凭证。没有强调发票或其他外部凭证必须是本单位抬头，因此，新规定直接就解决了争议问题。

企业与其他企业（包括关联企业）、个人在合同（协议）约定的情况下，双方共同接受应税劳务或非应税劳务（注意：是劳务！不包括货物），采取分摊方式，企业以发票和分割单作为税前扣除凭证，共同接受应税劳务的其他企业以企业开具的分割单作为税前扣除凭证。

三、老问题的新解决办法

外单位人员为本单位办事的差旅费问题：按照新规定，只要双方签署的合同（协议）中有专门的约定，企业需要承担为企业办事的人员的差旅费，双方签署的合同（协议）就相当于是分摊协议，那么企业就可以依据《扣除凭证管理办法》第十八条在税前扣除。

以股东个人名义贷款但资金由企业使用的贷款利息问题，也基本类似，其利息支出也可以在税前扣除。但是，必须同时满足：公司股东会有决议，同意以股东个人贷款后资金由公司使用，资金利息由公司承担；股东中没有人从公司抽逃资金或生产经营以外借款；股东按公司章程足额缴纳了投资款等。但是，在增值税方面没有类似的规定，当公司向个人账户支付利息用于归还贷款利息时，会被认为属于增值税的应税项目，应代扣代缴增值税。所以，企业需要谨慎考虑并计算资金成本。

四、“私车公用”问题仍然存在

“私车公用”问题，在限牌的城市尤为突出。不可否认的是，一部分确实属于企业生产经营所需要，另一方面也确实存在着部分企业通过“租赁”的形式逃避个人所得税或企业主将个人消费拿到企业报销等情况。

曾经有全国各地网友反映，一段时间可以凭租赁合同和车辆行驶证等到税务局代开汽车租赁发票，但后来被停止代开，理由是私家车不具备租赁资质。所以，因“私车公用”引起的加油费、过路过桥费、汽车保险费、汽车修理费等（含部分发票抬头是本单位名称）是否能税前扣除曾经争议很大。有的地方满足条件可以税前扣除，有的则是一律不得扣除。

《扣除凭证管理办法》的出台，表面上似乎已经解决了这个问题，其实不然。按新规，不是本单位抬头发票也可税前扣除，只要有分摊协议；甚至，“公车私用”还可以不用到税务局代开发票了，因为可以满足小额零星经营业务。

但是，税前扣除从来就不是只要扣除凭证合规就能扣除的！税法对税前扣除有真实性原则和合理性原则等要求。“公车私用”中，暂且不说私车是否可以租赁的问题，企业如何证明真实性与合理性，如何证明不是为了逃避个人所得税，如何证明不是个人消费等一系列问题。什么是合理，没有标准；汽车开出去到底是办私事还是办公事，谁证明、怎么证明？

因此，在“私车公用”的问题上，企业还是谨慎一点为好，新规并没有彻底解决该问题。企业在遇到该问题一定要查询本地是否有相关规定，如果当地对“私车公用”问题有明确规定则应按规定处理；如果查找不到相关规定一定要咨询主管税务机关，避免税务风险。

第四节　职工薪酬的财税处理及风险管理

职工薪酬是企业必然发生的成本支出，是企业税前扣除的重要组成部分，也是企业税务风险的高发地带。

根据会计准则规定，职工薪酬包括短期薪酬、离职后福利、辞退福利和其他长期福利。企业提供给职工配偶、子女、受赡养人、已故员工遗属及其他受益人等的福利，也属于职工薪酬。

职工薪酬属于会计概念，税法中并无此概念。在税法中，将“职工薪酬”分解为工资薪金、职工福利费、工会经费、社会保险费、住房公积金、补充养老保险、补充医疗保险、商业保险等支出项目，分别作出相关规定。

一、工资薪金支出的财税处理及风险管理

工资薪金支出是税法概念，与《会计准则第 9 号——职工薪酬》划分的“短期薪酬”中的“职工工资、奖金、津贴和补助”比较接近。

工资薪金是职工薪酬的最重要组成部分，也是职工福利费、职工教育经费、工会经费、补充养老保险费、补充医疗保险费等支出项目税前扣除限额的计算基数。

（一）工资薪金税前扣除的税务规定

1. 基本规定

《企业所得税法实施条例》第三十四条规定，企业发生的合理的工资、薪金支出，准予扣除。

前款所称工资、薪金，是指企业每一纳税年度支付给在本企业任职或者受雇的员工的所有现金形式或者非现金形式的劳动报酬，包括基本工资、奖金、津贴、补贴、年终加薪、加班工资，以及与员工任职或者受雇有关的其他支出。

2. 税务对工资薪金合理性的规定

《关于企业工资薪金及职工福利费扣除问题的通知》（国税函〔2009〕3号）有如下规定：

《实施条例》第三十四条所称的“合理工资薪金”，是指企业按照股东大会、董事会、薪酬委员会或相关管理机构制订的工资薪金制度规定实际发放给员工的工资薪金。税务机关在对工资薪金进行合理性确认时，可按以下原则掌握：

（1）企业制定了较为规范的员工工资薪金制度；

（2）企业所制定的工资薪金制度符合行业及地区水平；

（3）企业在一定时期所发放的工资薪金是相对固定的，工资薪金的调整是有序进行的；

（4）企业对实际发放的工资薪金，已依法履行了代扣代缴个人所得税义务；

（5）有关工资薪金的安排，不以减少或逃避税款为目的。

3. 税务对工资薪金税前扣除凭证的要求

工资薪金支出的税前扣除凭证属于内部凭证，《扣除凭证管理办法》只有原则性规定，国家税务总局目前尚无相关具体规定，但是部分省市区却有比较详细的规定。企业所在地如有规定应遵照其规定，如无规定做到以下几点也就基本无虞：

（1）工资计算表、工资分配表等，以及职工本人签字确认的工资表（条）或相应的工资薪金支付凭据；

（2）有书面的比较规范的员工工资薪金管理制度和奖惩制度；

（3）企业与职工签订的劳动合同（或劳务协议等）；

（4）缴纳社会保险的员工名册（最好社保局盖章）；

（5）分月的员工考勤表等；

（6）员工个人所得税扣缴情况资料；

（7）与工资薪金支付相关的其他资料。

以上几项中，第（1）项资料应附在会计记账凭证后面，其余各项应单独归档，以备税务部门检查。企业一定要重视工资薪金核算资料、发放依据、劳动合同等的收集、存档，税务检查时这些资料属于必看资料之一。

需要特别说明的是，在支付手段多样化与便利化的情况下，企业如果继续以支付现金作为工资薪金的支付方法，容易引起税务检查人员的特别关注或疑问。

（二）工资薪金的会计处理

1．工资薪金在会计上的范围

《会计准则第9号——职工薪酬》应用指南解释，职工工资、奖金、津贴和补贴，是指企业按照构成工资总额的计时工资、计件工资、支付给职工的超额劳动报酬等的劳动报酬，为了补偿职工特殊或额外的劳动消耗和因其他特殊原因支付给职工的津贴，以及为了保证职工工资水平不受物价影响支付给职工的物价补贴等。其中，企业按照短期奖金计划向职工发放的奖金属于短期薪酬，按照长期奖金计划向职工发放的奖金属于其他长期职工福利。

2．工资薪金在会计准则中规定的人员范围

《会计准则第9号——职工薪酬》应用指南解释，准则所称的职工，是指与企业订立劳动合同的所有人员，含全职、兼职和临时职工，也包括虽未与企业订立劳动合同但由企业正式任命的人员。具体包括：

（1）与企业订立劳动合同的所有人员，含全职、兼职和临时职工。

（2）未与企业订立劳动合同但由企业正式任命的人员，如董事会、监事会中的独立董事、外部监事等。

（3）通过劳务派遣提供与职工所提供服务类似的人员。如通过劳务派遣公司派遣到企业，与企业职工从事相同工作的人员。

3．工资薪金的会计处理方法

《企业会计准则第9号——职工薪酬》（2014版）第五条规定，企业应当在职工为其提供服务的会计期间，将实际发生的短期薪酬确认为负债，并计入当期损益，其他会计准则要求或允许计入资产成本的除外。

因此，企业发生的职工工资、津贴和补贴等短期薪酬，应当根据相关情况计提计入“应付职工薪酬”科目下设置“工资薪金”（或“应付工资”）明细科目贷方，并按受益对象，借记成本、费用或相关资产成本。

应将生产产品、提供劳务负担的职工薪酬，计入生产成本或劳务成本。应将在建工程、无形资产等负担的职工薪酬，分别根据固定资产准则、无形资产准则等计入相关资产成本；企业进行新品研发的，在研究阶段发生的职工薪酬计入管理费用；其他职工薪酬，包括总部管理人员、董事会成员、监事会成员等人员的职工薪酬，和难以确定直接对应的受益对象的职工薪酬，均应当在发生时计入当期损益。

（三）工资薪金支出时间带来的税会差异与税务风险

1．税法对工资薪金税前扣除在支出时间方面的规定

《国家税务总局关于企业工资薪金和职工福利费等支出税前扣除问题的公告》（国家税务总局公告2015年第34号，以下简称34号公告）第二条规定，企业在年度汇算清缴结束前向员工实际支付的已预提汇缴的年度工资薪金，准予在汇缴年度按规定扣除。

2. 税会差异分析

《企业所得税法实施条例》第三十四条所谓的“支出”，指的是实际发放的工资薪金，只是会计账上计提而未实际发放的工资薪金不得税前扣除。而“支出”的时间，只要是会计上已经预提了的，那么支出时间可以延长至次年的汇算清缴日前（最迟 5 月 31 日）。

所以，在所得税申报时进行“工资薪金”填报时，不能简单看“工资薪金”会计账本上本年度的借方发生额，而应对当年度 1 月 1 日至次年汇算清缴前所有借方发生额进行分析填列，对当年 1 月 1 日至 5 月 31 日前支付上年度工资薪酬的（已经在上年度申报扣除）剔除，对次年 1 月 1 日至汇算清缴日支付的本年度工资薪金要加上。

【案例 3-1】工资薪金支出的时间差异与税务风险管理

甲公司 2018 年度及 2018 年 1 月至 5 月“应付职工薪酬——工资薪金”科目总分类账见表 3-4-1。

表 3-4-1

应付职工薪酬总分类账——工资薪金

单位：万元

时间	摘要	借方	贷方	方向	期末余额
2018/1/1	期初余额	—	—	贷	320.00
2018/1/1—2018/12/31	汇总	4 070.00	4 200.00	贷	450.00
2019/1/1—2019/5/31	汇总	2 130.00	2 150.00	贷	470.00

企业所得税汇算时经查看明细账发现：2018 年度借方发生额中包括 2018 年 2 月发放的 2017 年度年终奖 310 万元；2018 年 1 月至 5 月的借方发生额包括 2018 年 1 月发放的 2018 年度年终奖 420 万元。

假定甲公司工资薪金只存在支出时间差异。

问题：甲公司工资薪金支出的税务处理及风险。

解析：甲公司在 2018 年预提“工资薪金”4 200 万元，在 2018 年度实际支出金额 = 4 070−310=3 760（万元）；根据《国家税务总局关于企业工资薪金和职工福利费等支出税前扣除问题的公告》（国家税务总局公告 2015 年第 34 号）第二条规定，企业在年度汇算清缴结束前向员工实际支付的已预提汇缴年度工资薪金，准予在汇缴年度按规定扣除，2018 年 1 月发放的 2018 年度年终奖 420 万元由于会计处理已经预提，故可以在 2018 年度税前扣除。

因此：甲公司 2018 年“工资薪金”的“账载金额”是 4 200 万元（贷方发生额），“实际发生额”=3 760+420=4 180（万元）。

故，甲公司 2018 年度企业所得税申报表《职工薪酬纳税调整明细表》（A105050）“工资薪金支出”栏填报见表 3-4-2。

表 3-4-2

A105050　　职工薪酬纳税调整明细表　　单位：万元

行次	项　目	账载金额	实际发生额	税收规定扣除率	以前年度累计结转扣除额	税收金额	纳税调整金额	累计结转以后年度扣除额
		1	2	3	4	5	6（1-5）	7（1+4-5）
1	一、工资薪金支出	4 200.00	4 180.00	—	—	4 180.00	20.00	—
2	其中：股权激励	0.00	0.00	—	—	0.00	0.00	—

税务风险说明及风险管理：

在调增工资薪金的时间差异时，重点是要记住扣减当年1月至5月发放的在上一年度已经税前扣除的，同时加上次年汇算清缴前（最迟5月31日）发放的属于当年的工资薪金部分。因此，企业应做好登记，每年1至5月份实际发放工资薪金那些部分已经在上一年度税前扣除了，避免重复扣除或遗漏扣除。

由于34号公告特意强调“已预提”，只有“已预提”的部分在次年汇算清缴前实际发放才能税前扣除，因此企业年末计提工资薪金的时候尽可能多预提一些。如果预提少了，也不用着急，可在实际发放的当年税前扣除。

【疑难问题】企业预提的工资在次年汇算清缴时尚未使用完，以后实际发放能税前扣除吗？如能扣除，该如何扣除？

之所以将该问题放在此处，就是特意提醒读者注意此问题的税务风险。该问题之所以存在较大风险，是因为实务中对该问题有两种不同的观点。

观点一：追补扣除。应根据《企业所得税法实施条例》第九条和国家税务总局公告2012年第15号第六条规定进行追补扣除，在实际发放后，企业做出专项申报及说明后，准予追补至工资薪金预提发生年度计算扣除，但追补确认期限不得超过5年。

观点二：企业汇算清缴后发放以前年度的工资薪金，可以在实际发放的当年税前扣除。理由是《企业所得税法实施条例》第三十四条强调“每一纳税年度支付”，没有规定具体哪一个年度计提，因此应在实际发放的当年税前扣除。

两种观点都是可以税前扣除，但是影响却不一样。笔者是非常赞同观点二的，既方便税务局也方便企业。但是，对于这类似乎都能拿出依据的争议，只有国家税务总局的规范性文件才能平息。因此，实际操作中一定要先咨询企业主管税务机关，避免造成一些不必要的税务风险。

（四）股权激励构成的工资薪金的税会差异与风险管理

1. 税务规定

《关于我国居民企业实行股权激励计划有关企业所得税处理问题的公告》（国家税务总局公告2012年第18号）规定，股权激励是指《上市公司股权激励管理办法（试行）》规定的上市公司以本公司股票为标的，对其董事、监事、高级管理人员及其他员工（以下简称激励对象）进行的长期性激励。股权激励实行方式包括授予限制性股票、股票期权以及其他法律法规规定的方式。

（1）对股权激励计划实行后立即可以行权的，上市公司可以根据实际行权时该股票的公允价格与激励对象实际行权支付价格的差额和数量，计算确定作为当年上市公司工资薪金支出，依照税法规定进行税前扣除。

（2）对股权激励计划实行后，需待一定服务年限或者达到规定业绩条件（以下简称等待期）方可行权的，上市公司等待期内会计上计算确认的相关成本费用，不得在对应年度计算缴纳企业所得税时扣除。在股权激励计划可行权后，上市公司方可根据该股票实际行权时的公允价格与当年激励对象实际行权支付价格的差额及数量，计算确定作为当年上市公司工资薪金支出，依照税法规定进行税前扣除。

2．会计处理

股权激励会计处理适用《企业会计准则第 11 号——股份支付》，股份支付按该准则规定分为以权益结算的股份支付和以现金结算的股份支付。

（1）以增发股份进行权益结算的股份支付的会计处理，见表 3-4-3。

表 3-4-3

增发股份权益结算的股份支付的会计处理

环节	会计处理
授予日	除了立即可行权的股份支付外，企业在授予日均不做会计处理
等待期内每个资产负债表日	应按授予日权益工具的公允价值计入成本费用和资本公积（其他资本公积），不确定其后续公允价值变动 借：管理费用等（当期应确认成本费用金额） 　贷：资本公积——其他资本公积 当期应确认成本费用金额=累计成本费用-以前期间已确认成本费用 累计成本费用=预计可行权股数×授予日股票公允价值×已过等待期/等待期
可行权日之后	在可行权日之后不再对已确认的成本费用和所有者权益总额进行调整
行权日	借：银行存款 　　资本公积——其他资本公积（等待期内累计确认的） 　贷：股本 　　　资本公积——股本溢价

（2）以回购股份进行权益结算的股份支付的会计处理，见表 3-4-4。

表 3-4-4

回购股份权益结算的股份支付的会计处理

环节	会计处理
回购股份时	借：库存股（回购股份数×每股回购价格） 　贷：银行存款 同时在备查簿登记
等待期内每个资产负债表日	确认成本费用： 借：管理费用（按权益结算的股份支付计算） 　贷：资本公积——其他资本公积
职工行权	借：银行存款 　　资本公积——其他资本公积（等待期内累计确认的） 　贷：库存股（行权数×每股回购价格） 　　　资本公积——股本溢价（差额）

（3）以现金结算的股份支付的会计处理，见表 3-4-5。

表 3-4-5

现金结算的股份支付的会计处理

环节	会计处理
授予日	除了立即可行权的股份支付外，企业在授予日均不做会计处理 授予后立即可行权的以现金结算的股份支付应当在授予日以企业承担负债的公允价值计入相关资产成本或费用，同时计入负债
等待期内每个资产负债表日	应当以对可行权情况的最佳估计为基础，按照企业承担负债的公允价值金额，将当期取得的服务计入资产成本或费用和相应的负债（应付职工薪酬） 借：管理费用等 贷：应付职工薪酬（当期应确认金额） 当期应确认应付职工薪酬=累计应付职工薪酬-以前期间确认应付职工薪酬 累计应付职工薪酬=预计可行权股数×资产负债表日股票公允价值×已过等待期/等待期
可行权日之后	在可行权日之后不再确认成本费用，结算日之前负债（应付职工薪酬）公允价值的变动应计入公允价值变动损益 借：公允价值变动损益 贷：应付职工薪酬（或相反分录）
行权日	借：应付职工薪酬 贷：银行存款

【案例 3-2】以增发股份进行权益结算的股权激励的财税处理及税务风险管理

立博公司为一家上市公司。2017 年 1 月 1 日，公司向其管理人员 100 人每人授予 1 万股股票期权。这些职员从 2017 年 1 月 1 日起在该公司连续服务 3 年，即可以 5 元 / 股购买 1 万股公司股票，从而获益。公司估计该期权在授予日的公允价值为 15 元，假定在等待期内未发生变化。

2017 年有 10 名职员离开公司，公司估计三年内离开公司的比例将达到 20%；第二年又有 2 名职员离开公司，公司将估计的职员离职比率修正为 15%；第三年又有 2 名职员离职。在职员工在第三年末（2019 年 12 月 31 日）全部行权购买了公司股票，公司股票收盘价格为 21 元 / 股。

问题：立博公司股权激励的财税处理及风险。

解析：

1. 会计处理

费用和资本公积计算过程见表 3-4-6。

表 3-4-6

费用和资本公积计算过程　　单位：万元、万股

年度	当期费用计算	当期费用	累计费用
2017	100×1×（1-20%）×15×1/3	400	400
2018	100×1×（1-15%）×15×2/3-400	450	850
2019	86×1×（21-5）-850	526	1 376

2. 会计分录

（1）授予日 2017 年 1 月 1 日不做财务处理。

（2）2017 年 12 月 31 日。

借：管理费用——职工薪酬（股权激励）　4 000 000.00

　贷：资本公积——其他资本公积　4 000 000.00

（3）2018 年 12 月 31 日。

借：管理费用——职工薪酬（股权激励）　4 500 000.00

　贷：资本公积——其他资本公积　4 500 000.00

（4）2019 年 12 月 31 日。

借：管理费用——职工薪酬（股权激励）　5 260 000.00

　贷：资本公积——其他资本公积　5 260 000.00

（5）全部在职管理人员都在 2019 年 12 月 31 日行权，假定公司股票面值 1 元。

借：银行存款　4 300 000.00（860 000×5）

　资本公积——其他资本公积　13 760 000.00

　贷：股本　860 000.00

　　资本公积——资本溢价　17 200 000.00

3. 税务处理及纳税调整

根据规定，在股权激励计划可行权后，上市公司方可根据该股票实际行权时的公允价格与当年激励对象实际行权支付价格的差额及数量，计算确定作为当年上市公司工资薪金支出，依照税法规定进行税前扣除。

因此，立博公司税前扣除额 =（21−5）×1×86=1 376（万元），见表 3-4-7。

表 3-4-7

应纳税所得额调整

单位：万元

年度	会计当期费用	税前扣除额	应纳税所得额调整
2017	400	0	400
2018	450	0	450
2019	526	1 376	−850
合计	1 376	1 376	0

2017 年和 2018 年，虽然会计上确认了当期费用进入当期损益，但是不符合税法规定的“实际发放”，因此不能在税前扣除，应纳税所得额应调增。2019 年由于员工行权，符合了“实际发放”的标准，可以在税前扣除，以前年度累计确认的费用也可以在实际发放的时候扣除，故应做应纳税所得额调减。根据国家税务总局公告 2012 年第 18 号规定，对企业员工的股份支付作为工资薪金支出在税前扣除。因此，如果会计核算上没有包含“应付职工薪酬”的，在纳税申报时也应一并调整。当然，作为工资薪金扣除的股份支付金额也可以作为职工福利费等扣除计算的基数的。

以2019年为例说明企业所得税申报表的填报：

第一步：填写《职工薪酬纳税调整明细表》(A105050)，见表3-4-8。

表3-4-8

A105050 职工薪酬纳税调整明细表 单位：万元

行次	项　目	账载金额	实际发生额	税收规定扣除率	以前年度累计结转扣除额	税收金额	纳税调整金额	累计结转以后年度扣除额
		1	2	3	4	5	6（1-5）	7（1+4-5）
1	一、工资薪金支出	5 526.00	6 376.00	—	—	6 376.00	-850.00	—
2	其中：股权激励	526.00	1 376.00	—	—	1 376.00	-850.00	—

说明：假定"工资薪金支出"的账载金额与实际发生额都是5 000万元。

第二步：填写《纳税调整项目明细表》(A105000)，见表3-4-9。

表3-4-9

A105000 纳税调整项目明细表 单位：万元

行次	项　目	账载金额	税收金额	调增金额	调减金额
		1	2	3	4
12	二、扣除类调整项目（13+14+…24+26+27+28+29+30）	—	—	0.00	850.00
14	（二）职工薪酬（填写A105050）	5 526.00	6 376.00	0.00	850.00
45	合计（1+12+31+36+43+44）	—	—	0.00	850.00

4. 税务风险说明及税务风险管理

（1）以权益结算的股份支付在等待期内计入当期损益的管理费用是不能直接扣除的，而只能以行权时股份公允价值减去员工支付金额的差价及数量计算税前扣除额进行扣除。

（2）股权激励授予集团内其他企业人员的股份支付，在会计处理上与授予本企业员工是一样的，但是非本企业的员工授予的股权激励不得在本企业税前扣除，需要特别注意。

（3）股票实际行权时的公允价格，以实际行权日该股票的收盘价格确定。因此，需要注意计算税前扣除额时的股票价格。

（4）董事会股权激励的决议等证据材料收集并存档备查。

【案例3-3】以现金结算的股权激励的财税处理及税务风险管理

2014年12月，乙公司（上市公司）董事会批准了一项股份支付协议。协议规定，2015年1月1日起，公司为其200名中层以上管理人员每人授予100份现金股票增值权。条件是，管理人员在该公司连续服务3年，即可自2017年12月31日起根据股价的增长幅度可以行权获得现金。该股票增值权应在2019年12月31日之前行使完毕。

乙公司估计，该股票增值权在负债结算之前每一个资产负债表日以及结算日的公允价值和可行权后的每份股票增值权现金支出额见表3-4-10。

表3-4-10

公允价值与现金支出额

年度	公允价值（元/股）	支付现金（元/股）
2015	14	
2016	15	
2017	18	16
2018	21	20
2019	25	25

第一年有20名管理人员离开公司，公司估计三年中还将有15名管理人员离开；第二年又有10名管理人员离开公司，公司估计还将有10名管理人员离开；第三年又有15名管理人员离开。2017年12月31日，有70人行使股份增值权取得了现金；2018年12月31日有50人行使股权激励；其余在2019年12月31日行使。

1. 费用和应付职工薪酬计算过程见表3-4-11

表3-4-11

费用和应付职工薪酬计算过程

单位：元

年度	负债计算①	支付现金②	当期费用③
2015	（200-35）×100×14×1/3=77 000	—	77 000
2016	（200-40）×100×15×2/3=160 000	—	83 000
2017	（200-45-70）×100×18=153 000	70×100×16=112 000	105 000
2018	（200-45-70-50）×100×21=73 500	50×100×20=100 000	20 500
2019	73 500-73 500=0	35×100×25=87 500	14 000
合计		299 500	299 500

上表关系：当期费用③=负债计算①-上年度①+支付现金②

2. 会计分录

（1）授予日，不做会计处理。

（2）2015年确认费用和负债。

借：管理费用　　77 000.00

　贷：应付职工薪酬——工资薪金（股权激励）　　77 000.00

（3）2016年确认费用和负债。

借：管理费用　　83 000.00

　贷：应付职工薪酬——工资薪金（股权激励）　　83 000.00

（4）2017年确认费用和负债。

借：管理费用　　105 000.00

　贷：应付职工薪酬——工资薪金（股权激励）　　105 000.00

2017 年行权支付现金：

借：应付职工薪酬——工资薪金（股权激励）　　112 000.00

　贷：银行存款　　112 000.00

（5）2018 年确认负债的公允价值变动损益。

借：公允价值变动损益　　20 500.00

　贷：应付职工薪酬——工资薪金（股权激励）　　20 500.00

2018 年行权支付现金：

借：应付职工薪酬——工资薪金（股权激励）　　100 000.00

　贷：银行存款　　100 000.00

（6）2019 年确认负债的公允价值变动损益。

借：公允价值变动损益　　14 000.00

　贷：应付职工薪酬——工资薪金（股权激励）　　14 000.00

2019 年行权支付现金：

借：应付职工薪酬——工资薪金（股权激励）　　87 500.00

　贷：银行存款　　87 500.00

3. 税务处理及纳税调整

在股权激励等待期内产生的"管理费用"和"公允价值变动损益"是不能直接在税前扣除的，只有在实际发放的年度才能按照实际发放额进行税前扣除。乙公司 2015 年至 2019 年股权激励涉及的纳税调整见表 3-4-12。

表 3-4-12

乙公司股权激励涉及的纳税调整

单位：元

年度	管理费用	公允价值变动损益	税前扣除额	纳税调整
2015	77 000	—	0	77 000
2016	83 000	—	0	83 000
2017	105 000	—	112 000	-7 000
2018	—	20 500	100 000	-79 500
2019	—	14 000	87 500	-73 500
合计	265 000	34 500	299 500	0

企业所得税申报表填报与税务风险和【案例 3-2】相似，此处不再赘述。

（五）季节工、临时工等人员的工资税前扣除及风险管理

1. 税务规定

《国家税务总局关于企业所得税应纳税所得额若干税务处理问题的公告》（国家税务总局公告 2012 年第 15 号，以下简称 15 号公告）规定：

企业因雇用季节工、临时工、实习生、返聘离退休人员所实际发生的费用，应区分为工资

薪金支出和职工福利费支出，并按《企业所得税法》规定在企业所得税前扣除。其中属于工资薪金支出的，准予计入企业工资薪金总额的基数，作为计算其他各项相关费用扣除的依据。

2. 会计处理

《会计准则第 9 号——职工薪酬》应用指南解释，准则所称的职工，是指与企业订立劳动合同的所有人员，含全职、兼职和临时职工，也包括虽未与企业订立劳动合同但由企业正式任命的人员。

因此，企业因雇用季节工、临时工、实习生、返聘离退休人员所实际发生的费用，应与全职职工发生的费用是相同的会计处理，即计入职工薪酬。

3. 税务风险说明及税务风险管理

企业因雇用季节工、临时工、实习生、返聘离退休人员所实际发生的费用，看似有了 15 号公告的明确规定，似乎应该不会有太大问题，其实不然。

（1）是否开具发票的争议。

企业因雇用季节工、临时工、实习生、返聘离退休人员所实际发生的工资，是企业编制工资表直接发放，还是必须要由税务局代开发票，是一个充满争议的话题。

国家税务总局对此没有明确规定，部分省市区对此曾有过明确规定，要求须由税务局代开发票，部分省市区未做规定，是否开具由主管税务机关判断。笔者此处不过多阐述争议问题，争议并不能解决企业实际面临的问题，因此笔者建议：

先查询本地省级或地市级税务部门有无相关的具体规定，有规定就按规定执行；如果没有相关的规定，咨询主管税务机关，按其意见执行。

《扣除凭证管理办法》出台后，即便是当地规定需要开具发票，但是对于没有超过增值税起征点的报酬也可以用企业内部自制凭证进行支付，也可以税前扣除。

（2）任职受雇和兼职的争议。

分别以工资薪金支出和劳务费支出在税前扣除的区别在于是否能作为职工福利费等三项经费的扣除基数。因此，部分税务人员在税务检查时特别注意对于兼职人员的报酬，企业是否进行区别申报税前扣除。

有税务人员认为，15 号公告指的是“雇用”，“兼职”不算“雇用”，企业为兼职人员提供的属个人所得税法中规定的劳务报酬范围的设计、咨询等劳务所支付的费用，应作为劳务费在税前扣除，并且不能作为三项经费的扣除依据。

笔者认为该说法是与 15 号公告相悖的，企业不“雇用”，“兼职”人员如何来兼职。因此，这些税务人员的说法 15 号公告并无此明文规定。为避免不必要的争议，企业最好备好一份格式化《雇用协议》，每次支付兼职人员报酬时要求对方签署一下，以堵税务人员之口。

（3）合理性证明。

企业列支季节工、临时工、实习生、返聘离退休人员所实际发生的费用，首先要符合企业的实际经营的需要，尤其是上述费用金额较大时，一定要结合自己生产经营实际，证明上述费用支出的必要性。

其次，对于上述人员的支出，最好有股东大会、董事会、薪酬委员会或相关管理机构制定相关的制度，相关支出在制度规定的范围和标准内发生。第三，上述人员的支出要符合行业及地区水平，如果费用过高也会面临税收调整的问题。第四，企业应制定上述人员支出的内控制度，在相关费用发生时，留下相关内控的轨迹，比如费用发生时相关部门的申请、批准、发放、签字等。第五，企业应与上述人员签署用工协议（劳务协议或雇佣协议等），相关人员的身份证复印件及联系电话等，以备税务机关核查。

（4）工资薪金支出和职工福利费支出的区分。

有人误解 15 号公告中的“工资薪金支出和职工福利费支出的区分”，认为凡是对临时工等支出都应一律区分为工资薪金支出和职工福利费支出，认为“工资薪金支出”应该是其实际支出除以 1.14，因为职工福利费是按 14% 扣除的。其实，国家税务总局从未有这样的规定，这属于个人对法规的过度解读。

税前扣除的职工福利费支出范围应该以《国家税务总局关于企业工资薪金及职工福利费扣除问题的通知》（国税函〔2009〕3 号）为准。职工福利费会计核算以《财政部关于企业加强职工福利费财务管理的通知》（财企〔2009〕242 号）为准。二者界定的范围基本一致。

需要特别注意的是，如果临时工等从事的工作属于集体福利或安排在企业内设福利部门工作，比如在企业食堂临时帮忙或工作，其临时工等工资也应计入职工福利费，并以职工福利费支出在税前扣除。

（六）接受劳务派遣的财税处理及税务风险管理

1. 税务规定

《国家税务总局关于企业工资薪金和职工福利费等支出税前扣除问题的公告》（国家税务总局公告 2015 年第 34 号）规定，企业接受外部劳务派遣用工所实际发生的费用，应分两种情况按规定在税前扣除：按照协议（合同）约定直接支付给劳务派遣公司的费用，应作为劳务费支出；直接支付给员工个人的费用，应作为工资薪金支出和职工福利费支出。其中属于工资薪金支出的费用，准予计入企业工资薪金总额的基数，作为计算其他各项相关费用扣除的依据。

2. 会计处理

《会计准则第 9 号——职工薪酬》应用指南解释，企业职工包括通过劳务派遣提供与职工所提供服务类似的人员。如通过劳务派遣公司派遣到企业，与企业职工从事相同工作的人员。

因此，企业接受劳务派遣人员，如果属于提供与职工所提供服务类似的人员，其支出应与企业全职职工一样进行会计处理，应计入职工薪酬。

3. 税会差异分析

企业如果接受劳务派遣的话，其实际支付的劳务派遣人员工资薪金等可能面临两种税务扣除方式，直接支付给劳务派遣公司的以“劳务费”进行税前扣除，直接支付给劳务派遣人员的以职工薪酬的形式扣除。而会计处理按照《企业会计准则第 9 号——职工薪酬》规定，接受劳务派遣与企业职工从事相同或相似工作的人员发生的工资薪金支出也是属于职工薪酬，和与企业签署了正式劳动合同人员发生的工资薪金等在会计处理上都是一样的，全都是计入职工薪酬，不需要进行区分，与支付方式无关。但是，不是企业直接发放的劳务派遣人员工资薪金支出，虽然会计处理应计入职工薪酬，税务处理却不能作为职工福利费等三项支出税前扣除限额的计算基数，在计算职工福利费等三项支出税前扣除限额时要特别注意。

所以，当劳务派遣人员工资不是直接支付给劳务派遣人员而是支付给劳务派遣公司时就产生了税会差异，需要进行纳税调整。

4. 税务风险说明及税务风险管理

（1）如果是企业直接支付工资给劳务派遣人员，就应跟公司正式（全职）职工一样进行管理，将与工资薪金支出相关资料存档备查。在具体支付时，最好采用银行转账（银行代发）方式，尽量避免采用现金发放的方式。

（2）如果是直接支付给劳务派遣公司，需要特别注意对方开具的发票要符合税法规定。

（3）劳务派遣发票曾经被一些企业“滥用”，导致一些税务机关和税务人员对劳务派遣经常持有怀疑态度，因此企业对于发生的劳务派遣费用支出有证明其合理性和真实性的责任与义务。

劳务派遣支出合理性和真实性证明：第一，要符合企业的实际经营的需要，尤其是劳务派遣费用金额较大时，一定要结合自己生产经营实际，证明劳务派遣费用支出的必要性。第二，对于劳务派遣的支出，最好有股东大会、董事会、薪酬委员会或相关管理机构制定相关的制度，相关支出在制度规定的范围和标准内发生。第三，劳务派遣人员的支出要符合行业及地区水平，如果费用过高也会面临税收调整的问题。第四，企业应制定劳务派遣支出的内控制度，在相关费用发生时，留下相关内控的轨迹，比如费用发生时相关部门的申请、批准、支付、签字等。第五，企业应与劳务派遣公司签订合同或协议。第六，劳务派遣费用支出应通过银行转账支付。

（七）满足条件的福利性补贴可以工资薪金支出进行税前扣除

1. 税务规定

《国家税务总局关于企业工资薪金和职工福利费等支出税前扣除问题的公告》（国家税务总局公告2015年第34号）第一条规定：列入企业员工工资薪金制度、固定与工资薪金一起发放的福利性补贴，符合《国家税务总局关于企业工资薪金及职工福利费扣除问题的通知》（国税函〔2009〕3号）第一条规定的，可作为企业发生的工资薪金支出，按规定在税前扣除。不能同时符合上述条件的福利性补贴，应作为国税函〔2009〕3号文件第三条规定的职工福利费，按规定计算限额税前扣除。

2. 税务风险

需要特别注意的是，“福利性补贴”范围需要控制在《国家税务总局关于企业工资薪金及职工福利费扣除问题的通知》（国税函〔2009〕3号）或《财政部关于企业加强职工福利费财务管理的通知》（财企〔2009〕242号）所列举补贴名称之内，通常包括按月按标准发放或支付的住房补贴、交通补贴或者车改补贴、通信补贴等。

如果企业出于招揽人才需要，标新立异给予特殊人才子女就学补贴、购房贷款补贴等福利性补贴，虽然也是与工资一起发放并代扣代缴了个人所得税，税务局可能会以该支出与企业收入无关为由而不得税前扣除。因此，如果企业有类似补贴的，只能停留于口头上，实际执行与企业文件、工资表、工资条等应以别的名称出现，比如“××特别奖励”或“××工资”之类。

（八）高温补贴属于“工资总额”构成部分，应以“工资薪金”支出在税前扣除

高温补贴是指企业根据原国家安监总局等四部委联合下发的《关于印发防暑降温措施管理办法的通知》(安监总安健〔2012〕89号)规定向从事高温作业的劳动者发放的岗位津贴。高温补贴只是针对特殊工种或特殊岗位发放的一种岗位津贴，不是人人皆可享受的职工福利费。

安监总安健〔2012〕89号文件规定，高温补贴“并纳入工资总额”；同时，《国家统计局关于认真贯彻执行〈关于工资总额组成的规定〉的通知》(统制字〔1990〕1号）在工资总额组成具体范围的解释中，也包括“高温作业临时补贴”。所以，高温补贴是否与工资薪金一起发放并不影响其属于工资薪金的特性，也即是说高温补贴与国家税务总局公告2015年第34号中提到的“福利性补贴”无关。

与高温补贴相近且容易混淆的“职工防暑降温费”，在财企〔2009〕242号文和国税函〔2009〕3号文中均有明确列明，属于职工福利费，税前扣除只能以职工福利费支出进行税前扣除。

因此，企业一定注意严格区分，从一开始的会计处理就要正确区分，不能把二者混淆。

（九）特殊的工资薪金税前扣除规定

1．执行“工效挂钩”的国企

《国家税务总局关于企业工资薪金及职工福利费扣除问题的通知》(国税函〔2009〕3号)第二条规定：属于国有性质的企业，其工资薪金，不得超过政府有关部门给予的限定数额；超过部分，不得计入企业工资薪金总额，也不得在计算企业应纳税所得额时扣除。

2．残疾职工工资税前扣除的特殊规定

企业安置残疾人员的可以享受加计扣除，具体详情参阅本书税收优惠章节内容。

3．研发人员工资的加计扣除

根据《企业所得税法实施条例》等规定，研发人员工资可以加计扣除，具体详情参阅本书税收优惠章节内容。

二、职工福利费支出的财税处理及风险管理

职工福利费是职工薪酬的重要组成部分，是指企业为职工提供的除职工工资、奖金、津贴、纳入工资总额管理的补贴、职工教育经费、社会保险费和补充养老保险费(年金)、补充医疗保险费及住房公积金以外的福利待遇支出。

（一）职工福利费的会计处理及范围

对于职工福利费的范围，会计实务中一般是以《财政部关于企业加强职工福利费财务管理的通知》（财企（2009）242 号）文件界定的范围作为基础。

1. 职工福利费包括的内容

（1）为职工卫生保健、生活等发放或支付的各项现金补贴和非货币性福利，包括职工因公外地就医费用，暂未实行医疗统筹企业职工医疗费用，职工供养直系亲属医疗补贴，职工疗养费用，自办职工食堂经费补贴或未办职工食堂统一供应午餐支出，符合国家有关财务规定的供暖费补贴、防暑降温费等。

（2）企业尚未分离的内设集体福利部门所发生的设备、设施和人员费用，包括职工食堂、职工浴室、理发室、医务所、托儿所、疗养院、集体宿舍等集体福利部门设备、设施的折旧、维修保养费用以及集体福利部门工作人员的工资薪金、社会保险费、住房公积金、劳务费等人工费用。

（3）职工困难补助，或者企业统筹建立和管理的专门用于帮助、救济困难职工的基金支出。

（4）离退休人员统筹外费用，包括离休人员的医疗费及离退休人员其他统筹外费用。企业重组涉及的离退休人员统筹外费用，按照《财政部关于企业重组有关职工安置费用财务管理问题的通知》(财企〔2009〕117 号) 执行。国家另有规定的，从其规定。

（5）按规定发生的其他职工福利费，包括丧葬补助费、抚恤费、职工异地安家费、独生子女费、探亲假路费，以及符合企业职工福利费定义但没有包括在本通知各条款项目中的其他支出。

2. 职工福利费不包括的内容

企业为职工提供的交通、住房、通信待遇，已经实行货币化改革的，按月按标准发放或支付的住房补贴、交通补贴或者车改补贴、通信补贴，应当纳入职工工资总额，不再纳入职工福利费管理；尚未实行货币化改革的，企业发生的相关支出作为职工福利费管理，但根据国家有关企业住房制度改革政策的统一规定，不得再为职工购建住房。企业给职工发放的节日补助、未统一供餐而按月发放的午餐费补贴，应当纳入工资总额管理。

上述职工福利费不包括的内容，在会计核算时计入“工资薪金”。

3. 职工福利费的会计处理

《企业会计准则第 9 号——职工薪酬》（2014 版）第六条规定，企业发生的职工福利费，应当在实际发生时根据实际发生额计入当期损益或相关资产成本。职工福利费为非货币性福利的，应当按照公允价值计量。

对于非货币性福利按照会计准则要求与职工福利费是分开核算的，但是实务中也有部分企业或财务人员是将其福利费合并核算在一起的。

（二）职工福利费的税务规定

1. 企业职工福利费包括的内容

《企业所得税法》及其实施条例对于职工福利费没有进行明确的定义，但是在《国家税务

总局关于企业工资薪金及职工福利费扣除问题的通知》(国税函〔2009〕3号)对职工福利费以正列举的形式明确了其列支范围:

(1)尚未实行分离办社会职能的企业,其内设福利部门所发生的设备、设施和人员费用,包括职工食堂、职工浴室、理发室、医务所、托儿所、疗养院等集体福利部门的设备、设施及维修保养费用和福利部门工作人员的工资薪金、社会保险费、住房公积金、劳务费等。

(2)为职工卫生保健、生活、住房、交通等所发放的各项补贴和非货币性福利,包括企业向职工发放的因公外地就医费用、未实行医疗统筹企业职工医疗费用、职工供养直系亲属医疗补贴、供暖费补贴、职工防暑降温费、职工困难补贴、救济费、职工食堂经费补贴、职工交通补贴等。

(3)按照其他规定发生的其他职工福利费,包括丧葬补助费、抚恤费、安家费、探亲假路费等。

2. 职工福利费的核算要求

《国家税务总局关于企业工资薪金及职工福利费扣除问题的通知》(国税函〔2009〕3号)对职工福利费明确规定了职工福利费的核算要求:

企业发生的职工福利费,应该单独设置账册,进行准确核算。没有单独设置账册准确核算的,税务机关应责令企业在规定的期限内进行改正。逾期仍未改正的,税务机关可对企业发生的职工福利费进行合理的核定。

3. 职工福利费的税前扣除比例

《企业所得税法实施条例》第四十条规定,企业发生的职工福利费,不超过工资薪金总额14%的部分,准予扣除。

说明:此处的“工资薪金总额”是指企业实际发生的,并且允许税前扣除的工资薪金总额,而不是会计上的工资薪金提取数总额。

4. 部分福利性补贴可以不按职工福利费扣除

《国家税务总局关于企业工资薪金和职工福利费等支出税前扣除问题的公告》(国家税务总局公告2015年第34号)规定,企业福利性补贴支出税前扣除问题列入企业员工工资薪金制度、固定与工资薪金一起发放的福利性补贴,符合《国家税务总局关于企业工资薪金及职工福利费扣除问题的通知》(国税函〔2009〕3号)第一条规定的,可作为企业发生的工资薪金支出,按规定在税前扣除。不能同时符合上述条件的福利性补贴,应作为国税函〔2009〕3号文件第三条规定的职工福利费,按规定计算限额税前扣除。

(三)职工福利费的税会差异分析及纳税调整

企业根据财企〔2009〕242号规定确认的实际发生的职工福利费,能否以职工福利费的名义税前扣除,则需要按照国税函〔2009〕3号文件的规定进行判断。如果满足国税函〔2009〕3号文件的规定,则企业实际发生的职工福利费支出,不超过税前扣除工资总额的14%的部分,准予扣除;超过部分不得税前扣除,需要调增应纳税所得额。

国家税务总局公告2015年第34号出台后,规定满足条件的企业福利性补贴支出可以作为工资薪金在税前扣除，实质上是在向财企〔2009〕242 号文件靠拢而已，减少了部分税会差异。

对于非货币性福利，企业会计核算是否与职工福利费分开，在税前扣除时都要与职工福利费合并后受 14% 的限制。对于非货币性福利，还要考虑是否涉及视同销售的问题。

关于会计上以前年度预提的职工福利费结余使用的纳税调整：企业以前年度根据修订前的会计准则预提了职工福利费，但是截至会计准则修订时尚未使用完而存有余额的，在会计准则修订后不再继续预提和冲转，待实际发生职工福利费支出时直接冲减余额。以前年度结余的职工福利费，在以前年度企业所得税申报和汇算清缴时已经做过应纳税所得额调增，而在实际使用以前年度结余的职工福利费时会计上没有计入成本或费用，所以需要进行应纳税所得额调减。

（四）正确区分劳动保护费与职工福利费，避免带来税务风险

在实务中，有的财务人员容易将劳动保护费与职工福利费混淆而造成税务风险。二者面临的税务规定是不一样的，如果将劳动保护费误入职工福利费会造成企业多交税，反之会因为少交税而存在被税务处罚的风险。

1．劳动保护费

劳动保护费是指确因工作需要为雇员配备或提供工作服、手套、安全保护用品、防暑降温用品等所发生的支出，其目的在于保护劳动者在劳动过程中免遭或者减轻事故伤害及职业危害，具有劳动保护的性质。

2．职工福利费

职工福利费是指企业发生《国家税务总局关于企业工资薪金及职工福利费扣除问题的通知》(国税函〔2009〕3 号)第三条规定的支出项目。职工福利费支出包括职工集体福利和用于员工个人的福利，职工集体福利可分为三类：

（1）为职工生活提供方便、减轻家务劳务而举办的集体福利设施，如食堂、哺乳室、托儿所、幼儿园、浴室、理发室、缝纫组、洗衣房、医务所、疗养院等集体福利部门的设备、设施及维修保养费用和福利部门工作人员的工资薪金、社会保险费、住房公积金、劳务费等。

（2）为解决职工不同需要，满足职工保健、生活、住房、交通等方面需求，减轻其生活费用开支而建立的各项福利补贴，如生活困难补助、上下班交通补贴、探亲路费、洗理费、房租补贴、水电补贴、煤贴、供暖费补贴、职工防暑降温费、职工食堂经费补贴、卫生费、书报费、企业向职工发放的因公外地就医费用、未实行医疗统筹企业职工医疗费用、职工供养直系亲属医疗补贴、丧葬补助费、安家费等。

（3）为活跃和丰富职工文化生活建立的各种文化设施，如图书馆、文化宫、俱乐部、体育场馆等。

3．二者的区别

劳动保护费支出是为了生产经营需要，发生在特定岗位上，一般情况下不是人人都有的，如车间机修工的劳保手套、电工的绝缘靴等；职工福利费是带有“福利”性质的，具有一定

"普遍性"，不是直接"需要"，比如过年过节给职工发放的食品、生活用品、超市充值卡等，基本上人人都有。

在实际工作中，判定一项费用如工作现场发放的冷饮、定期发放的毛巾、肥皂、手套等费用，属于劳动保护费还是职工福利费用，就看此项费用是否属于特定岗位或特定工作环境所需，或者按照安全操作规程所必须佩戴等，如果是，则属于劳动保护费支出；否则，应列入职工福利费进行税前扣除。

4. 二者的税务处理不一样

（1）劳动保护费支出的税务处理。

劳动保护费支出取得相关合法的税前扣除凭证（主要是发票及劳保用品领用单等），可据实进行税前扣除，没有税前扣除的限制标准。

劳动保护费支出取得增值税专用发票，可以按规定抵扣进项税额。

员工收到的劳保用品等，不属于个人收入，不需要并入员工的工资薪金计算并代扣代缴个人所得税。

（2）职工福利费支出的税务处理。

职工福利费支出取得相关合法的税前扣除凭证，可以税前扣除，但是限制比例是：不超过工资薪金总额的14%。

职工福利费支出即使取得增值税专用发票，其进项税额也不得抵扣，已经抵扣的需要做进项税额转出。

员工收到的职工福利，无论是现金还是实物，根据个人所得税法规定，均应与员工当月的工资薪金合并后代扣代缴个人所得税。目前暂时对于集体享受的、不可分割的、非现金方式的福利不征收个人所得税。

【案例3-4】职工福利费支出的财税处理及风险管理

甲手机公司2018年度部分财务数据如下。

（1）全年"应付职工薪酬——工资薪金"贷方账载金额和借方实际支出都是5 000万元，其中包括：

① 生产车间用实习生工资支出100万元。实习协议约定，在实习期间，工资按计件标准计算，企业承担实习生的食宿等生活保障福利。

② 公司卫生保洁工作由劳务派遣公司劳务人员承担，工资费用等直接支付给劳务派遣公司。2018年度支付的劳务费中属于工资部分的12万元，按会计准则规定计入了"应付职工薪酬——工资薪金"。

（2）职工福利费账载金额和实际支出都是650万元，其中包括生产车间实习生实际花费食宿支出等12万元。

（3）非货币性福利单独记账，未包括在"职工福利费"账户内，详情如下：

① 端午节外购了一批粽子等节日礼物发给员工，价税合计5.8万元，取得了增值税专用发票。

② 中秋节外购了一批月饼等节日礼物发给员工，价税合计 6.96 万元，取得了增值税专用发票。

③ 为庆祝国庆节及厂庆，公司决定：凡是在厂工作满 3 年的员工，均有权半价购买出厂价 3 480 元（含税价）的手机一部，手机成本每部 2 100 元。结果公司有 300 人满足条件并行使了该权利。

问题：对上述资料中涉及职工福利费的纳税调整分析后进行填报（假设仅有上述视同销售）。

解析：

1. 实习生支出的税会差异及纳税调整

根据《国家税务总局关于企业所得税应纳税所得额若干税务处理问题的公告》（国家税务总局公告 2012 年第 15 号）规定，企业因雇用季节工、临时工、实习生、返聘离退休人员所实际发生的费用，应区分为工资薪金支出和职工福利费支出，并按《企业所得税法》规定在企业所得税前扣除。其中属于工资薪金支出的，准予计入企业工资薪金总额的基数，作为计算其他各项相关费用扣除的依据。

因此，案例中季节性临时工支出 100 万元应以“工资薪金”进行税前扣除；实习生食宿花费支出 12 万元可以“职工福利费支出”进行税前扣除。二者会计处理与税务规定无差异，无需进行纳税调整。

2. 劳务派遣人员工资支出的税会差异及纳税调整

根据《国家税务总局关于企业工资薪金和职工福利费等支出税前扣除问题的公告》（国家税务总局公告 2015 年第 34 号）规定，企业接受外部劳务派遣用工所实际发生的费用，应分两种情况按规定在税前扣除，其中按照协议（合同）约定直接支付给劳务派遣公司的费用，应作为劳务费支出。

案例中劳务派遣人员工资是直接支付给劳务派遣公司的，虽然会计上计入了“工资薪金”支出，但是税前扣除时只能以劳务费支出进行扣除。因此，税务申报时应调增劳务费支出 12 万元，调减“工资薪金”实际支出 12 万元。虽然是此增彼减的关系，表面上不会对应纳税所得额产生影响，但是“工资薪金”支出的减少，也减少了职工福利费等税前扣除的基数。

3. 非货币性福利涉及的税会差异分析及纳税调整

（1）由于外购粽子和月饼是用于集体福利的，因此该批月饼即使是取得了增值税专用发票，也不可抵扣进项税额，同时增值税方面也不需要视同销售。根据国税函〔2008〕828 号规定，企业资产用于职工奖励或福利，因资产所有权属已发生改变而不属于内部处置资产，应按规定视同销售确定收入，按照《国家税务总局关于企业所得税有关问题的公告》（国家税务总局公告 2016 年第 80 号）执行，除另有规定外，应按照被移送资产的公允价值确定销售收入。案例中购置的粽子和月饼等，及时发给了员工，其购买价就是公允价值，企业所得税方面需要做视同销售纳税调整。

（2）企业将自制的手机用作非货币性福利，会计处理“应当在实际发生时根据实际发生额计入当期损益或相关资产成本。职工福利费为非货币性福利的，应当按照公允价值计量”。因此，会计处理、增值税和企业所得税方面都是按照公允价值计量，不存在税会差异。

（3）非货币性福利的会计处理。

a. 购置粽子等的会计处理

决定发放时：

借：管理费用　58 000.00

　贷：应付职工薪酬——非货币性福利　58 000.00

实际发放时：

借：应付职工薪酬——非货币性福利　58 000.00

　贷：银行存款等　58 000.00

说明：由于外购粽子等是用于集体福利，即便取得了增值税专用发票也是不可以抵扣的。但是，外购粽子用于集体福利企业所得税方面应视同销售。

b. 购置月饼等的会计处理

决定发放时：

借：管理费用　69 600.00

　贷：应付职工薪酬——非货币性福利　69 600.00

实际发放时；

借：应付职工薪酬——非货币性福利　69 600.00

　贷：银行存款等　69 600.00

说明：与粽子一样，外购月饼不得抵扣进项税额，企业所得税方面需要视同销售。

c. 员工半价购置自产手机的会计处理

购置时：

借：应付职工薪酬——非货币性福利　522 000.00

　　银行存款　522 000.00

　贷：主营业务收入　900 000.00

　　　应交税费——应交增值税（销项税额）　144 000.00

同时：

借：管理费用　522 000.00

　贷：应付职工薪酬——非货币性福利　522 000.00

借：主营业务成本　630 000.00

　贷：库存商品　630 000.00

税务分析：本案例中增值税按照视同销售确认了增值税销项税额，企业所得税方面也按照视同销售确认了销售收入，因此在收入方面不存在税会差异。

4. 企业所得税申报表的填报

第一步：填写《职工薪酬支出及纳税调整明细表》（A105050），见表 3-4-13。

表 3-4-13

A105050　　职工薪酬支出及纳税调整明细表　　单位：万元

行次	项　目	账载金额	实际发生额	税收规定扣除率	以前年度累计结转扣除额	税收金额	纳税调整金额	累计结转以后年度扣除额
		1	2	3	4	5	6（1-5）	7（2+4-5）
1	一、工资薪金支出	5 000.00	4 988.00	—	—	4 988.00	12.00	—
3	二、职工福利费支出	714.96	714.96	14%	—	698.32	16.64	—

说明：
①“工资薪金支出”实际发生额=5 000-12，12万元是劳务派遣人员工资未直接支付调整为劳务费支出进行扣除。
②“职工福利费支出”账载金额和实际发生额=650+5.8+6.96+52.2=714.96（万元），后面三个数都是会计上计入“非货币性福利”的，在税务申报时应和“职工福利费”合并在一起申报。

第二步：填写《视同销售和房地产开发企业特定业务纳税调整明细表》(A105010)，见表 3-4-14。

表 3-4-14

A105010　　视同销售和房地产开发企业特定业务纳税调整明细表　　单位：万元

行次	项　目	税收金额	纳税调整金额
		1	2
1	一、视同销售（营业）收入（2+3+4+5+6+7+8+9+10）	11.00	11.00
5	（四）用于职工奖励或福利视同销售收入	11.00	11.00
11	二、视同销售（营业）成本（12+13+14+15+16+17+18+19+20）	11.00	11.00
15	（四）用于职工奖励或福利视同销售成本	11.00	11.00
21	三、房地产开发企业特定业务计算的纳税调整额（22-26）	0.00	0.00

说明：对于外购商品用于职工福利，增值税方面是不可以抵扣进项税额的，但是对于企业所得税方面的视同销售的收入是否包括增值税额也是有争议的。表中金额“（四）用于职工奖励视同销售收入”=（5.8+6.96）/1.16=11。为减少争议此处是按照不含税金额填写的。

第三步：填写《纳税调整项目明细表》(A105000)，见表 3-4-15。

表 3-4-15

A105000　　纳税调整项目明细表　　单位：万元

行次	项　目	账载金额	税收金额	调增金额	调减金额
		1	2	3	4
1	一、收入类调整项目（2+3+4+5+6+7+8+10+11）	—	—	11.00	0.00
2	（一）视同销售收入（填写A105010）	—	11.00	11.00	—
12	二、扣除类调整项目（13+14+…24+26+27+28+29+30）	—	—	12.00	33.00
13	（一）视同销售成本（填写A105010）	—	11.00	—	11.00
14	（二）职工薪酬（填写A105050）	5 714.96	5 702.96	12.00	0.00
30	（十七）其他	0.00	12.00	0.00	12.00
45	合计（1+12+31+36+43+44）	—	—	23.00	33.00

说明：第30行次“（十七）其他”税收金额12万元填写的是直接支付给劳务派遣公司的劳务派遣人员工资应调整为劳务费支出进行税前扣除，是对第14行次“（二）职工薪酬（填写A105050）的补充调整”。

5. 税务风险说明及风险管理

（1）注意职工福利费的发放对象，部分享受了职工福利费的人员由于其身份不一样，其享受的职工福利费不能税前扣除。如有，税务申报时应将该部分支出剔除。

劳务派遣人员，企业将工资薪金等直接支付给劳务派遣公司的，作为劳务派遣接受单位没有直接支付工资薪金的，又实际发生了职工福利费，不得列入职工福利费，比如工作期间提供了免费食宿的。

给予单位离退休人员和职工家属或职工遗属的福利支出，由于这部分人员已经不属于税法上的“职工”范畴，与企业收入无直接相关，其福利支出不得税前扣除。

（2）注意区分职工福利费与劳动保护费以及其他合理支出的区别，避免混淆带来的税务风险。

（3）注意职工福利支出涉及的增值税和个人所得税问题，重点是关注增值税进项税额不得抵扣与进项税额转出，实物福利和现金福利都应并入职工工资薪金计算个人所得税并代扣代缴。

（4）注意实物福利的视同销售问题，尤其是外购商品用于职工福利时，会计处理直接计入“应付职工薪酬”或“管理费用”情况下的视同销售纳税调整容易遗漏。

（5）注意职工福利支出的税前扣除凭证问题，不能仅仅依靠一张发票，比如节假日外购物品发放实物福利，除发票外还应附上员工签字的发放表。

（6）对于企业组织职工旅游的支出，是否能以职工福利费在税前扣除是存在争议的，且各地也有不同的明文规定。当企业有职工旅游费用支出时，一定要先查清当地的税务规定，不能擅自计入职工福利费，更不能将外省的规定拿来套用。如果当地税务规定明确是可以职工福利费进行税前扣除的话，会计处理计入职工福利费就没有问题；如果明确规定不能税前扣除的，则应将旅游费用分摊至每一个参与职工，然后以奖励的形式计入工资薪金，最后以工资薪金支出进行税前扣除。无论是哪种形式，企业都应将职工分摊的旅游费用与其当月的工资薪金合并后代扣代缴个人所得税。当然，如果是企业从工会经费支出的旅游费用，因不需要税前扣除则是另外一回事。

（7）企业为股东、高管发生的娱乐、健身、旅游等费用，根据《企业财务通则》（财政部令第41号）第四十六条规定，企业不得承担属于个人支出的娱乐、健身、旅游、招待、购物、馈赠等支出。在税务方面，前述各项支出不在国税函〔2009〕3号所列举的职工福利费范围内，属于《企业所得税法》第十条所规定的“与取得收入无关的其他支出”，因此不得税前扣除。

（8）职工福利费应具有普惠性质，原则上应是企业职工人人均可享有，如果只是少数人享有的不能作为职工福利费税前扣除。比如企业只承担高层管理人员的住房租金，而不承担基层员工的住房租金，则高层管理人员的住房租金不能以福利费进行税前扣除。但是，如果企业同时承担高管和基层员工的租房租金，只是高管人员租赁的是高级公寓且每人一套，而基层员工的住房只是集体宿舍，则可以税前扣除。

三、职工教育经费支出的财税处理及风险管理

职工教育经费支出，是指企业为提高职工工作技能，为企业带来更多的经济利益流入，而通过各种形式提升职工素质，提高职工工作能力等方面的教育所发生的教育费支出。

（一）职工教育经费支出的税前扣除规定

涉及职工教育费支出税前扣除的规定在2018年以前是较多的，可以分为3种情况：按工资薪金总额的2.5%和8%扣除、按实际发生额扣除。

但是，《财政部 税务总局关于企业职工教育经费税前扣除政策的通知》（财税〔2018〕51号）出台以后就相对简单了，从2018年度起扣除标准只有两种情况：按工资薪金总额的8%扣除和按实际发生额扣除（也即是100%）。

1. 扣除比例8%——适用于大部分企业

《财政部 税务总局关于企业职工教育经费税前扣除政策的通知》（财税〔2018〕51号）规定，从2018年度起，企业发生的职工教育经费支出，不超过工资薪金总额8%的部分，准予在计算企业所得税应纳税所得额时扣除；超过部分，准予在以后纳税年度结转扣除。

2. 按实际发生额100%扣除——适用于部分特定行业企业

（1）《关于进一步鼓励软件产业和集成电路产业发展企业所得税政策的通知》（财税〔2012〕27号）文规定，集成电路设计企业和符合条件软件企业的职工培训费用，按实际发生额在计算应纳税所得额时扣除。

（2）《关于扶持动漫产业发展有关税收政策问题的通知》（财税〔2009〕65号）文规定，经认定的动漫企业自主开发、生产动漫产品，可申请享受国家现行鼓励软件产业发展的所得税优惠政策。

备注：此处优惠政策是指财税〔2012〕27号文，即职工培训费用可按实际发生额在计算应纳税所得额时扣除。

（3）《国家税务总局关于企业所得税应纳税所得额若干问题的公告》（国家税务总局公告2014年第29号）规定，核电厂操作员培训费，不同于一般的职工教育培训支出，可作为核电企业发电成本在税前扣除。

（4）《国家税务总局关于企业所得税若干问题的公告》（国家税务总局公告2011年第34号）规定，航空企业实际发生的飞行员养成费、飞行训练费、乘务训练费、空中保卫员训练费等空勤训练费用，根据《实施条例》第二十七条规定，可以作为航空企业运输成本在税前扣除。

此处的这些费用虽然可以作为“运输成本”，但实质就是属于典型的“职工教育经费”！

针对职工教育经费税前扣除税务规定较多的情况，企业首先应明确自己企业的属性，对照税务规定，在满足税法规定的条件下选择适用最优规定。

（二）职工教育经费列支范围

职工教育经费列支范围在财政部、国家税务总局等11个部委联合下发的《关于印发〈关

于企业职工教育经费提取与使用管理的意见〉的通知》(财建〔2006〕317号)有明确规定。

1. 企业职工教育培训经费列支范围包括

(1)上岗和转岗培训;

(2)各类岗位适应性培训;

(3)岗位培训、职业技术等级培训、高技能人才培训;

(4)专业技术人员继续教育;

(5)特种作业人员培训;

(6)企业组织的职工外送培训的经费支出;

(7)职工参加的职业技能鉴定、职业资格认证等经费支出;

(8)购置教学设备与设施;

(9)职工岗位自学成才奖励费用;

(10)职工教育培训管理费用;

(11)有关职工教育的其他开支。

2. 企业职工教育培训经费列支范围不包括

(1)企业职工参加社会上的学历教育以及个人为取得学位而参加的在职教育,所需费用应由个人承担,不能挤占企业的职工教育培训经费。

(2)对于企业高层管理人员的境外培训和考察,其一次性单项支出较高的费用应从其他管理费用中支出,避免挤占日常的职工教育培训经费开支。

(三)职工教育经费的会计处理

根据《会计准则第9号——职工薪酬》〔2014版〕第七条规定,企业按规定提取的职工教育经费应当在职工为其提供服务的会计期间,根据规定的计提基础和计提比例计算确定相应的职工薪酬金额,并确认相应负债,计入当期损益或相关资产成本。

(四)职工教育经费的税会差异与纳税调整

(1)会计上计提的职工教育经费,未实际使用支出的部分,不得税前扣除,在进行企业所得税申报时应做应纳税所得额调增。

(2)职工教育经费实际支出比例超限部分,在当年不得税前扣除,在进行企业所得税申报时应做应纳税所得额调增。在以后年度,当年的职工教育经费实际支出和以前年度结转的未扣除职工教育经费(已经实际支出)可在比例内扣除。在以后年度如果扣除有以前年度结转的职工教育经费,则应做应纳税所得额调减。

职工教育经费支出产生的税会差异属于暂时性差异。

【案例3-5】职工教育经费支出的财税处理及风险管理

甲公司2017年工资薪金账载金额和实际支均为1 000万元,计提并计入损益的职工教育经费85万元,实际支出90万元。

背景资料:甲公司是经有关部门认定的技术先进型服务企业,“应付职工薪酬——职工教育经费”期初余额5万元。

问题：甲公司教育经费支出的财税处理及税务风险。

解析：

1. **财税处理**

甲公司是经有关部门认定的技术先进型服务企业，按照《财政部 税务总局 商务部 科技部 国家发展改革委关于将技术先进型服务企业所得税政策推广至全国实施的通知》（财税〔2017〕79号）规定，自2017年1月1日起，在全国范围内经认定的技术先进型服务企业发生的职工教育经费支出，不超过工资薪金总额8%的部分，准予在计算应纳税所得额时扣除；超过部分，准予在以后纳税年度结转扣除。

该公司职工教育经费虽然按照规定比例计提并计入损益85万元，但是实际支付90万元，工资薪金总额1 000万元，因此可以税前扣除的职工教育经费为80万元。

甲公司2017年度企业所得税申报表填报：

第一步：填写《职工薪酬支出及纳税调整明细表》（A105050），见表3-4-16。

表3-4-16

A105050　职工薪酬支出及纳税调整明细表　单位：万元

行次	项　目	账载金额	实际发生额	税收规定扣除率	以前年度累计结转扣除额	税收金额	纳税调整金额	累计结转以后年度扣除额
		1	2	3	4	5	6（1-5）	7（2+4-5）
1	一、工资薪金支出	1 000.00	1 000.00	—	—	1 000.00	0.00	—
4	三、职工教育经费支出	85.00	90.00	—	5.00	80.00	5.00	10.00
5	其中：按税收规定比例扣除的职工教育经费	85.00	90.00	8.00%	5.00	80.00	5.00	10.00
6	按税收规定全额扣除的职工培训费用	0.00	0.00	100.00%	—	0.00	0.00	—
13	合计（1+3+4+7+8+9+10+11+12）	1 085.00	1 090.00	—	5.00	1 080.00	5.00	10.00

第二步：填写《纳税调整项目明细表》（A105000），见表3-4-17。

表3-4-17

A105000　纳税调整项目明细表　单位：万元

行次	项　目	账载金额	税收金额	调增金额	调减金额
		1	2	3	4
12	二、扣除类调整项目（13+14+…24+26+27+28+29+30）	—	—	5.00	0.00
14	（二）职工薪酬（填写A105050）	1 085.00	1 080.00	5.00	0.00

2. **职工教育经费支出的税务风险说明及风险管理**

（1）注意职工教育经费的列支与税前扣除的范围，确保符合税法规定。

（2）对于年度超支的职工教育经费做好税会差异登记，以备以后年度税前扣除。

四、工会经费支出的财税处理及风险管理

工会经费支出也属于职工薪酬的一部分，会计处理不是很复杂。但是，工会经费支出税前扣除的规定还是较多，不满足条件的工会经费支出就不能税前扣除。

（一）工会经费支出税前扣除基本规定

（1）《中华人民共和国企业所得税法实施条例》第四十一条规定，企业拨缴的工会经费，不超过工资薪金总额2%的部分，准予扣除。

（2）根据《工会法》《中国工会章程》和财政部颁布的《工会会计制度》，以及财政票据管理的有关规定，全国总工会决定从2010年7月1日起，启用财政部统一印制并套印财政部票据监制章的《工会经费收入专用收据》，同时废止《工会经费拨缴款专用收据》。

（3）《国家税务总局关于工会经费企业所得税税前扣除凭据问题的公告》（国家税务总局公告2010年第24号）规定，自2010年7月1日起，企业拨缴的职工工会经费，不超过工资薪金总额2%的部分，凭工会组织开具的《工会经费收入专用收据》在企业所得税税前扣除。

（4）《国家税务总局关于税务机关代收工会经费企业所得税税前扣除凭据问题的公告》（国家税务总局公告〔2011〕第30号）规定，自2010年1月1日起，在委托税务机关代收工会经费的地区，企业拨缴的工会经费，可凭合法、有效的工会经费代收凭据依法在税前扣除。

（二）工会经费的会计处理

1．工会经费的计提

根据《会计准则第9号——职工薪酬》〔2014版〕第七条规定，企业按规定提取的工会经费应当在职工为其提供服务的会计期间，根据规定的计提基础和计提比例计算确定相应的职工薪酬金额，并确认相应负债，计入当期损益或相关资产成本。

2．工会经费的拨缴与支出

实务中的工会经费拨缴则有以下两种情况：

（1）先缴后返。

建立工会组织的单位，先按每月全部职工工资薪金总额的2%计算出工会经费全额向工会组织拨缴，取得《工会经费收入专用收据》；或者向受委托代收工会经费的税务机关缴纳，取得工会经费代收凭据。上级工会组织再按规定比例（一般为60%或70%）转拨给缴费企业基层工会。

未建立工会组织的单位，按每月全部职工工资薪金总额的2%计算出工会建会筹备金，全额向上级工会组织拨缴，取得《工会经费收入专用收据》；或者向受委托代收工会经费的税务机关缴纳，取得工会经费代收凭据。

在规定时间内成立工会组织的上级工会再按规定比例（一般为60%或70%）转拨给缴费企业基层工会，在规定时间内未成立工会组织的，以前缴纳的工会建会筹备金不再返还。

在实务中，企业工会也是一个法人单位，部分企业工会也在银行开立有基本存款户（一般是大中型企业的工会），而大部分中小企业工会则没有开立基本存款户。

当地总工会收到缴纳的工会经费后，会按规定的比例向企业工会进行返还。如果企业工会在银行独立开立了基本存款户，则会直接返还到工会账户中；如果企业工会未开立单独的账户，则返还到企业账户。如果返还到工会账户，则是由企业工会进行会计核算，企业财务部门不需要会计处理；如果返还到企业账户，相当于是企业代管工会的经费，企业会计处理如下：

借：银行存款

　贷：其他应付款——工会经费

说明：即使返还到企业账户，也不属于企业应税收入，无须进行纳税调整，但同时企业工会开展活动使用工会经费时其支出也不得在税前扣除。

（2）分级拨缴

按每月全部职工工资薪金总额的2%计算出工会经费后，按当地规定比例（一般为40%或30%）向受委托代收工会经费的税务机关缴纳，取得工会经费代收凭据；留成部分（一般为60%或70%）由企业同时拨付给其所在的基层工会，取得本单位基层工会开具的《工会经费收入专用收据》。

（三）工会经费的税会差异及纳税调整

1．“只计提不上缴”不能税前扣除带来的税会差异

准予税前扣除的工会经费必须是企业已经实际“拨缴”的部分，对于账面已经计提但未实际“拨缴”的工会经费，不得在纳税年度内税前扣除。

如果只是会计上进行了计提，但是并未进行“拨缴”；即便是企业已经以“工会经费”的名义进行开支，也不能进行税前扣除。因此，不符合“实际拨缴”规定而计提（或实际支出）的工会经费，在所得税申报时应做应纳税所得额调增。

2．金额不超过工资薪金总额的2%的税会差异

（1）工会经费的扣除有限额限制，企业税前扣除的工会经费必须在工资薪金总额2%以内；

（2）企业在计提工会经费的扣除限额时，要特别注意计算基数的确定，工会经费的计算基数为工资薪金总额。此处所说“工资薪金”总额，是指企业实际发生的，并且允许税前扣除的工资薪金总额，而不是工资薪金的提取数总额，也不是企业发放的工资薪金总额。

3．不能取得合法、有效凭据带来的税会差异

按照现行税法规定，工会经费不是凭发票而是凭拨缴的《工会经费收入专用收据》或工会经费税务代收凭据在税前扣除。

（1）2010年7月1日起，全国总工会启用财政部统一印制并套印财政部票据监制章的《工会经费收入专用收据》，同时废止《工会经费拨缴款专用收据》。

国家税务总局公告2010年第24号文件规定，凭工会组织开具的《工会经费收入专用收据》在企业所得税税前扣除。

（2）委托税务机关代收工会经费的税前扣除凭证

国家税务总局公告 2011 年第 30 号规定，自 2010 年 1 月 1 日起，在委托税务机关代收工会经费的地区，企业拨缴的工会经费，可凭合法、有效的工会经费代收凭据依法在税前扣除。

“合法、有效的工会经费代收凭据”，应包括各级工会交由税务机关使用的《工会经费（筹备金）专用缴款书》（用于银行转账）、《工会经费（筹备金）专用缴款凭证》（用于收取现金）、《代收工会经费通用缴款书》和《中华人民共和国专用税收缴款书》等相关扣缴凭证，也就是说，企业可凭上述凭证进行税前扣除。

中国的税法非常注重合法、有效凭据这个形式，如果工会经费支出不能取得税法规定的凭据，必然不能税前扣除。

【案例 3-6】工会经费支出的财税处理及风险管理

甲公司在填报 2017 年度企业所得税申报表时，经账务清理发现：

（1）甲公司 2017 年“应付职工薪酬——工资薪金”贷方发生额 5 000 万元；“工资薪金”实际支出且可以税前扣除金额为 4 850 万元（含 2018 年支付部分）。

（2）甲公司 2017 年“应付职工薪酬——工会经费”贷方发生额 100 万元，借方发生额 100 万元。其中借方发生额系税务局代收而缴纳的工会经费 95 万元，取得《中华人民共和国专用税收缴款书》；借方发生额另外 5 万元，是企业开展工会活动支出，企业工会未出具《工会经费收入专用收据》。

（3）甲公司 2017 年“其他应付款——工会经费”期初余额 3 万元（贷方），贷方发生额 57 万元是市总工会返还的工会经费，借方发生额 60 万元全部是工会活动经费支出。

问题：甲公司 2017 年度工会经费支出涉及的税务处理及税务风险。

解析：

1. 税务处理

（1）扣除限额的确定

甲公司 2017 年度“工资薪金”实际支出且可以税前扣除金额为 4 850×2%=97（万元）；

实际拨缴且取得“合法、有效的税前扣除凭据”是税务局代收而缴纳的工会经费 95 万元。

因此，可以税前扣除的金额为 95 万元。

（2）不能税前扣除的说明

虽然计提了 100 万元，但不是按照“工资薪金”实际支出且可以税前扣除金额计提并“实际拨缴”的，因此超出“工资薪金”实际支出且可以税前扣除金额 2% 的部分肯定是不能税前扣除。

虽然企业工会开展活动支出了工会经费，但是并没有取得企业工会出具的《工会经费收入专用收据》，不能算企业的“实际拨缴”，所以该部分工会经费支出也不能税前扣除。

（3）企业所得税申报表填报

第一步：填写《职工薪酬支出及纳税调整明细表》（A105050），见表 3-4-18。

表 3-4-18

A105050　　职工薪酬支出及纳税调整明细表　　单位：万元

行次	项　目	账载金额	实际发生额	税收规定扣除率	以前年度累计结转扣除额	税收金额	纳税调整金额	累计结转以后年度扣除额
		1	2	3	4	5	6（1-5）	7（2+4-5）
1	一、工资薪金支出	5 000.00	4 850.00	—	—	4 850.00	150.00	—
7	四、工会经费支出	100.00	95.00	2.00%	—	95.00	5.00	—

第二步：填写《纳税调整项目明细表》（A105000），见表 3-4-19。

表 3-4-19

A105000　　纳税调整项目明细表　　单位：万元

行次	项　目	账载金额	税收金额	调增金额	调减金额
		1	2	3	4
12	二、扣除类调整项目（13+14+…24+26+27+28+29+30）	—	—	155.00	0.00
14	（二）职工薪酬（填写A105050）	5 100.00	4 945.00	155.00	0.00

2. 税务风险说明

工会经费支出的税前扣除要特别注意扣除凭证的限制，只有取得税法规定的特定扣除凭证才能税前扣除。税法规定的扣除凭证包括各级工会交由税务机关使用的《工会经费（筹备金）专用缴款书》（用于银行转账）、《工会经费（筹备金）专用缴款凭证》（用于收取现金）、《代收工会经费通用缴款书》和《中华人民共和国专用税收缴款书》等相关扣缴凭证。如果没有经过“拨缴”程序且取得税法规定的扣除凭证，直接以“工会经费”名义进行支出，即便取得了合法有效的发票等，也不能以“工会经费支出”名义进行税前扣除。

五、五险一金支出、补充保险支出和商业保险支出的财税处理及税务风险管理

《企业会计准则第 9 号——职工薪酬》（财会〔2014〕8 号）规定，企业为职工发生的五险一金支出、补充保险支出和部分为员工个人发生的商业保险支出属于职工薪酬。

五险一金支出是指企业依照国务院有关主管部门或者省级人民政府规定的范围和标准为职工缴纳的基本养老保险费、基本医疗保险费、失业保险费、工伤保险费、生育保险费等基本社会保险费和住房公积金。

补充保险支出是指企业根据国家有关政策规定，为在本企业任职或者受雇的员工支付的补充养老保险费、补充医疗保险费。

列入职工薪酬核算的商业保险支出是指企业为本企业任职或受雇的员工支付的人身安全保险、人身意外险等商业保险支出。

（一）五险一金支出和补充保险支出的财税处理及税务风险

1. 五险一金支出和补充保险支出的会计处理

根据《会计准则第9号——职工薪酬》〔2014版〕第七条规定，企业为职工缴纳的医疗保险费、工伤保险费、生育保险费等社会保险费和住房公积金，应当在职工为其提供服务的会计期间，根据规定的计提基础和计提比例计算确定相应的职工薪酬金额，并确认相应负债，计入当期损益或相关资产成本。

2. 五险一金和补充保险的税务规定

（1）《企业所得税法实施条例》第三十五条规定，企业依照国务院有关主管部门或者省级人民政府规定的范围和标准为职工缴纳的基本养老保险费、基本医疗保险费、失业保险费、工伤保险费、生育保险费等基本社会保险费和住房公积金，准予扣除。

企业为投资者或者职工支付的补充养老保险费、补充医疗保险费，在国务院财政、税务主管部门规定的范围和标准内，准予扣除。

（2）《关于补充养老保险费、补充医疗保险费有关企业所得税政策问题的通知》（财税〔2009〕27号）规定，自2008年1月1日起，企业根据国家有关政策规定，为在本企业任职或者受雇的全体员工支付的补充养老保险费、补充医疗保险费，分别在不超过职工工资总额5%标准内的部分，在计算应纳税所得额时准予扣除；超过的部分，不予扣除。

说明：关于五险一金及补充保险的税务规定相对比较少，原因在于中国很多企业尤其是私营企业根本不会多交，有些甚至是不想交，能够按照国家规定的最低标准缴纳最基本的五险一金的私营企业在当前可以称为模范企业了。

3. 五险一金的税会差异与纳税调整

（1）五险一金实际缴纳的超出规定范围和标准的部分，不得在税前扣除，应做应纳税所得额的调增。一般来说，企业不会超标准缴纳，因为超过标准了社保局也不会收。

（2）会计上已经计提进入了成本费用而未实际缴纳的部分不得在税前扣除，应做应纳税所得额的调增。

（3）本期实际缴纳数超过了会计提取数的部分，只要符合规定，允许税前扣除。

（4）实缴缴纳的补充养老保险费和补充医疗保险费，超过比例的部分不得税前扣除，应做应纳税所得额的调增；如果缴纳补充养老保险费和补充医疗保险费的人不是全体员工，而仅仅是部分人员缴纳，则全部缴纳的补充养老保险费和补充医疗保险费不能税前扣除，应做应纳税所得额的调增。

（5）根据财税〔2015〕119号文件规定，符合条件的企业为在职直接从事研发活动人员缴纳“五险一金”（不包括补充养老保险和补充医疗保险）可以享受加计扣除的优惠政策，可以调减应纳税所得额。

（二）商业保险的会计处理与纳税调整

1. 商业保险的会计处理

根据会计准则规定，以购买商业保险形式提供给职工的商业保险待遇，属于职工薪酬范围，应计入相关资产或成本费用。但是，实务中一般将出差途中发生的随车船票、机票购买的交通意外保险计入“差旅费”。

2．商业保险的税务处理

《企业所得税法实施条例》第三十六条规定，除企业依照国家有关规定为特殊工种职工支付的人身安全保险费和国务院财政、税务主管部门规定可以扣除的其他商业保险费外，企业为投资者或者职工支付的商业保险费，不得扣除。

3．商业保险的税会差异分析

（1）特殊工种职工的人身安全保险费。

虽然《企业所得税法》第三十六条有规定，此类保险费的税前扣除似乎并无太大争议，但是细究起来则会发现，对于特殊工种具体范围、人身安全保险种类等问题，由于政策原因而在实务操作中存在较大争议。是否能税前扣除还需要认真分析。

《企业所得税法实施条例》释义规定，此类保险费，其依据必须是法定的，即法律法规强制规定企业应当为职工投保的人身安全保险，如果不是法律法规强制性规定的，企业自愿为其职工投保的所谓人身安全保险而发生的保险费支出是不准予税前扣除的。此类保险费范围的大小、保险费率的高低、投保对象的多少等都是有国家法律法规依据的。也就是说，投保险种需要满足以下两个条件才能在税前扣除：

① 投保依据法定，即国家法律法规要求企业为职工投保；

② 保险范围、保险费率、投保对象等有明确法律法规依据。

（2）因公出差人员的意外伤害保险费。

除特殊工种职工的人身安全保险费外，企业为职工支付的商业保险费中，实务中最常见还有因公出差人员乘坐交通工具购买意外保险的支出。

根据《国家税务总局关于企业所得税有关问题的公告》（国家税务总局公告 2016 年第 80 号）规定，企业职工因公出差乘坐交通工具发生的人身意外保险费支出，准予企业在计算应纳税所得额时扣除。

该公告适用于 2016 年度及以后年度企业所得税汇算清缴，意味着以前年度的因公出差人员的意外伤害保险费是不能税前扣除的。

（3）雇主责任保险、公众责任险等保险费支出。

在《国家税务总局关于责任保险费企业所得税税前扣除有关问题的公告》（国家税务总局公告 2018 年第 52 号）出台前，对于企业参加雇主责任险、公众责任险等责任保险，按照规定缴纳的保险费支出，能否税前扣除，由于属于商业保险，一直存在着巨大的争议，按照各级税务机关之前“12366”的回答基本上都是不能存在税前扣除的。

国家税务总局公告 2018 年第 52 号规定，企业参加雇主责任险、公众责任险等责任保险，按照规定缴纳的保险费，准予在企业所得税税前扣除。

但是该公告适用于 2018 年度及以后年度企业所得税汇算清缴，也就是说从 2018 年 1 月 1 日后的上述保险费支出可以名正言顺地税前扣除了。

【案例 3-7】五险一金支出、补充保险支出和商业保险支出的财税处理及税务风险管理

甲公司在填报 2018 年度企业所得税申报表时，经账务清理发现：

（1）甲公司 2018 年“应付职工薪酬——工资薪金”账户贷方发生额为 5 000 万元；“工资薪金”实际支出且可以税前扣除金额为 4 850 万元（含 2019 年支付部分）。

（2）甲公司 2018 年“应付职工薪酬——社会保险费单位部分”账户贷方发生额 1 550 万元，实际缴纳 1 550 万元（含 2019 年 1 月份缴纳 2018 年所欠费用）。

（3）甲公司 2018 年“应付职工薪酬——住房公积金单位部分”账户贷方发生额 260 万元，实际缴纳 240 万元。

（4）甲公司 2018 年“应付职工薪酬——补充养老保险单位部分”账户贷方发生额 60 万元，实际缴纳 60 万元。经查，该项支出系公司为股东和核心骨干人员购买的补充养老保险。

（5）甲公司 2018 年“应付职工薪酬——补充医疗保险单位部分”账户贷方发生额 40 万元，实际缴纳 40 万元。经查，该项支出系公司为股东和核心骨干人员购买的补充医疗保险。

（6）甲公司 2018 年“应付职工薪酬——特殊工种人身意外伤害险”账户贷方发生额 20 万元，实际缴纳 20 万元。经查，该项支出系公司按照当地省安监局要求为高危特殊工种岗位人员购置的人身意外伤害险。

（7）甲公司 2018 年“应付职工薪酬——团体意外伤害险”账户贷方发生额 30 万元，实际缴纳 30 万元。经查，该项支出系公司为全体员工购买的人身意外伤害险。

问题：甲公司 2018 年度五险一金等涉及的税务处理及税务风险管理。

解析：

1. **税务处理**

（1）社会保险费计提 1 550 万元，缴纳 1 550 万元，可以税前扣除，无须进行调整。

（2）住房公积金计提 260 万元，实际缴纳 240 万元，应调增应纳税所得额 20 万元。

（3）补充养老保险和补充医疗保险只是给部分员工购买，不满足《关于补充养老保险费、补充医疗保险费有关企业所得税政策问题的通知》（财税〔2009〕27 号）规定，不得税前扣除。

（4）特殊工种人身意外伤害险是按照当地省安监局要求为高危特殊工种岗位人员购买，其支出可以税前扣除。

（5）根据规定除国家强制规定为从事高空、高压、易燃、易爆、剧毒、放射性、高速运输、野外、矿井等高危作业人员办理的团体人身意外伤害保险或个人意外伤害保险，以及国家明确规定可税前扣除的其他商业保险费外，企业为员工购买的商业保险费均不得在计算企业所得税时扣除。团体意外伤害险属于商业保险，为员工购买团体意外伤害保险所支付的保费不属于可税前扣除的商业保险费范围，相应支出不得在计算企业所得税时扣除。

（6）企业所得税申报表填报

第一步：填写《职工薪酬支出及纳税调整明细表》（A105050），见表 3-4-20。

表 3-4-20

A105050　　职工薪酬支出及纳税调整明细表　　单位：万元

行次	项　目	账载金额	实际发生额	税收规定扣除率	以前年度累计结转扣除额	税收金额	纳税调整金额	累计结转以后年度扣除额
		1	2	3	4	5	6（1-5）	7（2+4-5）
1	一、工资薪金支出	5 000.00	4 850.00	—	—	4 850.00	150.00	—
8	五、各类基本社会保障性缴款	1 550.00	1 550.00	—	—	1 550.00	0.00	—
9	六、住房公积金	260.00	240.00	—	—	240.00	20.00	—
10	七、补充养老保险	60.00	60.00	5.00%	—	0.00	60.00	—
11	八、补充医疗保险	40.00	40.00	5.00%	—	0.00	40.00	—
12	九、其他	50.00	50.00	—	—	20.00	30.00	—
13	合计（1+3+4+7+8+9+10+11+12）	6 960.00	6 790.00	—	0.00	6 660.00	300.00	0.00

说明：上表第12行“九、其他”填写的是“特殊工种意外伤害险”20万元+“团体意外商险”30万元。

第二步：填写《纳税调整项目明细表》（A105000），见表 3-4-21。

表 3-4-21

A105000纳税调整项目明细表　　单位：万元

行次	项　目	账载金额	税收金额	调增金额	调减金额
		1	2	3	4
12	二、扣除类调整项目（13+14+…24+26+27+28+29+30）	—	—	300.00	0.00
14	（二）职工薪酬（填写A105050）	6 960.00	6 660.00	300.00	0.00

2. 税务风险说明及税务风险管理

（1）五险一金支出由于在缴纳时有税务（社保）部门和公积金管理部门审核，只有满足其相关规定才能缴纳，税务规定也比较宽松，实际缴纳的五险一金基本上都能税前扣除。只是需要注意的是，部分企业可能存在给不在本企业任职的人员代缴五险一金的情况，其代缴的部分不得在税前扣除。因此，汇算清缴时应核对是否存在为人代缴五险一金的情况。

（2）财税〔2009〕27 号文强调补充保险的参保人员为“全体员工”，因此很容易在“全体员工”的理解和处理上出现问题。补充保险不属于强制性保险，属于企业和职工自愿参保，补充保险具有福利性质，企业可能基于人力资源管理需要而将补充保险作为一种奖励或年功薪酬，职工可能因补充保险需要自身也有支出而选择不参加，因此实务中很难做到企业员工 100% 参保。

全国各地税务机关对于“全体员工”把握尺度不一致，有的规定了一个比例，只要大多数员工办理了补充保险就可以，有的只要社保部门同意了企业的补充保险制度就认可。《国家税务总局稽查局关于 2015 年度重点税源企业随机抽查工作的指导意见》规定，对于企业为员工支付的补充养老保险费、补充医疗保险费，如企业制定的相关方案或制度针对全体员工，而部分员工自愿不加入的，可视为财税〔2009〕27号中的“全体员工”，不予调整。但是需要注意该文不属于规范性文件，企业不能直接参照执行。企业应与主管税务机关就“全体员工”做好沟通，争取做到不是100%的情况下能税前扣除，否则自行纳税调整。

对于不是100%情况下可以税前扣除的，需要注意扣除限制比例5%对应的工资是参保人员的工资，而不是全体人员的工资总额。

（3）商业保险历来也是税前扣除争议较多的，各地执行也不一致。很多商业保险支出虽然不是法定要求，但确实也是企业基于降低企业风险不得已而为之，因此很多商业保险支出具有合理性。因此，企业应多与主管税务机关沟通，让其理解企业办理商业保险的目的和意义，让其认可商业保险支出税前扣除的合理性。

六、辞退福利的财税处理及风险管理

辞退福利，是指企业在劳动合同到期之前解除与职工的劳动关系，或者为鼓励职工自愿接受裁减而给予职工的补偿。辞退福利被视为职工福利的单独类别，是因为导致义务产生的事项是终止雇佣而不是职工的服务。因此，辞退福利不能并入职工福利费。

（一）辞退福利的会计处理

《企业会计准则第9号——职工薪酬》规定，企业向职工提供辞退福利的，应当在下列两者孰早日确认辞退福利产生的职工薪酬负债，并计入当期损益：(一)企业不能单方面撤回因解除劳动关系计划或裁减建议所提供的辞退福利时。(二)企业确认与涉及支付辞退福利的重组相关的成本或费用时。

辞退福利的计量因辞退计划中职工有无选择权而有所不同：

（1）对于职工没有选择权的辞退计划，应当根据计划条款规定拟解除劳动关系的职工数量、每一职位的辞退补偿等计提应付职工薪酬。

（2）对于自愿接受裁减计划的建议，因接受裁减的职工数量不确定，企业应当根据《企业会计准则第13号——或有事项》规定，预计将会接受裁减建议的职工数量，根据预计的职工数量和每一职位的辞退补偿等计提应付职工薪酬。

（3）企业应当按照辞退计划条款的规定，合理预计并确认辞退计划产生的应付职工薪酬。辞退计划预期在其确认的年度报告期间期末后12个月内完全支付的，应当适用短期薪酬的相关规定。

（4）对于辞退福利预期在年度报告期间期末后12个月不能完全支付的，应当适用《企业会计准则第9号——职工薪酬》关于其他长期福利的有关规定。即实质性辞退工作在一年内实施完毕但补偿款项超过一年支付的辞退计划，企业应当选择恰当的折现率，以折现后的金额计入当期损益的辞退福利金额。

（二）辞退福利的税务规定

辞退福利属于会计术语，税法中并无此规定，但是有性质与内容属于辞退福利的相关规定。

1．一次性补偿金的税务规定

国家税务总局出台的《国家税务总局关于企业支付给职工的一次性补偿金在企业所得税税前扣除问题的批复》（国税函〔2001〕918号）规定，企业对已达一定工作年限、一定年龄或接近退休年龄的职工内部退养支付的一次性生活补贴，以及企业支付解除劳动合同职工的一次性补偿支出（包括买断工龄支出）等，属于《企业所得税税前扣除办法》（国税发〔2000〕84号）中第二条，即与取得应纳税收入有关的所有必要和正常的支出的，原则上可以在企业所得税税前扣除。各种补偿性支出数额较大，一次性摊销对当年企业所得税收入影响较大的，可以在以后年度均匀摊销。具体摊销年限，由省（自治区、直辖市）税务局根据当地实际情况确定。

但是，依据《国家税务总局关于公布全文失效废止部分条款失效废止的税收规范性文件目录的公告》（国家税务总局公告2011年第2号），该规定全文废止。目前，《企业所得税法》及其实施条例和有关税收法规并没有对离职补偿金的税前扣除标准作出明确规定，因此，企业支付的员工离职补偿金不超过《劳动合同法》规定的标准的，可按企业实际会计处理确认的支出，作为与取得应纳税收入有关的有必要和正常的支出在企业所得税前扣除。

但是部分省市区有这方面的规定，企业应注意当地税务规定。例如，《关于明确企业所得税管理若干问题的公告》（宁夏回族自治区国家税务局 宁夏回族自治区地方税务局公告2013年第10号）第十二条：

【问】企业与职工解除劳动合同关系给予的一次性经济补偿金，能否作为计算职工福利费、职工教育经费、工会经费税前扣除限额的基数？

【答】根据《企业所得税法》第八条、《企业所得税法实施条例》第二十七条的规定，企业与职工解除劳动合同关系依据《中华人民共和国劳动合同法》（2013年修订）第四十七条、第四十八条和第八十七条给予的一次性经济补偿金，属于企业生产经营活动管理需要发生的合理支出，可以按规定申报税前扣除。因实际支付的经济补偿金不属于税法规定的工资薪金范围，不应作为计算职工福利费、工会经费、职工教育经费税前扣除限额的基数。

另外，《国家税务总局关于华为集团内部人员调动离职补偿税前扣除问题的批复》（税总函〔2015〕299号）规定，企业根据公司财务制度为职工提取离职补偿费，在进行年度企业所得税汇算清缴时，对当年度“预提费用”科目发生额进行纳税调整，待职工从企业离职并实际领取离职补偿费后，企业可按规定进行税前扣除。该文虽然不是规范性文件，但是各地税务机关执行时基本上都参照执行。

2．内部退养人员工资的规定

内部退养是指职工与企业仍然保留了劳动合同关系，但是退出现有工作岗位并由企业发给其生活费，属于企业改制过程中的具有中国特色的产物。内部退养人员的工资（生活费）目前只有个人所得税方面的规定，而无企业所得税方面的规定。

内部退养人员的工资根据会计准则规定属于职工薪酬，计入管理费用。依据《国家税务总局关于企业所得税应纳税所得额若干税务处理问题的公告》（国家税务总局公告2012年第15号）规定，根据《企业所得税法》第二十一条规定，对企业依据财务会计制度规定，并实际在财务会计处理上已确认的支出，凡没有超过《企业所得税法》和有关税收法规规定的税前扣除范围和标准的，可按企业实际会计处理确认的支出，在企业所得税前扣除，计算其应纳税所得额。

因此，内退人员的退养工资，应计入当期管理费用，并确认应付职工薪酬。企业为内退人员按月支付的工资，可以参照在职员工的工资薪金进行处理，可以作为计算企业职工福利费和职工教育经费、工会经费的基数。

（三）辞退福利的税会差异分析

1. 时间性差异

税前扣除须实际发生，因此会计上确认的辞退福利在没有实际发生前不得税前扣除。

2. 注意辞退福利的分类

一次性离职补偿，只能作为"合理性支出"进行税前扣除，而不能作为"工资薪金"进行税前扣除，也不能作为职工福利费支出、工会经费支出、职工教育费支出等税前扣除限额的计算基数。内部退养人员的工资，严格按照会计准则核算是计入了"应付职工薪酬——辞退福利"，但是税前扣除可以"工资薪金支出"进行，因此需要进行调整，且也可以作为三项费用支出税前扣除限额的计算基数。

【案例 3-8】辞退福利的财税处理及风险管理

甲公司是一家空调制造企业，2017 年 9 月，为了能够在下一年度顺利实施转产，甲公司管理层制订了一项辞退计划。计划规定：2018 年 1 月 1 日起，企业将以职工自愿的方式，辞退其柜式空调生产车间的职工。辞退计划的详细内容，包括拟辞退的职工所在部门、数量、各级别职工能够获得的补偿以及计划大概实施的时间等均已与职工沟通，并达成一致意见，辞退计划已于 2017 年 12 月 10 日经董事会正式批准。辞退计划将于 2018 年度实施完毕。该项辞退计划的详细内容见表 3-4-22。

表 3-4-22

辞退计划的详细内容

所属部门	职位	辞退数量（人）	工龄（年）	每人补偿（万元）
柜式空调车间	车间主任 车间副主任	10	1～10	10
			10～20	20
			20～30	30
	高级技工	50	1～10	8
			10～20	18
			20～30	28
	一般技工	100	1～10	5
			10～20	15
			20～30	25
合计		160		

2017年12月31日，甲公司预计各级别职工拟接受辞退职工数量的最佳估计数（最可能发生数）及应支付的补偿金额见表3-4-23。

表3-4-23

辞退职工的最佳估计数及应支付的补偿金额

所属部门	职位	辞退数量（人）	工龄（年）	每人补偿（万元）	接受数量（人）	补偿金额（万元）
柜式空调车间	车间主任 车间副主任	10	1～10	10	5	50
			10～20	20	2	40
			20～30	30	1	30
	高级技工	50	1～10	8	20	160
			10～20	18	10	180
			20～30	28	5	140
	一般技工	100	1～10	5	50	250
			10～20	15	20	300
			20～30	25	10	250
合计		160			123	1 400

假定甲公司2018年度实施该辞退计划，实际接受辞退人数及实际支付的补偿金额见表3-4-24。

表3-4-24

实际接受辞退人数及支付的补偿金额

所属部门	职位	计划辞退（人）	工龄（年）	每人补偿（万元）	实际辞退（人）	补偿金额（万元）
柜式空调车间	车间主任 车间副主任	10	1～10	10	5	50
			10～20	20	2	40
			20～30	30	1	30
	高级技工	50	1～10	8	20	160
			10～20	18	10	180
			20～30	28	5	140
	一般技工	100	1～10	5	50	250
			10～20	15	30	450
			20～30	25	10	250
合计		160			133	1 550

问题：甲公司辞退福利涉及的财税处理及税务风险管理。

解析：

1. 财税处理

（1）2017年度的财税处理

会计处理：甲公司应按照《企业会计准则第13号——或有事项》有关计算最佳估计数

的方法，预计接受辞退计划的职工数量可以根据最有可能发生的数量确定。因此，根据表 3-4-23 做会计分录：

借：管理费用——职工薪酬　　　14 000 000.00

　贷：应付职工薪酬——辞退福利　　　14 000 000.00

税务处理：税前扣除须"实际发生"，2017 年度计提的"辞退福利"在 2017 年度并未实际发放，因此不得税前扣除，需进行纳税调整。

2017 年企业所得税申报表填报：

第一步：填写《职工薪酬支出及纳税调整明细表》（A105050），见表 3-4-25。

表 3-4-25

A105050　　职工薪酬支出及纳税调整明细表　　单位：万元

行次	项　目	账载金额	实际发生额	税收规定扣除率	以前年度累计结转扣除额	税收金额	纳税调整金额	累计结转以后年度扣除额
		1	2	3	4	5	6（1-5）	7（2+4-5）
12	九、其他	1 400.00	0.00	—	—	0.00	1 400.00	—

第二步：填写《纳税调整项目明细表》（A105000），见表 3-4-26。

表 3-4-26

A105000　　纳税调整项目明细表　　单位：万元

行次	项　目	账载金额	税收金额	调增金额	调减金额
		1	2	3	4
12	二、扣除类调整项目（13+14+…24+26+27+28+29+30）	—	—	1 400.00	0.00
14	（二）职工薪酬（填写A105050）	1 400.00	0.00	1 400.00	0.00

（2）2018 年度的财税处理

会计处理：实际发生后先冲减计提的"辞退福利"，实施完毕有剩余的应冲回，不足的应补计。

实际支付：

借：应付职工薪酬——辞退福利　　　15 500 000.00

　贷：银行存款　　　15 500 000.00

实际发生额已经超过预计数，不足部分应补计：

借：管理费用——职工薪酬　　　1 500 000.00

　贷：应付职工薪酬——辞退福利　　　1 500 000.00

税务处理：实际发生的员工辞退一次性经济补偿可以"合理支出"进行税前扣除，但是不能作为职工福利费、工会经费、职工教育经费等三项支出税前扣除限额的计算基数。甲公司 2018 年度实际支付的一次性经济补偿，有部分属于 2017 年预提的，应做纳税调整。

2018 年企业所得税申报表填报：

第一步：填写《职工薪酬支出及纳税调整明细表》（A105050），见表 3-4-27。

表 3-4-27

A105050　　职工薪酬支出及纳税调整明细表　　单位：万元

行次	项　目	账载金额	实际发生额	税收规定扣除率	以前年度累计结转扣除额	税收金额	纳税调整金额	累计结转以后年度扣除额
		1	2	3	4	5	6（1-5）	7（1+4-5）
12	九、其他	150.00	1 550.00	—	—	1 550.00	-1 400.00	—

第二步：填写《纳税调整项目明细表》（A105000），见表 3-4-28。

表 3-4-28

A105000　　纳税调整项目明细表　　单位：万元

行次	项　目	账载金额	税收金额	调增金额	调减金额
		1	2	3	4
12	二、扣除类调整项目（13+14+…24+26+27+28+29+30）	—	—	0.00	1 400.00
14	（二）职工薪酬（填写A105050）	150.00	1 550.00	0.00	1 400.00

2. 税务风险说明及风险管理

辞退福利中的一次性经济补偿税前扣除虽然国家税务总局没有具体规定，但是实务中基本上能以“合理支出”进行税前扣除。企业需要注意的是当地省级税务局是否有具体规定，如有规定，应严格按其规定执行，如无规定则实施金额较大的辞退补偿计划前应提前与主管税务机关进行恰当沟通。

辞退福利中内部退养人员每月按退养方案发放的工资（生活费），目前在企业所得税方面也无具体规定。但是，这部分人员仍然与企业保留了劳动合同关系，企业仍然需要为其购买五险一金等，因此在无具体税务规定前，内部退养人员的工资应继续以“工资薪金支出”进行税前扣除。

七、离职后福利的财税处理及风险管理

离职后福利，是指企业为获得职工提供的服务而在职工退休或与解除劳动关系后，提供的各种形式的报酬和福利。离职后福利包括退休福利（如养老金和一次性的退休福利）及其他离职后福利，如离职后人寿保险和离职后医疗保障。

企业与职工就离职后福利达成的协议，或者企业为向职工提供离职后福利制定的规章或办法等，其中一般存在两种福利计划，设定提存计划，是指向独立的基金缴存固定费用后，企业不再承担进一步支付义务的离职后福利计划；设定受益计划，是指除设定提存计划以外的离职后福利计划。

（一）会计处理

1. 设定提存计划

设定提存计划的会计处理比较简单，因为企业在每一期间的义务取决于该期间将要提存

的金额。因此，在计量义务或费用时不需要精算假设，通常也不存在精算利得或损失。企业应在资产负债表日确认为换取职工在会计期间内为企业提供的服务而应付给设定提存计划的提存金，并作为一项费用计入当期损益或相关资产成本。

2. 设定受益计划

设定受益计划的会计处理比较复杂，既需要考虑设定受益义务的现值和当期服务成本，也要考虑精算利得和损失等。目前我国企业适用比较少，此处就不展开探讨。

（二）税务处理

目前税法并无“离职后福利”的规定，但是离职后福利具有补充养老保险和补充医疗保险的性质，因此会计上的“离职后福利”应该按照补充养老保险和补充医疗保险的税务规定进行税前扣除。

《财政部 国家税务总局关于补充养老保险费、补充医疗保险费有关企业所得税政策问题的通知》（财税〔2009〕27号）规定，自2008年1月1日起，企业根据国家有关政策规定，为在本企业任职或者受雇的全体员工支付的补充养老保险费、补充医疗保险费，分别在不超过职工工资总额5%标准内的部分，在计算应纳税所得额时准予扣除；超过的部分，不予扣除。

因此，涉及“离职后福利”的税务处理及税务风险，请参阅本节“五、五险一金支出、补充保险支出和商业保险支出的财税处理及税务风险管理”中“补充保险支出”的相关内容。

第五节　重点与难点税前扣除项目的财税处理及税务风险管理

一、业务招待费支出的财税处理及风险管理

业务招待费支出，对于每一个财税人员来讲，是再熟悉不过了。无论是会计核算，还是税前扣除与纳税调整，业务招待费都是比较简单的。但是，很多企业在业务招待费上常常还是要出现一些问题，税务局也经常稽查业务招待费，因为业务招待费很容易与会议费和业务宣传费等混淆。

（一）业务招待费的范围

业务招待费，是指企业在经营管理等活动中用于接待应酬而支付的各种费用，主要包括业务洽谈、产品推销、对外联络、公关交往、会议接待、来宾接待等所发生的费用。例如招待饭费、招待用烟茶、交通费等。

在业务招待费的范围上，不论是财务会计制度还是税法都未给予准确的界定。在税务执法实践中，一般认为招待费具体范围如下：

（1）因企业生产经营需要而宴请业务单位人员的开支；

（2）因企业生产经营需要而向业务单位人员赠送纪念品的开支；

（3）因企业生产经营需要而邀请业务单位人员到旅游景点参观发生的参观费和交通费及其他费用；

（4）因企业生产经营需要而支付的业务单位关系人员的差旅费开支等。

（二）业务招待费与会议费的区别

企业应将业务招待费与会议费严格区分，不得将业务招待费挤入会议费。

会议费，顾名思义就是为召开会议而发生的合理费用。

对于会议费开支范围的界定，会计和税法都没有明确的规定，但是在实务中一般参照《中央和国家机关会议管理办法》（财行〔2013〕286号）作为会议费开支的范围。根据该办法规定，会议费开支范围包括会议住宿费、伙食费、会议室租金、交通费、文件印刷费、医药费等。

对于会议费的税前扣除，曾经在《企业所得税税前扣除办法》（国税发〔2000〕84号，已废止）要求：会议费证明材料应包括会议时间、地点、出席人员、内容、目的、费用标准、支付凭证等。目前国家税务总局暂时还没有专门针对会议费税前扣除的规定，会议费可以与经营活动相关的合理支出全额在税前扣除。

虽然国税发〔2000〕84号已经废止，但是实务中各地税务机关执行中基本上还是遵照该规定在执行，甚至比该规定更加严苛，各地税务机关要求也更加明细和具体。比如：

《河北省国家税务局关于印发〈企业所得税若干政策问题解答〉的通知》（冀国税函〔2013〕161号）第18条规定，会议费证明材料应包括：（1）会议名称、时间、地点、目的及参加会议人员签到的花名册；（2）会议材料（会议议程、讨论专件、领导讲话）；（3）会议召开地酒店（饭店、接待处）出具的服务业专用发票。

《宁夏回族自治区地方税务局　宁夏回族自治区国家税务局关于印发〈企业所得税税前扣除凭证管理办法（试行）〉的公告》（宁夏回族自治区地方税务局 宁夏回族自治区国家税务局公告2012年第3号）第十三条规定，企业发生的会议费，以收款方出具的发票和付款单据为税前扣除凭证。企业应保存会议时间、会议地点、会议对象、会议目的、会议内容、费用标准等相应的证明材料，作为备查资料。

其他省级税务局甚至地市级税务局可能也有类似规定，这些也符合《企业所得税税前扣除凭证管理办法》（国家税务总局公告2018年第28号）关于扣除凭证证明材料的规定。企业财务人员首先应查明当地税务机关的具体规定，并按照规定备齐相关资料。实务中，业务招待费和会议费的区分常常存在很大争议，开会必然要吃饭，所以开会过程中吃饭的费用究竟是属于业务招待费还是会议费，有时很难区分，企业只有按照税务规定备齐相关资料才能以会议费的名义进行税前扣除。

（三）业务招待费与业务宣传费的区别

业务招待费为什么会跟业务宣传费扯上关系呢？因为企业对外的礼品赠送，可能计入业务招待费，也可能计入业务宣传费，最后还涉及以哪种费用进行税前扣除的问题。两种费用都有扣除限额，且限额比例不一样，作为企业肯定是希望能多一点税前扣除，税务稽查就是要防止企业相互混淆。

一般认为，企业以宣传企业品牌、商品、文化价值等为目的的行为发生的支出，应作为业务宣传费，通常情况下礼品上印有企业LOGO或企业宣传语等且金额不是很大的就可以作为业务宣传费。问题是，如何去界定礼品金额算大还是算小？实务中，企业自制、外购或委托加工的广告衫、广告伞、广告扇、广告纸袋、小包装产品等用于各种展会或产品推广时免费赠送，具有价值小而赠送对象多且赠送对象随机的特点，无论是会计处理还是税务处理，计入业务宣传费都是没有问题的。

如果赠送的对象不是随机的，且赠送礼品金额较大，一般要计入业务招待费，比如中秋节企业向经销商赠送月饼。当然，特殊情况下，赠送对象特定且礼品金额较大的也可以作为业务宣传费，比如，手机生产企业在新品发布会上向经销商、明星、记者、网红等赠送还未上市的新产品手机，因目的在于宣传企业新产品，而不是为了联络感情，因此该支出属于业务宣传费。

礼品赠送是属于业务招待费还是业务宣传费，实务中很容易出现争议，税法没有明确规定也无法明确规定，所以企业应多与主管税务机关进行恰当沟通。

（四）业务招待费与误餐费、聚餐费的区别

误餐费是指企业职工个人因公在城区、郊区工作或出差，不能在工作单位或返回就餐，确实需要在外就餐的补偿。聚餐费是指企业在逢年过节等组织员工聚餐而发生的费用。误餐费和聚餐费的消费主体是本企业员工；而业务招待费是对外拓展业务时发生的费用，消费主体主要是企业以外的个人而不是本企业的员工。

误餐费根据情况可分别计入“差旅费”和“职工福利费”，聚餐费一般计入“职工福利费”。

（五）业务招待费支出税前扣除的要求

由于业务招待费支出是实务中滥用扣除最严重的领域，管理难度大，很多公司将企业领导及员工个人的消费经常放入业务招待费进行税前扣除。因此，税务机关一般都强调对业务招待费税前扣除的管理要求。

一般来说，业务招待费的税前扣除既要符合企业所得税税前扣除的几大原则，又要符合《企业所得税法实施条例》规定的限额标准。

1．业务招待费税前扣除要真实

业务招待费的真实性要求企业申报扣除时，在主管税务机关要求提供证明材料的情况下，应能够提供证明真实性的足够的有效凭证或资料。否则，不得扣除。

一般来说，企业对所申报扣除费用的真实性有自我举证的责任，虽然税务机关一般情况下会认同企业申报的扣除费用，但如果税务机关发现业务招待费用支出有不正常现象，或者在纳税检查中发现有不真实的业务招待支出，税务机关据此要求企业在一定期间提供证明真实性足够的有效的凭证或资料，逾期不能提供资料的，税务机关有权直接否定纳税人已申报业务招待费的真实性，从而不准扣除。

需要说明的是，这并非要求企业在每次申报时都将有关全部资料提供给税务机关；且税务机关要求提供的有关凭证资料只要对证明业务招待费的真实性是足够的和有效的即可，并不严格要求提供某种特定凭证。

凭证资料可以包括发票、收据、销售账单、会计账目、客观的证词等，比如，给客户业

务员的礼品，大多数情况下并不能取得发票等特定凭证，但只要有接受礼品者的证明，并且接受礼品者与企业确实存在商业业务关系，即可承认该项支出的真实性。一般情况下，税法并不强迫企业在送给客户业务人员礼品时要求有关人员签字，但是，如果税务机关要求证明真实性，企业也可以事后追补证据。

2. 企业开支的业务招待费必须是正常和必要的

税务部门虽然没有定量指标标准，但一般会采用商业常规作为参考。比如，企业对某个客户业务员的礼品支出与所成交的业务额或业务的利润水平严重不相吻合；再比如，企业向无业务关系的特定范围人员所赠送礼品，而且不属于业务宣传性质(业务宣传的礼品支出一般是随机的或与产品销售相关联的)。

3. 业务招待费支出一般要求与经营活动“直接相关”

由于商业招待与个人消费的界限不好掌握，所以一般情况下业务招待应与经营活动直接相关，不是直接相关，则不得税前扣除，比如因企业销售业务真实的商谈而发生的费用。

(六)业务招待费税前扣除的相关税务规定

(1)《企业所得税法实施条例》第四十三条规定，企业发生的与生产经营活动有关的业务招待费支出，按照发生额的 60% 扣除，但最高不得超过当年销售(营业)收入的 5‰。

(2)《国家税务总局关于企业所得税执行中若干税务处理问题的通知》(国税函〔2009〕202 号)第一条规定，企业在计算业务招待费、广告费和业务宣传费等费用扣除限额时，其销售（营业）收入额应包括《实施条例》第二十五条规定的视同销售（营业）收入额。

(3)《国家税务总局关于贯彻落实企业所得税法若干税收问题的通知》(国税函〔2010〕79 号)第八条规定，对从事股权投资业务的企业（包括集团公司总部、创业投资企业等），其从被投资企业所分配的股息、红利以及股权转让收入，可以按规定的比例计算业务招待费扣除限额。

(4)《国家税务总局关于企业所得税应纳税所得额若干税务处理问题的公告》(国家税务总局公告 2012 年第 15 号)第五条规定，企业在筹建期间，发生的与筹办活动有关的业务招待费支出，可按实际发生额的 60% 计入企业筹办费，并按有关规定在税前扣除。

(七)业务招待费的会计核算

由于业务招待费属于税法上的概念，而在会计上属于费用支出，一般来说，根据准则相关规定，业务招待费用会计上一般记入管理费用或销售费用当中。

【案例 3-9】业务招待费支出的财税处理及风险管理

甲公司在填报 2018 年度企业所得税申报表，经清理账务发现：

(1)甲公司 2018 年度主营业务收入 8 000 万元；视同销售收入 100 万元；

(2)甲公司 2018 年度其他业务收入 450 万元，其中投资性房地产处置收入 400 万元；

(3)甲公司 2018 年度投资收益 300 万元，其中控股子公司分红所得 200 万元；

(4)甲公司 2018 年度业务招待费账载支出金额 55 万元。

问题：假定涉及业务招待费支出申报的影响因素只有上述几点，分析甲公司2018年度业务招待费支出的税前扣除及税务风险管理。

解析：

1. 业务招待费税前扣除分析

根据《国家税务总局关于企业所得税执行中若干税务处理问题的通知》（国税函〔2009〕202号）第一条规定，企业在计算业务招待费扣除限额时，其销售（营业）收入额应包括视同销售（营业）收入额，因此视同销售收入100万元应作为计算扣除限额的基数。

根据企业会计准则规定，投资性房地产处置销售，计入“其他业务收入”，而“其他业务收入”就是企业所得税申报表上“营业收入”组成部分。但是，在税法上并无“投资性房地产”的概念，非房地产企业其对应分别为固定资产或无形资产的，对于固定资产和无形资产的处置收入属于非流动资产处置收入（净额应属于企业所得税申报表上的“营业外收入”或“营业外支出”），不能作为业务招待费税前扣除的计算基础。因此，不是所有的“其他业务收入”都可以作为业务招待费税前扣除的计算基数。故本案例中其他业务收入作为业务招待费税前扣除的计算基数时应扣减400万元。

根据《国家税务总局关于贯彻落实企业所得税法若干税收问题的通知》（国税函〔2010〕79号）第八条规定，控股子公司分红所得200万元可以作为业务招待费税前扣除的计算基数。

因此，甲公司2018年业务招待费扣除限额计算基数=8 000+100+（450−400）+200=8 350（万元）；

销售（营业）收入的5‰=8 350×0.5%=41.75（万元）；

发生额的60%=55×60%=33（万元）。

根据税法规定，销售（营业）收入的5‰与发生额的60%孰小者可以在税前扣除，因此甲公司2018年度业务招待费支出税前扣除金额为33万元。

甲公司2018年度企业所得税申报表填报，见表3-5-1。

表 3-5-1

A105000　　纳税调整项目明细表　　单位：万元

行次	项　目	账载金额	税收金额	调增金额	调减金额
		1	2	3	4
12	二、扣除类调整项目（13+14+…24+26+27+28+29+30）	—	—	22.00	0.00
15	（三）业务招待费支出	55.00	33.00	22.00	—

2. 业务招待费税前扣除的税务风险说明及风险管理

（1）严格区分业务招待费、业务宣传费、会议费、聚餐费、误餐费，在费用支出发生时就尽可能收集其相关证明材料，避免后期证明材料不足造成不能税前扣除或不能以对企业有利的会议费、误餐费等名义进行税前扣除。

（2）实务中很多企业负责人将个人消费的餐饮发票拿到企业报销，企业会计常常将该类餐饮发票直接计入业务招待费，税务人员因此就常常会怀疑业务招待费发生的真实性。因此，对于业务招待费的发生，企业应尽可能收集相关证明材料以备检查证实费用支出的真实性，不能仅仅凭借一张发票就证明业务招待费的发生。

二、广告费和业务宣传费支出的财税处理及风险管理

（一）广告费和业务宣传费的区别

所谓广告费，是指企业通过各种媒体宣传或发放赠品等方式，激发消费者对其产品或劳务的购买欲望，以达到促销目的所支付的费用。

而业务宣传费是指企业开展业务宣传活动所支付的费用，主要是指未通过媒体传播的广告性支出，包括企业发放的印有企业标志的礼品、纪念品等。

一般来说，只要和企业宣传有关的费用，如果不符合广告费的标准，企业都可以放入业务宣传费中。

广告费和业务宣传费用支出在 2008 年《企业所得税法》实施后是合在一起计算税前扣除的，在这之前是分别计算税前扣除的。因此现在在税法上区分广告费用和业务宣传费用最主要的意义是，广告费用一般必须取得发票，而业务宣传费用有时不一定需要发票（如业务宣传赠送自制产品就不需要取得发票）。

同时，对于公司会计核算来说，有时需要区分开广告费用和业务宣传费用，以便于公司进行财务分析。

根据国家有关法律、法规或行业管理规定不得进行广告宣传的企业或产品，企业以公益宣传或者公益广告的形式发生的费用，应视为业务宣传费。

（二）广告费用和业务宣传费用税法规定

（1）《企业所得税法实施条例》第四十四条规定，企业发生的符合条件的广告费和业务宣传费支出，除国务院财政、税务主管部门另有规定外，不超过当年销售（营业）收入 15% 的部分，准予扣除；超过部分，准予在以后纳税年度结转扣除。

（2）《国家税务总局关于企业所得税执行中若干税务处理问题的通知》（国税函〔2009〕202 号）第一条规定，企业在计算业务招待费、广告费和业务宣传费等费用扣除限额时，其销售（营业）收入额应包括《实施条例》第二十五条规定的视同销售（营业）收入额。

（3）《关于广告费和业务宣传费支出税前扣除政策的通知》（财税〔2017〕41 号）规定：

① 对化妆品制造或销售、医药制造和饮料制造（不含酒类制造）企业发生的广告费和业务宣传费支出，不超过当年销售（营业）收入 30% 的部分，准予扣除；超过部分，准予在以后纳税年度结转扣除。

② 对签订广告费和业务宣传费分摊协议（以下简称分摊协议）的关联企业，其中一方发生的不超过当年销售（营业）收入税前扣除限额比例内的广告费和业务宣传费支出可以在本企业扣除，也可以将其中的部分或全部按照分摊协议归集至另一方扣除。另一方在计算本企业广告费和业务宣传费支出企业所得税税前扣除限额时，可将按照上述办法归集至本企业的广告费和业务宣传费不计算在内。

③ 烟草企业的烟草广告费和业务宣传费支出，一律不得在计算应纳税所得额时扣除。

（4）《国家税务总局关于企业所得税应纳税所得额若干税务处理问题的公告》（国家税务总局公告 2012 年第 15 号）第五条规定，企业在筹建期间，发生的广告费和业务宣传费，可按实际发生额计入企业筹办费，并按有关规定在税前扣除。

可按照《国家税务总局关于企业所得税若干税务事项衔接问题的通知》（国税函〔2009〕98 号）的规定进行扣除；新税法对开（筹）办费未明确列作长期待摊费用，企业可以在开始经营之日的当年一次性扣除，也可以按照新税法有关长期待摊费用的规定处理，但一经选定，不得改变。

【案例 3-10】广告费和业务宣传费支出税前扣除的财税处理及税务风险管理

甲公司是一家食品制造企业，在填报 2019 年度企业所得税申报表时，经清理账务，发现与广告费和业务宣传费支出相关的经济业务有：

（1）2019 年度主营业务收入为 10 000 万元。

（2）2019 年度实际发生广告费用 1 400 万元，无以前年度结转扣除金额。

（3）2019 年度其他业务收入 1 000 万元，其中投资性房地产（门市房）处置收入 500 万元。

（4）2019 年参加糖酒会，赠送给到展位前参观的客户市价 100 万元（不含税）的一批自产礼品，已知该批礼品成本为 80 万元。为包装该批礼品，特意定制了一批带有公司标识的包装盒，取得增值税专用发票，价款 10 万元，价税合计 11.3 万元。

（5）2019 年为宣传促销使用，分批向广告公司定制了 X 促销展架、宣传画报等，用于商场、超市、食杂店等场所。取得了增值税专用发票，价款 100 万元，价税合计 113 万元。

（6）2019 年度投资收益 300 万元，为控股子公司分红所得。

假设甲公司为制造企业，广告费和业务招待费扣除比例为 15%；增值税一般纳税人，货物增值税税率为 13%。

问题：假定涉及广告费和业务宣传费支出申报的影响因素只有上述几点，分析甲公司 2019 年度业务招待费支出税前扣除的财税处理及税务风险管理。

解析：

1. “其他业务收入”中投资性房地产（门市房）处置收入 500 万元不能作为广告费和业务宣传费税前扣除计算的基数。根据企业会计准则规定，投资性房地产处置销售，计入“其他业务收入”，而“其他业务收入”就是企业所得税申报表上“营业收入”部分。但是，在税法上并无“投资性房地产”的概念，而税务处理对应的分别为固定资产或无形资产的，非房地产企业对于固定资产和无形资产的处置收入属于非流动资产处置收入（净额属于企业所得税申报表上的“营业外收入”或“营业外支出”），是不能作为业务招待费税前扣除的计算基础。因此，不是所有的“其他业务收入”都可以作为业务招待费税前扣除的计算基数。故本案例中其他业务收入作为广告费和业务宣传费支出税前扣除的计算基数时应扣减 500 万元。

2. 根据《关于企业处置资产所得税处理问题的通知》（国税函〔2008〕828 号）规定，存货用于市场推广应视同销售，因资产所有权属已发生改变应视同销售，视同销售额的确定按应按照被移送资产的公允价值确定销售收入 [《国家税务总局关于企业所得税有关问题的公告》（国家税务总局公告 2016 年第 80 号）第二条规定]。

因此，自制礼品及其包装盒用于市场销售赠送，应视同销售，视同销售收入 110 万元（100 万元 +10 万元），视同销售成本 90 万元（80 万元 +10 万元）。涉及的业务宣传费会计处理及纳税调整如下：

（1）自制礼品赠送

① 会计处理

借：销售费用——业务宣传费 930 000.00

贷：产成品 800 000.00

应交税费——应交增值税（销项税额） 130 000.00

② 税务处理

自制礼品赠送税务处理需要视同销售，所谓视同销售就是会计处理像上面这样不做销售处理而税务处理需要做销售处理，因此税务视同销售处理应是这样的：

借：销售费用——业务宣传费 1 130 000.00

贷：主营业务收入 1 000 000.00

应交税费——应交增值税（销项税额） 130 000.00

同时，视同销售成本：

借：主营业务成本 800 000.00

贷：产成品 800 000.00

③ 纳税调整

广告费和业务宣传费：会计处理金额 93.00 万元，税务处理金额 113.00 万元；

视同销售收入（主营业务收入）：会计处理金额 0.00 万元，税务处理金额 100.00 万元；

视同销售成本（主营业务成本）：会计处理金额 0.00 万元，税务处理金额 80.00 万元。

说明：通过视同销售的纳税调整，并没有直接影响应纳税所得额，但是纳税调整增加了“销售收入”的数额，增加了“广告费和业务宣传费”扣除限额的计算基数，对企业是有利的。

（2）定制并赠送包装盒

① 会计处理

借：销售费用——业务宣传费 113 000.00

应交税费——应交增值税（进项税额） 13 000.00

贷：银行存款 113 000.00

应交税费——应交增值税（销项税额） 13 000.00

② 税务处理

存货用于市场推广应视同销售（不区分外购还是自制），因此税务视同销售处理应是这样的：

购进：

借：存货　　100 000.00

　　应交税费——应交增值税（进项税额）　　13 000.00

　贷：银行存款　　113 000.00

对外赠送视同销售收入：

借：销售费用——业务宣传费　　113 000.00

　贷：主营业务收入　　100 000.00

　　　应交税费——应交增值税（销项税额）　　13 000.00

同时，视同销售成本：

借：主营业务成本　　100 000.00

　贷：存货　　100 000.00

③ 纳税调整

广告费和业务宣传费：会计处理金额 11.30 万元，税务处理金额 11.30 万元；

视同销售收入（其他业务收入）：会计处理金额 0.00 万元，税务处理金额 10.00 万元；

视同销售成本（其他业务成本）：会计处理金额 0.00 万元，税务处理金额 10.00 万元。

3. 为宣传促销使用定制 X 促销展架、宣传画报等用于商场、超市、食杂店等场所，因为资产所有者权属没有发生改变（摆放的促销展架等随时可以收回或被消耗），不属于赠送，所以无须视同销售。定制 X 促销展架、宣传画报等取得增值税专用发票注明的进项税额可以抵扣，因此定制 X 促销展架、宣传画报等发生的“业务宣传费”是 100 万元。

4. 需要特别注意的是，业务招待费支出与广告费和业务宣传费支出税前扣除限额计算基数并不一致。案例中的分红所得“投资收益”可以作为业务招待费支出税前扣除限额计算的基数［据《国家税务总局关于贯彻落实企业所得税法若干税收问题的通知》（国税函〔2010〕79 号）第八条规定］，但是却不能作为广告费和业务宣传费支出税前扣除限额计算基数。

5. 企业所得税申报表填报

第一步：填写《视同销售和房地产开发企业特定业务纳税调整明细表》（A105010），见表 3-5-2。

表 3-5-2

A105010　　视同销售和房地产开发企业特定业务纳税调整明细表　　单位：万元

行次	项　目	税收金额	纳税调整金额
		1	2
1	一、视同销售（营业）收入（2+3+4+5+6+7+8+9+10）	110.00	110.00
3	（二）用于市场推广或销售视同销售收入	110.00	110.00
11	二、视同销售（营业）成本（12+13+14+15+16+17+18+19+20）	90.00	90.00
13	（二）用于市场推广或销售视同销售成本	90.00	90.00

第二步：填写《广告费和业务宣传费跨年度纳税调整明细表》（A105060），见表 3-5-3。

表 3-5-3

A105060　　广告费和业务宣传费等跨年度纳税调整明细表　　单位：万元

行次	项　目	广告费和业务宣传费	保险企业手续费及佣金支出
		1	2
1	一、本年支出	1 624.30	—
2	减：不允许扣除的支出	0.00	—
3	二、本年符合条件的支出（1-2）	1 624.30	—
4	三、本年计算扣除限额的基数	10 610.00	—
5	乘：税收规定扣除率	15%	—
6	四、本企业计算的扣除限额（4×5）	1591.50	—
7	五、本年结转以后年度扣除额（3>6，本行=3-6；3≤6，本行=0）	32.80	—
8	加：以前年度累计结转扣除额	0.00	—
9	减：本年扣除的以前年度结转额[3>6，本行=0；3≤6，本行=8与（6-3）孰小值]	0.00	—
10	六、按照分摊协议归集至其他关联方的金额（10≤3与6孰小值）	0.00	—
11	按照分摊协议从其他关联方归集至本企业的金额	0.00	—
12	七、本年支出纳税调整金额（3>6，本行=2+3-6+10-11；3≤6，本行=2+10-11-9）	32.80	—
13	八、累计结转以后年度扣除额（7+8-9）	32.80	—

说明：第1行“一、本年支出”=1 400+113+11.3+100=1 624.30（万元）；第4行“三、本年计算扣除限额的基数”=10 000+（1 000-500）+100+10=10 610（万元）。

第三步：填写《纳税调整项目明细表》（A105000），见表 3-5-4。

表 3-5-4

A10500　　纳税调整项目明细表　　单位：万元

行次	项 目	账载金额	税收金额	调增金额	调减金额
		1	2	3	4
1	一、收入类调整项目（2+3+…8+10+11）	—	—	110.00	0.00
2	（一）视同销售收入（填写A105010）	—	110.00	110.00	—
12	二、扣除类调整项目（13+14+…24+26+27+28+29+30）	—	—	32.80	110.00
13	（一）视同销售成本（填写A105010）	—	90.00	—	90.00
16	（四）广告费和业务宣传费支出（填写A105060）	—	—	32.80	0.00
30	（十七）其他	0.00	20.00	0.00	20.00
31	三、资产类调整项目（32+33+34+35）	—	—	0.00	0.00
46	合计（1+12+31+36+44+45）	—	—	142.80	110.00

6. 税务风险说明及管理

（1）注意视同销售收入可以作为广告费和业务宣传费税前扣除限额的计算基数，特别注意外购商品用于交际应酬、集体福利、市场推广等直接计入费用情况，该类视同销售最容易忽略，因为该类视同销售即使没有做纳税调整也不会少交税，但是如果不做视同销售纳税调整会减少广告宣传费等税前扣除限额的计算基数。

（2）当年超支的广告宣传费可在以后年度继续按照税法规定进行税前扣除，因此应做好税会差异的登记，避免遗漏。

（3）注意业务宣传费税前扣除凭证证明材料的收集，注意区分业务宣传费和业务招待费，避免二者混淆。

（4）根据国家税务总局公告 2019 年 41 号最新规定，视同销售调整了收入与成本后，其收入与成本的差额可以调整扣除。由于是颠覆了以前的做法，很多人容易忽视或遗漏，导致企业多交税。因此，要特别检查视同销售后，是否同时填报 A105000 表“二、扣除调整项目”的“其他”栏是否同步调整。

【案例 3-11】签订有广告宣传费分摊协议的广告费和业务宣传费税前扣除的财税处理及风险管理

乙公司和丙公司是关联企业，根据双方签订的广告宣传费分摊协议，乙公司在 2019 年发生的广告费和业务宣传费的 30% 应归集至丙公司扣除。两个公司广告费和业务宣传费扣除比例是 15%，乙公司以前年度累计结转扣除额 50 万元，丙公司以前年度累计结转扣除额 80 万元。

乙公司和丙公司 2019 年发生的业务如下：

乙公司 2019 年度销售收入 10 000 万元，支出广告费和业务宣传费 2 000 万元；

丙公司 2019 年销售收入 5 000 万元，支出广告费和业务宣传费 500 万元。

问题：计算并填报乙公司和丙公司 2019 年度企业所得税申报表所涉及的“广告费和业务宣传费支出”等项目。

解析：

1. 乙公司

广告费和业务宣传费的税前扣除限额为：10 000 × 15%=1 500（万元）；

转移到丙公司扣除的广告费和业务宣传费应为：1 500 × 30%=450（万元）；

在本公司扣除的广告费和业务宣传费为：1 500−450=1 050（万元）或者 1 500 × 70%=1 050（万元）；

结转以后年度扣除的广告费和业务宣传费为：2 000−1 500=500（万元）。

乙公司 2019 年度企业所得税申报表填报：

第一步：填写《广告费和业务宣传费跨年度纳税调整明细表》（A105060），见表 3-5-5。

表 3-5-5

A105060　　广告费和业务宣传费等跨年度纳税调整明细表　　单位：万元

行次	项　目	广告费和业务宣传费	保险企业手续费及佣金支出
		1	2
1	一、本年支出	2 000.00	—
2	减：不允许扣除的支出	0.00	—
3	二、本年符合条件的支出（1-2）	2 000.00	—
4	三、本年计算扣除限额的基数	10 000.00	—
5	乘：税收规定扣除率	15%	—
6	四、本企业计算的扣除限额（4×5）	1 500.00	—
7	五、本年结转以后年度扣除额（3>6，本行=3-6；3≤6，本行=0）	500.00	—
8	加：以前年度累计结转扣除额	50.00	—
9	减：本年扣除的以前年度结转额[3>6，本行=0；3≤6，本行=8与（6-3）孰小值]	0.00	—
10	六、按照分摊协议归集至其他关联方的金额（10≤3与6孰小值）	450.00	—
11	按照分摊协议从其他关联方归集至本企业的金额	0.00	—
12	七、本年支出纳税调整金额（3>6，本行=2+3-6+10-11；3≤6，本行=2+10-11-9）	950.00	—
13	八、累计结转以后年度扣除额（7+8-9）	550.00	—

第二步：填写《纳税调整项目明细表》（A105000），见表 3-5-6。

表 3-5-6

A105000　　纳税调整项目明细表　　单位：万元

行次	项　目	账载金额	税收金额	调增金额	调减金额
		1	2	3	4
12	二、扣除类调整项目（13+14+…24+26+27+28+29+30）	—	—	950.00	0.00
16	（四）广告费和业务宣传费支出（填写A105060）	—	—	950.00	0.00

2. 丙公司

广告费和业务宣传费的税前扣除限额为：5 000×15%=750（万元），实际支出 500 万元，因此按实际支出额扣除；

乙公司当年转移来的广告费和业务宣传费为：450 万元；

丙公司本年度实际扣除的广告费和业务宣传费为：500 + 450=950（万元）。

丙公司 2019 年度企业所得税申报表填报：

第一步：填写《广告费和业务宣传费跨年度纳税调整明细表》（A105060），见表 3-5-7。

表 3-5-7

A105060 广告费和业务宣传费等跨年度纳税调整明细表 单位：万元

行次	项　目	广告费和业务宣传费	保险企业手续费及佣金支出
		1	2
1	一、本年支出	500.00	—
2	减：不允许扣除的支出	0.00	—
3	二、本年符合条件的支出（1-2）	500.00	—
4	三、本年计算扣除限额的基数	5 000.00	—
5	乘：税收规定扣除率	15%	—
6	四、本企业计算的扣除限额（4×5）	750.00	—
7	五、本年结转以后年度扣除额（3>6，本行=3-6；3≤6，本行=0）	0.00	—
8	加：以前年度累计结转扣除额	80.00	—
9	减：本年扣除的以前年度结转额[3>6，本行=0；3≤6，本行=8与（6-3）孰小值]	80.00	—
10	六、按照分摊协议归集至其他关联方的金额（10≤3与6孰小值）	0.00	—
11	按照分摊协议从其他关联方归集至本企业的金额	450.00	—
12	七、本年支出纳税调整金额（3>6，本行=2+3-6+10-11；3≤6，本行=2+10-11-9）	-530.00	—
13	八、累计结转以后年度扣除额（7+8-9）	0.00	—

第二步：填写《纳税调整项目明细表》（A105000），见表 3-5-8。

表 3-5-8

A105000 纳税调整项目明细表 单位：万元

行次	项　目	账载金额	税收金额	调增金额	调减金额
		1	2	3	4
12	二、扣除类调整项目（13+14+…+24+26+27+28+29+30）	—	—	0.00	530.00
16	（四）广告费和业务宣传费支出（填写A105060）	—	—	0.00	530.00

3. 税务风险说明及风险管理

签订广告费和业务宣传费分摊协议，应具有关联关系。双方应将分摊协议及费用支出凭证作为税前扣除的证明材料，以备查验。

三、捐赠支出的财税处理及税务风险管理

所谓捐赠支出，就是企业学雷锋做好事，给人送钱送物。

对于捐赠支出，一般来说，由于其和企业生产经营没有直接关系，所以按《企业所得税法》第八条和第十条规定，不得税前扣除。但是，为了鼓励企业扶危济困，税法专门规定，公益性捐赠支出在符合税法规定的情况下，可以税前扣除。当然，为了防止企业滥用捐赠来避税，对于捐赠支出的税前扣除，又专门规定了多项条例，也就是说，企业献爱心，税前扣

除并不是没有限制。

（一）捐赠支出的分类

企业对外捐赠，一般可以分为公益性捐赠和非公益性捐赠；公益性捐赠又可以进一步分为符合税法税前扣除规定的公益性捐赠和不符合税法税前扣除规定的公益性捐赠。

所谓公益性捐赠，《企业所得税法实施条例》第五十一条是这样解释的：企业所得税法第九条所称公益性捐赠，是指企业通过公益性社会团体或者县级以上人民政府及其部门，用于《中华人民共和国公益事业捐赠法》规定的公益事业的捐赠。

（二）捐赠支出的税务规定

（1）《企业所得税法》第九条规定，企业发生的公益性捐赠支出，在年度利润总额 12% 以内的部分，准予在计算应纳税所得额时扣除；超过年度利润总额 12% 的部分，准予结转以后三年内在计算应纳税所得额时扣除。

（2）《企业所得税法》第十条规定，本法第九条规定以外的捐赠支出不得扣除。

（3）《企业所得税法实施条例》第五十一条至第五十三条对《企业所得税法》规定的公益性捐赠、公益性社会团体和年度利润总额进行了明确和解释。

（4）《财政部 国家税务总局 民政部关于公益性捐赠税前扣除有关问题的通知》(财税〔2008〕160 号)第九条规定，公益性社会团体和县级以上人民政府及其组成部门和直属机构在接受捐赠时，捐赠资产的价值，按以下原则确认：

① 接受捐赠的货币性资产，应当按照实际收到的金额计算。

② 接受捐赠的非货币性资产，应当以其公允价值计算。捐赠方在向公益性社会团体和县级以上人民政府及其组成部门和直属机构捐赠时，应当提供注明捐赠非货币性资产公允价值的证明，如果不能提供上述证明，公益性社会团体和县级以上人民政府及其组成部门和直属机构不得向其开具公益性捐赠票据。

（5）《财政部 国家税务总局 民政部关于公益性捐赠税前扣除有关问题的补充通知》(财税〔2010〕45 号)第五条规定，对于通过公益性社会团体发生的公益性捐赠支出，企业或个人应提供省级以上（含省级）财政部门印制并加盖接受捐赠单位印章的公益性捐赠票据，或加盖接受捐赠单位印章的《非税收入一般缴款书》收据联，方可按规定进行税前扣除。

（6）《财政部 国家税务总局关于公益性捐赠支出企业所得税税前结转扣除有关政策的通知》（财税〔2018〕15 号）规定：

① 企业通过公益性社会组织或者县级（含县级）以上人民政府及其组成部门和直属机构，用于慈善活动、公益事业的捐赠支出，在年度利润总额 12% 以内的部分，准予在计算应纳税所得额时扣除；超过年度利润总额 12% 的部分，准予结转以后三年内在计算应纳税所得额时扣除。

本条所称公益性社会组织，应当依法取得公益性捐赠税前扣除资格。

本条所称年度利润总额，是指企业依照国家统一会计制度的规定计算的大于零的数额。

② 企业当年发生及以前年度结转的公益性捐赠支出，准予在当年税前扣除的部分，不能

超过企业当年年度利润总额的 12%。

③ 企业发生的公益性捐赠支出未在当年税前扣除的部分，准予向以后年度结转扣除，但结转年限自捐赠发生年度的次年起计算最长不得超过三年。

④ 企业在对公益性捐赠支出计算扣除时，应先扣除以前年度结转的捐赠支出，再扣除当年发生的捐赠支出。

（7）《财政部 国家税务总局关于公益股权捐赠企业所得税政策问题的通知》（财税〔2016〕45 号）规定，企业向公益性社会团体实施的股权捐赠，应按规定视同转让股权，股权转让收入额以企业所捐赠股权取得时的历史成本确定。企业实施股权捐赠后，以其股权历史成本为依据确定捐赠额，并依此按照企业所得税法有关规定在所得税前予以扣除。公益性社会团体接受股权捐赠后，应按照捐赠企业提供的股权历史成本开具捐赠票据。

说明：财税〔2016〕45 号文与其他文件规定的最大区别在于，公益股权捐赠是以历史成本确定捐赠额并开具捐赠票据，其他非货币性资产捐赠一般都是规定以公允价值确定捐赠额。

（8）可以全额扣除的捐赠支出的税务规定：

① 向地震灾区的捐赠。

为支持地震灾区的灾后重建，财政部、国家税务总局等先后出台文件，对企业、个人通过公益性社会团体、县级以上人民政府及其部门向受灾地区的捐赠，允许在当年企业所得税前和当年个人所得税前全额扣除。这些地震灾区包括汶川地震、玉树地震、芦山地震、鲁甸地震等灾区，具体的灾区范围一般在文件中有明确的规定，捐赠截止时间也有明确规定。企业在对地震灾区捐赠时可查阅相关文件，不过，这些文件都规定有执行时间范围，现在基本上都已经过了有效期，此处就不再一一列明。

② 向目标脱贫地区的扶贫捐赠。

《财政部 国家税务总局 国务院扶贫办关于企业扶贫捐赠所得税税前扣除政策的公告》（财政部 国家税务总局 国务院扶贫办公告 2019 年第 49 号）规定：自 2019 年 1 月 1 日至 2022 年 12 月 31 日，企业通过公益性社会组织或者县级（含县级）以上人民政府及其组成部门和直属机构，用于目标脱贫地区的扶贫捐赠支出，准予在计算企业所得税应纳税所得额时据实扣除。在政策执行期限内，目标脱贫地区实现脱贫的，可继续适用上述政策。"目标脱贫地区"包括 832 个国家扶贫开发工作重点县、集中连片特困地区县（新疆阿克苏地区 6 县 1 市享受片区政策）和建档立卡贫困村。企业在 2015 年 1 月 1 日至 2018 年 12 月 31 日期间已发生的符合上述条件的扶贫捐赠支出，尚未在计算企业所得税应纳税所得额时扣除的部分，可执行上述企业所得税政策。

③ 防控新型冠状病毒肺炎捐赠根据《关于支持新型冠状病毒感染的肺炎疫情防控有关捐赠税收政策的公告》（财政部 税务总局公告 2020 年第 9 号，以下简称财税公告 2020 年第 9 号）规定，在疫情防控期间，通过公益性社会组织或者县级以上人民政府及部门等国家机关，或直接向承担疫情防治任务的医院，捐赠用于应对新型冠状病毒感染的肺炎疫情的物品，允许在计算应纳所得额时金额扣除。

这里要注意，该全额扣除不占用 12% 的限额。

（三）公益性捐赠支出税前扣除的注意事项（税务风险高发区）

1. 接受捐赠的单位（对象）要符合规定

可以税前扣除的接受捐赠的单位分为两类：一类是政府及其部门和直属机构，一类是公益性社会团体（组织）。

（1）政府及其部门和直属机构：是指县级以上人民政府及其部门和直属机构。如果接受捐赠的单位是乡镇人民政府或街道办事处等是不能税前扣除的。北京市明确规定由于北京市的乡镇或街道办事处的行政级别是县处级，故由其接受的捐赠可以按照税法规定税前扣除。

（2）公益性社会团体：财政、税务、民政等部门每年都会联合发布具有重大影响税前扣除资格的公益性社会团体名单，在税务局等官方网站均可查询。只有接受捐赠单位是这个名单上的公益性社会团体，其公益性捐赠支出才能税前扣除。

如果是直接捐赠给帮扶对象的，比如直接向贫困村、贫困户、贫困学生、困难家庭等，虽然也是具有公益性，但是不符合税法对公益性捐赠的规定，不得税前扣除。

2. 捐赠票据要合法

可以税前扣除的公益性捐赠支出，通常情况下只认可两种票据：

（1）省级以上（含省级）财政部门印制并加盖接受捐赠单位印章的公益性捐赠票据；

（2）加盖接受捐赠单位印章的《非税收入一般缴款书》收据联。

针对新型冠状病毒肺炎疫情的特殊情况，财税公告 2020 年第 9 号规定，直接向承担疫情防治任务的医院捐赠用于应对新型冠状病毒感染的肺炎疫情的物品，捐赠人凭承担疫情防治任务的医院开具的捐赠接收函办理税前扣除事项。

3. 会计利润要准确

年度利润总额，是指企业依照国家统一会计制度的规定计算的年度会计利润，必须准确，最好以经过注册会计师审计的财务报告为准。利润总额应是大于零的数额，如果企业的会计口径利润总额为零或出现亏损，其符合规定的捐赠支出也不得在当年度税前扣除。

【案例 3-12】捐赠支出的税前扣除及税务风险管理

甲公司是一家食品制造公司，一般纳税人（产品税率 17%），2017 年度实现利润 1 000 万元，2017 年度发生如下捐赠：

（1）通过县民政局向当地养老院捐赠自制食品一批，市价 10 万元（不含税），成本价 8 万元，取得公益性捐赠票据；

（2）向企业定点帮扶的贫困村修路捐赠 20 万元，取得村民委员会收据一份；

（3）某地发生特大水灾，通过市慈善总会（具有税前扣除资格）捐赠自制食品一批，市价 150 万元（不含税），成本价 120 万元，取得公益性捐赠票据。

问题：分析案例所述公益性捐赠税前扣除并填报相关纳税调整。

解析：

1. 财税处理

（1）通过县民政局向当地养老院捐赠自制食品一批，属于公益性捐赠并满足税法规定，可以税前扣除。同时，对外捐赠货物，应视同销售。视同销售收入10万元，视同销售成本8万元。

（2）直接向企业定点帮扶的贫困村修路捐赠，虽然性质上也属于公益性捐赠，但是接受捐赠对象和捐赠票据不满足税法规定，不属于税法规定的公益性捐赠而不能税前扣除，在企业所得税申报表填报时只能填入"非公益性捐赠支出"做纳税调整。

（3）通过市慈善总会向受灾地区捐赠自制食品一批，属于公益性捐赠并满足税法规定，可以税前扣除。同时，对外捐赠货物，应视同销售。视同销售收入150万元，视同销售成本120万元。

（4）甲公司2017年度公益性捐赠可以税前扣除金额 =（10+150）×1.17=187.2（万元）。

甲公司2017年公益性捐赠税前扣除限额 =1 000×12%=120（万元）。

因此，结转以后3年内扣除的公益性捐赠额 =187.2−120=67.2（万元）。

（5）甲公司2017年度企业所得税申报表填报

第一步：填写《视同销售和房地产开发企业特定业务纳税调整明细表》（A105010），见表3-5-9。

表 3-5-9

A105010　视同销售和房地产开发企业特定业务纳税调整明细表　单位：万元

行次	项　目	税收金额	纳税调整金额
		1	2
1	一、视同销售（营业）收入（2+3+4+5+6+7+8+9+10）	160.00	160.00
7	（六）用于对外捐赠视同销售收入	160.00	160.00
11	二、视同销售（营业）成本（12+13+14+15+16+17+18+19+20）	128.00	128.00
17	（六）用于对外捐赠视同销售成本	128.00	128.00

第二步：填写《捐赠支出及纳税调整明细表》（A105070），见表3-5-10。

表 3-5-10

A105070　捐赠支出及纳税调整明细表　单位：万元

行次	项　目	账载金额	以前年度结转可扣除的捐赠额	按税收规定计算的扣除限额	税收金额	本年度实际税前扣除金额	纳税调增金额	纳税调减金额	可结转以后年度扣除的捐赠额
		A	B	C	D	Z	E	F	G
1	一、非公益性捐赠	20.00	—	—	—	0.00	20.00	—	—
2	二、全额扣除的公益性捐赠	—	—	—	0.00	0.00	—	—	—
3	三、限额扣除的公益性捐赠(4+5+6+7)	187.20	0.00	120.00	120.00	120.00	67.20	0.00	67.20
4	前三年度（2014年）	—	—	—	—	0.00	—	0.00	—
5	前二年度（2015年）	—	—	—	—	0.00	—	0.00	0.00

续上表

行次	项　目	账载金额	以前年度结转可扣除的捐赠额	按税收规定计算的扣除限额	税收金额	本年度实际税前扣除金额	纳税调增金额	纳税调减金额	可结转以后年度扣除的捐赠额
		A	B	C	D	Z	E	F	G
6	前一年度（2016年）	—	—	—	—	0.00	—	0.00	0.00
7	本　　年（2017年）	187.20	—	120.00	120.00	120.00	67.20	—	67.20
8	合计（1+2+3）	207.20	0.00	120.00	120.00	120.00	87.20	0.00	67.20

第三步：填写《纳税调整项目明细表》（A105000），见表3-5-11。

表 3-5-11

A105000　　纳税调整项目明细表　　单位：万元

行次	项　目	账载金额	税收金额	调增金额	调减金额
		1	2	3	4
1	一、收入类调整项目（2+3+4+5+6+7+8+10+11）	—	—	160.00	0.00
2	（一）视同销售收入（填写A105010）	—	160.00	160.00	—
12	二、扣除类调整项目（13+14+…24+26+27+28+29+30）	—	—	87.20	128.00
13	（一）视同销售成本（填写A105010）	—	128.00	—	128.00
17	（五）捐赠支出（填写A105070）	207.20	120.00	87.20	0.00

2. 税务风险说明及风险管理

（1）自制产品或委托加工物资对外捐赠需要视同销售，且捐赠凭据开具的物资捐赠金额一般也是公允价值，但是会计处理计入“捐赠支出”的金额是物资成本价加上税金，二者基本上会存在差异。对于应该以公允价值还是以成本价作为捐赠支出的扣除金额是存在争议的，包括物资用于市场推广等视同销售也是如此。本案例中的税务处理，笔者是按照公允价值作为捐赠支出税前扣除金额的。实务中，企业应与主管税务机关做好沟通，争取对企业有利的处理方式，避免不必要的税务风险。

（2）虽然性质上属于公益性捐赠，但是不满足税法对公益性捐赠的规定的捐赠支出，在填报时需要填入《捐赠支出及纳税调整明细表》（A105070）的“非公益性捐赠”进行纳税调整，注意检查避免遗漏。

（3）公益性捐赠的税前扣除特别需要关注接受捐赠对象的资格和捐赠票据是否合规等问题，具体参阅本小节的“公益性捐赠支出税前扣除的注意事项（税务风险高发区）”的相关内容。

【案例3-13】捐赠支出在亏损年度的税务处理及税务风险管理

续【案例3-12】资料，甲公司2018年度实现利润-100万元，2018年度通过市红十字会捐赠现金10万元。

问题：分析甲公司2018年度公益性捐赠税前扣除并填报相关纳税调整。

解析：

1. **税务处理**

由于甲公司2018年度亏损，所以甲公司2018年度公益性捐赠不能税前扣除，但是可以结转至以后3年内扣除。

2. **甲公司2018年度企业所得税申报表填报**

第一步：填写《捐赠支出及纳税调整明细表》(A105070)，见表3-5-12。

表3-5-12

A105070　　捐赠支出及纳税调整明细表　　单位：万元

行次	项　目	账载金额	以前年度结转可扣除的捐赠额	按税收规定计算的扣除限额	税收金额	本年度实际税前扣除金额	纳税调增金额	纳税调减金额	可结转以后年度扣除的捐赠额
		A	B	C	D	Z	E	F	G
1	一、非公益性捐赠	—	—	—	—	0.00	0.00	—	—
2	二、全额扣除的公益性捐赠	—	—	—	0.00	0.00	—	—	—
3	三、限额扣除的公益性捐赠(4+5+6+7)	10.00	67.20	0.00	0.00	0.00	10.00	0.00	77.20
4	前三年（2015年）	—	—	—	—	0.00	—	0.00	—
5	前二年（2016年）	—	—	—	—	0.00	—	0.00	0.00
6	前一年（2017年）	—	67.20	—	—	0.00	—	0.00	67.20
7	本　年（2018年）	10.00	—	0.00	0.00	0.00	10.00	—	10.00
8	合计（1+2+3）	10.00	67.20	0.00	0.00	0.00	10.00	0.00	77.20

第二步：填写《纳税调整项目明细表》(A105000)，见表3-5-13。

表3-5-13

A105000　　纳税调整项目明细表　　单位：万元

行次	项　目	账载金额	税收金额	调增金额	调减金额
		1	2	3	4
12	二、扣除类调整项目（13+14+…24+26+27+28+29+30）	—	—	10.00	0.00
17	（五）捐赠支出（填写A105070）	10.00	0.00	10.00	0.00

3. **税务风险说明及风险管理**

企业亏损年度的公益性捐赠支出在当年不能税前扣除，但是可以递延至以后3年内进行扣除，因此应做好备查登记，避免遗漏。

【案例3-14】以前年度结转的公益捐赠支出税前扣除及税务风险管理

续【案例3-12】和【案例3-13】，甲公司2019年度实现利润1 000万元，2018年度通过市红十字会捐赠现金100万元。

问题：分析甲公司2019年度公益性捐赠税前扣除并填报相关纳税调整。

解析：

1. **分析**

甲公司2019年度可以税前扣除的公益性捐赠限额 =1 000×12%=120（万元）。

甲公司2017年度结转的公益性捐赠67.2万元和2018年结转公益性捐赠10万元应先扣除，然后再扣除2019年度发生的公益性捐赠。

2. **甲公司2019年度企业所得税申报表填报**

第一步：填写《捐赠支出及纳税调整明细表》（A105070），见表3-5-14。

表 3-5-14

A105070　　捐赠支出及纳税调整明细表　　单位：万元

行次	项　目	账载金额	以前年度结转可扣除的捐赠额	按税收规定计算的扣除限额	税收金额	本年度实际税前扣除金额	纳税调增金额	纳税调减金额	可结转以后年度扣除的捐赠额
		A	B	C	D	Z	E	F	G
1	一、非公益性捐赠	—	—	—	—	0.00	0.00	—	—
2	二、全额扣除的公益性捐赠	—	—	—	0.00	0.00	—	—	—
3	三、限额扣除的公益性捐赠(4+5+6+7)	100.00	77.20	120.00	120.00	120.00	57.20	77.20	57.20
4	前三年（2016年）	—	—	—	—	0.00	—	0.00	—
5	前二年（2017年）	—	67.20	—	—	67.20	—	67.20	0.00
6	前一年（2018年）	—	10.00	—	—	10.00	—	10.00	0.00
7	本　年（2019年）	100.00	—	120.00	120.00	42.80	57.20	—	57.20
8	合计（1+2+3）	100.00	77.20	120.00	120.00	120.00	57.20	77.20	57.20

第二步：填写《纳税调整项目明细表》（A105000），见表3-5-15。

表 3-5-15

A105000　　纳税调整项目明细表　　单位：万元

行次	项　目	账载金额	税收金额	调增金额	调减金额
		1	2	3	4
12	二、扣除类调整项目（13+14+…24+26+27+28+29+30）	—	—	57.20	77.20
17	（五）捐赠支出（填写A105070）	100.00	120.00	57.20	77.20

3. **税务风险说明及风险管理**

在有以前结转的公益性捐赠的情况下，一定是先扣除以前年度结转的金额，后扣除当年发生的捐赠，企业只要严格认真地填写《捐赠支出及纳税调整明细表》（A105070）就能自动生成所得税申报表。

四、利息支出的财税处理及风险管理

企业在经营过程中，不对外借款是很少的。既然借款，肯定会发生利息支出。税法对利息支出税前扣除有很多规定，稍有不慎很容易造成税务风险。

（一）企业所得税申报表上“利息支出”的填报内容

2017版企业所得税申报表的《纳税调整项目明细表》（A105000）填报说明是：

第18行“（六）利息支出”：第1列“账载金额”填报纳税人向非金融企业借款，会计核算计入当期损益的利息支出的金额。第2列“税收金额”填报按照税收规定允许税前扣除的利息支出的金额。

上述这段话很容易产生歧义，其实这段话的意思是说，《纳税调整项目明细表》（A105000）只填报纳税人向非金融企业借款产生的“利息支出”的纳税调整。

如果纳税人向金融企业或个人借款呢？如果有需要进行纳税调整怎么办呢？

——企业向金融企业的借款利息，虽然《企业所得税法实施条例》第三十八条规定可以扣除，但是不是还有其他规定可能导致不能税前扣除的吗？比如股东在规定期限内未缴足其应缴资本额的，该企业对外借款所发生的利息，相当于投资者实缴资本额与在规定期限内应缴资本额的差额应计付的利息，其不属于企业合理的支出，应由企业投资者负担，不得在计算企业应纳税所得额时扣除（国税函〔2009〕312号）。

——企业向个人借款（包括自然人股东）的借款利息税前扣除规定就更多了，难免会有需要进行纳税调整的。

其实，国家税务总局编写填报说明的人想得有点多了，根本不需要分纳税人向谁借款，只要发生利息支出都可以在“利息支出”填报，即便是向金融企业借款且无纳税调整，大不了就是“账载金额”和“税收金额”完全一致而已，也不影响最终结果（当然无调整不填也一样）。

但是，既然国家税务总局这样规定了，企业只有无条件执行。因此，《纳税调整项目明细表》（A105000）的第18行“（六）利息支出”只能填报纳税人向非金融企业借款，且会计核算计入当期损益的利息支出。至于其他涉及“利息”支出的纳税调整，只能根据实际情况分析填列至不同栏目。

（二）利息支出的会计处理

《企业会计准则第17号——借款费用》第四条规定，企业发生的借款费用，可直接归属于符合资本化条件的资产的购建或者生产的，应当予以资本化，计入相关资产成本；其他借款费用，应当在发生时根据其发生额确认为费用，计入当期损益。

此处主要探讨计入当期损益的利息支出，不涉及资本化利息与费用化利息的划分问题。

由于企业所得税申报表填报要求区分金融企业和非金融企业借款，因此企业在会计核算时应设置不同的明细科目：“财务费用——利息支出（金融企业）”和“财务费用——利息支出（非金融企业）”。

如果会计核算时没有区分，在进行企业所得税纳税申报就需要先区分后才能申报。同时，对于售后回购或回租等融资产生的利息支出、现金折扣等在“财务费用”科目下核算的都应区分开，最好是各自设立明细科目核算为妥。

（三）有关利息支出的税务规定

（1）《企业所得税法实施条例》第三十八条规定，企业在生产经营活动中发生的下列利息支出，准予扣除：(一)非金融企业向金融企业借款的利息支出、金融企业的各项存款利息支出和同业拆借利息支出、企业经批准发行债券的利息支出；(二)非金融企业向非金融企业借款的利息支出，不超过按照金融企业同期同类贷款利率计算的数额的部分。

（2）《企业所得税法》第四十六条规定，企业从其关联方接受的债权性投资与权益性投资的比例超过规定标准而发生的利息支出，不得在计算应纳税所得额时扣除。

（3）《财政部 国家税务总局关于企业关联方利息支出税前扣除标准有关税收政策问题的通知》（财税〔2008〕121号）规定：

① 在计算应纳税所得额时，企业实际支付给关联方的利息支出，不超过以下规定比例和税法及其实施条例有关规定计算的部分，准予扣除，超过的部分不得在发生当期和以后年度扣除。

企业实际支付给关联方的利息支出，符合本通知第二条规定外，其接受关联方债权性投资与其权益性投资比例为如下。

a. 金融企业，为5 ： 1。

b. 其他企业，为2 ： 1。

② 企业如果能够按照税法及其实施条例的有关规定提供相关资料，并证明相关交易活动符合独立交易原则的；或者该企业的实际税负不高于境内关联方的，其实际支付给境内关联方的利息支出，在计算应纳税所得额时准予扣除。

（4）《关于企业向自然人借款的利息支出企业所得税税前扣除问题的通知》（国税函〔2009〕777号）规定：

① 企业向股东或其他与企业有关联关系的自然人借款的利息支出，应根据《中华人民共和国企业所得税法》（以下简称税法）第四十六条及《财政部 国家税务总局关于企业关联方利息支出税前扣除标准有关税收政策问题的通知》（财税〔2008〕121号）规定的条件，计算企业所得税扣除额。

② 企业向除第一条规定以外的内部职工或其他人员借款的利息支出，其借款情况同时符合以下条件的，其利息支出在不超过按照金融企业同期同类贷款利率计算的数额的部分，根据税法第八条和税法实施条例第二十七条规定，准予扣除。

a. 企业与个人之间的借贷是真实、合法、有效的，并且不具有非法集资目的或其他违反法律、法规的行为；

b. 企业与个人之间签订了借款合同。

（5）《国家税务总局关于企业投资者投资未到位而发生的利息支出企业所得税前扣除问题

的批复》(国税函〔2009〕312号)规定，根据《中华人民共和国企业所得税法实施条例》(以下简称《实施条例》)第二十七条规定，凡企业投资者在规定期限内未缴足其应缴资本额的，该企业对外借款所发生的利息，相当于投资者实缴资本额与在规定期限内应缴资本额的差额应计付的利息，其不属于企业合理的支出，应由企业投资者负担，不得在计算企业应纳税所得额时扣除。

(6)《国家税务总局关于企业所得税若干问题的公告》(国家税务总局公告2011年第34号)第一条规定：

根据《实施条例》第三十八条规定，非金融企业向非金融企业借款的利息支出，不超过按照金融企业同期同类贷款利率计算的数额的部分，准予税前扣除。鉴于目前我国对金融企业利率要求的具体情况，企业在按照合同要求首次支付利息并进行税前扣除时，应提供"金融企业的同期同类贷款利率情况说明"，以证明其利息支出的合理性。

"金融企业的同期同类贷款利率情况说明"指出，应包括在签订该借款合同当时，本省任何一家金融企业提供同期同类贷款利率情况。该金融企业应为经政府有关部门批准成立的可以从事贷款业务的企业，包括银行、财务公司、信托公司等金融机构。"同期同类贷款利率"是指在贷款期限、贷款金额、贷款担保以及企业信誉等条件基本相同下，金融企业提供贷款的利率。既可以是金融企业公布的同期同类平均利率，也可以是金融企业对某些企业提供的实际贷款利率。

(四)企业向非金融企业(含自然人)借款利息税前扣除的注意事项(税务风险高发区)

税法所称的金融企业，是指取得"金融许可证"的金融机构，凡是没有取得该证的企业都不属于金融企业，最常见的小额贷款公司等就不属于金融企业。金融机构包括政策性银行、商业银行、金融资产管理公司、信用合作社、邮政储蓄机构、信托投资公司、企业集团财务公司、金融租赁公司和外资金融机构等。

非金融企业向非金融企业(含自然人)借款的利息支出税前扣除需要注意以下几点：

1. 利率不得超过金融企业同期同类贷款利率

向非金融企业(含自然人)借款利息支出在不超过按照金融企业同期同类贷款利率计算的数额的部分，准予扣除。超过部分，要做纳税调增处理。

金融企业同期同类贷款利率，是指本省任何一家金融企业提供同期同类贷款利率，不一定是向本企业贷款的金融企业，企业可以选择对自身有利的金融企业同期同类贷款利息，但是必须要收集相关证明材料。

2. 要提供借款合同

要提供借款合同，可以理解借款双方应签订有书面合同，合同条款齐全，签名盖章有效。

3. 资金借贷活动真实、合法、有效，不属于非法集资

真实、有效，是指企业的生产经营或资产购置、项目建设过程中确实急需资金，借来的资金及时用于与取得收入相关的交易事项，没有长期闲置，也没有发生与生产经营无关的借出或抽逃；有借款资金流入证明，如提供银行进账单；履行了相关的借款手续，通过转账支

付利息等，借款双方严格履行按记载借款金额、期限、利率、双方权利与义务、违约责任等内容的借款合同，出具了加盖财务专用印章的借据等。

合法，指该借款符合独立交易原则，不具有非法集资目的或其他违反法律、法规的行为，如利率在法律规定范围以内。

有效，指借款合同签订、履行及条款规定内容均为双方真实意思的表示。

4. 提供发票

无论是向自然人还是向其他借款人支付利息，都须取得合法有效凭证方可在税前扣除。所以，收取利息的个人需要到主管地税务机关申请代开利息收入发票，并承担相应的增值税、城建税、教育费附加和个人所得税等。如果企业替个人代付这些税款，该税款不是企业合理的支出，不能税前扣除。

企业向集团内企业支付“统借统贷”利息的，即便是满足增值税免税的，也应取得收取利息方企业开具的免税利息发票。

5. 委托贷款的实质

委托贷款是企业向非金融企业贷款，其利息支出仍然属于向非金融企业借款利息支出，仍然需要满足国家税务总局公告2011年第34号的规定，其超过按照金融企业同期同类贷款利率计算的数额的部分不得税前扣除，同时也需要提供“金融企业的同期同类贷款利率情况说明”，以证明其利息支出的合理性。

6. 企业无偿转让贷款

企业将贷款无偿转让给其他企业使用，其利息支出无论是向金融企业贷款还是向非金融企业贷款，都不能税前扣除，因为在不收取利息的情况下对外支付利息就构成了“与取得收入无关的支出”。如果收取利息，但是收取利率低于其对外贷款利率，那么利息差额也不得税前扣除。

7. 注意区分借款利息支出是否应该资本化的问题

如果属于应该资本化的利息支出，即便是满足其他一切税法规定也不能直接税前扣除，而直接通过资本化的资产来税前扣除。

【案例3-15】企业向非金融企业借款利息支出的税务处理及税务风险管理

甲公司属于非金融企业，2019年1月1日向银行贷款1 000万元用于补充流动资金，年利率6%，期限一年，利息每季度支付一次。同年7月1日又向小贷公司贷款500万元，用于周转，贷款利率9%，期限一年，每月15日支付当月利息。该公司只有这两笔贷款。

假定甲公司不存在投资者投资不到位的情况，与小贷公司也不存在关联关系。

问题：分析甲公司2019年度利息支出的税务处理及风险管理。

解析：

1. 分析：

甲公司2019年度支付银行贷款利息 $=1\,000\times6\%=60$（万元）

甲公司2019年度支付小额贷款公司利息 $=500\times9\%\times6/12=22.5$（万元）

小额贷款公司不属于金融企业，甲公司也属于非金融企业，根据税法规定，非金融企业向非金融企业借款的利息支出，不超过按照金融企业同期同类贷款利率计算的数额的部分。

因此甲公司向小额贷款公司借款利息2019年度可以税前扣除金额=500×6%×6/12=15（万元），税前不可以扣除金额=22.5-15=7.5（万元）。

2. 甲公司2019年度企业所得税申报表“利息支出”的填报，见表3-5-16。

表3-5-16

A105000　　纳税调整项目明细表　　单位：万元

行次	项　目	账载金额	税收金额	调增金额	调减金额
		1	2	3	4
12	二、扣除类调整项目（13+14+…24+26+27+28+29+30）	—	—	7.50	0.00
18	（六）利息支出	22.50	15.00	7.50	0.00

说明：国家税务总局编制的企业所得税填报说明“利息支出”的“账载金额”和“税收金额”只填写向非金融企业的借款利息支出，所以未包括向银行借款的利息支出。

3. 税务风险说明及管理

企业向非金融企业的借款利息支出，国家税务总局公告2011年第34号规定，企业在按照合同要求首次支付利息并进行税前扣除时，应提供“金融企业的同期同类贷款利率情况说明”，以证明其利息支出的合理性。因此，如果企业只有向非金融企业贷款的情况下，就需要注意收集在签订该借款合同时，本省任何一家金融企业提供同期同类贷款利率的情况。如果本企业既有金融企业贷款，也有非金融企业贷款，可以直接使用同期同类贷款利率。另外，非金融企业贷款利息支出还必须要有发票、合同等证据材料，并对其存档备查。

【案例3-16】企业投资者投资未到位而发生的利息支出税务处理及风险管理

乙公司成立于2018年度，投资者在公司章程约定公司注册资金1 000万元：2018年6月30日前缴纳投资款300万元，2019年1月1日缴纳投资款300万元，2018年1月1日缴纳投资款400万。

截至2018年12月31日，乙公司实际到位投资款300万元，2019年度投资者未继续缴纳投资款。2019年7月1日，因经营需要，向银行贷款200万元，利息6%，期限一年，利息每季度支付一次。乙公司无其他借款。

问题：分析乙公司2019年度利息支出的纳税调整及填报。

解析：

1. 分析

《国家税务总局关于企业投资者投资未到位而发生的利息支出企业所得税前扣除问题的批复》（国税函〔2009〕312号）规定，根据《中华人民共和国企业所得税法实施条例》第二十七条规定，凡企业投资者在规定期限内未缴足其应缴资本额的，该企业对外借款所发生的利息，相当于投资者实缴资本额与在规定期限内应缴资本额的差额应计付的利息，其不属于企业合理的支出，应由企业投资者负担，不得在计算企业应纳税所得额时扣除。

乙公司截至2019年1月1日应到位投资款600万元，但是实际到位投资款只有300万元，因此乙公司在2019年度借款200万元的利息支出不属于企业合理的支出，应做纳税调整。不得税前扣除利息支出金额=200×6%×6/12=6（万元）。

2. 乙公司2019年度企业所得税申报表涉及的“利息支出”的填报，见表3-5-17。

表3-5-17

A105000　　纳税调整项目明细表　　单位：万元

行次	项　目	账载金额	税收金额	调增金额	调减金额
		1	2	3	4
12	二、扣除类调整项目（13+14+…24+26+27+28+29+30）	—	—	6.00	0.00
18	（六）利息支出	—	—	0.00	0.00
27	（十四）与取得收入无关的支出	—	—	6.00	—

说明：因为案例中的“利息支出”不属于企业合理的支出，所以其纳税调整填写在“与取得收入无关的支出”。

3. 税务风险说明及管理

国税函〔2009〕312号文件规定，企业投资者投资未到位而发生的利息支出，其不属于企业合理的支出，应由企业投资者负担，不得在计算企业应纳税所得额时扣除。因此，因企业投资者投资未到位而发生的利息支出，无论是否属于向非金融企业借款而产生的利息支出，均不能填写在“利息支出”栏，而应填写在“与取得收入无关的支出”栏。

如果投资者投资到位情况在一个年度内有变化，需要分段计算不得税前扣除的利息支出金额。

五、罚金、罚款和被没收财物的损失以及税收滞纳金、加收利息的财税处理及风险管理

2017版企业所得税申报表的《纳税调整项目明细表》（A105000）填报说明：

（1）第19行“（七）罚金、罚款和被没收财物的损失”：第1列“账载金额”填报纳税人会计核算计入当期损益的罚金、罚款和被罚没财物的损失，不包括纳税人按照经济合同规定支付的违约金（包括银行罚息）、罚款和诉讼费。第3列“调增金额”等于第1列金额。

（2）第20行“（八）税收滞纳金、加收利息”：第1列“账载金额”填报纳税人会计核算计入当期损益的税收滞纳金、加收利息。第3列“调增金额”等于第1列金额。

《企业所得税法》第十条规定，税收滞纳金、罚金、罚款和被没收财物的损失，在计算应纳税所得额时，不得扣除。

【案例3-17】罚金、罚款和被没收财物损失的财税处理及风险管理

甲公司是一家食品制造企业，2019年度发生如下“营业外支出”：

（1）因违反环境保护法规被市环保局处以行政罚款10万元；

（2）部分产品质量不合格，被市场监督局罚没销毁，成本价 15 万元，转出进项税额 1 万元；

（3）因未按合同约定的时间向 A 超市供货，被 A 超市以违反双方签署的合同为由罚款 1 万元，从应付货款中扣除。

问题：甲公司 2018 年度的财税处理及税务风险。

解析：

1. 财税处理

借：营业外支出——罚没支出　　270 000.00

　贷：银行存款　　100 000.00

　　存货　　150 000.00

　　应交税费——应交增值税（进项税额转出）　　10 000.00

　　应收账款——A 超市　　10 000.00

税务处理：被环保局罚款和被市场监督局罚没财物不能税前扣除，超市罚款属于根据经济合同支付的罚款可以税前扣除。

甲公司 2019 年度所得税申报表填报：

第一步：填写《一般企业成本支出明细表》（A102010），见表 3-5-18。

表 3-5-18

A102010　　一般企业成本支出明细表　　单位：万元

行次	项　目	金额
16	二、营业外支出（17+18+19+20+21+22+23+24+25+26）	27.00
23	（七）罚没支出	27.00

第二步：填写《纳税调整项目明细表》（A105000），见表 3-5-19。

表 3-5-19

A105000　　纳税调整项目明细表　　单位：万元

行次	项　目	账载金额	税收金额	调增金额	调减金额
		1	2	3	4
12	二、扣除类调整项目（13+14+…24+26+27+28+29+30）	—	—	26.00	0.00
19	（七）罚金、罚款和被没收财物的损失	26.00	—	26.00	0.00

说明：超市罚款1万元属于“纳税人按照经济合同规定支付的违约金（包括银行罚息）、罚款和诉讼费”，因此不应包括在《纳税调整项目明细表》（A105000）第19行“（七）罚金、罚款和被没收财物的损失”内，故表3-5-19将其剔除，金额自然与《一般企业成本支出明细表》（A102010）的“罚没支出”金额不一致。

2. 税务风险说明及风险管理

企业需要注意经营性的罚款、违约金等是可以税前扣除的，如果会计核算时与行政处罚的罚款、罚没财物等没有分开的，在企业所得税申报的一定要注意区分，既要避免多交税也要避免未纳税调整少交税的风险。

为减少税务风险，建议企业在会计核算时就根据是否能税前扣除分开核算各种罚款支出等。

六、赞助支出的财税处理及税务风险管理

《企业所得税法》第十条第六项明确规定，在计算应纳税所得额时，赞助支出不得扣除。但在实务中，企业往往不能明确区分赞助支出、公益性捐赠以及广告费和业务宣传费，导致企业将不符合规定的赞助支出在企业所得税前进行列支，造成税务风险。

（一）赞助支出不同于公益性捐赠、广告费和业务宣传费

根据《企业所得税法实施条例》第五十四条的规定，企业所得税法第十条第六项所称赞助支出，是指企业发生的与生产经营活动无关的各种非广告性质支出。

1. 不同于公益性捐赠

根据《企业所得税法实施条例》第五十一条的规定，公益性捐赠，是指企业通过公益性社会团体或者县级以上人民政府及其部门，用于《中华人民共和国公益事业捐赠法》规定的公益事业的捐赠。

赞助支出不同于公益性捐赠，公益性捐赠是指企业用于公益事业的捐赠，不具有有偿性；而赞助支出具有明显的商业目的或有偿性等，并且所赞助范围一般也不具有公益性质。

2. 不同于广告费和业务宣传费

赞助支出也明显不同于广告费和业务宣传费，广告费和业务宣传费，是通过广告或其他形式达到宣传促销的目的支出的费用；而赞助支出主要是为了提高社会声誉等目的，而不是为了宣传促销，不是为了特定公众或潜在客户进行宣传。

（二）赞助支出不符合扣除原则，不得在企业所得税税前扣除

《企业所得税法》第八条规定，企业实际发生的与取得收入有关的、合理的支出，包括成本、费用、税金、损失和其他支出，准予在计算应纳税所得额时扣除。企业进行企业所得税前扣除的扣除项目，要满足相关性和合理性这两个扣除原则。在此基础上，《企业所得税法实施条例》第二十七条具体规定了这两个原则的判断标准，企业所得税法第八条所称有关的支出，是指与取得收入直接相关的支出。企业所得税法第八条所称合理的支出，是指符合生产经营活动常规，应当计入当期损益或者有关资产成本的必要和正常的支出。

根据上述对赞助支出与公益性捐赠、广告支出和业务宣传费的区分，可知赞助支出实质上与企业取得收入无关，并且不属于正常和必要的支出。不符合相关性和合理性两个扣除原则，《企业所得税法》第十条第六项规定，在计算应纳税所得额时，赞助支出不得扣除。

在实务中，区分赞助支出与广告费和业务宣传费，应首先判断企业签订的合同性质是否为有偿双务合同，其次看企业是否使自己的产品或者服务通过一定媒介和形式表现出来，费用的支付对象是具有合法经营资格的广告经营者或广告发布者以及是否取得内容为广告费或业务宣传费的发票。如果属于广告性质的赞助支出，企业应在广告费和业务宣传费中核算，且按广告费和业务宣传费进行税前扣除。

【案例 3-18】赞助支出的财税处理及税务风险管理

骊威公司 2018 年度发生如下赞助支出：

（1）赞助当地企业家联合会 2 万元，收到企业家联合会开具的收据；

（2）企业所在地小学开展六一庆祝活动，赞助活动经费 1 万元，收到学校开具的收据；

（3）企业所在地举办桃花节，镇政府邀请企业作为赞助商冠名，企业赞助 5 万元取得桃花节冠名权，收到镇政府开具的收据；

（4）当地省电视台举办诗词大会，企业作为赞助商取得本届诗词大会的冠名权，赞助 50 万元，收到省电视台开具的内容为广告费的增值税专用发票。

问题：分析骊威公司赞助支出的税前扣除与税务风险管理。

解析：

1. 分析

（1）赞助当地企业家联合会 2 万元，不具有广告性质，不得税前扣除；

（2）赞助小学 1 万元，不具有广告性质，也不满足公益性捐赠的税法要求，不得税前扣除；

（3）赞助当地镇政府桃花节 10 万元取得冠名权，虽然具有一定的广告性质，但是镇政府不具有广告经营资格且开具的收据也不是合法的扣除凭证，所以不得税前扣除；

（4）赞助省电视台 50 万元取得诗词大会冠名权，省电视台是具有合法经营资格的广告经营者或广告发布者，且取得内容为广告费的发票，因此该笔赞助应以广告费进行税前扣除。

2. 税务风险说明及管理

在实务中，赞助支出与捐赠支出、广告费和业务宣传费有时不容易区分，企业要从赞助对象、赞助内容和取得的票据等方面进行综合判断，既要关注赞助的实质内容，也要关注赞助合同、票据等形式要件，从中分离出公益性捐赠和广告费（业务宣传费）。在分离时，一定要严格对照公益性捐赠和广告费（业务宣传费）规定，从严把握，如有一项不满足就只能算成赞助支出。与赞助支出相关的资料，均应存档备查。

七、佣金和手续费支出的财税处理及风险管理

在现代经济活动中，奉行专业的人做专业的事，因此企业会经常委托其他单位或个人帮助本企业办理或处理一些经济业务，因此就需要支付佣金或手续费。因为经济业务的千差万别，所以支付佣金和手续费的情形也就种类繁多。

2017 版企业所得税申报表的《纳税调整项目明细表》（A105000）填报说明：

第 23 行“（十一）佣金和手续费支出”：第 1 列“账载金额”填报纳税人会计核算计入当期损益的佣金和手续费金额。

（一）佣金和手续费支出的相关税务规定

涉及“佣金和手续费支出”主要有以下几个文件，见表 3-5-20。

表 3-5-20

佣金和手续费支出的相关文件

文　　号	内　　容
《财政部 国家税务总局关于企业手续费及佣金支出税前扣除政策的通知》（财税〔2009〕29号）	一、企业发生与生产经营有关的手续费及佣金支出，不超过以下规定计算限额以内的部分，准予扣除；超过部分，不得扣除。 1.保险企业：财产保险企业按当年全部保费收入扣除退保金等后余额的15%(含本数，下同)计算限额；人身保险企业按当年全部保费收入扣除退保金等后余额的10%计算限额。 2.其他企业：按与具有合法经营资格中介服务机构或个人(不含交易双方及其雇员、代理人和代表人等)所签订服务协议或合同确认的收入金额的5%计算限额。 备注：根据《关于保险企业手续费及佣金支出税前扣除政策的公告》（财政部 税务总局公告2019年第72号）规定： 财税〔2009〕29号第一条规定中关于保险企业手续费及佣金税前扣除的政策和第六条同时废止。保险企业2018年度汇算清缴按照本公告规定执行（也就是2018年度就可执行）。 保险企业发生与其经营活动有关的手续费及佣金支出，不超过当年全部保费收入扣除退保金等后余额的18%（含本数）的部分，在计算应纳税所得额时准予扣除；超过部分，允许结转以后年度扣除。 二、企业应与具有合法经营资格中介服务企业或个人签订代办协议或合同，并按国家有关规定支付手续费及佣金。除委托个人代理外，企业以现金等非转账方式支付的手续费及佣金不得在税前扣除。企业为发行权益性证券支付给有关证券承销机构的手续费及佣金不得在税前扣除。 三、企业不得将手续费及佣金支出计入回扣、业务提成、返利、进场费等费用。 四、企业已计入固定资产、无形资产等相关资产的手续费及佣金支出，应当通过折旧、摊销等方式分期扣除，不得在发生当期直接扣除。 五、企业支付的手续费及佣金不得直接冲减服务协议或合同金额，并如实入账。 六、企业应当如实向当地主管税务机关提供当年手续费及佣金计算分配表和其他相关资料，并依法取得合法真实凭证（说明：该条已被2019年第72号公告废止，也是“放管服改革”的体现，减少企业向主管税务机关报送资料）
《国家税务总局关于企业所得税应纳税所得额若干税务处理问题的公告》（国家税务总局公告2012年第15号）	一、关于从事代理服务企业营业成本税前扣除问题 从事代理服务、主营业务收入为手续费、佣金的企业(如证券、期货、保险代理等企业)，其为取得该类收入而实际发生的营业成本(包括手续费及佣金支出)，准予在企业所得税前据实扣除。 二、关于电信企业手续费及佣金支出税前扣除问题 电信企业在发展客户、拓展业务等过程中(如委托销售电话入网卡、电话充值卡等)，需向经纪人、代办商支付手续费及佣金的，其实际发生的相关手续费及佣金支出，不超过企业当年收入总额5%的部分，准予在企业所得税前据实扣除
《国家税务总局关于电信企业手续费及佣金支出税前扣除问题的公告》（国家税务总局公告2013年第59号）	国家税务总局公告2012年第15号第四条所称电信企业手续费及佣金支出，仅限于电信企业在发展客户、拓展业务等过程中因委托销售电话入网卡、电话充值卡所发生的手续费及佣金支出

（二）佣金和手续费支出税前扣除的条件

（1）支付的手续费及佣金必须满足：企业实际发生的、与企业的生产经营相关的、需要签订书面合同或协议，签订合同或协议的单位或个人应该具有“中介服务”的经营范围以及中介服务资格证书，签订合同或协议的单位或个人（不包括交易双方及其雇员、代理人和代表人等）。

（2）支付的手续费及佣金数额，不得超过规定的限额，超过部分不得税前扣除。

（3）支付手续费及佣金的形式，除委托个人代理外，不得以现金等非转账方式支付。

（4）根据2019年72号公告规定，企业在进行年度所得税汇算时，企业不再需要向主管税务机关提供支付手续费及佣金的开支情况与计算依据以及税务机关要求的其他资料。但是，企业在日常工作中支付手续费及佣金时，要设立“手续费及佣金支付台账”，记录相关情况，同时将相关资料存档备查以满足主管税务机关的稽查要求。

（5）企业在支付手续费及佣金时，必须获取证明其经济业务真实合法的票据期证明材料。笔者认为至少包括：①证明对方（单位）具有中介机构的相关文件，如营业执照、相关资质证书等；②证明对方（个人）具有从事中介业务的相关文件，如身份证、从业资格证书、税款缴纳证明资料等；③双方签订的《合同》或《协议》；④支付形式证明，如转账支票存根、现金支票存根、银行汇款回单等；⑤付款凭据：发票、收据、收条等。

（三）佣金和手续费支出税前扣除和会计核算的注意事项

企业应该在“销售费用”会计科目下增设“手续费及佣金”明细费用项目，专门核算企业实际支付的手续费及佣金。同时，企业在会计核算和税前扣除时，必须注意以下问题：

（1）企业必须分清“手续费及佣金”与回扣、业务提成、返利、进场费等费用的界限，不得将“手续费及佣金”支出计入回扣、业务提成、返利、进场费等费用，以逃避税前扣除的相关限制。

（2）企业必须分清资本性支出与费用化开支的界限。凡是应该计入固定资产、无形资产等相关资产的手续费及佣金支出，不得计入当期的销售费用而一次性税前扣除，必须按照企业会计准则的规定，通过折旧、摊销等方式分期扣除。

（3）企业必须如实核算收入与支出，不得将应该支付的手续费及佣金直接冲减服务协议或合同金额。

（4）企业为发行权益性证券支付给有关证券承销机构的手续费及佣金不得在税前扣除。按照企业会计准则的规定，与发行权益性证券直接相关的手续费、佣金等交易费用，借记“资本公积——股本溢价”等科目，贷记“银行存款”等科目。也就是说，对于企业为发行权益性证券支付给有关证券承销机构的手续费及佣金的会计处理与税务处理是一致的，即均不得计入成本费用，应该在企业的“所有者权益——资本公积”中列支。

发行企业债权等债务性证券支付给有关证券承销机构的手续费及佣金是可以税前扣除的。

（5）财税〔2009〕29号文规范的是企业与中介机构的手续费和佣金，不是规范所有的手续费和佣金，例如企业委托商场代销商品并支付手续费，商场不属于中介机构，且代销手续费与企业取得收入密切相关，根据税法规定可以税前扣除，因此可以不受这个规定限制。

【案例3-19】企业佣金和手续费支出的财税处理及税务风险管理

乙公司是一家综合性集团公司，业务涉及多个领域，2018年发生如下佣金和手续费支出：

（1）进口一套先进设备，支付进口代理商佣金折合人民币10万元；

（2）委托商场超市代销本公司产品，按代销金额的10%支付代销手续费，全年支付手续费1 000万元；

（3）企业在新三板公开发行股票，支付券商和交易所等佣金800万元；

（4）参与当地市政府组织的中小企业集合债券发行，支付承销商手续费80万元；

（5）将企业拥有的一座市场摊位和门面房委托给房屋中介机构进行推广招租，合同约定按照租金收入的2.5%支付佣金，共支付佣金100万元。

假定上述业务均不考虑增值税及附加税费的影响。

问题：分析乙公司2018年度佣金和手续费支出的财税处理及税务风险管理。

解析：

1. 财税处理分析

（1）进口设备支付的10万元佣金，应计入固定资产原值，然后通过固定资产折旧的形式进行税前扣除，不得以“佣金和手续费支出”一次性扣除。

（2）企业委托商场超市代销商品，商场超市不属于中介机构，其支付的代销手续费与取得收入密切相关，属于合理性支出，可以税前扣除，且不受比例限制。

（3）乙公司发行权益性证券支付给券商和交易所的佣金和手续费，应计入所有者权益，借记“资本公积——股本溢价”等科目，不得税前扣除。

（4）中小企业集合债券不属于权益性证券，而是属于债务性证券，其发行手续费可以在税前扣除（以“财务费用——手续费”进行扣除）。

（5）房屋中介机构属于中介机构，乙公司与其签订合约支付佣金应遵照（财税〔2009〕29号）文执行。案例中佣金比例是满足税法规定的，如果支付方式等也满足税法规定，则可以在税前扣除。

2. 税务风险说明及管理

佣金和手续费是一个很大的概念，包括了很多不同情形的经济业务，因此企业在进行财税处理时需要认真分析并分类，不能望文生义把所有的佣金和手续费都归入企业所得税申报表的《纳税调整项目明细表》（A105000）中“（十一）佣金和手续费支出”。

具体的税务风险及管理内容在本节的“（二）佣金和手续费支出税前扣除的条件”和“（三）佣金和手续费支出税前扣除和会计核算的注意事项”已经有详细说明，敬请参阅。

八、跨期扣除项目的财税处理及风险管理

2017版企业所得税申报表的《纳税调整项目明细表》（A105000）填报说明：

第26行“（十三）跨期扣除项目”：填报维简费、安全生产费用、预提费用、预计负债等跨期扣除项目调整情况。

说明：企业如果执行企业会计准则，则没有“预提费用”，只有执行企业会计制度才有“预提费用”。因此，本处就不涉及“预提费用”（其实与“预计负债”类似）。

（一）企业安全生产费用和维简费的财税处理及风险管理

为建立企业安全生产投入的长效机制，保障企业安全生产资金投入，维护企业、职工以

及社会公共利益，财政部和国家安全监管总局联合发布了《企业安全生产费用提取和使用管理办法》(财企〔2012〕16号)，要求在我国境内直接从事煤炭生产、非煤矿山开采、建设工程施工、危险品生产与储存、交通运输、烟花爆竹生产、冶金、机械制造、武器装备研制生产与试验的企业以及其他经济组织，应按规定提取并使用安全生产费用。安全生产费用按照“企业提取、政府监管、确保需要、规范使用”的原则进行管理。

1. 安全生产费和维简费的会计处理

《企业会计准则解释第3号》(财会〔2009〕号)规定，高危行业企业按照国家规定提取的安全生产费，应当计入相关产品的成本或当期损益，同时计入“4301专项储备”科目。企业使用提取的安全生产费时，属于费用性支出的，直接冲减“专项储备”。企业使用提取的安全生产费形成固定资产的，应当通过“在建工程”科目归集所发生的支出，待安全项目完工达到预定可使用状态时确认为固定资产；同时，按照形成固定资产的成本冲减“专项储备”，并确认相同金额的“累计折旧”。该固定资产在以后期间不再计提折旧。

中国证券监督管理委员会印发的《上市公司执行企业会计准则监管问题解答》(2013年第1期)规定，按照企业会计准则及相关规定，已计提但尚未使用的安全生产费不涉及资产负债的账面价值与计税基础之间的暂时性差异，不应确认递延所得税。因安全生产费的计提和使用产生的会计利润与应纳税所得额之间的差异，比照永久性差异进行会计处理。

中国证监会会计部《会计监管工作通讯》(2017年第4期)规定，对于使用安全生产费购置的资产，由于不影响会计利润也不影响应纳税所得额，也不应确认相关的递延所得税资产或负债。

2. 安全生产费和维简费的税务规定

除《企业所得税法》及其实施条例的原则性规定外，涉及安全生产费和维简费还有两项具体规定，见表3-5-21。

表3-5-21

安全生产费和维简费的具体规定

文　号	内　容
《国家税务总局关于煤矿企业维简费和高危行业企业安全生产费用企业所得税税前扣除问题的公告》(国家税务总局公告2011年第26号)	一、煤矿企业实际发生的维简费支出和高危行业企业实际发生的安全生产费用支出，属于收益性支出的，可直接作为当期费用在税前扣除；属于资本性支出的，应计入有关资产成本，并按企业所得税法规定计提折旧或摊销费用在税前扣除。企业按照有关规定预提的维简费和安全生产费用，不得在税前扣除。 二、本公告实施前，企业按照有关规定提取的、且在税前扣除的煤矿企业维简费和高危行业企业安全生产费用，相关税务问题按以下规定处理： （一）本公告实施前提取尚未使用的维简费和高危行业企业安全生产费用，应用于抵扣本公告实施后的当年度实际发生的维简费和安全生产费用，仍有余额的，继续用于抵扣以后年度发生的实际费用，至余额为零时，企业方可按本公告第一条规定执行。 （二）已用于资产投资、并计入相关资产成本的，该资产提取的折旧或费用摊销额，不得重复在税前扣除。已重复在税前扣除的，应调整作为2011年度应纳税所得额。 （三）已用于资产投资、并形成相关资产部分成本的，该资产成本扣除上述部分成本后的余额，作为该资产的计税基础，按照企业所得税法规定的资产折旧或摊销年限，从本公告实施之日的次月开始，就该资产剩余折旧年限计算折旧或摊销费用，并在税前扣除。 三、本公告自2011年5月1日起执行

续上表

文　　号	内　　　　容
《国家税务总局关于企业维简费支出企业所得税税前扣除问题的公告》（国家税务总局公告2013年第67号）	一、企业实际发生的维简费支出，属于收益性支出的，可作为当期费用税前扣除；属于资本性支出的，应计入有关资产成本，并按企业所得税法规定计提折旧或摊销费用在税前扣除。 企业按照有关规定预提的维简费，不得在当期税前扣除。 二、本公告实施前，企业按照有关规定提取且已在当期税前扣除的维简费，按以下规定处理： （一）尚未使用的维简费，并未作纳税调整的，可不作纳税调整，应首先抵减2013年实际发生的维简费，仍有余额的，继续抵减以后年度实际发生的维简费，至余额为零时，企业方可按照本公告第一条规定执行；已作纳税调整的，不再调回，直接按照本公告第一条规定执行。 （二）已用于资产投资并形成相关资产全部成本的，该资产提取的折旧或费用摊销额，不得税前扣除；已用于资产投资并形成相关资产部分成本的，该资产提取的折旧或费用摊销额中与该部分成本对应的部分，不得税前扣除；已税前扣除的，应调整作为2013年度应纳税所得额。 三、本公告自2013年1月1日起施行。 煤矿企业不执行本公告，继续执行《国家税务总局关于煤矿企业维简费和高危行业企业安全生产费用企业所得税税前扣除问题的公告》（国家税务总局公告2011年第26号）

3．安全生产费和维简费的税会差异分析

企业计提和使用安全生产费和维简费，其会计处理与税务处理存在明显的税会差异。

（1）计提但尚未使用的安全生产费和维简费。

会计处理时，可以按照会计准则规定和其他规定计提安全生产费和维简费，如未实际使用，会计处理也不需要冲回，而是计入“专项储备”；但是，税法规定税前扣除须遵循实际发生原则，企业按规定计提的安全生产费和维简费，在未实际使用前不得税前扣除。企业实际使用安全生产费和维简费时，根据实际情况，区分为收益性支出和资本性支出，收益性支出可以在税前一次性扣除，资本性支出应以折旧或摊销的形式进行分期税前扣除。

（2）使用计提的安全生产费和维简费形成的固定资产等长期资产。

对于企业使用计提的安全生产费和维简费形成的固定资产等长期资产，会计准则规定，安全项目完工达到预定可使用状态时确认为固定资产；同时，按照形成固定资产的成本冲减“专项储备”，并确认相同金额的累计折旧，该固定资产在以后期间不再计提折旧。但是，税法规定，属于资本性支出的，应计入有关资产成本，并按企业所得税法规定计提折旧或摊销费用在税前扣除。

【案例3-20】企业提取安全生产费和维简费及后续使用的财税处理与税务风险管理

丙公司是一家非煤矿山企业，安全生产费按照原矿产量计提，计提标准为每吨6元。2019年度年产量为100万吨，计提安全生产费600万元。2018年度结余安全生产费200万元。

安全生产费2019年度发生如下使用支出：

（1）2019年6月1日，购入一套需要安装的用于完善和改造矿井作业的安全防护设备，价款500万元，增值税专用发票显示进项税额65万元。按照过程中发生安装费费用50万元（不含税），6月30日安装完成。该设备预计使用10年，丙公司所有固定资产均采用年限平均法折旧，预计净残值率为5%。

（2）2019年度全年发生安检费用20万元（不含税）。

（3）发生安全技能等培训费用30万元（不含税）。

（4）发生安全应急救援支出100万元（不含税）。

（5）发生安全演练支出50万元（不含税）。

假定制造费用已经全部结转至销售成本，不考虑其他纳税调整事项。

问题：丙公司2019年安全生产费的提取与使用的财税处理及税务风险管理。

解析：

1. 会计处理

（1）提取安全生产费

借：制造费用　　6 000 000.00

　贷：专项储备　　6 000 000.00

（2）使用安全生产费购置安全防护设备

a. 购入时

借：在建工程　　5 000 000.00

　　应交税费——应交增值税（进项税额）　　650 000.00

　贷：银行存款　　5 650 000.00

b. 支付安全防护设备安装费

借：在建工程　　500 000.00

　贷：银行存款　　500 000.00

c. 2019年6月30日达到预定可使用状态

借：固定资产　　5 500 000.00

　贷：在建工程　　5 500 000.00

d. 按照固定资产成本冲减专项储备

借：专项储备　　5 500 000.00

　贷：固定资产　　5 500 000.00

（3）使用安全生产费用于收益性支出

支出金额=20+30+100+50=200（万元）。

借：专项储备　　2 000 000.00

　贷：银行存款　　2 000 000.00

2. 税务处理

（1）预提的安全生产费不得税前扣除，实际支出的安全生产费如果是收益性支出的可在税前一次性扣除。2019年度丙公司属于收益性支出的安全生产费实际支出金额为200万元，可以税前扣除。

（2）对于企业使用计提的安全生产费购置的固定资产，会计处理最终结果是冲减了“专项储备”，该固定资产在以后期间不再计提折旧。但是，税法规定，属于资本性支出的，应计入有关资产成本，并按企业所得税法规定计提折旧或摊销费用在税前扣除。因此，丙公司2019年使用安全生产费购置的固定资产应按税法规定折旧，折旧金额=550×（1−5%）×6/

(10×12)=26.125（万元）。

特别说明：

如果使用安全生产费购置的固定资产满足加速折旧的规定，也可以享受加速折旧政策。比如《财政部 税务总局关于设备、器具扣除有关企业所得税政策的通知》（财税〔2018〕54号）规定，企业在2018年1月1日至2020年12月31日期间新购进的设备、器具，单位价值不超过500万元的，允许一次性计入当期成本费用在计算应纳税所得额时扣除，不再分年度计算折旧。

如果使用安全生产费购置并使用的安全专用设备属于《安全生产专用设备企业所得税优惠目录》的，该专用设备的投资额的10%可以从企业当年的应纳税额中抵免；当年不足抵免的，可以在以后5个纳税年度结转抵免。案例中假定不考虑，故省略。

（3）2019年度丙公司企业所得税申报表填报

第一步：填写《资产折旧、摊销情况及纳税调整明细表》（A105080），见表3-5-22。

表 3-5-22

A105080 资产折旧、摊销情况及纳税调整明细表 单位：万元

行次	项目		账载金额			税收金额					纳税调整
			资产原值	本年折旧、摊销额	累计折旧、摊销额	资产计税基础	税收折旧额（摊销额）	享受加速折旧政策的资产按税收一般规定计算的折旧、摊销额	加速折旧统计额	累计折旧、摊销额	金额
			1	2	3	4	5	6	7=5-6	8	9(2-5)
1	一、固定资产（2+3+4+5+6+7）		550.00	0.00	550.00	550.00	26.125	—	—	26.125	-26.125
3	所有固定资产	（二）飞机、火车、轮船、机器、机械和其他生产设备	550.00	0.00	550.00	550.00	26.125	—	—	26.125	-26.125

第二步：填写《纳税调整项目明细表》（A105000），见表3-5-23。

表 3-5-23

A105000 纳税调整项目明细表 单位：万元

行次	项目	账载金额	税收金额	调增金额	调减金额
		1	2	3	4
12	二、扣除类调整项目（13+14+…24+26+27+28+29+30）	—	—	400.00	0.00
26	（十三）跨期扣除项目	600.00	200.00	400.00	0.00
31	三、资产类调整项目（32+33+34+35）	—	—	—	26.125
32	（一）资产折旧、摊销（填写A105080）	0.00	26.125	—	26.125

说明：跨期扣除项目税收金额200万元为收益性支出，固定资产折旧扣除单独在“资产类调整项目”中调整。

3. **税务风险说明及管理**

企业提取和使用安全生产费和维简费的会计处理与税务处理差异较大，企业应注意做好纳税调整及税会差异的备查登记。企业使用安全生产费和维简费购置的固定资产可以适用固定资产加速折旧和安全生产专用设备抵免应纳税额的优惠政策。几种情形混在一起后会比较复杂，企业应做好相关的备查登记，既要充分享受优惠政策，又要避免遗漏纳税调整。

（二）预计负债的财税处理及税务风险管理

【案例 3-21】预提产品三包费用的财税处理及税务风险管理

丁公司是一家电器制造企业，每年根据历史经验数据按照电器销售额的 1% 提取产品售后三包费用。2018 年电器销售 150 000 万元，计提三包费用 1 500 万元，上年度结余三包费用 200 万元。实际支出三包费用 1 550 万元。

问题：分析丁公司预提三包费用的财税处理及风险管理。

解析：

1. **会计处理**

（1）计提三包费用

借：销售费用　　15 000 000.00

　贷：预计负债——三包费用　　15 000 000.00

（2）实际支出

借：预计负债　　15 500 000.00

　贷：银行存款等　　15 500 000.00

2. **税务处理**

预提的三包费用未实际支出不得税前扣除，只有在实际支出后才可以按照实际支出金额税前扣除。案例中实际支出金额 1 550 万元，超过当年预提数，相当于使用了上年结余数中的 50 万元。以前年度结余数已经在以前年度做过纳税调增，本年度使用应做纳税调减。

因此，填写《纳税调整项目明细表》（A105000），见表 3-5-24。

表 3-5-24

A105000　　纳税调整项目明细表　　单位：万元

行次	项　目	账载金额	税收金额	调增金额	调减金额
		1	2	3	4
12	二、扣除类调整项目（13+14+…24+26+27+28+29+30）	—	—	0.00	50.00
26	（十三）跨期扣除项目	1 500.00	1 550.00	0.00	50.00

3. **税务风险说明及管理**

企业通过预提计入当期损益各种准备金、费用、损失等，除税法特殊规定允许税前扣除外，在实际发生前不得税前扣除。因此，企业在纳税申报时一定要清理预提的“预计负债”等科目实际支出发生情况，只能按照实际发生额进行税前扣除。

九、企业党组织工作经费的财税处理及风险管理

企业党组织是企业的政治核心，其核心作用的充分发挥直接关系着企业任务目标的落实和发展方向的确定。党建工作的广泛深入开展，推动了生产经营良好进行，对提升企业竞争力起到重要作用。

（一）党组织工作经费的税务规定

1. 国有企业（包括国有独资、全资和国有资本绝对控股、相对控股企业）

对国有企业而言，应根据《中共中央组织部 财政部 国务院国资委党委 国家税务总局关于国有企业党组织工作经费问题的通知》(组通字〔2017〕38 号)文件第二条规定，纳入管理费用的党组织工作经费，实际支出不超过职工年度工作薪金总额 1% 的部分，可以据实在企业所得税前扣除。年末如有结余，结转下一年度使用。累计结转超过上一年度职工工资总额 2% 的，当年不再从管理费用中安排。

2. 非公有制企业

对非公有制企业而言，党组织工作经费要按照《中共中央组织部 财政部 国家税务总局关于非公有制企业党组织工作经费问题的通知》(组通字〔2014〕42 号）文件第二条的规定处理：根据《中华人民共和国公司法》“公司应当为党组织的活动提供必要条件”规定和中办发〔2012〕11 号文件“建立并落实税前列支制度”等要求，非公有制企业党组织工作经费纳入企业管理费列支，不超过职工年度工资薪金总额 1% 的部分，可以据实在企业所得税前扣除。

（二）党组织工作经费税前扣除和会计核算的注意事项（税务风险点）

（1）开支金额不得超过职工年度工资薪金总额 1%，超过部分不得税前扣除（也没有递延扣除的规定）。

（2）党组织工作经费的开支范围在组通字〔2014〕42 号和组通字〔2017〕38 号都有明确规定，表述有差异，但实质内容基本一致。企业不能将超支的职工福利费、业务招待费等擅自计入党组织工作经费。

（3）党组织工作经费在会计核算时应单独核算，企业应设置“管理费用——党组织工作经费”明细科目专门用于核算实际发生的党组织工作经费。

第四章 收入类调整项目的财税处理及风险管理

收入类项目的纳税调整是企业所得税申报表最主要的填报内容之一，同时也是最容易产生税务风险的地方。

第一节　视同销售的财税处理与风险管理

会计处理遵循会计准则，如果某项经济业务不满足会计准则对收入的确认原则的话，会计上是不能随便确认收入的；而税务处理是基于税法规定，为了避免税收流失并保证税收的公平原则，即便纳税人的会计处理不确认销售收入，而税收规定确认为应税收入的，那么在纳税申报时就需要做“视同销售”的纳税调整。

一、视同销售的税务规定

（一）基本规定

《企业所得税法实施条例》第二十五条规定，企业发生非货币性资产交换，以及将货物、财产、劳务用于捐赠、偿债、赞助、集资、广告、样品、职工福利或者利润分配等用途的，应当视同销售货物、转让财产或者提供劳务，但国务院财政、税务主管部门另有规定的除外。

（二）视同销售的具体情形

《国家税务总局关于企业处置资产所得税处理问题的通知》（国税函〔2008〕828 号）第二条规定，企业将资产移送他人的下列情形，因资产所有权属已发生改变而不属于内部处置资产，应按规定视同销售确定收入。

（1）用于市场推广或销售；

（2）用于交际应酬；

（3）用于职工奖励或福利；

（4）用于股息分配；

（5）用于对外捐赠；

（6）其他改变资产所有权属的用途。

（三）视同销售价格的确定

1. 2016年度以前

根据《国家税务总局关于企业处置资产所得税处理问题的通知》（国税函〔2008〕828号）第三条规定：企业发生本通知第二条规定情形时，属于企业自制的资产，应按企业同类资产同期对外销售价格确定销售收入；属于外购的资产，可按购入时的价格确定销售收入。

2. 从2016年度起

根据《国家税务总局关于企业所得税有关问题的公告》（国家税务总局公告2016年第80号）规定：企业发生《国家税务总局关于企业处置资产所得税处理问题的通知》（国税函〔2008〕828号）第二条规定情形的，除另有规定外，应按照被移送资产的公允价值确定销售收入。（备注：前述的“另有规定”是指《国家税务总局关于资产（股权）划转企业所得税征管问题的公告》（国家税务总局公告2015年第40号）所涉及的资产划转价值规定。）

同时，《国家税务总局关于企业处置资产所得税处理问题的通知》（国税函〔2008〕828号）第三条从2016年度起废止。

（四）申报表上对视同销售的分类

在企业所得税申报表的《视同销售和房地产开发企业特定业务纳税调整明细表》（A105010）中，将视同销售分类为9种情况：

（1）非货币性资产交换视同销售收入；

（2）用于市场推广或销售视同销售收入；

（3）用于交际应酬视同销售收入；

（4）用于职工奖励或福利视同销售收入；

（5）用于股息分配视同销售收入；

（6）用于对外捐赠视同销售收入；

（7）用于对外投资项目视同销售收入；

（8）提供劳务视同销售收入；

（9）其他。

（五）税法没有明确规定的视同销售成本问题

存在的误区：税法没有明确规定视同销售成本如何确定，因此有人只按照税法规定填报了“视同销售收入”，而没有填报“视同销售成本”，造成企业多交税。

企业所得税申报表的《视同销售和房地产开发企业特定业务纳税调整明细表》（A105010）填报说明：第11行“一、视同销售成本”，填报会计处理不确认销售收入，税收规定确认为应税收入对应的视同销售成本金额。

税法中对于成本、费用等税前扣除的规定都适用于“视同销售成本”。

收入与成本呈配比关系，调整视同销售收入，一定要记住调整视同销售成本。

二、非货币性资产交换视同销售收入与风险管理

（一）会计上确认的非货币性资产交换

会计上确认的非货币性资产交换，是指交易双方主要以存货、固定资产、无形资产和长期股权投资等非货币性资产进行的交换。该交换不涉及或只涉及少量的货币性资产(即补价)。

货币性资产，是指企业持有的货币资金和将以固定或可确定的金额收取的资产，包括现金、银行存款、应收账款和应收票据以及准备持有至到期的债券投资等。非货币性资产，是指货币性资产以外的资产。

所谓少量的货币性资产，通常以补价占整个资产交换金额的比例低于25%作为参考，比例低于25%的视为非货币性资产交换。

（二）企业所得税确认的非货币性资产交换

企业所得税申报表《纳税调整项目明细表》(A105000)在填报说明中指出，“视同销售收入”是指“会计处理不确认销售收入，而税收规定确认为应税收入”。

虽然根据《企业所得税法实施条例》第二十五条规定，“视同销售”应该包括固定资产、无形资产和长期股权投资等非货币性资产在内，但是这些非货币性资产存在：固定资产、无形资产等的“视同销售收入”不能作为广告费和业务招待费税前扣除限额的计算基数；长期股权投资等有专门的纳税调整表——《投资收益纳税调整明细表》(A105030)。

因此，《视同销售和房地产开发企业特定业务纳税调整明细表》(A105010)中的“视同销售”主要是指存货的视同销售，固定资产、无形资产和长期股权投资等发生的非货币性资产交换涉及纳税调整的不包括在内。其他几类视同销售的纳税调整也是如此，后几类视同销售不再重复提及此问题。

根据《企业会计准则第7号——非货币性资产交换》规定，非货币性资产交换按照核算模式不同可以区分为：以公允价值为基础计量和以账面价值为基础计量。以公允价值为基础计量在会计上是需要确认当期损益的，也就是会计上要确认收入和成本的，而且是公允价值为基础计量，满足税法对收入的确认，因此不需要“视同销售”。故需要做纳税调整的“非货币性资产交换视同销售”应该就是存货的非货币性资产交换，且是以账面价值为基础计量。之所以此处只有“存货”而不包括固定资产、无形资产等其他非货币性资产的交换，是因为只有“存货”的非货币性资产交换产生的“视同销售收入”才属于《企业所得税法》第六条规定的“销售货物收入”。

（三）以账面价值为基础计量的非货币性资产交换的会计处理

会计准则规定，非货币性资产交换不具有商业实质，或者虽然具有商业实质但换入资产和换出资产的公允价值均不能可靠计量的，应当以换出资产账面价值为基础确定换入资产成

本，无论是否支付补价，均不确认损益。

1. 商业实质的判断

满足下列条件之一的非货币性资产交换具有商业实质：

（1）换入资产的未来现金流量在风险、时间和金额方面与换出资产显著不同。

（2）换入资产与换出资产的预计未来现金流量现值不同，且其差额与换入资产和换出资产的公允价值相比是重大的。

特别说明：在确定非货币性资产交换是否具有商业实质时，应当关注交易各方之间是否存在关联关系。关联关系的存在导致发生的非货币性资产交换不具有商业实质。

2. 公允价值能够可靠计量的情形

符合下列情形之一的，表明换入资产或换出资产的公允价值能够可靠的计量：

（1）换入资产或换出资产存在活跃市场。对于存在活跃市场的存货、长期股权投资、固定资产、无形资产等非货币性资产，应当以该资产的市场价格为基础确定其公允价值。

（2）换入资产或换出资产不存在活跃市场但同类或类似资产存在活跃市场。对于同类或类似资产存在活跃市场的存货、长期股权投资、固定资产、无形资产等非货币性资产，应当以同类或类似资产市场价格为基础确定其公允价值。

（3）换入资产或换出资产不存在同类或类似资产的可比市场交易，应当采用估值技术确定其公允价值。该公允价值估计数的变动区间很小，或者在公允价值估计数变动区间内，各种用于确定公允价值估计数的概率能够合理确定的，视为公允价值能够可靠计量。

3. 不涉及补价的换入资产成本确定

换入资产成本 = 换出资产的账面价值 + 应支付的相关税费

4. 涉及补价的换入资产成本确定

（1）支付补价方

换入资产成本 = 换出资产的账面价值 + 应支付的相关税费 + 支付的补价

（2）收到补价方

换入资产成本 = 换出资产的账面价值 + 应支付的相关税费 − 支付的补价

（四）以账面价值为基础计量的非货币性资产交换的企业所得税处理

非货币性资产交换的企业所得税处理，涉及两个方面：一方面是换出资产的应税收入的确认，另一方面是换入资产计税基础的确认，见表 4-1-1。

表 4-1-1

非货币性资产交换的企业所得税处理

法规出处	税务规定
《企业所得税法实施条例》第二十五条	企业发生非货币性资产交换，以及将货物、财产、劳务用于捐赠、偿债、赞助、集资、广告、样品、职工福利或者利润分配等用途的，应当视同销售货物、转让财产或者提供劳务，但国务院财政、税务主管部门另有规定的除外

续上表

法规出处	税务规定
《企业所得税法实施条例》第五十八条、第六十二条、第六十六条、第七十一条、第七十二条	非货币性资产交换方式取得的固定资产、生产性生物资产、无形资产、存货、投资资产，以该资产的公允价值和支付的相关税费为计税基础

（五）以账面价值为基础计量的非货币性资产交换税会处理的差异分析

以账面价值为基础计量的非货币性资产交换，无论是否涉及补价，会计上均不确认损益；而税法上需要确认非货币性资产转让所得，因此存在税会差异，应进行纳税调整。

换入资产的会计入账价值是以换出资产的账面价值为基础确定，而税务上的计税基础则是以换入资产的公允价值为基础确定，二者存在暂时性差异。

对于非货币性资产交换采用账面价值为基础计量也有两种情况：一是交换不具有商业实质，比如交换双方存在关联关系；二是换出和换入资产的公允价值都不能可靠计量。

【案例 4-1】不具有商业实质的非货币性资产交换的财税处理及风险管理

乙食品公司是甲集团公司的全资子公司，都是一般纳税人。2019 年中秋节前夕，甲公司用一台富余的载货汽车与乙公司交换了一批月饼。载货汽车原值 10 万元，已提折旧 2 万元，未计提减值准备，市场售价 7 万元（不含税）。乙公司交换的月饼账面成本价 7 万元，市场售价 8.5 万元（不含税）。双方未补差价，双方互开了 8 万元的增值税专用发票。乙公司换回的汽车作为固定资产入账（假设无其他费用发生）。

问题：乙公司的该非货币性资产交换的会计处理及纳税调整。

解析：

1. 乙公司会计处理

甲乙双方具有关联关系，导致非货币性资产交换不具有商业实质，因此该非货币性资产交换只能按照成本模式计量。

借：固定资产　　70 650.00

　　应交税费——应交增值税（进项税额）　　10 400.00（80 000 × 13%）

　贷：库存商品　　70 000.00

　　　应交税费——应交增值税（销项税额）　　11 050.00（85 000 × 13%）

会计处理说明：

（1）乙公司虽然对外只开具了 8 万元的增值税专用发票，但是根据增值税暂行条例规定，销项税额 =8.5 × 13%=1.105（万元）；

（2）乙公司虽然收到的汽车发票是 8 万元，但是根据“实质重于形式”和《企业会计准则第 7 号——非货币性资产交换》规定，不能直接确认固定资产原值为 8 万元。

2. 乙公司的企业所得税处理及纳税调整与填报

乙公司在该业务中，属于非货币性资产交换，且不具有商业实质，会计上不确认收入，因此税务应视同销售，确认收入 8.5 万元、成本 7 万元。

第一步：填写《视同销售和房地产开发企业特定业务纳税调整明细表》(A105010)，见表 4-1-2。

表 4-1-2

A105010　　视同销售和房地产开发企业特定业务纳税调整明细表　　单位：万元

行次	项　目	税收金额	纳税调整金额
		1	2
1	一、视同销售（营业）收入（2+3+4+5+6+7+8+9+10）	8.50	8.50
2	（一）非货币性资产交换视同销售收入	8.50	8.50
11	二、视同销售（营业）成本（12+13+14+15+16+17+18+19+20）	0.00	7.00
12	（一）非货币性资产交换视同销售成本	0.00	7.00
21	三、房地产开发企业特定业务计算的纳税调整额（22-26）	0.00	0.00

第二步：填写《纳税调整项目明细表》(A105000)，见表 4-1-3。

表 4-1-3

A105000　　纳税调整项目明细表　　单位：万元

行次	项 目	账载金额	税收金额	调增金额	调减金额
		1	2	3	4
1	一、收入类调整项目（2+3+…8+10+11）	—	—	8.50	—
2	（一）视同销售收入（填写A105010）	—	8.50	8.50	—
12	二、扣除类调整项目（13+14+…24+26+27+28+29+30）	—	—	—	8.50
13	（一）视同销售成本（填写A105010）	—	7.00	—	7.00
30	（十七）其他	0.00	1.50	—	1.50
31	三、资产类调整项目（32+33+34+35）	—	—	—	—
46	合计（1+12+31+36+44+45）	—	—	8.50	8.50

3. 税务风险说明

(1) 因双方互开了增值税专用发票，会计处理错误，会计上直接按照发票金额确认收入，导致没有进行纳税调整，可能存在增值税和企业所得税双重风险。

(2) 会计处理正确，但是纳税调整时仅仅按照发票金额进行调整。

(3) 视同销售调增了收入，其对应的换入资产（汽车）应相应调增计税基础，而遗漏调增。

4. 企业后续风险管理

针对案例中所述情况，乙公司在正确填报申报表的同时，还应做好后续风险管理工作。

(1) 登记税会差异及纳税调整台账，说明纳税调整的原因。

(2) 收集公司月饼的公允价值（市场售价）的证明材料并存档。

(3) 建议公司相关部门，集团内交易应尽量采用公允价值，避免给整个集团带来损失。

【案例4-2】换入和换出的非货币性资产公允价值都不能可靠计量的非货币性资产交换的财税处理及风险管理

甲机械公司想购买乙研究所的一项非专利技术使用权，而乙研究所提出的条件是甲机械公司为其生产一台特制机械即可将该非专利技术给其免费使用。特制机械市场上无同类类型设备，无法取得可靠公允价值；非专利技术因其独特性和非公开性，也无法取得可靠公允价值。2019年5月10日双方签署协议后，甲公司为生产该特制机械共发生成本10万元，2019年12月31日将该特制机械交付于乙研究所，乙研究所将非专利技术使用权授予甲方。

假设双方都是一般纳税人。

问题：甲机械公司的会计处理及纳税调整。

解析：

由于交换的资产都是属于公允价值不能可靠计量的，因此会计上按照换出资产账面价值为基础确认换入资产的入账价值。

但是，针对本案例，对双方公司换入资产的计税基础如何确定是个难点，因为税务要求换入资产以其公允价值为基础确定，现在二者的公允价值都不能可靠计量。

现在，甲机械公司和乙研究所该怎么办理这个业务呢？

笔者一再强调发票在确定计税基础中的重要性。甲公司换入非专利技术作为无形资产使用，要想后期的摊销能税前扣除，必须考虑其无形资产的发票问题。笔者为双方公司设计了如下一个方案：

双方签署的协议注明：特制机械不含税价11万元，价税合计12.43万元；非专利技术使用权价税合计12.43万元（期限假设约定为10年）；双方基于平等互利原则，交换双方资产。双方向对方开具增值税专用发票。

此处为什么建议将机械的不含税价定为11万元呢？因为机械的成本价是10万元，在其基础上加成10%基本满足了视同销售的组税价格要求，无论是增值税还是企业所得税都基本能说得过去，税务机关也就不会再要求进行调整。当然双方价格同时再高一点也可以，只要双方金额协商一致就可以，只是甲机械公司会交更多增值税，因为二者税率不一致。

通过这一合法形式，合法地解决了公允价值缺失的问题，合法地保障了双方换入资产的计税基础在税法上的要求，确保了双方不会有税务损失。如果双方不向对方开具发票的话，一旦被税务局查到，会要求双方视同销售补缴增值税、企业所得税等，且取得的资产因为缺少发票而后期不能在税前扣除。

1. 甲机械公司的会计处理

（以笔者建议的协议约定特制机械不含税价为11万元方案为例）

借：无形资产　　107 264.15

　　应交税费——应交增值税（进项税额）　　7 035.85（124 300×6%/1.06）

　贷：产成品　　100 000.00

　　　应交税费——应交增值税（销项税额）　　14 300.00（110 000×13%）

2. 税务处理及纳税调整

乙公司在该业务中，属于非货币性资产交换，且换入和换出的资产公允价值都不能可靠取得，会计上不确认收入，因此税务应视同销售。如果按照笔者的方案实施，可以有一个形式上的公允价值且基本能得到税务局的认可。因此，会计上不确认收入，税务上应视同销售收入 11 万元，视同销售成本 10 万元。

3. 纳税调整与填报

第一步：填写《视同销售和房地产开发企业特定业务纳税调整明细表》(A105010)，见表 4-1-4。

表 4-1-4

A105010　　视同销售和房地产开发企业特定业务纳税调整明细表　　单位：万元

行次	项　目	税收金额	纳税调整金额
		1	2
1	一、视同销售（营业）收入（2+3+4+5+6+7+8+9+10）	11.00	11.00
2	（一）非货币性资产交换视同销售收入	11.00	11.00
11	二、视同销售（营业）成本（12+13+14+15+16+17+18+19+20）	0.00	10.00
12	（一）非货币性资产交换视同销售成本	10.00	10.00
21	三、房地产开发企业特定业务计算的纳税调整额（22-26）	0.00	0.00

第二步：填写《纳税调整项目明细表》(A105000)，见表 4-1-5。

表 4-1-5

A105000　　纳税调整项目明细表　　单位：万元

行次	项目	账载金额	税收金额	调增金额	调减金额
		1	2	3	4
1	一、收入类调整项目（2+3+…8+10+11）	—	—	11.00	—
2	（一）视同销售收入（填写A105010）	—	11.00	11.00	—
12	二、扣除类调整项目（13+14+…24+26+27+28+29+30）	—	—	—	11.00
13	（一）视同销售成本（填写A105010）	—	10.00	—	10.00
30	（十七）其他	0.00	1.00	—	1.00
31	三、资产类调整项目（32+33+34+35）	—	—	—	—
46	合计（1+12+31+36+44+45）	—	—	11.00	11.00

4. 税务风险说明

本案例的税务风险可能来自会计处理正确，而税务申报遗漏调整；相反，如果会计处理直接按照发票金额处理（即按以公允价值为基础计量），则既没有纳税调整也没有税务风险。是不是有点好笑？

5. 企业后续风险管理

针对案例中所述情况，企业应选择以公允价值为基础计量进行处理，因为通过笔者的方案至少在形式上已经达到了以公允价值基础计量的条件。如果企业非要严格遵照会计准则规定以账面价值为基础计量，在交易当年需要进行“视同销售”纳税调整，同时对“无形资产”的计税基础进行调整，当年及以后年度还要对“无形资产”摊销金额进行纳税调整。整个调整过程时间拖得很久，很容易遗漏。

三、用于市场推广或销售视同销售收入的财税处理及风险管理

现在产品销售很难，因此企业在销售过程中会采取很多促销手段，最常见的免费品尝、赠送样品、赠送礼物、买一送一等。出于对销售渠道的争取，厂家会给商家免费提供展示柜或销售产品的配套器具等，常见的有卖饮料的提供展示冰箱、卖烤香肠的提供烤肠机等。

《国家税务总局关于确认企业所得税收入若干问题的通知》（国税函〔2008〕875号）第三条规定，企业以买一赠一等方式组合销售本企业商品的，不属于捐赠，应将总的销售金额按各项商品的公允价值的比例来分摊确认各项的销售收入。

国税函〔2008〕875号文件规定实质就是将企业的销售金额分解成商品销售的收入和赠送的商品销售的收入两部分，各自对应相应的成本来计算应缴纳的企业所得税。文件的关键在于确定了买一赠一的行为性质，它属于两种销售行为的组合，只不过没有分别定价而已，而不是一个销售行为和一个捐赠行为的组合。

根据国税函〔2008〕875号文件规定，“买一赠一”的企业所得税处理不作为视同销售，也就不属于《国家税务总局关于企业处置资产所得税处理问题的通知》（国税函〔2008〕828号）所列举的视同销售确定收入的情形。

其实，对于“买一赠一”的促销活动，是否“视同销售”对于企业所得税影响是不大的。举例说明：假定某企业2019年国庆节搞“买一赠一”的促销活动，购买一款大件电器赠送一款小件电器，大电器价值1 130元，小电器价值113元（价格是含税价）。整个活动期间共销售1万台。假定大电器成本700元，小电器成本70元（不含税）。

第一种情况如果按照国税函〔2008〕875号处理：

1. 每套组合销售收入1 000元应按照二者公允价值比例进行分摊

大电器销售单价（不含税）=1 000 × 1 000/(1 000+100)=909.09（元）；

小电器销售单价（不含税）=100 × 1 000/(1 000+100)=90.91（元）。

2. 会计处理

借：银行存款　　11 300 000.00

　贷：主营业务收入——大电器　　9 090 900.00

　　　主营业务收入——小电器　　909 100.00

　　　应交税费——应交增值税（销项税额）　　1 300 000.00

结转成本：

借：主营业务成本——大电器　　7 000 000.00

　　主营业务成本——小电器　　700 000.00

　贷：库存商品——大电器　　7 000 000.00

　　　库存商品——小电器　　700 000.00

3．税务处理

企业所得税方面不需要进行视同销售处理。

第二种情况如果不按照国税函〔2008〕875号处理：

1．大电器销售

借：银行存款　　11 300 000.00

　贷：主营业务收入——大电器　　10 000 000.00

　　应交税费——应交增值税（销项税额）　　1 300 000.00

结转成本：

借：主营业务成本——大电器　　7 000 000.00

　贷：库存商品——大电器　　7 000 000.00

2．小电器赠送

借：销售费用——业务宣传费　　830 000.00

　贷：库存商品　　700 000.00

　　应交税费——应交增值税（销项税额）　　130 000.00

3．税务处理

企业所得税方面需要视同销售调增收入100万元，调增成本70万元。

将两种处理方式进行对比见表4-1-6。

表4-1-6

两种处理方式对比表

单位：万元

对比项目	按照国税函〔2008〕875号处理	不按照国税函〔2008〕875号处理	纳税影响
主营业务收入	1 000.00	1 000.00	0.00
——大电器	909.09	1 000.00	—
——小电器	90.91	0.00	—
主营业务成本	770.00	700.00	-70.00
——大电器	700.00	700.00	—
——小电器	70.00	0.00	—
应交增值税	130.00	143.00	-13.00
业务宣传费	0.00	83.00	-83.00
视同销售收入	0.00	100.00	-100.00
视同销售成本	0.00	70.00	-70.00
应纳税所得额	230.00	247.00	-17.00

通过对比可以发现，两种不同处理方式对企业影响是很大的，尤其是增值税。如果税务局认可在视同销售调增收入时也可以调增对应的费用的话，对“应纳税所得额”就没有影响。

但是，企业需要特别注意的是国税函〔2008〕875号文对“买一赠一”的规定，是针对企业所得税，而不是针对增值税，目前增值税方面也没有相关类似规定，不能直接将该规定直接套用到增值税计算上面去。《增值税暂行条例实施细则》第四条将“无偿赠送”规定为视同销售。企业在“买一赠一”是不是“无偿”的问题上很容易与税务局发生争议，企业要证明“无偿”有时也很难，此类问题被税务局稽查时补交增值税的很多。因此，为减少争议和税务风险，企业要么做好折扣销售的形式要件，要么就把两种商品在企业内部单据上“打包”为一套商品，总之要在发票开具等方面让税务局无话可说。

【案例 4-3】存货用于市场推广视同销售的财税处理及风险管理

利君食品公司 2019 年度部分财务数据如下。

（1）商品销售收入 1 000 万元，商品销售成本 700 万元。

（2）发生广告与业务宣传费现金支出 120 万元；另外将企业存货用于市场推广，账面价值 30 万元，移送时市场售价 40 万元（不含税价，税率 13%）。

问题：对上述资料中涉及的纳税调整分析后进行填报（假设仅有上述视同销售）。

解析：

案例中涉及两个纳税调整的问题，一个是广宣费的纳税调整，一个是将存货用于市场推广的视同销售。要调整广告费和业务宣传费（以下简称“广宣费”），必须先调整视同销售，因为广告宣传费的计算基数包含视同销售的收入。

（一）视同销售的纳税调整分析

1. 将存货用于市场推广的会计处理

借：销售费用——业务宣传费　　352 000.00

　贷：存货　　300 000.00

　　应交税费——应交增值税（销项税额）　　52 000.00

说明：增值税方面也需要视同销售，因此增值税销项税额 =40×13%=5.20（万元）。

2. 将存货用于市场推广的所得税处理及税会差异

根据《关于企业处置资产所得税处理问题的通知》（国税函〔2008〕828 号）规定，存货用于市场推广应视同销售，视同销售额的确定应按照被移送资产的公允价值确定销售收入 [《国家税务总局关于企业所得税有关问题的公告》（国家税务总局公告 2016 年第 80 号）第二条规定]。

因此，所得税视同销售额应为 40 万元，销售成本 30 万元，需要进行相应的纳税调整。视同销售，就是会计处理不做销售，但是税务处理要做销售处理，相当于税务方面需要做如下处理。

（1）视同销售收入

借：销售费用——业务宣传费　　452 000.00

　贷：主营业务收入　　400 000.00

　　应交税费——应交增值税（销项税额）　　52 000.00

（2）视同销售成本

借：主营业务成本　　300 000.00

　贷：存货　　300 000.00

当然，上述的会计分录现实中是不需要的，在做纳税调整时心中默默记住就行了。

至于上面的会计分录的“销售费用”金额为什么是问号呢，这就是一个在实务操作中争议比较大的地方。

A观点是：既然已经视同销售确认了收入和成本，那么对应的销售费用计税基础就变成了视同销售确认的收入，二者之间的差异（公允价值与成本之差）应计入对应的成本费用，如上面会计分录中的问号就应该为45.2万元。

B观点是：税务处理视同销售确认了收入和成本，是因为有税法规定，对于成本费用没有“视同”的规定，因此不能擅自调整对应的费用，并且企业所得税申报表也不支持调整等。

上述争议由来已久，持A观点的多数是企业财务人员和“原则派”（又叫“学院派”）专家，持B观点的多数是基层税务人员和“条款派”专家。

税务总局终于意识到这个问题，因此在《国家税务总局关于修订企业所得税年度纳税申报表有关问题的公告》（国家税务总局公告2019年第41号）修改了《纳税调整项目明细表》（A105000）“二、扣除类调整项目——（十七）其他”（第30行）的填写说明，在原有的“填报其他因会计处理与税收规定有差异需纳税调整的扣除类项目金额”基础上，增加了“企业将货物、资产、劳务用于捐赠、广告等用途时，进行视同销售纳税调整后，对应支出的会计处理与税收规定有差异需纳税调整的金额填报在本行”的表述。

最终，A观点获得了最终的胜利。

（二）广宣费的纳税调整分析

根据规定，一般企业的广宣费扣除比例是营业收入的15%，而营业收入包括视同销售收入额。因此，案例中的广宣费扣除限额 =（1 000+40）×15%=156（万元）。如果超过限额则必须进行调整。

而会计处理结果的账面广宣费 =120+30+5.20=155.20（万元）（B观点）；而如果考虑视同销售的调整的话，广宣费应 =120+40+5.20=165.20（万元）（A观点根据国家税务总局公告2019年第41号规定，此处应为165.20万元）。

（三）所得税申报表的填报

第一步：填写《期间费用明细表》（A104000），见表4-1-7。

表4-1-7

A104000　　期间费用明细表　　单位：万元

行次	项　目	销售费用	其中：境外支付	管理费用	其中：境外支付	财务费用	其中：境外支付
		1	2	3	4	5	6
5	五、广告费和业务宣传费	155.20	—	—	—	—	—
25	合计(1+2+3+…24)	155.20	0.00	0.00	0.00	0.00	0.00

【备注】此处填写的广宣费的账面金额。

第二步：填写《视同销售和房地产开发企业特定业务纳税调整明细表》（A105010），见表4-1-8。

表 4-1-8

A105010 视同销售和房地产开发企业特定业务纳税调整明细表 单位：万元

行次	项 目	税收金额	纳税调整金额
		1	2
1	一、视同销售（营业）收入（2+3+4+5+6+7+8+9+10）	40.00	40.00
2	（一）非货币性资产交换视同销售收入	40.00	40.00
11	二、视同销售（营业）成本（12+13+14+15+16+17+18+19+20）	30.00	30.00
12	（一）非货币性资产交换视同销售成本	30.00	30.00
21	三、房地产开发企业特定业务计算的纳税调整额（22-26）	0.00	0.00

第三步：填写《广告费和业务宣传费跨年度纳税调整明细表》（A105060）（暂以基层税务机关更多持有的B观点填写），见表4-1-9。

表 4-1-9

A105060 广告费和业务宣传费等跨年度纳税调整明细表 单位：万元

行次	项 目	广告费和业务宣传费	保险企业手续费及佣金支出
		1	2
1	一、本年支出	165.20	—
2	减：不允许扣除的支出	0.00	—
3	二、本年符合条件的支出（1-2）	165.20	—
4	三、本年计算扣除限额的基数	1 040.00	—
5	乘：税收规定扣除率	15%	—
6	四、本企业计算的扣除限额（4×5）	156.00	—
7	五、本年结转以后年度扣除额（3>6，本行=3-6；3≤6，本行=0）	9.20	—
8	加：以前年度累计结转扣除额	0.00	—
9	减：本年扣除的以前年度结转额[3>6，本行=0；3≤6，本行=8与（6-3）孰小值]	0.00	—
10	六、按照分摊协议归集至其他关联方的金额（10≤3与6孰小值）	0.00	—
11	按照分摊协议从其他关联方归集至本企业的金额	0.00	—
12	七、本年支出纳税调整金额（3>6，本行=2+3-6+10-11；3≤6，本行=2+10-11-9）	9.20	—
13	八、累计结转以后年度扣除额（7+8-9）	9.20	—

【备注】《广告费和业务宣传费等跨年度纳税调整明细表》（A105060）填报说明：第1行“一、本年支出”：填报纳税人会计核算计入本年损益的广告费和业务宣传费用金额。这就是前面所说的争议中B观点的依据之一，因为此处要求是只能填写会计核算计入本年损益的广告费和业务宣传费。

但是，《广告费和业务宣传费跨年度纳税调整明细表》（A105060）填报说明中的“表间关系”并没有提及第一行“一、本年广告费和业务宣传费支出”应该等于《期间费用明细表》

（A104000）第五行的“五、广告费和业务宣传费”。所以，B观点以申报表不支持对费用的调整也有点牵强。

第四步：填写《纳税调整项目明细表》（A105000），见表4-1-10。

表4-1-10

A105000　　纳税调整项目明细表

行次	项　目	账载金额	税收金额	调增金额	调减金额
		1	2	3	4
1	一、收入类调整项目（2+3+…8+10+11）	—	—	40.00	—
2	（一）视同销售收入（填写A105010）	—	40.00	40.00	—
12	二、扣除类调整项目（13+14+…24+26+27+28+29+30）	—	—	9.20	40.00
13	（一）视同销售成本（填写A105010）	—	30.00	—	30.00
16	（四）广告费和业务宣传费支出（填写A105060）	—	—	9.20	0.00
30	（十七）其他	0.00	10.00	—	10.00
31	三、资产类调整项目（32+33+34+35）	—	—	—	—
46	合计（1+12+31+36+44+45）	—	—	49.20	40.00

（四）税务风险说明

存货用于市场推广视同销售的税务风险有：

（1）外购宣传用品用于市场推广宣传或促销使用，比如小礼品、宣传画报、展示展架等，直接计入“销售费用”。外购物品用于市场销售用，可以抵扣增值税进项税额，所得税也要视同销售处理。遗漏该部分视同销售调整，会减少广宣费税前扣除的基数。

（2）视同销售的争议带给企业的税务风险。在企业与税务机关的争议中，无论是否承认，企业客观上处于被动地位。因此，出现税务处理方面的争议，企业最好与主管税务机关事先做好友好沟通。

（3）自制产品的视同销售价格确定，一定要严格按照税法规定确定，其视同销售价格确定不但涉及企业所得税还直接涉及增值税销项税额的计算。

（五）企业后续风险管理

针对案例中所述情况，还应做好后续风险管理工作。

（1）登记税会差异及纳税调整台账，说明纳税调整的原因。

（2）收集用于市场推广存货移送时价格的证明材料并存档。

（3）检查外购物品用于市场推广直接计入费用的，汇算清缴时纳税调整有无遗漏。

（4）“买一赠一”等捆绑式促销活动，尽可能做到按照国税函〔2008〕875号处理，不但要关注企业所得税的风险，还要关注增值税的风险，在出库单和发票开具等方面严格按照税法规定的形式开具（形式非常重要）。

【案例 4-4】固定资产用于市场推广视同销售的财税处理及风险管理

骊威食品公司是一家生产销售烤香肠的食品公司，2019 年度部分财务数据如下：

1. 商品销售收入 1 000 万元，商品销售成本 700 万元。

2. 发生广告与业务宣传费现金支出 120 万元。

3. 另外该企业为开发市场，推出一项促销政策：每个烤香肠的销售点可以先从公司借用一台烤肠机，销量达到 20 箱就将烤肠机赠送给销售点。

烤肠机在账面上是列入固定资产的，单价 500 元（不含税价），共购进投放了 1 000 台，固定资产原值 50 万元。假设 1 000 台因全部达到了销售任务而赠送给各销售点。在赠送前企业照常计提折旧，2019 年累计折旧 10 万元。

假设仅有上述视同销售，且赠送时公允价值 30 万元（不含税价），固定资产折旧无税会差异。骊威公司是一般纳税人，产品和烤肠机税率都是 13%。

问题：骊威公司涉及的财税处理及纳税调整。

解析：

（一）会计处理

1. 烤肠机折旧

分录	借方	贷方
借：销售费用——业务宣传费	100 000.00	
贷：累计折旧		100 000.00

2. 将固定资产转入清理

分录	借方	贷方
借：固定资产清理	400 000.00	
累计折旧	100 000.00	
贷：固定资产		500 000.00

3. 促销赠送

分录	借方	贷方
借：销售费用——业务宣传费	339 000.00	
贷：固定资产清理		300 000.00
应交税费——应交增值税（销项税额）		39 000.00

4. 结转固定资产清理

分录	借方	贷方
借：资产处置收益	100 000.00	
贷：固定资产清理		100 000.00

（二）税务处理及纳税调整

根据《企业所得税法实施条例》第二十五条和《国家税务总局关于企业处置资产所得税处理问题的通知》（国税函〔2008〕828 号）第二条规定，案例中促销赠送烤肠机无疑是属于“视同销售”的行为。“视同销售收入”按移送时公允价值计算是 30 万元，“视同销售成本”是 40 万元。

前面已经讲述过固定资产等非流动资产视同销售不能在《视同销售和房地产开发企业特

定业务纳税调整明细表》(A105010)中去纳税调整，否则会陷入循环调整中。本案例中，如果通过“视同销售”纳税调整，会确认应纳税所得额为 -10 万元，但是另一方“非流动资产处置损失”又可以税前扣除又需要调整，还有对应的“销售费用”是不是也要调整呢？还有固定资产处置收入是不能作为广宣费扣除限额的计算基数。——哎！乱了！复杂了！

该案例促销赠送烤肠机应该这样填报企业所得税申报表：

第一步：填写《一般企业成本支出明细表》(A102010)，见表 4-1-11。

表 4-1-11

A102010　　一般企业成本支出明细表　　单位：万元

行次	项　目	金　额
1	一、营业成本（2+9）	700.00
2	（一）主营业务成本（3+5+6+7+8）	700.00
3	1.销售商品成本	700.00
9	（二）其他业务成本（10+12+13+14+15）	0.00
16	二、营业外支出（17+18+19+20+21+22+23+24+25+26）	10.00
17	（一）非流动资产处置损失	10.00

第二步：填写《期间费用明细表》(A104000)，见表 4-1-12。

表 4-1-12

A104000　　期间费用明细表　　单位：万元

行次	项　目	销售费用	其中：境外支付	管理费用	其中：境外支付	财务费用	其中：境外支付
		1	2	3	4	5	6
5	五、广告费和业务宣传费	113.90	—	—	—	—	—
25	合计(1+2+3+…24)	113.90	0.00	0.00	0.00	0.00	0.00

【备注】此处填写的广宣费的账面金额=120+33.90=153.90（万元）。

然后直接调整广宣费，填报过程不再赘述。

（三）税务风险说明

1. 赠送的旧固定资产公允价值的确定

笔者写文章对这个价值想怎么说就怎么写，可是现实中却不好确定。比如案例中将公允价值比账面价值定得低 10 万元，税务部门会不会怀疑企业故意将公允价值定低一点有将广宣费金额少计的可能呢？税务部门之所以会这么想，是因为广宣费有扣除限额啊，企业很容易超标，而固定资产处置损失税前扣除却没有扣除限额。只要怀疑，企业就需要自证清白。烤肠机这种二手货公允价值拿什么证明，况且是 1 000 台，情况可能都不一样。因此，税务局只要不认可，企业根本是争论不过的，如果是事后税务稽查出现争议对企业就极其不利。

2. 本案例本身就是一个“坑”

笔者在设计这个案例时，从一开始就在给读者们“挖坑”，包括上述的公允价值确定。挖坑的目的还是为了提醒大家注意平时财税处理不当给企业带来的税务风险。

税法对于固定资产定义，是在《企业所得税法实施条例》第五十七条，《企业所得税法》第十一条所称固定资产，是指企业为生产产品、提供劳务、出租或者经营管理而持有的、使用时间超过12个月的非货币性资产，包括房屋、建筑物、机器、机械、运输工具以及其他与生产经营活动有关的设备、器具、工具等。

有没有定金额标准？——没有！仅仅是时间标准——使用时间超过12个月。但是，企业使用超过12个月的非货币性资产就多了，比如一支钢笔，税务也不会就确认为固定资产吧？所以，在固定资产确认方面，税务处理基本上还是认可企业的会计处理的。那么，案例中的烤肠机为什么要在开始时就确认为固定资产呢，难道不能确认为存货（比如低值易耗品）或者直接在发出时直接计入销售费用吗？在固定资产加速折旧允许一次性扣除的情况下，区区单价500元的烤肠机，无论是先计入存货后赠送，还是直接计入当期销售费用，税务部门都会认可，也无话可说。

无论是先计入存货后赠送，还是直接计入当期销售费用，都可以视为是存货用于市场推广，应该“视同销售”进行纳税调整，这样又回到【案例4-3】的问题了。

因此，案例中将烤肠机在开始时确认为固定资产时就是税务风险，为企业挖下了“坑”，即便不会在二手烤肠机公允价值确认出问题，也会因确认固定资产而减少广宣费限额扣除的计算基数——少了税前扣除限额也是一种税务风险。

（四）税务风险管理

此处小标题与其他案例中的少了“后续”二字，因为前面“税务风险说明”中已经说了，其实类似问题的税务风险从一开始就需要注意，不能前面挖坑后面埋坑。因此，对于用于市场推广的物品，单价不是太高的话，千万不要去计入固定资产。如果企业内部控制非常严苛的话，是可以计入低值易耗品，然后可以分次摊销，其资产管理的内部控制与固定资产也相差无几。

如果真如案例中一样，已经把用于市场推广的物品计入固定资产了，那么在赠送时就不要自作聪明地去找什么公允价值了，直接按照固定资产账面价值结转计入销售费用，这样会减少很多麻烦的。

四、用于交际应酬视同销售收入的财税处理及风险管理

将存货用于交际应酬与用于市场推广，在财税处理方面基本类似，税务争议与税务风险也类似，此处不再赘述，相关内容具体查看本节“三、用于市场推广或销售视同销售收入的财税处理及风险管理”内容。

【案例 4-5】存货用于交际应酬视同销售收入的财税处理及风险管理

利君食品公司 2019 年度部分财务数据如下。

（1）商品销售收入 1 000 万元，商品销售成本 700 万元。

（2）发生业务招待费现金支出 13 万元。

（3）利用企业产品用于交际应酬，账面价值 2 万元，市场售价 3 万元（不含税价，税率 13%）。

（4）外购物品用于交际应酬，取得增值税专用发票，价款 1 万元，价税合计 1.13 万元。

假设利君食品公司为一般纳税人，仅有上述视同销售和纳税调整，外购物品外购到用于交际应酬时公允价值未变动。

问题：对上述资料中涉及的纳税调整分析后进行税务处理。

解析：

案例中涉及两个纳税调整的问题，一个是业务招待费的纳税调整，一个是将存货用于交际应酬的视同销售。要调整业务招待费，必须先调整视同销售，因为业务招待费的计算基数包含视同销售的收入。

1. 将存货用于交际应酬的会计处理

（1）自制存货用于交际应酬。

借：管理费用——业务招待费　　23 900.00

　贷：产成品　　20 000.00

　　应交税费——应交增值税（销项税额）　　3 900.00

说明：增值税方面也需要视同销售，因此增值税销项税额 =3×13%=0.39（万元）。

（2）外购存货用于交际应酬。

对于外购存货用于交际应酬，会计处理有两种方式。

A. 直接计入费用

借：管理费用——业务招待费　　11 300.00

　贷：银行贷款　　11 300.00

备注：用于交际应酬的进项税额不得抵扣。

B. 先购进入库，后领用出库才计入费用

借：存货　　10 000.00

　应交税费——应交增值税（进项税额）　　1 300.00

　贷：银行存款　　11 300.00

领用出库：

借：管理费用　　11 300.00

　贷：存货　　10 000.00

　　应交税费——应交增值税（进项税额转出）　　1 300.00

说明：无论是从企业内部控制，还是避免出现增值税专用发票未抵扣出现滞留票，笔者都赞成先办理入库手续然后在使用时再办理出库手续，费用在实际领用时才计入。

2. 将存货用于交际应酬的所得税处理及税会差异

根据《关于企业处置资产所得税处理问题的通知》（国税函〔2008〕828号）规定，存货用于交际应酬应视同销售，所得税视同销售额的确定应按照被移送资产的公允价值确定销售收入[《国家税务总局关于企业所得税有关问题的公告》（国家税务总局公告2016年第80号）第二条规定]。

因此，自制存货的视同销售收入应为3万元，销售成本2万元；外购存货视同销售收入1.13万元，视同销售成本1.13万元。

3. 业务招待费的纳税调整分析

《企业所得税法实施条例》规定，企业发生的与生产经营活动有关的业务招待费支出，按照发生额的60%扣除，但最高不得超过当年销售（营业）收入的5‰。

发生额60%=（13+3.39+1.13）×60%=10.512（万元）

销售（营业）收入的5‰=（1 000+3+1.13）×5‰=5.02（万元）

上述二者孰小者就是可以扣除的限额，所以税前扣除限额是5.02万元。

4. 所得税申报表的填报

第一步：填写《期间费用明细表》（A104000），见表4-1-13。

表4-1-13

A104000　　期间费用明细表　　单位：万元

行次	项　目	销售费用	其中：境外支付	管理费用	其中：境外支付	财务费用	其中：境外支付
		1	2	3	4	5	6
4	四、业务招待费	—	—	16.52	—	—	—
25	合计(1+2+3+…24)	0.00	0.00	16.52	0.00	0.00	0.00

第二步：填写《视同销售和房地产开发企业特定业务纳税调整明细表》（A105010），见表4-1-14。

表4-1-14

A105010　　视同销售和房地产开发企业特定业务纳税调整明细表　　单位：万元

行次	项　目	税收金额	纳税调整金额
		1	2
1	一、视同销售（营业）收入（2+3+4+5+6+7+8+9+10）	4.13	4.13
2	（一）非货币性资产交换视同销售收入	4.13	4.13
11	二、视同销售（营业）成本（12+13+14+15+16+17+18+19+20）	3.13	3.13
12	（一）非货币性资产交换视同销售成本	3.13	3.13
21	三、房地产开发企业特定业务计算的纳税调整额（22-26）	0.00	0.00

第三步：填写《纳税调整项目明细表》（A105000），见表4-1-15。

表 4-1-15

A105000　　纳税调整项目明细表　　单位：万元

行次	项 目	账载金额	税收金额	调增金额	调减金额
		1	2	3	4
1	一、收入类调整项目（2+3+…8+10+11）	—	—	4.13	—
2	（一）视同销售收入（填写A105010）	—	4.13	4.13	—
12	二、扣除类调整项目（13+14+…24+26+27+28+29+30）	—	—	11.50	3.13
13	（一）视同销售成本（填写A105010）	—	3.13	—	3.13
15	（三）业务招待费支出	16.52	5.02	11.50	0.00
30	（十七）其他	0.00	0.00	—	0.00
31	三、资产类调整项目（32+33+34+35）	—	—	—	—
46	合计（1+12+31+36+44+45）	—	—	15.63	3.13

5. 税务风险说明

在探讨该案例的税务风险前，再讲一个视同销售的税务争议问题。在本案例税务处理中，自制存货视同销售收入是 3 万元，外购存货视同销售收入是 1.13 万元，前者不含税，后者含税，这就是争议的两方。一方认为视同销售收入应该含税，一方认为不应该含税。如果仅仅考虑视同销售，收入含税，那么成本也应该含税，二者结果是没有影响的。但是，如果含税是对企业有利的，因为可以增大业务招待费等扣除限额的计算基数。

对于该问题，税法没有明确规定，两种观点都有一定道理。对于这个问题，笔者是这么认为的，作为企业，与税务机关的争议越少越好，因此最好还是以不含税价格作为视同销售收入。但是，作为不得抵扣进项税额的交际应酬、集体福利等，外购时开具的是普通发票的，视同销售收入时就应以含税价格为准。

外购存货用于交际应酬，很多财务人员喜欢直接计入费用，所以在所得税汇算清缴时经常会遗漏该部分的纳税调整。

另外，还有一个风险点是外购物品用于交际应酬，是不得抵扣进项税额的，因为税法规定“交际应酬”属于“个人消费”。因此，如果该部分进项税额抵扣了应当要做进项税额转出。还有，该部分进项税额虽然不能抵扣，但是如果开具的是增值税专用发票，还是应该先抵扣后做进项税额转出，否则容易产生滞留票而给企业带来麻烦。

6. 税务风险管理

（1）登记税会差异及纳税调整台账，说明纳税调整的原因；

（2）收集用于交际应酬存货移送时价格的证明材料并存档；

（3）检查“管理费用——业务招待费”科目中发生额，检查自制存货和外购物品用于交际应酬汇算清缴时纳税调整有无遗漏，特别注意外购物品用于交际应酬直接费用的有无遗漏调整。

（4）虽然根据国家税务总局公告 2019 年第 41 号，在调整视同收入和成本时，调整后的收入与成本差额，可以在 A105000 扣除类的“其他”栏同时调整扣除，但是前提是依法可以扣除的金额。本案例调整的差额，不能扣除，所以不能填写。

五、用于职工奖励或福利视同销售收入的财税处理及风险管理

资产用于职工奖励，在会计核算时计入“工资薪金”，税前扣除时按照“工资薪金”扣除即可，在发放时要按规定扣除个人所得税。这种情况一般不是很多，除视同销售的问题外，税会差异也相对较少。容易产生较多税会差异的是资产用于职工福利，在会计准则上也称为非货币性福利。

非货币性福利是指企业以非货币性资产支付给职工的薪酬，主要包括企业以自产产品、委托加工产品或外购商品发放给职工作为福利、将企业拥有的资产无偿提供给职工使用、为职工无偿提供医疗保健服务等。

根据会计准则规定，非货币性福利也是属于“职工薪酬”；但是，在税务上由于涉及实物等，非货币性福利会涉及增值税、企业所得税和个人所得税等问题。

（一）以自产或委托加工的产品发放给员工做奖励或福利

决定发放时：

借：生产成本、管理费用等

　贷：应付职工薪酬——工资薪金（产品的公允价值＋相关税费）

　　　应付职工薪酬——非货币性福利（产品的公允价值＋相关税费）

实际发放时：

借：应付职工薪酬——工资薪金

　　应付职工薪酬——非货币性福利

　贷：主营业务收入

　　　应交税费——应交增值税（销项税额）

（注意：如果是应税消费品，还可能涉及消费税）

同时：

借：主营业务成本

　贷：存货

以自产或委托加工的产品发放给员工做奖励或福利，会计处理时是要确认“主营业务收入”和“主营业务成本”的，因此不需要再进行视同销售的纳税调整。

（二）外购商品发放给职工

外购商品发放给职工有两种情况：一种是购买后直接就发放给职工，第二种是将库存的外购商品发放给职工。以做福利为例：

（1）外购商品购买后直接发放给职工

决定发放时：

借：生产成本、管理费用等

　贷：应付职工薪酬——非货币性福利

实际发放时：

借：应付职工薪酬——非货币性福利

贷：银行存款等

（2）从库存的外购商品中发放给职工

决定发放时：

借：生产成本、管理费用等

贷：应付职工薪酬——非货币性福利

实际发放时：

借：应付职工薪酬——非货币性福利

贷：原材料等

应交税费——应交增值税（进项税额转出）

【案例 4-6】存货用于职工福利视同销售收入的财税处理及风险管理

怀文手机公司 2017 年度部分财务数据如下。

（1）全年工薪支出账载金额和实际支出都是 5 000 万元；

（2）职工福利费账载金额和实际支出都是 650 万元；

（3）非货币性福利单独记账，未包括在“职工福利费”账户内，详情如下。

① 端午节外购了一批粽子等节日礼物发给员工，价税合计 5.65 万元，取得了增值税专用发票。

② 中秋节外购了一批月饼等节日礼物发给员工，价税合计 6.78 万元，取得了增值税专用发票。

③ 公司决定，凡是在厂工作满 3 年的员工，均有权半价购买出厂价 4 680 元（含税价）的手机一部，手机成本每部 2 500 元。结果公司有 300 人满足条件并行使了该权利。

假设仅有上述视同销售调整，该公司为一般纳税人。

问题：怀文手机公司将资产用于职工福利涉及的财税处理及风险管理。

解析：

1. 视同销售纳税调整

由于外购粽子和月饼是用于集体福利的，因此该批月饼即使是取得了增值税专用发票，也不可抵扣进项税额，但是同时增值税方面也不需要视同销售。根据国税函〔2008〕828 号规定，企业资产用于职工奖励或福利，因资产所有权属已发生改变而不属于内部处置资产，应按规定视同销售确定收入，按照《国家税务总局关于企业所得税有关问题的公告》(国家税务总局公告 2016 年第 80 号）执行，除另有规定外，应按照被移送资产的公允价值确定销售收入。案例中购置的粽子和月饼等，及时发给了员工，其购买价就是公允价值，企业所得税方面需要做视同销售纳税调整。

2. 税会差异

企业将自制的手机折价销售给员工，税务处理无论是增值税还是企业所得税都应按照全价（公允价值）确认计税依据和应税收入。员工所得半价的优惠部分属于非货币性福利，会计处理“应当在实际发生时根据实际发生额计入当期损益或相关资产成本。职工福利费为非货币性福利的，应当按照公允价值计量”。因此，会计处理、增值税和企业所得税方面都是按照公允价值计量，不存在税会差异。

3. 会计处理

（1）购置粽子等的会计处理

决定发放时：

借：管理费用——职工福利费　　56 500.00

　贷：应付职工薪酬——非货币性福利　　56 500.00

实际发放时：

借：应付职工薪酬——非货币性福利　　56 500.00

　贷：银行存款等　　56 500.00

由于外购粽子等是用于集体福利，即便取得了增值税专用发票也是不可以抵扣的（但实务中应先抵扣后再进项税额转出，避免产生滞留票）。

（2）购置月饼等的会计处理

决定发放时：

借：管理费用——职工福利费　　67 800.00

　贷：应付职工薪酬——非货币性福利　　67 800.00

实际发放时：

借：应付职工薪酬——非货币性福利　　67 800.00

　贷：银行存款等　　67 800.00

（3）员工半价购置自产手机的会计处理

会计分录不平，修改如下：

购置时：

借：应付职工薪酬——非货币性福利　　702 000.00

　　银行存款　　702 000.00

　贷：主营业务收入　　1 200 000.00

　　　应交税费——应交增值税（销项税额）　　204 000.00

同时：

借：管理费用　　702 000.00

　贷：应付职工薪酬——非货币性福利　　702 000.00

借：主营业务成本　　750 000.00

　贷：库存商品　　750 000.00

4. 税务处理及纳税调整

（1）发放粽子、月饼，是外购商品，直接计入费用，增值税进项税额不得抵扣，但是需要视同销售。

（2）半价销售产品给员工，应该按照公允价值确认收入。会计处理也是按照公允价值确认收入，不再需要视同销售。

（3）发放粽子、月饼和半价销售产品给员工，都是员工个人工资薪金所得收入组成部分，应与实际发生当月员工工资薪金收入一并计算扣缴个人所得税。

5. 企业所得税申报表的填报

第一步：填写《职工薪酬纳税调整明细表》（A105050），见表 4-1-16。

表 4-1-16

A105050　　职工薪酬纳税调整明细表　　单位：万元

行次	项　目	账载金额	实际发生额	税收规定扣除率	以前年度累计结转扣除额	税收金额	纳税调整金额	累计结转以后年度扣除额
		1	2	3	4	5	6（1-5）	7（2+4-5）
1	一、工资薪金支出	5 000.00	5 000.00	—	—	5 000.00	—	—
3	二、职工福利费支出	732.63	732.63	14%	—	700.00	32.63	—
13	合计（1+3+4+7+8+9+10+11+12）	5 732.63	5 732.63	—	—	5 700.00	32.63	—

说明：① 职工福利费支出账载金额/实际发生额=650+5.65+6.78+70.20=732.63；② 本表暂未考虑其他项目的职工薪酬。

第二步：填写《视同销售和房地产开发企业特定业务纳税调整明细表》（A105010），见表 4-1-17。

表 4-1-17

A105010　　视同销售和房地产开发企业特定业务纳税调整明细表　　单位：万元

行次	项　目	税收金额	纳税调整金额
		1	2
1	一、视同销售（营业）收入（2+3+4+5+6+7+8+9+10）	11.00	11.00
5	（四）用于职工奖励或福利视同销售收入	11.00	11.00
11	二、视同销售（营业）成本（12+13+14+15+16+17+18+19+20）	11.00	11.00
15	（四）用于职工奖励或福利视同销售成本	11.00	11.00
21	三、房地产开发企业特定业务计算的纳税调整额（22-26）	0.00	0.00

说明：对于外购商品用于职工福利，增值税方面是不可以抵扣进项税额的，但是对于企业所得税方面的视同销售的收入是否包括增值税额也是有争议的。本表是按照不含税确认的视同销售收入。

第三步：填写《纳税调整项目明细表》（A105000），见表 4-1-18。

表 4-1-18

A105000　　纳税调整项目明细表　　单位：万元

行次	项　目	账载金额	税收金额	调增金额	调减金额
		1	2	3	4
1	一、收入类调整项目（2+3+…8+10+11）	—	—	11.00	—
2	（一）视同销售收入（填写A105010）	—	11.00	11.00	—
12	二、扣除类调整项目（13+14+…24+26+27+28+29+30）	—	—	32.63	11.00

续上表

行次	项　目	账载金额	税收金额	调增金额	调减金额
		1	2	3	4
13	（一）视同销售成本（填写A105010）	—	11.00	—	11.00
14	（二）职工薪酬（填写A105050）	5,732.63	5,700.00	32.63	0.00
46	合计（1+12+31+36+44+45）	—	—	43.63	11.00

6. 税务风险说明

税务稽查时，税务人员最喜欢检查福利费明细账，目的就在于从中查找企业是否存在将产品用于职工福利，这块业务处理企业财务人员很容易出错，税务很容易找出问题。

（1）检查有无将产品用于职工福利而遗漏视同销售。外购商品用于职工福利不是税务检查的重点，因为即便遗漏视同销售也不会少交税。

（2）检查企业实物福利是否并入员工工薪所得扣缴个人所得税。

（3）检查视同销售计税价格是否符合税法规定，包括个人所得税计算时并入员工收入的金额是否正确。

税务稽查审核的重点就是税务风险高发区！

7. 税务风险管理

（1）发生资产用于职工奖励或福利时，及时取得视同销售的计税价格的证据材料，正确计算增值税和个人所得税，按规定申报增值税和个人所得税。

（2）企业所得税年度申报时，重点检查“应付职工薪酬——非货币性福利”等明细科目，避免遗漏视同销售的纳税调整。

（3）检查“管理费用——职工福利费”等明细科目，查看是否有将实物福利等直接计入损益科目而没有通过“应付职工薪酬”等科目，避免遗漏视同销售的纳税调整。

（4）做好税会差异台账登记。

六、用于股息分配视同销售收入的财税处理及风险管理

企业用存货等资产来进行股息分配或利润分配时，增值税和企业所得税按规定都是需要视同销售的。

【案例 4-7】存货用于利润分配视同销售收入的财税处理及风险管理

甲公司 2019 年 4 月 30 日股东会决议，用公司产品进行 2018 年度利润分配，以产品的市场价值作为分配依据。

2019 年 5 月 15 日，实际进行了分配，产品账面价值 1 000 万元（不含税），当时市场售价 1 200 万元（不含税）。

假定甲公司“利润分配——未分配利润”足够分配；甲公司是一般纳税人，产品税率 13%。

问题：利润分配的财税处理及风险管理。

解析：

1. 会计处理

（1）决议分配

借：利润分配——未分配利润　　13 560 000.00

　贷：应付利润　　13 560 000.00（12 000 000×1.13）

（2）实际分配

借：应付利润　　13 560 000.00

　贷：主营业务收入　　12 000 000.00

　　　应交税费——应交增值税（销项税额）　　1 560 000.00

同时结转成本：

借：主营业务成本　　10 000 000.00

　贷：产成品　　10 000 000.00

说明：如果企业股东中有个人股东的，应按照税法规定代扣代缴个人所得税。以实物进行利润分配，个人股东要么以现金缴纳税款再领走分配的实物，要么按市价折算扣减实物数量。根据不同情形，对上述会计分录可据实进行调整。

2. 税务处理

上述会计处理已经将存货用于利润分配按照公允价值进行了销售收入处理，因此本案例不再需要进行“视同销售”调整。

企业财务人员一定分清楚企业会计处理，只有在会计处理没有作为销售收入处理而又满足税法规定需要“视同销售”情形时，才会产生“视同销售”的纳税调整。虽然是税法规定的“视同销售”情形，但是会计处理已经是销售处理，是不需要再“视同销售”，否则会重复，进而可能发生企业多交税的情况。

本案例不需要“视同销售”纳税调整，但是并不意味着所有的“用于股息分配”的情形都不需要，具体要看企业的会计处理。

3. 税务风险说明

（1）实际分配时，计价是否公允；

（2）会计处理没有做收入处理，纳税申报遗漏；

（3）个人股东没有扣缴个人所得税，或扣缴金额不足。

4. 税务风险管理

（1）将分配决议、实际分配领取凭据以及计价标准是否公允等证据材料收集存档；

（2）检查复核，避免遗漏个人所得税扣缴和企业所得税纳税调整。

七、用于对外捐赠视同销售收入的财税处理及风险管理

企业用存货等资产对外捐赠时，除特殊情况外，增值税和企业所得税按规定都是需要视同销售的。

企业对外捐赠，如果是公益性捐赠，税法规定有专门的税前扣除规定，本书安排在第三

章第五节讲解，此处不涉及公益性捐赠的纳税调整。

【案例 4-8】存货用于对外捐赠视同销售收入的财税处理及风险管理

利君食品公司在 2019 年度发生如下对外捐赠。

（1）春节前用公司产品慰问工厂所在社区的敬老院，产品账面价值 1 万元（不含税，含税市价 1.469 万元，税率 13%）。

（2）夏天高温时节慰问环卫工人和街面交警，购置冰镇饮料，花费 3 万元，取得增值税普通发票。

假设上述捐赠都属于直接捐赠不满足公益捐赠的条件。

问题：案例涉及捐赠的财税处理及风险管理。

解析：

1. 会计处理

（1）春节前捐赠

借：营业外支出——捐赠支出　　11 690.00

　贷：产成品　　10 000.00

　　　应交税费——应交增值税（销项税额）　　1 690.00（14 690 × 13%/1.13）

（2）夏天慰问捐赠

借：营业外支出——捐赠支出　　30 000.00

　贷：银行存款　　30 000.00

2. 税务处理

案例中两笔捐赠，企业所得税处理时都应视同销售。产品捐赠的视同销售收入 = 1.469/1.13=1.3（万元），视同销售成本 1 万元。外购物品捐赠，视同销售收入与视同销售成本都是 3 万元。因此，视同销售收入合计 4.3 万元，视同销售成本 4 万元。

3. 所得税申报表填报

第一步：填写《视同销售和房地产开发企业特定业务纳税调整明细表》（A105010），见表 4-1-20。

表 4-1-20

A105010　　视同销售和房地产开发企业特定业务纳税调整明细表　　单位：万元

行次	项　目	税收金额	纳税调整金额
		1	2
1	一、视同销售（营业）收入（2+3+4+5+6+7+8+9+10）	4.30	4.30
7	（六）用于对外捐赠视同销售收入	4.30	4.30
11	二、视同销售（营业）成本（12+13+14+15+16+17+18+19+20）	4.00	4.00
17	（六）用于对外捐赠视同销售成本	4.00	4.00

第二步：填写《捐赠支出及纳税调整明细表》（A105070），见表 4-1-21。

表 4-1-21

A105070　　捐赠支出及纳税调整明细表　　单位：万元

行次	项　目	账载金额	以前年度结转可扣除的捐赠额	按税收规定计算的扣除限额	税收金额	本年度实际税前扣除金额	纳税调增金额	纳税调减金额	可结转以后年度扣除的捐赠额
		A	B	C	D	Z	E	F	G
1	一、非公益性捐赠	4.169	—	—	—	0.00	4.169	—	—

第三步：填写《捐赠支出及纳税调整明细表》（A105070），见表 4-1-22。

表 4-1-22

A105000　　纳税调整项目明细表　　单位：万元

行次	项　目	账载金额	税收金额	调增金额	调减金额
		1	2	3	4
1	一、收入类调整项目（2+3+4+5+6+7+8+10+11）	—	—	4.30	0.00
2	（一）视同销售收入（填写A105010）	—	4.30	4.30	—
12	二、扣除类调整项目（13+14+…24+26+27+28+29+30）	—	—	4.169	4.00
13	（一）视同销售成本（填写A105010）	—	4.00	—	4.00
17	（五）捐赠支出（填写A105070）	4.169	0.00	4.169	0.00
45	合计（1+12+31+36+43+44）	—	—	8.169	4.00

4. 税务风险说明

在案例的“税务处理”环节，笔者故意没有提及增值税的处理，因为夏天慰问捐赠饮料的增值税处理实务中存在争议。将饮料赠送给人饮用，可以说是“用于个人消费”，也可以说是“无偿赠送”。如果认定为“用于个人消费”，根据《增值税暂行条例》第十条的规定是不可抵扣进项税额的，那么案例中的会计处理就没有问题；如果是认定为“无偿赠送”，根据《增值税暂行条例实施细则》第四条规定，增值税也需要视同销售。

对于这类税务争议，企业有时真的很无奈，最好敬而远之，争取开具增值税专用发票，先抵扣进项税额后再进项税额转出或视同销售确认销项税额。即便税务稽查发现，不认可企业财税处理，也不会补税。

企业对外捐赠更多时候使用自家产品，一定要视同销售，注意计税价格的正确。

5. 税务风险管理

（1）对外捐赠账务处理时，首先注意增值税视同销售计提销项税额正确，重点是计税价格的正确。

（2）企业所得税申报时，检查对捐赠支出明细科目，避免遗漏视同销售的纳税调整，尤其是外购商品用于捐赠的情况。

（3）做好税会差异台账登记。

八、用于对外投资项目视同销售收入的财税处理及风险管理

企业资产用于对外投资形成资产可能包括长期股权投资、以公允价值计量且变动计入其他综合收益的金融资产、以公允价值计量且变动计入当期损益的金融资产、以摊余成本计量的金融资产等“投资性资产”。根据会计准则，其会计处理不一致，因此不是所有的资产“用于对外投资”都需要做“视同销售”处理而进行纳税调整。

（一）资产用于对外投资的会计处理总结

根据相关会计准则，将资产用于对外投资时其付出资产的相关会计处理见表 4-1-23。

表 4-1-23

资产对外投资时付出资产的会计处理

<table>
<tr><th colspan="3">投资形式</th><th>初始投资成本</th><th>付出资产的会计处理</th></tr>
<tr><td rowspan="3">长期股权投资</td><td rowspan="2">形成控股合并</td><td>同一控制下控股合并</td><td>初始投资成本=被合并方所有者权益在最终控制方合并报表上账面价值×持股比例</td><td>付出资产账面价值与初始投资成本之间的差额，调整资本公积，资本公积不足冲减的，调整留存收益</td></tr>
<tr><td>非同一控制下控股合并</td><td>初始投资成本=付出资产的公允价值</td><td>付出资产的公允价值与其账面价值的差异，计入当期损益</td></tr>
<tr><td colspan="2">不形成控股合并（对联营企业、合营企业投资）</td><td>初始投资成本=付出资产的公允价值+相关直接费用</td><td>付出资产的公允价值与其账面价值的差异，计入当期损益</td></tr>
<tr><td colspan="3">以公允价值计量且变动计入当期损益的金融资产（交易性金融资产）</td><td>初始投资成本=购入资产的公允价值</td><td rowspan="3">付出资产的公允价值与其账面价值的差异，计入当期损益</td></tr>
<tr><td colspan="3">以摊余成本计量的金融资产（债权投资）</td><td>初始投资成本=购入资产的公允价值+相关直接税费</td></tr>
<tr><td colspan="3">以公允价值计量且变动计入其他综合收益的金融资产（其他债权投资、其他权益工具投资）</td><td>初始投资成本=付出资产的公允价值+相关直接费用</td></tr>
</table>

通过表 4-1-23 对比可以发现，只有同一控制下控股合并形成“长期股权投资”时，付出资产的会计处理不确认付出资产公允价值与其账面价值的差异，需要视同销售；而其他投资形式都是需要确认付出资产的公允价值与其账面价值的差异，且计入当期损益，即会计处理是要确认销售收入的，不需要视同销售。

因此，《视同销售和房地产开发企业特定业务纳税调整明细表》（A105010）“用于对外投资项目视同销售”其实仅仅是指同一控制下控股合并形成“长期股权投资”。

（二）税务规定

（1）《企业所得税法实施条例》第七十一条规定：企业所得税法第十四条所称投资资产，是指企业对外进行权益性投资和债权性投资形成的资产。企业在转让或者处置投资资产时，投资资产的成本，准予扣除。

投资资产按照以下方法确定成本：（一）通过支付现金方式取得的投资资产，以购买价款为成本；（二）通过支付现金以外的方式取得的投资资产，以该资产的公允价值和支付的相关

税费为成本。

（2）根据《国家税务总局关于企业处置资产所得税处理问题的通知》（国税函〔2008〕828号）及《国家税务总局关于企业所得税有关问题的公告》（国家税务总局公告2016年第80号）规定，资产用于对外投资应视同销售收入，除另有规定外，应按照被移送资产的公允价值确定销售收入。

上述的“另有规定”是指《财政部 国家税务总局关于促进企业重组有关企业所得税处理问题的通知》（财税〔2014〕109号）、《国家税务总局关于资产（股权）划转企业所得税征管问题的公告》（国家税务总局公告2015年第40号）等涉及的情况。

（3）《财政部 国家税务总局关于非货币性资产投资企业所得税政策问题的通知》（财税〔2014〕116号）规定：居民企业（以下简称企业）以非货币性资产对外投资确认的非货币性资产转让所得，可在不超过5年期限内，分期均匀计入相应年度的应纳税所得额，按规定计算缴纳企业所得税。

（4）《国家税务总局关于非货币性资产投资企业所得税有关征管问题的公告》（国家税务总局公告2015年第33号）规定：实行查账征收的居民企业以非货币性资产对外投资确认的非货币性资产转让所得，可自确认非货币性资产转让收入年度起不超过连续5个纳税年度的期间内，分期均匀计入相应年度的应纳税所得额，按规定计算缴纳企业所得税。

（5）《财政部 国家税务总局关于促进企业重组有关企业所得税处理问题的通知》（财税〔2014〕109号）规定：对100%直接控制的居民企业之间，以及受同一或相同多家居民企业100%直接控制的居民企业之间按账面净值划转股权或资产，凡具有合理商业目的、不以减少、免除或者推迟缴纳税款为主要目的，股权或资产划转后连续12个月内不改变被划转股权或资产原来实质性经营活动，且划出方企业和划入方企业均未在会计上确认损益的，可以选择按以下规定进行特殊性税务处理：①划出方企业和划入方企业均不确认所得。②划入方企业取得被划转股权或资产的计税基础，以被划转股权或资产的原账面净值确定。③划入方企业取得的被划转资产，应按其原账面净值计算折旧扣除。

（三）案例解析

资产用于对外投资，会计处理分确认的和不确认的收入；税务处理分需视同销售和不需视同销售，另外税务处理无论是否视同销售，还要分是否选择非货币性资产对外转让所得分期递延纳税，另外满足企业重组条件的还可以选择企业重组税务处理。

因此，资产用于对外投资，会计处理与税务处理都比较复杂，下面用4个案例分别说明。

【案例4-9】存货用于对外投资（同一控制下企业控股合并）的财税处理及风险管理

说明：本案例为会计处理不确认收入，税务处理需要视同销售，且税务处理不选择分期递延纳税。

甲、乙两家公司同属于丙公司的子公司。甲公司于2019年9月1日以存货交换的方式从乙公司的股东丙公司手中取得乙公司60%的股份。甲公司的用于交换存货的账面价值1 000万元，公允价值 1 200 万元（不含税，税率 13%）。乙公司 2019 年 9 月 1 日所有者权益为 2 100 万元；甲公司 2019 年 9 月 1 日资本公积为 180 万元、盈余公积 100 万元、未分配利润 200 万元。

问题：甲公司涉及对外投资的财税处理及风险管理。

解析：

1. 会计处理

由于双方均属于同一家公司的子公司，因此案例中的交易属于同一控制下企业控股合并。因此，甲公司付出资产不确认付出资产公允价值与其账面价值的差异，即不确认收入和成本。

借：长期股权投资　　12 600 000.00（21 000 000×60%）

　贷：存货　　10 000 000.00

　　应交税费——应交增值税（销项税额）　　1 560 000.00（12 000 000×13%）

　　资本公积　　1 040 000.00（差额）

2. 税务处理及税会差异分析

本案例会计处理中增值税按照视同销售确认了增值税销项税额，而没有确认存货销售的收入与成本，因此企业所得税方面需要按照视同销售确认销售收入和销售成本，非货币性资产转让所得为 200 万元（1 200−1 000）。

因此，视同销售收入 1 200 万元，视同销售成本 1 000 万元。如果企业不选择分期 5 年递延纳税，则应在 2019 年度全部进行纳税调整。但是案例中甲公司对乙公司的投资交易构成了同一控制下企业合并，按照企业所得税申报表的填报规则，还应填报《企业重组及递延纳税事项纳税调整明细表》（A105100）相关栏次。

3. 企业所得税申报表的填报（假定企业不选择 5 年分期递延纳税）

第一步：填写《视同销售和房地产开发企业特定业务纳税调整明细表》（A105010），见表 4-1-24。

表 4-1-24

A105010　　视同销售和房地产开发企业特定业务纳税调整明细表　　单位：万元

行次	项　目	税收金额	纳税调整金额
		1	2
1	一、视同销售（营业）收入（2+3+4+5+6+7+8+9+10）	1 200.00	1 200.00
8	（七）用于对外投资项目视同销售收入	1 200.00	1 200.00
11	二、视同销售（营业）成本（12+13+14+15+16+17+18+19+20）	1 000.00	1 000.00
18	（七）用于对外投资项目视同销售成本	1 000.00	1 000.00
21	三、房地产开发企业特定业务计算的纳税调整额（22−26）	0.00	0.00

第二步：填写《企业重组及递延纳税事项纳税调整明细表》（A105100），见表 4-1-25。

表 4-1-25

A105100 企业重组及递延纳税事项纳税调整明细表 单位：万元

行次	项 目	一般性税务处理			特殊性税务处理			纳税调整金额
		账载金额	税收金额	纳税调整金额	账载金额	税收金额	纳税调整金额	
		1	2	3(2-1)	4	5	6(5-4)	7(3+6)
8	四、企业合并（9+10）	0.00	200.00	200.00	0.00	0.00	0.00	200.00
9	（一）同一控制下企业合并	0.00	200.00	200.00	—	—	—	200.00
16	合计（1+4+6+8+11+12+13+14+15）	0.00	200.00	200.00	0.00	0.00	0.00	200.00

说明：在《视同销售和房地产开发企业特定业务纳税调整明细表》（A105010）通过填报“用于对外投资项目视同销售收入”和“用于对外投资项目视同销售成本”，已经调整确认了非货币性资产转让所得200万元，此处填写时“账载金额”就只能填写200万元，而不能填写为0，否则就是重复调整，会造成企业重复纳税。虽然填写该表最终结果的“纳税调整金额”为0，但是还是应该填写。

第三步：填写《纳税调整项目明细表》（A105000），见表 4-1-26。

表 4-1-26

A105000 纳税调整项目明细表 单位：万元

行次	项 目	账载金额	税收金额	调增金额	调减金额
		1	2	3	4
1	一、收入类调整项目（2+3+…8+10+11）	—	—	1 200.00	—
2	（一）视同销售收入（填写A105010）	—	1 200.00	1 200.00	—
12	二、扣除类调整项目（13+14+…24+26+27+28+29+30）	—	—	0.00	1 200.00
13	（一）视同销售成本（填写A105010）	—	1 000.00	—	1 000.00
30	（十七）其他	0.00	200.00	—	200.00
36	四、特殊事项调整项目（37+38+…+43）	—	—	200.00	—
37	（一）企业重组及递延纳税事项（填写A105100）	0.00	200.00	200.00	0.00
46	合计（1+12+31+36+44+45）	—	—	1 400.00	1 200.00

4. 税务风险说明及风险管理

本部分内容涉及的税务风险有一定相似性和关联性，故本案例税务风险和后面几个案例的税务风险一起分析（下同）。

【案例 4-10】存货用于对外投资并选择 5 年分期递延纳税的财税处理及风险管理

说明：本案例为会计处理不确认收入，税务处理需要视同销售，且税务处理选择 5 年分期递延纳税。

继续沿用【案例 4-9】的资料，但是甲公司税务处理时选择按照《财政部 国家税务总局关于非货币性资产投资企业所得税政策问题的通知》（财税〔2014〕116 号）和《国家税务总局关于非货币性资产投资企业所得税有关征管问题的公告》（国家税务总局公告 2015 年第 33

号）的规定，非货币性资产转让所得在5年内，分期均匀计入相应年度的应纳税所得额。

问题：甲公司应如何进行会计处理和税务处理。

解析：

1. 会计处理

税务处理的不同选择，不影响会计处理，故本处不再赘述，详见【案例4-9】的会计处理。

2. 税务处理

当企业选择5年分期递延纳税后，非货币性资产转让所得200万元（1 200-1 000）就应均匀在5年内分期计入相应年度的应纳税所得额，因此视同销售纳税调整肯定就不能直接调增收入1 200万元和调增成本1 000万元。

对于选择分期递延纳税应该如何填报企业所得税申报表，《国家税务总局关于非货币性资产投资企业所得税有关征管问题的公告》（国家税务总局公告2015年第33号）第四条规定：

企业选择适用本公告第一条规定进行税务处理的，应在非货币性资产转让所得递延确认期间每年企业所得税汇算清缴时，填报《中华人民共和国企业所得税年度纳税申报表A类，2014年版》中“企业重组纳税调整明细表（A105100）”第13行“其中：以非货币性资产对外投资”的相关栏目，并向主管税务机关报送《非货币性资产投资递延纳税调整明细表》。（备注：《中华人民共和国企业所得税年度纳税申报表（A类，2017年版）》现在已经是修订后的2017年版，2017年版将该表更名为《企业重组及递延纳税事项纳税调整明细表》（A105100）在第12行“六、非货币性资产对外投资”中调整）。

因此，在选择5年分期递延纳税后，视同销售的纳税调整还是不变，第一步填写《视同销售和房地产开发企业特定业务纳税调整明细表》（A105010）与表4-1-24一样，本处不再重复。

第二步：填写《企业重组及递延纳税事项纳税调整明细表》（A105100），见表4-1-27。

表4-1-27

A105100　　企业重组及递延纳税事项纳税调整明细表　　单位：万元

行次	项　目	一般性税务处理			特殊性税务处理			纳税调整金额
		账载金额	税收金额	纳税调整金额	账载金额	税收金额	纳税调整金额	
		1	2	3(2-1)	4	5	6(5-4)	7(3+6)
12	六、非货币性资产对外投资	—	—	—	0.00	40.00	40.00	40.00
16	合计（1+4+6+8+11+12+13+14+15）	0.00	0.00	0.00	0.00	0.00	40.00	40.00

第三步：填写《纳税调整项目明细表》（A105000）就有变化了，需要在表4-1-25的基础上增加填写一行，见表4-1-28。

表 4-1-28

A105000　　纳税调整项目明细表　　单位：万元

行次	项 目	账载金额	税收金额	调增金额	调减金额
		1	2	3	4
1	一、收入类调整项目（2+3+…8+10+11）	—	—	1 200.00	—
2	（一）视同销售收入（填写A105010）	—	1 200.00	1 200.00	—
12	二、扣除类调整项目（13+14+…24+26+27+28+29+30）	—	—	0.00	1 200.00
13	（一）视同销售成本（填写A105010）	—	1 000.00	—	1 000.00
30	（十七）其他	0.00	200.00	—	200.00
36	四、特殊事项调整项目（37+38+…+43）	—	—	40.00	—
37	（一）企业重组及递延纳税事项（填写A105100）	0.00	40.00	40.00	0.00
46	合计（1+12+31+36+44+45）	—	—	1 240.00	1 200.00

说明：企业选择适用分期递延纳税的，在正确填报企业所得税申报表的同时，还需要向主管税务机关报送《非货币性资产投资递延纳税调整明细表》（该表目前尚未改为“留存备查”）。

【案例 4-11】存货用于对外投资（联营企业或合营企业）的财税处理及风险管理

说明：本案例为会计处理要确认收入，税务处理不需要视同销售，但税务处理选择 5 年分期递延纳税。

甲公司与乙公司、丙公司在交易发生之前不具有关联关系，丙公司持有乙公司的 30% 股权。甲公司于 2019 年 10 月 1 日以存货交换的方式从乙公司的股东丙公司手中取得乙公司 30% 的股权。甲公司用于交换存货的账面价值 1 000 万元，公允价值 1 200 万元（不含税，税率 13%）。交易完成后，甲公司对乙公司具有重大影响。

问题：甲公司涉及对外投资的财税处理及风险管理。

解析：

1. 会计处理

借：长期股权投资　　13 560 000.00

　贷：主营业务收入　　12 000 000.00

　　应交税费——应交增值税（销项税额）　　1 560 000.00（12 000 000×13%）

同时结转成本：

借：主营业务成本　　10 000 000.00

　贷：存货　　10 000 000.00

2. 税务处理

案例中交易不构成控股子公司合并，根据会计准则规定进行的会计处理对付出资产确认了收入和成本。会计处理已经确认了收入和成本，自然就不构成税务规定的“视同销售”，故本案例不需要进行“视同销售”的纳税调整。

根据税法规定，对于非货币性资产对外投资转让所得，可以分5年递延纳税，本案例也可以进行选择是否分期递延纳税。如果不选择分期递延纳税，则不需要进行纳税调整；如果选择分期递延纳税，不需要填写《视同销售和房地产开发企业特定业务纳税调整明细表》（A105010），而是直接填报《企业重组及递延纳税事项纳税调整明细表》（A105100）。

3. 所得税申报表填报（选择5年分期递延纳税）

第一步：填写《企业重组及递延纳税事项纳税调整明细表》（A105100），见表4-1-29。

表4-1-29

A105100　企业重组及递延纳税事项纳税调整明细表　单位：万元

行次	项　目	一般性税务处理			特殊性税务处理			纳税调整金额
		账载金额	税收金额	纳税调整金额	账载金额	税收金额	纳税调整金额	
		1	2	3(2-1)	4	5	6(5-4)	7(3+6)
12	六、以非货币性资产对外投资	—	—	0.00	200.00	40.00	-160.00	-160.00
16	合计（1+4+6+8+11+12+13+14+15）	0.00	0.00	0.00	200.00	40.00	-160.00	-160.00

第二步：填写《纳税调整项目明细表》（A105000），见表4-1-30。

表4-1-30

A105000　纳税调整项目明细表　单位：万元

行次	项　目	账载金额	税收金额	调增金额	调减金额
		1	2	3	4
1	一、收入类调整项目（2+3+4+5+6+7+8+10+11）	—	—	0.00	0.00
2	（一）视同销售收入（填写A105010）	—	0.00	0.00	—
12	二、扣除类调整项目（13+14+…24+26+27+28+29+30）	—	—	0.00	0.00
13	（一）视同销售成本（填写A105010）	—	0.00	—	0.00
36	四、特殊事项调整项目（37+38+…+42）	—	—	—	160.00
37	（一）企业重组及递延纳税事项（填写A105100）	200.00	40.00	0.00	160.00
45	合计（1+12+31+36+43+44）	—	—	0.00	160.00

说明：企业选择适用分期递延纳税的，在正确填报企业所得税申报表的同时，还需要向主管税务机关报送《非货币性资产投资递延纳税调整明细表》（该表目前尚未改为“留存备查”）。

【案例4-12】存货以划拨形式投资于集团内企业的财税处理及风险管理

说明：本案例为会计处理不确认收入，由于企业选择适用财税〔2014〕109号文，因而税务处理也不需要视同销售。

甲公司和乙公司都是丙公司的全资子公司。丙公司决定从甲公司以成本价划拨一部分产成品给乙公司增加“实收资本”。甲公司于2019年10月1日将存货交换划拨给乙公司，拥有乙公司40%股权。甲公司划拨的存货账面价值1 000万元，公允价值1 200万元（不含税，税率13%）。乙公司在收到甲公司划拨资产后所有者权益为2 700万元；甲公司2019年10月1日资本公积为180万元、盈余公积100万元、未分配利润200万元。

假定丙公司决定甲公司和乙公司对资产划拨适用财税〔2014〕109号文，甲、乙公司都是一般纳税人。

问题：甲公司涉及对外投资的财税处理及风险管理。

解析：

1. 会计处理

案例中甲公司对乙公司的投资虽然不构成同一控制下企业控股合并，但是交易不具有商业实质，且要想适用财税〔2014〕109号文，因此不得确认损益。

借：长期股权投资　　10 800 000.00（27 000 000×40%）

　　资本公积　　760 000.00

　贷：存货　　10 000 000.00

　　应交税费——应交增值税（销项税额）　　1 560 000.00（12 000 000×13%）

说明：案例中的交易，只有资产划转，没有“与其相关联的债权、负债和劳动力一并转让”，因此不满足《国家税务总局关于纳税人资产重组有关增值税问题的公告》（国家税务总局公告2011年第13号）规定，增值税需要继续视同销售。增值税计税依据依然还是公允价值，因此付出资产的一方可以开具增值税专用发票，收到资产的一方仍然可以按规定抵扣进项税额。

2. 税务处理

案例资料已经交代交易适用财税〔2014〕109号文，因此甲乙双方的会计处理均不得确认损益。但是，增值税方面由于不满足不征税的条件，依然需要视同销售处理。

由于适用财税〔2014〕109号文，交易双方均不确认损益，因此甲公司企业所得税申报时应填报《企业重组及递延纳税事项纳税调整明细表》（A105100），而不能填写《视同销售和房地产开发企业特定业务纳税调整明细表》（A105010）。因为企业非货币性资产用于对外投资，无论会计处理是否确认收入，经过视同销售纳税调整后，在税务上都是计算了非货币性资产转让所得，转让所得最终进入应纳税所得额（包括分期递延纳税），因而其收入（含视同销售收入）应作为“三费”计算的扣除基数。而适用财税〔2014〕109号文，双方企业均不确认损益，因此无论会计如何处理，其划转资产的公允价值都不能作为“三费”计算的扣除基数。

企业所得税申报表填报：

填写《企业重组及递延纳税事项纳税调整明细表》（A105100），见表4-1-31。

表 4-1-31

A105100　　企业重组及递延纳税事项纳税调整明细表　　单位：万元

行次	项　目	一般性税务处理			特殊性税务处理			纳税调整金额
		账载金额	税收金额	纳税调整金额	账载金额	税收金额	纳税调整金额	
		1	2	3(2−1)	4	5	6(5−4)	7(3+6)
14	八、股权划转、资产划转	—	—	0.00	0.00	0.00	0.00	0.00
16	合计（1+4+6+8+11+12+13+14+15）	0.00	0.00	0.00	0.00	0.00	0.00	0.00

说明：此处之所以“账载金额”和“税收金额”都是0，是因为填表规则要求填写交易确认的收益（损失），本案例中适用（财税〔2014〕109号）文，会计处理和税务处理均不确认损益，故而为0。

（四）税务风险说明

企业用非货币性资产对外投资，情况比较复杂，会计处理适用的会计准则可能不一样。税法规定相对简单，但是又出于鼓励而出台了分期递延纳税和企业重组特殊税务处理。所以，如果二者搅和在一起就复杂了。企业和财务人员容易造成税务风险的情形有以下几种。

（1）会计处理已经确认收入，而税务处理时继续进行视同销售的纳税调整。部分财务人员只看到申报表上有视同销售的栏目和税法规定就盲目进行纳税调整，而不去查看企业本身的会计处理。不管会计处理是否正确，只要会计上在企业对外投资时已经确认了收入的，税务处理时就不能再次视同销售调整。否则，就会重复纳税。

（2）计税价格不符合税法规定。对外投资，无论会计处理是否确认收入，其非货币性资产计税价格必须满足税法规定的公允价值，包括增值税销项税额计算。

（3）当企业选择分期递延纳税时，无论会计处理是否正确，只要会计处理没有确认收入，就应先填报《视同销售和房地产开发企业特定业务纳税调整明细表》（A105010），而不是跳过该表直接填写《企业重组及递延纳税事项纳税调整明细表》（A105100）；否则，会减少“三费”税前扣除计算的基数。

（4）对于非货币性资产对外投资，其转让虽然企业所得税法规定可以分 5 年递延纳税，但是企业需要综合测算确认是否选择适用。如果企业正处于有税收优惠政策期间或弥补以前亏损期间，选择适用递延纳税有可能并不是恰当的。

（五）税务风险管理

（1）企业应将股权投资合同或协议、对外投资的非货币性资产（明细）公允价值评估确认报告、非货币性资产（明细）计税基础的情况说明、被投资企业设立或变更的工商部门证明材料等资料留存备查，并单独准确核算税法与会计差异情况。

（2）涉及企业重组的，税务风险和税务争议非常多，建议企业每进行一步均征询专业人士和主管税务机关的意见。

（3）纳税申报时，应将该部分作为审核重点，重点检查是否有应调整而未调整，不应调整而又调整，或者跳过视同销售的纳税调整而直接调整企业重组及分期递延纳税的。

（4）递延纳税的选择需要综合考虑、多方测算，选择对企业最有利的方案。

九、提供劳务视同销售收入的财税处理及风险管理

提供劳务视同销售，主要出现在一些服务型企业的促销活动中，比如餐饮和酒店住宿企业的消费积分换取免费服务、航空公司累计里程免费换机票等。这种形式促销属于会计准则规定的附有客户额外购买选择权销售，具体会计处理在本书第二章第二节及【案例 2-9】有专门讲述。

【案例 4-13】酒店消费积分兑换免费房间的财税处理及风险管理

骊威酒店 2019 年 5 月 1 日推出一项促销活动，从五一节开始到国庆节长假结束期间，客人在酒店每消费 10 元积 2 分。每 1 分等同于现金 1 元，只可用于兑换房间免费住宿（但积分不足一间房费用的不能使用），不能兑换礼物或现金。积分长期有效。

经统计，截至促销活动结束客人参与活动积分共计 1 000 万分。根据以往经验，积分兑换率为 40%。截至 2019 年 12 月 31 日，客人兑换免费房间共用积分 300 万分。结合积分兑换的实际情况后评估积分兑换率维持不变。

骊威酒店为一般纳税人。

问题：骊威酒店积分兑换免费房间的财税处理及风险管理。

解析：

1. 会计处理

本案例中，骊威酒店授予顾客积分是一项重大权利，应当作为一项单独的履约义务。顾客消费单独售价 5 000 万元（含税，积分 1 000 万分 /0.2）；考虑到积分兑换率（40%），酒店估计积分单独售价为 400 万元（1 000 万 ×40%，含税价）。酒店按照服务收入和积分单独售价的相对比例对交易价格进行分摊：

分摊至服务收入的交易价格 =[5 000/(5 000+400)]×5 000=4 629.63（万元）；

分摊至积分的交易价格 =[5 000/(5 000+400)]×400=370.37（万元）。

（1）顾客积分的会计分录

借：银行存款　　50 000 000.00

　贷：主营业务收入　　43 675 800.00（46 296 300/1.06）

　　合同负债　　3 494 100.00（3 703 700/1.06）

　　应交税费——应交增值税（销项税额）　　2 830 100.00

（2）截至 2019 年 12 月 31 日积分实际兑换使用抵扣了 300 万元，因此应按照顾客实际兑换使用额（300 万元）占预期将兑换使用额（1 000 万 ×40%）的比例为基础确认收入。

实际使用的 300 万积分应当确认的收入 =300/400×349.41=262.06（万元）；

剩余未使用积分的价值 =349.41-262.06=87.35（万元）（仍然作为负债）。

截至 2019 年 12 月 31 日估计的积分兑换率与初始预计相符，不调整剩余未使用现金券的合同负债价值。因此，应确认已兑换积分的收入：

借：合同负债　　　　　　　　　　　　　　　　　　　　　2 620 600.00

　贷：主营业务收入　　　　　　　　　　　　　　　　　　　2 620 600.00

（3）积分兑换免费房间视同销售计算增值税

借：销售费用——业务宣传费　　　　　　169 800.00（3 000 000×6%/1.06）

　贷：应交税费——应交增值税（销项税额）　169 800.00（3 000 000×6%/1.06）

说明：本案例与【案例 2-9】最大区别是，本案例不能作为销售折扣，因为促销活动规则中写的是“免费房间”，因此只能按视同销售处理。由于不满足会计准则对收入的确认条件，所以也不能确认收入。

2. 税务处理

本案例涉及两处视同销售的纳税调整：

（1）“合同负债”期末余额 87.35 万元是负债性质，是按照会计准则从实现营业收入分摊出来的积分价值，税务上应作收入，需纳税调整。

（2）积分兑换使用了 300 万元（含税），酒店提供了 300 万元（含税）房间给顾客免费使用，应视同销售收入（不含税金额 283.02 万元）。免费使用房间所发生的成本，酒店已经计入了营运成本，故视同销售成本为 0。

但是，企业视同销售调整收入用于市场推广宣传，可以同时调增“销售费用——业务宣传费”300 万元（加上增值税销项税额）。在视同销售调增收入的同时，再调增费用。

3. 企业所得税申报表填报

第一步：填写《视同销售和房地产开发企业特定业务纳税调整明细表》（A105010），见表 4-1-32。

表 4-1-32

A105010　　　　视同销售和房地产开发企业特定业务纳税调整明细表　　　　单位：万元

行次	项　目	税收金额	纳税调整金额
		1	2
1	一、视同销售（营业）收入（2+3+4+5+6+7+8+9+10）	370.37	370.37
9	（八）提供劳务视同销售收入	283.02	283.02
10	（九）其他	87.35	87.35
11	二、视同销售（营业）成本（12+13+14+15+16+17+18+19+20）	0.00	0.00
19	（八）提供劳务视同销售成本	—	0.00
20	（九）其他	—	0.00

说明：第10行“其他”调整的是“合同负债”余额。

第二步：填写《纳税调整项目明细表》（A105000），见表 4-1-33。

表 4-1-33

A105000　　纳税调整项目明细表　　单位：万元

行次	项　目	账载金额	税收金额	调增金额	调减金额
		1	2	3	4
1	一、收入类调整项目（2+3+4+5+6+7+8+10+11）	—	—	370.37	0.00
2	（一）视同销售收入（填写A105010）	—	370.37	370.37	—
12	二、扣除类调整项目（13+14+…24+26+27+28+29+30）	—	—	0.00	0.00
13	（一）视同销售成本（填写A105010）	—	0.00	—	0.00
16	（四）广告费和业务宣传费支出（填写A105060）	—	—	0.00	0.00
30	（十七）其他	0.00	0.00	0.00	0.00
45	合计（1+12+31+36+43+44）	—	—	370.37	0.00

4. **税务风险及风险管理**

从表 4-1-33 就可以看出像案例中这样处理的巨大税务风险。案例的财税处理是严格按照会计准则和税法规定进行的，但是最终需要“视同销售”调增收入 283.02 万元，且无对应的成本，意味着直接调增了应纳税所得额 283.02 万元，意味着企业将多交税 70.76 万元。

要解除这么巨大的税务风险，必须从源头做起。首先应改变促销活动规则。案例中的兑换免费房间，可以修改为“1 元住酒店”，当顾客积分达到房间售价时，可以用 1 元现金加积分进行兑换。把兑换免费房间修改为 1 元销售房间，因为顾客是有偿消费，酒店不是免费赠送，且酒店与顾客之间不存在关联关系等，所以无论是增值税还是企业所得税都无须视同销售。所谓的“税务筹划”，就是需要在经济业务尚未发生的情况下，预先设计经济业务交易形式和过程等，避开税务规定的“红线”，达到合理地少交税或者避免多交税。本案例中，酒店的活动本身就是一种促销活动，没有任何现金流入，如果处理不当直接就会造成增值税和企业所得税的巨大税负。

因此，类似于酒店这种促销活动，企业前期应做好规划。财务人员后期只能严格按照规定进行财税处理，收集相关的证据材料，做好税会差异的登记和纳税调整申报。

十、其他类的视同销售财税处理及风险管理

前面几种类型的视同销售已经囊括了税法列举的几种情形，很多人认为申报表上视同销售的“其他”是多此一举。如果您已经看过本书第二章的内容，就不会这么简单地认为了。

《企业所得税法实施条例》第二十五条和《国家税务总局关于企业处置资产所得税处理问题的通知》（国税函〔2008〕828 号）第二条以正列举的形式列举了视同销售的情形，但是企业会计准则涉及的情况更加复杂，比如不满足会计准则规定会计处理不确认收入、附有退回条款的销售、附有客户额外购买选择权的销售等，都是税法没有明示的，只能归类于税法规定中的“等”或“其他改变资产所有权属的用途”范畴，因此此类调整就应该通过视同销售的“其他”来调整。

笔者在很多讲述企业所得税的书籍或文章上看到，很多人把此类调整不通过视同销售调

整，而是直接通过《纳税调整项目明细表》（A105000）中“收入类调整项目”和“扣除类调整项目”的“其他”直接进行调整，其实这是不正确的。不正确的原因和税务风险，我已经在【案例 2-1】的“税务风险”中做了分析与讲解，敬请查阅，不再赘述。

总之，视同销售纳税调整的“其他”，主要就是调整税法和申报表已经明示以外的视同销售，主要包括以税法规定应确认收入，但是以企业会计准则规定不能确认收入或者要少确认收入等。比如不满足会计准则规定收入确认条件的，会计处理不确认收入但税务处理可能需要确认收入，税务处理确认部分就应以视同销售来调整；附有退回条款的销售、附有客户额外购买选择权的销售等会计处理确认的收入可能比税务处理确认的金额少，其少的部分也应通过视同销售来进行纳税调整。

第二节　未按权责发生制原则确认收入的财税处理及风险管理

会计准则对收入确认处理，主要遵循权责发生制原则和实质重于形式原则，但是基于谨慎性原则也有例外，部分收入确认并不能完全按照权责发生制原则处理。

税法在对收入确认时，也主要遵循权责发生制原则和实质重于形式原则，但是基于反避税等原因，也有很多例外规定。

因此，会计处理与税务处理都有可能存在“未按权责发生制原则确认收入”的情况，当二者不一致时就需要进行纳税调整。

一、跨期收取的租金收入的财税处理及风险管理

（一）跨期收取租金涉及的税务规定

（1）《企业所得税法实施条例》第十九条规定，《企业所得税法》第六条第（六）项所称租金收入，是指企业提供固定资产、包装物或者其他有形资产的使用权取得的收入。

租金收入，按照合同约定的承租人应付租金的日期确认收入的实现。

（2）《国家税务总局关于贯彻落实企业所得税法若干税收问题的通知》（国税函〔2010〕79号）第一条，关于租金收入确认问题规定：

根据《实施条例》第十九条的规定，企业提供固定资产、包装物或者其他有形资产的使用权取得的租金收入，应按交易合同或协议规定的承租人应付租金的日期确认收入的实现。其中，如果交易合同或协议中规定租赁期限跨年度，且租金提前一次性支付的，根据《实施条例》第九条规定的收入与费用配比原则，出租人可对上述已确认的收入，在租赁期内，分期均匀计入相关年度收入。

（3）跨期收取租金涉及的增值税规定：

①《增值税暂行条例》第十九条规定，发生应税销售行为的增值税纳税义务发生时间，为收讫销售款项或者取得索取销售款项凭据的当天；先开具发票的，为开具发票的当天。

②《财政部 国家税务总局关于全面推开营业税改征增值税试点的通知》（财税〔2016〕

36号）附件1规定，《营业税改征增值税试点实施办法》第四十五条规定，纳税人提供租赁服务采取预收款方式的，其纳税义务发生时间为收到预收款的当天。

（二）会计处理

根据《企业会计准则第21号——租赁》（2006版）定义，租赁是指在约定的期间内，出租人将资产使用权让与承租人以获取租金的协议（2018版修订后，定义的表述有差异，但是实质内容基本一致）。

无论是2006版还是2018版的租赁会计准则都将租赁的出租人会计处理分类为融资租赁和经营租赁。

以融资租赁形式销售货物的，会计处理按照“实质重于形式”原则，其租赁资产所有权更加接近于已经发生转移，更加类似于分期收款销售资产，因此在业务发生时应按照收入准则将全部应收取的租金确认为收入，其涉及的纳税调整应在《未按权责发生制确认收入纳税调整明细表》（A105020）第8行“（三）其他分期确认收入”进行填报。

企业所得税申报表《未按权责发生制确认收入纳税调整明细表》（A105020）中所指的“跨期收取租金、利息、特许权使用费”只填报经营租赁收取的租金，虽然报表填报说明未曾明示。

在经营租赁下，与租赁资产所有权有关的风险和报酬并没有实质上转移给承租人，出租人对于经营租赁的资产仍应按自有资产的处理方法，将租赁资产反映在资产负债表上。

根据《企业会计准则第21号——租赁》及其应用指南的规定，在经营租赁下，出租人和承租人的会计处理，见表4-2-1。

表4-2-1

项目	会计处理
收到租金	将收到的租金在租赁期内的各个期间按直线法确认为收入；如果其他方法更加合理，那么也可以采用其他方法
初始直接费用	计入当期的管理费用
计提折旧/摊销	固定资产计提折旧或摊销；其他经营资产，采用合理方法进行摊销
或有租金	在实际发生时计入当期损益

（三）出租人经营租赁的税会差异分析

（1）出租人在会计上按照权责发生制确认收入，税法上按照合同约定应付款日期确认收入，二者可能存在时间差异，需要进行纳税调整。

（2）租赁期限跨年度且租金提前一次性支付的，出租人税务处理可以将租金收入分期计入相关年度收入；但是会计上采用的分期方法可以是直线法或其他合理方法，而税法上只能采用直线法分期均匀计入相关年度收入。如果二者存在差异，应进行纳税调整。

【案例4-14】跨期收取租金的财税处理及风险管理

利君公司2019年发生了以下两起租赁：

（1）2019 年 5 月 1 日将一台设备租赁给甲公司，每月租金 1.13 万元（含税价），租赁时间 1 年。每半年收一次租金，5 月 1 日已经收到前半年的租金，11 月份未收到后半年的租金（增值税专用发票已经按时开具给甲公司），而是等到 2020 年 1 月才收到的。

（2）2019 年 4 月 1 日将一处办公室租赁给乙公司，每月租金 21 万元（含税价，增值税简易征收）。租赁时间从 2019 年 4 月 1 日至 2020 年 6 月 30 日，合同约定前 3 月免租，乙公司一次性支付全部租金。乙公司在 6 月 1 日按合同约定支付了 1 年租金 252 万元。

假定利君公司是一般纳税人。

问题：1. 利君公司 2019 年度租赁的会计处理及涉及的财税处理；

2. 如果 2020 年未继续租赁，相关业务涉及的财税处理。

解析：

1. 设备租赁的会计处理

（1）2019 年 5 月 1 日收到租金

借：银行存款　　67 800.00

　贷：预收账款——甲公司　　60 000.00

　　　应交税费——应交增值税（销项税额）　　7 800.00

（2）5 月至 10 月每月确认收入

借：预收账款——甲公司　　10 000.00

　贷：其他业务收入　　10 000.00

（3）11 月份虽然未收到租金，仍然需要确认收入及开具增值税发票销项税额

借：预收账款　　17 800.00

　贷：其他业务收入　　10 000.00

　　　应交税费——应交增值税（销项税额）　　7 800.00（6×10 000×13%）

（4）2019 年 11 月至 2020 年 4 月每月确认收入

借：预收账款——甲公司　　10 000.00

　贷：其他业务收入　　10 000.00

（5）2012 年 1 月收到租金

借：银行存款　　67 800.00

　贷：预收账款　　67 800.00

2. 不动产租赁的会计处理

（1）2019 年 6 月收到租金

借：银行存款　　2 520.000.00

　贷：预收账款　　2 400 000.00

　　　应交税费——简易计税　　120 000.00

说明：根据《国家税务总局关于土地价款扣除时间等增值税征管问题的公告》（国家税务总局公告 2016 年第 86 号）第七条规定：“纳税人出租不动产，租赁合同中约定免租期的，不属于《营业税改征增值税试点实施办法》（财税〔2016〕36 号文件印发）第十四条规定的视同

销售服务。”因此，3个月免租期在计算增值税时是不需要视同销售的。

（2）从2019年4月至2020年6月确认收入

根据实质重于形式原则和权责发生制原则，虽然前3个月是免租金的，但是该免租金的行为其实是为了后面的收取租金，因此应将租赁时间15个月内收取租金在整个租赁期间平均分配。因此，每月的收入=(21/1.05)×12/15=16（万元）

借：预收账款　　160 000.00

　贷：其他业务收入　　160 000.00

3. 税会差异分析

《企业所得税法实施条例》第十九条规定是按照合同约定的租金收取日期确认收入，属于典型的收付实现制原则，不属于权责发生制。这样的规定，对企业有利有弊，与《企业所得税法实施条例》第九条规定也有点违背。因此，国家税务总局就以国税函〔2010〕79号的形式打了一个补丁，进行了适当纠偏。

但是，需要注意国税函〔2010〕79号的用词，对于跨期租金分摊使用的是“可”字。意味着选择权在纳税人，是否分摊由纳税人自行决定（与会计上是否分摊无关）。

为了讲解跨期租金未按权责发生制确认收入涉及的纳税调整，所以此处税务处理就选择不按照国税函〔2010〕79号进行分摊。企业在实务操作中，可以根据对企业最有利的情况进行选择。比如案例中涉及的企业在2019年有税收优惠，而到2020年就没有优惠政策了，那就选择不分摊。如果两年都一样，没有什么优惠政策，为了尽可能晚交税的目的，则应选择分摊。

既然案例选择不分摊，那么合同约定的租金收取日期均在2019年，不管是否收到，企业所得税方面均应确认收入。设备租金：总租金12万元，会计方面已经确认10万元，应调整2万元；不动产租赁：总租金240万元，会计方面确认144万元（16万元×9个月），应调整96万元。

4. 企业所得税申报表的填报

（1）2019年跨期租金的相关填报

第一步：填写《未按权责发生制确认收入纳税调整明细表》（A105020），见表4-2-2。

表4-2-2

A105020　　未按权责发生制确认收入纳税调整明细表　　单位：万元

行次	项　目	合同金额（交易金额）	账载金额		税收金额		纳税调整金额
			本年	累计	本年	累计	
		1	2	3	4	5	6（4-2）
1	一、跨期收取的租金、利息、特许权使用费收入（2+3+4）	252.00	154.00	154.00	252.00	252.00	98.00
2	（一）租金	252.00	154.00	154.00	252.00	252.00	98.00
14	合计（1+5+9+13）	252.00	154.00	154.00	252.00	252.00	98.00

第二步：填写《纳税调整项目明细表》（A105000），见表4-2-3。

表 4-2-3

A105000 纳税调整项目明细表 单位：万元

行次	项 目	账载金额	税收金额	调增金额	调减金额
		1	2	3	4
1	一、收入类调整项目（2+3+4+5+6+7+8+10+11）	—	—	98.00	0.00
3	（二）未按权责发生制原则确认的收入（填写A105020）	154.00	252.00	98.00	0.00
45	合计（1+12+31+36+43+44）	—	—	98.00	0.00

（2）2020 年跨期租金的相关填报

第一步：填写《未按权责发生制确认收入纳税调整明细表》（A105020），见表 4-2-4。

表 4-2-4

A105020 未按权责发生制确认收入纳税调整明细表 单位：万元

行次	项 目	合同金额（交易金额）	账载金额		税收金额		纳税调整金额
			本年	累计	本年	累计	
		1	2	3	4	5	6（4-2）
1	一、跨期收取的租金、利息、特许权使用费收入（2+3+4）	252.00	98.00	252.00	0.00	252.00	-98.00
2	（一）租金	252.00	98.00	252.00	0.00	252.00	-98.00
14	合计（1+5+9+13）	252.00	98.00	252.00	0.00	252.00	-98.00

第二步：填写《纳税调整项目明细表》（A105000），见表 4-2-5。

表 4-2-5

A105000 纳税调整项目明细表 单位：万元

行次	项 目	账载金额	税收金额	调增金额	调减金额
		1	2	3	4
1	一、收入类调整项目（2+3+4+5+6+7+8+10+11）	—	—	0.00	98.00
3	（二）未按权责发生制原则确认的收入（填写A105020）	98.00	0.00	0.00	98.00
45	合计（1+12+31+36+43+44）	—	—	0.00	98.00

5. 税务风险说明

对于租金的收取，如果跨年度，需要注意会计处理与税务处理的差异。《企业所得税法实施条例》第十九条规定是按照合同约定的租金收取日期确认收入，国税函〔2010〕79 号规定可以分期。会计处理一般都是分期的，适用国税函〔2010〕79 号就可以了。

但是，国税函〔2010〕79 号适用必须有两个条件：一是交易合同或协议中规定租赁期限跨年度，二是租金提前一次性支付的。实务中很多租赁合同签署的付款期限是分 3 个月、半年或 1 年等，真正签署比较长租赁时间而一次性支付租金是比较少见的。因此，实务中很多租赁合同实际上并不满足适用国税函〔2010〕79 号的条件。

比如租房合同签署了3年，每半年支付后6个月的租金，每年支付两次，一次是6月，一次是12月。每年12月收的租金就相当于是预收次年1～6月的租金，这时税务处理必须按照《企业所得税法实施条例》第十九条规定，按照合同约定的租金收取日期确认收入，而不能适用国税函〔2010〕79号；会计处理则是体现为预收，二者存在差异，必须进行纳税调整。

对于租房合同存在免租期的，还需要注意增值税和房产税的税务风险。免租期内不视同销售缴纳增值税，但是房产税却没有类似政策，免租期仍需要缴纳房产税。

《国家税务总局关于土地价款扣除时间等增值税征管问题的公告》（国家税务总局公告2016年第86号）第七条规定，纳税人出租不动产，租赁合同约定免租期的，不属于《营业税改征增值税试点实施办法》第十四条规定的视同销售服务。出租方与承租方约定的免租期不视同销售缴纳增值税。

《财政部 国家税务总局关于安置残疾人就业单位城镇土地使用税等政策的通知》（财税〔2010〕121号）第二条规定，对出租房产，租赁双方签订的租赁合同约定有免收租金期限的，免收租金期限由产权所有人按照房产原值缴纳房产税。

6. 税务风险管理

（1）严格审阅租赁合同，注意是否满足国税函〔2010〕79号适用条件，避免误用税法规定而造成遗漏纳税调整。

（2）收集租赁合同、收款依据等证明材料留存备查。

（3）登记税会差异台账，复核纳税调整。

二、跨期收取的利息收入的财税处理及风险管理

利息收入是指他人使用本企业的现金或现金等价物，或者其他企业拖欠货款，企业应收取的资金使用费或占用费。

（一）利息收入的会计处理

1. 利息收入的种类

利息收入包括存款利息收入、贷款利息收入和债券利息收入，以及具有融资性质的分期付款销售、融资租赁、现金折扣等。

2. 利息收入的会计处理方式

（1）存款利息的确认一般根据银行结算办法，在实际收到时直接冲减财务费用。

（2）贷款利息收入的确认，是按照权责发生制原则，根据贷款本金和约定的利率计算应收取的利息，计入“其他业务收入”或“利息收入”科目。

（3）债券利息收入会计处理结果最终会体现为“投资收益”，并不计入“利息收入”。所得税申报表涉及债券利息收入的纳税调整也与“利息收入”不在同一报表，故本部分内容不涉及债券利息收入，相关内容在“投资收益”。

（4）具有融资性质的分期收款销售、融资租赁等形成的利息收入，属于会计处理的结果，

税法上不认可其属于单独的利息收入，因此该部分内容在分期收款销售、融资租赁中涉及。

（5）现金折扣在本书第二章第二节已经讲述，此处不赘述。

（二）税法规定

《企业所得税法实施条例》第十八条规定，企业所得税法第六条第（五）项所称利息收入，是指企业将资金提供他人使用但不构成权益性投资，或者因他人占用本企业资金取得的收入，包括存款利息、贷款利息、债券利息、欠款利息等收入。

利息收入，按照合同约定的债务人应付利息的日期确认收入的实现。

（三）税会差异分析

在实务中，银行一般是每个季度最后一月的 22 日结算并支付利息，到年终时只有 12 月 23 日至 12 月 31 日的利息没有结算支付。企业一般都是收到利息后才直接冲减财务费用，平时每月并不确认收入，对于最后未结算的部分不做会计处理，因为金额一般都不是太大。会计上这种处理，基本上属于收付实现制，正好符合税法规定，也就没有税会差异。

贷款利息的支付时间，一般都是借贷双方通过合同进行约定，时间并不一致，支付的方式也不一致。因此，会计上按照权责发生制确认收入，而税务处理可能是要按照收付实现制，二者存在税会差异需要进行纳税调整。

【案例 4-15】跨期收取的利息收入的财税处理及风险管理

利君公司是一家非金融企业，2019 年发生如下有关利息收入的业务：

（1）2019 年全年共计收到银行存款利息 10.6 万元，结算期间属于 2018 年 12 月 22 日至 2019 年 12 月 21 日。该部分利息收入全部于收到时计入当期财务费用。

（2）2019 年 7 月 1 日将一笔 100 万元的资金借给甲公司使用。合同约定，借款期限一年，利率 6%，利息从本金中直接扣除，即 2019 年 7 月 1 日实际转账给甲公司的金额是 94 万元，但借款合同和借据都是注明借款金额为 100 万元。

（3）2019 年 9 月 1 日将一笔 200 万元的资金借给乙公司使用。合同约定：借款期限一年，利率 7.2%，利息每半年支付一次，利息支付时间分别是 2020 年 2 月 28 日和 8 月 31 日。

假定上述的利息收入都是冲减的财务费用，在收取时开具了增值税普通发票（利君公司为一般纳税人）。

问题：2019 年度利君公司利息收入的财税处理及税务风险管理。

解析：

1. 会计处理

（1）银行存款利息收入

借：银行存款　　106 000.00

　贷：财务费用——利息收入　　106 000.00

说明：实务中上述分录是分 4 个季度做的。

（2）借给甲公司资金

借出时：

借：其他应收款——甲公司 1 000 000.00

贷：银行存款 940 000.00

应交税费——应交增值税（销项税额） 3 400.00（60 000 × 6%/1.06）

未确认融资费用——甲公司借款 56 600.00（60 000/1.06）

2019 年利息收入的确认：由于借给甲公司利息结算采用贴息法，按会计准则规定应采用实际利率法确认利息收入是最为妥当的，但是由于时间短金额小，根据重要性原则也可采用直线法来摊销确认。故此处采用直线法确认 2019 年度的利息收入。

借：未确认融资费用——甲公司借款 28 300.00（56 600/2）

贷：财务费用——利息收入 28 300.00

（3）借给乙公司资金

资金借出时：

借：其他应收款——乙公司 2 000 000.00

贷：银行存款 2 000 000.00

2018 年 9 月至 12 月确认利息收入（每月）：

借：其他应收款——乙公司 12 000.00（2 000 000 × 7.2%/12）

贷：财务费用——利息收入 11 300.00（12 000/1.06）

应交税费——待转销项税额 700.00

说明：增值税纳税义务并未实际发生，故增值税销项税额需要先计入“待转销项税额”。

2019 年确认利息收入 =1.13 × 4=4.52（万元）。

每半年收取利息时（2020 年 2 月 28 日和 8 月 31 日）：

借：银行存款 72 000.00

应交税费——待转销项税额 4 100.00

贷：其他应收款——乙公司 72 000.00

应交税费——应交增值税（销项税额） 4 100.00

2. 税务处理及税会差异分析

（1）银行存款利息收入，是免增值税的，会计处理结果与企业所得税法规定一致，无税会差异，无须进行纳税调整。

（2）根据《关于全面推开营业税改征增值税试点的通知》（财税〔2016〕36 号）规定的增值税纳税义务发生时间，借给甲公司和乙公司资金收取的利息均是合同约定的支付利息时间。由于甲乙公司的支付利息时间和方式不一致，故增值税会计处理是有差异的，会计科目也就不同。

借给甲公司和乙公司资金收取的利息收入，会计上均按照权责发生制进行了处理，与税法规定不一致的应进行纳税调整。

2019 年度甲公司利息收入会计处理确认金额 2.83 万元，税务处理应确认 5.66 万元，应进行纳税调整。

2019 年度乙公司利息收入会计处理确认金额 4.52 万元，税务处理应确认 0 元，应进行纳税调整。

企业所得税方面利息收入的应税收入 =10.6+5.66+0=16.26（万元）。

（三）2018 年跨期利息的相关填报

第一步：填写《期间费用明细表》（A104000），见表 4-2-6。

表 4-2-6

A104000　　期间费用明细表　　单位：万元

行次	项　目	销售费用	其中：境外支付	管理费用	其中：境外支付	财务费用	其中：境外支付
		1	2	3	4	5	6
21	二十一、利息收支	—	—	—	—	-17.95	—
25	合计(1+2+3+…24)	0.00	0.00	0.00	0.00	-17.95	0.00

说明：为简便，假设只有案例中涉及的财务费用，金额=10.6+2.83+4.52。

第二步：填写《未按权责发生制确认收入纳税调整明细表》（A105020），见表 4-2-7。

表 4-2-7

A105020　　未按权责发生制确认收入纳税调整明细表　　单位：万元

行次	项　目	合同金额（交易金额）	账载金额		税收金额		纳税调整金额
			本年	累计	本年	累计	
		1	2	3	4	5	6（4-2）
1	一、跨期收取的租金、利息、特许权使用费收入（2+3+4）	29.85	17.95	17.95	16.26	16.26	-1.69
3	（二）利息	29.85	17.95	17.95	16.26	16.26	-1.69
14	合计（1+5+9+13）	29.85	17.95	17.95	16.26	16.26	-1.69

说明：合同金额（交易金额）=10.6+6/1.06+14.4/1.06= 29.85。

第三步：填写《纳税调整项目明细表》（A105000），见表 4-2-8。

表 4-2-8

A105000　　纳税调整项目明细表　　单位：万元

行次	项　目	账载金额	税收金额	调增金额	调减金额
		1	2	3	4
1	一、收入类调整项目（2+3+4+5+6+7+8+10+11）	—	—	0.00	1.69
3	（二）未按权责发生制原则确认的收入（填写A105020）	17.95	16.26	0.00	1.69
45	合计（1+12+31+36+43+44）	—	—	0.00	1.69

3. 税务风险说明及税务风险管理

利息收入在会计处理上遵循权责发生制原则，而税法规定属于收付实现制原则，因此当利息收入跨年度时必然存在税会差异，一定要记住纳税调整，并检查有无遗漏。需要特别注意先收利息的，在收取当年纳税调整后，以后年度需要按照会计分摊确认的利息收入金额做反向调整，避免多交税。

在会计核算时，将“利息收入”作为单独的明细核算，避免与“利息支出”“现金折扣”等混在一起。

三、跨期收取的特许权使用费收入的财税处理及风险管理

特许权使用费收入是指企业许可他人使用本企业拥有的专利、商标、品牌、著作权、非专利技术等无形资产而收取的费用。常见的有加盟费、品牌使用费、专利技术许可使用费等。

（一）特许权使用费收入的会计处理

特许权使用费收取，在实务操作中是形式多样的。有一次性收取固定金额然后若干年内使用，有分次收取固定金额；有先收取后使用，也有使用后收取；有收固定金额的，也有按销售收入一定比例收取的，也有固定金额加比例的。

对于特许权使用费的会计处理原则是：如果合同或协议规定特许权使用费一次性支付，且不提供后续服务，应视同该项服务的销售一次性完成，一次性确认收入；如果提供后续服务，应在合同或协议约定的有效期内分期确认收入；如果合同或协议约定是分期支付使用费的，应按照合同或者协议约定的收款时间分期确认收入。

（二）税法规定

《企业所得税法实施条例》第二十条规定，企业所得税法第六条第（七）项所称特许权使用费收入，是指企业提供专利权、非专利技术、商标权、著作权以及其他特许权的使用权取得的收入。

特许权使用费收入，按照合同约定的特许权使用人应付特许权使用费的日期确认收入的实现。

（三）税会差异分析

特许权使用费收入会计处理多数情况下遵循权责发生制，但在不提供后续服务且一次性收取时采用例外原则；而税务处理（规定）则完全是收付实现制，收入的确认是按照合同约定收款时间来确认。因此，当会计处理和税务处理确认收入时间不同时就产生了税会差异，这时就需要做纳税调整。但是需要注意，不是所有的特许权使用费都会产生税会差异。

【案例 4-16】跨期收取的特许权使用费收入的财税处理及风险管理

利君公司 2019 年发生如下有关特许权使用费收入的业务。

（1）2018 年 12 月与甲公司签订一份专利技术独家许可使用协议。协议约定：从 2019 年 1 月 1 日起 3 年内，甲公司可以独家许可使用利君公司的 A 专利技术；在合同签订生效后，甲公司一次性支付使用费 31.8 万元（含税）；在约定的 3 年内，利君公司定期安排技术人员向甲公司提供相关的技术支持和技术咨询。利君公司在 1 月已经收到该款项。

（2）2019 年 12 月与乙公司签订一份专利技术独家许可使用协议。协议约定：从 2019 年 1月1日起5年内，乙公司可以独家许可使用利君公司的B专利技术；在合同签订生效10日内，乙公司除一次性支付使用费 106 万元（含税）外，乙公司按照使用该专利技术生产产品销售额的 3% 支付使用费；在约定的 5 年内，利君公司定期安排技术人员向乙公司提供相关的技术支持和技术咨询。乙公司每季度结束后在 10 内向利君公司汇报专利产品销售额并支付按比例计算的使用费，使用费在次年的 3 月 31 日前根据双方认可的会计事务所审计报告结算并在次年一季度费用中多退少补。

利君公司在 2019 年 1 月收到一次性使用费 106 万元。

乙公司汇报的专利产品销售额及比例使用费情况：1 季度 0 元；2 季度 0 元；3 季度 300 万元，使用费在 10 月收到；4 季度 500 万元，使用费在 2019 年 1 月收到。

假定利君公司是一般纳税人，在收款时开具增值税专用发票。

问题：2019 年度利君公司特许权使用费的财税处理及税务风险管理。

解析：

1. 会计处理

（1）收取甲公司特许权使用费

收款时：

科目	借方	贷方
借：银行存款	318 000.00	
贷：预收账款——甲公司		300 000.00
应交税费——应交增值税（销项税额）		18 000.00

分年度确认收入：

科目	借方	贷方
借：预收账款——甲公司	100 000.00	
贷：其他业务收入		100 000.00

说明：后续服务成本和专利技术的摊销借记“其他业务成本”，贷记“应付职工薪酬”“累计摊销”等科目。

（2）收取乙公司特许权使用费

A. 一次性费用收取

科目	借方	贷方
借：银行存款	1 060 000.00	
贷：预收账款		1 000 000.00
应交税费——应交增值税（销项税额）		60 000.00

B. 一次性费用分年度确认收入

科目	借方	贷方
借：预收账款	200 000.00	
贷：其他业务收入		200 000.00（1 000 000/5）

C. 第三季度比例费用收取

科目	借方	贷方
借：银行存款	90 000.00（3 000 000 × 3%）	
贷：其他业务收入		84 900.00（90 000/1.06）
应交税费——应交增值税（销项税额）		5 100.00

D. 第四季度比例费用确认

借：应收账款　　150 000.00（5 000 000×3%）

　贷：其他业务收入　　141 500.00（150 000/1.06）

　　　应交税费——应交增值税（销项税额）　　8 500.00

说明：在对乙公司服务过程中发生的成本和专利技术的摊销借记“其他业务成本”，贷记“应付职工薪酬”“累计摊销”等科目。

2. 税务处理及税会差异分析

（1）一次性收取的甲公司使用费，会计处理按照权责发生制分期确认了2019年一年的收入10万元。而按照税务规定，应按照合同约定收款时间全部确认收入30万元。因此，应做纳税调整20万元。

（2）一次性收取乙公司的使用费，会计处理按权责发生制分期确认了20万元。而按照税务规定，应按照合同约定收款时间全部确认收入100万元。因此，应做纳税调整80万元。

按比例计算使用费：第三季度使用费8.49万元已经在2019年度收到，无税会差异，无须调整；第四季度使用费14.15万元按合同约定要在2020年度才能收取，税务处理不确认收入，会计处理已经确认收入，因此需要纳税调整。

（3）总计

税务处理2019年度确认收入=30+100+8.49+0=138.49（万元）

会计处理2019年度确认收入=10+20+8.49+14.15=52.64（万元）

3. 2018年跨期特许权使用费的相关填报

第一步：填写《未按权责发生制确认收入纳税调整明细表》（A105020），见表4-2-9。

表4-2-9

A105020　　未按权责发生制确认收入纳税调整明细表　　单位：万元

行次	项　目	合同金额（交易金额）	账载金额		税收金额		纳税调整金额
			本年	累计	本年	累计	
		1	2	3	4	5	6（4-2）
1	一、跨期收取的租金、利息、特许权使用费收入（2+3+4）	152.64	52.64	52.64	138.49	138.49	85.85
4	（三）特许权使用费	152.64	52.64	52.64	138.49	138.49	85.85
14	合计（1+5+9+13）	152.64	52.64	52.64	138.49	138.49	85.85

第二步：填写《纳税调整项目明细表》（A105000），见表4-2-10。

表 4-2-10

A105000　　纳税调整项目明细表　　单位：万元

行次	项　目	账载金额	税收金额	调增金额	调减金额
		1	2	3	4
1	一、收入类调整项目（2+3+4+5+6+7+8+10+11）	—	—	85.85	0.00
3	（二）未按权责发生制原则确认的收入（填写A105020）	52.64	138.49	85.85	0.00
45	合计（1+12+31+36+43+44）	—	—	85.85	0.00

4. 税务风险说明及税务风险管理

跨期收取的特许权使用费在财税处理时，需要注意与转让特许权收费相区分。转让特许权收费，就是无形资产所有权的处置收入，除非合同约定是分期收款，会计处理与税务处理其收入与成本均应一次性确认；如果合同约定是分期收款，税务处理可以按照合同约定的收款时间确认收入。

跨期收取特许权使用费，税务处理严格遵循收付实现制，而会计处理在权责发生制原则的基础上，对于不提供后期服务的一次性收费也是按照收付实现制处理的。因此，需要特别注意二者在实务处理中的差异，纳税调整做到该调整的不要遗漏，也要防止把不该调整的也调整了；另外，还要注意此类调整属于暂时性差异，前面年度的调整后面年度一定有反调整。

因此，所得税申报时，应重点审核会计处理的结果是否与税法规定存在差异，避免遗漏调整；同时，检查以前年度的纳税调整，是否有本年度需要进行相反调整的事项。对本年度的纳税调整做好税会差异台账登记，方便以后年度的纳税调整。

四、分期收款方式销售货物收入的财税处理及风险管理

分期收款销售商品是在商品销售过程中，商品一次性交付，而货款却是按照合同约定的时间分次支付。以融资租赁的形式销售货物，按照“实质重于形式”的原则，也是一种特殊的分期收款销售商品。

（一）分期收款销售商品的会计处理

分期收款销售商品可分为具有融资性质的分期收款销售商品和不具有融资性质的分期收款销售商品。一般来说，付款期限超过 1 年的是具有融资性质的分期收款销售商品。当然，付款期限不是判断是否具有融资性质的唯一标准。

不具有融资性质的分期收款销售商品会计处理很简单，一般也不会产生税会差异而需要进行纳税调整，但是收款期限如果跨年则可能存在税会差异。

具有融资性质的分期收款销售商品，在符合收入确认条件时，企业应当按照应收的合同或协议价款的公允价值确定收入金额。应收的合同或协议价款的公允价值，通常应当按照其未来现金流量现值或商品现销价格（公允价值）计算确定。应收的合同或协议约定价款与其公允价值之间的差额，应当在合同或协议期间内，按照应收款项的摊余成本和实际利率计算确定的金额进行摊销，计入当期损益（冲减财务费用）。其中，实际利率，是指具有类似信用

等级的企业发行类似工具的现时利率，或者将应收的合同或协议价款折现为商品现销价格时的折现率等。在实务中，基于重要性原则，应收的合同或协议价款与其公允价值之间的差额，按照应收款项的摊余成本和实际利率进行摊销与采用直线法进行摊销结果相差不大的，也可以采用直线法进行摊销。

对于采用递延方式分期收款、具有融资性质的销售商品满足收入确认条件的，企业应按应收合同或协议价款，借记“长期应收款”科目，按应收合同或协议价款的公允价值（折现值），贷记“主营业务收入”科目，按其差额，贷记“未实现融资收益”科目。

（二）税法规定

《企业所得税法实施条例》第二十三条规定，以分期收款方式销售货物的，按照合同约定的收款日期确认收入的实现。

（三）税会差异分析

采用递延方式分期收款、具有融资性质的销售商品满足收入确认条件的，以商品公允价值为销售收入（一次性确认），而合同约定收款金额和公允价值之间的差额确认为未实现融资收益。未实现融资收益在收款期限内按合理方法进行分摊，冲减财务费用。会计处理充分体现了权责发生制原则和实质重于形式原则。

采用分期收款销售商品但不具有融资性质的，会计处理时只要满足收入确认条件的，应一次性确认收入的实现。

税务处理分期收款销售商品，是不区分是否具有融资性质，均按照合同约定的价款按照约定的收款时间分期确认收入，而不是会计处理的一次性确认；同时，税务处理也不分解为公允价值和未实现融资收益。税务处理更多体现了“收付实现制”。当然，到了收款时间实际未收到也是需要确认收入的，也是税收法定原则的体现。

【案例 4-17】分期收款方式销售货物收入的财税处理及风险管理

君健公司是一家大型医疗设备制造企业。2019 年 5 月与 A 县人民医院谈妥并签署一台医疗设备的分期收款销售商品合同：付款期限 3 年，合同总额 1 080 万元，医院每月 15 日支付 30 万元（含税）货款，君健公司每月收到货款后开具发票。合同约定君健公司在 2019 年 5 月 31 日前将医疗设备安装并调试合格后移交给医院，医院从 2019 年 6 月开始付款。

2019 年的货款已经全部收到。

资料：该设备现销价格 850 万元（含税），是君健公司生产制造并用于对外出售的，成本 450 万元（不含税）。

问题：2019 年度君健公司分期收款销售商品的财税处理及税务风险管理。

解析：

1. 会计处理

（1）设备安装调试合格后移交时

借：长期应收款　　10 800 000.00

　贷：主营业务收入　　7 522 100.00(8 500 000/1.13)

　　应交税费——待转销项税额　　1 242 800.00(10 800 000×13%/1.13)

　　未实现融资收益　　2 035 100.00

说明：①由于是分期收取货款，增值税纳税义务的产生时间为合同或协议约定收款时间，因此在纳税义务未产生前将增值税销项税额按照《财政部关于印发〈增值税会计处理规定〉的通知》(财会〔2016〕22号)规定暂时计入"应交税费——待转销项税额"。

②为方便计算，此处金额以万元为单位保留两位小数。

同时，结转存货销售成本：

借：主营业务成本　　4 500 000.00

　贷：存货　　4 500 000.00

（2）每月收取货款时

借：银行存款　　300 000.00

　贷：长期应收款　　300 000.00

同时，确认增值税纳税义务：

借：应交税费——待转销项税额　　34 500.00（300 000×13%/1.13）

　贷：应交税费——应交增值税（销项税额）　　34 500.00

（3）每月摊销"未确认融资收益"

该案例中的"未确认融资收益"金额较大，应采用实际利率法进行摊销，不可按照直线法摊销。对于实际利率计算，如果教科书上常规计算办法就比较复杂与困难，采用Excel表格计算就比较简单，见表4-2-11。

表4-2-11

期数	现金流	每期确认的融资收益	应收货款摊余成本余额
	A	B=期初C×IRR	C=期初C−A+B
0	−752.21	—	752.21
1	26.55	10.20	735.86
2	26.55	9.98	719.30
…	…	…	…
35	26.55	0.70	26.21
36	26.55	0.34	0.00
实际利率（IRR)	1.36%	—	—
合计	—	203.51	—

说明：①上表的实际利率计算使用IRR函数，计算的结果是每月的实际利率；②由于增值税在约定收款时才产生纳税义务，因此不需要考虑折现，所以将现金流和货款余额转换为不含税金额；③现金流0期金额=−850/1.13=−752.21（万元），是将现销金额视为现金流出；④现金流1到36期金额=30/1.13=26.55（万元）。

以第1期分摊未确认融资收益的会计分录为例：

借：未确认融资收益　　102 000.00

贷：财务费用——分期收款销售商品融资收益　　102 000.00

以后各期会计分录科目一致，只是变换数字而已，不再赘述。

2. 税务处理及税会差异分析

根据税法规定，君健公司在企业所得税确认收入应按合同约定的收款时间进行确认，因此案例中涉及的分期收款销售商品将会分成4个年度确认收入。根据配比原则，成本也应随收入一起分期确认。

会计处理方面，根据会计准则一次性确认了收入的实现，成本也必须一次性确认；另外，会计也确认有的融资收益是冲减的财务费用。

因此，在税务申报时应调整收入、成本和财务费用。

将税务处理的结果与会计处理的结果在各年度的差异对比见表4-2-12。

表 4-2-12

各年度税会处理差异对比表　　单位：万元

类　别	项　目	2019年 6～12月	2020年 1～12月	2021年 1～12月	2022年 1～5月	合　计
税务处理	收入	85.84	318.58	318.58	132.75	955.75
	成本	87.50	150.00	150.00	62.50	450.00
	财务费用	0.00	0.00	0.00	0.00	0.00
会计处理	收入	752.21	0.00	0.00	0.00	752.21
	成本	450.00	0.00	0.00	0.00	450.00
	财务费用	−66.65	−86.21	−45.43	−5.21	−3.51
税会差异（税−会）	收入	−566.37	318.58	318.58	132.75	204.54
	成本	−362.50	150.00	150.00	62.50	0.00
	财务费用	66.66	86.21	45.43	5.21	203.51

因此，需要进行纳税调整的会计科目涉及“主营业务收入”“主营业务成本”“财务费用”等。

3. 2019年企业所得税申报表的相关填报

第一步：填写《未按权责发生制确认收入纳税调整明细表》（A105020），见表4-2-13。

表 4-2-13

A105020　　未按权责发生制确认收入纳税调整明细表　　单位：万元

行次	项　目	合同金额（交易金额）	账载金额		税收金额		纳税调整金额
			本年	累计	本年	累计	
		1	2	3	4	5	6（4−2）
5	二、分期确认收入（6+7+8）	955.75	752.21	752.21	185.84	185.84	−566.37
6	（一）分期收款方式销售货物收入	955.75	752.21	752.21	185.84	185.84	−566.37
14	合计（1+5+9+13）	955.75	752.21	752.21	185.84	185.84	−566.37

第二步：填写《纳税调整项目明细表》（A105000），见表4-2-14。

表 4-2-14

A105000　　纳税调整项目明细表　　单位：万元

行次	项　目	账载金额	税收金额	调增金额	调减金额
		1	2	3	4
1	一、收入类调整项目（2+3+4+5+6+7+8+10+11）	—	—	0.00	566.37
3	（二）未按权责发生制原则确认的收入（填写A105020）	752.21	185.84	0.00	566.37
12	二、扣除类调整项目（13+14+…24+26+27+28+29+30）	—	—	362.50	466.66
22	（十）与未实现融资收益相关在当期确认的财务费用	-66.66	0.00	0.00	466.66
30	（十七）其他	450.00	87.50	362.50	0.00
45	合计（1+12+31+36+43+44）	—	—	362.50	633.03

说明：①第22行“（十）与未实现融资收益相关在当期确认的财务费用”是调整会计处理确认的“财务费用”；②第30行“其他”是调整“成本”差异。

4. 税务风险说明及管理

分期收款方式销售货物最大税务风险是“定金”。在商务活动中，签署合同收取“定金”是很正常的民事行为。定金是指合同当事人约定的，为确保合同的履行，一方当事人预先支付给另一方当事人的一定款项。根据我国《民法通则》和《担保法》的规定，定金是债权担保的一种方式。定金是预先支付的，而税法恰恰正好有预收款的相关规定。因此，税务机关及税务人员与纳税人对于定金是否属于“预收款”有不同理解和争议。

虽然《企业所得税法实施条例》第二十三条规定，以分期收款方式销售货物的，按照合同约定的收款日期确认收入的实现；但是《国家税务总局关于确认企业所得税收入若干问题的通知》（国税函〔2008〕875 号）也明确规定：“销售商品采取预收款方式的，在发出商品时确认收入。”

因此，“定金”是否属于“预收款”就成了带有定金条款的分期收款销售商品合同能否分期确认收入的关键。从目前媒体披露的税务稽查案例看，税务机关都是把“定金”认定为一笔“预收款”，凡是企业按照合同约定的分期收款时间确认纳税义务的，最终都被处罚了。因此，企业在签署分期收款销售商品合同时一定要注意其中的措辞，可以将原本是“定金”的条款修改为其他担保措施；否则，带有“定金”条款的分期收款销售商品，需要谨慎应用税法规定的“按照合同约定的收款日期确认收入的实现”。

企业应将分期收款销售商品经济活动涉及的合同、收款单据、发货单据、运输单据等作为业务活动的证明材料，存档备查。

企业应做好税会差异备查登记，认真记录每个年度的纳税调整情况。

五、政府补助递延收入的财税处理及风险管理

《企业会计准则第 16 号——政府补助》（2017 版，以下简称“会计准则”）第二条规定：政府补助，是指企业从政府无偿取得货币性资产或非货币性资产。

《未按权责发生制确认收入纳税调整明细表》（A105020）有专门的政府补助相关纳税调整

栏目，但是该表的填报说明专门声明：符合税收规定不征税收入条件的政府补助收入，本表不作调整，在《专项用途财政性资金纳税调整明细表》（A105040）中纳税调整。

因此，此处主要探讨政府补助征税的情况，对于满足不征税收入的暂不涉及。

（一）政府补助的会计处理

1．政府补助的分类

《会计准则》第四条规定，政府补助分为与资产相关的政府补助和与收益相关的政府补助。

与资产相关的政府补助，是指企业取得的、用于购建或以其他方式形成长期资产的政府补助。

与收益相关的政府补助，是指除与资产相关的政府补助之外的政府补助。

2．政府补助的计量

《会计准则》第七条规定，政府补助为货币性资产的，应当按照收到或应收的金额计量。

政府补助为非货币性资产的，应当按照公允价值计量；公允价值不能可靠取得的，按照名义金额计量。

3．与资产相关的政府补助的会计处理

（1）初始计量的会计处理。

《会计准则》第八条规定，与资产相关的政府补助，应当冲减相关资产的账面价值或确认为递延收益。与资产相关的政府补助确认为递延收益的，应当在相关资产使用寿命内按照合理、系统的方法分期计入损益。按照名义金额计量的政府补助，直接计入当期损益。

说明：与2006版准则相比，2017版准则允许冲减相关资产的账面价值。

（2）相关资产提前处置的会计处理。

《会计准则》第八条规定，相关资产在使用寿命结束前被出售、转让、报废或发生毁损的，应当将尚未分配的相关递延收益余额转入资产处置当期的损益。

4．与收益相关的政府补助的会计处理

《会计准则》第九条，与收益相关的政府补助，应当分情况按照以下规定进行会计处理：

（1）用于补偿企业以后期间的相关成本费用或损失的，确认为递延收益，并在确认相关成本费用或损失的期间，计入当期损益或冲减相关成本；

（2）用于补偿企业已发生的相关成本费用或损失的，直接计入当期损益或冲减相关成本。

5．同时包含与资产相关部分和与收益相关部分的政府补助的处理

《会计准则》第十条规定，对于同时包含与资产相关部分和与收益相关部分的政府补助，应当区分不同部分分别进行会计处理；难以区分的，应当整体归类为与收益相关的政府补助。

6．政府补助会计处理科目的选择

《会计准则》第十一条规定，与企业日常活动相关的政府补助，应当按照经济业务实质，计入其他收益或冲减相关成本费用。与企业日常活动无关的政府补助，应当计入营业外收支。

说明：此为2017年版政府补助准则变化最大的一处。2006年版的准则，没有区分，全部是计入营业外收支。

7. 政府补助退回的会计处理

《会计准则》第十五条规定，已确认的政府补助需要退回的，应当在需要退回的当期分情况按照以下规定进行会计处理：

（1）初始确认时冲减相关资产账面价值的，调整资产账面价值；

（2）存在相关递延收益的，冲减相关递延收益账面余额，超出部分计入当期损益；

（3）属于其他情况的，直接计入当期损益。

（二）政府补助的税务处理

（1）《企业所得税法》第六条规定，企业以货币形式和非货币形式从各种来源取得的收入，为收入总额。第七条规定，收入总额中财政拨款为不征税收入。

（2）《企业所得税法实施条例》第二十二条规定，其他收入包括补贴收入等。第二十六条规定企业所得税法第七条第（一）项所称财政拨款，是指各级人民政府对纳入预算管理的事业单位、社会团体等组织拨付的财政资金，但国务院和国务院财政、税务主管部门另有规定的除外。

（3）《财政部 国家税务总局关于财政性资金 行政事业性收费 政府性基金有关企业所得税政策问题的通知》（财税〔2008〕151 号）第一条关于财政性资金规定：

① 企业取得的各类财政性资金，除属于国家投资和资金使用后要求归还本金的以外，均应计入企业当年收入总额。

② 对企业取得的由国务院财政、税务主管部门规定专项用途并经国务院批准的财政性资金，准予作为不征税收入，在计算应纳税所得额时从收入总额中减除。

③ 纳入预算管理的事业单位、社会团体等组织按照核定的预算和经费报领关系收到的由财政部门或上级单位拨入的财政补助收入，准予作为不征税收入，在计算应纳税所得额时从收入总额中减除，但国务院和国务院财政、税务主管部门另有规定的除外。

本条所称财政性资金，是指企业取得的来源于政府及其有关部门的财政补助、补贴、贷款贴息，以及其他各类财政专项资金，包括直接减免的增值税和即征即退、先征后退、先征后返的各种税收，但不包括企业按规定取得的出口退税款；所称国家投资，是指国家以投资者身份投入企业、并按有关规定相应增加企业实收资本（股本）的直接投资。

（4）《国家税务总局关于企业所得税应纳税所得额若干问题的公告》（国家税务总局公告2014 年第 29 号）规定，企业接收政府划入资产的企业所得税处理按两种情况处理：（一）县级以上人民政府（包括政府有关部门，下同）将国有资产明确以股权投资方式投入企业，企业应作为国家资本金（包括资本公积）处理。该项资产如为非货币性资产，应按政府确定的接收价值确定计税基础。（二）县级以上人民政府将国有资产无偿划入企业，凡指定专门用途并按《财政部国家税务总局关于专项用途财政性资金企业所得税处理问题的通知》（财税〔2011〕70 号）规定进行管理的，企业可作为不征税收入进行企业所得税处理。其中，该项资产属于非货币性资产的，应按政府确定的接收价值计算不征税收入。县级以上人民政府将国有资产无偿划入企业，属于上述（一）（二）项以外情形的，应按政府确定的接收价值计入当期收入总额计算缴纳企业所得税。政府没有确定接收价值的，按资产的公允价值计算确定应税收入。

【案例 4-18】与资产相关的政府补助的财税处理及税务风险管理

利君公司 2019 年 6 月 1 日收到市政府通知，向企业提供一套环保专用设备，以鼓励企业继续做好环境保护工作。该设备公允价值 90 000 元，利君公司为安装该设备共花费人工薪酬 10 000 元。该设备预计使用 5 年（无残值，假定满足税法规定最低折旧年限），2019 年 6 月 30 日安装完毕即投入使用。

问题：利君公司 2019 年政府提供环保专用设备的财税处理及税务风险管理。

解析：

1. 会计处理

（1）收到设备时

借：在建工程　　90 000.00

　贷：递延收益　　90 000.00

（2）设备安装

借：在建工程　　10 000.00

　贷：应付职工薪酬　　10 000.00

（3）设备安装完毕转固定资产

借：固定资产　　100 000.00

　贷：在建工程　　100 000.00

（4）设备投入使用 2019 年折旧

假定使用平均年限法折旧，2019 年折旧额 =（100 000/5）/2=10 000（元）。

借：管理费用——折旧费　　10 000.00

　贷：累计折旧　　10 000.00

同时，分配递延收益：2019 年应分配 =90 000/5/2=9 000（元）。

借：递延收益　　9 000.00

　贷：其他收益　　9 000.00

2. 税会差异分析与纳税调整及填报

（1）税会差异分析与纳税调整

税务处理：当企业收到政府补助时，应计应税收入 90 000 元。而会计处理在 2019 年只计入收入金额是 9 000 元，应调整 81 000 元。

（2）2017 年度企业所得税申报表填报

第一步：填写《一般企业收入明细表》（A101010），见表 4-2-15。

表 4-2-15

A101010　　一般企业收入明细表　　单位：元

行次	项　目	金　额
16	二、营业外收入（17+18+19+20+21+22+23+24+25+26）	9 000.00
20	（四）政府补助利得	9 000.00

说明：虽然新版《企业所得税申报表》发布时间晚于《企业会计准则第 16 号——政府补助》（2017版），但是仍然没有配套修订《一般企业收入明细表》（A101010）增加“其他收益”栏目，只能将“其他收益”屈尊填入原“营业外收入——政府补助利得”。

第二步：填写《未按权责发生制确认收入纳税调整明细表》（A105020），见表 4-2-16。

表 4-2-16

A105020　　未按权责发生制确认收入纳税调整明细表　　单位：元

行次	项　目	合同金额（交易金额）	账载金额		税收金额		纳税调整金额
			本年	累计	本年	累计	
		1	2	3	4	5	6（4-2）
9	三、政府补助递延收入（10+11+12）	90 000.00	9 000.00	9 000.00	90 000.00	90 000.00	81 000.00
11	（二）与资产相关的政府补助	90 000.00	9 000.00	9 000.00	90 000.00	90 000.00	81 000.00

第三步：填写《纳税调整项目明细表》（A105000），见表 4-2-17。

表 4-2-17

A105000　　纳税调整项目明细表　　单位：元

行次	项　目	账载金额	税收金额	调增金额	调减金额
		1	2	3	4
1	一、收入类调整项目（2+3+4+5+6+7+8+10+11）	—	—	81 000.00	0.00
3	（二）未按权责发生制原则确认的收入（填写A105020）	9 000.00	90 000.00	81 000.00	0.00

3. 税务风险说明及管理

企业收到与资产相关的政府补助，新版会计准则相比旧版准则允许冲减资产账面价值。如果冲减资产账面价值，就会呈现为既无收入，也无递延收益的情况。而税法规定是补贴收入收到时要确认为应税收入，因此采用冲减资产账面价值时需要进行特别调整，一方面调整确认应税收入，另一方面调整确认资产的计税基础，然后再按税法规定分期折旧或摊销进行税前扣除。

因此，企业对于收到与资产相关的政府补助需要做备查登记，详细记录会计处理采用的方法，以及税务处理及纳税调整情况。企业在申报时，要特别检查以前年度的与资产相关的政府补贴，因为以前年度已经做了应纳税所得额调增，那么以后年度就应做应纳税所得额调减，遗漏就会导致企业当年多交税。

与政府补贴相关的资金拨付文件、资金管理办法、资金使用等证明材料应存档备查。

【案例 4-19】与收益相关的政府补助的财税处理及税务风险管理

骊威公司 2019 年收到两笔政府补贴：8 月 15 日收到一笔 10 万元，用于 2019 年度秋季在精准扶贫对贫困地区秋粮保护价收购的补贴；12 月 20 日收到一笔 15 万元，用于 2019 年春季种苗优惠供应贫困户的补贴。

问题：骊威公司 2019 年政府补贴的会计处理及纳税调整与填报。

解析：

1. 会计处理

（1）8 月收到补贴款

借：银行存款　　100 000.00

　贷：其他收益　　100 000.00

（2）12 月收到补贴款

借：银行存款　　150 000.00

　贷：递延收益　　150 000.00

2. 税会差异分析与纳税调整及填报

（1）税会差异分析与纳税调整

税务处理：骊威公司 2019 年度收到的两笔政府补贴款，都应计入 2019 年度的应税收入。但是，会计上只是确认了一笔补贴收入，另外一笔没有计入的应进行纳税调整。

（2）2019 年度企业所得税申报表填报

第一步：填写《一般企业收入明细表》（A101010），见表 4-2-18。

表 4-2-18

A101010　　一般企业收入明细表　　单位：万元

行次	项　目	金　额
16	二、营业外收入（17+18+19+20+21+22+23+24+25+26）	10.00
20	（四）政府补助利得	10.00

说明：此表填写的数据是会计上确认的政府补助收入，会计上该笔政府补助收入计入“其他收益”。企业所得税申报表2017版并没有与时俱进，没有及时修改申报表的相关栏目，而新版的财务报表已经修订并增加了“其他收益”栏目。在所得税申报表没有再次重新修订前只能暂时按旧准则填在“营业外收入”下。

第二步：填写《未按权责发生制确认收入纳税调整明细表》（A105020），见表 4-2-19。

表 4-2-19

A105020　　未按权责发生制确认收入纳税调整明细表　　单位：万元

行次	项　目	合同金额（交易金额）	账载金额		税收金额		纳税调整金额
			本年	累计	本年	累计	
		1	2	3	4	5	6（2-4）
9	三、政府补助递延收入（10+11+12）	25.00	10.00	10.00	25.00	25.00	-15.00
10	（一）与收益相关的政府补助	25.00	10.00	10.00	25.00	25.00	-15.00

第三步：填写《纳税调整项目明细表》（A105000），见表 4-2-20：

表 4-2-20

A105000　　纳税调整项目明细表　　单位：万元

行次	项　目	账载金额	税收金额	调增金额	调减金额
		1	2	3	4
1	一、收入类调整项目（2+3+4+5+6+7+8+10+11）	—	—	15.00	0.00
3	（二）未按权责发生制原则确认的收入（填写A105020）	10.00	25.00	15.00	0.00

3. 税务风险说明及管理

政府补贴收入税务处理是按照收付实现制处理的，而会计处理基本上还是按照权责发生制，因此存在时间性差异。如果满足政府补助的条件且有把握收到补贴款时，企业也可以预先确认补贴收入，这样也会出现会计已经确认收入而税务不能确认收入的情况，在纳税申报时应调减应税所得额。

因此，企业应做好与收益相关的政府补贴收入的税会差异备查登记，避免前面年度调整了，后面年度没有做相反调整。与政府补助相关的证明材料应存档备查。

第三节　投资收益的财税处理及风险管理

投资收益是指企业通过买卖或持有权益性证券或债务性证券等金融资产获得的收益。企业所得税申报表《投资收益纳税调整明细表》（A105030）将投资资产分为交易性金融资产、可供出售金融资产等，基本上是按照旧的《企业会计准则第 22 号——金融工具确认和计量》（2006 版，以下简称旧金融准则）列示的。

财政部以财会〔2017〕7 号文，发布了《企业会计准则第 22 号——金融工具确认和计量》（2017 版，以下简称新金融准则），并同时规定：在境内外同时上市的企业以及在境外上市并采用国际财务报告准则或企业会计准则编制财务报告的企业，自 2018 年 1 月 1 日起施行；其他境内上市企业自 2019 年 1 月 1 日起施行；执行企业会计准则的非上市企业自 2021 年 1 月 1 日起施行。执行新金融准则后，会计科目就发生了变化。

企业所得税申报表虽然已经连续修订，但是《投资收益纳税调整明细表》（A105030）尚未按照新金融准则进行修订。因此，已经执行新收入准则的企业，会计科目不在该表第 1 至第 8 行的，则在该表第 9 行“九、其他”中填报相关会计处理、税收规定，以及纳税调整情况。鉴于多数企业尚未执行新金融准则，在本书中为特别强调是执行新金融准则的，则是按照旧金融准则进行的会计处理。

一、交易性金融资产投资收益的财税处理及风险管理

（一）交易性金融资产会计核算的内容

会计科目“交易性金融资产”核算的内容，按照《企业会计准则第 22 号——金融工具确

认和计量》可以分为交易性金融资产和指定为以公允价值计量且其变动计入当期损益的金融资产。

1. 交易性金融资产

《企业会计准则第22号——金融工具确认和计量》(2006版)第九条规定，金融资产满足下列条件之一的，应当划分为交易性金融资产：

(1)取得该金融资产的目的，主要是为了近期内出售或回购。

(2)属于进行集中管理的可辨认金融工具组合的一部分，且有客观证据表明企业近期采用短期获利方式对该组合进行管理。

(3)属于衍生工具。但是，被指定且为有效套期工具的衍生工具、属于财务担保合同的衍生工具、与在活跃市场中没有报价且其公允价值不能可靠计量的权益工具投资挂钩并须通过交付该权益工具结算的衍生工具除外。

2. 指定为以公允价值计量且其变动计入当期损益的金融资产

《企业会计准则第22号——金融工具确认和计量》(2006版)第十条规定，符合下列条件之一的金融资产，才可以在初始确认时指定为以公允价值计量且其变动计入当期损益的金融资产或金融负债：

(1)该指定可以消除或明显减少由于该金融资产的计量基础不同所导致的相关利得或损失在确认或计量方面不一致的情况。

(2)企业风险管理或投资策略的正式书面文件已载明，该金融资产组合或该金融资产和金融负债组合，以公允价值为基础进行管理、评价并向关键管理人员报告。

3.《企业会计准则第22号——金融工具确认和计量》(2017版，以下简称新版金融准则)规定

在新版金融准则中，将金融资产分为三类：以摊余成本计量的金融资产、以公允价值计量且其变动计入其他综合收益的金融资产、以公允价值计量且其变动计入当期损益的金融资产。

新版金融准则先界定了以摊余成本计量的金融资产和以公允价值计量且其变动计入其他综合收益的金融资产，然后把剩下不属于这两类金融资产的全部归入以公允价值计量且其变动计入当期损益的金融资产。

(二)交易性金融资产取得时的税会差异

1. 交易性金融资产取得时的会计处理

借：交易性金融资产——成本(公允价值)

　　投资收益(交易税费)

　　应收股利(已宣告但未发放的现金股利)

　　应收利息(已到付息期但尚未领取的债券利息)

　贷：银行存款(实际支付的款项)

2. 取得时的税务处理

作为一项资产，取得时的税务处理，主要是指该资产计税基础的确定。交易性金融资产

作为一项投资资产的计税基础处理规定如下。

《企业所得税法实施条例》第七十一条规定，投资资产按照以下方法确定成本：

（1）通过支付现金方式取得的投资资产，以购买价款为成本；

（2）通过支付现金以外的方式取得的投资资产，以该资产的公允价值和支付的相关税费为成本。

3．税会差异分析及纳税调整

以公允价值计量且其变动计入当期损益的金融资产取得时，会计与税务的差异体现在交易税费的处理不一致。会计处理时，取得交易性金融资产的交易税费计入当期损益（投资收益）；而在税务处理上，交易税费还是计入投资资产的计税基础。

如果交易性金融资产在当年取得，当年处置，所有交易都在一个年度内完成，则不需要进行纳税调整；如果交易性金融资产取得后没有在当年处置而是跨年度了，就需要对初始交易税费进行纳税调整。

（三）交易性金融资产持有期间收到股利或利息的税会差异

1．持有期间收到股利或利息的会计处理

（1）收到取得时已宣告未领取的现金股利或债券利息

借：银行存款

　贷：应收股利（或应收利息）

（2）被投资单位宣告发放现金利息或资产负债表日计息

借：应收股利（或应收利息）

　贷：投资收益

（3）收到现金股利或债券利息

借：银行存款

　贷：应收股利（或应收利息）

2．持有期间收到股利或利息的税务处理

《企业所得税法实施条例》第十七条规定，股息、红利等权益性投资收益，除国务院财政、税务主管部门另有规定外，按被投资方做出利润分配决定的日期确认收入的实现。

《企业所得税法实施条例》第十八条规定，利息收入，按照合同约定的债务人应付利息的日期确认收入的实现。

3．持有期间收到股利或利息的税会差异分析

交易性金融资产持有期间收到股利或利息的税会差异，分情况予以分析：

（1）收到取得时已经宣告未领取的现金股利和债券利息。

会计和税务都把收到取得时已经宣告未领取的现金股利和债券利息，作为前期垫资收回处理，均不作收入处理，故无税会差异。

（2）投资收益确认时间的差异。

对于股权投资，对于投资收益确认的时间点表述有点不一致，但是一般情况下被投资单位决定利润分配和宣告现金股利分配不会存在跨年，故无差异。

对于债权投资，需要区分分期付息和一次性付息两种情况。

对于分期付息的债权投资，会计上每个会计期间确认投资收益，税务上也会按照合同约定的应付利息确认投资收益的实现，如果都在一个年度二者之间无差异，如果跨年度则存在差异。

对于一次性付息的债权投资，会计上按照权责发生制在资产负债表日确认投资收益，而税务上仍然会按照合同约定的应付利息确认投资收益的实现，二者存在税会差异。

（3）存在免税收入时的税会差异。

当存在符合条件的免税收入时，会计上确认收益，但是税务上免税，应调减应纳税所得额（具体请参阅本书税收优惠章节内容）。

（四）交易性金融资产期末计价的税会差异

1. 交易性金融资产期末计价的会计处理

在资产负债表日，以公允价值计量且其变动计入当期损益的金融资产，需要按照其公允价值调整账面价值。其会计处理如下：

（1）公允价值 > 账面价值时：

借：交易性金融资产

　贷：公允价值变动损益（差额）

（2）公允价值 < 账面价值时：

借：公允价值变动损益（差额）

　贷：交易性金融资产

2. 税务处理

交易性金融资产属于税法上的投资资产。《企业所得税法实施条例》第五十六条规定，对于投资资产等资产，以历史成本为计税基础。

所谓历史成本，是指企业取得该资产时实际发生的支出。企业持有期间资产增值或减值，除国务院财政、税务主管部门规定可以确认损益外，不得调整该资产的计税基础。

3. 税会差异分析

交易性金融资产在资产负债表日，会计上确认公允价值变动损益，影响利润；而税法采取历史成本为计税基础，不认可持有期间增值或减值的变动；因此，对于会计上已经计入当期利润的交易性金融资产变动损益，需要进行纳税调整。

【案例 4-20】交易性金融资产持有收益的财税处理及税务风险管理

2019 年 3 月立博公司通过上海证券交易所购买了 A 公司的股票 10 000 股，每股 10 元，总价款 100 000 元，按规定支付交易金额的 0.6% 的交易费用 600 元。该股票不计划长期持有。A 公司在 2019 年 4 月 1 日宣告分配现金股利，0.5 元 / 股，并于 5 月 10 日发放。A 公司股票 2019 年 12 月 31 日从每股 10 元下跌到每股 9.50 元。

2019 年 7 月 1 日通过公开市场购进 B 公司发行的债券 100 000 元，面值 100 000 元，票面利率 9%，期限 3 年。债券每年 7 月 1 日支付上年度 7 月 1 日至当年 6 月 30 日的利息，从

2019年7月1日起开始计息。该债券不准备长期持有，划分入交易性金融资产。2019年12月31日债券公允价值110 000元。

问题：立博公司2019年投资资产的财税处理及税务风险管理

解析：

1. 股票投资的会计处理及税会差异分析

（1）购买股票

借：交易性金融资产——A股票 100 000.00
　　投资收益 600.00
　贷：银行存款 100 600.00

（2）宣告分配现金股利

借：应收股利 5 000.00
　贷：投资收益 5 000.00

（3）收到现金股利

借：银行存款 5 000.00
　贷：应收股利 5 000.00

（4）在资产负债表日以公允价值计量且其变动计入当期损益

借：公允价值变动损益 5 000.00
　贷：交易性金融资产——A股票公允价值变动 5 000.00

（5）2019年度会计上确认的收益

初始计量计入投资损益-600元，持有期间的投资收益5 000元，因此"投资收益"=-600+5 000=4 400（元）；

公允价值变动损益=-5 000元。

（6）股票投资的税会差异分析

a. 购入股票时交易费用计入资产计税基础，不产生损益，故初始计量的投资收益应进行调整。

b. 持有期间收到的股利应确认计税收入5 000元，与会计处理一致，无税会差异。

c. 期末会计上调整了资产的计价，税务上继续保持历史成本不变，会计上确认的"公允价值变动损益"-5 000元应做纳税调整。

2. 债券投资的会计处理及税会差异分析

（1）购入债券

借：交易性金融资产——成本 100 000.00
　贷：银行存款 100 000.00

（2）年末计提利息

借：应收利息 4 500.00
　贷：投资收益 4 245.28
　　　应交税费——待转销项税额 254.72

说明：债券利息收入需要按照贷款服务计征增值税，假定为一般纳税人。

（3）资产负债表日公允价值变动损益

公允价值变动损益 =110 000-（100 000+4 500）=5 500（元）

借：交易性金融资产——公允价值变动　　5 500.00

　贷：公允价值变动损益　　5 500.00

（4）税务处理及税会差异分析

税务处理时利息收入按照合同约定付息时间确认，因此年末计提利息不能算为应税收入；资产成本税务上按照历史成本计价，公允价值变动损益在税务上不认可。

因此，债券投资计提的利息和公允价值变动损益都需要进行纳税调整。

3. 2018 年度企业所得税申报表填报

第一步：填写《投资收益纳税调整明细表》（A105030），见表 4-3-1。

表 4-3-1

A105030　　投资收益纳税调整明细表　　单位：元

行次	项目	持有收益			处置收益							纳税调整金额
		账载金额	税收金额	纳税调整金额	会计确认的处置收入	税收计算的处置收入	处置投资的账面价值	处置投资的计税基础	会计确认的处置所得或损失	税收计算的处置所得	纳税调整金额	
		1	2	3（2-1）	4	5	6	7	8（4-6）	9（5-7）	10（9-8）	11（3+10）
1	一、交易性金融资产	9 245.28	5 000.00	-4 245.28	—	—	—	—	0.00	0.00	0.00	-4 245.28

说明：账载金额=5 000+4 245.28=9 245.28（元）。

第二步：填写《纳税调整项目明细表》（A105000），见表 4-3-2。

表 4-3-2

A105000　　纳税调整项目明细表　　单位：元

行次	项　目	账载金额	税收金额	调增金额	调减金额
		1	2	3	4
1	一、收入类调整项目（2+3+4+5+6+7+8+10+11）	—	—	600.00	4 745.28
4	（三）投资收益（填写A105030）	9 245.28	5 000.00	0.00	4 245.28
6	（五）交易性金融资产初始投资调整	—	—	600.00	—
7	（六）公允价值变动净损益	500.00	—	0.00	500.00

说明：①“（五）交易性金融资产初始投资调整”600元系A股票投资初始交易费用；②“（六）公允价值变动净损益”500元=A股票的公允价值变动损益-5 000元+B债券的公允价值变动损益5 500元。

4. 税务风险说明及管理

交易性金融资产初始投资支付的税费，会计处理与税务处理存在差异，纳税调整是单独在《纳税调整项目明细表》（A105000）中进行，要避免在《投资收益纳税调整明细表》（A105030）中进行重复调整，即《投资收益纳税调整明细表》（A105030）中“持有收益”的“账载金额”不包括“投资收益”中初始税费计入的金额。

（五）交易性金融资产处置的财税处理及税风险管理

1. 交易性金融资产处置时的会计处理

借：银行存款（实际收到的金额）

　贷：交易性金融资产——成本

　　　交易性金融资产——公允价值变动

　　　应交税费——转让金融商品应交增值税

　　　投资收益（差额，或借记）

说明：营改增后，企业买卖上市公司股票应按“金融服务——金融商品转让”缴纳增值税。以卖出价扣除买入价后的余额为销售额。适用税率为6%，小规模纳税人适用3%征收率。

同时结转前期累计的“公允价值变动损益”转入“投资收益”：

借：公允价值变动损益

　贷：投资收益

（或相反方向的会计分录）

2. 交易性金融资产处置时的税务处理

作为投资资产的交易性金融资产，其处置时的税务处理，税法规定如下。

（1）《企业所得税法实施条例》第十六条规定，企业所得税法第六条第（三）项所称转让财产收入，是指企业转让固定资产、生物资产、无形资产、股权、债权等财产取得的收入。

（2）《企业所得税法实施条例》第七十一条规定，企业在转让或者处置投资资产时，投资资产的成本，准予扣除。

（3）《国家税务总局关于企业国债投资业务企业所得税处理问题的公告》（国家税务总局公告2011年第36号）规定，企业转让国债，应作为转让财产，其取得的收益（损失）应作为应纳税所得额。

3. 交易性金融资产处置时的税会差异分析

交易性金融资产处置时，会计上的投资收益等于转让价款减去其账面价值（即上一个资产负债表日的公允价值）。虽然前期累积的“公允价值变动损益”转入“投资收益”，但是该结转并不影响最终的会计利润。

而税务上对交易性金融资产处置的处理是，用取得价款减去计税基础（即历史成本）来计算投资收益。

处置时可能存在两点税会差异：①公允价值变动，使会计账面价值和计税基础不一致；②即便没有发生公允价值变动，但在取得时交易费用处理的不同，处置时与取得时就发生相反的税会差异调整。

【案例 4-21】交易性金融资产处置收益的财税处理及税务风险管理

续【案例 4-20】，立博公司 2020 年度发生如下经济业务：

2020 年 3 月 15 日立博公司见 A 股票上涨，及时将其全部卖出，共计收回价款 120 000 元。

2020 年 6 月 30 日收到 B 债券利息收入 9 000 元；2020 年 7 月 1 日将 B 债券卖出，收回价款 105 000 元。

问题：立博公司 2020 年投资股票和债券投资的会计处理与纳税调整及填报。

解析：

1. 股票投资处置的会计处理及税会差异分析

（1）股票投资 2020 年会计处理后，A 股票相关账户 2019 年 12 月 31 日余额

交易性金融资产——成本——A 股票　　100 000.00

交易性金融资产——公允价值变动——A 股票　　−5 000.00

（2）2020 年 3 月卖出股票时的会计处理

借：银行存款　　120 000.00

　　交易性金融资产——公允价值变动——A 股票　　5 000.00

　贷：交易性金融资产——成本——A 股票　　100 000.00

　　　应交税费——转让金融商品应交增值税　　1 098.11

　　　投资收益　　23 901.89

说明：企业转让上市公司股票应按“金融服务——转让金融商品”计征增值税，以卖出价扣除买入价后的余额为销售额。适用税率为 6%，小规模纳税人适用 3% 征收率。假定立博公司为一般纳税人，转让金融商品应交增值税 =（120 000−100 600）× 6%/1.06=1 098.11（元）。

（3）同时，结转前期累计的“公允价值变动损益”转让“投资收益”

借：投资收益　　5 000.00

　贷：公允价值变动损益　　5 000.00

（4）会计确认的处置收入 =120 000−1 098.11=118 901.89（元）；

处置投资的账面价值 =100 000−5 000=95 000（元）；

公允价值变动损益 =5 000 元。

（5）税务处理及税会差异分析

税收计算的处置收入 =120 000−1 098.11=118 901.89（元）；

处置投资的计税基础 =100 600 元。

税会差异分析：在处置时，交易性金融资产的计税基础采用历史成本，按最初购买的价款计算，包含交易费用在内；而交易性金融资产在处置时账面价值则是按照公允价值调整后的，同时也不包含最初的交易费用。

2. 债券投资处置时的会计处理及税会差异分析

（1）收到债券利息收入

借：银行存款 9 000.00

应交税费——待转销项税额 254.72（2019 年 12 月 31 日计提的）

贷：应收利息 4 500.00

应交税费——应交增值税（销项税额） 509.43（9 000×6%/1.06）

投资收益 4 245.29

（2）处置债券时：

借：银行存款 105 000.00

投资收益 783.02

贷：交易性金融资产——成本 100 000.00

交易性金融资产——公允价值变动 5 500.00

应交税费——转让金融商品应交增值税 283.02

说明：企业转让债券应按“金融服务——转让金融商品”计征增值税，以卖出价扣除买入价后的余额为销售额。适用税率为 6%，小规模纳税人适用 3% 征收率。假定立博公司为一般纳税人，转让金融商品应交增值税 =（105 000−100 000）×6%/1.06=283.02（元）。

同时，结转前期累计的“公允价值变动损益”转让“投资收益”：

借：公允价值变动损益 5 500.00

贷：投资收益 5 500.00

因此：

会计确认的处置收入 =105 000−283.02=104 716.98（元）；

处置投资的账面价值 =100 000+5 500=105 500（元）；

公允价值变动损益 =−5 500 元；

持有期间持有收益 =4 245.29 元（2018 年上半年的债券利息收入）。

（3）税务处理

税收计算的处置收入 =105 000−283.02=104 716.98（元）；

处置投资的计税基础 =100 000 元；

持有收益 =9 000/1.06=8 490.57（元）。

交易性金融资产处置时税务处理中不考虑公允价值变动的影响，与会计上计算处置收益不同，需要进行纳税调整。债券利息收入在税务确认方面是按照约定的付息时间进行确认，会计处理按照权责发生制处理，二者存在税会差异。

3. 2018 年度企业所得税申报表填报

第一步：填写《投资收益纳税调整明细表》（A105030），见表 4-3-3。

表 4-3-3

A105030　　投资收益纳税调整明细表　　单位：元

行次	项　目	持有收益			处置收益							纳税调整金额
		账载金额	税收金额	纳税调整金额	会计确认的处置收入	税收计算的处置收入	处置投资的账面价值	处置投资的计税基础	会计确认的处置所得或损失	税收计算的处置所得	纳税调整金额	
		1	2	3（2-1）	4	5	6	7	8（4-6）	9（5-7）	10（9-8）	11（3+10）
1	一、交易性金融资产	4 245.29	8 490.57	4 245.28	223 618.87	223 618.87	205 000.00	200 600.00	18 618.87	23 018.87	4 400.00	8 645.28

说明：

①会计确认的处置收入=股票处置收入118 901.89元+债券处置收入104 716.98元=税收计算的处置收入；

②处置投资的账面价值=A股票账面价值95 000元+B债券账面价值110 000元；

③处置投资的计税基础=A股票计税基础100 600元+B债券计税基础100 000元；

④“持有收益”的账载金额=B债券2018年度1～6月的计息=4 500/1.06=4 245.28（元）；

⑤“持有收益”的税收金额=B债券2017年7月1日至2018年6月30日的付息=9 000/1.06=8 490.57（元）；

⑥如果交易性金融资产在处置时“税收计算的处置所得”金额为负数的，其“处置收益”不在《投资收益纳税调整明细表》（A105030）填列，而应填列在《资产损失税前扣除及纳税调整明细表》（A105090）中。

第二步：填写《纳税调整项目明细表》（A105000），见表 4-3-4。

表 4-3-4

A105000　　纳税调整项目明细表　　单位：元

行次	项　目	账载金额	税收金额	调增金额	调减金额
		1	2	3	4
1	一、收入类调整项目（2+3+4+5+6+7+8+10+11）	—	—	9 145.28	0.00
4	（三）投资收益（填写A105030）	22 864.16	31 509.44	8 645.28	0.00
6	（五）交易性金融资产初始投资调整	—	—	0.00	—
7	（六）公允价值变动净损益	-500.00	—	500.00	0.00

说明：“（六）公允价值变动净损益”-500元=A股票的公允价值变动损益5 000元+B债券的公允价值变动损益-5 500元。

4. 税务风险说明及管理

（1）交易性金融资产处置时，主要要注意其计税基础包含交易性金融资产购入时的交易税费，因会计处理时是直接计入了当期损益而没有计入资产的账面价值，容易遗漏。

（2）收集相关交易凭证存档备查。

二、可供出售金融资产投资收益的财税处理及风险管理

（一）可供出售金融资产会计核算的内容

会计科目“可供出售金融资产”核算的内容，按照《企业会计准则第 22 号——金融工具确认和计量》（2006 版）规定，通常是指企业初始确认时即被指定为可供出售的非衍生金融资产，以及没有划分为以公允价值计量且其变动计入当期损益的金融资产、持有至到期投资、贷款和应收款项的金融资产。比如，企业购入的在活跃市场上有报价的股票、债券和基金以及既不能控股又不能拥有重大影响的股权投资等。

可供出售金融资产根据投资对象性质不同又可分为两类：可供出售债务工具金融资产和可供出售权益工具金融资产。

说明：《企业会计准则第 22 号——金融工具确认和计量》（2017 版）将“可供出售金融资产”的内容划分为“以公允价值计量且变动计入其他综合收益的金融资产”，并且会计科目也不再使用“可供出售金融资产”，而是根据金融资产性质的不同，债务工具在“其他债权投资”科目核算、权益工具在“其他权益工具投资”科目核算。企业如适用《企业会计准则第 22 号——金融工具确认和计量》（2017 版）的企业需要根据金融资产的性质将“可供出售金融资产”替换为“其他债权投资”“其他权益工具投资”，以下可供出售金融资产涉及债务工具的也是如此，不再赘述。《企业会计准则第 22 号——金融工具确认和计量》（2017 版）从 2018 年 1 月 1 日起在部分企业开始执行。

（二）可供出售金融资产取得时的会计处理与税务处理及税会差异分析

1. 可供出售金融资产的初始计量

（1）可供出售债务工具金融资产的初始计量

借：可供出售金融资产——成本（面值）

　　　　　　　　　　——利息调整（差额）

　　应收利息（已到付息期但尚未领取的利息）

　贷：银行存款等

（2）可供出售权益工具金融资产的初始计量

借：可供出售金融资产——成本

　　应收股利

　贷：银行存款等

2. 可供出售金融资产取得时的税务处理及税会差异分析

作为一项资产，取得时的税务处理，主要是指该资产计税基础的确定。可供出售金融资

产作为一项投资资产的计税基础处理规定如下：

《企业所得税法实施条例》第七十一条规定，投资资产按照以下方法确定成本：

（1）通过支付现金方式取得的投资资产，以购买价款为成本；

（2）通过支付现金以外的方式取得的投资资产，以该资产的公允价值和支付的相关税费为成本。

税会差异分析：

可供出售金融资产取得时会计处理与税务处理一致，都是支付的相关税费为计入投资成本或计税基础，与交易性金融资产不一样。因此，在可供出售金融资产取得的环节无税会差异。

（三）可供出售金融资产持有收益的会计处理与税务处理及税会差异分析

1. 可供出售金融资产持有收益的会计处理

（1）可供出售债务工具金融资产的持有收益的会计处理

按权责发生制计提利息：

借：应收利息（票面利息）（分期付息）

　贷：可供出售金融资产——利息调整

　　　应交税费——待转销项税额

　　　投资收益

收到利息时：

借：银行存款

　　应交税费——待转销项税额

　贷：应收利息

　　　应交税费——应交增值税（销项税额）

说明：如果是一次还本债券，应将“应收利息”换为“可供出售金融资产——应计利息”。

（2）可供出售权益工具金融资产持有收益的会计处理

被投资单位宣告分配现金股利时做如下分录：

借：应收股利

　贷：投资收益

2. 可供出售金融资产持有收益的税务处理及税会差异分析

（1）税务规定。

《企业所得税法实施条例》第十七条规定，股息、红利等权益性投资收益，除国务院财政、税务主管部门另有规定外，按被投资方做出利润分配决定的日期确认收入的实现。

《企业所得税法实施条例》第十八条规定，利息收入，按照合同约定的债务人应付利息的日期确认收入的实现。

（2）税会差异分析。

可供出售金融资产持有期间收到股利或利息的税会差异，分情况予以分析。

① 收到取得时已经宣告未领取的现金股利和债券利息。会计和税务都把收到取得时已经宣告未领取的现金股利和债券利息，作为前期垫资收回处理，均不做收入处理，故无税会差异。

② 投资收益确认时间的差异。对于股权投资，对于投资收益确认的时间点表述有点不一致，但是一般情况下被投资单位决定利润分配和宣告现金股利分配不会存在跨年，故无差异。对于债权投资，需要区分分期付息和一次性付息两种情况。对于分期付息的债权投资，会计上每个会计期间确认投资收益，税务上也会按照合同约定的应付利息确认投资收益的实现，如果都在一个年度二者之间无差异，如果跨年度则存在差异。对于一次性付息的债权投资，会计上按照权责发生制在资产负债表日确认投资收益，而税务上仍然会按照合同约定的应付利息确认投资收益的实现，二者存在税会差异。

③ 存在免税收入时的税会差异。当存在符合条件的免税收入时，会计上确认收益，但是税务上免税，应调减应纳税所得额。

（四）可供出售金融资产的公允价值变动、资产减值的会计处理与税务处理及差异分析

1．会计处理

（1）在资产负债表日公允价值变动的会计处理（不区分债务工具和权益工具）

借：可供出售金融资产——公允价值变动

　贷：其他综合收益（公允价值高于账面价值的差额）

如果公允价值低于账面价值的差额做相反的会计分录。

（2）发生减值时（不区分债务工具和权益工具）

借：资产减值损失

　贷：其他综合收益（从其转出原计入其他综合收益的累计金额）

　　　可供出售金融资产——公允价值变动

说明：只要发生减值，一律计入“资产减值损失”。

（3）价值恢复时，就要区分债务和权益工具，二者会计处理方式不一样。

① 债务工具：价值恢复，通过损益转回：

借：可供出售金融资产——公允价值变动

　贷：资产减值损失

② 权益工具：即使价值恢复，也不可通过损益转回：

借：可供出售金融资产——公允价值变动

　贷：其他综合收益

2．税务处理及税会差异分析

（1）税务处理。

可供出售金融资产属于税法上的投资资产。《企业所得税法实施条例》第五十六条规定，企业各项资产，包括投资资产等资产，以历史成本为计税基础。企业持有各项资产期间资产增值或者减值，除国务院财政、税务主管部门规定可以确认损益外，不得调整该资产的计税

基础。

所谓历史成本，是指企业取得该资产时实际发生的支出。

（2）税会差异分析。

① 可供出售金融资产一般情况下采用公允价值计量，而计税基础是历史成本。因此，当持有期间公允价值发生变动时，就产生了暂时性差异，但是该差异的影响会计上直接计入所有者权益（其他综合收益），没有影响当期会计利润，不需要做纳税调整。

② 当可供出售金融资产发生减值时，会计上计入“资产减值损失”，而税务上不允许扣除，产生暂时性差异，需要调增应纳税所得额。

当可供出售金融资产价值恢复而减值转回时，需要区分可供出售债务工具和权益工具。可供出售债务工具金融资产减值转回时，通过损益转回，计入当期损益，影响当期利润，需要调减应纳税所得额。

可供出售权益工具金融资产减值转回时，通过其他综合收益转回，不计入当期损益，不影响当期利息，无税会差异，不需要调整。

（五）可供出售金融资产处置时的会计处理与税务处理及税会差异分析

1. 会计处理

（1）债务工具

借：银行存款

　　其他综合收益

　　可供出售金融资产——利息调整

　贷：可供出售金融资产——成本

　　　可供出售金融资产——公允价值变动

　　　投资收益

　　　应交税费——转让金融商品应交增值税

（2）权益工具

借：银行存款

　　其他综合收益

　贷：可供出售金融资产——成本

　　　可供出售金融资产——公允价值变动

　　　投资收益

　　　应交税费——转让金融商品应交增值税

2. 税务处理及税会差异分析

（1）税务规定。

作为投资资产的可供出售金融资产，其处置时的税法规定如下：

①《企业所得税法实施条例》第十六条规定，企业所得税法第六条第（三）项所称转让财产收入，是指企业转让固定资产、生物资产、无形资产、股权、债权等财产取得的收入。

②《企业所得税法实施条例》第七十一条规定，企业在转让或者处置投资资产时，投资资产的成本，准予扣除。

③《国家税务总局关于企业国债投资业务企业所得税处理问题的公告》（国家税务总局公告 2011 年第 36 号）规定，企业转让国债，应作为转让财产，其取得的收益（损失）应作为应纳税所得额。

（2）税会差异分析。

可供出售金融资产处置时，会计上的投资收益等于转让价款减去其账面价值（即上一个资产负债表日的公允价值），前期累积的“其他综合收益”也要转入“投资收益”。

可供出售金融资产处置时，税务上的处置收入等于转让价款减去计税基础（历史成本）。如果可供出售金融资产没有发生过资产减值，会计处理与税务处理不会存在税会差异；但是，如果发生过资产减值就存在税会差异。

【案例 4-22】可供出售金融资产（权益工具）的财税处理

2018 年 2 月 26 日，立恒公司购买了乙公司的股票 100 万股，占乙公司有表决权股份的 0.5%，每股 10.5 元，总价款 1 050 万元，并按规定支付交易费用 0.5 万元。立恒公司将其直接划分为可供出售金融资产。

2018 年 4 月 26 日，乙公司宣告发放现金股利每股 0.5 元。

2018 年 5 月 10 日，立恒公司收到乙公司发放的现金股利 50 万元。

2018 年 12 月 31 日，立恒公司仍持有该股票；当日该股票市价为每股 6 元，且呈持续下跌趋势。

2019 年 5 月 20 日，股票上涨，立恒公司以每股 11 元的价格将股票全部转让。

立恒公司适用《企业会计准则第 22 号——金融工具确认和计量》（2006 版），是一般纳税人。

问题：1. 立恒公司投资乙公司股票的会计处理；

2. 立恒公司投资乙公司股票涉及的 2018 年和 2019 年企业所得税处理。

解析：

1. 会计处理

（1）2018 年 2 月 26 日购进乙公司的股票

	借	贷
借：可供出售金融资产——成本	10 505 000.00	
贷：银行存款		10 505 000.00

（2）2018 年 4 月 26 日乙公司宣告发放现金股利

	借	贷
借：投资收益	500 000.00	
贷：应收股利		500 000.00

说明：根据《财政部 国家税务总局关于明确金融 房地产开发 教育辅助服务等增值税政策的通知》（财税〔2016〕140 号）第一条规定，股票投资鼓励收入属于非保本收入，不征收增值税。

（3）2018 年 5 月 10 日收到乙公司发放的现金股利

借：银行贷款　　500 000.00

　贷：应收股利　　500 000.00

（4）2018 年 12 月 31 日资产减值

借：资产减值损失　　4 505 000.00

　贷：可供出售金融资产——公允价值变动　　4 505 000.00

说明：资产减值损失 =1 050.5−100×6=450.5（万元）。

（5）2019 年 5 月 20 日将股票全部转让

借：银行贷款　　11 000 000.00

　　可供出售金融资产——公允价值变动　　4 505 000.00

　贷：可供出售金融资产——成本　　10 505 000.00

　　　投资收益　　4 972 000.00

　　　应交税费——转让金融商品应交增值税　　28 000.00

说明：股票转让属于转让金融商品，应交增值税 =（1 100−1 050.5）×6%/1.06=2.8（万元）。

2. 税务处理

（1）2018 年度的税务处理及税会差异分析

可供出售金融资产（权益工具）在 2018 年度持有期间的股利收入 500 万元，会计处理与会计处理一致，不存在税会差异；但是，会计方面在年末计提的资产减值损失 450.5 万元，不得税前扣除，应做纳税调整。

2018 年度企业所得税申报表填报：

第一步：填写《投资收益纳税调整明细表》（A105030），见表 4-3-5。

第二步：填写《纳税调整项目明细表》（A105000），见表 4-3-6。

（2）2019 年度税务处理及税会差异分析

会计确认投资收益 497.2 万元，而税务处理应确认处置所得 =1 100−1 050.5−2.8=46.7（万元）。

会计确认的处置收入 =1 100−2.8=1 097.2（万元）= 税收计算的处置收入。

处置投资的账面价值 =1 050.5−450.5=600（万元）。

处置投资的计税基础 =1 050.5 万元。

2019 年度企业所得税申报表填报

第一步：填写《投资收益纳税调整明细表》（A105030），见表 4-3-7。

第二步：填写《纳税调整项目明细表》（A105000），见表 4-3-8。

表 4-3-5

A105030　　投资收益纳税调整明细表　　单位：万元

行次	项　目	持有收益			处置收益							纳税调整金额
		账载金额	税收金额	纳税调整金额	会计确认的处置收入	税收计算的处置收入	处置投资的账面价值	处置投资的计税基础	会计确认的处置所得或损失	税收计算的处置所得	纳税调整金额	
		1	2	3（2-1）	4	5	6	7	8（4-6）	9（5-7）	10（9-8）	11（3+10）
2	二、可供出售金融资产	50.00	50.00	0.00	—	—	—	—	0.00	0.00	0.00	0.00

表 4-3-6

A105000　　纳税调整项目明细表　　单位：万元

行次	项　目	账载金额	税收金额	调增金额	调减金额
		1	2	3	4
1	一、收入类调整项目（2+3+4+5+6+7+8+10+11）	—	—	0.00	0.00
4	（三）投资收益（填写A105030）	50.00	50.00	0.00	0.00
30	三、资产类调整项目（31+32+33+34）	—	—	450.50	0.00
32	（二）资产减值准备金	450.50	—	450.50	0.00

表 4-3-7

A105030　　投资收益纳税调整明细表　　单位：万元

行次	项　目	持有收益			处置收益							纳税调整金额
		账载金额	税收金额	纳税调整金额	会计确认的处置收入	税收计算的处置收入	处置投资的账面价值	处置投资的计税基础	会计确认的处置所得或损失	税收计算的处置所得	纳税调整金额	
		1	2	3（2-1）	4	5	6	7	8（4-6）	9（5-7）	10（9-8）	11（3+10）
2	二、可供出售金融资产	0.00	0.00	0.00	1 097.2	1 097.2	600.00	1 050.50	497.20	46.70	-450.5	-450.5

表 4-3-8

A105000　　纳税调整项目明细表　　单位：万元

行次	项　目	账载金额	税收金额	调增金额	调减金额
		1	2	3	4
1	一、收入类调整项目（2+3+4+5+6+7+8+10+11）	—	—	0.00	450.5
4	（三）投资收益（填写A105030）	497.20	46.70	0.00	450.5
30	三、资产类调整项目（31+32+33+34）	—	—	0.00	0.00
32	（二）资产减值准备金	0.00	—	0.00	0.00

【案例 4-23】可供出售金融资产（债务工具）的财税处理

2018 年 7 月 1 日，立博公司购买了 B 公司公开发行的债券 100 张，单张价款 9.95 万元（含交易费用 500 元）。债券面值 10 万元，期限 3 年，票面利率 9%，每年支付 1 次，计息从 2018 年 7 月 1 日开始，每年 6 月 30 支付上年 7 月 1 日至本年 6 月 30 日的利息。立博公司将其直接划分为可供出售金融资产。

2018 年 12 月 31 日，立博公司仍持有 B 债券，当日 B 债券市价（公允价值）为 11 万元。

2019 年 6 月 1 日，立博公司以单价 11.5 万元的价格将 B 债券全部转让。

假定立博公司为一般纳税人，适用《企业会计准则第 22 号——金融工具确认和计量》（2006 版）。

问题：1. 立博公司投资乙公司 B 债券的会计处理；

2. 立博公司投资乙公司 B 债券涉及的 2018 年和 2019 年的税务处理。

解析：

1. 会计处理

（1）2018 年 7 月 1 日购进债券

借：可供出售金融资产——面值　　10 000 000.00

　贷：银行存款　　9 950 000.00

　　可供出售金融资产——利息调整　　50 000.00

（2）2018 年 12 月 31 日计提利息

由于债券是折价发行，实际利率与票面利率不一致，会计核算时应按照实际利率法进行核算，故应先计算债券的实际利率。按票面利率计算应收利息，按实际利率计算投资收益。

计算债券的实际利率在 Excel 表格中使用函数 IRR 计算是比较方便的，见表 4-3-9。

表 4-3-9

债券实际利率计算过程表　　单位：万元

期数	时间	现金流	确认的投资收益	债券摊余价值
		A	B=期初C × IRR	C=期初C−A+B
0	2018/7/1	−995.00	—	995.00
1	2018/12/31	0.00	42.32	1 037.32

续上表

期数	时间	现金流	确认的投资收益	债券摊余价值
		A	B=期初C×IRR	C=期初C−A+B
2	2019/6/30	84.90	44.11	996.53
3	2019/12/31	0.00	42.38	1 038.91
4	2020/6/30	84.90	44.18	998.19
5	2020/12/31	0.00	42.45	1 040.64
6	2021/6/30	1 084.90	44.26	0.00
IRR	—	4.25%	—	—
合计	—	—	259.70	—

说明：①现金流0期为购买债券流出现金流；②现金流2期和4期是收到的利息扣除增值税后不含税金额；③现金流6期现金流是收回的本金加利息扣除增值税后不含税金额的合计；④增值税是按“金融服务——贷款服务”计算（根据《财政部 国家税务总局关于明确金融 房地产开发 教育辅助服务等增值税政策的通知》（财税〔2016〕140号）第二条规定，债券持有到期不属于金融商品转让，故本金与折价部分的差价不计算增值税）；⑤由于表中每期的时间间隔只有半年，故实际利率（IRR）4.25%是半年的实际利率。

2018年12月31日计提利息会计分录：

借：可供出售金融资产——应计利息　　450 000.00（10 000 000×9%/2）

　贷：投资收益　　423 200.00

　　应交税费——待转销项税额　　25 500.00（450 000×6%/1.06）

　　可供出售金融资产——利息调整　　1 300.00

（3）2018年12月31日公允价值变动

2018年12月31日可供出售金融资产（B债券）账面价值＝面值＋利息调整＋应计利息－利息调整＝1 000−5+45−0.13=1 039.87（万元）。

公允价值变动＝1 100−1 039.87=60.13（万元）。

借：可供出售金融资产——公允价值变动　　601 300.00

　贷：其他综合收益　　601 300.00

（4）2019年6月1日债券转让

借：银行贷款　　11 500 000.00

　应交税费——待转销项税额　　25 500.00

　可供出售金融资产——利息调整　　51 300.00

　贷：可供出售金融资产——面值　　10 000 000.00

　　可供出售金融资产——应计利息　　450 000.00

　　可供出售金融资产——公允价值变动　　601 300.00

　　投资收益　　437 800.00

　　应交税费——转让金融商品应交增值税　　87 700.00

说明：转让金融商品应交增值税＝（1 150−995）×6%/1.06=8.77（万元）。

同时，将计入“综合收益”的公允价值变动转入“投资收益”：

借：其他综合收益　601 300.00

　贷：投资收益　601 300.00

2. **税务处理及税会差异分析**

（1）2018 年度的税务处理及税会差异分析

可供出售金融资产（债务工具）在 2018 年度与企业所得税相关的事项有两处，一处是计提利息，另一处是公允价值变动。会计上虽然在 2018 年 12 月 31 日按照实际利率计提了利息 42.32 万元，并计入当期损益，但是债券约定付息时间却在 2018 年度以后，因此税务处理方面不应确认收入，需要进行纳税调整。公允价值变动虽然会计上调整了资产的账面价值，但是没有计入当期损益而是计入了“综合收益”，所以无须进行纳税调整。

2018 年度企业所得税申报表填报说明：首先应填写《投资收益纳税调整明细表》（A105030），将其会计上确认的“投资收益”42.32 万元填入该表的第 2 行“账载金额”，其“税收金额”填写 0，然后自动生成“纳税调整金额”−42.32 万元等（报表填写过程略）。

（2）2019 年度的税务处理及税会差异分析

可供出售金融资产（债务工具）在 2019 年度处置转让，产生可供出售金融资产的处置收益，年度所得税申报应填写《投资收益纳税调整明细表》（A105030）。在计算处置收益时，税务处理是比较简单，直接以处置收入减去计税基础即可得到，但是会计处理则相对复杂一些。

a.《投资收益纳税调整明细表》（A105030）“持有收益”相关数据计算过程

可供出售金融资产处置时将持有期间产生的“综合收益”转入“投资收益”，应填入“持有收益”下的“账载金额”，故“账载金额”=60.13 万元；

税收金额 =0 万元；

纳税调整① =0−60.13=−60.13（万元）。

b.《投资收益纳税调整明细表》（A105030）“处置收益”相关数据计算过程

会计确认的处置收入 = 1 150− 增值税 =1 150−（8.77−2.55）=1 143.78（万元）；

税收计算的处置收入 =1 150− 增值税 =1 150−8.77=1 141.23（万元）；

处置投资的账面价值 = 面值 + 利息调整 + 应计利息 + 公允价值变动 =1 000−5.13+45+60.13 =1 100（万元）；

处置投资的计税基础 =995 万元；

会计确认的处置所得或损失 =1 143.78−1 100=43.78（万元）（自动生成，与处置会计分录中的“投资收益”金额一致）；

税收计算的处置所得 =1 141.23−995=146.23（万元）；

纳税调整金额② =146.23−43.78=102.45（万元）（自动生成）。

c.《投资收益纳税调整明细表》（A105030）第 11 列“纳税调整金额”计算过程

纳税调整金额 = 纳税调整① + 纳税调整金额② =−60.13+102.45=42.32（万元）（自动生成）

其调整金额与 2018 年度调整金额一致，正负相反，2018 年度属于应纳税所得额调减，2019 年度属于应纳税所得额调增，两年抵消后无差异，属于暂时性差异。

说明：如果可供出售金融资产在处置时发生亏损的，不在《投资收益纳税调整明细表》（A105030）填列，而应填列在《资产损失税前扣除及纳税调整明细表》（A105090）中。

三、持有至到期投资投资收益的财税处理及风险管理

（一）持有至到期投资会计核算的内容

会计科目“持有至到期投资”核算的内容，按《企业会计准则第 22 号——金融工具确认和计量》（2006 版，下称 2006 版准则）第十一条规定，持有至到期投资是指到期日固定、回收金额固定或可确定，且企业有明确意图和能力持有至到期的非衍生金融资产。下列非衍生金融资产不应当划分为持有至到期投资：（一）初始确认时被指定为以公允价值计量且其变动计入当期损益的非衍生金融资产；（二）初始确认时被指定为可供出售的非衍生金融资产；（三）贷款和应收款项。企业应当在资产负债表日对持有意图和能力进行评价。通常情况下，能够划分为持有至到期投资包括企业持有的、在活跃市场上有公开报价的国债、企业债券、金融债券等。

《企业会计准则第 22 号——金融工具确认和计量》（2017 版）将 2006 版准则中的“持有到期投资”划分为“以摊余成本计量的金融资产”，会计核算使用的会计科目是“债权投资”。

（二）持有至到期投资取得时的会计处理与税务处理及税会差异分析

1．持有至到期投资的初始计量

（1）溢价发行债券

借：持有至到期投资——成本（面值）

　　应收利息（已到付息时间，但未领取的）

　　持有至到期投资——利息调整（差额）

　贷：银行存款

（2）折价发行债券

借：持有至到期投资——成本（面值）

　　应收利息（已到付息时间，但未领取的）

　贷：银行存款

　　　持有至到期投资——利息调整（差额）

2．持有至到期投资取得时的税务处理及税会差异分析

持有至到期投资取得时会计处理与税务处理一致，都是支付的相关税费为计入投资成本或计税基础，因此在取得的环节无税会差异。

（三）持有至到期投资持有收益的会计处理与税务处理及税会差异分析

1．持有至到期投资持有收益的会计处理

（1）溢价发行债券计提利息

借：应收利息（面值 × 票面利率，分期付息）

　　持有至到期投资——应计利息（面值 × 票面利率，一次还本付息）

贷：投资收益（摊余成本 × 实际利率）

持有至到期投资——利息调整（差额）

应交税费——待转销项税额（面值 × 票面利率 ×6%/1.06）

说明：如果是小规模纳税人，应交税费 = 面值 × 票面利率 ×3%/1.03，下同。

（2）折价发行债券计提利息

借：应收利息（面值 × 票面利率，分期付息）

持有至到期投资——应计利息（面值 × 票面利率，一次付息）

持有至到期投资——利息调整（差额）

贷：投资收益（摊余成本 × 实际利率）

应交税费——待转销项税额（面值 × 票面利率 ×6%/1.06）

（3）如果是分期付息债券，持有期间收到利息

借：银行存款

应交税费——待转销项税额

贷：应收利息

应交税费——应交增值税（销项税额）

2. 持有至到期投资持有收益的税务处理及税会差异分析

（1）税务规定。

《企业所得税法实施条例》第十八条规定，利息收入，按照合同约定的债务人应付利息的日期确认收入的实现。

（2）税会差异分析。① 收到取得时已经宣告未领取的现金股利和债券利息。会计和税务都把收到取得时未领取的债券利息，作为前期垫资收回处理，均不作收入处理，故无税会差异。

② 投资收益确认时间的差异。对于债权投资，需要区分分期付息和一次性付息两种情况。对于分期付息的债权投资，会计上每个会计期间确认投资收益，税务上也会按照合同约定的应付利息确认投资收益的实现，如果都在一个年度内会计处理与税务处理之间无差异，如果跨年度则存在差异。对于一次性付息的债权投资，会计上按照权责发生制在资产负债表日确认投资收益，而税务上仍然会按照合同约定的应付利息确认投资收益的实现，二者存在明显的税会差异。

③ 投资收益计算方式不一样。会计上计算投资收益是按照实际利率法计算，税务处理是按面值乘以票面利率计算，二者计算的数额在各个期间存在差异，但是总体金额不存在差异，属于暂时性差异。

④ 存在免税收入时的税会差异。当持有到期投资所投资对象的债券利息收入属于符合条件的免税收入时，会计上确认收益，但是税务上免税，应调减应纳税所得额。

（四）持有至到期投资的计提资产减值准备的会计处理与税务处理及差异分析

1. 会计处理

借：资产减值损失

　贷：持有至到期投资减值准备

2．税务处理及差异分析

当持有至到期投资发生减值时，会计上计入“资产减值损失”，而税务上不允许扣除，会产生暂时性差异，需要调增应纳税所得额。

（五）持有至到期投资处置时的会计处理与税务处理及税会差异分析

1．会计处理

（1）溢价发行债券

借：银行存款（收到的价款）

　　持有至到期投资减值准备

　　应交税费——待转销项税额

　贷：持有至到期投资——成本（面值）

　　　持有至到期投资——利息调整（未摊销溢价）

　　　持有至到期投资——应计利息

　　　应收利息

　　　投资收益（差额、或借记）

　　　应交税费——转让金融商品应交增值税

（2）折价发行债券

借：银行存款（收到的价款）

　　持有至到期投资减值准备

　　持有至到期投资——利息调整（未摊销折价）

　　应交税费——待转销项税额

　贷：持有至到期投资——成本（面值）

　　　持有至到期投资——应计利息

　　　应收利息

　　　投资收益（差额、或借记）

　　　应交税费——转让金融商品应交增值税

2．税务处理及税会差异分析

持有至到期投资处置时，税务上的处置所得等于转让价款减去计税基础（历史成本）。如果持有至到期投资没有发生过资产减值，会计处理与税务处理不会存在税会差异；但是，如果发生过资产减值就存在税会差异。

【案例 4-24】持有至到期投资的财税处理

2018 年 7 月 1 日，利博公司购买了 B 公司公开发行的债券 100 张，单张价款 9.95 万元（含交易费用 500 元）。债券面值 10 万元，期限 3 年，票面利率 9%，每年支付 1 次，计息从 2018 年

7 月 1 日开始，每年 6 月 30 日支付上年 7 月 1 日至本年 6 月 30 日的利息。利博公司鉴于购买时资金比较充足将其直接划分为持有至到期投资。

假定 2020 年 6 月 1 日，利博公司由于收购另外一家企业急需筹集资金，以 11 万元的单价将 B 债券全部转让。

假定利博公司为一般纳税人。

问题：1. 利博公司投资乙公司 B 债券的会计处理；

2. 利博公司投资乙公司 B 债券涉及的企业所得税处理。

解析：

1. 会计处理

（1）2018 年 7 月 1 日购进债券

借：持有至到期投资——面值　　10 000 000.00

　贷：银行存款　　9 950 000.00

　　持有至到期投资——利息调整　　50 000.00

（2）持有期间投资收益及利息调整等计算

持有至到期投资核算投资收益时需要按照实际利率计算，而债券的实际利率计算比较复杂。如果计算债券的实际利率采用 Excel 函数法则是比较方便的，见表 4-3-10。

表 4-3-10

债券实际利率计算过程表

单位：万元

时间	债券期初摊余价值	现金流	投资收益（不含税）	债券期末摊余价值	票面利息（含税）	利息调整	增值税	
	A	B	C=A×IRR	D=A-B+C			应计	应交
2018/7/1	—	-995.00	—	995.00	—	—	—	—
2018/12/31	995.00	—	42.32	1 037.32	45.00	-0.13	2.55	
2019/6/30	1 037.32	84.90	44.11	996.53	45.00	1.66	2.55	5.10
2019/12/31	996.53	—	42.38	1 038.91	45.00	-0.07	2.55	—
2020/6/30	1 038.91	84.90	44.18	998.19	45.00	1.73	2.55	5.10
2020/12/31	998.19	—	42.45	1 040.64	45.00	—	2.55	—
2021/6/30	1 040.64	1 084.90	44.26	—	45.00	1.81	2.55	5.10
IRR	—	4.25%	—	—	—	—	—	—
合计	—	—	259.70	—	270.00	5.00	15.30	15.30

说明：①现金流2018年7月1日为购买债券流出现金流；②2019年6月30日和2020年6月30日是收到的利息扣除增值税后不含税金额；③现金流2021年6月30日是收到的本金和最后一期利息扣除增值税后的不含税金额；④利息收入的增值税是按“金融服务——贷款服务”计算。⑤票面利息=面值×票面利率。⑥利息调整=票面利息-投资收益（实际利息收入）-应计增值税。⑦实际利率（IRR）计算：利用Excel函数IRR进行计算，表4-3-10计算出的IRR是半年期的实际利率。

（3）持有期间的会计分录

通过表 4-3-10 的计算，我们就可以轻松做出相关的会计分录。

①2018年12月31日计提利息会计分录

借：应收利息 450 000.00

贷：投资收益 423 200.00

应交税费——待转销项税额 25 500.00

持有至到期投资——利息调整 1 300.00

②2019年6月30日收到利息

借：银行存款 900 000.00

持有至到期投资——利息调整 16 600.00

应交税费——待转销项税额 25 500.00

贷：投资收益 441 200.00

应收利息 450 000.00

应交税费——应交增值税（销项税额） 50 900.00（900 000×6%/1.06）

说明：由于四舍五入的关系，上述会计分录中“投资收益”数据与表4-3-10中的“投资收益”数据有细微差异，下同。

2019年12月31日、2020年6月30日、2020年12月31日的会计处理与上述分录基本一致，只是相关数据按照表4-3-10进行更换即可，不再赘述。

③2021年6月30日（假定持有到期）

2021年6月30日收到本金及最后一期利息，在增值税方面仍然只需要计算保本的利息收入的增值税即可。虽然到期后收回的本金大于最初购买的价款，但是根据《财政部 国家税务总局关于明确金融 房地产开发 教育辅助服务等增值税政策的通知》（财税〔2016〕140号）第二条规定，债券持有到期不属于金融商品转让，故本金与折价部分的差价不计算增值税。

借：银行存款 10 900 000.00

应交税费——待转销项税额 25 500.00

持有至到期投资——利息调整 18 100.00

贷：持有至到期投资——面值 10 000 000.00

投资收益 442 700.00

应交税费——应交增值税（销项税额） 50 900.00（900 000×6%/1.06）

应收利息 450 000.00

（4）2020年6月1日债券转让：

借：银行贷款 11 000 000.00

应交税费——待转销项税额 25 500.00

持有至到期投资——利息调整 35 400.00（17 300+18 100）

贷：持有至到期投资——面值 10 000 000.00

应收利息 450 000.00

投资收益 551 500.00

应交税费——转让金融商品应交增值税 59 400.00

说明：①会计分录中“持有至到期投资——利息调整”等于尚未调整的金额；②转让金融商品应交增值税=（1 100-995）×6%/1.06=5.94（万元）；③投资收益：在确定面值、利息调整、应收利息、应交增值税后倒挤而得到。

2. 企业所得税处理

（1）持有期间的会计确认的投资收益与税务处理确认的利息收入之间的差异分析

金额差异：持有至到期投资在持有期间，会计处理确认“投资收益”是按照实际利率（内含报酬率）计算的，且会计处理确认的“投资收益”内包含债券折价或溢价（如果不是平价发行的话）在持有期间的分摊；而税务处理是按照票面利息计算的，不包含折价或溢价的分摊。因此，二者之间存在金额差异。

时间差异：债券利息收入，税务上应按照合同约定的应付利息确认投资收益的实现。因此，本案例中2018年度会计处理虽然计提了债券利息，但是税务方面的规定却不是按照权责发生制确认，而是按照收付实现制确认（合同约定收取利息视同实际收到），故应进行纳税调整。同理，债券持有到期的2021年亦是如此。

（2）持有期间和处置的税务处理及税会差异分析

本案例的持有期间和处置的税务处理及税会差异分析，与【案例4-23】中税务处理及税会差异一致，只是部分数据不一样，此处不再赘述，详情参阅【案例4-23】。

说明：如果持有至到期投资在处置时发生亏损的，不在《投资收益纳税调整明细表》（A105030）填列，而应填列在《资产损失税前扣除及纳税调整明细表》（A105090）中。

四、长期股权投资投资收益的财税处理及风险管理

《投资收益纳税调整明细表》（A105030）要求填报“长期股权投资”的持有收益和处置收益的相关纳税调整。

依据《企业会计准则第2号——长期股权投资》（以下简称“会计准则”）规定进行划分，长期股权投资在持有期间，应当分别采用成本法或权益法进行核算。但不论企业采用哪种方法核算，都不会改变所得税的处理方法，但是会计处理不一样会导致税会差异。

（一）长期股权投资投资收益的税务规定

（1）《企业所得税法实施条例》第七十一条规定，企业所得税法第十四条所称投资资产，是指企业对外进行权益性投资和债权性投资形成的资产。企业在转让或者处置投资资产时，投资资产的成本，准予扣除。投资资产按照以下方法确定成本：（一）通过支付现金方式取得的投资资产，以购买价款为成本；（二）通过支付现金以外的方式取得的投资资产，以该资产的公允价值和支付的相关税费为成本。

（2）《企业所得税法》第二十六条规定，企业的下列收入为免税收入：（二）符合条件的居民企业之间的股息、红利等权益性投资收益；（三）在中国境内设立机构、场所的非居民企业从居民企业取得与该机构、场所有实际联系的股息、红利等权益性投资收益。

（3）《企业所得税法实施条例》第八十三条规定，企业所得税法第二十六条第（二）项所

称符合条件的居民企业之间的股息、红利等权益性投资收益，是指居民企业直接投资于其他居民企业取得的投资收益。企业所得税法第二十六条第(二)项和第(三)项所称股息、红利等权益性投资收益，不包括连续持有居民企业公开发行并上市流通的股票不足12个月取得的投资收益。

(4)《企业所得税法实施条例》第十七条规定，企业所得税法第六条第(四)项所称股息、红利等权益性投资收益，是指企业因权益性投资从被投资方取得的收入。股息、红利等权益性投资收益，除国务院财政、税务主管部门另有规定外，按照被投资方作出利润分配决定的日期确认收入的实现。

(二)长期股权投资采用成本法核算投资收益的会计处理

《会计准则》第八条规定，采用成本法核算的长期股权投资应当按照初始投资成本计价。追加或收回投资应当调整长期股权投资的成本。被投资单位宣告分派的现金股利或利润，应当确认为当期投资收益。

《会计准则》第十七条规定，处置长期股权投资，其账面价值与实际取得价款之间的差额，应当计入当期损益。

【案例4-25】长期股权投资采用成本法计量投资收益的财税处理

2018年1月10日，骊威公司对飞龙足球用品公司投资700万元，获得其70%的股份，并按照飞龙公司章程取得控制权。2018年飞龙足球用品公司实现税后利润400万元，2018年4月20日飞龙足球用品公司宣告分配200万元的利润，骊威公司应该分得140万元；2018年5月10日骊威公司收到该笔款项。骊威公司决定于2019年10月20日将该长期股权投资全部以1 000万元转让给其他公司。

骊威公司在对飞龙公司进行投资前与其不具有关联关系。

问题：骊威公司对飞龙公司的长期股权投资财税处理。

解析：

1. 会计处理

(1)2018年1月投资时，骊威公司的相关会计分录如下。

借：长期股权投资——飞龙公司　　7 000 000.00

　贷：银行存款　　7 000 000.00

(2)由于骊威公司对飞龙公司具有控制权且股份比例高达70%，因此后续计量应采用成本法。2018年飞龙足球用品公司实现税后利润400万元时，骊威公司暂时不需要做会计处理。

(3)2019年4月20日飞龙足球用品公司宣告分配200万元的利润时，骊威公司的相关会计分录如下。

借：应收股利　　1 400 000.00

　贷：投资收益　　1 400 000.00

5月10日收到分配的股利时相关会计分录如下：

借：银行存款　　　　　　　　　　　　　　　　　　　1 400 000.00

　贷：应收股利　　　　　　　　　　　　　　　　　　　1 400 000.00

（4）2019 年 10 月 20 日骊威公司转让长期股权投资时会计分录如下：

借：银收存款　　　　　　　　　　　　　　　　　　　10 000 000.00

　贷：长期股权投资　　　　　　　　　　　　　　　　　7 000 000.00

　　　投资收益　　　　　　　　　　　　　　　　　　　3 000 000.00

2. 税务处理及税会差异分析

（1）长期股权投资初始成本与计税基础的确认

由于骊威公司在投资前与飞龙公司不具有关联关系，因此其长期股权投资初始成本应为付出资产的公允价值；而税法上以支付的对价为长期股权投资的计税基础。长期股权投资会计上初始成本与税法上计税基础相等，无税会差异，不需要进行纳税调整。

（2）飞龙公司 2018 年实现利润后骊威公司的税务处理及税会差异分析

由于骊威公司对飞龙公司具有控制权，后续核算采取成本法计量，因此依据《会计准则》第八条规定，2018 年飞龙足球用品公司实现税后利润 400 万元时，由于被投资方并未作出利润分配决策，因此骊威公司无须进行账务处理。由于骊威公司并无股息收入，所以也无须进行税务处理。会计处理与税务处理之间无差异，无须进行纳税调整。

（3）股息收入的税务处理及税会差异分析

会计上确认投资收益为 140 万元，而税法上确认的投资收益也是 140 万元，无税会差异，无须进行纳税调整。

但是，该股息收入符合《企业所得税法实施条例》第八十三条股息、红利免税规定，因此分回的股息应免税。

（4）长期股权投资处置的税务处理及税会差异

会计上确认投资收益为 300 万元，而税法上确认的投资收益等于取得的股权转让收入减去初始投资成本，也是 300 万元，税会一致，无税会差异。

（三）长期股权投资采用权益法核算的范围

会计准则规定，对合营企业和联营企业投资应当采用权益法核算。投资方在判断对被投资单位是否具有共同控制、重大影响时，应综合考虑直接持有的股权和通过子公司间接持有的股权。在综合考虑直接持有的股权和通过子公司间接持有的股权后，如果认定投资方在被投资单位拥有共同控制或重大影响，在个别财务报表中，投资方进行权益法核算时，应仅考虑直接持有的股权份额；在合并财务报表中，投资方进行权益法核算时，应同时考虑直接持有和间接持有的份额。

（四）长期股权投资采用权益法核算的会计处理

按照权益法核算的长期股权投资，一般会计处理为：

（1）初始投资或追加投资时，按照初始投资成本或追加投资的投资成本，增加长期股权投资的账面价值。

（2）比较初始投资成本与投资时应享有被投资单位可辨认净资产公允价值的份额，前者大于后者的，不调整长期股权投资账面价值；前者小于后者的，应当按照二者之间的差额调增长期股权投资的账面价值，同时计入取得投资当期损益。

（3）持有投资期间，随着被投资单位所有者权益的变动相应调整增加或减少长期股权投资的账面价值，并分别以下情况处理：

① 对于因被投资单位实现净损益和其他综合收益而产生的所有者权益的变动，投资方应当按照应享有的份额，增加或减少长期股权投资的账面价值，同时确认投资损益和其他综合收益；

② 对于被投资单位宣告分派的利润或现金股利计算应分得的部分，相应减少长期股权投资的账面价值；

③ 对于被投资单位除净损益、其他综合收益以及利润分配以外的因素导致的其他所有者权益变动，相应调整长期股权投资的账面价值，同时确认资本公积（其他资本公积）；

④ 在持有投资期间，被投资单位编制合并财务报表的，应当以合并财务报表中净利润、其他综合收益和其他所有者权益变动中归属于被投资单位的金额为基础进行会计处理。

（五）长期股权投资采用权益法计量时初始投资成本的调整

投资方取得对联营企业或合营企业的投资以后，对于取得投资时初始投资成本与应享有被投资单位可辨认净资产公允价值份额之间的差额，应区别情况处理。

（1）初始投资成本大于取得投资时应享有被投资单位可辨认净资产公允价值份额的，该部分差额是投资方在取得投资过程中通过作价体现出的与所取得股权份额相对应的商誉价值，这种情况下不要求对长期股权投资的成本进行调整。被投资单位可辨认净资产的公允价值，应当比照企业合并准则的有关规定确定。

（2）初始投资成本小于取得投资时应享有被投资单位可辨认净资产公允价值份额的，两者之间的差额体现为双方在交易作价过程中转让方的让步，该部分经济利益流入应计入取得投资当期的营业外收入，同时调整增加长期股权投资的账面价值。

【案例 4-26】长期股权投资采用权益法计量时初始投资成本大于应享有被投资单位可辨认净资产份额的财税处理

2018 年 1 月，A 公司取得 B 公司 30% 的股权，支付投资价款 6 000 万元。取得投资时，被投资单位净资产账面价值为 15 000 万元（假定被投资单位各项可辨认净资产的公允价值与其账面价值相同）。A 公司在取得 B 公司的股权后，能够对 B 公司施加重大影响。不考虑相关税费等其他因素影响。

A 公司与 B 公司在投资前不具有关联关系。

问题：A 公司对 B 公司股权投资初始成本的财税处理。

解析：

本案例中，应对该投资采用权益法核算。取得投资时，A 公司有关会计处理如下。

借：长期股权投资——投资成本　　60 000 000.00

　贷：银行存款　　60 000 000.00

长期股权投资的初始投资成本 6 000 万元大于取得投资时应享有被投资单位可辨认净资产公允价值的份额 4 500 万元 (15 000 × 30%)，该差额 1 500 万元不调整长期股权投资的账面价值。

税务处理：根据《企业所得税法实施条例》第七十一条，长期股权投资计税基础为 6 000 万元。

会计处理与税务处理结果一致，无须进行纳税调整。

【案例 4-27】长期股权投资采用权益法计量时初始投资成本小于应享有被投资单位可辨认净资产份额的财税处理

2018 年 1 月，甲公司取得乙公司 30% 的股权，支付投资价款 6 000 万元。取得投资时，被投资单位净资产账面价值为 24 000 万元 (假定被投资单位各项可辨认净资产的公允价值与其账面价值相同)。甲公司在取得乙公司的股权后，能够对乙公司施加重大影响。不考虑相关税费等其他因素影响。

假定甲公司在对乙公司投资前不具有关联关系。

问题：甲公司对乙公司股权投资初始成本的财税处理。

解析：

1. 会计处理

甲公司取得投资时被投资单位乙公司可辨认净资产的公允价值为 24 000 万元，甲公司按持股比例 30% 计算确定应享有 7 200 万元，则初始投资成本 6 000 万元与应享有被投资单位可辨认净资产公允价值份额之间的差额 1 200 万元应计入取得投资当期的营业外收入。有关会计处理如下。

借：长期股权投资——投资成本　　72 000 000.00

　贷：银行存款　　60 000 000.00

　　　营业外收入　　12 000 000.00

2. 税务处理及税会差异分析

《企业所得税法实施条例》第七十一条规定，企业所得税法第十四条所称投资资产，是指企业对外进行权益性投资和债权性投资形成的资产，通过支付现金方式取得的投资资产，以购买价款为成本。因此本案例中，甲公司长期股权投资的计税基础是 6 000 万元，与会计处理确认的初始成本 7 200 万元存在 1 200 万元的税会差异，会计处理的"营业外收入" 1 200 万元也属于暂时性差异，需要进行纳税调整。

如果本案例中甲公司没有其他股权投资事宜，则 2018 年针对长期股权投资初始成本调整的纳税申报填报如下。

第一步：填写《一般企业收入明细表》(A101010)，见表 4-3-11。

表 4-3-11

A101010　　一般企业收入明细表　　单位：万元

行次	项　目	金　额
16	二、营业外收入（17+18+19+20+21+22+23+24+25+26）	1 200.00
26	（十）其他	1 200.00

第二步：填写《纳税调整项目明细表》（A105000），见表 4-3-12。

表 4-3-12

A105000　　纳税调整项目明细表　　单位：万元

行次	项　目	账载金额	税收金额	调增金额	调减金额
		1	2	3	4
5	（四）按权益法核算长期股权投资对初始投资成本调整确认收益	—	—	—	1 200.00

（六）长期股权投资采用权益法计量时 投资损益的确认

（1）资产负债表日，企业应按被投资单位实现的净利润（以取得投资时被投资单位可辨认净资产的公允价值为基础计算）中企业享有的份额，借记“长期股权投资——损益调整”，贷记“投资收益”科目。

（2）被投资单位发生净亏损做相反的会计分录，但以本科目的账面价值减记至零为限；还需承担投资的损失，应将其他实质上构成对被投资单位净投资的“长期应收款”等的账面价值减记至零为限；除按照以上步骤已确认的损失外，按照投资合同或协议约定将承担的损失，确认为预计负债。除上述情况仍未确认的应分担被投资单位的损失，应在账外备查登记。发生亏损的被投资单位以后实现净利润的，应按与上述相反的顺序进行处理。

（3）取得长期股权投资后，被投资单位宣告发放现金股利或利润时，企业计算应分得的部分，借记“应收股利”科目，贷记“长期股权投资——损益调整”。

（4）收到被投资单位发放的股票股利，不进行账务处理，但应在备查簿中登记。

（5）发生亏损的被投资单位以后实现净利润的，企业计算应享有的份额，如有未确认投资损失的，应先弥补未确认的投资损失，弥补损失后仍有余额的，依次借记“长期应收款”科目和“长期股权投资——损益调整”，贷记“投资收益”科目。

（6）被投资单位除净损益、利润分配以外的其他综合收益变动和所有者权益的其他变动，企业按持股比例计算应享有的份额，借记“长期股权投资”（其他综合收益和其他权益变动），贷记“其他综合收益”和“资本公积——其他资本公积”科目。

（7）采用权益法核算的长期股权投资，在确认应享有（或分担）被投资单位的净利润（或净亏损）时，在被投资单位账面净利润的基础上，应考虑以下因素的影响进行适当调整：

① 被投资单位采用的会计政策和会计期间与投资方不一致的，应按投资方的会计政策和会计期间对被投资单位的财务报表进行调整，在此基础上确定被投资单位的损益。

权益法下，是将投资方与被投资单位作为一个整体对待，作为一个整体其所产生的损益，应当在一致的会计政策基础上确定，被投资单位采用的会计政策与投资方不同的，投资方应当坚持重要性原则，按照本企业的会计政策对被投资单位的损益进行调整。

② 以取得投资时被投资单位固定资产、无形资产等的公允价值为基础计提的折旧额或摊销额，以及有关资产减值准备金额等对被投资单位净利润的影响。

被投资单位利润表中的净利润是以其持有的资产、负债账面价值为基础持续计算的，而投资方在取得投资时，是以被投资单位有关资产、负债的公允价值为基础确定投资成本，取得投资后应确认的投资收益代表的是被投资单位资产、负债在公允价值计量的情况下在未来期间通过经营产生的损益中归属于投资方的部分。投资方取得投资时，被投资单位有关资产、负债的公允价值与其账面价值不同的，未来期间，在计算归属于投资方应享有的净利润或应承担的净亏损时，应考虑被投资单位计提的折旧额、摊销额以及资产减值准备金额等进行调整。

值得注意的是，尽管在评估投资方对被投资单位是否具有重大影响时，应当考虑潜在表决权的影响，但在确定应享有的被投资单位实现的净损益、其他综合收益和其他所有者权益变动的份额时，潜在表决权所对应的权益份额不应予以考虑。

此外，如果被投资单位发行了分类为权益的可累积优先股等类似的权益工具，无论被投资单位是否宣告分配优先股股利，投资方计算应享有被投资单位的净利润时，均应将归属于其他投资方的累积优先股股利予以扣除。

【案例 4-28】长期股权投资采用权益法计量时投资收益的财税处理

2019 年 1 月 10 日，甲公司购入乙公司 30% 的股份，购买价款为 2 200 万元，自取得投资之日起能够对乙公司施加重大影响。取得投资当日，乙公司可辨认净资产公允价值为 6 000 万元，除表 4-3-13 所列项目外，乙公司其他资产、负债的公允价值与账面价值相同。

表 4-3-13

乙公司部分资产负债的公允价值与账面价值

单位：万元

项目	账面原价	已提折旧或摊销	公允价值	乙公司预计使用年限	甲公司取得投资后剩余使用年限
存货	500	—	700	—	—
固定资产	1 200	240	1 600	20	16
无形资产	700	140	800	10	8
小计	2 400	380	3 100	—	—

假定乙公司于 2019 年实现净利润 600 万元，其中在甲公司取得投资时的账面存货有 80% 对外出售。甲公司与乙公司的会计年度及采用的会计政策相同。固定资产、无形资产等均按直线法提取折旧或摊销，预计净残值均为 0。假定甲乙公司间未发生其他任何内部交易。

问题：甲公司对乙公司股权投资 2019 年度投资收益的财税处理。

解析：

1. 会计处理

甲公司取得投资当日，长期股权投资初始成本为 2 200 万元，享有被投资单位乙公司可辨认净资产公允价值份额为 1 800 万元（6 000×30%）。初始成本小于享有被投资单位可辨认净资产公允价值份额，且后续计量采用权益法，因此无须调整长期股权投资初始成本。

2019 年 12 月 31 日，甲公司在确定其应享有的投资收益时，应在乙公司实现净利润的基础上，根据取得投资时乙公司有关资产的账面价值与其公允价值差额的影响进行调整（假定不考虑所得税及其他税费等因素影响）：

存货账面价值与公允价值的差额应调减的利润为 160 万元 [(700−500)×80%]。

固定资产公允价值与账面价值差额应调整增加的折旧额为 40 万元 (1 600/16−1 200/20)。

无形资产公允价值与账面价值差额应调整增加的摊销额为 30 万元 (800/8−700/10)。

调整后的净利润为 370 万元 (600−160−40−30)。

按照甲公司应享有份额为 111 万元 (370×30%)。

确认投资收益的相关会计处理如下。

借：长期股权投资——损益调整　　1 110 000.00

　贷：投资收益　　1 110 000.00

2. 税务处理及税会差异分析：

《企业所得税法实施条例》第十七条规定，企业所得税法第六条第（四）项所称股息、红利等权益性投资收益，是指企业因权益性投资从被投资方取得的收入。股息、红利等权益性投资收益，除国务院财政、税务主管部门另有规定外，按照被投资方作出利润分配决定的日期确认收入的实现。因此，在乙公司未作出利润分配前甲公司确认的“投资收益”不属于税务上的应税收入。会计处理与税务处理存在差异，该税会差异属于暂时性差异，需要进行纳税调整。

（七）长期股权投资采用权益法计量后处置的会计处理

企业持有长期股权投资的过程中，由于各种原因，决定将所持有的对被投资单位的股权全部或部分对外出售时，应相应结转与所售股权相对应的长期股权投资的账面价值，一般情况下，出售所得价款与处置长期股权投资账面价值之间的差额，应确认为处置损益。

投资方全部处置权益法核算的长期股权投资时，原权益法核算的相关其他综合收益应当在终止采用权益法核算时采用与被投资单位直接处置相关资产或负债相同的基础进行会计处理，因被投资方除净损益、其他综合收益和利润分配以外的其他所有者权益变动而确认的所有者权益，应当在终止采用权益法核算时全部转入当期投资收益。

投资方部分处置权益法核算的长期股权投资，剩余股权仍然对被投资单位实施重大影响的可以仍采用权益法核算的，原权益法核算的相关其他综合收益应当采用与被投资单位直接处置相关资产或负债相同的基础处理并按比例结转，因被投资方除净损益、其他综合收益和利润分配以外的其他所有者权益变动而确认的所有者权益，应当按比例结转入当期投资收益。

投资方部分处置权益法核算的长期股权投资，剩余股权不能对被投资单位实施重大影响的，不能继续采用权益法核算的，也不能继续在“长期股权投资”中核算了，因为已经不满足《企业会计准则第 2 号——长期股权投资》相关的规定，而应转换为“可供出售金融资产”核算。

【案例 4-29】采用权益法计量长期股权投资处置的财税处理

甲公司拥有乙公司有表决权股份的 30%，对乙公司构成重大影响（已经投资 5 年）。2019 年 1 月 10 日，甲公司出售乙公司的全部股权，所得价款 2 300 万元全部存入银行，当日该项长期股权投资的账面价值为 2 000 万元，其中投资成本为 1 500 万元（与计税基础一致），损益调整为 400 万元，其他权益变动为 300 万元，长期股权投资减值准备为 200 万元。假设不考虑交易中的相关税费。

问题：甲公司处置股权投资的财税处理。

解析：

1. 会计处理

借：银行贷款　　23 000 000.00

　　长期股权投资减值准备　　2 000 000.00

　贷：长期股权投资——投资成本（乙公司）　　15 000 000.00

　　　长期股权投资——损益调整（乙公司）　　4 000 000.00

　　　长期股权投资——其他权益变动（乙公司）　　3 000 000.00

　　　投资收益　　3 000 000.00

同时，将原计入“其他综合收益”（与“长期股权投资——其他权益变动”相对应）的金额转入“投资收益”：

借：其他综合收益　　3 000 000.00

　贷：投资收益　　3 000 000.00

会计处理确认处置收益 =300+300=600（万元）。

2. 税务处理

投资性资产的计税基础采用历史成本，因此既不考虑会计核算对“长期股权投资”账面价值的变动与调整，也不考虑减值准备，所以计税基础还是 1 500 万元，税收计算的处置所得为 900 万元。会计处理累计确认的“投资收益”为 600 万元，与税务处理确认的处置所得 900 万元相差 300 万元。

因此，填写《投资收益纳税调整明细表》（A105030）中的“处置收益”应按表 4-3-14 填写。

表 4-3-14

A105030　　投资收益纳税调整明细表　　单位：万元

行次	项　目	处置收益						
		会计确认的处置收入	税收计算的处置收入	处置投资的账面价值	处置投资的计税基础	会计确认的处置所得或损失	税收计算的处置所得	纳税调整金额
		4	5	6	7	8（4-6）	9（5-7）	10（9-8）
6	六、长期股权投资	2 300.00	2 300.00	2 000.00	1 500.00	300.00	900.00	600.00

对于会计处理的从“其他综合收益”转入“投资收益”300 万元应填入《投资收益纳税调

整明细表》(A105030)中的“持有收益”，见表4-3-15。

表4-3-15

A105030　　投资收益纳税调整明细表　　单位：万元

行次	项　目	持有收益		
		账载金额	税收金额	纳税调整金额
		1	2	3（2-1）
6	六、长期股权投资	300.00	0.00	-300.00

说明：在本案例中虽然在2018年度未体现有在2018年度持有期间的“持有收益”，但是前期累计计入“其他综合收益”在长期股权投资处置时需要结转入“投资收益”，相等于在本期会计上确认持有期间累计的“投资收益”（其他综合收益在会计上属于未最终确认收入的性质，只是暂时性计入其他综合收益）。“持有收益”与“处置收益”二者“纳税调整金额”合计就等于300万元。

五、金融资产会计核算方法转换时的财税处理

（一）以公允价值计量金融资产转换为权益法核算长期股权投资的财税处理

1．会计处理

企业对外进行股权投资时，根据情况不同可能计入“交易性金融资产”“可供出售金融资产”和“长期股权投资”。计入“交易性金融资产”和“可供出售金融资产”的股权投资属于投资比例较低，且不具有重大影响、共同控制或控制，一般情况下是采用公允价值计量。当企业继续加大对被投资单位进行投资或者从其他投资者收购其股份，使其在被投资单位具有重大影响或共同控制但不构成控制时，就需要将核算办法由公允价值计量转换为权益法。

投资方因追加投资等原因能够对被投资单位施加重大影响或共同控制但不构成控制时，应当按照《企业会计准则第22号——金融工具确认和计量》(2017年版）确定的原持有的股权投资的公允价值加上新增投资成本之和，作为改变按权益法核算的初始投资成本。原持有的股权投资分类为可供出售金融资产的，其公允价值与账面价值之间的差额，以及原计入“其他综合收益”累计金额应当转入改按权益法核算的当期损益（投资收益）。

在具体转换时，要比较上述计算所得的初始投资成本，与按照追加投资后新的持股比例计算确定的应享有被投资在追加投资日可辨认净资产公允价值份额之间的差额，如果前者大于后者，则不需要调整长期股权投资的账面价值；如果前者小于后者，则应当按照其差额调整长期股权投资的账面价值，并计入当期“营业外收入”。

2．税务处理及税会差异

投资方因追加投资等原因，会计核算以公允价值计量金融资产转换为权益法核算长期股权投资，在转换过程因会计处理调整“长期股权投资”账面价值而产生的“投资收益”或“营业外收入”不属于应税收入，需要进行纳税调整。股权投资在会计核算分类为以公允价值计量金融资产时，如果初始购置交易税费计入了购置当期的“投资收益”的，应注意转换后期“长期股权投资”的计税基础应包含进去。

【案例 4-30】以公允价值计量金融资产转换为权益法核算长期股权投资的财税处理

甲公司于 2018 年 4 月取得乙公司 10% 的股权，成本为 600 万元。甲公司将该项股权投资划分为可供出售金融资产。2018 年 12 月 31 日，该项投资的市场价值是 700 万元。

2019 年 4 月 10 日，甲公司又以 1 200 万元的价格取得乙公司 12% 的股权。取得该部分股权后，按照乙公司章程规定，甲公司能够派人参与乙公司的生产经营决策，对该项长期股权投资转换为采用权益法核算。

假定甲公司在取得乙公司 10% 股权后至 2019 年底，乙公司未派发现金股利或利润。在追加投资日，甲公司在乙公司应享有可辨认净资产公允价值 2 000 万元。

问题：甲公司对乙公司股权投资的财税处理。

解析：

1. 会计处理

（1）2018 年 4 月，甲公司取得乙公司 10% 股权时

借：可供出售金融资产——投资成本　　6 000 000.00

　贷：银行存款　　6 000 000.00

（2）2018 年 12 月 31 日，确认公允价值变动损益

借：可供出售金融资产——公允价值变动　　1 000 000.00

　贷：其他综合收益　　1 000 000.00

（3）2019 年 4 月 10 日，新增 12% 股权投资

借：长期股权投资　　12 000 000.00

　贷：银行贷款　　12 000 000.00

（4）2019 年 4 月 10 日，将“可供出售金融资产”转入“长期股权投资”：

借：长期股权投资　　10 000 000.00（12 000 000/12 × 10）

　贷：可供出售金融资产——投资成本　　6 000 000.00

　　　可供出售金融资产——公允价值变动　　1 000 000.00

　　　投资收益　　3 000 000.00

同时，将“其他综合收益”转入“投资收益”：

借：其他综合收益　　1 000 000.00

　贷：投资收益　　1 000 000.00

在 2019 年 4 月 10 日追加投资后，长期股权投资初始成本为 2 200 万元，大于甲公司在乙公司应享有的可辨认净资产公允价值 2 000 万元，因此不需要调整长期股权投资账面价值。

2. 税务处理

案例中甲公司的股权投资无论是会计处理计入什么会计科目，其计税基础（600 万元）并不会发生变化，追加投资后也只能在原计税基础上加上后续投资成本（1 200 万元），因此案例中甲公司在追加投资过程中应税收入为 0 万元，股权投资的计税基础为 1 800 万元。

会计核算将“可供出售金融资产”转换为“长期股权投资”，可以视为“可供出售金融资产”的处置，同时新增“长期股权投资”，所以在所得税申报时应填报《投资收益纳税调整明细表》(A105030)。

其中：2019年度《投资收益纳税调整明细表》(A105030)的“持有收益”应按表4-3-16填写。

表 4-3-16

A105030　投资收益纳税调整明细表　单位：万元

行次	项　目	持有收益		
		账载金额	税收金额	纳税调整金额
		1	2	3（2-1）
2	二、可供出售金融资产	100.00	0.00	-100.00
6	六、长期股权投资	0.00	0.00	0.00

说明：“其他综合收益”是由可供出售金融资产在持有期间产生，只是在处置时转入“投资收益”而已，故填入“持有收益”。

2019年度《投资收益纳税调整明细表》(A105030)的“处置收益”应按表4-3-17填写。

表 4-3-17

A105030　投资收益纳税调整明细表　单位：万元

行次	项　目	处置收益						
		会计确认的处置收入	税收计算的处置收入	处置投资的账面价值	处置投资的计税基础	会计确认的处置所得或损失	税收计算的处置所得	纳税调整金额
		4	5	6	7	8（4-6）	9（5-7）	10（9-8）
2	二、可供出售金融资产	1 000.00	0.00	700.00	0.00	300.00	0.00	-300.00
6	六、长期股权投资	0.00	0.00	0.00	0.00	0.00	0.00	0.00

说明：金融资产转换会计核算时在各会计科目之间此增彼减，但是税务处理还是投资性资产，计税基础不变，以不变应万变，故税收金额都填写0。

（二）以权益法计量的长期股权投资转换为公允价值计量金融资产的财税处理

1．会计处理

企业对外进行股权投资时，计入“长期股权投资”且后续计量采用权益法计量的，当企业因各种原因转让或收回部分投资时，对被投资单位不再具有重大影响或共同控制时，根据会计准则规定需要从“长期股权投资”转换为“可供出售金融资产”科目核算（被投资单位是上市公司的有可能转换为“交易性金融资产”）。“可供出售金融资产”一般采用公允价值计量。

投资方因处置部分权益性投资等原因导致不能再对被投资单位实施共同控制或重大影响的，应当改按《企业会计准则第22号——金融工具确认和计量》（2017年版）的有关规定进行会计处理，其在丧失共同控制或重大影响之日公允价值与账面价值之间的差额计入当期损益。

2. 税务处理

当企业因各种原因转让或收回部分投资时，应按照转让或收回部分投资占该投资的份额计算处置所得。如果收回投资中属于投资成本的，应冲减投资成本，差额应计入当期应纳税所得额。

根据《国家税务总局关于企业所得税若干问题的公告》(国家税务总局公告 2011 年第 34 号)第五条规定，投资企业从被投资企业撤回或减少投资，其取得的资产中，相当于初始出资的部分，应确认为投资收回；相当于被投资企业累计未分配利润和累计盈余公积按减少实收资本比例计算的部分，应确认为股息所得；其余部分确认为投资资产转让所得。因此，如果属于从被投资企业撤回或减少投资，应注意区分股息所得和投资资产转让所得。

【案例 4-31】以权益法计量的长期股权投资转换为公允价值计量金融资产的财税处理

A 公司持有 B 公司 30% 有表决权股份，能够对 B 公司施加重大影响，对该股权投资采用权益法核算。2017 年 10 月，A 公司将该项投资中的 50% 出售给非关联方，取得价款 1 800 万元。相关手续于当日完成，A 公司无法再对 B 公司施加重大影响，将剩余的股权投资转为可供出售金融资产。出售时，该项长期股权投资的账面价值为 3 200 万元，其中投资成本 2 600 万元，损益调整为 300 万元，其他综合收益为 200 万元(性质为被投资单位的可供出售金融资产的累计公允价值变动)，除净损益、其他综合收益和利润分配外的其他所有者权益变动为 100 万元。剩余股权的公允价值为 1 800 万元。不考虑相关税费等其他相关因素影响。

问题：A 公司股权投资处置时的财税处理。

解析：

1. 会计处理

A 公司有关会计处理如下：

(1) 确认有关股权投资的处置损益

	借方	贷方
借：银行存款	18 000 000.00	
贷：长期股权投资——投资成本		13 000 000.00
长期股权投资——损益调整		1 500 000.00
长期股权投资——其他综合收益		1 000 000.00
长期股权投资——其他权益变动		500 000.00
投资收益		2 000 000.00

(2) 由于终止采用权益法核算，将原确认的相关其他综合收益全部转入当期损益

	借方	贷方
借：其他综合收益	2 000 000.00	
贷：投资收益		2 000 000.00

（3）由于终止采用权益法核算，将原计入资本公积的其他所有者权益变动全部转入当期损益

借：资本公积——其他资本公积　　1 000 000.00

　贷：投资收益　　1 000 000.00

（4）剩余股权投资转为可供出售金融资产，当天公允价值为 1 800 万元，账面价值为 1 600 万元，两者差异应计入当期投资收益

借：可供出售金融资产　　18 000 000.00

　贷：长期股权投资——投资成本　　13 000 000.00

　　长期股权投资——损益调整　　1 500 000.00

　　长期股权投资——其他综合收益　　1 000 000.00

　　长期股权投资——其他权益变动　　500 000.00

　　投资收益　　2 000 000.00

（5）长期股权投资在出售和转换为可供出售金融资产的过程中，会计处理确认的“投资收益”=200+200+100+200=700（万元）。

2. 税务处理及税会差异分析

会计上无论是计入“长期股权投资”还是“可供出售金融资产”，在税务方面都是属于权益性投资资产，应采用历史成本法确认计税基础。案例中原投资成本 2 600 万元就是原投资的计税基础，处置 50%，处置部分及处置后剩余的股权投资的计税基础均应为 1 300 万元。

因此，当权益性投资资产部分出售时，应以出售所得价款减去对应计税基础计算处置所得；本案例中出售所得价款为 1 800 万元，出售部分投资资产的计税基础为 1 300 万元，所以税收计算的处置所得为 500 万元。

因此，《投资收益纳税调整明细表》（A105030）的“处置收益”应按表 4-3-18 填写。

表 4-3-18

A105030　　投资收益纳税调整明细表　　单位：万元

行次	项　目	处置收益						
		会计确认的处置收入	税收计算的处置收入	处置投资的账面价值	处置投资的计税基础	会计确认的处置所得或损失	税收计算的处置所得	纳税调整金额
		4	5	6	7	8（4-6）	9（5-7）	10（9-8）
6	六、长期股权投资	3 600.00	1 800.00	3 200.00	1 300.00	400.00	500.00	100.00

说明：会计确认的处置收入，等于出售价款加上转换为“可供出售金融资产”的公允价值。

《投资收益纳税调整明细表》（A105030）的“持有收益”应按如表 4-3-19 填写。

表 4-3-19

A105030　　投资收益纳税调整明细表　　单位：万元

行次	项　目	持有收益		
		账载金额	税收金额	纳税调整金额
		1	2	3（2-1）
6	六、长期股权投资	300.00	0.00	-300.00

说明："账载金额"等于，终止采用权益法核算时其他综合收益全部转入当期损益200万元加上将原计入资本公积的其他所有者权益变动全部转入投资损益100万元。由于"其他综合收益"和其他所有者权益变动（资本公积——其他资本公积）都是在长期股权投资持有期间累计产生的，故填入"持有收益"。

（三）以成本法计量的长期股权投资转换为权益法计量的财税处理

企业对外进行股权投资时，计入"长期股权投资"且后续计量采用成本法计量的，当企业因各种原因转让或收回部分投资时，对被投资单位不再具有控制权时，但是能够继续对被投资单位实施共同控制或施加重大影响时，根据会计准则规定需要从"长期股权投资"计量应从成本法转换为权益法。

1．以成本法计量的长期股权投资转换为权益法计量的会计处理

（1）处置减少股权投资比例的会计处理。

投资方因处置部分权益性投资等原因丧失对被投资单位控制的，在编制个别财务报表时，处置后的剩余股权能够对被投资单位实施共同控制或施加重大影响，应当改按权益法核算，并对该剩余股权视同自取得时即采用权益法核算进行调整。

在具体转换时，首先应按处置投资的比例终止确认相应的长期股权投资成本；然后，计算剩余的长期股权投资成本与按照剩余持股比例计算原投资时应享有的被投资单位可辨认净资产公允价值之间的差额，如果前者大于后者，则不需要调整长期股权投资的账面价值；如果前者小于后者，则应当按照其差额调整长期股权投资的账面价值，同时调整留存收益。

（2）因被投资单位增资而被动稀释股权比例的会计处理。

《企业会计准则解释第 7 号》（财会〔2015〕19 号）对该问题回答如下：

投资方因其他投资方对其子公司增资而导致本投资方持股比例下降，从而丧失控制权但能实施共同控制或施加重大影响的，投资方应如何进行会计处理？

答：该问题主要涉及《企业会计准则第 2 号——长期股权投资》《企业会计准则第 33 号——合并财务报表》等准则。

投资方应当区分个别财务报表和合并财务报表进行相关会计处理：（一）在个别财务报表中，应当对该项长期股权投资从成本法转为权益法核算。首先，按照新的持股比例确认本投资方应享有的原子公司因增资扩股而增加净资产的份额，与应结转持股比例下降部分所对应的长期股权投资原账面价值之间的差额计入当期损益；然后，按照新的持股比例视同自取得投资时即采用权益法核算进行调整。

（二）在合并财务报表中，应当按照《企业会计准则第33号——合并财务报表》的有关规定进行会计处理。

【案例4-32】处置减少股权投资比例后以成本法计量的长期股权投资转换为权益法计量的财税处理

甲公司持有乙公司80%的股权，并能对乙公司实施控制。2018年12月31日，甲公司对乙公司的长期股权投资的账面价值为8 000万元，未计提减值准备。2019年1月1日，甲公司将其持有的对乙公司长期股权投资中的50%出售给非关联方，取得价款9 600万元，当日被投资单位可辨认净资产公允价值总额为16 000万元。

减少股份后，甲公司对乙公司不再具有控制，但具有重大影响。甲公司在取得乙公司80%股权时，乙公司可辨认净资产公允价值总额为9 000万元（假定公允价值与账面价值相同）。

自甲公司取得乙公司长期股权投资后至减少之前，乙公司实现净利润6 000万元。假定乙公司一直未进行利润分配。除实现净利润外，乙公司未发生其他计入资本公积的交易或事项。甲公司按净利润的10%提取盈余公积。不考虑相关税费等其他因素的影响。

问题：甲公司长期股权投资的财税处理。

解析：

1. 会计处理

在本案例中，在出售40%股权之后，甲公司对乙公司的持股比例是40%，对乙公司具有重大影响，因此对乙公司长期股权投资应由成本法改为权益法核算。有关会计处理如下。

（1）确认长期股权投资处置收益

借：银行存款	96 000 000.00	
贷：长期股权投资——投资成本		40 000 000.00
投资收益		56 000 000.00

（2）调整长期股权投资账面价值

案例中甲公司减少对乙公司股权投资比例以后，长期股权投资核算应从成本法转换为权益法，应视同该项从投资之日起就是采用权益法计量，因此需要对剩余部分股权投资的初始成本以及持有期间被投资单位损益变动等对长期股权投资账面价值的影响进行调整，同时也需要因长期股权投资账面价值调整而对应调整留存收益。

剩余长期股权投资的账面价值为4 000万元，与原投资时应享有被投资单位可辨认净资产公允价值份额之间的差额是400万元（4 000−9 000×40%）为商誉，该部分商誉的价值不需要对长期股权投资的初始成本进行调整。

按照持股比例计算享有被投资单位自购买日到减持日之间实现的净损益为2 400万元（6 000×40%），应调整增加长期股权投资的账面价值，同时调整留存收益。甲公司应进行会计处理如下。

借：长期股权投资——损益调整　　　　　　　　　　24 000 000.00
　贷：盈余公积　　　　　　　　2 400 000.00（假定按照 10% 计提盈余公积）
　　　利润分配——未分配利润　　　　　　　　　　21 600 000.00

2. **税务处理及税会差异分析**

会计上对“长期股权投资”计量是采用成本法还是权益法，在税务方面都是属于权益性投资资产，应采用历史成本法确认计税基础。案例中原投资成本 8 000 万元就是原投资的计税基础，处置 50%，处置部分及处置后剩余的股权投资的计税基础均应为 4 000 万元。所以，税收计算的处置所得等于 5 600 万元（9 600-4 000），与会计处理确认的“投资收益”相等，无须进行纳税调整。

甲公司减少股份以后，长期股权投资核算由成本法转换为权益法，对长期股权投资账面价值进行了调整，但是并没有影响当期损益，因此在 2019 年度也无须进行纳税调整。

【案例 4-33】因被投资单位增资而被动稀释股权比例使得长期股权投资计量由成本法转换为权益法的财税处理

A 公司拥有 B 公司 100% 的股权，A 公司的“长期股权投资”账面价值 1 000 万元，截至 2018 年 12 月 31 日 B 公司的净资产 2 000 万元。A 公司与丙公司协商，达成如下协议：B 公司估价按净资产的 3 倍计算（即 6 000 万元），丙公司现金出资 9 000 万元入股。增资以后 A 公司占股 40%，丙公司占股 60%，双方按照占股比例分配董事会席位。该交易于 2019 年 1 月 3 日完成。

问题：A 公司在股权比例稀释过程中的财税处理。

解析：

1. **A 公司的会计处理**

借：长期股权投资——B 公司　　　44 000 000.00[（20 000 000+9 000）×40%]
　贷：长期股权投资——B 公司　　　　　　　10 000 000.00（原账面价值）
　　　投资收益　　　　　　　　34 000 000.00（44 000 000-10 000 000）

2. **甲公司的税务处理及税会差异分析**

案例中 A 公司在 B 公司股权投资在丙公司入股前后并没有发生减少，A 公司也没有向丙公司进行股权转让，虽然 B 公司增资过程中 A 公司的股权比例被动稀释了。因此，案例中 A 公司不属于股权转让，在该交易中 A 公司暂时不需要将会计上确认的“投资收益”计入应税收入，因此需要进行纳税调整。但是，对于 A 公司该笔“长期股权投资”的计税基础还是 1 000 万元。

虽然 A 公司没有发生股权投资处置，但是在会计上可以视为 A 公司将其在 B 公司的长期股权投资先进行了全部处置，然后以处置应得部分换取增资后 B 公司的 40% 的股权。因此，企业所得税申报时需要填写《投资收益纳税调整明细表》（A105030），其“处置收益”应按表 4-3-20 填写。

表 4-3-20

A105030　投资收益纳税调整明细表　单位：万元

行次	项　目	处置收益						
		会计确认的处置收入	税收计算的处置收入	处置投资的账面价值	处置投资的计税基础	会计确认的处置所得或损失	税收计算的处置所得	纳税调整金额
		4	5	6	7	8（4-6）	9（5-7）	10（9-8）
6	六、长期股权投资	4 400.00	0.00	1 000.00	0.00	3 400.00	0.00	-3 400.00

（四）以成本法计量的长期股权投资转换为可供出售金融资产的财税处理

企业“长期股权投资”且后续计量采用成本法计量的，当企业因各种原因转让或收回部分投资时，对被投资单位不再具有控制时，同时也不能够继续对被投资单位实施共同控制或施加重大影响时，根据会计准则规定会计核算需要从“长期股权投资”转换为“可供出售金融资产”。可供出售金融资产一般采用公允价值法计量，因此股权投资需要从成本法转换为公允价值法。

投资方因处置部分权益性投资等原因丧失了对被投资单位的控制的，在编制个别财务报表时，处置后的剩余股权不能对被投资单位实施共同控制或施加重大影响的，应当改按《企业会计准则第 22 号——金融工具确认和计量》（2017 年版）的有关规定进行会计处理，其在丧失控制之日的公允价值与账面价值之间差额计入当期损益。

【案例 4-34】以成本法计量的长期股权投资转换为可供出售金融资产的财税处理

甲公司持有乙公司 60% 的有表决权股份，能够对乙公司实施控制，对该股权投资采用成本法核算。2018 年 10 月，甲公司将该项投资中的 80% 出售给非关联方，取得价款 8 000 万元。相关手续于当日完成，甲公司无法再对乙公司实施控制，也不能施加共同控制或重大影响，将剩余股权投资转为可供出售金融资产。出售时，该项长期股权投资的账面价值为 8 000 万元（与计税基础一致），剩余股权投资的公允价值为 2 000 万元。不考虑相关税费等其他因素影响。

问题：甲公司在股权投资出售和会计核算转换过程中的财税处理。

解析：

1. 甲公司有关会计处理如下

（1）确认有关股权投资的处置损益

借：银行存款　80 000 000.00

　贷：长期股权投资　64 000 000.00（80 000 000 × 80%）

　　投资收益　16 000 000.00

（2）剩余股权投资转为可供出售金融资产，当天公允价值为 2 000 万元，账面价值为 1 600（8 000 × 20%）万元，两者差异应计入当期投资收益。

借：可供出售金融资产　　20 000 000.00

　贷：长期股权投资　　16 000 000.00

　　投资收益　　4 000 000.00

2. 税务处理及税会差异分析

投资资产计税基础在税务方面采用历史成本法，与会计上计入什么科目没有影响，因此当期将剩余股权投资从“长期股权投资”转换为“可供出售金融资产”时，其计税基础应该保持不变，应该是1 600万元（8 000×20%），其转换过程中会计处理产生的“投资收益”不是税收法定收入。税收计算的处置所得应等于1 600万元（8 000−6 400）。

从“长期股权投资”转换为“可供出售金融资产”过程中，在会计上可以视为处置“长期股权投资”并用应得处置收入购入了“可供出售金融资产”，但是税务方面却还是权益性投资资产，没有任何变换。在转换过程中，会计处理确认了“投资收益”400万元，需要进行纳税调整。

因此，所得税申报时需要填写《投资收益纳税调整明细表》(A105030)，其“处置收益”应按表4-3-21填写。

表 4-3-21

A105030　　投资收益纳税调整明细表　　单位：万元

行次	项　目	处置收益						
		会计确认的处置收入	税收计算的处置收入	处置投资的账面价值	处置投资的计税基础	会计确认的处置所得或损失	税收计算的处置所得	纳税调整金额
		4	5	6	7	8（4−6）	9（5−7）	10（9−8）
6	六、长期股权投资	10 000.00	8 000.00	8 000.00	6 400.00	2 000.00	1 600.00	−400.00

六、股权投资减少时不同情况下的税务处理差异

企业股权投资减少有三种情况：（1）转让股权；（2）被投资企业清算注销；（3）被投资企业减少注册资本而向投资方分配。企业股权投资减少的三种情况，税法分别作出了相关规定，存在一定差异，企业在处理股权投资减少时应注意区分，正确适用相关规定。

1. 转让股权

《国家税务总局关于贯彻落实企业所得税法若干税收问题的通知》(国税函〔2010〕79号)第三条规定，企业在计算股权转让所得时，不得扣除被投资企业未分配利润等股东留存收益中按该项股权所可能分配的金额。

2. 被投资企业清算注销

（1）《企业所得税法实施条例》第十一条规定，投资方企业从被清算企业分得的剩余资产，其中相当于从被清算企业累计未分配利润和累计盈余公积中应当分得的部分，应当确认为股息所得；剩余资产减除上述股息所得后的余额，超过或者低于投资成本的部分，应当确认为投资资产转让所得或者损失。

（2）《财政部 国家税务总局关于企业清算业务企业所得税处理若干问题的通知》（财税〔2009〕60号）第五条规定，被清算企业的股东分得的剩余资产的金额，其中相当于被清算企业累计未分配利润和累计盈余公积中按该股东所占股份比例计算的部分，应确认为股息所得；剩余资产减除股息所得后的余额，超过或低于股东投资成本的部分，应确认为股东的投资转让所得或损失。

3. 被投资企业减少注册资本而向投资者分配

《国家税务总局关于企业所得税若干问题的公告》（国家税务总局公告2011年第34号）第五条规定，投资企业从被投资企业撤回或减少投资，其取得的资产中，相当于初始出资的部分，应确认为投资收回；相当于被投资企业累计未分配利润和累计盈余公积按减少实收资本比例计算的部分，应确认为股息所得；其余部分确认为投资资产转让所得。

【案例4-35】从被投资企业撤回或减少投资的财税处理

甲公司拥有乙公司80%的股权，对乙公司具有控制权，长期股权投资后续计量采用成本法计量，账面价值8 000万元。

乙公司由于原有经济业务萎缩，经乙公司董事会商议决定经济业务转型，新的经济业务需要的资本额较小。经公司股东会决议，决定减少乙公司注册资本30%，多余资金向股东按投资比例进行分配。按照乙公司的分配决议，甲公司于2019年6月30日收到分配款项4 000万元，其中包括乙公司注册资本减少分配额2 400万元、乙公司未分配利润分配额1 600万元。乙公司减资分配后，甲公司拥有乙公司的股权比例未发生变化，控制权亦未发生变化，长期股权投资后续计量还是采用成本法计量。乙公司2019年度未再发生股利分配事项。

问题：上述案例中甲公司减少投资的财税处理。

解析：

1. 会计处理

由于被投资企业发生减资分配，因此对于收到的分配款项需要区分收回投资款和收到的股息。

借：银行存款	40 000 000.00	
贷：长期股权投资		24 000 000.00
投资收益		16 000 000.00

2. 税务处理

根据《国家税务总局关于企业所得税若干问题的公告》（国家税务总局公告2011年第34号）第五条规定，本案例中甲公司收到的分配款中有2 400万元属于从被投资单位撤回投资，另外1 600万元属于股息所得。撤回投资部分应确认为投资收回，冲减长期股权投资计税基础（历史成本）；股息分配所得满足免税条件，可以免税。

因此，所得税申报时需要填写《投资收益纳税调整明细表》（A105030），其中投资收回2 400万元应视为投资处置，“处置收益”应按表4-3-22填写。

表 4-3-22

A105030　　投资收益纳税调整明细表　　单位：万元

行次	项　目	处置收益						
		会计确认的处置收入	税收计算的处置收入	处置投资的账面价值	处置投资的计税基础	会计确认的处置所得或损失	税收计算的处置所得	纳税调整金额
		4	5	6	7	8（4-6）	9（5-7）	10（9-8）
6	六、长期股权投资	2 400.00	2 400.00	2 400.00	2 400.00	0.00	0.00	0.00

股息分配所得 1 600 万元应视为股权投资“持有收益”，其《投资收益纳税调整明细表》（A105030）的“持有收益”应按表 4-3-23 填写。

表 4-3-23

A105030　　投资收益纳税调整明细表　　单位：万元

行次	项　目	持有收益		
		账载金额	税收金额	纳税调整金额
		1	2	3（2-1）
6	六、长期股权投资	1 600.00	1 600.00	0.00

另外,“持有收益”1 600 万元属于免税收入，还应填写《符合条件的居民企业之间的股息、红利等权益性投资收益优惠明细表》（A107011）和《免税、减计收入及加计扣除优惠明细表》（A107010）。

填写《符合条件的居民企业之间的股息、红利等权益性投资收益优惠明细表》（A107011），见表 4-3-24。

表 4-3-24

A107011　　符合条件的居民企业之间的股息、红利等权益性投资收益优惠明细表　　单位：万元

行次	被投资企业	被投资企业统一社会信用代码（纳税人识别号）	投资性质	投资成本	投资比例	被投资企业利润分配确认金额		撤回或减少投资确认金额						合　计
						被投资企业做出利润分配或转股决定时间	依决定归属于本公司的股息、红利等权益性投资收益金额	从被投资企业撤回或减少投资取得的资产	减少投资比例	收回初始投资成本	取得资产中超过收回初始投资成本部分	撤回或减少投资应享有被投资企业累计未分配利润和累计盈余公积	应确认的股息所得	
	1	2	3	4	5	6	7	11	12	13（4×12）	14（11−13）	15	16（14与15孰小）	17（7+10+116）
1	乙公司	—	直接投资	8 000.00	80%	—	—	4 000.00	30%	2 400.00	1 600.00		1 600.00	1 600.00

《免税、减计收入及加计扣除优惠明细表》（A107010）填写，见表 4-3-25。

表 4-3-25

A107010　　免税、减计收入及加计扣除优惠明细表　　单位：万元

行次	项　目	金　额
1	一、免税收入（2+3+6+7+…+16）	1 600.00
3	（二）符合条件的居民企业之间的股息、红利等权益性投资收益免征企业所得税（填写A107011）	1 600.00

然后自动生成主表相关栏目数据。

第四节　不征税收入及政府补助的财税处理及风险管理

一、不征税收入的范围及税务规定

（一）《企业所得税法》的规定

《企业所得税法》第七条规定，收入总额中的下列收入为不征税收入：(一)财政拨款；(二)依法收取并纳入财政管理的行政事业性收费、政府性基金；(三)国务院规定的其他不征税收入。

（二）《企业所得税法实施条例》规定

《企业所得税法实施条例》第二十六条规定，企业所得税法第七条第(一)项所称财政拨款，是指各级人民政府对纳入预算管理的事业单位、社会团体等组织拨付的财政资金，但国务院和国务院财政、税务主管部门另有规定的除外。企业所得税法第七条第(二)项所称行政事业性收费，是指依照法律法规等有关规定，按照国务院规定程序批准，在实施社会公共管理，以及在向公民、法人或者其他组织提供特定公共服务过程中，向特定对象收取并纳入财政管理的费用。企业所得税法第七条第(二)项所称政府性基金，是指企业依照法律、行政法规等有关规定，代政府收取的具有专项用途的财政资金。企业所得税法第七条第(三)项所称国务院规定的其他不征税收入，是指企业取得的，由国务院财政、税务主管部门规定专项用途并经国务院批准的财政性资金。

（三）《财政部 国家税务总局关于财政性资金 行政事业性收费 政府性基金有关企业所得税政策问题的通知》（财税［2008］151号）规定

企业取得的各类财政性资金，除属于国家投资和资金使用后要求归还本金的以外，均应计入企业当年收入总额。对企业取得的由国务院财政、税务主管部门规定专项用途并经国务院批准的财政性资金，准予作为不征税收入，在计算应纳税所得额时从收入总额中减除。

本条所称财政性资金，是指企业取得的来源于政府及其有关部门的财政补助、补贴、贷款贴息，以及其他各类财政专项资金，包括直接减免的增值税和即征即退、先征后退、先征后返的各种税收，但不包括企业按规定取得的出口退税款；所称国家投资，是指国家以投资者身份投入企业、并按有关规定相应增加企业实收资本（股本）的直接投资。

（四）《财政部 国家税务总局关于专项用途财政性资金企业所得税处理问题的通知》（财税［2011］70号）规定

企业从县级以上各级人民政府财政部门及其他部门取得的应计入收入总额的财政性资金，凡同时符合以下条件的，可以作为不征税收入，在计算应纳税所得额时从收入总额中减除：（一）企业能够提供规定资金专项用途的资金拨付文件；（二）财政部门或其他拨付资金的政府部门对该资金有专门的资金管理办法或具体管理要求；（三）企业对该资金以及以该资金发生的支出单独进行核算。

（五）《国家税务总局关于企业所得税应纳税所得额若干问题的公告》（国家税务总局公告 2014 年第 29 号）文件规定

县级以上人民政府将国有资产无偿划入企业，凡指定专门用途并按《财政部 国家税务总局关于专项用途财政性资金企业所得税处理问题的通知》（财税〔2011〕70 号）规定进行管理的，企业可作为不征税收入进行企业所得税处理。其中，该项资产属于非货币性资产的，应按政府确定的接收价值计算不征税收入。

（六）《国家税务总局关于企业所得税应纳税所得额若干税务处理问题的公告》（国家税务总局公告 2012 年第 15 号）第七条规定

企业取得的不征税收入，应按照《财政部 国家税务总局关于专项用途财政性资金企业所得税处理问题的通知》（财税〔2011〕70 号，以下简称《通知》）的规定进行处理。凡未按照《通知》规定进行管理的，应作为企业应税收入计入应纳税所得额，依法缴纳企业所得税。

二、不征税收入与免税收入的区别

从企业所得税法看，对企业的总收入划分为两类：一类是应该征收企业所得税的收入即征税收入；另一类是不应该征收企业所得税的收入即不征税收入。

从性质和根源上看，不征税收入不属于企业营利性活动带来的经济利益。因此，因不征税收入支出而形成的费用或者因形成财产而计提的折旧、摊销，是不允许税前扣除的。对于免税收入所对应的费用扣除问题，《国家税务总局关于贯彻落实企业所得税法若干税收问题的通知》（国税函〔2010〕79 号）第六条规定，根据《实施条例》第二十七条、第二十八条的规定，企业取得的各项免税收入所对应的各项成本费用，除另有规定者外，可以在计算企业应纳税所得额时扣除。

征税收入属于企业营利性活动带来的经济利益，它分为享受税收优惠的收入和不享受税收优惠的收入两部分。其中，免税收入是属于享受税收优惠的收入。

根据企业所得税法及其实施条例规定，免税收入有以下四类：

（1）国债利息收入：是指企业持有国务院财政部门发行的国债取得的利息收入。

（2）符合条件的居民企业之间的股息、红利等权益性投资收益：是指居民企业直接投资于其他居民企业取得的投资收益，不包括连续持有居民企业公开发行并上市流通的股票不足 12 个月取得的投资收益。

（3）在中国境内设立机构、场所的非居民企业从居民企业取得与该机构、场所有实际联系的股息、红利等权益性投资收益，不包括连续持有居民企业公开发行并上市流通的股票不足 12 个月取得的投资收益。

（4）符合条件的非营利组织的收入，不包括非营利组织从事营利性活动取得的收入，但国务院财政、税务主管部门另有规定的除外。

另外,《企业所得税法》第二十七条规定所列项目所得免征所得税的，其实质也是项目收入，属于免税收入。

三、不征税收入对应支出扣除的税务规定

（一）《企业所得税法实施条例》第二十八条规定，企业的不征税收入用于支出所形成的费用或者财产，不得扣除或者计算对应的折旧、摊销扣除。

（二）《财政部 国家税务总局关于专项用途财政性资金企业所得税处理问题的通知》（财税〔2011〕70号）规定，根据实施条例第二十八条的规定，上述不征税收入用于支出所形成的费用，不得在计算应纳税所得额时扣除；用于支出所形成的资产，其计算的折旧、摊销不得在计算应纳税所得额时扣除。企业将符合本通知第一条规定条件的财政性资金作不征税收入处理后，在5年（60个月）内未发生支出且未缴回财政部门或其他拨付资金的政府部门的部分，应计入取得该资金第六年的应税收入总额；计入应税收入总额的财政性资金发生的支出，允许在计算应纳税所得额时扣除。

四、政府补助的会计处理

对于一般企业来讲，企业收入中可能属于不征税收入的大部分是政府补助。根据《企业会计准则第16号——政府补助》规定，政府补助是指企业从政府无偿取得货币性资产或非货币性资产。其主要形式包括政府对企业的无偿拨款、税收返还、财政贴息，以及无偿给予非货币性资产等。增值税出口退税不属于政府补贴。

（一）政府补助的分类

根据政府补助给企业带来经济效益或者弥补相关成本或费用的形式不同，政府补助可以分为以下两类：

1. 与资产相关的政府补助

与资产相关的政府补助是指企业取得的、用于购建或以其他方式形成长期资产的政府补助。通常情况下，相关补助文件会要求将补助资金用于取得长期资产。长期资产将在较长的期间内给企业带来经济利益，会计上有两种处理办法可供企业选择，一是将与资产相关的政府补助确认为递延收益，随着使用逐步结转入损益；二是将补助冲减资产的账面价值，以反映长期资产的实际取得成本。

2. 与收益相关的政府补助

与收益相关的政府补助，是指除与资产相关的政府补助之外的政府补助。此类补助，主要是用于补偿企业已发生或即将发生的费用或损失。收益期相对较短，所以通常在满足补助所附条件时计入当期损益或冲减相关的成本。

（二）政府补助的会计处理方法

2017版《企业会计准则第16号——政府补助》对政府补助给出了两种会计处理方法。

1．总额法

在确认政府补助时将政府补助全额确认为收益，而不是作为相关资产账面价值或成本费用的冲减。

2．净额法

将政府补助作为相关资产账面价值或所补偿费用的冲减。

根据《企业会计准则——基本准则》的规定，同一企业不同时期发生的相同或者相似的交易或事项，应当采用一致的会计政策，不得随意变更。确需变更的，应当在附注中说明。

（三）与资产相关的政府补助的会计处理

1．总额法

先按照补助的金额借记相关资产科目，贷记“递延收益”；然后在相关资产使用寿命内通过折旧或摊销等分期计入当期损益，借记“递延收益”，贷记“其他收益”或“营业外收入”。

2．净额法

将政府补助冲减相关资产的账面价值，企业按照扣减了政府补助后的资产价值对相关资产计提折旧或进行摊销。

（四）与收益相关的政府补助的会计处理

对于与收益相关的政府补助，企业应当选择采用总额法或净额法进行会计处理。选择总额法的，应当计入其他收益或营业外收入。选择净额法的，应当冲减相关成本费用或营业外支出。

（1）用于补偿企业以后期间的相关成本费用或损失的，在收到时应当先判断企业能否满足政府补助所附条件。在满足政府补助所附条件的情况下，企业应当将补助先确认为递延收益；并在确认相关费用或损失的期间，将递延收益转入当期损益或冲减相关成本费用。

（2）用于补偿企业已经发生的相关成本费用或损失的，直接计入当期损益或冲减相关的成本费用。

（五）政府补助退回的会计处理

企业收到政府补助后，经政府部门验收不合格或不满足当初政府补助所设定条件等，政府部门可能要求企业退回政府补助。

如果被要求退回的政府补助尚未使用，会计处理还记录在“递延收益”的，直接借记“递延收益”，并按退回的资产冲减相关科目。已计入损益的政府补助需要退回的，应当在需要退回的当期分情况进行会计处理：（1）初始确认时冲减相关资产账面价值的，调整资产账面价值。（2）存在相关递延收益的，冲减相关递延收益账面余额，超出部分计入当期损益；属于其他情况的，直接计入当期损益。此外，属于前期差错的政府补助，应当按照前期差错更正进行追溯调整。

【案例 4-36】与收益相关的政府补助的财税处理

某市财政部门每年要对市区营运的公交车进行补贴，相关文件规定补贴款只能用于支付公交车天然液化气费用和公交车充电等清洁能源费用。

2018 年 7 月，甲公交公司收到市财政局专项补贴款 3 000 万元，截至 12 月 31 日用于对外支付公交车天然液化气费用和公交车充电费用共用去 2 500 万元，剩余 500 万元在 2019 年 1 月用完。

2019 年 7 月，甲公交公司收到市财政局专项补贴款 3 500 万元，截至 12 月 31 日用于对外支付公交车天然液化气费用和公交车充电费用共用去 2 800 万元，剩余部分将在 2019 年使用。

问题：甲公交公司政府补助的财税处理。

解析：

对于政府补助，会计处理方法有总额法和净额法，因为会计处理方法不同带来的税会差异亦不同，导致所得税申报时的纳税调整亦不同。下面分别说明。

第一种情况：会计处理按总额法处理时的财税处理

1. 会计处理

（1）2018 年 7 月收到补贴款

借：银行存款　　30 000 000.00

　贷：递延收益　　30 000 000.00

（2）2018 年 12 月 31 日前专项用于支付公交车清洁能源费用

借：主营业务成本　　25 000 000.00

　贷：银行存款　　25 000 000.00

同时，结转“递延收益”：

借：递延收益　　25 000 000.00

　贷：其他收益　　25 000 000.00

（3）2019 年 1 月继续专项支付公交车费用

借：主营业务成本　　5 000 000.00

　贷：银行存款　　5 000 000.00

同时，结转“递延收益”：

借：递延收益　　5 000 000.00

　贷：其他收益　　5 000 000.00

（4）2019 年 7 月收到财政补贴款

借：银行存款　　35 000 000.00

　贷：递延收益　　35 000 000.00

（5）2019 年 12 月 31 日前支付公交车清洁能源费用

借：主营业务成本　　28 000 000.00

　贷：银行存款　　28 000 000.00

同时，结转“递延收益”：

借：递延收益　　28 000 000.00

　贷：其他收益　　28 000 000.00

2. 税务处理及税会差异分析

本案例中的财政补贴属于专项用途财政性资金，且满足《财政部 国家税务总局关于专项用途财政性资金企业所得税处理问题的通知》（财税〔2011〕70 号）规定，因此可以作为不征税收入进行纳税申报。

案例中甲公司 2018 年收到财政补贴款 3 000 万元，税务处理可以作为不征税收入申报，会计处理是计入递延收益而没有影响当期损益，无税会差异，无需进行纳税调整；补贴款实际使用 2 500 万元，会计处理确认为“递延收益”计入了当期损益，税务处理为不征税收入且其形成的成本不能税前扣除。甲公司 2019 年收到财政补贴款 3 500 万元，可以作为不征税收入申报；补贴款实际使用 3 300 万元（使用 2019 年度结余的 500 万元和 2018 年度补贴款 2 800 万元），其形成的成本不能税前扣除。

以甲公交公司 2018 年度业务为例说明政府补贴的企业所得税纳税申报。

第一步：填写《一般企业收入明细表》（A101010），见表 4-4-1。

表 4-4-1

A101010　　一般企业收入明细表　　单位：万元

行次	项　目	金　额
16	二、营业外收入（17+18+19+20+21+22+23+24+25+26）	3 300.00
20	（四）政府补助利得	3 300.00

说明：虽然2017版《企业所得税申报表》发布时间晚于《企业会计准则第 16 号——政府补助》（2017版），但是仍然没有配套修订《一般企业收入明细表》（A101010）而增加“其他收益”栏目，只能将“其他收益”“屈尊”填入原“营业外收入——政府补助利得”。

第二步：填写《专项用途财政性资金纳税调整明细表》（A105040），见表 4-4-2。

第三步：填写《纳税调整项目明细表》（A105000），见表 4-2-3。

表 4-4-2

A105040　　专项用途财政性资金纳税调整明细表　　单位：万元

行次	项目	取得年度	财政性资金	其中：符合不征税收入条件的财政性资金		以前年度支出情况					本年支出情况		本年结余情况		
				金额	其中：计入本年损益的金额	前五年度	前四年度	前三年度	前二年度	前一年度	支出金额	其中：费用化支出金额	结余金额	其中：上缴财政金额	应计入本年应税收入金额
		1	2	3	4	5	6	7	8	9	10	11	12	13	14
1	前五年度	2013年	—	—	0.00	—	—	—	—	—	—	—	0.00	—	0.00
2	前四年度	2014年	—	—	—	—	—	—	—	—	—	—	0.00	—	0.00
3	前三年度	2015年	—	—	—	—	—	—	—	—	—	—	0.00	—	0.00
4	前二年度	2016年	—	—	—	—	—	—	—	—	—	—	0.00	—	0.00
5	前一年度	2017年	3 000.00	3 000.00	500.00	—	—	—	—	2 500.00	500.00	500.00	0.00	—	0.00
6	本——年	2018年	3 500.00	3 500.00	2 800.00	—	—	—	—	—	2 800.00	2 800.00	700.00	—	0.00
7	合计（1+2+3+4+5+6）	—	6 500.00	6 500.00	3 300.00	—	—	—	—	—	3 300.00	3 300.00	700.00	0.00	0.00

表 4-4-3

A105000　　纳税调整项目明细表　　单位：万元

行次	项　目	账载金额	税收金额	调增金额	调减金额
		1	2	3	4
1	一、收入类调整项目（2+3+4+5+6+7+8+10+11）	—	—	0.00	3 300.00
8	（七）不征税收入	—	—	0.00	3 300.00
9	其中：专项用途财政性资金（填写A105040）	—	—	0.00	3 300.00
12	二、扣除类调整项目（13+14+…24+26+27+28+29+30）	—	—	3 300.00	0.00
24	（十二）不征税收入用于支出所形成的费用	—	—	3 300.00	—
25	其中：专项用途财政性资金用于支出所形成的费用（填写A105040）	—	—	3 300.00	—

第二种情况：会计处理按净额法处理时的财税处理

1. 会计处理

净额法处理收到财政补贴款的会计分录与总额法一致，不再赘述，只是在实际使用补贴款时的会计分录不一致，需要冲减成本费用。

因此，2018 年 12 月 31 日前专项用于支付公交车清洁能源费用：

借：主营业务成本　　25 000 000.00

　贷：银行存款　　25 000 000.00

同时，结转“递延收益”并冲减成本：

借：递延收益　　25 000 000.00

　贷：主营业务成本　　25 000 000.00

2018 年度实际使用补贴款的会计分录类似，不再赘述。

2. 税务处理及税会差异分析

与会计处理采用总额法一样，收到补贴款计入“递延收益”，税务处理可以作为不征税收入申报。但是，实际使用时，会计处理是直接冲减成本费用，且没有确认收入，最终结果与总额法一致。

因为会计上没有确认收入（其他收益），故所得税申报有细微差异，即不再需要填写《一般企业收入明细表》（A101010）中的“（四）政府补助利得”项目。但是，《专项用途财政性资金纳税调整明细表》（A105040）和《纳税调整项目明细表》（A105000）相关栏目还是需要继续填报。

【案例 4-37】与资产相关的政府补助的财税处理

某省为鼓励企业进行技术改造升级，规定凡技术改造项目属于国家鼓励类产业或高新技术产业的，省政府给予专项补贴，补贴款只能用于项目设备的购置。乙公司经申请，并由省经信委审核通过，2017 年 4 月收到省财政技改项目补贴款 240 万元。2017 年 6 月用补贴款购置生产检测设备一台，取得增值税专用发票注明价款 300 万元、价税合计 351 万元。设备到厂后即投入使用，专用发票及时抵扣了进项。2018 年 12 月 31 日因购置了更先进的设备而出售了该设备，开具了专用发票注明价款 160 万元、价税合计 180.80 万元，款项收到存入银行。

假定设备使用期限 5 年，预计净残值为 0，平均年限法折旧，不考虑固定资产减值和折旧的税会差异。

问题：乙公司政府补贴的财税处理

解析：

按照新版《企业会计准则第 16 号——政府补助》（2017 版），对于与资产相关的政府补贴可以按总额法处理也可以按净额法处理。

方法一：总额法处理

1. 会计处理

（1）2019 年 4 月收到补贴款

借：银行存款　　2 400 000.00

　贷：递延收益　　2 400 000.00

（2）购置检测设备

借：固定资产　　3 000 000.00

　　应交税费——应交增值税（进项税额）　　510 000.00

　贷：银行存款　　3 510 000.00

（3）从 2017 年 7 月开始折旧

每月折旧金额 =300/（5×12）=5（万元）

借：制造费用　　50 000.00

　贷：累计折旧　　50 000.00

同时，分配结转递延收益：每月分配结转金额 =240/（5×12）=4（万元）。

借：递延收益　　40 000.00

　贷：其他收益　　40 000.00

2017 年累计折旧 =5×6=30（万元），其他收益累计金额 =4×6=24（万元）。

2018 年度和 2019 年度累计折旧 =5×12=60（万元），其他收益累计金额 =4×12=48（万元）。

以后每月折旧会计分录相同，不再赘述。

（4）2019 年 12 与 31 日出售检测设备

① 固定资产转入固定资产清理

借：固定资产清理　　1 500 000.00

　　累计折旧　　1 500 000.00

　贷：固定资产　　3 000 000.00

② 出售并收到款项

借：银行存款　　1 808 000.00

　贷：固定资产清理　　1 600 000.00

　　应交税费——应交增值税（销项税额）　　208 000.00

③ 结转固定资产清理

借：固定资产清理　　100 000.00

　贷：资产处置损益——处置非流动资产利得　　100 000.00

④ 将剩余的“递延收益”全部结转至资产处置当期损益

借：递延收益　　1 200 000.00（2 400 000−240 000−480 000×2）

　贷：营业外收入——政府补助利得　　1 200 000.00

说明：新版《企业会计准则第 16 号——政府补助》（2017 版）第十一条规定，与企业日常活动相关的政府补助，应当按照经济业务实质，计入其他收益或冲减相关成本费用。与企业日常活动无关的政府补助，应当计入营业外收支。

2. 税务处理及税会差异分析

案例中的财政补贴属于专项用途财政性资金，且满足《财政部 国家税务总局关于专项用途财政性资金企业所得税处理问题的通知》（财税〔2011〕70 号）规定，因此可以作为不征税收入进行纳税申报。

下面以填报所得税申报表的形式来具体说明其税务处理过程及结果。

（1）乙公司 2017 年度企业所得税申报表填报

第一步：填写《一般企业收入明细表》（A101010），见表 4-4-4。

表 4-4-4

A101010　　一般企业收入明细表　　单位：万元

行次	项　目	金　额
16	二、营业外收入（17+18+19+20+21+22+23+24+25+26）	24.00
20	（四）政府补助利得	24.00

说明：政府补贴资金购置的固定资产从2017年7月开始折旧，每月折旧金额中包含“递延收益”分配金额4万元，2017年度分配的政府补助（会计处理计入在“其他收益”）金额为24万元（4×6）

第二步：填写《专项用途财政性资金纳税调整明细表》（A105040），见表 4-4-5。

表 4-4-5

A105040　　专项用途财政性资金纳税调整明细表　　单位：万元

行次	项　目	取得年度	财政性资金	其中：符合不征税收入条件的财政性资金		以前年度支出情况					本年支出情况		本年结余情况		
				金额	其中：计入本年损益的金额	前五年度	前四年度	前三年度	前二年度	前一年度	支出金额	其中：费用化支出金额	结余金额	其中：上缴财政金额	应计入本年应税收入金额
		1	2	3	4	5	6	7	8	9	10	11	12	13	14
1	前五年度	2012年	—	—	0.00	—	—	—	—	—	—	—	0.00	—	0.00
2	前四年度	2013年	—	—	—	—	—	—	—	—	—	—	0.00	—	0.00
3	前三年度	2014年	—	—	—	—	—	—	—	—	—	—	0.00	—	0.00
4	前二年度	2015年	—	—	—	—	—	—	—	—	—	—	0.00	—	0.00
5	前一年度	2016年	—	—	—	—	—	—	—	—	—	—	0.00	—	0.00
6	本　年	2017年	240.00	240.00	24.00	—	—	—	—	—	240.00	0.00	0.00	—	0.00
7	合计（1+2+3+4+5+6）	—	240.00	240.00	24.00	—	—	—	—	—	240.00	0.00	0.00	0.00	0.00

说明：填报说明规定《专项用途财政性资金纳税调整明细表》（A105040）对不征税收入用于费用化的支出进行调整，资本化支出通过《资产折旧、摊销及纳税调整明细表》（A105080）进行纳税调整。故第4列“其中：计入本年损益的金额”和第11列“其中：费用化支出金额”不能填写数据。

第三步：填写《资产折旧、摊销情况及纳税调整明细表》（A105080），见表 4-4-6。

表 4-4-6

A105080　　资产折旧、摊销情况及纳税调整明细表　　单位：万元

行次	项　目		账载金额			税收金额					纳税调整
			资产原值	本年折旧、摊销额	累计折旧、摊销额	资产计税基础	税收折旧额（摊销额）	享受加速折旧政策的资产按税收一般规定计算的折旧、摊销额	加速折旧统计额	累计折旧、摊销额	金额
			1	2	3	4	5	6	7=5-6	8	9(2-5)
1	一、固定资产（2+3+4+5+6+7）		300	30	30	300	6	—	—	6	24
6	所有固定资产	（五）电子设备	300	30	30	300	6	—	—	6	24
7		（六）其他	—	—	—	—	—	—	—	—	—

说明：《财政部 国家税务总局关于专项用途财政性资金企业所得税处理问题的通知》（财税〔2011〕70号）规定，不征税收入用于支出所形成的资产，其计算的折旧、摊销不得在计算应纳税所得额时扣除。因此，用不征税收入购置的固定资产折旧额应扣减包含的不征税收入部分。

第四步：填写《纳税调整项目明细表》（A105000），见表 4-4-7。

表 4-4-7

A105000　　纳税调整项目明细表　　单位：万元

行次	项　目	账载金额	税收金额	调增金额	调减金额
		1	2	3	4
8	（七）不征税收入	—	—	0.00	24.00
9	其中：专项用途财政性资金（填写A105040）	—	—	0.00	24.00
24	（十二）不征税收入用于支出所形成的费用	—	—	0.00	—
25	其中：专项用途财政性资金用于支出所形成的费用（填写A105040）	—	—	0.00	—
32	（一）资产折旧、摊销（填写A105080）	30.00	6.00	24.00	0.00

说明：①企业所得税申报表填报说明规定，《纳税调整项目明细表》（A105000）第9行“其中：专项用途财政性资金”：根据《专项用途财政性资金纳税调整明细表》（A105040）填报。第3列“调增金额”为表A105040第7行第14列金额。第4列“调减金额”为表A105040第7行第4列金额。因此，表4-4-7中第9行的第4列的金额为24万元。同样原因，第25行的第3列和第4列的金额为0。②不征税收入用于支出形成资产的，该资产的折旧或摊销中包含的不征税收入不得税前扣除，纳税调整通过第32行“（一）资产折旧、摊销（填写A105080）”来调整的。

（2）乙公司2018年度企业所得税申报表填报与2017年度相同，不再赘述，2019年度涉及不征税收入形成固定资产处置，与2017年度和2018年度不同，下面通过填报申报表来说明其税务处理过程及结果。

第一步：填写《一般企业收入明细表》（A101010），见表4-4-8。

表4-4-8

A101010　　一般企业收入明细表　　单位：万元

行次	项　目	金　额
17	（一）非流动资产处置利得	10.00
20	（四）政府补助利得	168.00

说明：2019年度政府补助购置固定资产通过折旧结转分配至“其他收益”金额为48万元，固定资产处置将剩余的“递延收益”转入“营业外收入——政府补助利得”金额为120万元，因《一般企业收入明细表》（A101010）上无“其他收益”栏目，故暂时填入“营业外收入——政府补助利得”内，所以合计金额为168万元。

第二步：填写《专项用途财政性资金纳税调整明细表》（A105040），见表4-4-9。

表4-4-9

A105040　　专项用途财政性资金纳税调整明细表　　单位：万元

行次	项　目	取得年度	财政性资金	其中：符合不征税收入条件的财政性资金		以前年度支出情况					本年支出情况		本年结余情况		
				金额	其中：计入本年损益的金额	前五年度	前四年度	前三年度	前二年度	前一年度	支出金额	其中：费用化支出金额	结余金额	其中：上缴财政金额	应计入本年应税收入金额
		1	2	3	4	5	6	7	8	9	10	11	12	13	14
1	前五年度	2014年	—	—	—	—	—	—	—	—	—	—	0.00	—	0.00
2	前四年度	2015年	—	—	—	—	—	—	—	—	—	—	0.00	—	0.00
3	前三年度	2016年	—	—	—	—	—	—	—	—	—	—	0.00	—	0.00
4	前二年度	2017年	240.00	240.00	0.00	—	—	—	—	240.00	0.00	0.00	0.00	—	0.00
5	前一年度	2018年	0.00	0.00	0.00	—	—	—	—	—	0.00	0.00	0.00	—	0.00
6	本　年	2019年	0.00	0.00	168.00	—	—	—	—	—	0.00	0.00	120.00	0.00	120.00
7	合计（1+2+3+4+5+6）	—	240.00	240.00	168.00	—	—	—	—	—	0.00	0.00	120.00	0.00	120.00

说明：①第6行第4列“其中：计入本年损益的金额”为2019年度通过折旧结转至“其他收益”48万元加上固定资产处置剩余的“递延收益”结转至“营业外收入——政府补助利得”120万元。②第6行第12列“结余金额”，固定资产处置收回金额中包含政府补助金额120万元，未继续支出就是结余，因上缴财政金额为0，故第6行第14列“应计入本年应税收入金额”为120万元。

第三步：填写《资产折旧、摊销情况及纳税调整明细表》（A105080），与表 4-4-6 基本一致，只是需要修改本年折旧金额和累计折旧金额即可，因为 2019 年度的折旧月份为 12 个月，故省略。

第四步：填写《纳税调整项目明细表》（A105000），见表 4-4-10。

表 4-4-10

A105000　　纳税调整项目明细表　　单位：万元

行次	项　目	账载金额	税收金额	调增金额	调减金额
		1	2	3	4
8	（七）不征税收入	—	—	120.00	168.00
9	其中：专项用途财政性资金（填写A105040）	—	—	120.00	168.00
24	（十二）不征税收入用于支出所形成的费用	—	—	0.00	—
25	其中：专项用途财政性资金用于支出所形成的费用（填写A105040）	—	—	0.00	—
32	（一）资产折旧、摊销（填写A105080）	60.00	12.00	48.00	0.00

说明：表4-4-10第9行数据来源：第3列数据来源于表4-4-9第7行第14列，第4列数据来源于表4-4-9第7行第4列。

方法二：净额法处理

1. 会计处理

（1）2017 年 4 月收到补贴款

借：银行存款　　2 400 000.00

　贷：递延收益　　2 400 000.00

（2）购置检测设备

借：固定资产　　3 000 000.00

　　应交税费——应交增值税（进项税额）　　510 000.00

　贷：银行存款　　3 510 000.00

同时，确认属于与资产相关的政府补贴，冲减固定资产账面价值

借：递延收益　　2 400 000.00

　贷：固定资产　　2 400 000.00

（3）从 2017 年 7 月开始折旧

每月折旧金额 =（300-240）/（5×12）=1（万元）。

借：制造费用　　10 000.00

　贷：累计折旧　　10 000.00

以后每月折旧会计分录相同，不再赘述。

（4）2018 年 12 与 31 日出售检测设备

① 固定资产转入固定资产清理

借：固定资产清理　　300 000.00

　　累计折旧　　300 000.00

　贷：固定资产　　600 000.00

② 出售并收到款项

借：银行存款　　1 808 000.00

　贷：固定资产清理　　1 600 000.00

　　　应交税费——应交增值税（销项税额）　　208 000.00

③ 结转固定资产清理

借：固定资产清理　　1 300 000.00

　贷：资产处置损益——处置非流动资产利得　　1 300 000.00

2. 税务处理

2017 年收到政府补贴符合税法关于不征税收入的规定，会计处理也没有计入当期损益，二者就无税会差异，无须进行纳税调整。同时，政府补助形成的固定资产，按规定不征税收入部分形成的折旧额不得税前扣除，会计处理冲减了固定资产账面价值使其会计折旧额中不再包含政府补贴，与税务折旧额一致，也没有税会差异，无须进行纳税调整。

因此，2017 年需要填写《专项用途财政性资金纳税调整明细表》（A105040），填报内容与表 4-4-5 基本相同，只需要表 4-4-5 中第 6 行第 4 列修改为 0 即可；不征税收入的政府补助形成固定资产的折旧，因会计折旧额已经不包含不征税收入部分，所以无需特别进行纳税调整。

2018 年和 2019 年的会计处理与税务处理也无税会差异，无须进行特别的纳税调整。

第五章 资产类调整项目的财税处理

资产是指企业过去的交易或事项形成的，由企业拥有或控制的，预期会给企业带来经济利益的资源。资产按其流动性可以分为流动资产和非流动资产，资产按种类可以分为金融资产、存货、固定资产、无形资产、生物资产等。

资产在企业生产经营过程中，通过生产、销售或耗用等流转过程，最终以成本费用和收入的形式进入当期损益，从而影响当期企业应纳税所得额。

税法规定，企业各项资产，包括固定资产、生物资产、无形资产、长期待摊费用、投资资产、存货等，以历史成本为计税基础。所谓历史成本，是指企业取得该项资产时实际发生的支出。企业持有各项资产期间资产增值或者减值，除国务院财政、税务主管部门规定可以确认损益外，不得调整该资产的计税基础。另外，对于各项资产的计税基础以及对应的折旧、摊销等税前扣除都有比较明晰的规定。

会计对资产的初始成本、后续计量与税务处理的计税基础、折旧、摊销等，都存在一定的差异，在财税处理中需要特别注意。

第一节 固定资产的财税处理及税务风险管理

固定资产是最重要的资产之一，只要是企业，或多或少都有固定资产，不论是轻资产还是重资产。为了刺激经济增长，增加企业流动资金，政府先后出台了一系列的固定资产加速折旧的优惠政策。

一、固定资产原值与计税基础的差异及纳税调整

固定资产原值是会计上对固定资产初始成本的通俗叫法，固定资产计税基础则是税法上的术语，二者密切相关，很多时候甚至是二者相等，但是还是存在诸多差异。

固定资产来源不同，原值或计税基础的计算形式就不同。固定资产按其来源不同可以分为外购、自行建造、股东投入、融资租赁取得、非货币性资产交换、接受捐赠、盘盈等。

（一）外购固定资产原值与计税基础的差异及纳税调整

外购固定资产是最常见的一种形式，会计准则对其原值和税法对计税基础规定见表 5-1-1。

表 5-1-1

外购固定资产税会规定差异

会计准则规定	税法规定
《企业会计准则第4号——固定资产》第八条规定： 外购固定资产的成本，包括购买价款、相关税费、使固定资产达到预定可使用状态前所发生的可归属于该项资产的运输费、装卸费、安装费和专业人员服务费等。 以一笔款项购入多项没有单独标价的固定资产，应当按照各项固定资产公允价值比例对总成本进行分配，分别确定各项固定资产的成本。 购买固定资产的价款超过正常信用条件延期支付，实质上具有融资性质的，固定资产的成本以购买价款的现值为基础确定。实际支付的价款与购买价款的现值之间的差额，除按照《企业会计准则第17号——借款费用》应予资本化的以外，应当在信用期间内计入当期损益	《企业所得税法实施条例》第五十八条规定： 固定资产按照以下方法确定计税基础： （1）外购的固定资产，以购买价款和支付的相关税费以及直接归属于使该资产达到预定用途发生的其他支出为计税基础

外购固定资产税会差异分析：

在一般情况下，外购固定资产的原值与计税基础是不存在差异的，但是如果存在以下情况则存在差异。

1．外购固定资产票据的问题

税务上对于外购货物发生的支出必须强调要有合法的发票或票据，否则即便是实际支出了也不能作为计税基础。而会计上则没有强调票据的问题，只要是企业实际支出的即使没有合法的发票或票据也可以计入固定资产原值。

2．超过正常信用条件的延期支付问题

《企业会计准则第 4 号——固定资产》规定，购买固定资产的付款期限超过正常信用条件延期支付的，实质上具有融资性质，固定资产的成本以购买价格的现值为基础确定。实际支付的价格与购买价格现值之间的差额，除应予以资本化的以外，应当在信用期间内计入当期损益。

而税务上则不需要按照“实质重于形式”的原则划出一部分作为融资费用，仍然是按照合同约定价款及发票金额等确认计税基础。

二者在原值与计税基础方面有明显的差异，直接导致后期折旧计算与税前扣除也会有明显的差异。

【案例 5-1】采用分期付款购进固定资产的财税处理及税务风险管理

甲公司 2018 年 10 月与乙公司签订合同，采取分期付款的形式购买了一台机器用于生产。乙公司负责安装、调试，调试合格后于 6 月 30 日移交给甲公司投入使用。合同约定，机器含税价值 1 160 万元，2018 年 12 月 31 日支付 260 万元首款，销售方开具含税价款金额增值税专用发票，2019 年至 2021 年每年的 12 月 31 日支付 300 万元。上述交易在 2018 年部分已经完成。

该机器乙公司现款现货对外销售不含税价为 900 万元（同样包含安装、调试等）。甲公司对该机器设备的折旧年限为 10 年，残值率为 5%，与税法规定相符，不存在税会差异。

问题：甲公司采用分期付款购进固定资产的财税处理及税务风险管理。

解析：

1. **会计处理**

本案例中的分期付款购进固定资产，明显具有融资性质，因此不能直接以合同约定价款或固定资产发票金额确认为固定资产原值，而应按照实质重于形式的原则将融资费用部分分离出来，固定资产原值应按照公允价值确认。本案例中固定资产的公允价值为900万元。

（1）2018年12月31日购进固定资产

借：固定资产　　9 000 000.00（公允价值）

　　未确认融资费用　　1 000 000.00

　　应交税费——应交增值税（进项税额）　　1 600 000.00

　贷：银行存款　　2 600 000.00

　　　长期应付款　　9 000 000.00

（2）未确认融资费用的分摊

对于融资性质超过1年的，会计处理时应采用实际利率法。因此，在进行未确认融资费用分摊前首先应求得实际利率，以及各期间应确认的融资费用。计算过程以表格形式比较简单明了，未确认融资费用分摊见表5-1-2。

表 5-1-2

未确认融资费用分摊表

单位：万元

日　期	现金流	分期付款额	确认的融资费用	应付本金减少额	应付本金余额
A	B	C	D=期初F×IRR	E=C-D	期末F=期初F-E
2018/12/31	800	—	—	—	800
2019/12/31	-300	300	49.03	250.97	549.03
2020/12/31	-300	300	33.65	266.35	282.68
2021/12/31	-300	300	17.32	282.68	0
IRR	6.13%	—	—	—	—
合计	—	900	100	800	—

说明：（1）固定资产公允价值900万元，首付款中除了增值税进项税额外实际支付100万元，相当于融资800万元，故表5-1-2中"现金流"在2018年12月31日体现为流入800万元，以后年度支付分期款项体现为现金流出；（2）实际利率IRR可以在Excel中使用函数IRR自动求得。

因此，2018年12月31日确认融资费用的会计分录：

借：财务费用　　490 300.00

　贷：未确认融资费用　　490 300.00

实际支付分期付款额的会计处理：

借：长期应付款　　3 000 000.00

　贷：银行存款　　3 000 000.00

以后年度会计处理雷同，不再赘述。

（3）固定资产折旧

每年折旧额=900×（1-5%）/10=85.5（万元）。

2. 税务处理及税会差异分析

在此案例中，固定资产的原值只有900万元，而计税基础仍然还是1 000万元。在后期，会计上是按照900万元的原值进行折旧，税务上还是按照1 000万元的计税基础计算可以税前扣除的折旧额。

每年税务计算折旧额=1 000×（1-5%）/10=95（万元），会计处理每年折旧额85.5万元，存在税会差异，需要进行纳税调整。

会计处理2019年至2021年分摊确认的融资费用，不能直接在税前扣除，需要进行纳税调整。

将机器十年折旧的税务处理与会计处理的差异汇总对比见表5-1-3。

表5-1-3

机器折旧税会差异对比表

单位：万元

年限	年度	税务折旧	会计处理			纳税调整
			折旧	财务费用	小计	
1	2019年	95.00	85.50	49.03	134.53	39.53
2	2020年	95.00	85.50	33.65	119.15	24.15
3	2021年	95.00	85.50	17.32	102.82	7.82
4	2022年	95.00	85.50	—	85.50	-9.50
5	2023年	95.00	85.50	—	85.50	-9.50
6	2024年	95.00	85.50	—	85.50	-9.50
7	2025年	95.00	85.50	—	85.50	-9.50
8	2026年	95.00	85.50	—	85.50	-9.50
9	2027年	95.00	85.50	—	85.50	-9.50
10	2028年	95.00	85.50	—	85.50	-9.50
合计		950.00	855.00	100.00	955.00	5.00

说明：表5-1-3"纳税调整"最终存在税会差异5万元，是因为会计处理时"未确认融资费用"在固定资产试用期间全额摊销了，没有按照残值率5%扣减残值，而税务折旧时计税基础是包含了这部分，所以税务折旧额累计会小于会计处理累计金额。该5万元税会差异最终在固定资产处置时弥合。

因此，以2019年度的所得税申报来说明纳税调整的过程。

第一步：填写《资产折旧、摊销情况及纳税调整明细表》（A105080），见表5-1-4。

表5-1-4

A105080　　资产折旧、摊销情况及纳税调整明细表

单位：万元

行次	项　目		账载金额			税收金额				纳税调整
			资产原值	本年折旧、摊销额	累计折旧、摊销额	资产计税基础	税收折旧额（摊销额）	加速折旧统计额	累计折旧、摊销额	金额
			1	2	3	4	5	7=(5−6)	8	9(2−5)
1	一、固定资产（2+3+4+5+6+7）		900	85.5	85.5	1 000	95	—	95	-9.5
3	所有固定资产	（二）飞机、火车、轮船、机器、机械和其他生产设备	900	85.5	85.5	1 000	95	—	95	-9.5

第二步：填写《纳税调整项目明细表》（A105000），见表 5-1-5。

表 5-1-5

A105000　　纳税调整项目明细表　　单位：万元

行次	项　目	账载金额	税收金额	调增金额	调减金额
		1	2	3	4
12	二、扣除类调整项目（13+14+…24+26+27+28+29+30）	—	—	49.03	0.00
30	（十七）其他	49.03	0.00	49.03	0.00
31	三、资产类调整项目（31+32+33+34）	—	—	0.00	9.50
32	（一）资产折旧、摊销（填写A105080）	85.50	95.00	0.00	9.50

3. 税务风险说明及管理

（1）外购固定资产须取得合法的发票或票据。

（2）分期付款购进固定资产时，应在固定资产投入使用后 12 个月取得全额发票，不能按照分期付款期限分几年取得。因为各地税务机关对于国税函〔2010〕79 号的规定理解与执行存在差异，很容易引起税务争议。一旦产生税务争议，企业很容易吃亏。因此，在决定分期付款购进固定资产时从开始的商业谈判及合同签署就要避免该问题。

（3）做好税会差异备查台账登记，避免遗漏纳税调整。

（二）自行建造固定资产原值与计税基础的差异及纳税调整

1．会计对自行建造固定资产原值和税务关于自行建造固定资产计税基础的基本规定的差异对比见表 5-1-6。

表 5-1-6

自行建造固定资产税会差异对比表

会计规定	税务规定
《企业会计准则第4号——固定资产》： 第九条 自行建造固定资产的成本，由建造该项资产达到预定可使用状态前所发生的必要支出构成。 第十条 应计入固定资产成本的借款费用，按照《企业会计准则第17号——借款费用》处理	《企业所得税法实施条例》第五十八条规定，固定资产按照以下方法确定计税基础： 自行建造的固定资产，以竣工结算前发生的支出为计税基础
《企业会计准则第17号——借款费用》规定，企业自行建造固定资产的，为自行建造固定资产所发生的借款费用在建造期间也应计入固定资产的成本	《企业所得税法实施条例》第三十七条规定，企业为建造、购置固定资产发生借款的，在建造、购置期间发生的合理借款费用应予以资本化计入相关资产的成本，并依照本条例的规定扣除。 第三十八条规定，非金融企业向非金融企业借款的利息支出，不超过按照金融企业同期同类贷款利率计算的数额的部分

2．借款费用资本化的差异

自行建造固定资产过程中借款费用如果满足条件，会计和税务都规定满足资本化的条件的，都应资本化。但是涉及借款费用税前扣除的，还有如下税务规定，如果不满足税务规定，即使会计上满足资本化并计入了固定资产原值也不能计入计税基础，见表 5-1-7。

表 5-1-7

借款费用资本化的特殊规定

文件号	规定内容
国税函〔2009〕312号	企业投资者在规定期限内未缴足其应缴资本额的，该企业对外借款所发生的利息，相当于投资者实缴资本额与在规定期限内应缴资本额的差额应计付的利息，不得扣除
财税〔2008〕121号	向关联方支付利息需要考虑企业其接受关联方债权性投资与其权益性投资比例（金融企业5：1，其他企业2：1）及同期金融机构贷款利率水平，超过债资比例和利率水平部分利息支出不得扣除
国税函〔2009〕777号	企业向股东或其他与企业有关联关系的自然人借款的利息支出，按财税〔2008〕121号规定办理；内部职工或其他人员借款的利息支出，利息支出在不超过按照金融企业同期同类贷款利率计算的数额

对于因建造固定资产而发生的借款费用，只要满足会计准则对资本化条件要求的，均可以计入固定资产成本。但是，税法上对企业借款费用扣除却是有诸多限制，只要是不满足税法限制条件的借款费用均不能作为自行建造固定资产的计税基础。

3．人工费用支出的差异

对于因建造固定资产而发生的人员工资、福利费、社会保险费、工会经费等，在会计上都应按照会计准则计入固定资产初始成本（在建工程）。但是，税法上对工资薪金支出、职工福利费支出、工会经费支出、补充养老保险支出、补充医疗保险支出、商业保险支出等的支出却是有严格的规定，凡是不符合税法规定的支出不得在税前进行扣除，比如福利费有14%的比例限制。因此，凡是最终以人工费用形式计入固定资产原值的，超过税法规定比例或限制的是不能计入固定资产计税基础。

4．“暂估入账”的自建固定资产调整差异及税收争议

对于已经达到预定可使用状态、但尚未办理竣工决算的固定资产，《固定资产》准则应用指南规定，应按照估计价值确认为固定资产，并计提折旧；待办理了竣工决算后，再按实际成本调整原来的暂估价值，但是不需要调整原已计提的折旧额。

《国家税务总局关于贯彻落实企业所得税法若干税收问题的通知》（国税函〔2010〕79号）第五条规定，企业固定资产投入使用后，由于工程款项尚未结清未取得全额发票的，可暂按合同规定的金额计入固定资产计税基础，待取得发票后调整。但该项调整应在固定资产投入使用后12个月内进行。

从以上规定可以看出，对于自建固定资产的“暂估入账”，会计规定与税务规定的差异见表5-1-8。

表 5-1-8

自建固定资产“暂估入账”的税会差异表

项目	会计规定	税务规定
暂估金额依据	自行估计	须按照合同规定的金额“估计”
入账时间	已经达到预定可使用状态、但尚未办理竣工决算	固定资产投入使用后

续上表

项目	会计规定	税务规定
后期调整时间	没有时间限制	12个月内
后期调整方式	按实际成本调整原来的暂估价值，但是不需要调整原已计提的折旧额	国税函〔2010〕79号没有明确规定，既没有规定12个月内取得发票如何调整，也没有规定12个月后取得发票如何调整

虽然《国家税务总局关于贯彻落实企业所得税法若干税收问题的通知》（国税函〔2010〕79号）对于暂估计税基础固定资产的后期调整方式给出明确规定，但是各地税务机关或税务人员却按照各自不同理解和观点执行，存在很大的税收争议，企业需要特别注意该问题可能给企业带来的税务风险。对于该问题，目前存在四种观点，分享如下。

观点一：12个月内取得发票按会计规定处理，满12个月后仍未取得发票的已扣（暂估）折旧全额纳税调增且不得继续计提折旧。

《青岛市国家税务局关于2010年度企业所得税汇算清缴若干问题的公告》（青岛市国家税务局公告2011年第1号）规定：未取得全额发票的固定资产投入使用后可以按照合同金额暂估并计提折旧，企业应当在12个月内取得发票，如果发票金额与合同金额不一致的且跨年度的，应在发票取得当年按实际成本调整原来的暂估价值，但不需要调整原已计提的折旧额。对超过12个月仍未取得全额发票的固定资产，不得继续计提折旧，已经计提的折旧额应当在12个月期满的当年度全额进行纳税调增。

该观点是，12个月内取得发票，税务处理与会计处理一致，在取得发票当年调整固定资产按实际成本调整计税基础，但不需要调整原已计提的折旧额（已经税前扣除）。对超过12个月仍未取得全额发票的固定资产，不得继续折旧，对于按照国税函〔2010〕79号暂估计提的折旧，“吃了的也要吐出来”——按暂估计税基础计提的折旧已经税前扣除的要全额进行纳税调增！青岛市的这个规定确实比较严苛的，但是也存在缺陷。因为规定是“对超过12个月仍未取得全额发票的固定资产”，如果没有取得“全额发票”，但是取得了部分发票呢？难道也不能仅就有发票的部分金额继续折旧吗？如果是的话，显然是不合理的，也是不合法的。还有，如果12个月后，企业取得了全额发票，如何处理？是调整折旧还是调整计税基础？其实，这些问题都没有说清楚。

观点二：12个月内取得发票的调整固定资产计税基础及以前年度暂估折旧，12个月后取得发票的不需要调整折旧而需要调整计税基础。

《北京市西城区国家税务局金融企业2010年企业所得税汇算清缴资料》规定：在国税函〔2010〕79号文件第五条规定，企业固定资产投入使用后，由于工程款项尚未结清未取得全额发票的，可暂按合同规定的金额计入固定资产计税基础计提折旧，待发票取得后进行调整。但该项调整应在固定资产投入使用后12个月内进行。

根据此项规定可以明确以下问题：（1）企业因工程款项尚未结清而未取得全额发票的固定资产，在投入使用后可以按照合同规定的暂估价计提折旧从税前扣除。（2）企业在固定资产投入使用后12个月内取得发票的，可以调整投入使用固定资产的计税基础，其以前年度按暂估价计提的折旧也应相应调整。（3）固定资产投入使用12个月后取得发票的，参照《企业会计准则》的规定，企业已达到预定可使用状态但尚未办理竣工决算的固定资产，应当按照估计价值确定其成本，并计提折旧；待办理竣工决算后再按实际成本调整原来的暂估价值，但不需要调整原已计提折旧额。因此，对于固定资产投入使用12个月后取得发票的，调整该项固定资产计税基础，但不需要调整原已计算扣除的折旧额，其以后年度的折旧按调整后的计税基础减已提取折旧额后的资产净值计算。

北京市西城区的规定对企业来讲相对要宽松一些，同时也更加严谨，对12个月内和12个月后取得发票该如何进行纳税调整都给出了明确规定，具有很强的操作性。

观点三：无论何时取得发票，折旧和计税基础都应5年内追溯调整。

《国家税务总局关于企业所得税应纳税所得额若干税务处理问题的公告》（国家税务总局公告2012年第15号）第六条规定，根据《中华人民共和国税收征收管理法》的有关规定，对企业发现以前年度实际发生的、按照税收规定应在企业所得税前扣除而未扣除或者少扣除的支出，企业做出专项申报及说明后，准予追补至该项目发生年度计算扣除，但追补确认期限不得超过5年。因此，如果是12个月内取得发票，但是与暂估计税基础有差异，或者是12个月后才取得发票，均需要做出申报说明后，进行追补申报，即需要调整固定资产的计税基础和暂估折旧。

观点四：12个月后取得发票，应追溯调整折旧，而不能调整计税基础。

《国家税务总局关于企业所得税应纳税所得额若干税务处理问题的公告》（国家税务总局公告2012年第15号）第六条规定了追溯调整，但是根据《国家税务总局关于贯彻落实企业所得税法若干税收问题的通知》（国税函〔2010〕79号）第五条规定，发票取得超过12个月的不能调整固定资产计税基础。因此，12个月内取得发票的，应追溯调整折旧和计税基础；12个月后取得发票，应追溯调整折旧，而不能调整计税基础。

可以看出，对于该问题的争议是比较大的，公说公有理婆说婆有理，最难受的是企业，如果当地税务局有明确规定还好办，如果当地税务局没有相关规定则很难办。因此，企业遇到该问题，如果当地税务局没有规定的话，一定要向主管税务机关咨询，最好取得主管税务机关比较明确的处理意见。

（三）融资租入固定资产

1. 融资租入固定资产的会计处理

企业采用融资租赁方式取得租入固定资产，由于在租赁期间承租企业实质上获得了该资产所提供的主要经济利益，同时承担了与资产有关的主要风险。因此，按照实质重于形式原则，会计处理应视同为分期付款购进固定资产，按规定确认固定资产原值，同时确认相应负债和未确认融资费用。

为了区分融资租入固定资产和企业其他自有固定资产，企业应对融资租入固定资产单独设立“融资租入固定资产”明细科目核算。

《企业会计准则第21号——租赁》规定，在租赁开始日，承租人应当将租赁开始日租赁资产公允价值与最低租赁付款现值两者较低者作为租入资产的入账价值，将最低租赁付款作为长期应付款的入账价值，其差额作为未确认融资费用。承租人在租赁谈判和签订租赁合同过程中发生的，可归属于租赁项目的手续费、律师费、印花税等初始直接费用，应当计入租入资产价值，而不是计入当期损益。

《企业会计准则第 4 号——固定资产》规定，购买固定资产的付款期限超过正常信用条件延期支付的，实质上具有融资性质的，固定资产的成本以购买价格的现值为基础确定。实际支付的价格与购买价格现值之间的差额，除应予以资本化的以外，应当在信用期间内计入当期损益。

融资租入固定资产，应当在租赁开始日，按租赁开始日租赁资产公允价值与最低租赁付款额现值中较低者作为入账价值，借记“在建工程”或“固定资产——融资租入固定资产”科目，按最低租赁付款额，贷记“长期应付款——应付融资租赁款”，按二者差额借记“未确认融资费用”。

在融资租入固定资产投入使用后，按照会计准则规定视同自有固定资产正常计提折旧。在租赁期间，按照实际利率法分摊“未确认融资费用”，并计入当期损益（财务费用）。

租赁期满，如合同规定将租入固定资产所有权归承租企业，应当进行账务处理，将“固定资产——融资租入固定资产”明细科目转入相关明细科目。

2．融资租入固定资产计税基础的税务处理

《企业所得税法实施条例》第五十八条第三款规定，融资租入固定资产，以租赁合同的付款总额和承租人在签订合同过程中发生的相关费用为计税基础，租赁合同未约定付款总额的，以该资产的公允价值和承租人在签订合同过程中发生的相关费用为计税基础。

说明：根据上述规定，融资租入固定资产的计税基础主要是根据合同约定付款总额来确定，而融资租赁付款一般是在租赁期间分期支付的，租赁费发票也是按照付款期限开具的，因此融资租入固定资产的发票在租赁期间逐步取得，而不可能一次性取得或在固定资产投入使用后 12 个月内取得。有人可能会担心《国家税务总局关于贯彻落实企业所得税法若干税收问题的通知》（国税函〔2010〕79 号）第五条规定的影响，担心不能在 12 个月内取得全额发票对后续折旧的税前扣除存在税务风险。其实，这种担心是多余的，因为《企业所得税法实施条例》的法律层次远高于国税函〔2010〕79 号文，所以融资租入固定资产的计税基础应遵从《企业所得税法实施条例》第五十八条的规定，与是否在 12 个月内取得全额发票无关。当然，承租人在签订合同过程中发生的相关费用或固定资产投入使用前安装、调试等发生的费用应按规定及时取得发票或合法票据。

3．融资租入固定资产原值和计税基础的税会差异分析

税务上没有要求计算最低租赁付款额的现值，而是采用相对简化的处理方式，仅仅是根据合同约定的付款总额来确定计税基础，同时规定对于付款总额没有约定的，采用公允价值代替。这将导致融资租赁租入固定资产的计税基础大于会计处理的固定资产账面价值，后续会导致税务计算的折旧金额大于会计折旧金额。

4．未确认融资费用分摊的会计处理和税务处理差异

在融资租入固定资产时，承租人向出租人支付的租金中，包含了本金和融资费用两部分。承租人支付租金时，一方面应减少长期应付款，另一方面应同时将未确认的融资费用按一定的方法确认为当期融资费用。

根据企业会计准则规定，承租人应采用实际利率法对未确认融资费用进行分摊，从而计算确认当期的融资费用。

税务并无未确认融资费用分摊的相关规定，对于会计上计入“未确认融资费用”的，如果相关支出符合税法规定，也是可以计入固定资产计税基础的。

因此，对于会计上分摊的“未确认融资费用”而确认的“财务费用”，不得在税前扣除。但是由于融资租入固定资产计税基础包含了“未确认融资费用”部分，导致税务计算的折旧金额大于会计处理计算的折旧金额，从而可以以折旧的形式在税前扣除，二者差异属于暂时性差异。

5．融资租赁取得固定资产的履约成本

履约成本是指在租赁期内为租赁资产支付的各种使用费用，如维修费、培训费、保险费等。承租人发生的履约成本通常应计入当期损益，在实际发生的当期据实扣除，会计与税务没有差异。

6．融资租赁取得固定资产的或有租金

或有租金是指金额不固定，以时间长短以外的其他因素（如销售量、使用量、物价指数等）为依据计算的租金。由于或有租金的金额不固定，无法采用系统合理的方法对其进行分摊，在或有租金实际发生时，计入当期损益。由于或有租金金额不固定，税法不允许计入融资租赁固定资产的计税基础，应在实际发生时据实扣除。

【案例5-2】融资租入固定资产的财税处理及税务风险管理

2016年12月，甲公司与乙公司签署了一份租赁合同。租赁合同的主要条款及资料如下：

（1）租赁标的物：芯片智能生产线。

（2）租赁期开始日：租赁物运抵甲公司生产车间之日（即2016年12月31日）。

（3）租赁期：36个月（即从2016年12月31日至2019年12月31日）。

（4）租金及支付方式：自租赁开始日起每年年末支付租金100万元（不含税，支付租金时开具增值税专用发票，税额按开票时税法规定税率计算）。

（5）该生产线在2016年12月31日公允价值260万元（不含税）。

（6）该设备为全新电子设备，估计使用年限5年，期末无残值。

（7）2018年和2019年两年，甲公司每年按该生产线生产的产品——芯片的年销售不含税收入的1%向乙公司支付经营分享收入（不含税），分享收入在当年12月31日支付，支付时开具增值税专用发票。

（8）甲公司资料

①采用实际利率法确认本期应分摊的未确认融资费用。

② 采用平均年限法计提固定资产折旧。

③ 2018 年和 2019 年甲公司分别实现芯片销售收入 1 000 万和 1 500 万元（不含税）。

④ 2019 年 12 月 31 日，将该生产线返还给乙公司。

⑤ 甲公司在租赁谈判和签订租赁合同过程中发生可归属于项目的手续费、差旅费 1 万元（假定无进项税额）。

⑥ 该生产线由于租赁期限只有 3 年，甲公司估计租赁到期后技术水平将落后而返还乙公司，因此会计处理按照 3 年折旧，平均年限法，残值率为 0。税务上，假定满足税法的规定，按照 3 年折旧，平均年限法，残值率为 0。

（9）租赁合同规定的利率为 8%（年利率）。

要求：甲公司融资租入固定资产各环节的财税处理及税务风险管理。

解析：

1. 租赁开始日的会计处理

（1）判断租赁类型

租赁期 3 年占资产尚可使用年限 5 年的 60%（小于 75%），没有满足融资租赁的租赁期限标准；最低租赁付款额的现值为 257.71 万元（计算过程见后）大于租赁资产公允价值的 90%[260 × 90%=234（万元）]，满足融资租赁的标准。因此，甲公司应当将该项租赁认定为融资租赁。

（2）计算租赁开始日最低租赁付款额的现值，确定租赁资产的入账价值

由于甲公司不知道出租人乙公司的租赁内含利率。因此，应选择租赁合同规定的利率 8% 作为最低租赁付款额的折现率。

① 最低租赁付款额

最低租赁付款额 = 各期租金之和 + 承租人担保的资产余值 =100 × 3+0=300（万元）

② 计算现值

每期租金 100 万元的年金现值 =100 ×（P/A,8%,3），查表得知：（P/A,8%,3）=2.577 1。

租金现值之和 =100 × 2.577 1=257.71（万元），小于租赁资产的公允价值 260 万元。

根据会计准则规定的孰低原则，租赁资产的入账价值应为 257.71 万元。

③ 计算未确认融资费用

未确认融资费用 = 最低租赁付款额 − 最低租赁付款额现值 =300−257.71=42.29（万元）

④ 将初始直接费用计入资产原值

租赁固定资产入账价值 =257.71+1=258.71（万元）。

⑤ 融资租入固定资产的会计分录

借：固定资产——融资租入固定资产	2 587 100.00
未确认融资费用	422 900.00
贷：长期应付款——应付融资租赁款	3 000 000.00
银行存款	10 000.00

⑥ 租赁开始日的税务处理及税会差异分析

融资租入固定资产的计税基础等于合同约定的付款总额加上直接费用，等于301万元（300+1）。与会计处理的固定资产入账原值258.71万元存在差异。

2. 分摊未确认融资费用及支付租金的会计处理和税务处理

（1）会计处理

第一步，确定融资利率：8%。

第二步，在租赁期内采用实际利率法分摊未确认融资费用，见表5-1-9。

表5-1-9

未确认融资费用分摊表

单位：万元

日　期	租　金	确认的融资费用	应付本金减少额	应付本金余额
①	②	③=期初⑤×8%	④=②-③	期末⑤=期初⑤-④
2016/1/1				257.71
2017/12/31	100	20.62	79.38	178.33
2018/12/31	100	14.27	85.73	92.6
2019/12/31	100	7.4	92.6	0
合计	300	42.29	257.71	

第三步，会计分录。

①2017年度分摊未确认融资费用

借：财务费用　　206 200.00

　贷：未确认融资费用　　206 200.00

②支付租金

借：长期应付款——应付融资租赁款　　1 000 000.00

　　应交税费——应交增值税（进项税额）　　170 000.00

　贷：银行存款　　1 170 000.00

2018年和2019年的会计分录类似，只是变更了“财务费用”和“未确认融资费用”的金额（按表5-1-9变更），不再赘述。

（2）税务处理期税会差异分析

税法上不认可“未确认融资费用”及其分摊，因此分摊的“财务费用”不能在税前扣除，应予以进行纳税调整。

3. 融资租入固定资产折旧

由于融资租入固定资产的会计入账的原值与计税基础的不同，导致后期折旧额的不同。

（1）会计计算折旧

固定资产原值258.71万元，折旧年限3年，平均年限法，残值率为0，因此融资租入固定资产年折旧额=258.71/3=86.24（万元）。

（2）税收计算折旧

固定资产计税基础301万元，折旧年限3年，平均年限法，残值率为0，因此融资租入固

定资产 =301/3=100.33（万元）。

4. 或有租金的会计处理和税务处理

2018 年 12 月 31 日，根据合同规定，应向乙公司支付经营分享收入 10 万元（不含税）。

借：销售费用 100 000.00

应交税费——应交增值税（进项税额） 16 000.00（100 000 × 16%）

贷：银行存款 116 000.00

2019 年 12 月 31 日，根据合同规定，应向乙公司支付经营分享收入 15 万元（不含税）。

借：销售费用 150 000.00

应交税费——应交增值税（进项税额） 24 000.00

贷：银行存款 174 000.00

5. 租赁期届满的退还租赁固定资产的会计处理

借：累计折旧 2 587 100.00

贷：固定资产——融资租入固定资产 2 587 100.00

6. 租赁期间税会差异汇总及纳税调整

租赁期间会计处理确认的费用和税务处理可税前扣除额汇总对比见表 5-1-10。

表 5-1-10

租赁期间税会处理对比表　　单位：万元

年度	会计上确认的费用			税务确认的可税前扣除额			纳税调整
	财务费用	折旧费	销售费用	财务费用	折旧费	销售费用	
2017年	20.62	86.24	—	0	100.34	—	6.52
2018年	14.27	86.24	10	0	100.33	10	0.18
2019年	7.4	86.23	15	0	100.33	15	-6.70
合计	42.29	258.71	25	0	301	25	0

7. 下面以 2017 年度业务为例通过填报企业所得税申报表来说明融资租赁取得固定资产涉及的纳税调整

第一步：填写《资产折旧、摊销情况及纳税调整明细表》（A105080），见表 5-1-11。

表 5-1-11

A105080　　资产折旧、摊销情况及纳税调整明细表　　单位：万元

行次	项　目		账载金额			税收金额			纳税调整
			资产原值	本年折旧、摊销额	累计折旧、摊销额	资产计税基础	税收折旧额（摊销额）	累计折旧、摊销额	金额
			1	2	3	4	5	8	9(2−5)
1	一、固定资产（2+3+4+5+6+7）		258.71	86.24	86.24	301	100.34	301	-14.1
6	所有固定资产	（五）电子设备	258.71	86.24	86.24	301	100.34	301	-14.1

第二步：填写《纳税调整项目明细表》（A105000），见表 5-1-12。

表 5-1-12

A105000 纳税调整项目明细表 单位：万元

行次	项　目	账载金额	税收金额	调增金额	调减金额
		1	2	3	4
12	二、扣除类调整项目（13+14+…24+26+27+28+29+30）	—	—	20.62	0.00
30	（十七）其他	20.62	0.00	20.62	0.00
31	三、资产类调整项目（31+32+33+34）	—	—	0.00	14.10
32	（一）资产折旧、摊销（填写A105080）	86.24	100.34	0.00	14.10

说明：表5-1-12中第30行“（十七）其他”填报的是会计处理确认的融资费用“财务费用”，该费用不得税前扣除，由于没有单独的相关栏目，故填在“其他”栏。

8. 税务风险说明及管理

（1）要正确区分融资租赁和经营性租赁（需要特别注意新修订后《企业会计准则第21号——租赁》取消了对承租人融资租赁和经营租赁的划分）。税法对于融资租赁没有规定相关的判断标准，故税务处理对于经营租赁和融资租赁的判断遵从会计准则规定。

（2）由于融资租入固定资产的计税基础主要依据租赁合同对租赁款的约定，所以租赁合同等是融资租入固定资产折旧税前扣除的主要凭据，需要重点保存备查。

（3）融资租入固定资产会计处理比较复杂，税会差异较多，应做好税会差异备查登记，避免少调整或重复调整。

二、固定资产折旧的财税处理及税务风险管理

固定资产折旧，会计处理与税务规定在折旧范围、折旧起止时间、折旧方法、折旧年限等都存在一定差异，这些税会差异处理不好很容易产生税务风险。

（一）固定资产折旧范围的税会差异

对于固定资产是否纳入折旧范围，会计准则规定和税法规定各不相同，二者规定存在差异，其对比见表 5-1-13。

表 5-1-13

固定资产折旧范围的税会差异对比表

会计规定	税法规定
《企业会计准则第4号——固定资产》第十四条规定： 企业应当对所有固定资产计提折旧。但是，已提足折旧仍继续使用的固定资产和单独计价入账的土地除外	《企业所得税法》第十一条规定： 在计算应纳税所得额时，企业按照规定计算的固定资产折旧，准予扣除。 下列固定资产不得计算折旧扣除： （1）房屋、建筑物以外未投入使用的固定资产； （2）以经营租赁方式租入的固定资产； （3）以融资租赁方式租出的固定资产； （4）已足额提取折旧仍继续使用的固定资产； （5）与经营活动无关的固定资产； （6）单独估价作为固定资产入账的土地； （7）其他不得计算折旧扣除的固定资产

由表 5-1-13 可以看出，会计和税务从不同方面进行了规定。下面对二者进行归纳总结见表 5-1-14。

表 5-1-14

固定资产折旧情况总结表

固定资产情况	会计规定	税务规定	举例
房屋、建筑物以外未投入使用的固定资产	要折旧	不折旧	停用的机器设备（季节性停用除外）
以经营租赁方式租入的固定资产	不折旧	不折旧	
以融资租赁方式租出的固定资产	不折旧	不折旧	
已提足折旧仍继续使用的固定资产	不折旧	不折旧	
与经营活动无关的固定资产	要折旧	不折旧	个人消费固定资产
单独计价入账的土地	不折旧	不折旧	
其他不得计算折旧税前扣除的固定资产	要折旧	不折旧	外购设备无合法发票

对于表 5-1-14 所列的会计上要折旧而税务上“不折旧”的，需要进行纳税调整。

（二）固定资产折旧起止时间的税会差异

对于固定资产折旧的起止时间，会计准则规定和税法规定也是存在差异的，二者规定对比见表 5-1-15。

表 5-1-15

固定资产折旧起止时间的税会差异表

会计规定	税务规定
《企业会计准则第4号——固定资产》应用指南有如下规定： （1）固定资产应当按月计提折旧，当月增加的固定资产，当月不计提折旧，从下月起计提折旧；当月减少的固定资产，当月仍计提折旧，从下月起不计提折旧。 固定资产提足折旧后，不论能否继续使用，均不再计提折旧；提前报废的固定资产，也不再补提折旧。提足折旧，是指已经提足该项固定资产的应计折旧额。应计折旧额，是指应当计提折旧的固定资产的原价扣除其预计净残值后的金额。已计提减值准备的固定资产，还应当扣除已计提的固定资产减值准备累计金额。 （2）已达到预定可使用状态但尚未办理竣工决算的固定资产，应当按照估计价值确定其成本，并计提折旧；待办理竣工决算后，再按实际成本调整原来的暂估价值，但不需要调整原已计提的折旧额	《企业所得税法实施条例》第五十九条规定，企业应当自固定资产投入使用月份的次月起计算折旧；停止使用的固定资产，应当自停止使用月份的次月起停止计算折旧。 国税函〔2010〕79号第五条规定，企业固定资产投入使用后，由于工程款项尚未结清未取得全额发票的，可暂按合同规定的金额计入固定资产计税基础计提折旧，待发票取得后进行调整。但该项调整应在固定资产投入使用后12个月内进行

税会差异分析，将表 5-1-15 中会计规定和税务规定归纳整理对比见表 5-1-16。

表 5-1-16

固定资产折旧税会差异整理表

类　别	会计规定	税务规定
开始折旧	强调是“增加”，只要增加了，无论是否使用，均要折旧	强调是“使用”，如果仅仅是“增加”了而没有投入“使用”，是不得在税前扣除折旧的

续上表

类 别	会计规定	税务规定
停止折旧	强调的是“减少”，只有“减少”了，次月才停止折旧	强调的是“停止使用”，虽然没有“减少”，只要是“停止使用”，税务的折旧就要在次月停止
暂估折旧调整	没有时间限制，并不需要调整原已经计提的折旧额	在投入使用后12月内进行调整，并且在发票取得后调整计税基础及其折旧额

因此，会计处理与税务处理在固定资产折旧的开始时间、停止时间和暂估折旧调整上是存在差异的，如果因差异影响应纳税所得额的必须进行纳税调整。

（三）固定资产折旧年限的差异

固定资产折旧年限直接影响折旧额的大小。固定资产折旧年限在会计和税务的差异见表5-1-17。

表 5-1-17

固定资产折旧年限税会差异表

会计规定	税务规定
《企业会计准则第4号——固定资产》规定如下： 第十五条 企业应当根据固定资产的性质和使用情况，合理确定固定资产的使用寿命和预计净残值。 第十六条 企业确定固定资产使用寿命，应当考虑下列因素： （1）预计生产能力或实物产量； （2）预计有形损耗和无形损耗； （3）法律或者类似规定对资产使用的限制	《企业所得税法实施条例》第六十条规定，除国务院财政、税务主管部门另有规定外，固定资产计算折旧的最低年限如下： （1）房屋、建筑物，为20年； （2）飞机、火车、轮船、机器、机械和其他生产设备，为10年； （3）与生产经营活动有关的器具、工具、家具等，为5年； （4）飞机、火车、轮船以外的运输工具，为4年； （5）电子设备，为3年

国家为了支持经济发展，连续出台了多项固定资产加速折旧的税收优惠政策，其中就包括缩短折旧年限，下一节专门说明，此处不作深入探讨。

固定资产折旧年限的税会差异分析：

（1）折旧年限差异：会计上没有明确规定固定资产的折旧年限，只是强调“合理确定”；税法上是有明确的最低折旧年限规定，加速折旧可以是税法规定年限的60%。

（2）加速折旧年限的影响：会计上无一次性进入成本费用的说法，同时对加速折旧也没有缩短折旧年限的规定。税务上却可以一次性进入成本费用和缩短折旧年限。

因折旧年限的差异造成的，应按照国家税务总局公告2014年第29号的规定进行纳税调整，见表5-1-18。

表 5-1-18

折旧年限差异纳税调整表

情 况		会计处理	税务处理	纳税调整
会计年限小于税法最低年限	当期	按会计年限折旧，进成本费用	按税法最低年限折旧扣除	调增：应纳税所得额
	会计提足后	折旧=0	按税法最低年限折旧扣除	调减：应纳税所得额
会计年限大于税法最低年限		按会计年限折旧，进成本费用	按会计年限折旧扣除	不调整

当然，上述调整，税法另有规定除外，而加速折旧的优惠政策就算“另有规定”。

（四）固定资产折旧基数的税会差异

固定资产折旧基数直接决定固定资产折旧额大小，会计处理和税务处理关于固定资产折旧基数的差异见表5-1-19。

表5-1-19

固定资产折旧基数的税会差异表

类别	会计规定	税务规定
折旧基数	=固定资产初始计量成本-会计上预计净残值-固定资产减值准备	=固定资产计税基础-税法上预计净残值
预计净残值	是指假定固定资产预计使用寿命已满并处于使用寿命终了时的预期状态，企业目前从该项资产处置中获得的扣除预计处置费用后的金额	对预计净残值没有明确限制，只是强调“合理确定”，一般遵从会计处理（特别不合理除外）

如果因固定资产原值和计税基础存在差异，必然在折旧基数上存在差异，在本章第一节已经专门讨论。

会计折旧基数是要扣除固定资产减值准备的，而税务是不用扣除减值准备的，因此只要有固定资产减值准备存在，必然有折旧基数的差异。当固定资产在会计上存在减值准备时，会计上的折旧额会小于税务上的折旧额，应调减应纳税所得额。

预计净残值在会计上和税务上均未规定具体比例，实务中税务上一般认可会计上确定的预计净残值，只要不存在极端情况一般不会产生差异。

（五）固定资产折旧的方法的差异

如果固定资产折旧方法不同，即使是其他折旧因素均相同的情况下，计算出的折旧额也是不同的。会计和税务对于固定资产折旧方法规定差异见表5-1-20。

表5-1-20

固定资产折旧方法规定税会差异表

会计规定	税务规定
《企业会计准则第4号——固定资产》第十七条规定，企业应当根据与固定资产有关的经济利益的预期实现方式，合理选择固定资产折旧方法。 可选用的折旧方法包括年限平均法、工作量法、双倍余额递减法和年数总和法等	《企业所得税法实施条例》第五十九条规定，固定资产按照直线法计算的折旧，准予扣除。 《企业所得税法实施条例》第九十八条规定，企业所得税法第三十二条所称可以采取缩短折旧年限或者采取加速折旧的方法的固定资产，包括： （1）由于技术进步，产品更新换代较快的固定资产； （2）常年处于强震动、高腐蚀状态的固定资产。 采取缩短折旧年限方法的，最低折旧年限不得低于本条例第六十条规定折旧年限的60%；采取加速折旧方法的，可以采取双倍余额递减法或者年数总和法

会计上有很多折旧方法可以选择，并且未作限制。而税法规定的折旧方法主要是直线法，对于加速折旧方法的适用有较多限制，但是又规定符合条件的固定资产可以一次性计入成本费用。

关于折旧方法产生的税会差异，案例参见本节“三”的内容。

（六）固定资产折旧因素变更的差异

前面分析比较固定资产折旧会涉及到折旧基数、年限、折旧方法等，由于时间或情况的变化，这些因素可能会发生变化，会计和税务对于折旧因素变更规定是不同的，二者的差异见表 5-1-21。

表 5-1-21

固定资产折旧因素税会差异表

会计规定	税务规定
《企业会计准则第4号——固定资产》第十五条规定，固定资产的使用寿命、预计净残值一经确定，不得随意变更。但是，符合本准则第十九条规定的除外。 第十九条规定，企业至少应当于每年年度终了，对固定资产的使用寿命、预计净残值和折旧方法进行复核。 使用寿命预计数与原先估计数有差异的，应当调整固定资产使用寿命。 预计净残值预计数与原先估计数有差异的，应当调整预计净残值。 与固定资产有关的经济利益预期实现方式有重大改变的，应当改变固定资产折旧方法。 固定资产使用寿命、预计净残值和折旧方法的改变应当作为会计估计变更。 另外，固定资产发生减值的，还应当按照《企业会计准则第8号——资产减值》计提减值准备	《企业所得税法实施条例》第五十六条规定，企业持有各项资产期间资产增值或者减值，除国务院财政、税务主管部门规定可以确认损益外，不得调整该资产的计税基础。 第五十九条规定，固定资产的预计净残值一经确定，不得变更

会计上规定固定资产的使用寿命、预计净残值一经确定，不得随意变更。但是，又规定至少应当于每年年度终了，对固定资产的使用寿命、预计净残值和折旧方法进行复核，同时还要进行减值测试。等同于说，满足条件时会计处理是可以调整折旧年限、预计净残值和折旧方法的，还可以计提减值准备。

税务上除税法另有规定外，固定资产计税基础、折旧年限、预计净残值都是不得变更的。

【案例 5-3】固定资产折旧方法变更的财税处理及税务风险管理

甲公司 2016 年 12 月 31 日投入使用一台设备，价值 100 万元。当时，预计的净产值率为 10%，平均年限法折旧，使用年限 5 年，符合税法关于最低折旧年限的规定，但是不符合加速折旧优惠政策规定。

2017 年年终清查时发现，该设备使用非常频繁且强度高，磨损严重，已发生价值减损 10 万元。经研究决定，从 2018 年起，该设备按预计剩余可使用年限 3 年进行折旧，折旧方法改为年限总和法，预计净残值不变。

问题：固定资产折旧方法变更前后的财税处理及税务风险管理。

解析：

1. 折旧方法变更前的财税处理

（1）2017 年税务和会计均采用年限平均法折旧，折旧年限和预计净残值均无税会差异，故 2017 年度折旧额 =100×（1-10%）/5=18（万元）。

（2）2017 年度发生固定资产减值损失 10 万元，会计处理需要确认固定资产减值准备并计入当期损益，而固定资产减值准备不能税前扣除，故需调增应纳税所得额。

（3）2017 年计提减值准备后固定资产会计账面价值 =100−18−10=72（万元）。

2. 折旧方法变更后的财税处理

（1）会计处理

折旧方法调整为年限总和法折旧，预计使用 3 年，3 年分别折旧计算见表 5-1-22。

表 5-1-22

折旧过程计算表

单位：万元

年　度	年　份	账面价值	预计净残值	年折旧率	年折旧额	累计折旧
2018年	第1年	72	10	3/6	31.00	31.00
2019年	第2年			2/6	20.67	51.67
2020年	第3年			1/6	10.33	62.00

（2）税务处理

根据税法规定，折旧方法不可变更，固定资产减值准备不得调整计税基础，预计净残值和折旧年限也不得变更。因此，2018 年度至 2021 年度 4 个年度的折旧仍然与 2017 年度一样，每年折旧额等于 18 万元。

3. 固定资产折旧方法变更前后的税会差异分析

在固定资产使用期间，税务处理计算的折旧额每年保持不变，而会计处理既要计提固定资产减值准备，又要按变更后折旧方法重新计算折旧额，各年的折旧额和资产减值结果对比见表 5-1-23。

表 5-1-23

各年折旧额和资产减值结果对比表

单位：万元

年　度	会计处理		税务处理		纳税调整
	折旧额	资产减值	折旧额	资产减值	
2017年	18.00	10.00	18.00	0.00	10.00
2018年	31.00	—	18.00	0.00	13.00
2019年	20.67	—	18.00	0.00	2.67
2020年	10.33	—	18.00	0.00	−7.67
2021年	0.00	—	18.00	0.00	−18.00
合计	80.00	10.00	90.00	0.00	0.00

4. 税务风险说明及管理

（1）根据会计准则规定，固定资产可能因使用情况等而发生资产减值、变更折旧方法、缩短折旧年限等，因此当发生变化而产生税会差异时，应做好税会差异备查登记。

（2）固定资产折旧、计提减值准备等税会差异，基本上都属于暂时性差异，最终在固定资产处置时弥合差异。因此，在使用期间需要注意纳税调整，尤其是产生税会差异的后续年度的纳税调整很容易遗漏。

三、固定资产加速折旧优惠政策的财税处理及税务风险管理

固定资产加速折旧政策是政府为减轻企业负担等而出台的优惠政策。因此，年度企业所得税申报表的《资产折旧、摊销及纳税调整明细表》（A105080）就有要求专门填报企业享受固定资产加速折旧的情况。

会计处理应遵从会计准则，税务处理应遵从税法规定，当企业选择享受固定资产加速折旧的优惠政策时，可能就会出现税会差异。

（一）税法规定的固定资产加速折旧方法

根据对税法规定的加速折旧优惠政策的归纳整理，税法规定的加速折旧方法可以分为两大类。

1. 一般的加速折旧方法

根据《企业所得税法》《企业所得税法实施条例》、国税发〔2009〕81 号文、财税〔2014〕75 号文、财税〔2015〕106 号文、财税〔2018〕54 号文等法律法规规定，固定资产加速折旧的方法主要有：

（1）缩短折旧年限：最低可以按税法规定最低折旧年限 60% 折旧；

（2）双倍余额递减法；

（3）年数总和法；

（4）一次性扣除法。

2. 比较特殊的加速折旧方法

《财政部 国家税务总局关于进一步鼓励软件产业和集成电路产业发展企业所得税政策的通知》（财税〔2012〕27 号）规定，软件产业和集成电路产业发展企业可以享受如下加速折旧：

（1）企业外购的软件，凡符合固定资产或无形资产确认条件的，可以按照固定资产或无形资产进行核算，其折旧或摊销年限可以适当缩短，最短可为 2 年（含）。

（2）集成电路生产企业的生产设备，其折旧年限可以适当缩短，最短可为 3 年（含）。

（二）固定资产加速折旧优惠政策的归纳整理对比

税法关于固定资产加速政策比较多，出台的时间各不相同，相关规定既有重叠的部分，也有不一致的地方，为方便比对与查询，现归纳整理如下（表 5-1-24）。

表 5-1-24

法律法规	行业范围	金额限制	限制条件	开始时间	加速折旧方法
《企业所得税法实施条例》第98条 国税发〔2009〕81号	无限制	无	用于生产经营的主要或关键的固定资产： （1）由于技术进步，产品更新换代较快的； （2）常年处于强震动、高腐蚀状态的。	2008年1月1日	（1）缩短折旧年限：60%； （2）双倍余额递减法； （3）年数总和法
财税〔2012〕27号	软件产业、集成电路产业	无	外购的软件	2011年1月1日	可缩短，最短为2年
			集成电路生产设备		可缩短，最短为3年
财税〔2014〕75号	生物药品制造业，专用设备制造业，铁路、船舶、航空航天和其他运输设备制造业，计算机、通信和其他电子设备制造业，仪器仪表制造业，信息传输、软件和信息技术服务业（6个行业）	无	新购进的仪器、设备	2014年1月1日	（1）缩短折旧年限：60%； （2）双倍余额递减法； （3）年数总和法。
		100万元以上	6个行业的小型微利企业新购进的研发和生产经营共用的仪器、设备		
		100万元以下	6个行业的小型微利企业新购进的研发和生产经营共用的仪器、设备	2014年1月1日	一次性扣除
	所有行业	100万元以上	专门用于研发的仪器、设备	2014年1月1日	（1）缩短折旧年限：60%； （2）双倍余额递减法； （3）年数总和法。
		100万元以下		2014年1月1日	一次性扣除
		5000元以下	新购进的固定资产	2014年1月1日	一次性扣除
财税〔2015〕106号	轻工、纺织、机械、汽车（4个行业）	无	新购进的仪器、设备	2015年1月1日	（1）缩短折旧年限：60%； （2）双倍余额递减法； （3）年数总和法。
		100万元以上	4个领域重点行业的小型微利企业新购进的研发和生产经营共用的仪器、设备		
		100万元以下	4个领域重点行业的小型微利企业新购进的研发和生产经营共用的仪器、设备	2015年1月1日	一次性扣除
财税〔2018〕54号	无限制	500万元以下	新购进的设备、器具	2018年1月1日至2020年12月31日	一次性扣除
		500万元以上	仍按企业所得税法实施条例、财税〔2014〕75号、财税〔2015〕106号等相关规定执行。		

续上表

法律法规	行业范围	金额限制	限制条件	开始时间	加速折旧方法
财政部 税务总局公告2019年第66号	全部制造业领域	（1）自2019年1月1日起，适用财税〔2014〕75号和财税〔2015〕106号规定固定资产加速折旧优惠的行业范围，扩大至全部制造业领域。 （2）制造业按照国家统计局《国民经济行业分类与代码（GB/4754-2017）》确定。今后国家有关部门更新国民经济行业分类与代码，从其规定。 （3）本公告发布前，制造业企业未享受固定资产加速折旧优惠的，可自本公告发布后在月（季）度预缴申报时享受优惠或在2019年度汇算清缴时享受优惠。			
财政部 税务总局公告2020年第8号	疫情防控重点保障物资生产企业	无限制	疫情防控重点保障物资生产企业为扩大产能新购置的相关设备	2020年1月1日至疫情结束	一次性扣除

需要特别说明的是，固定资产加速折旧属于优惠政策，企业是否适用具有自主的选择权，而不是必须适用。

与上述法律法规相配套的还有国家税务总局一系列公告：

（1）《国家税务总局关于企业固定资产加速折旧所得税处理有关问题的通知》（国税发〔2009〕81号）；

（2）《国家税务总局关于执行软件企业所得税优惠政策有关问题的公告》（国家税务总局公告2013年第43号）；

（3）《国家税务总局关于固定资产加速折旧税收政策有关问题的公告》（国家税务总局公告2014年第64号）；

（4）《国家税务总局关于进一步完善固定资产加速折旧企业所得税政策有关问题的公告》（国家税务总局公告2015年第68号）；

（5）《国家税务总局关于设备 器具扣除有关企业所得税政策执行问题的公告》（国家税务总局公告2018年第46号，以下简称46号公告）。

在具体遇到固定资产折旧需要享受加速折旧优惠政策时，可以比照表5-1-24中的法律法规文件号查找相关详细规定，同时比照匹配的国家税务总局公告，研究并制订对企业最有利的执行方案。

（三）企业享受固定资产加速折旧优惠政策应注意的税务风险

1．清楚自己企业所处的行业

固定资产加速折旧政策，并不是所有政策都对所有行业一视同仁，主要是向10个重要行业和软件产业、集成电路产业等有所倾斜，因此清楚自己企业所处行业有利于享受到更好的政策。

《国家税务总局关于固定资产加速折旧税收政策有关问题的公告》（国家税务总局公告2014年第64号）规定，六大行业按照国家统计局《国民经济行业分类与代码（GB/4754—2011）》确定。今后国家有关部门更新国民经济行业分类与代码的，从其规定。六大行业企业是指以上述行业业务为主营业务，其固定资产投入使用当年主营业务收入占企业收入总额50%（不含）以上的企业。所称收入总额，是指企业所得税法第六条规定的收入总额。

《国家税务总局关于进一步完善固定资产加速折旧企业所得税政策有关问题的公告》（国家税务总局公告2015年第68号）规定，四个领域重点行业按照财税〔2015〕106号文附件“轻工、纺织、机械、汽车四个领域重点行业范围”确定。今后国家有关部门更新国民经济行业分类与代码的，从其规定。四个领域重点行业企业是指以上述行业业务为主营业务，其固定资产投入使用当年的主营业务收入占企业收入总额50%（不含）以上的企业。所称收入总额，是指企业所得税法第六条规定的收入总额。

2．准确划分研发设备

由于对研发设备尤其是专用研发设备有特殊优惠政策，因此研发设备的确认与划分非常重要。国家税务总局公告2014年第64号和2015年第68号均强调如下：

用于研发活动的仪器、设备范围口径，按照《国家税务总局关于印发〈企业研究开发费用税前扣除管理办法（试行）〉的通知》（国税发〔2008〕116号）或《科学技术部 财政部 国家税务总局关于印发〈高新技术企业认定管理工作指引〉的通知》（国科发火〔2008〕362号）规定执行。

3. 固定资产取得的时间节点非常重要

固定资产加速折旧优惠政策并不是一次性出台的，而是逐步、分次出台的，且优惠力度是逐步加大的。在每个优惠政策出台时，都规定了开始执行时间，甚至财税〔2018〕54号文还规定有结束时间，因此固定资产取得的时间节点就显得非常重要，时间节点决定了可以适用的具体优惠政策，也决定了是否能享受优惠政策。

2015年11月11日，国家税务总局所得税司副司长刘宝柱在税务总局网站“固定资产加速折旧政策”在线访谈中回答网友提问时指出，固定资产取得方式不同，购买时点的确定也有所差别。在实际工作中，企业购置设备应以设备发票开具时间为准；采取分期付款或赊销方式取得设备的，以设备到货时间为准；自行建造的固定资产，原则上以建造工程竣工决算时间为准。

国家税务总局46号公告明确，固定资产购进时点按以下原则确认：以货币形式购进的固定资产，除采取分期付款或赊销方式购进外，按发票开具时间确认；以分期付款或赊销方式购进的固定资产，按固定资产到货时间确认；自行建造的固定资产，按竣工结算时间确认。

4. 固定资产取得方式是否影响享受加速折旧优惠政策

固定资产加速折旧优惠政策的财税〔2014〕75号文、财税〔2015〕106号文、财税〔2018〕54号文等，都对能享受优惠政策的固定资产取得方式限定为“新购进”。对于“新购进”的界定，前述文件中都未提及。

在国家税务总局配套的公告中进行补充解释，《国家税务总局关于固定资产加速折旧税收政策有关问题的公告》（国家税务总局公告2014年第64号）和《国家税务总局关于进一步完善固定资产加速折旧企业所得税政策有关问题的公告》（国家税务总局公告2015年第68号）中明确，“新购进”包括“自行建造”。结合《企业所得税法实施条例》第五十八条规定，加速折旧优惠政策中“新购进”是指外购固定资产和自行建造固定资产两种取得方式。

2015年11月11日，国家税务总局所得税司副司长刘宝柱在税务总局网站“固定资产加速折旧政策”在线访谈中明确指出，购进是指以货币购进的固定资产和自行建造的固定资产。融资租赁的固定资产不属于购进的范畴，因此不能适用本次加速折旧政策。

46号公告明确“购进”包括以货币形式购进或自行建造两种形式。“新购进”中的“新”字，只是区别于原已购进的固定资产，不是规定非要购进全新的固定资产，因此，公告明确以货币形式购进的固定资产包括企业购进的使用过的固定资产。

因此，除外购和自行建造固定资产以外的其他方式取得固定资产，如股东投入、融资租入、非货币性资产交换、债务重组、接受捐赠等方式，都不能享受加速折旧优惠政策。

5. 固定资产单位价值的确定

加速折旧政策的文件中都涉及固定资产单位价值的问题，单位价值可以决定是否可以享受一次性扣除等政策。在46号公告出台前一直没有明确，46号公告明确，单位价值的计算方法与企业所得税法实施条例第五十八条规定的固定资产计税基础的计算方法保持一致，具体为：以货币形式购进的固定资产，以购买价款和支付的相关税费以及直接归属于使该资产达到预定用途发生的其他支出确定单位价值；自行建造的固定资产，以竣工结算前发生的支出确定单位价值。

6. 注意一次性税前扣除的时点

46号公告明确，固定资产在投入使用月份的次月所属年度一次性税前扣除。

国家税务总局对46号公告解读专门指出，企业所得税法实施条例规定，企业应当自固定资产投入使用月份的次月起计算折旧。固定资产一次性税前扣除政策仅仅是固定资产税前扣除的一种特殊方式，因此，其税前扣除的时点应与固定资产计算折旧的处理原则保持一致。公告对此进行了相应规定。比如，某企业于2018年12月购进了一项单位价值为300万元的设备并于当月投入使用，则该设备可在2019年一次性税前扣除（而不是2018年度）。

（四）享受固定资产加速折旧优惠政策的税务风险管理

根据国家税务总局放管服的改革措施，企业现在享受优惠政策采取“自行判别、申报享受、相关资料留存备查”的办理方式。企业应当根据自身经营情况以及相关税收规定自行判断是否符合优惠政策规定的条件，符合条件的可以按照《企业所得税优惠事项管理目录》列示的时间自行计算减免税额，并通过填报企业所得税纳税申报表享受税收优惠。同时，企业按照规定归集和留存相关资料备查。

在赋予企业更多权利的同时，也带给企业更多义务，更多义务意味着更多的税务风险。因此，企业应严格按照《企业所得税优惠政策事项办理办法》（国家税务总局公告2018年第23号）执行，首先做好“自行判别”，同时还要做好相关“主要留存备查资料”的收集、整理、归档等工作。

根据《企业所得税优惠事项管理目录》（2017年版）规定，涉及固定资产加速折旧的“优惠事项”有两项，序号分别为67号和68号，需要准备的“主要留存备查资料”见表5-1-25。

表5-1-25

主要留存备查资料表

<table>
<tr><th>序号</th><th>优惠事项名称</th><th>主要留存备查资料</th><th>享受优惠时间</th><th>后续管理要求</th></tr>
<tr><td rowspan="5">67</td><td rowspan="5">固定资产或购入软件等可以加速折旧或摊销</td><td>1.固定资产的功能、预计使用年限短于规定计算折旧的最低年限的理由、证明资料及有关情况的说明</td><td rowspan="5">汇缴享受（税会处理一致的，预缴享受；税会处理不一致的，汇缴享受）</td><td rowspan="5">由省税务机关（含计划单列市税务机关）规定</td></tr>
<tr><td>2.被替代的旧固定资产的功能、使用及处置等情况的说明</td></tr>
<tr><td>3.固定资产加速折旧拟采用的方法和折旧额的说明，外购软件拟缩短折旧或摊销年限情况的说明</td></tr>
<tr><td>4.集成电路生产企业证明材料</td></tr>
<tr><td>5.购入固定资产或软件的发票、记账凭证</td></tr>
<tr><td rowspan="3">68</td><td rowspan="3">固定资产加速折旧或一次性扣除</td><td>1.企业属于重点行业、领域企业的说明材料[以某重点行业业务为主营业务，固定资产投入使用当年主营业务收入占企业收入总额50%（不含）以上]</td><td rowspan="3">预缴享受</td><td rowspan="3">由省税务机关（含计划单列市税务机关）规定</td></tr>
<tr><td>2.购进固定资产的发票、记账凭证（购入已使用过的固定资产，应提供已使用年限的相关说明）</td></tr>
<tr><td>3.核算有关资产税法与会计差异的台账</td></tr>
</table>

根据《国家税务总局关于设备 器具扣除有关企业所得税政策执行问题的公告》(国家税务总局公告2018年第46号)规定，设备、器具单位价值不超过500万元的一次性扣除的，主要留存备查资料包括：

(1)有关固定资产购进时点的资料(如以货币形式购进固定资产的发票，以分期付款或赊销方式购进固定资产的到货时间说明，自行建造固定资产的竣工决算情况说明等);

(2)固定资产记账凭证;

(3)核算有关资产税务处理与会计处理差异的台账。

【案例5-4】固定资产享受加速折旧优惠政策的财税处理及税务风险管理

A公司属于财税〔2014〕75号文规定的生物药品制造业，2016年12月1日购进一套检测工具，不需要安装，直接投入使用，单价50万元(不含税)。该企业会计折旧采用了平均年限法，预计使用年限5年(税法规定最低折旧年限5年)，预计净残值率10%。该企业符合相关规定，可以享受加速折旧政策，企业考虑采用缩短折旧年限的加速折旧方法，税务按3年折旧，预计净残值率10%。

问题：固定资产2017年度享受加速折旧优惠政策的财税处理及税务风险管理.

解析：

1. 财税处理(固定资产折旧)

2017年A公司会计折旧=50×(1-10%)/5=9(万元)

2017年A公司税务折旧=50×(1-10%)/3=15(万元)

2017年A公司税会差异=15-9=6(万元)

以后年度税会差异可以以此类推计算，见表5-1-26。

表5-1-26

固定资产折旧税会差异计算表

单位：万元

年　度	原　值	残 值 率	会计折旧	税务折旧	纳税调整
2017年	50	10%	9	15	-6
2018年	50	10%	9	15	-6
2019年	50	10%	9	15	-6
2020年	50	10%	9	—	9
2021年	50	10%	9	—	9
合计	—	—	45	45	0

2. 纳税调整(企业所得税申报表填报)

公司属于财税〔2014〕75号文规定的生物药品制造业，购进设备可以享受加速折旧的优惠政策，企业选择缩短年限法，因此根据企业所得税申报表填报说明应在《资产折旧、摊销及纳税调整明细表》(A105080)“第8行”中填报。

第一步应填写《资产折旧、摊销及纳税调整明细表》(A105080)，第二步填写《纳税调整项目明细表》(A105000),具体填报过程不再赘述。

3. **税务风险说明及管理**

(1)确认企业所属行业以及新购固定资产情况是否属于可以享受加速折旧优惠政策,避免适用政策选择错误。

(2)选择享受加速折旧方法(一经选定,不可变更),加速折旧方法选择应综合考虑企业的经营情况,选择对企业最有利的方法(包括选择不采用加速折旧),避免短期有利而总体无利的方法。

(3)分析并计算确认固定资产折旧的税会差异,做好税会差异台账的备查登记。

(4)根据《企业所得税优惠事项管理目录》(2017年版)规定,及时按规定的享受优惠时间开始享受。

(5)分析并确定加速折旧在年度申报表中应填报的行次。

(6)根据《企业所得税优惠事项管理目录》(2017年版)规定,及时按规定做好"主要留存备查资料"的收集、整理、归档等工作,以备检查。

四、固定资产后续支出的财税处理及税务风险管理

(一)固定资产后续支出的会计规定

《企业会计准则第4号——固定资产》解释对固定资产的后续支出进行了说明,固定资产的后续支出通常包括固定资产在使用过程中发生的日常修理费、大修理费用、更新改造支出、房屋的装修费用等。

《企业会计准则第4号——固定资产》第六条规定,与固定资产有关的后续支出,符合本准则第四条规定的确认条件的,应当计入固定资产成本;不符合本准则第四条规定的确认条件的,应当在发生时计入当期损益。

因此,根据会计准则的规定,固定资产的后续支出可以分为资本化的后续支出和费用化的后续支出。

(二)固定资产后续支出的税务规定

与固定资产后续支出相关的税法规定整理见表5-1-27。

表5-1-27

与固定资产后续支出相关的税法规定

法律法规出处	相关规定
《企业所得税法》第十三条	在计算应纳税所得额时,企业发生的下列支出作为长期待摊费用,按照规定摊销的,准予扣除: (一)已足额提取折旧的固定资产的改建支出; (二)租入固定资产的改建支出; (三)固定资产的大修理支出; (四)其他应当作为长期待摊费用的支出

续上表

法律法规出处	相关规定
《企业所得税法实施条例》第六十八条	企业所得税法第十三条第（一）项和第（二）项所称固定资产的改建支出，是指改变房屋或者建筑物结构、延长使用年限等发生的支出。 企业所得税法第十三条第（一）项规定的支出，按照固定资产预计尚可使用年限分期摊销；第（二）项规定的支出，按照合同约定的剩余租赁期限分期摊销。 改建的固定资产延长使用年限的，除企业所得税法第十三条第（一）项和第（二）项规定外，应当适当延长折旧年限
《企业所得税法实施条例》第六十九条	企业所得税法第十三条第（三）项所称固定资产的大修理支出，是指同时符合下列条件的支出： （1）修理支出达到取得固定资产时的计税基础50%以上； （2）修理后固定资产的使用年限延长2年以上。 企业所得税法第十三条第（三）项规定的支出，按照固定资产尚可使用年限分期摊销
国家税务总局公告2011年第34号	企业对房屋、建筑物固定资产在未足额提取折旧前进行改扩建的，如属于推倒重置的，该资产原值减除提取折旧后的净值，应并入重置后的固定资产计税成本，并在该固定资产投入使用后的次月起，按照税法规定的折旧年限，一并计提折旧；如属于提升功能、增加面积的，该固定资产的改扩建支出，并入该固定资产计税基础，并从改扩建完工投入使用后的次月起，重新按税法规定的该固定资产折旧年限计提折旧，如该改扩建后的固定资产尚可使用的年限低于税法规定的最低年限的，可以按尚可使用的年限计提折旧

因此，税务方面也可以分为资本化的后续支出和费用化的后续支出。

（三）固定资产后续支出的税会差异

按照会计处理和税务规定进行组合，可以分为 4 种情况。

1. 会计和税务同时费用化

如固定资产的日常维修、保养等，发生的费用会计处理和税务处理均是属于费用化支出，不会产生税会差异。

2. 会计和税务同时资本化

会计处理：《企业会计准则第 4 号——固定资产》第六条规定，与固定资产有关的后续支出，符合本准则第四条规定的确认条件的，应当计入固定资产成本，即计入“固定资产”原值，并固定资产预计尚可使用年限进行折旧。

税务处理：固定资产后续支出符合资本化条件的，除房屋、建筑物推倒重置外，应按《企业所得税法》第十三条规定，作为“长期待摊费用”，并按规定摊销。房屋、建筑物推倒重置的，应按国家税务总局公告 2011 年第 34 号规定，改扩建支出与原固定资产净值合并计入固定资产计税基础，然后按规定进行折旧。

由于会计处理固定资产折旧可能与税务处理长期待摊费用、改扩建后固定资产折旧有差异，可能会导致税会差异，注意进行必要的纳税调整，避免税务风险。

例如，企业对一台设备的不可分割核心部件进行升级更换，使该设备预期使用寿命延长 3 年。该设备原值（计税基础）100 万元，升级更换的核心部件价值 60 万元。假设同时满足税务与会计关于固定资产后续支出资本化的规定。虽然此处税务与会计都是资本化，但是税务是作为“长期待摊费用”处理，而会计是增加固定资产原值，形式不一样而已，其最终结果对纳税并无影响。但是，严格来说还是需要进行纳税调整。

3．会计资本化，税务费用化

例如，企业对一台设备的不可分割核心部件进行升级更换，使该设备预期使用寿命延长3年。该设备原值（计税基础）100万元，升级更换的核心部件价值40万元。更换下的部件价值是40万元，则按照税法规定没有达到“修理支出达到取得固定资产时的计税基础50%以上”，税务上是可以费用化处理的，即一次性计入成本费用进行税前扣除。而会计上由于没有50%的限制，基于职业判断符合会计准则关于资本化的条件，决定给予资本化。这样二者就产生了税会差异，需要进行纳税调整。

4．会计费用化，税务资本化

例如，企业一台汽车原值（计税基础）20万元，大修支出11万元，延长使用年限2年。

这样，就刚好符合《企业所得税法实施条例》第六十九条的规定，应该予以资本化。而会计处理基于职业判断上选择的是费用化处理。二者就存在税会差异，需要进行纳税调整。

五、固定资产弃置费用的财税处理及税务风险管理

弃置费用又叫弃置成本，一般是指根据国家法律法规、国际公约等规定，企业承担的环境保护和生态恢复等义务所确定的支出，如核电站设施、石油开采设施等的弃置和恢复环境义务等。

（一）弃置费用的会计处理

根据《企业会计准则第4号——固定资产》《企业会计准则第13号——或有事项》和《企业会计准则第27号——石油天然气开采》的规定，对于特殊行业的特定固定资产，比如核电站核废料的处置，企业在确定初始成本时，应当考虑弃置费用的影响。

弃置费用的金额与其现值相比通常较大，需要考虑货币的时间价值，对于特殊行业的特定固定资产，企业应当按照现值计算确定应计入固定资产成本的金额和相应负债。在这些固定资产使用寿命内按照预计负债的摊余成本和实际利率计算确定的利息费用计入当期损益（财务费用）。

《企业会计准则解释第6号》规定，弃置费用形成的预计负债在确认后，按照实际利率法计算的利息费用应当确认为财务费用；由于技术进步、法律要求或市场环境变化等原因，特定固定资产的履行弃置义务可能发生支出金额、预计弃置时点、折现率等变动而引起的预计负债变动，应按照以下原则调整该固定资产的成本：

（1）对于预计负债的减少，以该固定资产账面价值为限扣减固定资产成本。如果预计负债的减少额超过该固定资产账面价值，超出部分确认为当期损益。

（2）对于预计负债的增加，增加该固定资产的成本。按照上述原则调整的固定资产，在资产剩余使用年限内计提折旧。一旦该固定资产的使用寿命结束，预计负债的所有后续变动应在发生时确认为损益。

（二）与弃置费用相关的税务规定

1．固定资产计税基础的规定

详见本章第二节相关内容，此处不再赘述。

但是，根据税法规定，无论何种形式取得固定资产，其计税基础均不包括弃置费用。

2．环境保护等专项资金

《企业所得税法实施条例》第四十五条规定，企业依照法律、行政法规有关规定提取的用于环境保护、生态恢复等方面的专项资金，准予扣除。上述专项资金提取后改变用途的，不得扣除。

3．海上油气设施的弃置费用税务规定

根据《国家发改委 国家能源局 财政部 国家税务总局 国家海洋局关于印发〈海上油气生产设施废弃处置管理暂行规定〉的通知》（发改能源〔2010〕1305号）及《国家税务总局关于发布〈海上油气生产设施弃置费用企业所得税管理办法〉的公告》（国家税务总局公告2011年第22号）规定，海上油气生产设施可以计提弃置费用。弃置费用自进入商业生产的次月开始计提。其按规定计提的弃置费用，应依照规定作为环境保护、生态恢复等方面专项资金，并准予在计算企业年度应纳税所得额时扣除。

（三）弃置费用的税会差异

除依照法律法规提取的用于环境保护、生态恢复等方面的专项资金准予扣除外，企业根据会计准则规定预提的固定资产其他弃置费用，按照税法规定由于尚未实际支出而不能税前扣除。只有固定资产报废或清理时，实际发生弃置费用支出时，其相关费用支出才能税前扣除。因此，弃置费用的税会差异主要体现在两个方面。

1．固定资产的初始成本及计提折旧

会计处理时将预计的弃置费用折现后的金额计入固定资产的初始成本，而税务处理时计税基础不应包含预计的弃置费用，因此导致固定资产的初始成本与计税基础不一致，同时导致固定资产使用期间会计折旧金额与税务计算的折旧金额不一致。

2．固定资产使用期间因弃置费用而产生的利息费用的处理

会计上按照实际利率法计算每期应分摊的利息费用，并计入当期损益（财务费用）。税务上由于根本就不认可弃置费用的存在，故更不可能允许因弃置费用而产生的利息费用的税前扣除。所以，在固定资产使用期间因弃置费用而产生的利息费用不能税前扣除，只能进行纳税调整。

【案例5-5】固定资产弃置费用的财税处理及税务风险管理

2016年12月，甲公司建造完成了一座稀土矿山的生产设施并投入生产，共发生建造支出10 000万元，矿山预计可开采10年。根据与当地政府签订的协议，甲公司在矿山报废时需要承担土地复垦义务以及生态恢复义务，甲公司预计矿山报废时复垦和生态恢复费用需要1 000万元。

2018年12月31日，当地政府根据国家有关规定出台了更加严格的生态环境保护管理办法。根据该管理办法，甲公司预计矿山报废时生态恢复支出需要2 000万元。

假定2026年12月，稀土矿山报废，甲公司实际支付生态恢复等费用2 200万元。

假设：甲公司按10%的利率进行折现；会计和税务均采用年限平均法折旧，折旧年限10年，不考虑残值和资产减值，会计计提折旧均影响当期损益。现行法律法规对该类矿山还没有相应明确的弃置管理规定，即《企业所得税法实施条例》第四十五条规定对该矿山不适用。矿山除弃置费用外，无其他税会差异需要进行纳税调整。

问题：甲公司矿山弃置费用的财税处理及税务风险管理。

解析：

1. 2016年度的财税处理

经查询复利现值系数表，10%利率情况下10年期的复利现值系数为0.3 855，则弃置费用的现值为385.5万元（10 000×0.3 855）。

借：固定资产　103 855 000.00

　贷：在建工程　100 000 000.00

　　预计负债——预计固定资产弃置费用　3 855 000.00

根据会计准则和税法规定，矿山在2016年度尚未计提折旧，故2016年度甲公司纳税申报尚不需要进行纳税调整。

2. 2017年度的财税处理

（1）首先需要按照实际利率计算弃置费用应确认的利息费用。为计算方便建议使用电子表格计算，将2017年度至2026年度一并通过电子表格计算见表5-1-28。

表5-1-28

利息费用计算过程表

单位：万元

年份	日期	确认的利息费用	应付弃置费用本金余额
	A	B=期初C×10%	期末C=期初C+B
0	2016/12/31		385.5
1	2017/12/31	38.55	424.05
2	2018/12/31	42.41	466.46
3	2019/12/31	46.66	513.12
4	2020/12/31	51.32	564.44
5	2021/12/31	56.45	620.89
6	2022/12/31	62.1	682.99
7	2023/12/31	68.31	751.3
8	2024/12/31	75.14	826.44
9	2025/12/31	82.65	909.09
10	2026/12/31	90.91	1 000
	合计	614.5	

因此，2017年12月31日应作如下会计分录：

借：财务费用　385 500.00

　贷：预计负债——预计固定资产弃置费用　385 500.00

以后年度只需要变更分录相关数据即可。

（2）固定资产折旧

会计折旧额=10 385.5/10=1 038.55（万元）；

税务折旧额=10 000/10=1 000（万元）。

（3）税会差异分析及纳税调整

会计上确认固定资产原值10 385.5万元，每年折旧1 038.55万元；税务上确认固定资产计税基础10 000万元，每年1 000万元。因此，2017年度固定资产折旧存在38.55万元的税会差异需要进行纳税调整。

会计上在2017年度确认了弃置费用的利息费用38.55万元；而税务上由于该弃置费用并不是依据法律法规计提的，且会计处理确认的弃置费用并未实际发生，故税务处理不能确认弃置费用及其确认的利息费用，不能税前扣除。因此，对于2017年度会计处理确认计入当期损益的利息费用38.55万元应全部进行纳税调整。

下面通过申报表填报来说明其纳税调整过程：

第一步：填写《资产折旧、摊销情况及纳税调整明细表》（A105080），见表5-1-29。

表5-1-29

A105080　　资产折旧、摊销情况及纳税调整明细表　　单位：万元

行次	项　目		账载金额			税收金额			纳税调整
			资产原值	本年折旧、摊销额	累计折旧、摊销额	资产计税基础	税收折旧额（摊销额）	累计折旧、摊销额	金额
			1	2	3	4	5	8	9(2-5)
1	一、固定资产（2+3+4+5+6+7）		10 385.5	1 038.55	1 038.55	10 000	1 000	1 000	38.55
2	所有固定资产	（一）房屋、建筑物	10 385.5	1 038.55	1 038.55	10 000	1 000	1 000	38.55

第二步：填写《纳税调整项目明细表》（A105000），见表5-1-30。

表5-1-30

A105000　　纳税调整项目明细表　　单位：万元

行次	项　目	账载金额	税收金额	调增金额	调减金额
		1	2	3	4
12	二、扣除类调整项目（13+14+…24+26+27+28+29+30）	—	—	38.55	0.00
26	（十三）跨期扣除项目	38.55	0.00	38.55	0.00
31	三、资产类调整项目（31+32+33+34）	—	—	38.55	0.00
32	（一）资产折旧、摊销（填写A105080）	1 038.55	1 000.00	38.55	0.00

3. 2018年度的财税处理

（1）2018年度弃置费用确认的利息费用见表5-1-28，为42.41万元。固定资产折旧，会计计算金额和税务计算金额都与2017年度一致。因此，2018年度固定资产折旧的纳税调整与

2017年度一致，不同的是利息费用金额比2017年大，但过程一致，不再赘述。

（2）2018年12月31日，由于政策发生变化，弃置费用预计调整为2 000万元，根据《企业会计准则第13号——或有事项》的规定，应对原先计入固定资产初始成本的价值进行调整。此时，固定资产尚可使用年限为8年，查询复利现值系数表得到：(P/F,10%,8)=0.466 5，故弃置费用现值=2 000×0.4 665=933（万元）。此时，“预计负债——预计固定资产弃置费用”等于466.46万元（详见表5-1-28），应调整增加预计负债466.54万元（933-466.46）。

借：固定资产　　4 665 400.00

　贷：预计负债——预计固定资产弃置费用　　4 665 400.00

4. 2019年度至2026年度利息费用和折旧的财税处理

（1）需要按照调整后的预计负债重新计算2019年度至2026年度每年按照实际利率应应确认的利息费用，见表5-1-31。

表5-1-31

按照实际利率确认利息费用过程表

单位：万元

年份	日　期	确认的利息费用	应付本金余额	备注
	A	B=期初C×10%	期末C=期初C+B	
2	2018/12/31	—	933	政策变化调整后的现值
3	2019/12/31	93.30	1 026.30	
4	2020/12/31	102.63	1 128.93	
5	2021/12/31	112.89	1 241.82	
6	2022/12/31	124.18	1 366.00	
7	2023/12/31	136.61	1 502.61	
8	2024/12/31	150.27	1 652.88	
9	2025/12/31	165.30	1 818.18	
10	2026/12/31	181.82	2 000.00	
	合计	1 105.55	—	

因此，2019年度的会计分录：

借：财务费用　　933 000.00

　贷：预计负债——预计固定资产弃置费用　　933 000.00

以后年度只需要变更分录相关数据即可。

（2）固定资产折旧

会计折旧额＝（10 385.5-1 038.55×2+466.54）/8=1 096.87（万元）；

税务折旧额=10 000/10=1 000（万元）。

（3）税会差异分析及纳税调整

过程与2017年度一致，只是变更相关数据即可，具体过程省略不再赘述。

5. **固定资产报废支付弃置费用的财税处理**

（1）支付弃置费用会计处理

借：管理费用　　2 000 000.00

　　弃置费用——预计固定资产弃置费用　　20 000 000.00

　贷：银行存款　　22 000 000.00

（2）税会差异分析及纳税调整

实际支付的固定资产弃置费用 2 200 万元可以税前扣除，但是会计计入当期损益的只有 200 万元，所以应纳税调整 2 000 万元。

下面通过 2026 年度申报表填报来说明其纳税调整过程：

第一步：填写《资产折旧、摊销情况及纳税调整明细表》（A105080），见表 5-1-32。

表 5-1-32

A105080　　资产折旧、摊销情况及纳税调整明细表　　单位：万元

行次	项　目		账载金额			税收金额			纳税调整
			资产原值	本年折旧、摊销额	累计折旧、摊销额	资产计税基础	税收折旧额（摊销额）	累计折旧、摊销额	金额
			1	2	3	4	5	8	9(2−5)
1	一、固定资产（2+3+4+5+6+7）		10 852.04	1 096.87	10 852.04	10 000	1 000	10 000	96.87
2	所有固定资产	（一）房屋、建筑物	10 852.04	1 096.87	10 852.04	10 000	1 000	10 000	96.87

第二步：填写《纳税调整项目明细表》（A105000），见表 5-1-33。

表 5-1-33

A105000　　纳税调整项目明细表　　单位：万元

行次	项　目	账载金额	税收金额	调增金额	调减金额
		1	2	3	4
12	二、扣除类调整项目（13+14+…24+26+27+28+29+30）	—	—	0.00	2 000.00
26	（十三）跨期扣除项目	200.00	2 200.00	0.00	2 000.00
31	三、资产类调整项目（31+32+33+34）	—	—	96.87	0.00
32	（一）资产折旧、摊销（填写A105080）	1 096.87	1 000.00	96.87	0.00

6. **税务风险说明及管理**

（1）注意固定资产弃置费用是否有法律法规相关规定，如果满足《企业所得税法实施条例》第四十五条规定则在按规定计提的当年可以税前扣除，否则需要进行纳税调整。

（2）需要考虑弃置费用的固定资产使用期限一般比较长，整个计算过程和会计处理比较复杂，应做好专门的税会差异台账备查登记。

六、固定资产处置的财税处理及税务风险管理

固定资产的处置包括出售、转让、报废或毁损、对外投资、非货币性资产交换、债务重组等。处于处置状态的固定资产不再用于生产商品、提供劳务、出租或经营管理，因而不再符合固定资产的定义，应予终止确认。

固定资产的确认条件之一是“与该固定资产有关的经济利益很可能流入企业”，如果一项固定资产预期通过使用或处置不能产生经济效益，那么它就不再符合固定资产的定义和确认条件，应予终止确认。

（一）固定资产处置的会计处理

固定资产处置的会计处理分为主动处置和被动处置两类，主动处置包括出售、转让、对外投资、非货币性资产交换、债务重组等，被动处置是指固定资产报废或毁损等。固定资产报废或毁损等属于资产损失，资产损失的税前扣除有专门规定，该部分内容在本书第六章说明，此处暂不涉及。

固定资产在处置时可能已经在会计账面上终止了固定资产确认，而划归为“持有待售资产——固定资产”了；而另外也可能没有转入“持有待售资产”就直接处置了。二者虽然在会计核算时会计科目已经不一样了，但是税务处理还是都认定为固定资产，故需要一并说明。

1．已经划归为持有待售类别处置的会计处理

借：银行存款等

　　持有待售资产减值准备——固定资产

　贷：持有待售资产——固定资产

　　　应交税费——应交增值税（销项税额）

　　　资产处置收益（差额，可能在借方）

2．还在“固定资产”核算处置的会计处理（以出售为例）

（1）将固定资产账面价值等转入清理

借：固定资产清理

　　累计折旧

　　固定资产减值准备

　贷：固定资产

（2）支付清理费用

借：固定资产清理

　贷：银行存款

（3）收到出售价款

借：银行存款等

　贷：固定资产清理

　　　应交税费——应交增值税（销项税额）

（4）结转清理净损益

借：固定资产清理

贷：资产处置收益（或相反会计分录）

（二）与固定资产处置相关的税务规定

1．企业所得税的相关规定

（1）固定资产转让收入属于企业所得税应税收入。

《企业所得税法》第六条规定，企业以货币形式和非货币形式从各种来源取得的收入，为收入总额，其中包括：（三）转让财产收入。

《企业所得税法实施条例》第十六条规定，企业所得税法第六条第（三）项所称转让财产收入，是指企业转让固定资产等财产取得的收入。

（2）被转让固定资产的净值可以税前扣除

《企业所得税法》第十六条规定，企业转让资产，该项资产的净值，准予在计算应纳税所得额时扣除。

《企业所得税法实施条例》第七十四条规定，企业所得税法第十六条所称资产的净值和第十九条所称财产净值，是指有关资产、财产的计税基础减除已经按照规定扣除的折旧、折耗、摊销、准备金等后的余额。

2．出售或转让固定资产增值税规定

出售或转让固定资产的处置收益计算绕不开增值税问题，而出售或转让固定资产的增值税计算比较复杂，需要区分各种情况，现整理归纳见表5-1-34。

表 5-1-34

出售或转让固定资产增值税规定

纳税人	销售情形	税务处理	计税公式	举例
一般纳税人	2008年12月31日前已纳入增值税抵扣扩围试点地区企业在试点政策前自制或购进的（未抵扣进项）	按简易征收，按征收率3%减按2%征收	增值税＝含税售价×2%/（1+3%）	2008年前购进且专用于集体福利的
	2008年12月31日前购进或自制的（未抵扣进项）			2008年前购进的生产设备
	2008年12月31日前已纳入增值税抵扣扩围试点地区企业自制或购进的（已经抵扣进项）	按照正常的货物销售处理	增值税＝含税售价×16%/（1+13%）	包括已抵扣或依法可以抵扣但是因纳税人自身原因等不符合抵扣条件而未抵扣的全部固定资产
	2009年1月1日后自制或购进的			
	2009年1月1日后自制或购进的设备，按规定不得抵扣且未抵扣进项（未抵扣进项）	按简易征收，按征收率3%减按2%征收	增值税＝含税售价×2%/（1+3%）	企业职工食堂专用设备或用于免税项目、简易征收的设备
	购进或自制固定资产时为小规模纳税人且未抵扣进项税额，销售该固定资产时为一般纳税人（注）			转一般纳税人前购置的电脑

续上表

纳税人	销售情形	税务处理	计税公式	举例
一般纳税人	不动产（2016年5月1日前取得，非自建项目，选择简易计税）	按简易征收，按征收率5%征收	增值税＝转让差额/（1+5%）×5%	2016年5月1日购买的办公楼
	不动产（2016年5月1日前取得，自建项目，选择简易计税）		增值税＝出售全价/（1+5%）×5%	2016年5月1日自建的厂房
	不动产（2016年5月1日前取得但选择一般计税方法或2016年5月1日后取得，非自建项目）	按照正常的不动产销售处理	增值税＝转让差额/（1+10%）×9%	购置的办公楼、厂房等
	不动产（2016年5月1日前取得但选择一般计税方法或2016年5月1日后取得，自建项目）		增值税＝出售全价/（1+10%）×9%	自建的办公楼、厂房等
小规模纳税人	自己使用过的固定资产	按简易征收，按征收率3%减按2%征收	增值税＝含税售价×2%/（1+3%）	出售旧电脑
	不动产（不区分营改增前后取得）	按简易征收，按征收率5%征收	增值税＝转让差额/（1+5%）×5%	厂房

注：1.《国家税务总局关于纳税人认定或登记为一般纳税人前进项税额抵扣问题的公告》（国家税务总局公告2015年第59号）第一条规定：“一、纳税人自办理税务登记至认定或登记为一般纳税人期间，未取得生产经营收入，未按照销售额和征收率简易计算应纳税额申报缴纳增值税的，其在此期间取得的增值税扣税凭证，可以在认定或登记为一般纳税人后抵扣进项税额。”也就是说，特殊情形下，纳税人在小规模纳税人时购进的固定资产在认定为一般纳税人后可以抵扣，此时，如果再按简易征收率减半征收，明显不符合文件本意，所以应按正常销售征增值税。

2.表5-1-34中的计税公式增值税税率是2019年4月1日后调整后的最新税率。增值税税率经过了多次调整，需要注意固定资产出售时点对应的法定税率。

【案例 5-6】划分为持有待售的固定资产处置的财税处理及税务风险管理

2018 年 12 月 10 日，甲公司与 A 公司签署了一份二手设备转让协议，约定在 2019 年 3 月 30 日将甲公司拥有但不再需要的一套二手生产设备转让给 A 公司，合同价款 116 万元（含税价）。合同约定，A 公司在 2018 年 12 月 31 日前支付 20 万元作为定金，其余价款在 2019 年 3 月 30 日前支付，甲公司在收到全部价款后开具增值税专用发票并移交设备。

转让的二手设备在 2019 年 12 月 31 日账面价值为 180 万元，累计折旧 100 万元，每月折旧 1.5 万元，未计提减值准备。因确定出售，从 2018 年 12 月 20 日停止使用，会计上划分为持有待售。

假定上述交易已经于 2019 年 2 月 1 日完成，甲公司为一般纳税人。转让的固定资产在转让前无税会差异。

问题：甲公司持有待售的固定资产处置的财税处理及税务风险管理。

解析：

1. 会计处理

（1）甲公司在 2018 年 12 月收到定金

借：银行存款　　200 000.00

　贷：预收账款　　200 000.00

（2）2018 年 12 月 31 日将“固定资产”转入“持有待售资产”

借：持有待售资产　800 000.00

　　累计折旧　1 000 000.00

　贷：固定资产　1 800 000.00

（3）2019 年 2 月 1 日处置

借：银行存款　960 000.00

　　预收账款　200 000.00

　贷：持有待售资产　800 000.00

　　　资产处置收益　200 000.00

　　　应交税费——应交增值税（销项税额）　160 000.00

2. 税务处理及税会差异分析

在 2018 年度“固定资产”转入“持有待售资产”的过程中，没有对当期损益产生影响，也没有对应纳税所得额产生影响，因此不需要考虑纳税调整。

会计处理确认资产处置收益 20 万元，税务处理应确认财产转让所得 20 万元（收入 100 万元－净值 80 万元），二者金额相等，无税款差异，无须进行纳税调整。

2019 年度 1～2 月份，会计和税务都不计提折旧。会计方面是因为已经划转为持有待售而停止折旧，税务方面是因为固定资产停用而停止折旧，二者原因不同结果一致。

3. 税务风险说明及管理

（1）持有待售的固定资产在出售时的账面价值很多时候已经进行过调整，与固定资产的计税基础或净值可能存在差异，因此在纳税申报要对固定资产的计税基础和净值进行追根溯源，避免差错带来的税务风险。

（2）固定资产划归为持有待售资产时，应在备查簿登记，便于溯源查找。

（3）税务上并不认可“持有待售资产”，而是认可转换前的“固定资产”。因此，“持有待售资产”的计税基础仍然还是转换前“固定资产”的计税基础以及税法认可的累计折旧金额。

【案例 5-7】未划分为持有待售的固定资产处置的财税处理

2019 年 1 月 15 日，乙公司将一台旧轿车对外销售。轿车账面价值 20 万元，累计折旧 16 万元，销售收到价款 5.80 万元存入银行。该汽车购进时抵扣过进项税额。

问题：乙公司固定资产处置的财税处理。

解析：

1. 会计处理

（1）将固定资产转入清理

借：固定资产清理　40 000.00

　　累计折旧　160 000.00

　贷：固定资产　200 000.00

（2）处理收到价款

借：银行存款　58 000.00

　贷：固定资产清理　50 000.00

　　　应交税费——应交增值税（销项税额）　8 000.00

（3）结转处置损益

借：固定资产清理　10 000.00

　贷：资产处置收益　10 000.00

2. 税务处理及税会差异分析

本案例税务和会计处理一致，无税会差异，无须进行纳税调整。

七、固定资产清查的财税处理及税务风险管理

根据企业内部控制管理制度，企业应定期对资产进行清查，至少在每年年末进行一次。因此，企业每年年末应对固定资产至少进行一次清查盘点。盘点的结果，可能会出现固定资产盘盈、盘亏或者发现固定资产损毁甚至报废等情况。根据不同的盘点结果，应作出不同的财税处理。

（一）固定资产盘盈的财税处理及税务风险管理

1. 会计处理

企业固定资产盘盈的可能性是极小的，企业出现了固定资产的盘盈必定是企业以前会计期间少计、漏计而产生的，应当作为前期差错进行更正处理，会计准则这样规定在一定程度上是为了减少企业人为的调剂利润的可能性。

企业在财产清查中盘盈的固定资产，应作为前期差错处理。盘盈的固定资产先要通过“以前年度损益调整”科目核算，固定资产按照重置成本法计价入账。

盘盈的固定资产，应按以下规定确定其入账价值：

如果同类或类似固定资产存在活跃市场的，按同类或类似固定资产的市场价格，减去按该项资产的新旧程度估计的价值损耗后的余额，作为入账价值；如果同类或类似固定资产不存在活跃市场的，按该项固定资产的预计未来现金流量的现值，作为入账价值。

盘点结果如果与账面记录不符，应查明原因，并根据企业内控制度规定的管理权限，经股东大会或董事会，或经理（厂长）会议或类似机构批准后，在期末结账前处理完毕。

（1）发生固定资产盘盈

借：固定资产

　贷：累计折旧

　　　以前年度损益调整

（2）调整企业所得税（视情况，如固定资产系前期接受捐赠所得）

借：以前年度损益调整

　贷：应交税费——应交所得税

（3）将“以前年度损益调整”科目余额调整到“利润分配”等科目

借：以前年度损益调整

　贷：利润分配——未分配利润

　　　盈余公积（视情况）

2. 税务处理及税会差异分析

《企业所得税法实施条例》第二十二条规定，企业所得税法第六条第（九）项所称其他收入，是指企业取得的除企业所得税法第六条第（一）项至第（八）项规定的收入外的其他收入，包括企业资产溢余收入等。

因此，固定资产的盘盈收入属于企业所得税的应税收入。

固定资产盘盈在会计方面视为是前期差错，是通过“以前年度损益调整”科目最终计入的以前年度所有者权益，视情况按规定计提企业所得税；而税务方面则视为是当期的收入，按规定计入当期应税所得。

如果企业盘盈的当期要缴纳企业所得税的话，虽然会计与税务处理方式不一致，但是处理结果可能是一样的，当然也有可能不一致，不管结果如何都需要进行纳税调整。如果会计处理最终结果是计入所有者权益而没有计提企业所得税，而税务处理是要缴纳企业所得税，就需要进行纳税调整。

另外，对于盘盈所得的固定资产，只要在盘盈当期做了应税收入的税务处理，后期是可以按规定进行折旧并按规定在税前扣除，且与盘盈固定资产有无发票无关。

【案例 5-8】固定资产盘盈的财税处理及税务风险管理

2019 年 12 月，甲公司按规定对企业资产进行了清查。固定资产盘点结果发现，盘盈两台生产设备。经查明原因，得知：

A 设备系长期合作厂商捐赠，在 2018 年 6 月就投入使用，2018 年度盘点时因捐赠手续尚未完备而遗漏。该设备市场售价 10 万元（不含税价），在捐赠时已经使用过 1 年时间。

B 设备系甲公司机修车间自制，2018 年度盘点时正在制作中，2018 年年底投入使用。该设备自制成本 5 万元（不含税价），已经作为车间修理费在 2018 年度全部计入了当期损益。

假定上述盘盈设备折旧年限均为 10 年，年限平均法，不考虑残值。假定甲公司 2018 年度和 2019 年度均为盈利年度，盈余公积累计金额已经满足不再计提的上限。假定企业所得税税率为 25%。

问题：上述固定资产盘盈的财税处理及税务风险管理。

解析：

1. 会计处理

（1）盘盈固定资产重置成本的计算

A 设备，由于有市场售价，可按市场售价 10 万元作为固定资产原值，按照已经使用期限计算累计折旧。至盘盈时，该设备已经累计使用 2.5 年，计算可得累计折旧金额为 2.5 万元。

B 设备是自制，可按自制成本 5 万元作为固定资产入账价值。至盘盈时，刚好使用 1 年，计算可得累计折旧 0.5 万元。

（2）会计分录

① 盘盈固定资产

借：固定资产——A 设备　　100 000.00

　　固定资产——B 设备　　50 000.00

　贷：累计折旧——A 设备　　25 000.00

　　　累计折旧——B 设备　　5 000.00

　　　以前年度损益调整　　120 000.00

② 调整应交企业所得税

由于A设备系接受捐赠所得，接受捐赠所得属于应税收入，接受时应按捐赠所得计算缴纳企业所得税。该设备在接受捐赠时，刚使用1年时间，公允价值应为9万元，故应按9万调整应交企业所得税。B设备是自制，追溯调整也不会产生应纳税所得额，故不需要调整企业所得税。

借：以前年度损益调整　　22 500.00（940 000×25%）

　贷：应交税费——应交企业所得税　　22 500.00

③ 将“以前年度损益调整”科目余额调整到“利润分配”等科目

借：以前年度损益调整　　97 500.00（120 000−22 500）

　贷：利润分配——未分配利润　　97 500.00（不考虑盈余公积）

2. 税务处理及税会差异分析

税务处理相对来讲是比较简单的，盘盈的固定资产，以同类固定资产的重置完全价值为计税基础，对应的财产溢余应作为当期的应税收入，因此2019年度应确认固定资产盘盈收入12万元。

会计处理时，把固定资产盘盈作为前期差错进行追溯调整，对当期损益没有产生影响，因此两者之间就相差了12万元的收入，需要进行纳税调整，应调增应纳税所得额12万元。

下面以企业所得税申报表填报来说明纳税调整的过程，需要填写《纳税调整项目明细表》（A105000），见表5-1-35。

表 5-1-35

A105000　　纳税调整项目明细表　　单位：万元

行次	项　目	账载金额	税收金额	调增金额	调减金额
		1	2	3	4
1	一、收入类调整项目（2+3+4+5+6+7+8+10+11）	—	—	12.00	0.00
11	（九）其他	0.00	12.00	12.00	0.00

说明：由于会计处理并没有直接确认收入，“账载金额”是通过调整的应交企业所得税倒算来的，故不能直接填写在《一般企业收入明细表》（A101010）中的“营业外收入——盘盈利得”。

3. 税务风险说明及管理

由于固定资产盘盈的会计处理是针对前期差错进行追溯调整，不会影响当期损益，因此在纳税申报很容易被遗漏，造成该做纳税调增而没有调整，因此当发生固定资产盘盈时应及时在税款差异备查登记簿上做备查登记避免遗漏。

（二）固定资产盘亏的财税处理及税务风险管理

固定资产盘亏属于资产损失，详见本书第六章相关内容。

（三）固定资产毁损或报废的财税处理及税务风险管理

固定资产毁损或报废属于资产损失，详见本书第六章相关内容。

八、固定资产售后租回的财税处理及税务风险管理

企业出于融资的需要，常常将固定资产用于售后租回交易。

售后租回交易是既是一种特殊的销售方式，也是一种特殊形式的租赁业务，是指卖主（也是承租人）将资产出售后，又将该资产从买主（同时也是出租人）租回，习惯上称为“回租”。通过售后租回交易，资产的原所有者（即销售方和承租方）在保留资产的占有权、使用权和控制权的前提下，将固定资产转为货币资本，在出售时可取得全部价款的货币资金，而租金则是分期支付的，从而获得了所需的资金；而资产新的所有者（即购买方和出租人）通过售后租回交易，找到了一个风险小、回报有保障的投资机会。

对于售后租回业务，根据《企业会计准则第 21 号——租赁》（2006 版，部分企业继续有效）规定，无论是承租人还是出租人，均应按照租赁的分类标准，对售后租回交易进行判断，确认是属于融资租赁还是经营租赁。

根据《企业会计准则第 21 号——租赁》（2018 版）规定，首先要根据应当按照《企业会计准则第 14 号——收入》的规定，评估确定售后租回交易中的资产转让是否属于销售，然后分别按照不同情况进行会计处理，详细内容见第七章第五节。

（一）固定资产售后租回交易中出售方的会计处理

（1）将固定资产售后租回交易中出售方（承租方）的会计处理（按照2006版租赁准则规定）归纳整理见表 5-1-36。

表 5-1-36

固定资产售后租回交易中出售方（承租方）的会计处理

步骤	情　形	会计分录	备　注
1	出售时资产清理	借：固定资产清理 　　累计折旧 　　固定资产减值准备（如有） 　贷：固定资产	—
2	收到出售价款	借：银行存款（实际收取款项） 　贷：固定资产清理（固定资产账面价值） 　　递延收益——未实现售后租回损益（差额，可能在借方）	售后租回形成融资性租赁，其销售行为按税法规定不属于增值税应税范围
		借：银行存款（实际收取款项） 　　资产处置收益（售价与资产公允价值之间的差额，可能在贷方） 　贷：固定资产清理（固定资产账面价值） 　　应交税费——应交增值税（销项税额） 　　递延收益——未实现售后租回损益（差额，可能在借方）	售后租回形成经营租赁，其销售行为应税法规定缴纳增值税

续上表

步骤	情　形	会计分录	备　注
3	租回资产	按租赁资产的公允价值与最低租赁付款额现值孰低 借：固定资产——融资租赁资产 未确认融资费用 贷：长期应付款——应付融资租赁款	售后租回形成融资性租赁
		售后租回形成经营租赁，不做会计分录，只做备查登记	—
4	分摊递延收益	借：递延收益——未实现售后租回损益（可能在贷方） 贷：管理费用、制造费用等	—
	折旧	借：管理费用、制造费用等 贷：累计折旧	售后租回形成融资性租赁，才做该分录
	分摊未确认融资费用	借：财务费用 贷：未确认融资费用	—
5	支付租金	借：长期应付款——应付融资租赁款 贷：银行存款	售后租回形成融资性租赁
		借：管理费用、制造费用等 应交税费——应交增值税（进项税额） 贷：银行存款	售后租回形成经营租赁

（2）将固定资产售后租回交易中出售方（承租方）按照 2018 版租赁准则规定的会计处理，详见本书第七章第五节相关内容。

（二）固定资产售后租回交易中出售方的税务规定

《关于融资性售后回租业务中承租方出售资产行为有关税收问题的公告》（国家税务总局公告 2010 年第 13 号，在本节部分以下简称 13 号公告）规定如下：

融资性售后回租业务是指承租方以融资为目的将资产出售给经批准从事融资租赁业务的企业后，又将该项资产从该融资租赁企业租回的行为。融资性售后回租业务中承租方出售资产时，资产所有权以及与资产所有权有关的全部报酬和风险并未完全转移。

因此，增值税和企业所得税按下列规定处理，见表 5-1-37。

表 5-1-37

融资性售后回租业务中增值税和企业所得税的处理

税种	处理方法	备注
增值税	根据现行增值税有关规定，融资性售后回租业务中承租方出售资产的行为，不属于增值税征收范围，不征收增值税。	营改增后该规定继续有效
企业所得税	根据现行企业所得税法及有关收入确定规定，融资性售后回租业务中，承租人出售资产的行为，不确认为销售收入，对融资性租赁的资产，仍按承租人出售前原账面价值作为计税基础计提折旧。租赁期间，承租人支付的属于融资利息的部分，作为企业财务费用在税前扣除。	资产的计税基础不变

特别说明：

（1）依据 13 号公告规定，仅针对于融资性售后回租业务。如果销售回租形成的是经营租赁的话，则该公告规定不适用。

（2）对于售后回租交易是否形成融资性租赁的判断，13 号公告的判断依据是“出售给经批准从事融资租赁业务的企业”，虽然也强调“全部报酬和风险并未完全转移”，但是没有给出具体判断标准，因此：

① 如果售后回租业务交易对方不具有融资租赁业务的资质，即便是按照会计准则标准判断构成了融资性售后回租业务，也不能适用 13 号公告的规定。

② 如果售后回租业务交易对方具有融资租赁业务的资质，但是是否构成了融资性售后回租业务，具体判断标准应采用会计准则标准进行判断。

（3）在销售回租交易形成的是经营租赁业务中，出售方（承租方）出售资产时应按税法规定计征增值税，同时企业所得税方面也应按税法规定确认资产出售的应税收入；租回资产适用期间，会计和税务都不可再计提折旧；支付的租金可以按税法规定进行扣除。

【案例 5-9】固定资产用于售后回租形成融资性租赁售价高于账面价值情况的财税处理及纳税调整

2016 年 12 月，甲公司与乙公司签署了一份固定资产销售合同和一份租赁合同，两份合同构成事实的不可撤销的关联合同。

1. 销售合同主要条款

甲公司将其拥有的芯片智能生产线于 2016 年 12 月 30 前销售给乙公司，交易价格为 2 600 万元。甲公司在合同中承诺将租回该生产线，租赁合同另外签署，并约定购销合同与租赁合同互为前提，并同时生效。

甲公司在 2016 年 12 月 30 日收到销售款 2 600 万元。

2. 租赁合同的主要条款及资料

（1）租赁标的物：乙方购买甲方的芯片智能生产线。

（2）租赁期开始日：2016 年 12 月 31 日。

（3）租赁期：36 个月（即从 2017 年 12 月 31 日至 2019 年 12 月 30 日）

（4）租金及支付方式：自租赁开始日起每年年末支付租金 1 000 万元（不含税租金，乙公司按税法规定开具发票，税额由甲公司承担）。

（5）租赁期满，乙公司无偿将租赁标的物赠送甲公司。

（6）租赁合同规定的利率为 8%（年利率）。

3. 相关资料

（1）该生产线在 2016 年 12 月 31 日公允价值 2 600 万（不含税）。其在甲公司固定资产原值为 2 500 万元，尚未计提折旧和减值准备。

（2）设备为全新电子设备，甲公司出售前尚未开始折旧。估计使用年限 5 年，期末无残值（假定符合税法规定）。

（3）甲公司采用实际利率法确认本期应分摊的未确认融资费用。

（4）甲公司采用年限平均法计提固定资产折旧。

（5）乙公司为专业的融资租赁公司，具有相关资质。

问题：甲公司固定资产用于售后回租交易的财税处理及纳税调整与税务风险管理。

解析：

（一）会计处理

第一步：判断租赁类型。

租赁期3年占资产尚可使用年限5年的60%（小于75%），没有满足融资租赁的租赁期限标准；最低租赁付款额的现值为257.71万元（计算过程见后）大于租赁资产公允价值的90%[260×90%=234（万元）]，满足融资租赁的标准。因此，甲公司应当将该项租赁认定为融资租赁。

第二步：计算租赁开始日最低租赁付款额的现值和未实现售后租回损益等。

（1）最低租赁付款额

由于甲公司不知道出租人乙公司的租赁内含利率。因此，应选择租赁合同规定的利率8%作为最低租赁付款额的折现率。

最低租赁付款额＝各期租金之和＋承租人担保的资产余值=1 000×3+0=3 000（万元）

（2）计算最低租赁付款额的现值

每期租金1 000万元的年金现值=1 000×（P/A,8%,3），查表得知：（P/A,8%,3）=2.577 1。

租金现值之和=1 000×2.5 771=2 577.1（万元），小于租赁资产的公允价值2 600万元。

根据会计准则规定的孰低原则，租回资产的入账价值应为2 577.1万元。

（3）计算未确认融资费用

未确认融资费用＝最低租赁付款额－最低租赁付款额现值=3 000−2 577.1=422.9（万元）

（4）计算未实现售后回租损益

未实现售后回租损益＝售价－资产的账面价值=2 600−2 500=100（万元）

第三步：固定资产出售的会计处理。

（1）将固定资产原值转入固定资产清理

借：固定资产清理　　25 000 000.00

　贷：固定资产　　25 000 000.00

（2）收到价款

借：银行存款　　26 000 000.00

　贷：固定资产清理　　25 000 000.00

　　　递延收益——未实现售后回租损益（融资租赁）　　1 000 000.00

说明：根据（国家税务总局公告2010年第13号），融资性售后回租业务中承租方出售资产的行为，不属于增值税征收范围，不征收增值税。

第四步：租回资产的会计处理。

借：固定资产——融资租入固定资产　　25 771 000.00

　　未确认融资费用　　4 229 000.00

　贷：长期应付款——应付融资租赁款　　30 000 000.00

第五步：分摊未确认融资费用及支付租金的会计处理。

（1）确定融资利率：8%。

（2）在租赁期内采用实际利率法分摊未确认融资费用，见表 5-1-38。

表 5-1-38

未确认融资费用分摊表

单位：万元

日 期	租 金	确认的融资费用	应付本金减少额	应付本金余额
①	②	③=期初⑤×8%	④=②-③	期末⑤=期初⑤-④
2016/1/1	—	—	—	2 577.1
2017/12/31	1 000	206.17	793.83	1 783.27
2018/12/31	1 000	142.66	857.34	925.93
2019/12/31	1 000	74.07	925.93	0
合计	3 000	422.9	2 577.1	—

（3）会计分录

① 2017 年度分摊未确认融资费用

借：财务费用　　2 061 700.00

　贷：未确认融资费用　　2 061 700.00

② 支付租金

借：长期应付款——应付融资租赁款　　10 000 000.00

　　财务费用　　80 000.00

　贷：银行存款　　10 080 000.00

关于会计分录中“财务费用”及其金额来源说明：

根据营改增文件财税〔2016〕36 号文附件 1 所附“销售服务、无形资产、不动产注释”的规定，融资性售后回租属于贷款服务。

根据规定，经人民银行、银监会或者商务部批准从事融资租赁业务的试点纳税人，提供融资性售后回租服务，以取得的全部价款和价外费用（不含本金）开具增值税专用发票，本金可以开具普通发票。

案例中，乙公司属于具有资质的融资租赁公司，三年收取租金 3 000 万元，扣除本金 2 600 万元，则每年收取租金中包含利息收入 133.33 万元 [（3 000-2 600）/3]。由于双方签署的合同约定租金时不含税的，开票的税额应等于 8 万元（133.33×6%）。

由于贷款服务的增值税进项税额不得抵扣，即便是取得增值税专用发票的情况下，因此甲公司在经常会计处理时只能将因融资而产生并承担的贷款服务进项税额计入“财务费用”。

2018 年和 2019 年的会计分录类似，只是变更了“财务费用”和“未确认融资费用”的金额（按表 5-1-38 变更），不再赘述。

第六步：计算每期应分摊未实现售后租回损益及其会计处理。

《企业会计准则第 21 号——租赁》（2006 版）第三十一条规定，未实现售后租回损益，应按照该项租赁资产的折旧进度进行分摊，作为折旧费用的调整。本案例中固定资产采用直线法折旧，因此未实现售后租回损益也应采用直线法分摊。

计算过程详见表 5-1-39。

表 5-1-39

未实现售后租回损益分摊表

2017年1月1日

单位：万元

序号	日　期	售　价	固定资产账面价值	摊销期（折旧期）	分摊率	摊销额	未实现售后租回损益
0	2017/1/1	2 600	2 500	5年	—	—	100
1	2018/12/31	—	—	—	20%	20	80
2	2019/12/31	—	—	-	20%	20	60
3	2020/12/31	—	—	—	20%	20	40
4	2021/12/31	—	—	—	20%	20	20
5	2022/12/31	—	—	—	20%	20	0
合计		2 600	2 500	—	100%	100	—

会计处理：

借：递延收益——未实现售后租回收益（融资租赁）　　200 000.00

　贷：制造费用——折旧费　　200 000.00

第七步：融资性租赁固定资产折旧

年折旧额 =2 577.1/5=515.42（万元）。

借：制造费用——折旧费　　5 154 200.00

　贷：累计折旧　　5 154 200.00

（二）税务处理及税会差异分析

1. 税务处理

对于案例中交易涉及的增值税处理，已经在会计处理中说明，此处不再赘述。

根据 13 号公告规定，由于满足融资性售后回租业务的条件，因此，甲公司销售固定资产不确认为销售收入；售后回租的固定资产计税基础仍然是 2 500 万元；租赁期间，承租人支付的属于融资利息的部分，作为企业财务费用在税前扣除。

2. 税会差异分析

为方便比对，以表格的形式展现 2017 年度的税会差异，计算过程详见表 5-1-40。

表 5-1-40

融资性售后租回税会差异及纳税调整（2017年度）

单位：万元

项　目	会计处理	税务处理	税会差异	纳税调整额
固定资产原值（计税基础）	2 577.1	2 500	−77.1	—
未实现售后租回损益分摊	−20	0	20	20.00

续上表

项　目	会计处理	税务处理	税会差异	纳税调整额
制造费-折旧费	515.42	500	4.58	-15.42
财务费用	214.17	141.33	-72.84	-72.84
合计	—	—	—	-68.26

说明：①表5-1-40中财务费用的会计处理金额=206.17+8；②假定租赁固定资产折旧均能在当年税前扣除。

（三）纳税调整

通过2017年度企业所得税申报表填报来说明纳税调整的过程。

第一步：填写《资产折旧、摊销情况及纳税调整明细表》（A105080），详见表5-1-41。

表 5-1-41

A105080　　资产折旧、摊销情况及纳税调整明细表　　单位：万元

行次	项　目		账载金额			税收金额				纳税调整
			资产原值	本年折旧、摊销额	累计折旧、摊销额	资产计税基础	税收折旧额（摊销额）	加速折旧统计额	累计折旧、摊销额	金额
			1	2	3	4	5	7=5-6	8	9(2-5)
1	一、固定资产（2+3+4+5+6+7）		2 577.10	515.42	515.42	2 500.00	500.00	—	500.00	15.42
6	所有固定资产	（五）电子设备	2 577.10	515.42	515.42	2 500.00	500.00	—	500.00	15.42

第二步：填写《纳税调整项目明细表》（A105000），详见表5-1-42。

表 5-1-42

A105000　　纳税调整项目明细表　　单位：万元

行次	项　目	账载金额	税收金额	调增金额	调减金额
		1	2	3	4
12	二、扣除类调整项目（13+14+…24+26+27+28+29+30）	—	—	0.00	52.84
30	（十七）其他	194.17	141.33	0.00	52.84
31	三、资产类调整项目（32+33+34+35）	—	—	0.00	15.42
32	（一）资产折旧、摊销（填写A105080）	515.42	500.00	0.00	15.42

说明：表5-1-42第30行“账载金额”=未实现售后租回损益分摊-20+财务费用214.17=194.17（万元）。

【案例5-10】固定资产用于售后回租形成融资性租赁售价低于账面价值情况的财税处理及纳税调整

继续沿用【案例5-9】的资料，假定生产线的账面价值为2 700万元，其余资料都不变。

问题：甲公司固定资产用于售后回租交易的财税处理及纳税调整。

解析：

整个财税处理和纳税调整的过程与【案例 5-9】完全一致，只是未实现售后回租损益的金额不一致，导致其分摊金额和会计分录不一致，以及后续的纳税调整金额不一致。

未实现售后租回损益 = 售价 - 账面价值 =2 600-2 700=-100（万元）。

因此，每期分摊金额应为 -20 万元，参见表 5-1-39 的计算过程。

涉及"未实现售后租回损益"的会计分录有两处需要更改：

1. 出售生产线收到价款时

借：银行存款　　26 000 000.00

　　递延收益——未实现售后租回损益（融资租赁）　　1 000 000.00

　贷：固定资产清理　　27 000 000.00

2. 每年的分摊

借：制造费用——折旧费　　200 000.00

　贷：递延收益——未实现售后租回损益（融资租赁）　　200 000.00

其余财税处理及纳税调整，请参阅【案例 5-9】。

【案例 5-11】固定资产用于售后回租形成经营性租赁售价高于资产公允价值情况的财税处理及纳税调整

甲公司 2019 年 1 月 1 日将位于 A 市的办公房出售给乙公司，售价 2 000 万元（不含税），开具增值税专用发票注明税额 100 万元，价款合计 2 100 万元，于 2018 年 1 月 3 日收到价款。

同时，甲公司与乙公司签署一份租赁合同，从 2019 年 1 月 1 日起甲公司又将出售的办公楼租回，每年租金 200 万元（不含税），开具增值税专用发票。租金每年支付一次，在每年 1 月 5 日前支付，租赁期限为 2 年。

甲公司在 2019 年 1 月 4 日收到乙公司开具的 2019 年的租金发票，注明销售额 200 万元，税额 20 万，价款合计 220 万元，甲公司于次日通过转账支付了租金。

背景资料：

（1）甲、乙公司都是一般纳税人；

（2）甲公司售后租回的办公房系 2013 年 12 月取得并投入使用的，预计使用期限 20 年，账面原值为 2 000 万元，累计折旧 475 万元，未计提减值准备。根据周边相类似房产成交价格评估的公允价值为 1 900 万元。

问题：甲公司出售与租回办公房的财税处理及纳税调整。

解析：

（一）会计处理

第一步：判断租赁类型。

由于租赁期限（2 年）仅占房屋使用期限（20 年）的 10%（低于 75%），最低租赁付款额的现值也低于租赁开始日租赁资产公允价值的 90%[1 900×90%=1 710（万元）]，该项租赁不满足融资租赁的任何一条标准，应当作为经营租赁处理。

第二步：计算未实现售后租回损益。

未实现售后租回损益 = 售价 - 资产的公允价值 =2 000-1 900=100（万元）。

第三步：在租赁期内按租金支付比例分摊未实现售后租回损益。

具体计算过程，详见表 5-1-43。

表 5-1-43

未实现售后租回损益分摊表

2019年1月1日

单位：万元

序号	日期	售价	固定资产公允价值	摊销期（折旧期）	分摊率	摊销额	未实现售后租回损益
0	2019/1/1	2 000	1 900	2年	—	—	100
1	2019/12/31	—	—	—	50%	50	50
2	2019/12/31	—	—	—	50%	50	0
合计		2 000	1 900	—	100%	100	—

第四步：计算固定资产处置损益。

固定资产处置损益 = 公允价值 - 固定资产账面价值 =1 900-（2 000-475）=375（万元）。

第五步：账务处理。

（1）固定资产清理

借：固定资产清理　　15 250 000.00

　　累计折旧　　4 750 000.00

　贷：固定资产　　20 000 000.00

（2）收到出售价款

借：银行存款　　21 000 000.00

　贷：固定资产清理　　15 250 000.00

　　　应交税费——简易计税　　1 000 000.00[21 000 000×5%/(1+5%)]

　　　递延收益——未实现售后租回损益（经营租赁）　　1 000 000.00

　　　资产处置收益　　3 750 000.00

（3）支付租金，租回资产

由于是经营租赁，仅需要备查登记即可，租回资产不需要做会计分录，只需要做支付租金的分录即可。

借：管理费用——租赁费　　2 000 000.00

　　应交税费——应交增值税（进项税额）　　220 000.00

　贷：银行存款　　2 220 000.00

（4）分摊未实现售后租回损益

借：未实现售后租回损益　　500 000.00

　贷：管理费用　　500 000.00

（二）税务处理及税会差异分析

本案例中的售后租回不构成融资性租赁，所以不能适用 13 号公告，因此在资产销售时要确认应税收入，同时租回资产不可税前扣除折旧。

因此，甲公司 2019 年度固定资产销售应税收入 =2 000-（2 000-475）=475（万元）；支付的租金 200 万元可以税前扣除。

会计上确认的固定资产处置收益为 375 万元，比税务处理确认的应税收入少 100 万元，应做纳税调增 100 万元；会计上确认“管理费用——租赁费”150 万元（抵减的 50 万元未实现售后租回损益分摊），比税务处理确认 200 万元少了 50 万元，应做纳税调减 50 万元。

（三）纳税调增

通过填报 2019 年度甲公司的企业所得税申报表来说明纳税调增过程。

填写《纳税调整项目明细表》（A105000），见表 5-1-44。

表 5-1-44

A105000　　纳税调整项目明细表　　单位：万元

行次	项　目	账载金额	税收金额	调增金额	调减金额
		1	2	3	4
1	一、收入类调整项目（2+3+…8+10+11）	—	—	100.00	0.00
11	（九）其他	375.00	475.00	100.00	—
12	二、扣除类调整项目（13+14+…24+26+27+28+29+30）	—	—	0.00	50.00
30	（十七）其他	150.00	200.00	0.00	50.00

【案例 5-12】固定资产用于售后回租形成经营性租赁售价高于资产公允价值情况的财税处理及纳税调整

沿用【案例 5-11】的资料，只是将【案例 5-11】资料做两处修改：

（1）办公房的公允价值为 2 100 万元；

（2）租金为每年 100 万元（不含税）。

问题：甲公司固定资产用于售后回租交易的财税处理及纳税调整。

解析：

1. 会计处理

第一步：判断租赁类型。与【案例 5-11】完全一致，请参阅即可。

第二步：计算未实现售后租回损益。

未实现售后租回损益 = 售价 - 资产的公允价值 =2 000-2 100=-100（万元）。

第三步：在租赁期内按租金支付比例分摊未实现售后租回损益。

具体计算过程，详见表 5-1-45。

表 5-1-45

未实现售后租回损益分摊表

2019年1月1日

单位：万元

序号	日期	售价	固定资产公允价值	摊销期（折旧期）	分摊率	摊销额	未实现售后租回损益
0	2019/1/1	2 000	2 100	2年	—	—	-100
1	2019/12/31	—	—	—	50%	-50	-50
2	2020/12/31	—	—	—	50%	-50	0
合计		2 000	2 100	—	100%	-100	—

第四步：计算固定资产处置损益。

固定资产处置损益＝公允价值－固定资产账面价值 =2 100-（2 000-475）=575（万元）。

第五步：账务处理。

1. 收到出售价款

借：银行存款　21 000 000.00

　　递延收益——未实现售后租回损益（经营租赁）　1 000 000.00

　贷：固定资产清理　15 250 000.00

　　应交税费——简易计税　1 000 000.00[21 000 000 × 5%/(1+5%)]

　　资产处置收益　5 750 000.00

2. 分摊未实现售后租回损益

借：管理费用　500 000.00

　贷：未实现售后租回损益　500 000.00

其余有关会计分录略。

2. 税务处理及税会差异分析

案例中的售后租回不构成融资性租赁，所以不能适用 13 号公告，因此在资产销售时要确认应税收入，同时租回资产不可税前扣除折旧。

因此，甲公司 2019 年度固定资产销售应税收入 =2 000-（2 000-475）=475（万元）；支付的租金 100 万元可以税前扣除。

会计上确认的固定资产处置收益为 575 万元，比税务处理确认的应税收入多 100 万元，应做纳税调减 100 万元；会计上确认“管理费用——租赁费”150 万元（加上的 50 万元未实现售后租回损益分摊），比税务处理确认 200 万元多了 50 万元，应做纳税调减 50 万元。

3. 纳税调整

填写《纳税调整项目明细表》（A105000），见表 5-1-46。

表 5-1-46

A105000

纳税调整项目明细表

单位：万元

行次	项　目	账载金额	税收金额	调增金额	调减金额
		1	2	3	4
1	一、收入类调整项目（2+3+…8+10+11）	—	—	0.00	100.00

续上表

行次	项　目	账载金额	税收金额	调增金额	调减金额
		1	2	3	4
11	（九）其他	575.00	475.00	0.00	100.00
12	二、扣除类调整项目（13+14+…24+26+27+28+29+30）	—	—	50.00	0.00
30	（十七）其他	150.00	100.00	50.00	0.00

第二节　无形资产的财税处理及风险管理

无形资产的会计处理与税务规定不完全一致，一样可能存在税会差异需要进行纳税调整。

一、无形资产初始成本与计税基础差异与纳税调整

无形资产原值是会计上计算无形资产摊销的基础，同样无形资产的计税基础也是税务上计算无形资产摊销税前扣除额的基础。

（一）无形资产的范围

1. 会计规定

依据《企业会计准则第 6 号——无形资产》的规定，会计上的无形资产是指企业拥有或者控制的没有实物形态的可辨认非货币性资产，主要包括专利权、非专利技术、商标权、著作权、土地使用权、特许权等，且商誉不属于会计上的无形资产。

2. 税法规定

依据《中华人民共和国企业所得税法实施条例》规定，无形资产是指企业为生产产品、提供劳务、出租或者经营管理而持有的、没有实物形态的非货币性长期资产，包括专利权、商标权、著作权、土地使用权、非专利技术、商誉等。也就是说，税法上的无形资产包括商誉。

3. 无形资产范围的税务处理与会计处理差异

无形资产确认范围的税务处理与会计处理存在如下差异见表 5-2-1。

表 5-2-1

无形资产确认范围的税会处理差异

名　称	会计处理	税法处理	差异分析
商誉	不作为无形资产	作为无形资产	商誉无法与企业自身分离，不具有可辨认性，所以在会计上不作无形资产处理；而在税法上，将商誉归属于没有实物形态的非货币性长期资产，作为无形资产处理
土地使用权	存货	存货	房地产企业为房地产开发而购入
	投资性房地产	无形资产	用于赚取租金或资本增值的，会计将其转入投资性房地产
	固定资产	固定资产	外购土地及建筑物的，难以在土地与建筑物之间分配价款的，全部计入固定资产

续上表

名　称	会计处理	税法处理	差异分析
计算机软件	划分为无形资产	划分为固定资产或无形资产	在会计处理上，主要是根据计算机软件的重要性来确定是否作为无形资产核算。在税务处理上，主要是根据计算机软件是否单独计价来确定是否作为无形资产管理。企业购买计算机应用软件，凡同计算机硬件一起购入的，计入固定资产价值；单独购入的，作为无形资产管理

（二）无形资产初始成本与计税基础的差异

无形资产按来源分可以分为外购、自行开发、投资者投入、非货币性资产交换等。

1．外购无形资产

（1）会计规定

《企业会计准则第 6 号——无形资产》第十二条规定，无形资产应当按照成本进行初始计量。外购无形资产的成本，包括购买价款、相关税费以及直接归属于使该项资产达到预定用途所发生的其他支出。

（2）税务规定

《企业所得税法实施条例》第六十六条规定，外购无形资产以购买价款和支付的相关税费以及直接归属于使该资产达到预定用途发生的其他支出为计税基础。

（3）税会差异分析

从会计准则和税法对于外购无形资产的规定可知，税法和会计的规定是基本一致的，一般情况下无形资产初始成本与计税基础应无税会差异，不需要进行纳税调整。但是如果有以下情况则存在差异：

① 外购无形资产票据的问题。

税务上对于发生的支出必须强调要有合法的发票或票据，否则即便是实际支出了也不能作为计税基础。而会计上则没有强调票据能否税前扣除的问题，只要是企业实际支出的即使没有合法的发票或票据也可以计入无形资产初始成本。

② 超过正常信用条件的延期支付问题。

《企业会计准则第 6 号——无形资产》第十二条同时规定，购买无形资产的价款超过正常信用条件延期支付，实际上具有融资性，无形资产的成本以无形资产购买价款的现值为基础确定。实际支付的价款与购买价款的现值之间差额，除满足条件应予以资本化外，应在信用期间内计入当期损益。

2．自行开发无形资产

（1）会计规定

《企业会计准则第 6 号——无形资产》第十三条规定，企业在自行开发无形资产过程发生的内部研究开发项目支出，应区分研究阶段支出与开发阶段支出。企业内部研究开发项目研究阶段的支出，应于发生时计入当期损益；企业内部研究开发项目开发阶段的支出，同时满足资本化条件的，才能确认为无形资产。

（2）税务规定

《企业所得税法实施条例》第六十六条规定，企业自行开发的无形资产，以开发过程中该资产符合资本化条件后至达到预定用途前发生的支出为计税基础。

（3）税会差异分析

会计对于自行开发的无形资产支出有严格划分；而税法以开发过程中该资产符合资本化条件后至达到预定用途前发生的支出为计税基础，但未明确界定出资本化的条件。实务中，只要会计处理是符合会计准则规定的，对于在无形资产自行开发过程的费用化和资本化的划分，税务处理一般会遵从会计处理。

3. 投资者投入、以非货币性资产交换或债务重组等方式取得的无形资产

（1）会计规定

《企业会计准则第 6 号——无形资产》规定，投资者投入的无形资产的初始计量，应按照投资合同或协议约定的价值确定，但合同或协议约定价值不公允的除外。

依据《企业会计准则第 6 号——无形资产》规定，以非货币性资产交换方式取得的无形资产应根据交换是否具有商业实质，采用公允价值或账面价值两种方式对无形资产初始成本进行计量。

依据《企业会计准则第 6 号——无形资产》规定，以债务重组方式取得的无形资产，应以受让的无形资产的公允价值入账。

（2）税务规定

依据《中华人民共和国企业所得税法实施条例》规定，企业通过捐赠、投资、非货币性资产交换、债务重组等方式取得的无形资产，以该资产的公允价值和支付的相关税费为计税基础。

（3）税会差异分析

对于企业通过捐赠、投资等形式取得的无形资产，税法规定只以无形资产的公允价值和支付的相关税费为计税基础；而会计上可能以合同价、公允价值或账面价值计量等，从而可能产生无形资产初始成本和计税基础的差异，进而导致后续的无形资产摊销时产生的税会差异。

【案例 5-13】分期付款购进无形资产的财税处理及税务风险管理

甲公司 2017 年 12 月与乙公司签订合同，采取分期付款的形式购买乙公司拥有的一项专利技术用于生产。合同约定，如果甲公司能在 2018 年 1 月 10 日前一次性付清交易款项，则交易价款为 254.4 万元；如果选择分期付款，则需要在 2018 年 1 月 1 日支付首款 31.8 万元，其余款项自 2018 年至 2020 年每年 12 月 31 日支付 90.1 万元。上述价款均为含税价，乙公司在收到交易款项时开具增值税专用发票。

假定甲公司最终选择分期付款的形式，并最终顺利完成上述交易。甲公司购进上述专利技术后作为无形资产核算，假定无形资产摊销按 10 年且只影响当期损益。

该专利技术无市场售价，假定双方合同约定的一次性付款价格就是公允价格。甲公司和

乙公司均为一般纳税人，甲公司购进无形资产取得的进项税额均能及时抵扣。

问题：甲公司采用分期付款购进无形资产的财税处理及税务风险管理。

解析：

1. 会计处理

案例中的分期付款购进无形资产，明显具有融资性质，因此不能直接以合同约定价款或无形资产发票金额确认为无形资产初始成本，而应按照实质重于形式的原则将融资费用部分分离出来，无形资产初始成本应按照公允价值确认。案例中无形资产的公允价值为 240 万元（254.4/1.06）。

（1）2018 年 1 月 1 日购进无形资产

借：无形资产　　2 400 000.00（公允价值）

　　未确认融资费用　　450 000.00

　　应交税费——应交增值税（进项税额）　　18 000.00

　贷：银行存款　　318 000.00

　　　长期应付款　　2 550 000.00（901 000 × 3/1.06）

说明：由于每年年末付款时会取得增值税专用发票且能抵扣进项税额，故长期负债未包含税额，属于不含税金额。

（2）未确认融资费用的分摊

对于融资性质超过 1 年的，会计处理时应采用实际利率法。因此，在进行未确认融资费用分摊前首先应求得实际利率，以及各期间应确认的融资费用。计算过程以表格形式比较简单明了，未确认融资费用分摊表见表 5-2-2。

表 5-2-2

未确认融资费用分摊表

单位：万元

日期	现金流	分期付款额	确认的融资费用	应付本金减少额	应付本金余额
A	B	C	D=期初F × IRR	E=C-D	期末F=期初F-E
2018/1/1	210	—	—	—	210
2018/12/31	-85	85	21.78	63.22	146.78
2019/12/31	-85	85	15.23	69.77	77.01
2020/12/31	-85	85	7.99	77.01	0
IRR	10.37%	—	—	—	—
合计	—	900	45	210	—

说明：①无形资产公允价值240万元，首付款中除了增值税进项税额外实际支付30万元，相当于融资210万元，故表5-2-2中“现金流”在2018年1月1日体现为流入210万元；以后每年年末支付分期款项则为现金流出，因为增值税进项税额可以及时抵扣，不影响实际利率，所以为不含税金额。②实际利率IRR可以在Excel中使用函数IRR自动求得。

因此，2018 年 12 月 31 日确认融资费用的会计分录：

借：财务费用　　217 800.00

　贷：未确认融资费用　　217 800.00

实际支付分期付款额的会计处理：

借：长期应付款　　850 000.00

　　应交税费——应交增值税（进项税额）　　51 000.00

　贷：银行存款　　901 000.00

以后年度会计处理相同，不再赘述。

（3）无形资产摊销

每年摊销额 =240/10=24（万元）。

2. 税务处理及税会差异分析

在此案例中，无形资产会计初始成本是 240 万元，而无形资产的计税基础却是 285 万元 [（31.8+90.1）×3/1.06]。在后期，会计上是按照 240 万元的初始成本进行摊销，税务上还是按照 285 万元的计税基础计算可以税前扣除的摊销额。

每年税务上计算的无形资产摊销 =285/10=28.5（万元），会计处理每年摊销额 24 万元，存在税会差异，需要进行纳税调整。

会计处理在 2018 年至 2020 年分摊确认的融资费用，不能直接在税前扣除，需要进行纳税调整。

将税务处理与会计处理的差异汇总对比见表 5-2-3。

表 5-2-3

融资费用的税会处理差异　　单位：万元

年　限	年　度	税务摊销（税前扣除额）	会计处理			纳税调整
			摊销	财务费用	小计	
1	2018年	28.50	24.00	21.78	45.78	17.28
2	2019年	28.50	24.00	15.23	39.23	10.73
3	2020年	28.50	24.00	7.99	31.99	3.49
4	2021年	28.50	24.00	—	24.00	-4.50
5	2022年	28.50	24.00	—	24.00	-4.50
6	2023年	28.50	24.00	—	24.00	-4.50
7	2024年	28.50	24.00	—	24.00	-4.50
8	2025年	28.50	24.00	—	24.00	-4.50
9	2026年	28.50	24.00	—	24.00	-4.50
10	2027年	28.50	24.00	—	24.00	-4.50
合计	—	285.00	240.00	45.00	285.00	0.00

因此，以 2018 年度的所得税申报来说明纳税调整的过程。

第一步：填写《资产折旧、摊销情况及纳税调整明细表》（A105080），见表 5-2-4。

表 5-2-4

A105080　　资产折旧、摊销情况及纳税调整明细表　　单位：万元

行次	项　目	账载金额			税收金额				纳税调整
		资产原值	本年折旧、摊销额	累计折旧、摊销额	资产计税基础	税收折旧额（摊销额）	加速折旧统计额	累计折旧、摊销额	金额
		1	2	3	4	5	7=5−6	8	9(2−5)
21	三、无形资产（22+23+24+25+26+27+28+30）	240	24	24	285	28.5	—	28.5	-4.5
22	（一）专利权	240	24	24	285	28.5	—	28.5	-4.5

第二步：填写《纳税调整项目明细表》（A105000），见表 5-2-5。

表 5-2-5

A105000　　纳税调整项目明细表　　单位：万元

行次	项　目	账载金额	税收金额	调增金额	调减金额
		1	2	3	4
12	二、扣除类调整项目（13+14+…24+26+27+28+29+30）	—	—	21.78	0.00
30	（十七）其他	21.78	0.00	21.78	0.00
31	三、资产类调整项目（32+33+34+35）	—	—	—	4.50
32	（一）资产折旧、摊销（填写A105080）	24.00	28.50	0.00	4.50
46	合计（1+12+31+36+44+45）	—	—	21.78	4.50

3. 税务风险说明及管理

（1）外购无形资产须取得合法的发票或票据。

（2）分期付款购进无形资产时，可能会遇到在没有取得全额发票前，部分地区税务机关要求摊销扣除时也不能全额扣除。如果企业所在地有这样的要求或规定，只能在后期取得发票后及时按规定进行专项申报，追溯扣除。

（3）做好税会差异备查台账登记，避免遗漏纳税调整。

二、无形资产后续计量与税前扣除的财税处理

无形资产的后续计量主要是无形资产摊销和减值的计量。

（一）无形资产摊销

1. 会计处理

《企业会计准则第 6 号——无形资产》规定，企业应于取得无形资产时分析判断其使用寿命。无形资产的使用寿命有限的，应当估计其使用寿命的年限或者构成使用寿命的产量等类似计量单位数量；无法预计无形资产为企业带来经济利益期限的，应视为使用寿命不确定的

无形资产。

使用寿命有限的无形资产，其应摊销金额应当在使用寿命内系统合理摊销，使用寿命不确定的无形资产不予摊销。企业选择的无形资产摊销方法，应当反映与该项无形资产有关的经济利益的预期实现方式，无法可靠确定预期实现方式的，采用直线法摊销。无形资产的摊销金额一般应当计入当期损益，其他会计准则另有规定的除外。

2. 税务规定

《企业所得税法》第十二条规定，在计算应纳税所得额时，企业按照规定计算的无形资产摊销费用，准予扣除。但下列无形资产不得计算摊销费用扣除：自行开发的支出已在计算应纳税所得额时扣除的无形资产；自创商誉；与经营活动无关的无形资产；其他不得计算摊销费用的无形资产。

《企业所得税法实施条例》第六十七条规定，无形资产按照直线法计算的摊销费用，准予扣除。无形资产的摊销年限不得低于 10 年。作为投资或者受让的无形资产，有关法律规定或者合同约定了使用年限的，可以按照规定或者约定的使用年限分期摊销。外购商誉的支出，在企业整体转让或者清算时，准予扣除。

3. 无形资产摊销的税会差异分析

无形资产摊销的税会差异及分析见表 5-2-6。

表 5-2-6

无形资产摊销的税会差异及分析

对比项目	会　计	税　务	差异分析
摊销范围	使用寿命有限的无形资产进行合理摊销； 使用寿命不确定的无形资产不进行摊销	以下无形资产不得计算摊销扣除： 1.自行开发的支出已经在计算应纳税所得额时扣除的无形资产； 2.自创商誉； 3.与经营活动无关的无形资产； 4.其他不得计算摊销费用扣除的无形资产。 其他的无形资产均可摊销扣除	对于使用寿命不确定的无形资产，会计上不摊销，税务可以按照10年进行摊销扣除
摊销方法	企业可选择无形资产的摊销方法，但应反映与该项无形资产有关的经济利益的预期实现方式。无法可靠确定预期实现方式的，采用直线法摊销	税法规定只能按照直线法进行摊销	会计上按照直线法以外的其他方法计算的摊销费用，要进行纳税调整
摊销金额	使用寿命有限的无形资产，其残值为0；但是下列情况除外： 1.有第三方承诺在无形资产使用寿命结束时购买该无形资产； 2.可以根据活跃市场得到预计残值的信息，并且该市场在无形资产使用寿命结束时可能存在	未规定必须保留残值	会计上可能保留残值，而税法不需要保留残值；如果摊销年限一致，可能存在会计摊销金额小于税法允许扣除的摊销额
摊销时限	未明确规定无形资产的最低摊销年限	无形资产的摊销年限不得少于10年。作为投资或者受让的无形资产，在有关法律或协议、合同中规定使用年限的，可依其规定使用年限分期计算摊销	会计摊销强调使用寿命，税法摊销依据的法定寿命，可能存在差异

续上表

对比项目	会计	税务	差异分析
摊销起止时间	自无形资产可供使用时起，至不再作为无形资产确认时止	未见相关规定，遵照会计规定	一般不存在差异
年末复核	企业至少应于每年年度终了，对使用寿命有限的无形资产的使用寿命及摊销方法进行复核。无形资产应改变摊销期限和摊销方法，且企业应在每个会计期间对使用寿命不确定的无形资产使用寿命进行复核，如果有证据表明无形资产的使用寿命是有限的，应估计其使用寿命，并按准则规定处理	无形资产摊销方法和期限一经确定，不得随意变更	二者处理不一致，可能导致摊销金额不一致

（二）无形资产减值的财税处理

无形资产减值，一般是会计上计提减值准备并计入当期损益；而税法上不承认减值准备，按税法规定不得改变计税基础。

1. 会计规定

《企业会计准则第 8 号——资产减值》规定，企业应当在资产负债表日判断无形资产是否存在可能发生减值的迹象。资产存在减值迹象的，应当估计其可收回金额。对于使用寿命不确定的无形资产，无论是否存在减值迹象，每年都要进行减值测试。

资产的可收回金额低于其账面价值的，将资产账面价值减记至可收回金额，减记金额确认为资产减值损失，计入当期损益，同时计提相应的资产减值准备。资产减值损失确认后，减值资产的折旧或者摊销费用在未来期间作相应调整，以使该资产在剩余使用寿命内，系统地分摊调整后的资产账面价值（扣除预计净残值）。资产减值损失一经确认，在以后会计期间不得转回。

2. 税法规定

依据《企业所得税法实施条例》第五十六条规定，企业持有无形资产期间资产增值或减值，除国务院财政、税务主管部门规定可以确认损益外，不得调整该资产的计税基础。

3. 税会差异分析

会计准则规定，企业可以对无形资产计提减值准备，企业在对无形资产进行会计处理时，应按扣除减值准备后的价值计算无形资产的每期摊销额。

而税法一般不论无形资产是否减值，都不调整无形资产的计税基础，因此企业在进行纳税处理时，对特定无形资产计算每期待摊销额是不变的。

由于会计上计提减值准备而造成会计上的每期摊销额与税法不一致，同时对于减值准备，会计上计入了当期损益，而税法不允许税前扣除，最终在年终企业所得税汇算清缴时需要进行纳税调整。

三、无形资产处置的财税处理及风险管理

无形资产的处置包括无形资产出售、对外出租、报废、对外投资、非货币性资产交换、

抵偿债务、对外捐赠等，或者是无法为企业带来未来经济利益时，应予终止确认并转销。对外投资、非货币性资产交换、债务重组等请参看本书相关章节，本节主要分析无形资产的出售和报废的相关税会差异问题。

（一）无形资产出售的财税处理

1. 会计处理

《企业会计准则第 6 号——无形资产》第二十二条规定，企业出售无形资产，应当将取得的价款与该无形资产账面价值的差额计入当期损益。

企业出售某项无形资产，表明企业放弃该无形资产的所有权，应按照持有待售非流动资产、处置组的相关规定进行会计处理。

2. 税务规定

《企业所得税法》第六条规定，企业以货币形式和非货币形式从各种来源取得的收入，为收入总额，其中包括：（三）转让财产收入。

《企业所得税法实施条例》第十六条规定，企业所得税法第六条第（三）项所称转让财产收入，是指企业转让无形资产等财产取得的收入。

《企业所得税法》第十六条规定，企业转让资产，该项资产的净值，准予在计算应纳税所得额时扣除。

《企业所得税法实施条例》第七十四条规定，《企业所得税法》第十六条所称资产的净值和第十九条所称财产净值，是指有关资产、财产的计税基础减除已经按照规定扣除的折旧、折耗、摊销、准备金等后的余额。

3. 税会差异分析

无形资产出售产生的税会差异主要原因还是企业持有期间的会计处理与税务处理的税会差异的最终弥合，从而导致最终的无形资产出售时账面金额与计税成本之间存在不同。

例如，无形资产的减值、是否计提无形资产摊销，以及计提摊销的方法的不同，都会造成最终账面无形资产的金额与计税成本产生差异，从而导致出售时会计确认的损益金额与税务计算的处置所得的不同。

【案例 5-14】未划分为持有待售的无形资产出售的财税处理及税务风险管理

2019 年 1 月 1 日，乙公司将一项专利技术对外销售。专利技术账面价值 20 万元，销售收到价款 22.26 万元存入银行。

该无形资产初始成本 40 万元（与计税基础相同），会计累计摊销 18 万元，计提减值准备 2 万元，税务累计摊销 15 万元。

假定乙公司为一般纳税人。

问题：乙公司无形资产出售的财税处理。

解析：

1. 会计处理

借：银行存款　　222 600.00

　　无形资产减值准备　　20 000.00

　　累计摊销　　180 000.00

　贷：无形资产　　400 000.00

　　　应交税费——应交增值税（销项税额）　　12 600.00（222 600×6%/1.06）

　　　资产处置收益　　10 000.00

2. 税务处理及税会差异分析

税务确认财产转让收入21万元（22.26/1.06），税前可扣除转让资产的净值25万元（40-15），因此无形资产处置损失等于4万元（25-21）。

会计处理确认资产处置收益1万元，与税务处理存在税会差异。

当资产处置会计处理和税务处理结果不一致，一方为利得而另一方为损失时，在所得税申报时以税务处理结果为准进行纳税申报。比如本案例，会计处理的结果是利得，税务处理结果是损失，那么纳税申报时就应按照资产损失进行纳税申报和纳税调整。

下面以企业所得税申报表填报为例来说明纳税调整过程。

第一步：填写《一般企业收入明细表》（A101010），见表5-2-7。

表5-2-7

A101010　　一般企业收入明细表　　单位：万元

行次	项　目	金　额
16	二、营业外收入（17+18+19+20+21+22+23+24+25+26）	1.00
17	（一）非流动资产处置利得	1.00

说明：由于企业所得税申报表修订与会计准则修订步骤不一致，最新版的《企业所得税年度申报表》（A类，2017版）中并没有"资产处置收益"。在填报申报表时，只有暂时按会计准则处理：如果"资产处置收益"是净收益，则填入《一般企业收入明细表》（A101010）的"营业外收入——非流动资产处置利得"。

第二步：填写《资产损失税前扣除及纳税调整明细表》（A105090），见表5-2-8。

表5-2-8

A105090　　资产损失税前扣除及纳税调整明细表　　单位：万元

行次	项　目	资产损失账载金额	资产处置收入	赔偿收入	资产计税基础	资产损失的税收金额	纳税调整金额
		1	2	3	4	5=4-2-3	6（1-5）
9	五、无形资产损失	-1.00	21.00	0.00	25.00	4.00	-5.00
10	其中：无形资产转让损失	-1.00	21.00	0.00	25.00	4.00	-5.00

第三步：填写《纳税调整项目明细表》（A105000），见表5-2-9。

表 5-2-9

A105000　　纳税调整项目明细表　　单位：万元

行次	项　目	账载金额	税收金额	调增金额	调减金额
		1	2	3	4
31	三、资产类调整项目（32+33+34+35）	—	—	0.00	5.00
34	（三）资产损失（填写A105090）	-1.00	4.00	0.00	5.00

3. 税务风险说明及管理

（1）无形资产出售时，首先要分析税会差异，然后进行正确的纳税调整。尤其是要避免处置结果，无论是会计处理还是税务处理都是利得的情况下遗落前期税会差异弥合的纳税调整。

（2）如果无形资产出售，税务计算是净损失的，应按规定准备好相关资料存档备查，具体资料和要求参见本书第六章的具体说明。

（二）无形资产报废的财税处理

1. 会计处理

根据《企业会计准则第 6 号——无形资产》第二十三条规定，无形资产预期不能为企业带来经济利益的，应当将该无形资产的账面价值予以转销。

因此，无形资产预期不能为企业带来未来经济利益，则不再符合无形资产的定义，应将其报废并予以转销，其账面价值转入当期损益。

转销时，应按已计提的累计摊销，借记“累计摊销”；按其账面余额，贷记“无形资产”；按其差额，借记“营业外支出——非流动资产处置损失”。已计提减值准备，还应同时结转减值准备。

2. 税务规定

根据《国家税务总局关于发布〈企业资产损失所得税税前扣除管理办法〉的公告》（国家税务总局公告 2011 年第 25 号）第三十八条规定，被其他新技术所代替或已经超过法律保护期限，已经丧失使用价值和转让价值，尚未摊销的无形资产损失，在证据完备的情况下无形资产报废产生的损失可以税前扣除。

税务计算的无形资产报废损失等于无形资产尚未摊销金额，也等于计税基础减去已经税前扣除的摊销额。

3. 税会差异分析

从会计准则和税法规定可以看到，对于无形资产的报废损失，其税会差异还是前期会计处理和税务处理差异所造成的，相当于是前期差异的弥合。

第三节　存货的财税处理及风险管理

存货，是指企业在日常活动中持有以备出售的产成品或商品、处在生产过程中的在产品、在生产过程或提供劳务过程中耗用的材料和物料等。存货，在财务管理中，一般可以分为原材料、在产品、半成品、产成品、库存商品、周转材料等。

存货的出售是企业最重要的收入来源，另一方面税前扣除组成中存货销售成本或存货耗用产生的费用最为重要。

一、存货初始成本与计税基础的财税处理及税务风险管理

存货按其来源可以分为外购、自制、盘盈、投资者投入、非货币性资产交换、债务重组、接受捐赠等方式取得，以外购和自制为主。

（一）外购存货成本的财税处理

企业外购存货主要包括原辅材料和商品。原辅材料可以用于生产加工，商品可用于直接对外销售。外购存货的成本，就是指存货的采购成本。

1．会计规定

《企业会计准则第 1 号——存货》第六条规定，存货的采购成本，包括购买价款、相关税费、运输费、装卸费、保险费以及其他可归属于存货采购成本的费用。

对于商品流通企业在采购过程中发生的运输费、装卸费、保险费以及其他可归属于存货采购成本的费用等进货费用，应当计入存货采购成本，也可先进行归集，期末根据所购商品的存销情况进行分摊。对于已销售商品的进货费用，计入当期损益；对于未销售商品的进货费用，计入期末存货成本。企业采购商品的进货费用金额较小的，可以在发生时直接计入当期损益。

如果购买价款支付期限超过正常信用期限，且购买价格超过同期市场价格（公允价值）的，明显具有融资性，应以公允价值为基础作为存货采购成本，高出公允价值部分的差额应作为融资费用在信用期间内分摊，作为财务费用进入当期损益。

2．税务规定

《企业所得税法实施条例》第七十二条规定，通过支付现金方式取得的存货，以购买价款和支付的相关税费为成本。

3．税会差异分析及税务风险说明

（1）购货发票的影响及税务风险。

存货的销售都属于增值税应税范围，理论上存货的购进都应取得销售发票。根据税法规定，应取得发票而未取得发票的，其支出不能税前扣除。这就是所谓的“以票控税”。因此，购进存货的计税基础应建立在有合法发票的基础上，而会计处理则没有相关限制。

从农业生产者手中购买的其养殖或种植的免税农副产品及其粗加工产品的，由于农业生产者不能提供发票，可以由购买方向主管税务机关申请农副产品收购发票自行开具。如果是发生类似购进业务频次较低，也可以向税务局申请代开。农业合作社和农业类企业等属于注册登记的经济组织，可以申领农副产品销售发票，对外销售农副产品时应开具发票，因此购买方不可自行开具农副产品收购发票。

根据《企业所得税税前扣除凭证管理办法》（国家税务总局公告 2018 年第 28 号）的规定，发生在增值税起征点以下的小额零星支出的，对方为依法无须办理税务登记的单位或者个人，可以内部自制凭证作为税前扣除凭证，部自制凭证（收款凭证）应载明收款单位名称、个人姓名及身份证号、支出项目、收款金额等相关信息。因此，满足条件的小额零星购货可以自制内部凭证进行税前扣除，否则必须取得发票。

存货购进时暂时没有发票的，会计处理按“暂估入库”处理。税务在预缴申报时，可以暂时遵照会计处理的结果进行申报，但是在年度汇算清缴时应取得合法发票，即在次年 5 月 31 日前应取得发票，否则不得税前扣除。

发票是税前扣除的重要凭证，但不是唯一凭证。除发票外，与存货购进相关的合同、付款凭证、运输凭据、存货验收证明等都是存货购进不可或缺的凭据，企业应当存档备查。

（2）具有融资性的分期付款购进存货。

具有融资性的分期付款购进存货，与具有融资性的分期付款购进固定资产和无形资产类似，此处不再赘述，请参阅本章第一节和第二节相关内容。

（3）采购过程中发生的物资毁损、短缺。

对于外购存货在采购运输途中发生的物资毁损、短缺，会计处理和税务处理都分为合理损耗和非合理损耗。对于合理损耗，财税处理无差异都是计入存货的初始成本（计税基础）。

对于非合理损耗，会计处理是不能计入采购成本的，需要查明原因后分别处理，扣除保险赔款、责任人扣款等，剩余损失部分计入当期损益。税务处理方面，同样也要扣除保险赔款、责任人扣款等，剩余损失部分需要按照《企业资产损失所得税税前扣除管理办法》（国家税务总局公告 2011 年第 25 号）进行税前扣除。

（二）自制存货成本的财税处理及税务风险

自制存货是指制造型企业的产成品、在产品或半成品，其成本核算在会计上由会计准则和《企业产品成本核算制度（试行）》进行规范；而企业所得税法并无单独的针对自制存货成本的规定，而是分散于其他相关规定中。因此，二者规定不同所带来的差异及纳税调整应给予关注。

1. 自制存货成本的会计处理

根据《企业产品成本核算制度（试行）》（财会〔2013〕17 号）规定，自制存货的成本是指企业在生产产品过程中所发生的材料费用、职工薪酬等，以及不能直接计入而按一定标准分配计入的各种间接费用。制造企业一般设置直接材料、燃料和动力、直接人工和制造费用等成本项目。

根据《企业会计准则第 17 号——借款费用》，企业建造存货的时间在 1 年及 1 年以上的，为建造存货所发生的借款费用也应计入存货的成本。

直接人工，是指直接从事产品生产的工人的职工薪酬。根据《企业会计准则第 9 号——职工薪酬》规定，职工薪酬具体包括职工工资、奖金、津贴和补贴、职工福利费、“五险一金”、工会经费、职工教育经费、非货币性福利等。根据会计准则及应用指南，工资、福利费、工会经费等应计入相关的存货成本。

制造费用，是指企业为生产产品和提供劳务而发生的各项间接费用，包括企业生产部门（如生产车间）发生的水电费、固定资产折旧、无形资产摊销、管理人员的职工薪酬、劳动保护费、国家规定的有关环保费用、季节性和修理期间的停工损失等。

企业自制存货领用原辅材料成本核算的办法有先进先出法、加权平均法或个别计价法，而领用低值易耗品、周转材料、包装物则有一次转销法、五五摊销法或分次摊销法。

2. 自制存货税务处理

（1）领用原辅材料成本的处理。

《企业所得税法实施条例》第七十三条规定，企业使用或者销售的存货的成本计算方法，可以在先进先出法、加权平均法、个别计价法中选用一种。计价方法一经选用，不得随意变更。

（2）自制存货涉及的人工费用的税务处理。

自制存货过程中发生的人工费用是存货成本的重要组成部分。

税法对与人工费用相关的工资薪金支出、职工福利费支出、职工教育经费支出、工会经费支出、五险一金支出等比较多和明确的规定，详见本书第三章第四节的内容，此处不再赘述。

（3）自制存货资本化借款费用的税务处理。

税法规定，经过 12 个月以上的建造才能达到预定可销售状态的存货发生借款，在建造期间发生的借款费用应予以资本化计入存货的成本，并依照规定扣除。

但是，税法对于利息支出的税前扣除有较多的限制性规定，具体参阅本书第三章第五节的相关内容，此处不再赘述。

（4）固定资产折旧的税务处理和无形资产摊销的税务处理。

自制存货的过程中，为自制存货而发生的固定资产折旧和无形资产摊销都要计入存货的成本。但是，固定资产折旧和无形资产摊销的税前扣除比例也有限制性规定，具体请参阅本章第一节和第二节内容。

3. 自制存货成本的税会差异分析

（1）自制存货人工费用的差异分析。

在会计上，计入自制存货成本的人工费用是直接计入的，没有比例限制；在税务上，工资薪金及职工福利费、工会经费、职工教育经费等既强调实际支出，又同时对职工福利费、工会经费、职工教育经费等有比例限制，甚至对于补充养老保险和补充医疗保险还要求是“全员”，不满足这些限制性规定不得税前扣除。

（2）自制存货借款费用资本化的差异分析。

在会计上，资本化计入存货成本的借款费用是没有额度限制的；而税务上，只有符合税法规定标准的借款费用才可以资本化计入存货的成本。因此，对于不符合税法规定的借款费用，应进行纳税调增。

（3）固定资产折旧的差异分析。

固定资产折旧在会计与税务上有诸多差异，如果因二者不一致导致影响存货成本确认的，应进行纳税调整。主要关注的差异有：折旧年限，税法有最低年限限制；资产减值对折旧费的影响，税务上不考虑减值准备；固定资产原值与计税基础的差异；加速折旧的影响；融资租赁固定资产会计核算与税法规定的差异等。

（4）无形资产摊销的差异分析。

无形资产摊销在会计与税务上也有诸多差异，如果因二者不一致导致影响存货成本确认的，应进行纳税调整。主要关注的差异有：摊销年限，税法规定有最低年限；资产减值对摊销的影响，税务上不考虑减值准备；摊销方法，税法允许的是直线法等。

（5）领用“暂估入库”原辅材料的差异分析

对于企业会计上“暂估入库”等未取得合法发票的外购货物，如果到次年5月31日仍未取得，原则上应根据配比原则和相关性原则进行纳税调整：如果未取得发票的存货已经全部进入了企业的成本费用，应全额调减该部分成本费用；如果部分进入了企业的成本费用，应就进入部分进行调整。但是，还有一种观点是汇算时仍然还未取得发票的，无论该部分存货是否进入了企业的成本费用，均应一律调增应纳税所得额。所以，实务中各地执行口径存在不一致的情况，企业一定要查清当地的企业所得税汇算执行口径。

二、存货发出成本与期末计量的财税处理及风险管理

（一）存货发出计量方法的税会差异分析

存货的发出，其成本计量方法有很多种，但是会计和税法分别规定或认可其中的一部分计量方法，会计规定和税务规定对比见表5-3-1。

表 5-3-1

存货发出计量方法的税会差异

会计规定	税法规定
《企业会计准则第1号——存货》第十四条：企业应当采用先进先出法、加权平均法或者个别计价法确定发出存货的实际成本。 对于性质和用途相似的存货，应当采用相同的成本计算方法确定发出存货的成本。 对于不能替代使用的存货、为特定项目专门购入或制造的存货以及提供的劳务，通常采用个别计价法确定发出存货的成本	《企业所得税法》第十五条：企业使用或者销售存货，按照规定计算的存货成本，准予在计算应纳税所得额时扣除。 《企业所得税法实施条例》第七十三条：企业使用或者销售的存货的成本计算方法，可以在先进先出法、加权平均法、个别计价法中选用一种。计价方法一经选用，不得随意变更
《企业会计准则第1号——存货》第二十条：企业应当采用一次转销法或者五五摊销法对低值易耗品和包装物进行摊销，计入相关资产的成本或者当期损益	税法无类似规定
《企业会计准则第1号——存货》应用指南：周转材料，是指企业能够多次使用、逐渐转移其价值但仍保持原有形态不确认为固定资产的材料，如包装物和低值易耗品，应当采用一次转销法或五五摊销法进行摊销；企业（建造承包商）的钢模板、木模板、脚手架和其他周转材料等，可以采用一次转销法、五五摊销法或分次摊销法进行摊销	税法无类似规定

对于存货发出的计量方法，通过上表可以看出会计和税务相同的有3种计量方法：先进先出法、加权平均法、个别计价法。

而会计上对于低值易耗品、包装物、周转材料在3种相同方法之外特别又另外规定了

3种计量方法：一次转销法、五五摊销法和分次摊销法。

其中一次转销法可以视为与税务相同的3种方法中的一种。因此，会计上实际比税务规定的方法多出了2种计量方法。

但是，对于低值易耗品、包装物、周转材料，会计若选用五五摊销法或分次摊销法作为发出的计量方法，就与税法存在差异了。因为税法无类似规定，税法认可的还是先进先出法、加权平均法或个别计价法中的一种，在发出时可一次性扣除。

（二）已售存货成本结转处理的税会差异分析

对于已售存货成本的结转，会计处理和税务处理对比见表5-3-2。

表5-3-2

已售存货成本结转处理的税会差异

会计规定	税务规定
《企业会计准则第1号——存货》第十四条：对于已售存货，应当将其成本结转为当期损益，相应的存货跌价准备也应当予以结转	《企业所得税法》第十五条：企业使用或者销售存货，按照规定计算的存货成本，准予在计算应纳税所得额时扣除

从上表可以看出，会计处理和税务处理的差异主要体现在存货跌价准备金方面。会计方面如果按照会计准则计提了存货跌价准备，则在结转已售存货时成本也要一同结转；而税务方面不认可存货跌价准备，故不需要考虑存货的跌价准备。

（三）期末存货计量的财税处理

1．会计处理

在期末时，存货应该根据《企业会计准则第1号——存货》第十五条的规定，进行存货跌价减值测试，如果存在存货成本高于其可变现净值的情况，则应计提存货跌价准备，计入当期损益。

同时，根据《企业会计准则第1号——存货》第十九条的规定，如果以前计提存货跌价准备的影响因素消失的，计提的存货跌价准备可以在计提金额予以回转，转回的金额计入当期损益。

2．税务处理

期末存货计量的税务处理，其实很简单，就一句话——历史成本法！

意思就是会计上你就随便折腾吧，计提啊、转回啊，存货跌价准备什么的东西，我税务上统统不认可，我税务只认可历史成本，我税务的计税基础巍然不动。

3．存货期末计量的税会差异分析

资产负债表日，存货成本高于其可变现净值的，应当计提存货跌价准备，存货的会计账面价值变为可变现净值，计提的存货跌价损失计入当期损益，减少当期利润；而存货的计税基础不变，因此应做应纳税所得额调增。

资产负债表日，如果存货在以前期间计提过存货跌价准备，现在发现当初计提存货跌价准备的影响因素已经消失的，应当转回存货跌价准备，存货的会计账面价值增加，冲回的存货跌价损失则增加当期的利润；而存货的计税基础还是不变，因此此时就应做应纳税所得额的调减。

三、存货盘存结果的财税处理及税务风险管理

存货属于企业的资产，按照企业内部控制管理要求，应定期盘点且每年至少盘点一次。盘点结果如果与账面记录不符，应查明原因，并根据企业的管理权限，经股东大会或董事会，或经理（厂长）会议或类似机构批准后，在期末结账前处理完毕。

（一）存货盘盈的财税处理及税务风险管理

1．会计处理

（1）报经批准前。

企业对于盘盈的存货，根据“存货盘存报告单”所列金额，作如下处理：

借：原材料、库存商品等

　贷：待处理财产损溢——待处理流动资产损溢

（2）报经批准后。

盘盈的存货，通常是由企业日常收发计量或计算上的差错所造成的，盘盈的存货，按规定报经批准后，做如下处理：

借：待处理财产损溢——待处理流动资产损溢

　贷：管理费用

2．税务处理及税会差异分析

《企业所得税法实施条例》第二十二条规定，企业所得税法第六条第（九）项所称其他收入，是指企业取得的除企业所得税法第六条第（一）项至第（八）项规定的收入外的其他收入，包括企业资产溢余收入等。因此，存货的盘盈收入属于企业所得税的应税收入。

存货盘盈的会计处理是冲减管理费用而计入了当期损益，虽然与税务处理形式有点不一样，但是结果一致，故不产生企业所得税的税会差异。

（二）存货盘亏的财税处理及税务风险管理

存货盘亏属于资产损失，详见本书第六章相关内容。

第四节　投资性房地产的财税处理及风险管理

投资性房地产，是指为赚取租金或资本增值，或两者兼有而持有的房地产。投资性房地产属于会计术语，税法上暂时还没有此概念，投资性房地产在税务方面对应的是固定资产（房屋、建筑物）和无形资产（土地使用权）。

一、投资性房地产初始成本与计税基础的财税处理及风险管理

投资性房地产的初始取得一般分为外购、自建以及企业的其他资产转为投资性房地产三

类情况。

（一）通过外购或自建取得的投资性房地产初始成本与计税基础的财税处理

投资性房地产中的房屋或建筑物是通过外购或自建取得的，其初始成本计量与固定资产通过外购或自建取得的计量基本一致，只是相当于把会计科目从“固定资产”变换为“投资性房地产”，不再赘述，详见本章第一节内容。

投资性房地产中的土地使用权通过外购取得的，其初始成本计量与无形资产通过外购取得的计量一致，也是相当于把会计核算科目换成了“投资性房地产”，不再赘述，详见本章第二节内容。

由于税法上并无投资性房地产的概念，因此通过外购或自建取得的投资性房地产的计税基础其实按照固定资产或无形资产来处理的，具体处理办法详见本章第一节和第二节，不再赘述。

（二）其他资产转为投资性房地产的初始成本与计税基础的财税处理

其他资产转为投资性房地产主要有存货、固定资产、无形资产转为投资性房地产三类情况。

1. 会计处理

《企业会计准则第 3 号——投资性房地产》规定，以其他方式取得的投资性房地产的成本，按照相关会计准则的规定确定。

非投资性房地产转换为投资性房地产成本模式计量。作为存货的房地产转换为投资性房地产，通常指房地产开发企业将其持有的产品以经营租赁方式出租，取得租赁收益，从而相应转换为投资性房地产。实际工作中，企业一般将处于存货状态的房地产采用成本模式计量，通过“开发商品”科目核算，如果计提减值准备，其减值金额通过“存货跌价准备”科目核算。结转开发商品成本时，要连同存货跌价准备一并转入“投资性房地产”科目。

企业将自用房地产转换为投资性房地产，一般是把计划用作投资性房地产的固定资产，如办公用房用于租赁，或者把土地使用权计划用来出租。出租前，计划作为投资性房地产的固定资产或土地使用权按实际成本核算，已计提折旧或摊销的，包括计提资产减值准备，应一并转入投资性房地产成本。进行会计处理时，应冲减“固定资产”科目或“无形资产”科目，连同“累计折旧”科目或“累计摊销”科目，包括“固定资产减值准备”科目或“无形资产减值准备”科目一并转销。

如果其他资产转为投资性房地产，而投资性房地产采用公允价值模式计量的，其投资性房地产公允价值与其他资产转换前账面净值的差额，应计入“公允价值变动损益”，从而计入当期损益。

2. 税务处理及税会差异分析

无论会计核算怎么变换会计科目，税务方面仍然还是只认可存货、固定资产、无形资产，其计税基础保持不变。

因此，存货、固定资产、无形资产变换为投资性房地产时，如果投资性房地产采用成本模式计量的，不产生税会差异；如果投资性房地产采用公允价值模式计量的，会产生税会差异，其差异就是在转换过程中产生的“公允价值变动损益”，需要进行纳税调整。

二、投资性房地产后续计量的财税处理及风险管理

投资性房地产的后续计量，依据《企业会计准则第 3 号——投资性房地产》的规定，主要有成本模式计量和公允价值模式计量两种后续计量方法。

（一）投资性房地产采取成本模式后续计量的税会差异

依据《企业会计准则第 3 号——投资性房地产》第九条的规定，企业采用成本模式计量的建筑物的后续计量，适用《企业会计准则第 4 号——固定资产》。采用成本模式计量的土地使用权的后续计量，适用《企业会计准则第 6 号——无形资产》。

也就是说，采用成本模式计量下，投资性房地产计提折旧、摊销、减值准备与固定资产及无形资产一样。

由于税法上没有投资性房地产的概念，因此，必须将投资性房地产重新分类为税法上的资产。而依据《企业所得税法实施条例》的规定，投资性房地产在税法上应分为固定资产、无形资产或存货。

对于税法上分类为固定资产和无形资产的投资性房地产，都会按会计规定进行折旧或摊销，税务处理也可按规定计算可税前扣除的折旧额或摊销金额，其税会差异与固定资产、无形资产类似。

而对于由存货转换而来的投资性房地产，如果用于出租赚取租金的，由于其出租行为就是一种使用行为，因此会计处理应计提折旧或摊销，税务处理应按固定资产或无形资产处理，也可计算可税前扣除的折旧或摊销，其税会差异与固定资产、无形资产类似。

而对于持有并准备增值后转让的土地使用权，会计处理为投资性房地产，税务处理为存货。在采用成本模式计量的情况下，会计上可以按无形资产进行摊销，但是其会计摊销额不能税前扣除。

（二）投资性房地产采取公允价值模式后续计量的税会差异

1. 会计处理

《企业会计准则第 3 号——投资性房地产》第十一条规定，采用公允价值模式计量的，不对投资性房地产计提折旧或进行摊销，应当以资产负债表日投资性房地产的公允价值为基础调整其账面价值，公允价值与原账面价值之间的差额计入当期损益。

2. 税务处理及税会差异分析

税务处理资产计税基础的原则是历史成本法（实际成本），不认可资产的减值或公允价值变动等。

在公允价值模式计量的情况下，税务上按历史成本（实际成本）确定投资性房地产的计税基础，不认可公允价值变动所产生的损益。

由于会计上的投资性房地产对应着税务上的固定资产或无形资产，当会计处理按照公允价值模式计量时不计提折旧或摊销，税务处理时是否可以扣除固定资产折旧或无形资产摊销，

一致存在较大争议，且争议双方的观点针锋相对，一方认为可以税前扣除，一方认为不可税前扣除。由于国家税务总局对此没有明确规定，因此各地税务机关按照各自理解执行，导致各地执行标准不一致，企业遇到该问题很容易产生税务风险。下面分别说说两种观点的理由，供读者参考。

观点一：可以税前扣除。

《企业所得税法实施条例》第五十七条规定，《企业所得税法》第十一条所称固定资产，是指企业为生产产品、提供劳务、出租或者经营管理而持有的、使用时间超过12个月的非货币性资产，包括房屋、建筑物、机器、机械、运输工具以及其他与生产经营活动有关的设备、器具、工具等。

投资性房地产中的房屋、建筑物符合税法关于固定资产的规定，应按房屋、建筑物类固定资产处理，并按照不低于《企业所得税法实施条例》第六十条规定的房屋、建筑物类固定资产最低折旧年限计提折旧。并且，《企业所得税法实施条例》第十一条列举的“下列固定资产不得计算折旧”不包括投资性房地产，因此不禁止以公允价值模式计量的投资性房地产在企业所得税汇算清缴时计提折旧并税前扣除。

观点二：不可以税前扣除。

《国家税务总局关于企业所得税应纳税所得额若干税务处理问题的公告》（国家税务总局公告2012年第15号）第八条规定，根据《企业所得税法》第二十一条规定，对企业依据财务会计制度规定，并实际在财务会计处理上已确认的支出，凡没有超过《企业所得税法》和有关税收法规规定的税前扣除范围和标准的，可按企业实际会计处理确认的支出，在企业所得税前扣除，计算其应纳税所得额。以公允价值模式计量的投资性房地产在会计上确认的支出为零，没有超过税法规定的税前扣除范围和标准，因此不得计提折旧并税前扣除。

其次，《国家税务总局关于发布〈中华人民共和国企业所得税年度纳税申报表（A类，2017版）〉的公告》（国家税务总局公告2017年第54号）关于申报表填报说明规定，企业在计算应纳税所得额及应纳所得税时，企业会计处理与税收规定不一致的，应当按照税收规定计算。税收规定不明确的，在没有明确前，暂按国家统一会计制度计算。投资性房地产属于“税收规定不明确的”，那么就应“暂按国家统一会计制度计算”，不能计算折旧。

另外，由于以公允价值模式计量的投资性房地产会计处理未计提折旧，不满足《企业所得税法》第八条规定的“实际发生”，所以不得税前扣除。

对于上述的两种观点，笔者是支持第一种观点的，即可以税前扣除。第一，观点一引用的法律法规明显高于观点二引用的法律法规。第二，《企业所得税法》第二十一条规定并不引申出，在计算应纳税所得额时，企业财务、会计处理办法与税收法律、行政法规的规定不一致的，必须按照会计制度处理。第三，固定资产范围及其折旧等相关规定相当明确，怎么就成了观点二所说的“税收规定不明确的”呢？所以，观点二引用国家税务总局公告2017年第54号有点牵强附会。第四，对于未计提折旧就单纯地理解为未“实际发生”，然后就断定不得税前扣除，那么固定资产加速折旧优惠政策中的税务处理一次性扣除、会计处理还是分期折旧又该怎么解释？

虽然各有道理，但是相对于税务机关，企业始终处于被动一方，多数时候胳膊扭不过大腿。为减少税收争议降低企业税务风险，企业一定要多与主管税务机关及税务人员沟通交流，明确主管税务机关及税务人员的观点或执行口径并按其执行。对于该问题，部分地区税务机关以“12366”问答或企业所得税汇算清缴培训资料等形式给出了明确处理办法，当然也是不一致的，企业应按照本地税务处理办法执行。

三、投资性房地产处置与转换的财税处理及风险管理

当投资性房地产被处置，或者永久退出使用且预计不能从其处置中取得经济利益时，应当终止该项投资性房地产。

房地产的转换，是因房地产用途发生改变而对房地产进行的重新分类。房地产转换，主要包括非投资性房地产转换为投资性房地产，以及投资性房地产转换为非投资性房地产。本节前面已经讲述了非投资性房地产转换为投资性房地产的财税处理，此处主要说明投资性房地产转换为非投资性房地产。

（一）投资性房地产处置的财税处理

1. 采取成本模式计量下的投资性房地产处置的财税处理

（1）会计处理。

① 收到处置价款

借：银行存款等

　贷：其他业务收入

　　　应交税费——应交增值税（销项税额）

说明：如果是处置房地产是 2016 年 5 月 1 日前购置的，适用简易计税，则上述分录中的“应交税费——应交增值税（销项税额）”换成“应交税费——简易计税”；如果企业属于小规模纳税人，则需要换成“应交税费——应交增值税”。

② 结转成本

借：其他业务成本

　　投资性房地产累计折旧 / 摊销

　　投资性房地产减值准备

　贷：投资性房地产

（2）税务处理及税会差异。

处置价款应确认为应税收入，投资性房地产其初始计税基础减去处置前已税前扣除的折旧或摊销后余额也可以税前扣除。

在成本模式计量下，处置投资性房地产时，由于在初始计量与计税基础可能存在差异，以及折旧或摊销也可能存在税会差异，甚至会计处理还可能计提减值准备，因此导致最后处置时投资性房地产账面价值可能与计税基础净值不一致。如果投资性房地产的会计账面价值大于计税基础净值，应调增应纳税所得额；反之，应调减应纳税所得额。

2．采取公允价值模式计量下的投资性房地产处置的财税处理

（1）会计处理。

企业处置采用公允价值模式计量的投资性房地产，应当按照实际收到的金额，借记“银行存款”等科目，贷记“其他业务收入”“应交税费”等科目；按照该项投资性房地产的账面余额，借记“其他业务成本”科目；按照其成本，贷记“投资性房地产——成本”科目；按照其累计公允价值变动，贷记或借记“投资性房地产——公允价值变动”科目；同时，按照原计入该项投资性房地产的公允价值变动，借记或贷记“公允价值变动损益”科目，贷记或借记“其他业务成本”科目。

（2）税务处理及税会差异分析。

采用公允价值模式计量的投资性房地产的处置和采用成本模式计量的投资性房地产的处置的税务处理相同。应纳税所得额计算，还是应税收入减去计税基础净值。不同在于，采用公允价值模式计量的投资性房地产是否在税前曾经扣除过折旧或摊销。

（二）投资性房地产转换为非投资性房地产的财税处理

1．采用成本模式计量的投资性房地产转换为自用房地产的会计处理

企业将原本用于赚取租金或资本增值的房地产改用于生产商品、提供劳务或生产经营管理，投资性房地产应转换为固定资产或无形资产。

借：固定资产 / 无形资产

　　投资性房地产累计折旧 / 摊销

　　投资性房地产减值准备

　贷：投资性房地产

　　　累计折旧 / 累计摊销

　　　固定资产减值准备 / 无形资产减值准备

在整个转换过程中，只是相当于变换了“马甲”而已，将原“投资性房地产”及其相关的会计科目转换为“固定资产”或“无形资产”及其相关的会计科目，对当期损益不产生影响。

2．采用公允价值模式计量的投资性房地产转换为自用房地产的会计处理

企业将采用公允价值模式后续计量的投资性房地产转换为自用房地产时，应当以其转换当日的公允价值作为自用房地产的账面价值，公允价值与原账面价值的差额计入当期损益。

借：固定资产 / 无形资产（转换日的公允价值）

　贷：投资性房地产——成本（初始成本）

　　　投资性房地产——公允价值变动（投资性房地产期间累计的公允价值变动）

　　　公允价值变动损益（差额，可能在借方）

3．采用成本模式计量的投资性房地产转换为存货的会计处理

房地产开发企业将用于经营出租的房地产重新开放用于对外销售的，投资性房地产转换为存货。

借：开发产品

　贷：投资性房地产

　　　累计折旧/累计摊销

　　　固定资产减值准备/无形资产减值准备

4. 采用公允价值模式计量的投资性房地产转换为存货的会计处理

企业将采用公允价值模式后续计量的投资性房地产转换为存货时，应当以其转换当日的公允价值作为存货的账面价值，公允价值与原账面价值的差额计入当期损益。

借：开发产品（转换日的公允价值）

　贷：投资性房地产——成本（初始成本）

　　　投资性房地产——公允价值变动（投资性房地产期间累计的公允价值变动）

　　　公允价值变动损益（差额，可能在借方）

5. 税务处理及税会差异

税法对资产计税基础的原则是历史成本法，企业资产持有期间的增值或减值，除非另有规定可以确认损益外，不得调整资产的计税基础。因此，在投资性房地产转换为非投资性房地产过程中，不得调整计税基础，不得确认损益。

采用成本模式计量的投资性房地产转换为自用房地产或存货过程中，税务处理与会计处理都是不得确认损益，所以两者之间无税会差异。

采用公允价值模式计量的投资性房地产转换为自用房地产或存货过程中，税务处理不得确认损益，会计处理要确认“公允价值变动损益”而影响当期损益，两者之间存在税会差异，需要进行纳税调整。

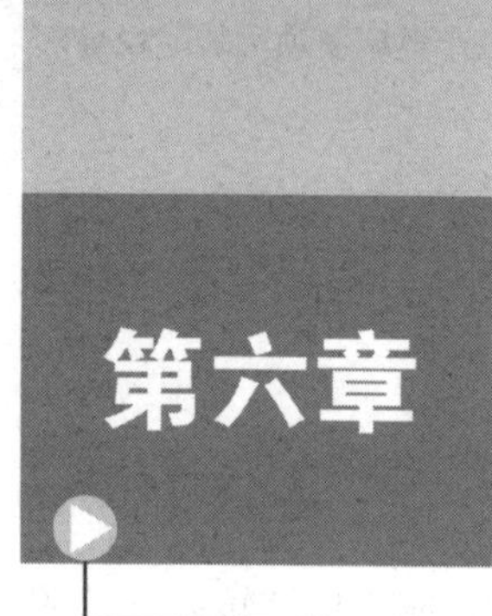

第六章 资产损失的财税处理及税务风险管理

第一节　资产损失税前扣除的总体性规定

一、资产损失税前扣除的基本规定

《企业所得税法》第八条规定，企业实际发生的与取得收入有关的、合理的支出，包括成本、费用、税金、损失和其他支出，准予在计算应纳税所得额时扣除。

《企业所得税法实施条例》第三十二条规定，企业所得税法第八条所称损失，是指企业在生产经营活动中发生的固定资产和存货的盘亏、毁损、报废损失，转让财产损失，呆账损失，坏账损失，自然灾害等不可抗力因素造成的损失以及其他损失。企业发生的损失，减除责任人赔偿和保险赔款后的余额，依照国务院财政、税务主管部门的规定扣除。

而《企业所得税法实施条例》第三十二条规定所称的"国务院财政、税务主管部门的规定"是指《财政部 国家税务总局关于企业资产损失税前扣除政策的通知》(财税〔2009〕57号)和《企业资产损失所得税税前扣除管理办法》(国家税务总局公告2011年第25号)等。

《企业资产损失所得税税前扣除管理办法》(国家税务总局公告2011年第25号)第二条规定，本办法所称资产是指企业拥有或者控制的、用于经营管理活动相关的资产，包括现金、银行存款、应收及预付款项(包括应收票据、各类垫款、企业之间往来款项)等货币性资产，存货、固定资产、无形资产、在建工程、生产性生物资产等非货币性资产，以及债权性投资和股权(权益)性投资。

二、资产损失的税法分类

根据国家税务总局公告2011年第25号规定，资产损失分为实际资产损失和法定资产损失。

实际资产损失，是指企业在实际处置、转让上述资产过程中发生的合理损失。比如常见的因产品滞销而发生低于成本价的"跳楼价"销售。

法定资产损失，是指企业虽未实际处置、转让上述资产，但符合财税〔2009〕57号和《企业资产损失所得税税前扣除管理办法》规定条件计算确认的损失。如应收账款发生坏账损失，企业虽然没有实际出资或转让该应收账款，但是只要满足税法规定的条件，仍然可以按规定申报税前扣除。

三、资产损失税前扣除的程序性规定

对于资产损失税前扣除的程序性规定，主要是指《企业资产损失所得税税前扣除管理办法》（国家税务总局公告2011年第25号）和《国家税务总局关于企业所得税资产损失资料留存备查有关事项的公告》（国家税务总局公告2018年第15号）等，整理归纳如下，见表6-1-1。

表6-1-1

资产损失税前扣除的程序性规定

项　目	规　定	
资产损失的种类及扣除的年度	实际资产损失	应当在其实际发生且会计上已作损失处理的年度申报扣除
	法定资产损失	应当在已符合法定资产损失确认条件并能提供完备证据材料，且会计上已作损失处理的年度申报扣除
以前年度未扣除的损失	实际资产损失	准予追补至该项损失发生年度扣除，其追补确认期限一般不得超过5年
	法定资产损失	应在申报年度扣除
扣除要求	仅需填报企业所得税年度纳税申报表《资产损失税前扣除及纳税调整明细表》（A105090）	
材料报送	不再需要向主管税务机关报送资产损失相关资料，相关资料由企业留存备查	
申报方式	方式分类	清单申报、专项申报
	清单申报	企业按会计核算科目进行归类、汇总，再将汇总有关会计核算资料和资产损失证据材料等纳税资料留存备查，最后填报企业所得税年度纳税申报表《资产损失税前扣除及纳税调整明细表》（A105090）中的相关栏目
	专项申报	企业应逐项（或逐笔）准备附送会计核算资料及资产损失相关证明材料等留档备查，然后填报企业所得税年度纳税申报表《资产损失税前扣除及纳税调整明细表》（A105090）中的相关栏目

说明：根据国家税务总局公告2018年第57号发布修改后的《资产损失税前扣除及纳税调整明细表》（A105090）可以看出，国家税务总局似乎不再强调“清单申报”和“专项申报”。笔者猜想申报表的修改原因，应是放管服改革后不再要求企业向税务局报送相关资料，而是改为由企业留存备查，所以再区分就意义不大。

四、资产损失税前扣除的证据材料

资产损失想得到税前扣除，必须要有满足税法规定的证据材料。企业资产损失相关的证据包括具有法律效力的外部证据和特定事项的企业内部证据。

（一）外部证据

具有法律效力的外部证据，是指司法机关、行政机关、专业技术鉴定部门等依法出具的与本企业资产损失相关的具有法律效力的书面文件，主要包括：

（1）司法机关的判决或者裁定；

（2）公安机关的立案结案证明、回复；

（3）工商部门出具的注销、吊销及停业证明；

（4）企业的破产清算公告或清偿文件；

（5）行政机关的公文；

（6）专业技术部门的鉴定报告；

（7）具有法定资质的中介机构的经济鉴定证明；

（8）仲裁机构的仲裁文书；

（9）保险公司对投保资产出具的出险调查单、理赔计算单等保险单据；

（10）符合法律规定的其他证据。

（二）内部证据

特定事项的企业内部证据，是指会计核算制度健全、内部控制制度完善的企业，对各项资产发生毁损、报废、盘亏、死亡、变质等的内部证明或承担责任的声明，主要包括：

（1）有关会计核算资料和原始凭证；

（2）资产盘点表；

（3）相关经济行为的业务合同；

（4）企业内部技术鉴定部门的鉴定文件或资料；

（5）企业内部核批文件及有关情况说明；

（6）对责任人由于经营管理责任造成损失的责任认定及赔偿情况说明；

（7）法定代表人、企业负责人和企业财务负责人对特定事项真实性承担法律责任的声明。

（三）取消留存备查专业技术鉴定意见（报告）或法定资质中介机构出具的专项报告

根据《国家税务总局关于取消20项税务证明事项的公告》（国家税务总局公告2018年第65号）规定，从2018年度起，企业税前扣除资产损失不再留存专业技术鉴定意见（报告）或法定资质中介机构出具的专项报告。改为纳税人留存备查自行出具的有法定代表人、主要负责人和财务负责人签章证实有关损失的书面申明。

因此，本章中凡是涉及到资产损失税前扣除需要专业技术鉴定意见（报告）或法定资质中介机构出具的专项报告的，均可以改为纳税人自行出具的有法定代表人、主要负责人和财务负责人签章证实有关损失的书面申明。

五、放管服改革对资产损失税前扣除的影响

在放管服改革前，企业需要向主管税务机关提供证据资料证明该项资产已符合法定资产损失确认条件，经主管税务机关审核备案后才可以税前扣除，相当于主管税务机关提前“免费”给企业进行了一次审核把关，提前规避了税务风险。

放管服改革后，《国家税务总局关于企业所得税资产损失资料留存备查有关事项的公告》（国家税务总局公告2018年第15号）规定，从2017年度企业所得税汇算清缴开始，企业向

税务机关申报扣除资产损失，仅需填报企业所得税年度纳税申报表《资产损失税前扣除及纳税调整明细表》，不再报送资产损失相关资料，相关资料由企业留存备查。放管服改革后，一方面确实是方便了企业，但是无疑也提高了对企业及财务人员的要求，要求必须充分而准确地理解税法规定，要求企业必须按照税法规定准备完整的证据资料且完善保存以备检查，如果在这个过程中任何一个环节出现差错带给企业的只有税务风险。

放管服改革前报送资料给税务局审核或者让税务局同意，虽然可能在办理时有点复杂，但是办理后相对来说，存在一种税务局“默认”的味道，特别是一些项目是经过税务局审核同意后进行扣除，就意味着基本进入了“保险箱”。而改为自行保管备查后，之后的税务检查带来的不确定因素更多，完全需要自己判断，无形中给企业及财务人员带来的责任更大，对材料的完整性要求更高。

从 2018 年度企业所得税汇算清缴时，对原来需要专业技术鉴定意见（报告）或法定资质中介机构出具的专项报告的，也改为纳税人自行出具的有法定代表人、主要负责人和财务负责人签章证实有关损失的书面申明。税务总局是充分的给了企业自主权，也充分的相信企业，但是其中的潜在风险是可想而知的。

第二节 存货损失的财税处理及税务风险管理

所谓存货损失，是指企业账面上有存货，可是盘点却发现已经毁损或不存在等。存货损失包括盘亏、毁损、报废、被盗等情形。

一、存货损失的会计处理

根据《企业会计准则第 1 号——存货》第二十一条规定，存货损失的会计处理见表 6-2-1。

表 6-2-1

存货损失的会计处理

<table>
<tr><th>步 骤</th><th colspan="2">会计处理</th></tr>
<tr><td>步骤一：
计算损失</td><td colspan="2">存货损失=处置收入-（存货成本-存货跌价准备累计金额）-处置产生的相关税费+非正常损失转出的进项税额</td></tr>
<tr><td>步骤二：
报批后，分情况处理</td><td colspan="2">暂时在“待处理财产损溢”核算，按管理权限报批，分清损失的原因，分别进行下一步的处理</td></tr>
<tr><td>步骤三：
损失的去处</td><td>管理费用：核算计量收发差错和管理不善造成的存货短缺。扣除残料价值、可以收回的保险赔偿和过失人赔偿，将净损失计入本科目</td><td>营业外支出：核算计量自然灾害等非常原因造成的存货毁损。扣除处置收入、可以收回的保险赔偿和过失人赔偿，将净损失计入本科目</td></tr>
</table>

二、存货损失的税务处理

探讨存货损失税前扣除绕不开增值税问题，因为如果损失的存货对应的增值税进项税额需要按规定转出的，其存货损失则包括转出的增值税进项税额。

（一）存货损失的增值税处理

对于增值税一般纳税人来讲，无论是外购存货还是自制存货，其进项税额在抵扣了的情况下，如果发生存货损失的情况，就涉及该损失存货的进项税额是否转出的判断。

《增值税暂行条例》第十条规定，非正常损失的购进货物及相关的应税劳务的进项税额不得抵扣；非正常损失的在产品、产成品所耗用的购进货物或者应税劳务的进项税额不得抵扣。

何谓非正常损失？《增值税暂行条例实施细则》第二十四条给出了解释：非正常损失是指因管理不善造成被盗、丢失、霉烂变质的损失。

本来此处的解释，实施细则已经说得非常明确了，可是实务中经常还是有人把自然灾害造成的损失作为非正常损失处理，做进项税额转出。这真的是一个误区！

对于小规模纳税人、简易征收的一般纳税人或购入免税货物（农业生产者生产的免税农产品除外）的，由于并未抵扣进项税额，所以发生存货损失的，不管是正常还是非正常，都不存在进项税额转出的问题；同时，也不涉及视同销售的问题，因为增值税视同销售行为的规定中并无存货损失这样的条款。

（二）存货损失的企业所得税处理

存货损失的企业所得税处理，主要涉及存货损失能否在税前扣除、扣除额如何确定、如何扣除、扣除的依据和申报方式等。工程物资发生损失，可比照存货损失的规定确认。

1．可以税前扣除的存货损失及扣除额的确定

《财政部 国家税务总局关于企业资产损失税前扣除政策的通知》（财税〔2009〕57号）规定如下。

对企业盘亏、毁损、报废、被盗的存货，以该存货的成本减除责任人赔偿、残值、保险赔款后的余额，作存货盘亏、毁损、报废损失在计算应纳税所得额时扣除。

企业因存货盘亏、毁损、报废、被盗等原因不得从增值税销项税额中抵扣的进项税额，可以与存货损失一起在计算应纳税所得额时扣除。

因此，可以扣除的存货损失 = 存货成本 − 责任人或保险赔款 − 残值（处置）收入 + 非正常损失转出的进项税额。

注意，上述公式中的“存货成本”是指存货的计税基础，与会计处理的成本或账面价值可能存在差异。

2．存货损失类别、税前扣除额及证明材料要求

存货损失类别、税前扣除额及证明材料要求，根据《企业资产损失所得税税前扣除管理办法》（国家税务总局公告2011年第25号）整理归纳见表6-2-2。

表 6-2-2

存货损失类别、税前扣除额及证明材料要求

损失类别	税前扣除额	需要准备的证明材料（企业自行留档备查）
盘亏损失	盘亏金额扣除责任人赔偿后的余额	1.存货计税成本确定依据
		2.企业内部有关责任认定、责任人赔偿说明和内部核批文件
		3.存货盘点表
		4.存货保管人对于盘亏的情况说明
存货报废、毁损或变质损失	计税成本扣除残值及责任人赔偿后的余额	1.存货计税成本的确定依据
		2.企业内部关于存货报废、毁损、变质、残值情况说明及核销资料
		3.涉及责任人赔偿的，应当有赔偿情况说明
		4.该项损失数额较大的（指占企业该类资产计税成本10%以上，或减少当年应纳税所得、增加亏损10%以上），应有专业技术鉴定意见或法定资质中介机构出具的专项报告等
被盗损失	计税成本扣除保险理赔以及责任人赔偿后的余额	1.存货计税成本的确定依据
		2.向公安机关的报案记录
		3.涉及责任人和保险公司赔偿的，应有赔偿情况说明等

三、存货损失财税处理的税会差异分析及税务风险管理

存货损失，会计上计入当期损益，而税务上是否能在当期得到税前扣除则需要考虑是否满足税法规定的条件，如果不满足则在当期不能得到税前扣除。即便是满足税法规定扣除条件的，也可能存在存货会计账面价值与计税基础不一致的情况，从而导致存货损失计入当期损益的金额与可以税前扣除的金额不一致，需要进行纳税调整。

【案例 6-1】存货盘亏损失的财税处理及税务风险管理

甲公司 2018 年 12 月进行年终盘点发现，有一批原材料 A 材料盘亏了 100 公斤。A 材料账面单价 100 元 / 公斤，但是上年度已经计提了存货跌价准备，计提标准是 5 元 / 公斤，截至 2018 年 12 月 31 日尚未冲转过。

经查明，存货盘亏的原因系发出时计量工具出现偏差所致。经该公司总经理办公会研究决定，责任人由于未按规定校准计量工具赔偿 500 元，其余计入 2018 年管理费用。

问题：上述存货盘亏损失的财税处理及税务风险管理。

解析：

1. 会计处理

（1）盘亏时

借：待处理财产损溢——待处理流动资产损溢　　9 500.00

　　存货跌价准备　　500.00

　贷：原材料　　10 000.00

（2）经批准后处理

借：管理费用　　9 000.00

　　其他应收款　　500.00

　贷：待处理财产损溢——待处理流动资产损溢　　9 500.00

2. 税务处理

（1）增值税：A 材料盘亏，不属于“因管理不善造成被盗、丢失、霉烂变质的损失”，因此其进项税额不需要做转出处理。

（2）企业所得税处理。

可以税前扣除的金额 =100×100−500（赔款）=9 500（元）。

申报形式：专项申报。

应准备并留档备查的证明材料：①存货计税成本确定依据；②企业内部有关责任认定、责任人赔偿说明和内部核批文件；③存货盘点表；④存货保管人对于盘亏的情况说明。

（3）税会差异分析及税务风险说明与管理。

由于盘亏的材料在会计上计提过存货跌价准备，故存货的会计账面价值与税务的计税基础不一致，会计账面价值低于计税基础，导致会计处理计入当期损益的金额小于可以税前扣除的金额，需要进行纳税调整。

材料盘亏损失在税前扣除的条件是必须按规定留档备查证明材料，并以专项申报的形式申报。在放管服改革前，需要企业在汇算清缴前向主管税务机关提交证明材料进行备案审核，通过后才能按规定进行申报扣除。放管服改革后，不再需要企业向主管税务机关报送相关证明材料，但需要企业自行留档备查。改革给企业带来了方便，但是并不是就放松了要求，企业一定要按规定准备好相关证明材料并整理归档，以备税务机关的临时检查或专项稽查等。如果企业没有完备的证明材料就擅自申报税前扣除，且汇算清缴后也不能及时补充相关资料，一旦被税务机关检查发现，将面临着巨大的税务风险。

下面以企业所得税申报表填报说明存货损失税前扣除的纳税调整过程。

第一步：填写《资产损失税前扣除及纳税调整明细表》（A105090），见表 6-2-3。

表 6-2-3

A105090　　资产损失税前扣除及纳税调整明细表　　单位：元

行次	项　目	资产损失账载金额	资产处置收入	赔偿收入	资产计税基础	资产损失的税收金额	纳税调整金额
		1	2	3	4	5=4-2-3	6（1-5）
5	三、存货损失	9 000.00	0.00	500.00	10 000.00	9 500.00	-500.00
6	其中：存货盘亏、报废、损毁、变质或被盗损失	9 000.00	0.00	500.00	10 000.00	9 500.00	-500.00

第二步：填写《纳税调整项目明细表》（A105000），见表 6-2-4。

表 6-2-4

A105000　　纳税调整项目明细表　　单位：元

行次	项　目	账载金额	税收金额	调增金额	调减金额
		1	2	3	4
31	三、资产类调整项目（32+33+34+35）	—	—	0.00	500.00
34	（三）资产损失（填写A105090）	9 000.00	9 500.00	0.00	500.00

【案例 6-2】存货变质报废损失的财税处理及税务风险管理

乙公司是一家农产品深加工企业，一般纳税人，产品税率为 13%。2019 年 8 月向农民收购的一批免税农产品（乙公司自开农副产品收购发票），因为管理不善而在 9 月初腐烂变质报废，收购金额 10 000 元。

经公司研究决定，负有相关责任的 3 人合计处罚 5 000 元作为赔偿。

问题：乙公司存货变质报废损失的财税处理及税务风险管理。

解析：

1. 会计处理

（1）由于乙公司收购农产品用于生产 13% 税率的货物，应按照 10% 的扣除率计算进项税额，因此其购进农产品可以按收购价抵扣增值税进项税额 =10 000×10%=1 000（元）。管理不善腐烂变质，应做进项税额转出。

借：待处理财产损益　　10 000.00

　贷：原材料　　9 000.00

　　应交税费——应交增值税（进项税额转出）　　1 000.00

（2）批准后处理

借：其他应收款　　5 000.00

　管理费用　　5 000.00

　贷：待处理财产损益　　10 000.00

2. 税务处理

（1）增值税处理：由于属于管理不善造成变质的非正常损失，其进项税额不得抵扣，已经抵扣的应做进项税额转出。

（2）企业所得税处理。

由于增值税进项税额不得抵扣，可以作为存货损失在税前扣除；扣除时应减去责任人赔款。

因此可以税前扣除的存货损失金额 =8 800+1 200−5 000=5 000（元）。

申报形式：专项申报。

应准备并留档备查的证明材料：①存货计税成本的确定依据；②企业内部关于存货报废、毁损、变质、残值情况说明及核销资料；③涉及责任人赔偿的，应当有赔偿情况说明；④该项损失数额较大的（指占企业该类资产计税成本 10% 以上，或减少当年应纳税所得、增加亏损 10% 以上），应有专业技术鉴定意见或法定资质中介机构出具的专项报告等。

（3）税会差异分析及税务风险说明与管理

会计处理计入当期损益金额与可以税前扣除金额是一致的，因此不存在差异。

但是，税务申报时，依然需要填报《资产损失税前扣除及纳税调整明细表》（A105090）和《纳税调整项目明细表》（A105000）的相关栏目，因为只有填报了，才意味着进行了资产损失的税务申报，才可以税前扣除；反之，虽然不存在税会差异，但是没有依法申报，则不可以税前扣除，一旦被税务机关检查发现会面临着税务风险。税务申报表填报过程省略，具体可以参阅【案例 6-1】。

虽然不存在税会差异，但是存货报废、毁损、变质等损失税前扣除要求的证明材料却不少，尤其是损失数额较大时，甚至要求有专业技术鉴定意见或法定资质中介机构出具的专项报告等（实务中一般都是找税务师事务所出具专项报告）。因此，完备的证明材料是存货损失的必要条件。

四、商业零售企业存货损失税前扣除的特殊规定

通过前面的案例可以发现，按照国家税务总局公告 2011 年第 25 号规定，存货的盘亏、丢失、毁损、被盗等都应进行专项申报。因此，如果按照该公告去处理商业零售企业的存货损失的话，企业财务人员只能天天为税务局准备资料，因为商业零售企业的存货损失发生非常频繁。

鉴于客观情况，国家税务总局终于在 2014 年又专门针对商业零售企业存货损失税前扣除出台了一个公告：《国家税务总局关于商业零售企业存货损失税前扣除问题的公告》（国家税务总局公告 2014 年第 3 号），规定如下：

（一）商业零售企业存货因零星失窃、报废、废弃、过期、破损、腐败、鼠咬、顾客退换货等正常因素形成的损失，为存货正常损失，准予按会计科目进行归类、汇总，然后再将汇总数据以清单的形式进行企业所得税纳税申报，同时出具损失情况分析报告。

（二）商业零售企业存货因风、火、雷、震等自然灾害，仓储、运输失事，重大案件等非正常因素形成的损失，为存货非正常损失，应当以专项申报形式进行企业所得税纳税申报。

（三）存货单笔（单项）损失超过 500 万元的，无论何种因素形成的，均应以专项申报方式进行企业所得税纳税申报。

（四）本公告适用于 2013 年度及以后年度企业所得税纳税申报。

有了国家税务总局公告 2014 年第 3 号的规定，就大大地减轻了商业零售企业为存货损失税前扣除准备认定证据的工作量。

第三节　固定资产损失的财税处理及税务风险管理

固定资产损失，包括盘亏、丢失、报废、毁损、被盗等情况。

一、固定资产损失的会计处理

（一）固定资产盘亏、被盗或丢失的会计处理

企业在财产清查中盘亏的固定资产，在报经批准前先通过“待处理财产损溢——待处理固定资产损溢”科目核算；批准后盘亏造成的损失，通过“营业外支出——盘亏损失”科目核算，当计入当期损益。

发现固定资产被盗或丢失的，在报经批准前，也通过“待处理财产损溢——待处理固定资产损溢”科目核算；批准后固定资产被盗或丢失的损失，通过“营业外支出——非常损失”科目核算，计入当期损益。

1．报经批准前

借：待处理财产损溢——待处理固定资产损溢

　　累计折旧

　　固定资产减值准备

　贷：固定资产

2．报经批准后

（1）确认可收回的保险赔偿或过失人赔偿

借：其他应收款

　贷：待处理财产损溢——待处理固定资产损溢

（2）固定资产因管理不善被盗、丢失时，以及因违反法律法规造成固定资产被依法没收、销毁、拆除的情形，需要进行进项税额转出

借：待处理财产损溢——待处理固定资产损溢

　贷：应交税费——应交增值税（进项税额转出）

（3）损失净额计入营业外支出

①盘亏损失

借：营业外支出——盘亏损失

　贷：待处理财产损溢——待处理固定资产损溢

②因管理不善造成被盗或丢失损失

借：营业外支出——非常损失

　贷：待处理财产损溢——待处理固定资产损溢

（二）固定资产报废或毁损的会计处理

固定资产报废或毁损时，是通过“固定资产清理”科目进行会计核算，与固定资产盘亏等通过“待处理财产损溢”科目是不一样的。

1．固定资产转入清理

借：固定资产清理

　　固定资产减值准备

　　累计折旧

　贷：固定资产

2．发生清理费用

借：固定资产清理

　　应交税费——应交增值税（进项税额）（清理费用可抵扣进项税额）

　贷：银行存款等

　　应交税费（固定资产清理过程缴纳的税费，如城建税、教育费附加等）

说明：如果是小规模纳税人，则支付清理费用的进项税额不可抵扣，会计分录中就无“应交税费——应交增值税（进项税额）”科目。

3．出售收入和残料等的处理

企业收回出售固定资产的价款、残料价值和变价收入等，应冲减清理支出。

借：银行存款

　　原材料等

　贷：固定资产清理等

　　应交税费——应交增值税（销项税额）

说明：如果一般纳税人处置固定资产适用的是按照简易办法依征收增值税，则上述分录中“应交税费——应交增值税（销项税额）”需要修改为“应交税费——简易计税”。

4．保险赔偿或过失人赔偿

借：其他应收款 / 银行存款等

　贷：固定资产清理

5．清理净损益的结转

对于固定资产报废或毁损清理净损益的结转，需要区分为两种情况。一种是固定资产丧失使用功能的正常报废所产生的利得或损失，一种是自然灾害等非正常原因造成的损失。

（1）正常报废净损益的结转

借：营业外支出——非流动资产报废

　贷：固定资产清理

（2）非正常原因报废或毁损净损益的结转

借：营业外支出——非常损失

　贷：固定资产清理

说明：自然灾害等造成的固定资产报废或毁损损失，不需要做进项税额转出。只有因管理不善造成被盗、丢失、霉烂变质的损失，才需要做进项税额转出。

二、固定资产损失的税务处理

（一）固定资产损失的增值税处理

固定资产损失也要区分为正常报废损失和非正常原因损失，非正常损失因不得抵扣进项税额，需要做进项税额转出。固定资产非正常损失是指因管理不善造成被盗、丢失，以及因违反法律法规造成固定资产被依法没收、销毁、拆除的情形。自然灾害等原因造成的固定资产损失虽然也是一种非正常损失，但是不属于增值税规定的需要做进项税额转出的情形。

鉴于固定资产与存货不一样，固定资产从取得到被盗或丢失一般都已经使用过一段时间，如果将其增值税进项税额全额转出，明显是不合理的，因此《财政部 国家税务总局关于全国实施增值税转型改革若干问题的通知》（财税〔2008〕170 号）第五条规定：

纳税人已抵扣进项税额的固定资产发生条例第十条（一）至（三）项所列情形的，应在当月按下列公式计算不得抵扣的进项税额：不得抵扣的进项税额 = 固定资产净值 × 适用税率。

本通知所称固定资产净值，是指纳税人按照财务会计制度计提折旧后计算的固定资产净值。

（二）固定资产损失的企业所得税处理

固定资产损失的企业所得税处理，主要涉及固定资产损失能否在税前扣除、扣除额如何确定、如何扣除、扣除的依据和申报方式等。在建工程发生损失，可比照固定资产损失的规定确认。会计核算为“投资性房地产”的房屋、建筑物，在税务上仍然属于固定资产范畴，因此如果发生损失的话，仍然是需要按照固定资产损失的税务规定确认与申报。

1．可以税前扣除的固定资产损失及扣除额的确定

《财政部 国家税务总局关于企业资产损失税前扣除政策的通知》（财税〔2009〕57 号）规定如下：对企业毁损、报废、被盗的固定资产，以该固定资产的账面净值减除残值、保险赔款和责任人赔偿后的余额，作为固定资产毁损、报废、被盗损失在计算应纳税所得额时扣除。

企业因固定资产盘亏、毁损、报废、被盗等原因不得从增值税销项税额中抵扣的进项税额，可以与固定资产损失一起在计算应纳税所得额时扣除。

因此，可以税前扣除的固定资产损失 = 固定资产计税基础 - 累计折旧 - 责任人或保险赔款 - 残值（处置）收入 + 非正常损失转出的进项税额。

说明：上述公式中的“累计折旧”是指按照税法规定计提并在税前扣除的金额，而不是会计处理的“累计折旧”账面金额，二者有可能存在差异。

2．固定资产损失类别、税前扣除额及证明材料要求

固定资产损失类别、税前扣除额及证明材料要求，根据《企业资产损失所得税税前扣除管理办法》（国家税务总局公告 2011 年第 25 号）整理归纳见表 6-3-1。

表 6-3-1

固定资产损失类别、税前扣除额及证明材料要求

损失类别	税前扣除额	需要准备的证明材料（企业留档备查）
盘亏、丢失损失	账面净值扣除责任人赔偿后的余额	1.企业内部有关责任认定和核销资料
		2.固定资产盘点表
		3.固定资产的计税基础相关资料
		4.固定资产盘亏、丢失情况说明
		5.损失金额较大的，应有专业技术鉴定报告或法定资质中介机构出具的专项报告等
报废、毁损损失	账面净值扣除残值和责任人赔偿后的余额	1.固定资产的计税基础相关资料
		2.企业内部有关责任认定和核销资料
		3.企业内部有关部门出具的鉴定材料
		4.涉及责任赔偿的，应当有赔偿情况的说明
		5.损失金额较大的或自然灾害等不可抗力原因造成固定资产毁损、报废的，应有专业技术鉴定意见或法定资质中介机构出具的专项报告等
被盗损失	账面净值扣除责任人赔偿后的余额	1.固定资产计税基础相关资料
		2.公安机关的报案记录，公安机关立案、破案和结案的证明材料
		3.涉及责任赔偿的，应有赔偿责任的认定及赔偿情况的说明等
在建工程停建、报废损失	工程项目投资账面价值扣除残值后的余额	1.工程项目投资账面价值确定依据
		2.工程项目停建原因说明及相关材料
		3.因质量原因停建、报废的工程项目和因自然灾害和意外事故停建、报废的工程项目，应出具专业技术鉴定意见和责任认定、赔偿情况的说明等

说明：表6-3-1中固定资产的“账面净值”，是指固定资产计税基础减去按税法规定计提的累计折旧（并税前扣除）后的余额。

三、固定资产损失财税处理的差异分析及税务风险管理

固定资产损失财税处理产生税会差异主要有两种情况：一种是固定资产前期产生的税会差异在其终止确认时的弥合，另一种情况就是固定资产损失在税前扣除时因证据材料不足等原因造成不能扣除或不能全额扣除。

【案例 6-3】固定资产因自然灾害造成报废损失的财税处理及税务风险管理

2019 年 7 月 5 日，川博公司所在地发生特大雷雨天气，造成一套研发专用电气设备遭雷击毁损。该设备原值 60 万元（计税基础相同），购置、入账和投入使用时间均为 2017 年 12 月。2019 年 7 月 30 日设备残料销售收入 1.13 万元，同时保险公司赔款 5 万元已收到。川博公司为一般纳税人，设备购进时抵扣过进项税额。

该设备折旧会计处理采用年限平均法，使用期限 5 年，预计净残值为 0 元，未计提减值准备；税务处理因满足加速折旧政策而采用年限总和法折旧，使用期限 5 年，预计净残值为 0。

问题：固定资产因自然灾害造成报废损失的财税处理及税务风险管理。

解析：

1. 会计处理

（1）固定资产转入清理

固定资产累计折旧 =60×（12+7）/（5×12）=19（万元）。

	借方	贷方
借：固定资产清理	410 000.00	
累计折旧	190 000.00	
贷：固定资产		600 000.00

（2）残料销售收入和保险赔款

	借方	贷方
借：银行存款	61 300.00	
贷：固定资产清理		60 000.00
应交税费——应交增值税（销项税额）		1 300.00

（3）清理结转

	借方	贷方
借：营业外支出——非常损失	350 000.00	
贷：固定资产清理		350 000.00

2. 税务处理及税会差异分析

（1）资产损失税前扣除额的计算

固定资产计税基础 =60 万元；

固定资产税收计算的累计折旧 =60×5/15+60×4×7/（15×12）=29.33（万元）（2019 年度 1～7 月固定资产折旧仍然按规定税前扣除）；

残料销售收入 =1.13/1.13=1（万元），保险公司赔款 5 万元；

因自然灾害造成固定资产报废损失，不属于增值税规定的需要做进项税额转出的情况，故本案例中固定资产报废不需要进项税额转出。

固定资产损失税前扣除额 =60−29.33−1−5=24.67（万元）。

（2）税会差异分析

会计处理最终计入当期损益的固定资产损失是 35 万元，而税务处理的可以税前扣除的固定资产损失是 24.67 万元。二者差异来源于前期固定资产折旧，因为会计方法与税务方法不一致。在终止固定资产确认时，前期的暂时性差异得到最终弥合。

（3）申报方式与纳税调整

申报方式：专项申报。

通过企业所得税申报表填报来说明纳税调整的过程，固定资产终止确认前的折旧仍然按照正常程序进行申报，此处省略。

第一步：填写《资产损失税前扣除及纳税调整明细表》（A105090），见表 6-3-2。

表 6-3-2

A105090　　资产损失税前扣除及纳税调整明细表　　单位：万元

行次	项　目	资产损失账载金额	资产处置收入	赔偿收入	资产计税基础	资产损失的税收金额	纳税调整金额
		1	2	3	4	5=4-2-3	6（1-5）
7	四、固定资产损失	35.00	1.00	5.00	30.67	24.67	10.33
8	其中：固定资产盘亏、丢失、报废、损毁或被盗损失	35.00	1.00	5.00	30.67	24.67	10.33

说明：资产计税基础=固定资产计税基础60万元-按税收计算的累计折旧金额29.33万元=30.67万元。

第二步：填写《纳税调整项目明细表》（A105000），见表 6-3-3：

表 6-3-3

A105000　　纳税调整项目明细表　　单位：万元

行次	项　目	账载金额	税收金额	调增金额	调减金额
		1	2	3	4
31	三、资产类调整项目（32+33+34+35）	—	—	10.33	0.00
34	（三）资产损失（填写A105090）	35.00	24.67	10.33	0.00

3. 税务风险说明与管理

（1）固定资产损失，要正确区分是否需要做进项税额转出，避免增值税和企业所得税的双重风险。

（2）固定资产损失的税前扣除，须严格按照规定准备证明材料并整理归档以备检查，如果证明材料不全宁可推迟申报税前扣除也不要急于扣除，避免证据材料不全带来的税务风险。

第四节　无形资产损失的财税处理及税务风险管理

无形资产虽然不像存货或固定资产会出现盘亏、毁损、被盗等损失，但是会出现不能再给企业带来经济效益的情况，如专利技术被更为先进的新技术所替代。

一、无形资产损失的会计处理

如果无形资产预期不能为企业带来未来经济利益，如专利权已被其他新技术所替代或者已经超过法律保护期限。根据会计准则规定，不能再为企业带来经济利益的，则不再符合无形资产的定义，应终止无形资产确认，应将其报废并予以转销，其账面价值转入当期损益。

借：营业外支出——非流动资产报废

　　累计摊销

　　无形资产减值准备

　贷：无形资产

二、无形资产损失的税务处理

无形资产报废不会涉及增值税进项税额转出的问题，因为增值税规定的进项税额转出只是针对有形资产的货物、产品或在产品等，并不包含无形资产。

无形资产损失的企业所得税处理，主要涉及无形资产损失能否在税前扣除、扣除额如何确定、如何扣除、扣除的依据和申报方式等。

1．可以税前扣除额的确定

可以税前扣除的无形资产损失＝无形资产计税基础－按税收计算的无形资产摊销累计金额

2．证明材料要求

被其他新技术所代替或已经超过法律保护期限，已经丧失使用价值和转让价值，尚未摊销的无形资产损失可以税前扣除，但应准备以下证明材料存档备查：

（1）会计核算资料；

（2）企业内部核批文件及有关情况说明；

（3）技术鉴定意见和企业法定代表人、主要负责人和财务负责人签章证实无形资产已无使用价值或转让价值的书面申明；

（4）无形资产的法律保护期限文件。

3．无形资产损失税前扣除的申报方式：专项申报。

三、无形资产损失的税会差异与税务风险管理

无形资产损失的财税处理相对于存货和固定资产要简单一些，出现税会差异也主要有两种情况：一种是前期无形资产财税处理的差异在报废时的弥合，如无形资产入账价值与计税基础、会计摊销与税务摊销、无形资产减值准备等税会差异；另一种情况，就是无形资产损失税前扣除必须要有符合税法规定的证据材料，如果证据材料不足就会影响扣除，但是会计处理则不管证明材料是否满足税法规定，只要不符合无形资产定义就要报废处理。

因此，无形资产损失税前扣除的税务风险主要就是证明材料是否完备与充足。规定要求的证明材料，企业比较容易准备的，因此企业应及时（至少在汇算清缴日前）将证明材料准备完备，然后存档备查。

第五节　货币资产损失的财税处理及税务风险管理

企业货币资产损失包括现金损失、银行存款损失和应收及预付款项损失等。在中国，现阶段出现银行存款损失属于小概率事件，故此处不涉及。

一、现金损失的财税处理

企业库存现金可能因被盗、被骗、现金保管人员挪用、假币或盘点短缺等出现损失。

（一）税务规定

1．税前扣除额的确定

《财政部 国家税务总局关于企业资产损失税前扣除政策的通知》（财税〔2009〕57号）规定：企业清查出的现金短缺减除责任人赔偿后的余额，作为现金损失在计算应纳税所得额时扣除。

2．税前扣除需要的证据材料

（1）现金保管人确认的现金盘点表（包括倒推至基准日的记录）；

（2）现金保管人对于短缺的说明及相关核准文件；

（3）对责任人由于管理责任造成损失的责任认定及赔偿情况的说明；

（4）涉及刑事犯罪的，应有司法机关出具的相关材料；

（5）金融机构出具的假币收缴证明。

（二）会计处理

对于现金损失的会计处理，需要区分情况。如果是因被盗、被骗、现金保管人员挪用并涉及犯罪等情况造成的损失，其损失额报经批准后应计入“营业外支出——非常损失”；如果是合理范围内的现金短缺或假币损失，其损失额报经批准后计入“管理费用”。

二、应收及预付款项损失的财税处理

应收及预付款项损失，就是平常所说的坏账损失。

（一）应收及预付款项损失的会计处理

对于应收及预付款项损失的会计处理有两种方法：一是直接转销法，二是计提坏账准备。

1．直接转销法

直接转销法，就是在坏账损失尚未发生前，不调整应收及预付款项的账面价值，等到坏账损失实际发生时，直接将损失额从应收及预付款项的会计科目转销，同时计入当期损益（资产减值损失）。

2．计提坏账准备

年末，企业应对应收及预付款项进行减值测试，如果存在出现坏账损失的迹象时，根据出现坏账的可能性高低计提坏账准备；或者，依据企业历史经验，按照应收及预付款项余额，按照一定比例计提坏账准备。等到坏账损失实际发生时，冲减计提的坏账准备。

（二）应收及预付款项损失的税务处理

1．可以作为坏账损失税前扣除的条件

《财政部 国家税务总局关于企业资产损失税前扣除政策的通知》（财税〔2009〕57号）第四条规定，企业除贷款类债权外的应收、预付账款符合下列条件之一的，减除可收回金额后确认的无法收回的应收、预付款项，可以作为坏账损失在计算应纳税所得额时扣除：

（1）债务人依法宣告破产、关闭、解散、被撤销，或者被依法注销、吊销营业执照，其清算财产不足清偿的；

（2）债务人死亡，或者依法被宣告失踪、死亡，其财产或者遗产不足清偿的；

（3）债务人逾期 3 年以上未清偿，且有确凿证据证明已无力清偿债务的；

（4）与债务人达成债务重组协议或法院批准破产重整计划后，无法追偿的；

（5）因自然灾害、战争等不可抗力导致无法收回的；

（6）国务院财政、税务主管部门规定的其他条件。

2. 应收及预付款项损失税前扣除需要的证据材料（一般规定）

（1）相关事项合同、协议或说明；

（2）属于债务人破产清算的，应有人民法院的破产、清算公告；

（3）属于诉讼案件的，应出具人民法院的判决书或裁决书或仲裁机构的仲裁书，或者被法院裁定终（中）止执行的法律文书；

（4）属于债务人停止营业的，应有工商部门注销、吊销营业执照证明；

（5）属于债务人死亡、失踪的，应有公安机关等有关部门对债务人个人的死亡、失踪证明；

（6）属于债务重组的，应有债务重组协议及其债务人重组收益纳税情况说明；

（7）属于自然灾害、战争等不可抗力而无法收回的，应有债务人受灾情况说明以及放弃债权申明。

上述材料，不是每项都是必须的，需要根据债务人的具体情况确定所需的证据材料。

3. 应收及预付款项损失税前扣除需要的证据材料（特殊规定）

（1）企业逾期三年以上的应收款项在会计上已作为损失处理的，可以作为坏账损失，但应说明情况，并出具专项报告。

（2）企业逾期一年以上，单笔数额不超过五万元或者不超过企业年度收入总额万分之一的应收款项，会计上已经作为损失处理的，可以作为坏账损失，但应说明情况，并出具专项报告。

上述的“专项报告”，实务中一般是找税务师事务所等中介机构出具。

从 2018 年度起，企业税前扣除资产损失的“专项报告”，可改为纳税人留存备查自行出具的有法定代表人、主要负责人和财务负责人签章证实有关损失的书面申明。

第七章 特殊事项的财税处理及税务风险管理

所谓特殊事项，是指一般企业发生该类经济业务的概率比较小，或者是该类业务的会计处理和税务规定相对于日常业务也具有一定的特殊性。

第一节　政策性搬迁的财税处理及税务风险管理

《国有土地上房屋征收与补偿条例》（国务院令 590 号）规定，为了保障国家安全、促进国民经济和社会发展等公共利益需要，符合规定情形确需要征收房屋的，由市、县级人民政府作出房屋征收决定。对被征收人的补偿包括被征收房屋的价值补偿、搬迁与临时安置补偿、停产停业损失补偿和补助、奖励。

一、政策性搬迁的会计处理

（一）政策性搬迁与非政策性搬迁适用的会计规定

1．政策性搬迁

依据《财政部关于印发企业会计准则解释第 3 号的通知》（财会〔2009〕8 号）规定，企业因城镇整体规划、库区建设、棚户区改造、沉陷区治理等公共利益进行搬迁，收到政府从财政预算直接拨付的搬迁补偿款，应作为专项应付款处理。

其中，属于对企业在搬迁和重建过程中发生的固定资产和无形资产损失、有关费用性支出、停工损失及搬迁后拟新建资产进行补偿的，应自专项应付款转入递延收益，并按照《企业会计准则第 16 号——政府补助》进行会计处理。企业取得的搬迁补偿款扣除转入递延收益的金额后如有结余的，应当作为资本公积处理。

2．非政策性搬迁

所谓非政策性搬迁，通常是指非政府主导下的商业化搬迁，因此其会计处理不能适用《财政部关于印发企业会计准则解释第 3 号的通知》（财会〔2009〕8 号），而应按照《企业会计准则第 7 号——非货币性资产交换》《企业会计准则第 4 号——固定资产》《企业会计准则第 6

号——无形资产》等进行会计处理，视为销售旧的房屋、建筑物及土地使用权而异地新购建，或者是非货币性资产交换等。

（二）政策性搬迁补偿款的会计处理

1．旧版处理方式（2017 年 6 月 12 日以前的会计处理）

一般情况下，企业从政府取得的搬迁补偿款属于政府补助，由于情况不同，政府补助给企业带来经济利益或补偿相关成本、费用的形式亦不同，从而在具体账务处理上存在差别。根据 2006 版《企业会计准则——政府补助》（财会〔2006〕3 号）规定，企业应采用总额法对政府补助进行会计处理；政府补助划分为与资产相关的政府补助和与收益相关的政府补助。

（1）与资产相关的政府补助，企业不能全额确认为当期损益，应当随着相关资产的使用而逐步计入使用期间的收益。即收到补助时先确认为“递延收益”，然后自相关资产投入使用起，在该项资产使用寿命内平均分配，计入当期损益。

（2）与收益相关的政府补助，企业应当在其补偿的相关费用或损失发生的期间计入当期损益；用于补偿企业以后期间费用或损失的，在取得时先暂时确认为“递延收益”，然后在确认相关费用或损失的期间计入当期损益；如果是用于补偿企业已经发生的费用或损失的，取得时直接计入当期损益。

2．新版处理方式（2017 年 6 月 12 日后的会计处理）

2017 版《企业会计准则——政府补助》（财会〔2017〕15 号）规定，自 2017 年 6 月 12 日起，企业可以根据情况选择适用总额法或净额法对政府补助进行会计处理。总额法是在确认政府补助时，不冲减相关资产或成本、费用、损失的账面金额，而是全额确认为收益；净额法，则与总额法相反，是全部用于冲减相关资产和成本、费用、损失的账面金额，而不是确认为收益。

与企业日常活动相关的政府补助，应当按照经济业务实质，计入其他收益或冲减相关成本费用。与企业日常活动无关的政府补助，应当计入营业外收支。

二、政策性搬迁的税务规定

对政策性搬迁所涉及的企业所得税政策，目前主要有《国家税务总局关于发布〈企业政策性搬迁所得税管理办法〉的公告》（国家税务总局公告 2012 年第 40 号）以及《国家税务总局关于企业政策性搬迁所得税有关问题的公告》（国家税务总局公告 2013 年第 11 号）。

（一）政策性搬迁的范围

政策性搬迁，是指由于社会公共利益的需要，在政府主导下企业进行整体搬迁或部分搬迁。企业由于下列需要之一，提供相关文件证明资料的，属于政策性搬迁：

（1）国防和外交的需要；

（2）由政府组织实施的能源、交通、水利等基础设施的需要；

（3）由政府组织实施的科技、教育、文化、卫生、体育、环境和资源保护、防灾减灾、文物保护、社会福利、市政公用等公共事业的需要；

（4）由政府组织实施的保障性安居工程建设的需要；

（5）由政府依照《中华人民共和国城乡规划法》有关规定组织实施的对危房集中、基础设施落后等地段进行旧城区改建的需要；

（6）法律、行政法规规定的其他公共利益的需要。

（二）政策性搬迁收入的确认

（1）企业的搬迁收入，包括搬迁过程中从本企业以外（包括政府或其他单位）取得的搬迁补偿收入，以及本企业搬迁资产处置收入等。

（2）企业取得的搬迁补偿收入，是指企业由于搬迁取得的货币性和非货币性补偿收入。具体包括：

① 对被征用资产价值的补偿；

② 因搬迁、安置而给予的补偿；

③ 对停产停业形成的损失而给予的补偿；

④ 资产搬迁过程中遭到毁损而取得的保险赔款；

⑤ 其他补偿收入。

（3）企业搬迁资产处置收入，是指企业由于搬迁而处置企业各类资产所取得的收入。

企业由于搬迁处置存货而取得的收入，应按正常经营活动取得的收入进行所得税处理，不作为企业搬迁收入。

（三）企业政策性搬迁支出

（1）企业的搬迁支出，包括搬迁费用支出以及由于搬迁所发生的企业资产处置支出。

（2）搬迁费用支出，是指企业搬迁期间所发生的各项费用，包括安置职工实际发生的费用、停工期间支付给职工的工资及福利费、临时存放搬迁资产而发生的费用、各类资产搬迁安装费用以及其他与搬迁相关的费用。

（3）资产处置支出，是指企业由于搬迁而处置各类资产所发生的支出，包括变卖及处置各类资产的净值、处置过程中所发生的税费等支出。

企业由于搬迁而报废的资产，如无转让价值，其净值作为企业的资产处置支出。

（四）企业政策性搬迁资产税务处理

（1）企业搬迁的资产，简单安装或不需要安装即可继续使用的，在该项资产重新投入使用后，就其净值按《企业所得税法》及其实施条例规定的该资产尚未折旧或摊销的年限，继续计提折旧或摊销。

（2）企业搬迁的资产，需要进行大修理后才能重新使用的，应按该资产的净值，加上大修理过程所发生的支出，作为该资产的计税成本。在该项资产重新投入使用后，按该资产尚可使用的年限，计提折旧或摊销。

（3）企业搬迁中被征用的土地，采取土地置换的，换入土地的计税成本按被征用土地的净值，以及该换入土地投入使用前所发生的各项费用支出，为该换入土地的计税成本，在该换入土地投入使用后，按《企业所得税法》及其实施条例规定年限摊销。

（4）企业搬迁期间新购置的各类资产，应按《企业所得税法》及其实施条例等有关规定，计算确定资产的计税成本及折旧或摊销年限。企业发生的购置资产支出，不得从搬迁收入中扣除。

（五）企业政策性搬迁应税所得的计算

（1）企业在搬迁期间发生的搬迁收入和搬迁支出，可以暂不计入当期应纳税所得额，而在完成搬迁的年度，对搬迁收入和支出进行汇总清算。

（2）企业的搬迁收入，扣除搬迁支出后的余额，为企业的搬迁所得。

（3）企业应在搬迁完成年度，将搬迁所得计入当年度企业应纳税所得额计算纳税。

（4）下列情形之一的，为搬迁完成年度，企业应进行搬迁清算，计算搬迁所得：

① 从搬迁开始，5 年内（包括搬迁当年度）任何一年完成搬迁的。

② 从搬迁开始，搬迁时间满 5 年（包括搬迁当年度）的年度。

（5）企业搬迁收入扣除搬迁支出后为负数的，应为搬迁损失。搬迁损失可在下列方法中选择其一进行税务处理：

① 在搬迁完成年度，一次性作为损失进行扣除。

② 自搬迁完成年度起分 3 个年度，均匀在税前扣除。

上述方法由企业自行选择，但一经选定，不得改变。

（6）企业同时符合下列条件的视为已经完成搬迁：

① 搬迁规划已基本完成；

② 当年生产经营收入占规划搬迁前年度生产经营收入 50% 以上。

（7）企业边搬迁、边生产的，搬迁年度应从实际开始搬迁的年度计算。

（8）企业以前年度发生尚未弥补的亏损的，凡企业由于搬迁停止生产经营无所得的，从搬迁年度次年起，至搬迁完成年度前一年度止，可作为停止生产经营活动年度，从法定亏损结转弥补年限中减除；企业边搬迁、边生产的，其亏损结转年度应连续计算。

（六）核算与管理要求

企业应按规定的要求，就政策性搬迁过程中涉及的搬迁收入、搬迁支出、搬迁资产税务处理、搬迁所得等所得税征收管理事项，单独进行税务管理和核算。不能单独进行税务管理和核算的，应视为企业自行搬迁或商业性搬迁等非政策性搬迁进行所得税处理，不得执行《企业政策性搬迁所得税管理办法》规定。

三、政策性搬迁的税会差异分析

（一）搬迁收入与搬迁支出的确认时间

会计上遵循实际发生和权责发生制原则，属于当期的拆迁收入和费用需要在当期进行确认，对于属于企业搬迁和重建过程中发生的固定资产和无形资产损失、有关费用性支出、停工损失及搬迁后新建资产进行补偿的，搬迁补偿款应自专项应付款转入递延收益，并按照《企业会计准则第 16 号——政府补助》进行会计处理，即在费用发生或资产使用过程中计入当期损益（说明：执行新版政府补助准则也可以选择净额法，冲减相关资产的账面价值或相关成本、费用。）

税法规定则是政策性搬迁可以递延纳税，企业在搬迁期间发生的搬迁收入和搬迁支出，可以暂不计入当期应纳税所得额，而在完成搬迁或视同完成搬迁的年度，对搬迁收入和搬迁支出进行汇总清算。

（二）搬迁所得的确认金额

会计处理时，企业取得的搬迁补偿款扣除转入递延收益的金额后如有结余的，应当作为资本公积，不确认为企业的收入或利得。而税法规定，企业的搬迁收入，扣除搬迁支出后的余额，为企业的搬迁所得，企业应在搬迁完成年度，将搬迁所得计入当年度的企业应纳税所得额。

另外，对于属于企业在搬迁和重建过程中新建资产进行补偿的，会计上是一次性扣减专项应付款，视具体情况一次性或分期计入当期损益。而税法规定，企业发生的购置资产支出不得从搬迁收入中扣除，应按规定计算资产的计税基础及折旧或摊销。

（三）资产置换中收入及资产计税基础的确认

企业政策性搬迁被征用的资产，采取资产置换的，会计上按照《企业会计准则第 7 号——非货币性资产交换》规定进行处理，通常以公允价值和支付的相关税费作为换入资产的成本，公允价值与换入资产账面价值的差额计入当期损益。

而税法规定，换入资产的计税基础按被征用资产的净值，加上换入资产所支付的税费（涉及补价，还需要加上补价）计算确定，不确认交换损益。

【案例 7-1】政策性搬迁的财税处理及税务风险管理

因修建地铁需要，2017 年 7 月甲公司发生政策性搬迁业务，从城区搬迁至郊区的经济开发区，与当地市政府签订了《搬迁补偿协议》，主要内容包括：

（1）土地使用权补偿费 3 000 万元；

（2）房屋补偿款 2 000 万元，其中包括房屋装修、附属物补偿 50 万元；

（3）各类补助费用补偿 2 000 万元，其中包括拆迁安装补助费、停产、停业补助费、过渡补助费等。

（4）机器设备搬迁价值补偿 1 000 万元。

上述搬迁补偿费总额为 8 000 万元。甲公司在 2017 年 12 月收到补偿款后停止生产经营并启动搬迁工作。

（1）按照《搬迁补偿协议》约定，甲公司在 2017 年 12 月收到市政府拨付 8 000 万元的经济补偿，土地使用权由政府收回，地上房屋、建筑物等不动产由政府拆除。

（2）2017 年 12 月，甲公司开始停止生产经营并开启搬迁工作。处置变卖部分机器设备取得收入 351 万元（含税价），该部分机器设备原值 1 500 万元，累计折旧 600 万元，未计提减值准备，均抵扣过进项税额。

（3）截至 2017 年 12 月 31 日甲公司土地使用权的账面原值 800 万元，累计摊销 400 万元；

房屋、建筑物等固定资产原值1 000万元，累计折旧400万元，2016年5月1日前取得。

2017年12月发生职工安置费支出100万元。

（4）2018年3月，在经济开发区购入标准化厂房及办公楼（含土地使用权），支付价款3 300万元，取得增值税专用发票注明税款300万元，其他税费优惠减免。

2018年度机器设备搬迁过程发生拆除、运输和重新安装及调试费用等850万元（含税），其中部分取得增值税专用发票可抵扣进项税额40万元。由于不满足资本化条件，全部计入当期损益（管理费用）。

2018年度用补偿款支付新增加机器设备款，取得增值税专用发票，注明价款2 000万元、税额320万元。设备处于安装与调试状态，尚未投入使用。

（5）2019年6月，支付安装调试费用113万元，取得增值税专用发票，注明价款100万元和税额13万元。安装调试费用满足资本化条件，计入新增固定资产原值。

2019年6月底完成异地重建工作，企业进入正常生产经营，所有固定资产均投入使用。

补充资料：甲公司为一般纳税人，固定资产折旧和无形资产摊销均无税会差异。新购置的房屋建筑物使用期限为30年，机器设备使用期限为10年，均不考虑预计净残值。

问题：甲公司政策性搬迁所涉及的财税处理及税务风险管理（采用总额法）。

解析：

一、2017年度的财税处理

1. 2017年12月收到搬迁补偿款的会计处理

借：银行存款　　80 000 000.00

　贷：专项应付款　　80 000 000.00

2. 2017年12月政府收回土地使用权，冲减土地使用权账面价值的会计处理

借：资产处置收益　　4 000 000.00

　　累计摊销　　4 000 000.00

　贷：无形资产——土地使用权　　8 000 000.00

同时，将土地使用权收回损失金额从“专项应付款”转入“递延收益”：

借：专项应付款　　4 000 000.00

　贷：递延收益　　4 000 000.00

3. 2017年12月拆除房屋、建筑物，冲减其账面价值的会计处理

第一步：将固定资产转入清理

借：固定资产清理　　6 000 000.00

　　累计折旧　　4 000 000.00

　贷：固定资产——房屋建筑物　　10 000 000.00

第二步：计算确认房屋建筑物处置的增值税

借：固定资产清理　　666 700.00

　贷：应交税费——简易计税　　666 700.00

说明：如果房屋建筑物为2016年4月30日前取得，则可选择简易计税法，按照取得的房屋建筑物补偿收入扣除取得房屋建筑物时的作价后的余额为销售额，按照5%的征收率计算应纳税额。也就是说，对超过取得原值部分的补偿收益缴纳增值税。因此，应交增值税=（2 000-600）×5%/1.05=66.67（万元）。（注意：部分地区，对政策性搬迁中涉及房屋建筑物补偿明确为不属于增值税应税范围，如果企业所在地区属于不征税的，则不需要该步骤计算的增值税。）

第三步：计算确认房屋建筑物拆除损失金额

借：资产处置收益　　6 666 700.00

　贷：固定资产清理　　6 666 700.00

第四步：将房屋建筑物拆除损失金额从“专项应付款”转入“递延收益”

借：专项应付款　　6 666 700.00

　贷：递延收益　　6 666 700.00

4. 2017年12月处置部分机器设备的会计处理

第一步：将固定资产转入清理

借：固定资产清理　　9 000 000.00

　　累计折旧　　6 000 000.00

　贷：固定资产　　15 000 000.00

第二步：确认处置收入

借：银行存款　　3 510 000.00

　贷：固定资产清理　　3 000 000.00

　　应交税费——应交增值税（销项税额）　　510 000.00

第三步：结转固定资产处置损益

借：资产处置收益　　6 000 000.00

　贷：固定资产清理　　6 000 000.00

第四步：将机器设备变卖处置损失金额从“专项应付款”转入“递延收益”

借：专项应付款　　6 000 000.00

　贷：递延收益　　6 000 000.00

5. 2017年12月发生职工安置费支出100万元的会计处理

第一步：计提费用

借：管理费用　　1 000 000.00

　贷：应付职工薪酬　　1 000 000.00

第二步：支付安置费

借：应付职工薪酬　　1 000 000.00

　贷：银行存款　　1 000 000.00

第三步：将职工安置费支出金额从“专项应付款”转入“递延收益”

借：专项应付款　　　　　　　　　　　　　　　　　　　1 000 000.00

　贷：递延收益　　　　　　　　　　　　　　　　　　　　1 000 000.00

6. 政府补助的确认

2017年度发生的政策性搬迁，在搬迁和重建过程中发生的固定资产和无形资产损失、有关费用性支出等，已经依据《企业会计准则解释第3号》规定，从“专项应付款”转入“递延收益”，“递延收益”还应按照《企业会计准则第16号——政府补助》进行会计处理。

借：递延收益　　　　　　　　　　　　　　　　　　　17 666 700.00

　贷：营业外收入　　　　　　　　　　　　　　　　　　17 666 700.00

说明：递延收益＝土地使用权＋房屋建筑物＋机器设备＋安置费=400+666.67+600+100=1766.67（万元）

7. 2017年度税务处理

政策性搬迁中涉及的税种比较多，除企业所得税外，还涉及增值税、土地增值税、印花税等。正确计算这些税种，也是正确计算企业所得税的前提，下面分别进行说明。

（1）增值税

① 土地使用权补偿费：不征增值税。

政策依据：《关于全面推开营业税改征增值税试点的通知》（财税〔2016〕36号）附件3：“一、下列项目免征增值税（三十八）土地所者出让土地使用权和土地使用者将土地使用权归还给土地所有者。”

因此，案例中的土地使用权补偿款不计算增值税。

② 房屋建筑物（含装修、附属物）补偿款：目前没有明确的税法规定，按税法原理应视为一种不动产销售行为。但是，目前全国各地执行口径不一致，部分地区明确应按照不动产转让征税，部分地区明确不属于增值税征税范围。企业在遇到政策性搬迁时，应搞清楚企业所在地区的政策执行口径。如果属于要征税的地区，应按以下情况计算增值税：

a. 如果房屋建筑物为2016年4月30日前取得，则可选择简易计税法，按照取得的房屋建筑物补偿收入扣除取得房屋建筑物时的作价后的余额为销售额，按照5%的征收率计算应纳税额。也就是说，对超过取得原值部分的补偿收益缴纳增值税。

b. 如果房屋建筑物2016年5月1日后取得，则应选择一般计税法，按照取得的房屋建筑物补偿收入作为销售额，按照9%的税率计算应纳税额（2018年5月1日前税率为11%，2018年5月1日至2019年3月31日税率为9%），尚未抵扣完毕的待抵扣项税额，允许从当期销售税额中抵扣。

说明：案例中的会计处理是按照要征税计算的增值税，仅供参考，实务中应先查询企业所在地区的政策执行口径。

③ 机器设备搬迁的补偿：不属于增值税征税范围，其补偿款不应计算增值税。

机器设备不能搬迁，或搬迁后损失其使用价值等，或企业不愿继续使用旧机器设备，其残料销售或机器设备应该按照处置使用过的固定资产计算缴纳增值税。

若搬迁后可以继续使用，搬迁时用补偿款支付实际发生的运输服务、安装服务费进项税额可以抵扣。

④ 各类补助费用补偿。

拆迁企业收到的停工补助、搬迁补助、过渡补助费等，是政府因为政策性搬迁对拆迁企业的政策性补偿，不属于增值税征税范围，不征增值税。

（2）土地增值税

免征。政策依据：《土地增值税暂行条例》第八条第二款；《土地增值税暂行条例实施细则》第十一条。

（3）印花税

政策性搬迁中政府与企业签署的搬迁补偿协议不属于印花税的征税收入；在搬迁和重建过程中发生的部分资产处置和重建购置按规定计缴印花税。

（4）企业所得税

企业在搬迁期间发生的搬迁收入和搬迁支出，可以暂不计入当期应纳税所得额，而在完成搬迁的年度，对搬迁收入和支出进行汇总清算。因此，2017 年度企业所得税处理如下：

① 实际收到搬迁补偿款 8 000 万元，不确认为 2017 年度的应税收入。

② 土地使用权收回冲销账面价值、房屋建筑物拆除补偿、机器设备处置变卖损失、职工安置费和从补偿款“专项应付款”转入“递延收益”再转入“营业外收入”的 1 766.67 万元，应属于搬迁期间发生的搬迁收入和搬迁支出，在 2017 年度可以暂时不计入当年应纳税所得额。

③ 税会差异分析：会计处理虽然确认了搬迁收入和搬迁支出，但是二者金额一致，对当期损益的影响为 0。税务处理暂时不确认搬迁收入和搬迁支出，对当年度应纳税所得额影响也是为 0。虽然会计与税务处理方式不一样，但是结果一致，因此 2017 年度最终的税会差异还是为 0。结果一致，但是过程不一样，仍然需要进行纳税调整。

④ 纳税调整。

下面通过填报企业所得税年度申报表来说明纳税调整过程。

第一步：填写《一般企业收入明细表》（A101010），见表 7-1-1。

表 7-1-1

A101010　　一般企业收入明细表　　单位：万元

行次	项　目	金　额
16	二、营业外收入（17+18+19+20+21+22+23+24+25+26）	1 766.67
20	（四）政府补助利得	1 766.67

第二步：填写《一般企业成本支出明细表》（A102010），见表 7-1-2。

表 7-1-2

A102010　　一般企业成本支出明细表　　单位：万元

行次	项　　目	金　额
16	二、营业外支出（17+18+19+20+21+22+23+24+25+26）	1 666.67
17	（一）非流动资产处置损失	1 666.67

说明：表中金额=土地使用权400万元+房屋建筑物666.67万元+机器设备600万元，虽然会计处理是计入“资产处置收益”，但是企业所得税申报表未做重新修改前暂时按旧的会计处理方法填入“营业外支出”下。

第三步：填写《职工薪酬纳税调整明细表》（A105050），见表 7-1-3。

表 7-1-3

A105050　　职工薪酬纳税调整明细表　　单位：万元

行次	项　目	账载金额	实际发生额	税收规定扣除率	以前年度累计结转扣除额	税收金额	纳税调整金额	累计结转以后年度扣除额
		1	2	3	4	5	6（1-5）	7（1+4-5）
12	九、其他	100.00	100.00	—	0.00	0.00	100.00	100.00

说明：表中金额为搬迁过程中发生的职工安置费支出。

第四步：填写《未按权责发生制确认收入纳税调整明细表》（A105020），见表 7-1-4。

表 7-1-4

A105020　　未按权责发生制确认收入纳税调整明细表　　单位：万元

行次	项　目	合同金额（交易金额）	账载金额		税收金额		纳税调整金额
			本年	累计	本年	累计	
		1	2	3	4	5	6（4-2）
9	三、政府补助递延收入（10+11+12）	8 000.00	1 766.67	1 766.67	0.00	0.00	-1 766.67
10	（一）与收益相关的政府补助	8 000.00	1 766.67	1 766.67	0.00	0.00	-1 766.67

说明：表中的“合同金额（交易金额）”为《搬迁补偿协议》约定的补偿款金额；“账载金额”为当年度从“专项应付款”转入“递延收益”，再最终转入“营业外收入”的金额。

第五步：填写《纳税调整项目明细表》（A105000），见表 7-1-5。

表 7-1-5

A105000　　纳税调整项目明细表　　单位：万元

行次	项　目	账载金额	税收金额	调增金额	调减金额
		1	2	3	4
1	一、收入类调整项目（2+3+4+5+6+7+8+10+11）	—	—	0.00	1 766.67
3	（二）未按权责发生制原则确认的收入（填写A105020）	1 766.67	0.00	0.00	1 766.67
12	二、扣除类调整项目（13+14+…24+26+27+28+29+30）	—	—	1 766.67	0.00
14	（二）职工薪酬（填写A105050）	100.00	0.00	100.00	0.00

续上表

行次	项　目	账载金额	税收金额	调增金额	调减金额
		1	2	3	4
30	（十七）其他	1 666.67	0.00	1 666.67	0.00

二、2018 年度的财税处理

1. 购入标准化厂房及办公楼及折旧的会计处理

（1）购入时的会计处理

借：固定资产　　30 000 000.00（33 000 000/1.10）

　　应交税费——应交增值税（进项税额）　　1 800 000.00（第一年抵扣 60%）

　　应交税费——待抵扣进项税额　　1 200 000.00（第二年抵扣 40%）

　贷：银行存货　　33 000 000.00

说明：根据《〈企业会计准则第 6 号——无形资产〉应用指南》规定，外购土地及建筑物支付的价款应当在建筑物与土地使用权之间分配；难以合理分配的，应当全部作为固定资产。案例所述资料，没有提及如何分配，故会计处理全部计入“固定资产”。

（2）结转相应金额的“专项应付款”至“递延收益”

借：专项应付款　　30 000 000.00

　贷：递延收益　　30 000 000.00

说明：因增值税进项税额可以抵扣，故不属于拆迁补偿范围，所以进项税额不能计入“递延收益”。

（3）厂房及办公楼折旧的会计处理

2018 年应折旧金额 =（3 000/30）×9/12=75（万元）。

借：管理费用　　750 000.00

　贷：累计折旧　　750 000.00

（4）根据《企业会计准则第 16 号——政府补助》，应将折旧金额对应的“递延收益”确认为当期的政府补助收入

借：递延收益　　750 000.00

　贷：营业外收入　　750 000.00

2. 支付机器设备搬迁过程发生拆除、运输和重新安装及调试费用等

（1）支付费用

借：管理费用　　8 100 000.00

　　应交税费——应交增值税（进项税额）　　400 000.00

　贷：银行存款　　8 500 000.00

（2）结转相应金额（不含税）的“专项应付款”至“递延收益”

借：专项应付款　　8 100 000.00

　贷：递延收益　　8 100 000.00

（3）根据《企业会计准则第16号——政府补助》，应将费用支出对应的“递延收益”确认为当期的政府补助收入

借：递延收益　8 100 000.00

　贷：营业外收入　8 100 000.00

3. 购入新增机器设备的会计处理

（1）购入机器设备用于安装调试

借：在建工程　20 000 000.00

　　应交税费——应交增值税（进项税额）　3 200 000.00

　贷：银行存款　23 200 000.00

（2）结转相应金额的“专项应付款”至“递延收益”

借：专项应付款　20 000 000.00

　贷：递延收益　20 000 000.00

说明：新增设备2018年尚未投入使用，因此不计提折旧，也不需要将“递延收入”确认为政府补助收入。

4. 税务处理

（1）2018年度因搬迁而购置标准化厂房及办公楼，会计确认了政府补助收入75万元，同时会计处理还计提折旧75万元。税务上，新购固定资产折旧不属于搬迁支出，可以税前扣除，但是会计确认的政府补助收入属于政策性搬迁收入，可以在2018年度不确认收入而待搬迁完成年度汇总清算。故应对会计确认的政府补助收入进行纳税调整。

（2）搬迁费用810万元会计处理计入当期损益，一方面确认了政府补助收入810万元，另一方面确认了“管理费用”810万元；但是税务处理属于搬迁支出，可以待搬迁完成年度汇总清算，故应对其进行纳税调整。

（3）用补偿款购置机器设备，会计处理只是确认了“递延收益”，没有影响当期损益。税务处理与会计处理一致，无须进行纳税调整。

（4）纳税调整

下面通过填报企业所得税年度申报表来说明纳税调整过程。

第一步：填写《一般企业收入明细表》（A101010），见表7-1-6。

表7-1-6

A101010　一般企业收入明细表　单位：万元

行次	项　目	金　额
16	二、营业外收入（17+18+19+20+21+22+23+24+25+26）	885.00
20	（四）政府补助利得	885.00

第二步：填写《未按权责发生制确认收入纳税调整明细表》（A105020），见表7-1-7。

表 7-1-7

A105020　　未按权责发生制确认收入纳税调整明细表　　单位：万元

行次	项　目	合同金额（交易金额）	账载金额		税收金额		纳税调整金额
			本年	累计	本年	累计	
		1	2	3	4	5	6（4-2）
9	三、政府补助递延收入（10+11+12）	8 000.00	885.00	2 651.67	0.00	0.00	-885.00
10	（一）与收益相关的政府补助	3 000.00	810.00	2 576.67	0.00	0.00	-810.00
11	（二）与资产相关的政府补助	5 000.00	75.00	75.00	0.00	0.00	-75.00

第三步：填写《纳税调整项目明细表》（A105000），见表 7-1-8。

表 7-1-8

A105000　　纳税调整项目明细表　　单位：万元

行次	项　目	账载金额	税收金额	调增金额	调减金额
		1	2	3	4
1	一、收入类调整项目（2+3+4+5+6+7+8+10+11）	—	—	0.00	885.00
3	（二）未按权责发生制原则确认的收入（填写A105020）	885.00	0.00	0.00	885.00
12	二、扣除类调整项目（13+14+…24+26+27+28+29+30）	—	—	885.00	0.00
30	（十七）其他	885.00	0.00	885.00	0.00

三、2019 年度的财税处理

1. 设备安装调试费用资本化的会计处理

（1）支付安装调试费用

借：在建工程　　1 000 000.00

　　应交税费——应交增值税（进项税额）　　130 000.00

　贷：银行存款　　1 130 000.00

（2）将相应金额的“专项应付款”转入“递延收益”

借：专项应付款　　1 000 000.00

　贷：递延收益　　1 000 000.00

2. 新增设备的转固及折旧的会计处理

（1）转固定资产

借：固定资产　　21 000 000.00

　贷：在建工程　　21 000 000.00

（2）折旧

2019 年度新增机器设备折旧金额 =(2 100/10) × 6/12=105（万元）。

借：制造费用　　1 050 000.00

　贷：累计折旧　　1 050 000.00

（3）根据《企业会计准则第 16 号——政府补助》，应将新增机器设备折旧金额对应的“递延收益”确认为当期的政府补助收入

借：递延收益　　1 050 000.00

　贷：营业外收入　　1 050 000.00

同样，新购置的厂房及办公楼折旧金额在 2019 年度也应确认政府补助收入（营业外收入）100 万元，具体计算过程及会计分录省略。

3. “专项应付款”余额的结转

余额＝收入 8 000−1 766.67（2017 年借方发生额）−5 810（2018 年借方发生额）−100（2019 年借方发生额）=323.33（万元）。

按照《企业会计准则解释第 3 号》规定，企业取得的搬迁补偿款扣除转入递延收益后如有余额的，应作为资本公积处理。

借：专项应付款　　3 233 300.00

　贷：资本公积——其他公积　　3 233 300.00

4. 税务处理

（1）计算搬迁所得

2019 年度完成搬迁，应按规定对搬迁收入和支出进行汇总清算，计算出搬迁所得并按规定进行纳税申报。

① 搬迁收入＝搬迁补偿收入＋搬迁资产处置 =8 000+300=8 300（万元）；

② 搬迁支出＝搬迁费用支出＋搬迁资产处置支出 =976.67+1 900=2 876.67（万元）；

③ 搬迁所得 =8 300−2 876.67=5 423.33（万元）。

（2）税会差异分析

会计上，因搬迁购置资产而发生的折旧费 205 万元，同时确认政府补助收入 205 万元；“专项应付款”余额按规定转入“资本公积”，没有影响当期损益。

税务上，会计处理确认的资产折旧金额 205 万元可以税前扣除，同时因搬迁完成汇总清算得出搬迁所得 5 423.33 万元应纳税申报。

因此，会计处理确认的政府补助收入应进行纳税调整，搬迁所得也应进行专项申报 [即填报《政策性搬迁纳税调整明细表》（A105010）]。

（3）纳税调整

下面通过填报企业所得税年度申报表来说明纳税调整过程。

第一步：填写《一般企业收入明细表》（A101010），见表 7-1-9。

表 7-1-9

A101010　　一般企业收入明细表　　单位：万元

行次	项　目	金　额
16	二、营业外收入（17+18+19+20+21+22+23+24+25+26）	205.00
20	（四）政府补助利得	205.00

第二步：填写《未按权责发生制确认收入纳税调整明细表》（A105020），见表 7-1-10。

表 7-1-10

A105020　　未按权责发生制确认收入纳税调整明细表　　单位：万元

行次	项　目	合同金额（交易金额）	账载金额		税收金额		纳税调整金额
			本年	累计	本年	累计	
		1	2	3	4	5	6（4-2）
9	三、政府补助递延收入（10+11+12）	5 100.00	205.00	280.00	0.00	0.00	-205.00
10	（一）与收益相关的政府补助	0.00	0.00	0.00	0.00	0.00	0.00
11	（二）与资产相关的政府补助	5 100.00	205.00	280.00	0.00	0.00	-205.00

第三步：填写《政策性搬迁纳税调整明细表》（A105110），见表 7-1-11。

表 7-1-11

A105110　　政策性搬迁纳税调整明细表　　单位：万元

行次	项　目	金　额
1	一、搬迁收入(2+8)	8 300.00
2	（一）搬迁补偿收入（3+4+5+6+7）	8 000.00
3	1. 对被征用资产价值的补偿	—
4	2. 因搬迁、安置而给予的补偿	8 000.00
5	3. 对停产停业形成的损失而给予的补偿	—
6	4. 资产搬迁过程中遭到毁损而取得的保险赔款	—
7	5. 其他补偿收入	—
8	（二）搬迁资产处置收入	300.00
9	二、搬迁支出(10+16)	2 876.67
10	（一）搬迁费用支出(11+12+13+14+15)	976.67
11	1. 安置职工实际发生的费用	100.00
12	2. 停工期间支付给职工的工资及福利费	0.00
13	3. 临时存放搬迁资产而发生的费用	—
14	4. 各类资产搬迁安装费用	810.00
15	5. 其他与搬迁相关的费用	66.67
16	（二）搬迁资产处置支出	1 900.00
17	三、搬迁所得或损失（1-9）	5 423.33
18	四、应计入本年应纳税所得额的搬迁所得或损失（19+20+21）	5 423.33
19	其中：搬迁所得	5 423.33

续上表

行次	项　目	金　额
20	搬迁损失一次性扣除	—
21	搬迁损失分期扣除	0.00
22	五、计入当期损益的搬迁收益或损失	0.00
23	六、以前年度搬迁损失当期扣除金额	0.00
24	七、纳税调整金额（18-22-23）	5 423.33

第四步：填写《纳税调整项目明细表》（A105000），见表7-1-12。

表 7-1-12

A105000　　纳税调整项目明细表　　单位：万元

行次	项　目	账载金额	税收金额	调增金额	调减金额
		1	2	3	4
1	一、收入类调整项目（2+3+4+5+6+7+8+10+11）	—	—	0.00	205.00
3	（二）未按权责发生制原则确认的收入（填写A105020）	205.00	0.00	0.00	205.00
36	四、特殊事项调整项目（36+37+38+39+40）	—	—	5 423.33	0.00
38	（二）政策性搬迁（填写A105110）	—	—	5 423.33	0.00

四、政策性搬迁完成后的后续财税处理说明

本案例中，2019年完成了搬迁工作，在2019年度也完成了与政策性搬迁相关的税务申报，但是与政策性搬迁相关的税会差异并未得到弥合。

会计处理计入“递延收益”的与资产相关的政府补助，会在资产使用期间分期计入当期损益；而与政策性搬迁相关的搬迁收入与搬迁支出等，税务处理在2019年度进行了汇总清算，因此会计处理确认的政府补助收入（营业外收入）应全额进行纳税调减。

2020年度会计处理厂房及办公楼每年折旧100万元，同时确认“营业外收入——政府补助利得”100万元；机器设备每年折旧210万元，同时确认“营业外收入——政府补助利得”210万元。而税务处理，会计折旧金额符合税法规定可以税前扣除，不需要纳税调整；但是政府补助收入由于已经以“搬迁所得”的形式进行过纳税申报，故需要进行纳税调整。以后年度相同，不再赘述。

五、税务风险说明及管理

（1）企业应按规定的要求，就政策性搬迁过程中涉及的搬迁收入、搬迁支出、搬迁资产税务处理、搬迁所得等所得税征收管理事项，单独进行税务管理和核算。

所谓单独进行税务管理和核算，就是正常管理和核算以外，就政策性搬迁设立专门备查台账，专门用于登记与政策性搬迁相关的事宜，既包括搬迁收入、搬迁支出、搬迁资产税务处理、搬迁所得等所得税征收管理事项，也包括会计处理与税会差异，同时也应包括相关年度的纳税调整情况。

政策性搬迁涉及的税会差异时间跨度大，为避免纳税调整的遗漏与脱节，企业应按照会计档案管理标准做好政策性搬迁备查台账的保存与保管工作，涉及经办人变动时按会计档案移交程序做好移交工作。

（2）将与政策性搬迁相关的资料专门归档以备检查，同时在办税人员变更时做好相关档案资料的移交。

（3）政策性搬迁完成后或视同完成时，及时对搬迁所得进行汇总清算，并按规定进行纳税申报，避免因未及时进行汇总清算或纳税申报而被处罚。

（4）正确区分政策性搬迁与非政策性搬迁。属于政策性搬迁的，按规定自搬迁开始年度至次年5月31日前，向主管税务机关（包括迁出地和迁入地）报送政策性搬迁依据、搬迁规划等相关材料。政策性搬迁完成当年（含视同完成），企业所得税申报时应同时报送企业政策性搬迁的相关资料。

（5）政策性搬迁完成年度后，会计处理计入"递延收益"的与资产相关的政府补助，会在资产使用期限内分期计入当期损益，而税务处理早就对这部分政府补助以"搬迁所得"的形式进行了纳税申报，因此会计处理在政策性搬迁完成年度后确认的政府补助收入必须全额进行应纳税所得额调减，应填写《未按权责发生制确认收入纳税调整明细表》（A105020），"账载金额"就是会计处理确认的政府补助收入，而"税务金额"为0，不可遗漏，否则会多交税。

第二节　企业筹建期间开办费的财税处理及税务风险管理

企业筹建期间，由于企业尚未进入正常的生产经营阶段，筹建期间开办费用（以下简称开办费）与正常生产经营期间的税务与会计处理有所不同。

一、开办费的会计处理

（一）开办费的范围

企业在筹建期间内发生的开办费，包括人员工资、办公费、培训费、差旅费、印刷费、注册登记费以及不计入固定资产成本的借款费用等。

因此，开办费应包括除按规定应该资本化的借款费用以外的所有费用性支出。

（二）开办费的会计核算

执行《企业会计准则》（或《小企业会计准则》）的，筹建期间发生的开办费，应按规定全部计入当期损益。

借：管理费用——开办费——××费用

　贷：银行存款等

为方便各类费用的统计和税务申报，企业核算时应在"管理费用——开办费"下设置三级明细科目，不能把所有的开办费混在一起。

需要说明的是，企业如果适用的是《企业会计制度》，则在筹建期间发生的开办费用是先计入的“长期待摊费用”，然后在开始生产经营当月一次性摊销计入“管理费用——开办费”。

二、开办费的税务处理

（一）开办费税前扣除的方式

《国家税务总局关于企业所得税若干税务事项衔接问题的通知》（国税函〔2009〕98 号）第九条规定，对企业所得税法实施以前年度企业未摊销完的开办费，2008 年度可以一次性扣除。《企业所得税法》中开（筹）办费未明确列作长期待摊费用，企业可以在开始经营之日的当年一次性扣除，也可以按照企业所得税法有关长期待摊费用的处理规定处理，但一经选定，不得改变。

说明：上述“企业所得税法有关长期待摊费用的处理规定处理”，是指开办费可以作为《企业所得税法》第十三条第（四）款规定的“其他应当作为长期待摊费用的支出”，并按照《企业所得税法实施条例》第七十条规定摊销期限不少于三年进行摊销扣除。

因此，对于筹建期间发生的开办费，企业有两种选择：可以开始经营之日的当年一次性扣除，也可以选择按不低于 3 年分期摊销扣除。

（二）企业筹建期间开办费支出不得计算为当期的亏损

《关于贯彻落实企业所得税法若干税收问题的通知》（国税函〔2010〕79 号）第七条中规定，企业自开始生产经营的年度，为开始计算企业损益的年度。企业从事生产经营之前进行筹办活动期间发生筹办费用支出，不得计算为当期的亏损，应按照《国家税务总局关于企业所得税若干税务事项衔接问题的通知》（国税函〔2009〕98 号）第九条规定执行。

（三）筹建期间业务招待费与广告费和业务宣传费的税务处理

《国家税务总局关于企业所得税应纳税所得额若干税务处理问题的公告》（国家税务总局公告 2012 年第 15 号）第五条规定，企业在筹建期间，发生的与筹办活动有关的业务招待费支出，可按实际发生额的 60% 计入企业筹办费，并按有关规定在税前扣除；发生的广告费和业务宣传费，可按实际发生额计入企业筹办费，并按有关规定在税前扣除。

（四）开办费的税务范围及扣除标准

原《企业所得税暂行条例实施细则》第三十四条规定，开办费是指企业在筹建期发生的费用，包括人员工资、办公费、培训费、差旅费、印刷费、注册登记费以及不计入固定资产和无形资产成本的汇兑损益和利息等支出。《企业所得税法》及其实施条例和企业所得税相关规范性文件中，没有再明确规定企业筹建期开办费的内容，但实务中基本继承了原来的规定。会计方面开办费的范围也与税务方面的范围是基本一致的。

除国家税务总局 2012 年第 15 号公告涉及的业务招待费、广告费和业务宣传费的扣除标准外，其他相关支出也应满足税法的相关规定，超过税法规定标准的部分不能税前扣除，其中以下几点需要重点关注：

（1）职工福利费支出：应在工资薪金支出的14%以内。

（2）利息支出。

① 国税函〔2009〕312号规定，企业投资者在规定期限内未缴足其应缴资本额的，该企业对外借款所发生的利息，相当于投资者实缴资本额与在规定期限内应缴资本额的差额应计付的利息，不得扣除。

② 财税〔2008〕121号规定，向关联方支付利息需要考虑企业其接受关联方债权性投资与其权益性投资比例及同期金融机构贷款利率水平，超过债资比例和利率水平部分利息支出不得扣除。

③ 国税函〔2009〕777号规定，企业向股东或其他与企业有关联关系的自然人借款的利息支出，按财税〔2008〕121号规定办理；内部职工或其他人员借款的利息支出，利息支出在不超过按照金融企业同期同类贷款利率计算的数额。

④《企业所得税实施条例》第三十八条规定，非金融企业向非金融企业借款的利息支出，超过按照金融企业同期同类贷款利率计算的数额的部分不得扣除。

（3）工会经费：按实际支付的职工工资2%拨缴。

（4）所有支出，均应取得符合税法规定的扣除凭证，比如向自然人、关联方支付的利息等都应取得正式发票，并代扣代缴相关税费等。

超过税法规定标准的支出（含固定资产折旧等），如果计入了开办费，应在开办费一次性扣除或分期摊销扣除时进行调整；如果超过税法规定标准的支出，资本化后计入了相关资产，应在后期调整相关资产的计税基础。

三、开办费的税会差异分析与纳税调整

（一）开办费的会计账面金额与计税基础的差异

根据税法规定，开办费中部分费用支出是不能税前扣除的，比如超支的职工福利费支出，业务招待费只能扣除60%等，以及没有符合税法规定扣除凭证的费用支出。总之，开办费可以税前扣除金额合计，一定是小于开办费的会计账面价值金额合计的。

因此，在企业筹建完成后进入生产经营时，开办费的纳税申报以后要注意进行纳税调整，分析并剔除不能税前扣除的费用支出。

（二）计算损益年度的差异及纳税调整

税法规定，企业筹建期间不得计算为损益年度，但是筹建期间完成后就需要按照正常的生产经营进行纳税申报。

1. 当年仅为单纯的筹建期的情况

如果企业选择适用企业会计准则，在财务报表上必然是要体现为亏损；而在税务方面，根据国税发〔2009〕79号文、国税函〔2010〕79号文的规定，企业筹建期间是不计算当期损益的。

企业成立登记后，税务管理系统会要求按时申报并汇算企业所得税。虽然企业筹建期间

是不计算当期损益的，但是企业还是应该按时申报，只是要财务报表上体现为“管理费用”等开办费进行调整：“账载金额”按财务报表数填列，“税收金额”全部调整为 0。

2．企业已经进入单纯经营年度但又涉及前期的开办费的情况

企业在以前年度已经进入经营年度了，但是基于各种考虑企业可能选择了分期摊销的税务处理办法（比如担心前期有较大亏损在 5 年内不能有效弥补）。由于会计处理开办费前期已进入了损益，因此，此时税务上应通过“长期待摊费用”进行调增费用支出。摊销开办费金额按税法规定的不得低于 3 年计算得出。

3．企业当年既有筹建期，又有经营期的情况

如果出现这种情况，根据国税函〔2010〕79 号文的规定，当年是要计算为税务上的损益年度的，但是可以划分为筹建和经营的两个时间段，然后按照国税函〔2009〕98 号文第九条规定执行，也就是说企业还是存在选择的问题，要么一次性进行摊销，要么按照不低于 3 年进行摊销。当然，此时只要按照前述的 1 和 2 的情况处理即可，只是如果存在摊销计算的时间按经营期间的时间计算而已，然后进行调整。

（三）业务招待费、广告费和业务宣传费的单独调整

按国家税务总局 2012 年第 15 号公告，企业在筹建期间，发生的与筹办活动有关的业务招待费支出，可按实际发生额的 60% 计入企业筹办费，并按有关规定在税前扣除；发生的广告费和业务宣传费，可按实际发生额计入企业筹办费，并按有关规定在税前扣除。

特别注意，上述的“按有关规定在税前扣除”，是指按照开办费的税前扣除规定，而不是指业务招待费、广告费和业务宣传费的税前扣除规定。

也就是说，筹建期间的业务招待费按照实际发生额的 60%，不受营业务收入比例的限制，在企业进入生产经营后只需要按照开办费进行扣除即可（一次性扣除或者分期摊销扣除），与扣除期间的业务招待费不需要合并计算扣除限额。

同样道理，筹建期间的广告费和业务宣传费，也没有比例限制，在企业进入生产经营后只需要按照开办费进行扣除即可（一次性扣除或者分期摊销扣除），与扣除期间的广告费和业务宣传费也不需要合并计算扣除限额。

四、筹建期结束的界定与收入税务处理困惑及税务风险管理

（一）筹建期结束的界定困惑

《国家税务总局关于贯彻落实企业所得税法若干税收问题的通知》（国税函〔2010〕79 号）规定，企业筹办期间不计算为亏损年度。筹建期结束，意味着企业应正常申报纳税。

现行有效的税法规定，对筹建期间的时间范围并无明文规定，对于如何界定筹建期结束在实际执行中造成很大争议，各地税务机关执行口径也不一致，主要有四种观点：

（1）以营业执照上列明的设立日期，作为筹建期结束时点。

（2）以试生产、试营业结束，作为筹建期结束时点。

（3）以取得第一笔主营收入作为筹建期结束时点。

（4）企业的各项资产投入使用开始的年度，或者对外经营活动开始年度作为筹建期结束时点。

（二）筹建期间的收入如何进行企业所得税处理的困惑

筹建期间，企业可能发生利息收入、政府补助收入、在建工程边角余料销售收入等，对这部分收入应如何进行税务处理呢？

国税函〔2010〕79号文规定，筹办活动期间发生筹办费用支出，不得计算为当期的亏损。如果企业筹建期相关费用支出不计算为亏损，那么取得的政府补贴收入或资金利息收入等收入也不应计算为所得，否则费用不计算为当期亏损，而取得的收入却要纳税，这违反了企业所得税是对所得征税的原理，也与国税函〔2010〕79号文件本义相违背。

所以，企业筹办或筹建期间的收入、费用不计算缴纳企业所得税，但须进行正常的企业所得税汇算清缴，待进入生产经营期后，其筹办或筹建期间的开办费用可以在开始经营之日的当年一次性扣除或选择作为长期待摊费用在不短于三年期间内分期摊销，而其筹办或筹建期间的收入则应一次性计入当年应纳税所得额。

上述想法显然对企业有利，但却无明确的法律法规或规范性文件作支撑。而税务局马上就可以从《企业所得税法》及其实施条例找出相关规定，指出这些收入都属于应税收入。

针对前述收入应如何进行税务处理，其根源还是在于如何界定筹建期的结束。

（三）筹建期结束的界定与收入税务处理的税务风险管理

因税法规定不明确而出现税务争议，很容易给企业造成税务风险。企业财务人员面对该类问题时，应坚持谨慎性原则，宁可牺牲眼前部分利益，也要避免给企业留下税务风险的隐患。

目前，各地税务机关比较认可的是筹建期间企业银行存款取得的利息收入可以冲减开办费，而不作为应税收入。小额的在建工程边角余料销售收入或试车收入等部分地区可以冲减在建工程，而不做应税收入处理。至于其他收入，包括企业将资金用于借贷或理财投资而取得的利息收入，都应作为应税收入处理。

如果企业筹建期间较长，且投入生产经营后可能前期亏损较大，企业应与主管税务机关提前沟通好筹建期间结束界定与部分收入的税务处理原则，最好形成双方认可的书面文件。否则，除小额银行存款利息收入外，只要取得其他收入，企业应视为筹建期结束，并从取得收入年度起按照正常生产经营申报纳税；即使没有取得收入，企业的各项资产投入使用开始的年度，或者对外经营活动开始年度作为筹建期结束时点。

【案例7-2】企业筹建期间开办费的财税处理及税务风险管理

甲公司成立于2018年7月，至2018年12月31日仍然还处于筹建期间。

（1）甲公司2018年度“管理费用——开办费”累计发生如下明细支出见表7-2-1。

表 7-2-1

甲公司2018年度“管理费用——开办费”累计发生明细支出　　单位：万元

行次	明细科目	金　额	备　注
1	职工薪酬	100.00	
2	职工福利费	15.00	超支1万元
3	五险一金	35.00	
4	培训费	2.00	
5	办公及注册登记费	5.00	
6	业务招待费	10.00	
7	业务宣传费	5.00	
8	其他	12.00	其中2万元支出凭据不符合税法规定
	合计	184.00	

表 7-2-1 中各项费用金额与实际支出一致，除备注注明外的支出凭据均符合税法规定。

（2）甲公司 2018 年度取得银行存款利息收入 1 万元，计入了“财务费用——利息收入”，除此之外无其他收入。

（3）甲公司在 2019 年 3 月份完成筹建，从 2019 年 4 月 1 日正式进入生产经营。截至 2019 年 3 月 31 日，“管理费用——开办费”累计发生如下明细支出见表 7-2-2。

表 7-2-2

甲公司2019年3月31日，“管理费用——开办费”累计发生明细支出　　单位：万元

行次	明细科目	金　额	备　注
1	职工薪酬	50.00	
2	职工福利费	7.00	
3	五险一金	16.00	
4	培训费	2.00	
5	办公及注册登记费	2.00	
6	业务招待费	5.00	
7	业务宣传费	3.00	
8	其他	8.00	
	合计	93.00	

表 7-2-2 中各项费用金额与实际支出一致，其支出凭据均符合税法规定。

（4）甲公司 2019 年度取得销售收入 1 000 万元。结束筹建后，发生广告费和业务宣传费支出 13 万元、业务招待费 20 万元。假定除此之外无其他税会差异。

问题：甲公司 2018 年度和 2019 年度开办费的财税处理及税务风险管理。

解析：

1. 甲公司2018年度开办费的财税处理

甲公司在2018年度发生的开办费184万元和利息收入1万元全部计入了当期损益，会计处理的结果是会计账目亏损183万元。

税务方面，可以根据国税函〔2010〕79号文规定，2018年度不计算为亏损年度，开办费应作为“长期待摊费用——开办费”处理。其中：职工福利费支出，超支1万元；业务招待费10万元只能按60%计入开办费；其他费用中，有2万元支出凭据不符合税法规定；合计有7万元不能计入“开办费”的计税基础。

因此，2018年度甲公司应做两方面的纳税调整：一方面是会计账目亏损183万元应通过调整使其2018年度应纳税所得额最终变为0；另一方面要调整“开办费”计税基础，其计税基础应为176万元（183-7）。

下面通过填报企业所得税年度申报表来说明纳税调整过程。

第一步：填写《期间费用明细表》（A104000），见表7-2-3。

表7-2-3

A104000　　期间费用明细表　　单位：万元

行次	项　目	销售费用	其中：境外支付	管理费用	其中：境外支付	财务费用	其中：境外支付
		1	2	3	4	5	6
21	二十一、利息收支	—	—	—	—	—	—
24	二十五、其他	0.00	0.00	184.00	0.00	-1.00	—
25	合计(1+2+3+…24)	0.00	0.00	184.00	0.00	-1.00	0.00

第二步：填写《职工薪酬纳税调整明细表》（A105050），见表7-2-4。

表7-2-4

A105050　　职工薪酬纳税调整明细表　　单位：万元

行次	项　目	账载金额	实际发生额	税收规定扣除率	以前年度累计结转扣除额	税收金额	纳税调整金额	累计结转以后年度扣除额
		1	2	3	4	5	6（1-5）	7（1+4-5）
1	一、工资薪金支出	100.00	100.00	—	—	100.00	0.00	—
3	二、职工福利费支出	15.00	15.00	14.00%	—	14.00	1.00	—

说明：假定五险一金支出和培训支出符合税法规定，无须进行纳税调整。由于只要发生职工薪酬支出，均应填写《职工薪酬纳税调整明细表》（A105050），与是否计算亏损年度无关，故即使是筹建期间也应填报该表。

第三步：填写《资产折旧、摊销情况及纳税调整明细表》（A105080），见表7-2-5。

表 7-2-5

A105080　资产折旧、摊销情况及纳税调整明细表　单位：万元

行次	项　目	账载金额			税收金额			纳税调整
		资产原值	本年折旧、摊销额	累计折旧、摊销额	资产计税基础	税收折旧额（摊销额）	累计折旧、摊销额	金额
		1	2	3	4	5	8	9(2-5)
31	四、长期待摊费用（20+21+22+23+24）	0.00	0.00	0.00	176.00	0.00	0.00	0.00
35	（四）开办费	0.00	0.00	0.00	176.00	0.00	0.00	0.00

说明：虽然甲公司2018年度仍然处在筹建期内，开办费不涉及摊销与税前扣除，但是通过填写《资产折旧、摊销情况及纳税调整明细表》（A105080）相当于是向税务局进行报备，同时对“开办费”的计税基础予以税务确认。甲公司2018年实际支出开办费183万元（扣减利息收入后净额），但是职工福利费超支1万元和2万元支出凭证不符合税法规定，同时业务招待费10万元只能60%计入开办费，因此其计税基础应予以扣减7万元。

第四步：填写《纳税调整项目明细表》（A105000），见表 7-2-6。

表 7-2-6

A105000　纳税调整项目明细表　单位：万元

行次	项　目	账载金额	税收金额	调增金额	调减金额
		1	2	3	4
31	三、资产类调整项目（32+33+34+35）	—	—	1.00	0.00
32	（一）资产折旧、摊销（填写A105080）	152.00	151.00	1.00	0.00
36	四、特殊事项调整项目（37+38+…+43）	—	—	182.00	0.00
43	（七）其他	—	—	182.00	0.00
46	合计（1+12+31+36+44+45）	—	—	183.00	0.00

2. 甲公司 2018 年度开办费的财税处理

甲公司 2019 年 3 月 31 日前处于筹建期间，其发生的费用 93 万元计入“管理费用——开办费”，不能与进入生产经营后发生的费用混在一起，比如业务招待费、业务宣传费。

企业筹建期间发生的开办费，按规定业务招待费只能按实际发生额 5 万元的 60% 计入开办费的计税基础，因此甲公司 2019 年发生的开办费计税基础 91 万元 [93−5×（1−60%）]。

根据税法规定，2019 年度甲公司对开办费的税务处理有两种选择：一种是将开办费（含以前年度累计额）一次性在 2018 年度进行税前扣除；一种是将开办费（含以前年度累计额）分期摊销扣除，摊销期限不得低于 3 年。

如果是一次性扣除，2019 年度可以税前扣除的开办费等于 267 万元（176+91）。如果按照 3 年分期摊销扣除，则 2018 年度可以税前扣除的开办费等于 89 万元（267/3）。

特别注意：2019 年度发生的业务招待费和业务宣传费，一定要注意发生所属期间，属于筹建期间的按照开办费规定在税前扣除，属于正常生产经营期间的计算扣除限额与筹建期间开办费明显不一致。

下面通过企业所得税申报表填报来分别说明一次性扣除和分期摊销纳税调整过程。

《期间费用明细表》（A104000）和《职工薪酬纳税调整明细表》（A105050）等填报与 2017 年度一致，此处不再赘述。需要说明的是，2018 年度发生的“职工薪酬”包含筹建期间

和正常生产经营的，在填报《职工薪酬纳税调整明细表》（A105050）时可以合并在一起填报。

（1）一次性扣除

①《资产折旧、摊销情况及纳税调整明细表》（A105080）填写，见表 7-2-7。

表 7-2-7

A105080　　资产折旧、摊销情况及纳税调整明细表　　单位：万元

行次	项　目	账载金额			税收金额			纳税调整
		资产原值	本年折旧、摊销额	累计折旧、摊销额	资产计税基础	税收折旧额（摊销额）	累计折旧、摊销额	金额
		1	2	3	4	5	8	9(2-5)
31	四、长期待摊费用（20+21+22+23+24）	0.00	0.00	0.00	267.00	267.00	267.00	-267.00
35	（四）开办费	0.00	0.00	0.00	267.00	267.00	267.00	-267.00

② 填写《纳税调整项目明细表》（A105000），见表 7-2-8。

表 7-2-8

A105000　　纳税调整项目明细表　　单位：万元

行次	项　目	账载金额	税收金额	调增金额	调减金额
		1	2	3	4
31	三、资产类调整项目（32+33+34+35）	—	—	0.00	267.00
32	（一）资产折旧、摊销（填写A105080）	0.00	267.00	0.00	267.00
36	四、特殊事项调整项目（37+38+…+43）	—	—	93.00	0.00
43	（七）其他	—	—	93.00	0.00
46	合计（1+12+31+36+44+45）	—	—	93.00	267.00

说明：2019年度发生的开办费计入当期损益金额是93万元，再次通过第32行的“（一）资产折旧、摊销”纳税调整扣除91万元，属于重复扣除；另外，2018年度开办费中业务招待费5万元还有40%不得税前扣除，所以合计应纳税调增93万元，故第43行“（五）其他”填写93万元。

（2）分期摊销扣除

①《资产折旧、摊销情况及纳税调整明细表》（A105080）填写，见表 7-2-9。

表 7-2-9

A105080　　资产折旧、摊销情况及纳税调整明细表　　单位：万元

行次	项　目	账载金额			税收金额			纳税调整
		资产原值	本年折旧、摊销额	累计折旧、摊销额	资产计税基础	税收折旧额（摊销额）	累计折旧、摊销额	金额
		1	2	3	4	5	8	9(2-5)
31	四、长期待摊费用（20+21+22+23+24）	0.00	0.00	0.00	267.00	89.00	89.00	-89.00
35	（四）开办费	0.00	0.00	0.00	267.00	89.00	89.00	-89.00

②《纳税调整项目明细表》(A105000)填写，见表7-2-10。

表7-2-10

A105000　　纳税调整项目明细表　　单位：万元

行次	项　目	账载金额	税收金额	调增金额	调减金额
		1	2	3	4
31	三、资产类调整项目(32+33+34+35)	—	—	0.00	89.00
32	(一)资产折旧、摊销(填写A105080)	0.00	89.00	0.00	89.00
36	四、特殊事项调整项目(37+38+…+43)	—	—	93.00	0.00
43	(七)其他	—	—	93.00	0.00
46	合计(1+12+31+36+44+45)	—	—	93.00	89.00

说明：2019年度发生的开办费计入当期损益金额是93万元，由于分次摊销扣除，其会计处理计入当期损益的金额不能直接扣除应全额调增(含不得计入开办费业务招待费40%)，故第42行“(五)其他”填写93万元。

2020年度和2021年度的“开办费”税前扣除说明：需要像表7-2-9一样填写《资产折旧、摊销情况及纳税调整明细表》(A105080)，每年摊销金额89万元，然后再像表7-2-10一样填写《纳税调整项目明细表》(A105000)纳税调减89万元，只是不再填写第43行“(五)其他”金额。

3. **税务风险说明及管理**

(1)注意筹建期结束的确认，加强与主管税务机关的联系沟通，避免双方在相关问题上认识差异给企业带来的税务风险。

(2)“管理费用——开办费”的核算至少要设置三级明细科目，对相关费用进行分类归集，尤其是税法对相关支出有较多限制性规定的支出项目，比如业务招待费、职工福利费等。

(3)在单纯筹建期间，不能因为可以不计算亏损年度就在年度所得税申报表填报时简单敷衍了事，将会计确认的开办费直接通过扣除项目的“其他”一调了之，而不填报职工薪酬、资产折旧、摊销等表。

(4)注意税务处理“开办费”的计税基础确认，需要从会计处理确认的“开办费”发生额中扣除按税法规定不得计入开办费金额，又要扣除超过税法规定限额的部分以及支出凭据不符合税法规定的费用支出。

第三节　企业重组及递延纳税事项的财税处理及风险管理

企业重组，从税法角度讲是指企业在日常经营活动以外发生的法律机构或经济机构重大改变的交易，包括企业法律形式改变、债务重组、股权收购、资产收购、合并、分立等。

企业重组的税务处理非常复杂，涉及的税务问题又特别多，实务中一般都是企业聘请专业人士来处理该类事项，并且需要与主管税务机关反复沟通甚至签署税务处理协定书。因此，鉴于篇幅所限此处只做简单介绍，希望读者理解。

递延纳税事项，是指企业重组中适用特殊性税务处理时，或发生非货币性资产对外投资、技术入股、股权划转、资产划转等事项时，资产转让所得不在发生当期申报纳税，而可以按税法规定递延纳税。

涉及企业重组及递延纳税事项的，企业所得税申报时应填报《企业重组及递延纳税事项纳税调整明细表》（A105100）。

一、企业重组的税务方式

（一）企业重组的税务规定

目前涉及企业重组的税务规定比较重要的有：

（1）《财政部 国家税务总局关于企业重组业务企业所得税处理若干问题的通知》（财税〔2009〕59号）；

（2）《国家税务总局关于发布〈企业重组业务企业所得税管理办法〉的公告》（国家税务总局公告2010年第4号）；

（3）《财政部 国家税务总局关于促进企业重组有关企业所得税处理问题的通知》（财税〔2014〕109号）；

（4）《国家税务总局关于企业重组业务企业所得税征收管理若干问题的公告》（国家税务总局公告2015年第48号）。

（二）企业重组的税务处理方式分类

1．处理方式分类

（1）一般性税务处理；

（2）特殊性税务处理。

2．适用特殊性税务处理需要满足的条件

（1）具有合理的商业目的，且不以减少、免除或者推迟缴纳税款为主要目的。

（2）被收购、合并或分立部分的资产或股权比例符合本通知规定的比例。

（3）企业重组后的连续12个月内不改变重组资产原来的实质性经营活动。“企业重组后的连续12个月内”，是指自重组日起计算的连续12个月内。

（4）重组交易对价中涉及股权支付金额符合规定比例。

（5）企业重组中取得股权支付的原主要股东，在重组后连续12个月内，不得转让所取得的股权。“原主要股东”，是指原持有转让企业或被收购企业20%以上股东。

3．企业重组，除符合规定适用特殊性税务处理规定外，一律按一般性税务处理规定进行处理

同一重组业务的当事各方应采取一致的税务处理原则，即统一按特殊性税务处理或一般性税务处理。

（三）企业重组的税务管理要求

1．适用一般性税务处理的管理要求

企业发生合并、分立一般性税务处理的，被合并企业、被分立企业不再继续存在的应按

照《财政部 国家税务总局关于企业清算业务企业所得税处理若干问题的通知》(财税〔2009〕60号)规定进行清算，同时应附送相关资料。

企业发生债务重组、股权收购、资产收购一般性税务处理的，企业应准备相关资料，以备税务机关检查。

2. 适用特殊性税务处理的管理要求

(1)资料报送要求。

企业重组业务适用特殊性税务处理的，除财税〔2009〕59号文第四条第(一)款外，重组各方应在该重组业务完成当年，办理企业所得税申报时，分别向各自主管税务机关报送《企业重组所得税特殊性税务处理报告表及附表》和相关申报资料。合并、分立中重组一方涉及注销的，应在尚未办理注销税务登记手续前进行申报。

重组主导方申报后，其他当事方向其主管税务机关办理纳税申报，申报时应附送重组主导方经主管税务机关受理的《企业重组所得税特殊性税务处理报告表及附表》复印件。

(2)具有合理商业目的说明。

企业重组业务适用特殊性税务处理的，申报时应从五个方面逐条说明企业重组具有合理的商业目的：

① 重组交易的方式；

② 重组交易的实质结果；

③ 重组各方涉及的税务状况变化；

④ 重组各方涉及的财务状况变化；

⑤ 非居民企业参与重组活动的情况。

(3)涉及分步交易的特殊要求。

① 企业重组业务适用特殊性税务处理的，申报时当事各方还应向主管税务机关提供重组前连续12个月内有无与该重组相关的其他股权、资产交易情况的说明，并说明这些交易与该重组是否构成分步交易，是否作为一项企业重组业务进行处理。

② 若同一项重组业务涉及在连续12个月内分步交易，且跨两个纳税年度的，当事各方在首个纳税年度交易完成时预计整个交易符合特殊性税务处理条件的，经协商一致选择特殊性税务处理的，可以暂时适用特殊性税务处理，并在当年企业所得税申报时提交书面申报资料。

在下一纳税年度全部交易完成后，企业应判断是否适用特殊性税务处理。如适用特殊性税务处理的，当事各方应按照国家税务总局公告2015年第48号要求申报资料；如适用一般性税务处理的，应调整相应纳税年度的企业所得税申报表，计算缴纳企业所得税。

二、债务重组的财税处理

债务重组，是指在债务人发生财务困难的情况下，债权人按照其与债务人达成的书面协议或者法院裁定书，就其债务人的债务作出让步的事项。

债务重组中当事各方，是指债务人和债权人。

债务重组，以债务重组合同(协议)或法院裁定书生效日为重组日。

（一）企业债务重组的一般性税务处理及管理要求

1. 企业债务重组的一般性税务处理，按以下规定进行税务处理

（1）以非货币性资产清偿债务的，应当分解为转让相关非货币性资产和按非货币性资产公允价值清偿债务两项业务，确认相关资产的所得和损失。

（2）发生债权转股权的，应当分解为债务清偿和股权投资两项业务，确认有关债务清偿所得或损失。

（3）债务人应当按照支付的债务清偿额低于债务计税基础的差额，确认债务重组所得；债权人应当按照收到的债务清偿额低于债权计税基础的差额，确认债务重组损失。

（4）债务人的相关所得税纳税事项原则上保持不变。

2. 备查资料的准备

企业发生一般性税务处理的债务重组的应准备以下资料，以备税务机关检查：

（1）以非货币性资产清偿债务的，应当保留当事各方签订的清偿债务的协议或合同，以及非货币性资产公允价值确认的合法证据等。

（2）债权转股权的，应当保留当事各方签订的债转股协议或合同。

（二）企业债务重组的特殊性税务处理及管理要求

1. 企业债务重组符合特殊性税务处理，按以下规定进行税务处理

（1）企业债务重组确认的应纳税所得额占该企业当年应纳税所得额 50% 以上的，可以在 5 个年度内，均匀计入各年度的应纳税所得额。

（2）企业发生债权转股权业务，对债务清偿和股权投资两项业务暂不确认有关债务清偿所得或损失，股权投资的计税基础以原债权的计税基础确定。企业的其他相关所得税事项保持不变。

2. 申报资料的准备与报送

企业发生的债务重组业务符合财税〔2009〕59 号文规定条件并选择特殊性税务处理的，重组各方应在该重组业务完成当年办理企业所得税年度申报时，分别向各自主管税务机关报送《企业重组所得税特殊性税务处理报告表及附表》和以下申报资料：

（1）债务重组的总体情况说明，包括债务重组方案、基本情况、债务重组所产生的应纳税所得额，并逐条说明债务重组的商业目的；以非货币资产清偿债务的，还应包括企业当年应纳税所得额情况。

（2）清偿债务或债权转股权的合同（协议）或法院裁定书，需有权部门（包括内部和外部）批准的，应提供批准文件。

（3）债权转股权的，提供相关股权评估报告或其他公允价值证明；以非货币资产清偿债务的，提供相关资产评估报告或其他公允价值证明。

（4）重组当事各方一致选择特殊性税务处理并加盖当事各方公章的证明资料。

（5）债权转股权的，还应提供市场监管部门等有权机关登记的相关企业股权变更事项的证明材料，以及债权人 12 个月内不转让所取得股权的承诺书。

（6）重组前连续 12 个月内有无与该重组相关的其他股权、资产交易，与该重组是否构成分步交易、是否作为一项企业重组业务进行处理情况的说明。

（7）按会计准则规定当期应确认资产（股权）转让损益的，应提供按税法规定核算的资产（股权）计税基础与按会计准则规定核算的相关资产（股权）账面价值的暂时性差异专项说明。

3. 后续管理要求

企业发生财税〔2009〕59 号文件第六条第（一）项规定的债务重组，应准确记录应予确认的债务重组所得，并在相应年度的企业所得税汇算清缴时对当年确认额及分年结转额的情况做出说明。

主管税务机关应建立台账，对企业每年申报的债务重组所得与台账进行比对分析，加强后续管理。

（三）债务重组的会计处理及税会差异分析

1. 债务重组适用一般性税务处理时的会计处理及税会差异分析

（1）现金清偿债务。

根据《企业会计准则第 12 号——债务重组》规定，现金清偿债务的，债务人应当将重组债务的账面价值与实际支付现金之间的差额，确认为债务重组利得，计入当期损益；债权人应当将重组债权的账面价值与实际收到现金之间的差额，确认为债务重组损失，计入当期损益。会计处理见表 7-3-1。

表 7-3-1　现金清偿债务的会计处理

债务人的会计处理	债权人的会计处理
借：应付账款等 　贷：银行存款 　　　营业外收入——债务重组利得	借：银行存款 　　坏账准备 　　营业外支出——债务重组损失 　贷：应收账款等

如果债权人计提了“坏账准备”，则存在税会差异，否则会计处理与税务处理结果一致。

（2）以非货币性资产清偿债务。

根据《企业会计准则第 12 号——债务重组》规定，以非货币性资产清偿债务的，债务人应当将重组债务的账面价值与转让的非现金资产公允价值之间的差额，确认为债务重组利得，计入当期损益；转让的非现金资产公允价值与账面价值之间的差额，确认为转让资产损益，计入当期损益。

债权人应当对受让的非现金资产按其公允价值入账，将重组债权的账面价值与受让非现金资产公允价值之间的差额，确认为债务重组损失，计入当期损益。会计处理见表 7-3-2。

表 7-3-2　以非货币性资产债务的会计处理

债务人的会计处理	债权人的会计处理
以存货为例： 1. 确认收入和债务重组利得 借：应付账款等 　贷：主营业务收入（公允价值） 　　　应交税费——应交增值税（销项税额） 　　　营业外收入——债务重组利得 2. 结转成本 借：主营业务成本 　贷：库存商品（账面价值）	以存货为例： 借：库存商品（公允价值） 　　应交税费——应交增值税（进项税额） 　　营业外支出——债务重组损失 　　坏账准备 　贷：应收账款

如果债权人计提了“坏账准备”，则存在税会差异，否则会计处理与税务处理结果一致。

（3）债权转为股权。

根据《企业会计准则第 12 号——债务重组》规定，债务转为资本的，债务人应当将债权人放弃债权而享有股份的面值总额确认为股本（或实收资本），将股份的公允价值总额与股本（或实收资本）的差额确认为资本公积。重组债务账面价值超过股份的公允价值总额（或股权的公允价值）的差额，确认为债务重组利得，计入当期损益。债权人应当将享有股权的公允价值确认为对债务人的投资，将重组债权的账面价值与股权公允价值的差额，确认为债务重组损失，计入当期损益。会计处理见表 7-3-3。

表 7-3-3　债务转为资本的会计处理

债务人的会计处理	债权人的会计处理
借：应付账款等 　贷：股本/实收资本 　　　资本公积——股本/资本溢价 　　　营业外收入——债务重组利得	借：长期股权投资（公允价值） 　　营业外支出——债务重组损失 　　坏账准备 　贷：应收账款等

如果债权人计提了“坏账准备”，则存在税会差异，否则会计处理与税务处理结果一致。

（4）修改其他债务条件。

根据《企业会计准则第 12 号——债务重组》规定，修改其他债务条件的债务重组主要包括减少债务本金、降低利率、免去应付未付的利息等。其会计处理见表 7-3-4。

表 7-3-4　修改其他债务条件的会计处理

或有条件	债务人的会计处理	债权人的会计处理
不附或有条件	借：应付账款 　贷：应付账款——债务重组 　　　营业外收入——债务重组利得	借：应收账款——债务重组 　　营业外支出——债务重组损失 　　坏账准备 　贷：应收账款
附或有条件	借：应付账款 　贷：应付账款——债务重组 　　　营业外收入——债务重组利得 　　　预计负债（预估金额）	借：应收账款——债务重组 　　营业外支出——债务重组损失 　　坏账准备 　贷：应收账款

不附有或有条件的债务重组中，如果债权人计提了“坏账准备”，则存在税会差异，否则会计处理与税务处理结果一致。附有或有条件的债务重组中，债务人的“预计负债”在重组生效日应确认为债务重组利得，等到确定需要支付并实际支付后按实际支付金额申报税前扣除；债权人收到满足或有条件债务清偿的应作为当期的应税收入申报纳税。

2. 债务重组适用特殊性税务处理时的会计处理及税会差异分析

债务重组适用特殊性税务处理时的会计处理与一般性税务处理一样，不再赘述，下面主要说明税会差异。

（1）以非货币性资产清偿债务。

企业以非货币性资产清偿债务，如果债务人不涉及或有应付金额，债权人对相应的应收款项未计提减值准备，同时符合企业所得税特殊性税务处理条件且选择特殊性税务处理的，则产生暂时性差异，对会计上已计入利润总额的债务重组利得或损失按税法规定进行纳税调整。

如果债务人涉及或有应付金额确认了“预计负债”，债权人对相应的应收款项计提了减值准备，那么还需要按税法规定对预计负债、资产减值准备进行纳税调整。

（2）债权转股权。

企业发生债权转股权，符合企业所得税特殊性税务处理条件且选择特殊性税务处理的，由于对债务清偿和股权投资两项业务暂时不确认有关债务清偿所得或损失，股权投资的计税基础以原债权的计税基础确定，所以税务处理与会计处理存在税会差异，应对会计上已计入利润总额的债务重组利得或损失按税法规定进行纳税调整。

【案例 7-3】债务重组的财税处理及税务风险管理

甲公司欠乙公司货款 200 万元。由于甲公司财务发生困难，短期内不能支付已于 2018 年 9 月 30 日到期的货款。2019 年 8 月 1 日，经甲乙双方协商，乙公司同意甲公司以其生产的产品偿还债务。该产品公允价值为 100 万元（不含税），成本价为 70 万元。甲公司是增值税一般纳税人，产品税率为 13%。乙公司于 2019 年 8 月 26 日收到甲公司的抵债产品及增值税专用发票（按公允价值开具），并作为库存商品入库。

乙公司 2019 年度应纳税所得额为 200 万元，乙公司是增值税一般纳税人。

问题：甲公司和乙公司债务重组涉及的财税处理及税务风险管理。

解析：

1. 甲公司（债务人）的财税处理

（1）会计处理

① 确认资产转让收入和债务重组利得

借：应付账款	2 000 000.00	
贷：主营业务收入		1 000 000.00
应交税费——应交增值税（销项税额）		160 000.00
营业外收入——债务重组利得		840 000.00

② 结转资产转让成本

借：主营业务成本　　700 000.00

　贷：产成品　　700 000.00

（2）税务处理

甲公司因该项债务重组应确认的应纳税所得额 =（100−70）+87=117（万元）。

根据财税〔2009〕59 号文规定，企业债务重组确认的应纳税所得额占该企业当年应纳税所得额 50% 以上，可以在 5 个纳税年度的期间内，均匀计入各年度的应纳税所得额。117/200=58.5%>50%，该债务重组符合特殊性税务处理条件，可以选择特殊性税务处理方法。如果甲公司选择特殊性税务处理方法，那么甲公司计入 2019 年度的应纳税所得额 =117/5=23.40（万元）。

下面通过企业所得税申报表填报来说明纳税调整的过程。

《一般企业收入明细表》（A101010）和《一般企业成本支出明细表》（A102010）正常填写，因债务重组产生的“主营业务收入”和“主营业务成本”和正常的销售累计填写，不需要单独分离出来。

《企业重组纳税调整明细表》（A105100）填写，见表 7-3-5。

表 7-3-5

A105100　　企业重组纳税调整明细表　　单位：万元

行次	项　目	一般性税务处理			特殊性税务处理			纳税调整金额
		账载金额	税收金额	纳税调整金额	账载金额	税收金额	纳税调整金额	
		1	2	3(2−1)	4	5	6(5−4)	7(3+6)
1	一、债务重组			0.00	117.00	23.40	−23.60	−93.60
2	其中：以非货币性资产清偿债务			0.00	117.00	23.40	−23.60	−93.60

《纳税调整项目明细表》（A105000）填写，见表 7-3-6。

表 7-3-6

A105000　　纳税调整项目明细表　　单位：万元

行次	项　目	账载金额	税收金额	调增金额	调减金额
		1	2	3	4
36	四、特殊事项调整项目（37+38+…+42）	—	—	0.00	93.60
37	（一）企业重组及递延纳税事项（填写A105100）	117.00	23.40	0.00	93.60

2. 乙公司（债权人）的财税处理

（1）会计处理

借：库存商品　　1 000 000.00

　　应交税费——应交增值税（进项税额）　　130 000.00

营业外支出——债务重组损失　　870 000.00

贷：应收账款　　2 000 000.00

（2）税务处理

由于该项债务重组产生了87万元的债务重组损失，乙公司需要按照资产损失税前扣除规定进行专项申报，具体详见本书第六章内容，此处不再赘述。

3. 税务风险说明及管理

（1）在债务重组中，由于债权人涉及债务重组损失的税前扣除，所以税务局可能更加关注债权人的税务处理，因此债权人更应严格按照资产损失税前扣除做好相关资料的收集与准备，以备税务机关检查。

（2）无论是债权人还是债务人，涉及债务重组事项的，企业均应按照内部各自分级授权管理制度，召开相应级别会议（股东大会、董事会或管理层会议），对债务重组事宜作出决议，企业应做好相关会议的书面记录。相关会议记录应存档备查。

（3）债务重组当事各方应签署书面的债务重组协议（合同），并存档备查。如果还涉及批文或法院裁定书等，也应一并存档备查。

（4）选择适用特殊性税务处理的，一定要按规定报送相关资料，并准确计算企业债务重组确认的应纳税所得额占该企业当年应纳税所得额的比例，注意正确进行纳税调整。

（5）如果债务重组双方是关联企业的，需要保证债务重组交易符合独立交易原则，而无避税嫌疑。

三、股权收购的财税处理

股权收购，是指一家企业（以下称为收购企业）购买另一家企业（以下称为被收购企业）的股权，以实现对被收购企业控制的交易。收购企业支付对价的形式包括股权支付、非股权支付或两者的组合。

股权收购，以转让合同（协议）生效且完成股权变更手续日为重组日。关联企业之间发生股权收购，转让合同（协议）生效后12个月内尚未完成股权变更手续的，应以转让合同（协议）生效日为重组日。

股权收购中当事各方，指收购方、转让方及被收购企业。主导方为股权转让方，涉及两个或两个以上股权转让方，由转让被收购企业股权比例最大的一方作为主导方（转让股权比例相同的可协商确定主导方）。

（一）股权收购的一般性税务处理

1. 股权收购的一般性税务处理，相关交易应按以下规定处理

（1）被收购方应确认股权、资产转让所得或损失。

（2）收购方取得股权或资产的计税基础应以公允价值为基础确定。

（3）被收购企业的相关所得税事项原则上保持不变。

2. 股权收购的一般性税务处理，应准备以下两项相关资料，以备税务机关检查

（1）当事各方所签订的股权收购业务合同或协议。

（2）相关股权公允价值的合法证据。

（二）股权收购的特殊性税务处理

1. 股权收购特殊性税务处理，需要同时满足以下条件

（1）具有合理的商业目的，且不以减少、免除或者推迟缴纳税款为主要目的。

（2）企业重组中取得股权支付的原主要股东，在重组后连续12个月内，不得转让所取得的股权。

（3）企业重组后的连续12个月内不改变重组资产原来的实质性经营活动。

（4）收购企业购买的股权不低于被收购企业全部股权的75%。

（5）收购企业在该股权收购发生时的股权支付金额不低于其交易支付总额的85%。

根据《财政部 国家税务总局关于促进企业重组有关企业所得税处理问题的通知》（财税〔2014〕109号）规定，自2014年1月1日起，“股权收购，收购企业购买的股权不低于被收购企业全部股权的75%”调整为“股权收购，收购企业购买的股权不低于被收购企业全部股权的50%”。

2. 股权收购满足特殊性税务处理规定条件的，交易各方对其交易中的股权支付部分，可以按以下三项规定进行特殊性税务处理

（1）被收购企业的股东取得收购企业股权的计税基础，以被收购股权的原有计税基础确定。

（2）收购企业取得被收购企业股权的计税基础，以被收购股权的原有计税基础确定。

（3）收购企业、被收购企业的原有各项资产和负债的计税基础和其他相关所得税事项保持不变。

企业重组特殊性税务处理中股权支付部分暂不确认有关资产的转让所得或损失，但非股权支付仍应在交易当期确认相应的资产转让所得或损失，并调整相应资产的计税基础。

非股权支付对应的资产转让所得或损失＝（被转让资产的公允价值－被转让资产的计税基础）（非股权支付金额被转让资产的公允价值）

3. 股权收购适用特殊性税务处理的，需向主管税务机关报送以下9项资料

（1）股权收购业务总体情况说明，包括股权收购方案、基本情况，并逐条说明股权收购的商业目的。

（2）股权收购、资产收购业务合同（协议），需有权部门（包括内部和外部）批准的，应提供批准文件。

（3）相关股权评估报告或其他公允价值证明。

（4）12个月内不改变重组资产原来的实质性经营活动、原主要股东不转让所取得股权的承诺书。

（5）市场监管部门等有权机关登记的相关企业股权变更事项的证明材料。

（6）重组当事各方一致选择特殊性税务处理并加盖当事各方公章的证明资料。

（7）涉及非货币性资产支付的，应提供非货币性资产评估报告或其他公允价值证明。

（8）重组前连续 12 个月内有无与该重组相关的其他股权、资产交易，与该重组是否构成分步交易、是否作为一项企业重组业务进行处理情况的说明。

（9）按会计准则规定当期应确认资产（股权）转让损益的，应提供按税法规定核算的资产（股权）计税基础与按会计准则规定核算的相关资产（股权）账面价值的暂时性差异专项说明。

（三）股权收购的税会差异分析

1. 股权收购一般性税务处理与会计处理差异

（1）合并方式取得。

《企业会计准则第 2 号——长期股权投资》规定，以合并方式取得股权时，如果是同一控制下控股合并，收购企业取得被收购企业股权以合并日应享有被合并方账面所有者权益的份额作为账面价值，长期股权投资初始成本与支付的货币资产、转让的非货币性资产以及所承担债务账面价值之间的差额，应当调整资本公积；资本公积不足冲减的，调整留存收益。被收购企业股东不确认股权转让所得或损失。此处的会计处理，与股权收购一般性税务处理存在差异。

如果是非同一控制下控股合并，收购方应当按照确定的企业合并成本作为长期股权投资的初始成本。企业合并成本包括购买方付出的资产、发生或承担的负债、发行的权益性证券公允价值以及进行企业合并发生的各项直接费用之和。此时的会计处理，与股权收购一般性税务处理一致；同时，被收购企业股东应确认股权转让所得或损失，与股权收购一般性税务处理不存在差异。

（2）合并方式以外取得。

企业合并以外方式取得股权时，根据《企业会计准则第 2 号——长期股权投资》规定，采用成本法核算的，投资成本的确认会计处理与税务处理一致；采用权益法核算的，投资成本的确认会计处理与税务处理可能存在差异。被收购企业的股东，应按照非货币性资产交换进行会计处理，如果非货币性资产交换具有商业实质且换入或换出股权的公允价值能够可靠计量，那么会计处理与股权收购一般性税务处理基本一致。

2. 股权收购特殊性税务处理与会计处理差异

（1）合并方式取得。

《企业会计准则第 2 号——长期股权投资》规定，以合并方式取得股权时，如果是同一控制下控股合并，收购企业取得被收购企业股权以合并日应享有被合并方账面所有者权益的份额作为账面价值，被收购企业股东不确认股权转让所得或损失。此时的会计处理与股权收购特殊性税务处理基本一致。

如果是非同一控制下控股合并，收购方应当按照确定的企业合并成本作为长期股权投资的初始成本，被收购企业股东应确认股权转让所得或损失。此时的会计处理与股权收购特殊性税务处理存在差异。

（2）合并方式以外取得。

企业合并以外方式取得股权时，根据财税〔2009〕59号文规定的特殊性税务处理，收购企业取得被收购企业股权的计税基础，以被收购股权的原有计税基础确定。根据《企业会计准则第2号——长期股权投资》规定，无论是采用成本法核算的，还是采用权益法核算的，投资成本的确认会计处理与税务处理均存在差异。

【案例7-4】股权收购的财税处理及税务风险管理

2019年7月1日，甲公司向同一控制下乙公司定向增发100万股（面值1元/股，市场公允价值5元/股）普通股和现金支付500万元，购买其持有的丙公司60%的股权。乙公司、甲公司、丙公司执行的会计政策一致，企业所得税税率均为25%。

收购日，丙公司所有者权益账面价值为1 200万元（相对于最终控制方的账面价值）。乙公司持有丙公司60%股权的计税基础（账面价值）为600万元。

问题：甲公司和乙公司在股权收购中的财税处理。

解析：

1. 甲公司的财税处理

（1）会计处理

借：长期股权投资——丙公司　7 200 000.00（12 000 000×60%）

　贷：股本　1 000 000.00（面值）

　　银行存款　5 000 000.00

　　资本公积——股本溢价　1 200 000.00（差额）

（2）税务处理

甲公司收购了丙公司60%股权，大于税法规定的50%；股权支付占支付总额比例=100×5/（100×5+500）=50%，不满足税法“收购企业在该股权收购发生时的股权支付金额不低于其交易支付总额的85%”的规定。因此，该案例所涉及的股权收购不符合特殊性税务处理规定，只能采用一般性税务处理。

甲公司购买丙公司股权的计税基础等于1 000万元（100×5+500），会计处理的账面价值是720万元，计税基础大于账面价值，属于可抵扣暂时性差异。

2. 乙公司的财税处理

（1）会计处理

借：银行存款　5 000 000.00

　其他权益工具投资——甲公司　5 000 000.00

　贷：长期股权投资——丙公司　6 000 000.00

　　其他综合收益　4 000 000.00

同时：

借：其他综合收益　1 000 000.00

　贷：应交税费——应交企业所得税　1 000 000.00（4 000 000×25%）

（2）税务处理

乙公司与甲公司应采用一致的税务处理方式，根据前述分析该股权收购不符合特殊性税务处理规定，应采用一般性税务处理。

乙公司应确认股权转让所得：转让收入等于1 000万元（甲公司股份公允价值500万元+现金500万元），被转让的丙公司股权的计税基础600万元，所以股权转让所得等于400万元。乙公司会计处理没有确认股权转让所得，因此需要进行纳税调整。

下面通过企业所得税申报来说明纳税调整。

《企业重组纳税调整明细表》（A105100）填写，见表7-3-7。

表7-3-7

A105100　企业重组纳税调整明细表　单位：万元

行次	项　目	一般性税务处理			特殊性税务处理			纳税调整金额
		账载金额	税收金额	纳税调整金额	账载金额	税收金额	纳税调整金额	
		1	2	3(2-1)	4	5	6(5-4)	7(3+6)
4	二、股权收购	0.00	400.00	400.00	0.00	0.00	0.00	400.00

《纳税调整项目明细表》（A105000）填写，见表7-3-8。

表7-3-8

A105000　纳税调整项目明细表　单位：万元

行次	项　目	账载金额	税收金额	调增金额	调减金额
		1	2	3	4
36	四、特殊事项调整项目（37+38+…+42）	—	—	400.00	0.00
37	（一）企业重组及递延纳税事项（填写A105100）	0.00	0.00	400.00	0.00

3. 税务风险说明及管理

（1）涉及股权收购业务的，一般耗时较长，交易金额较大，税务处理复杂，很容易产生税收争议。因此，股权收购涉事各方应严格按照规定做好相关资料的收集与准备，以备税务机关检查。

（2）无论是收购方还是被收购方，涉及股权收购事项的，企业均应按照内部各自分级授权管理制度，召开相应级别会议（股东大会、董事会或管理层会议），对股权收购事宜作出决议，企业应做好相关会议的书面记录。相关会议记录应存档备查。

（3）股权收购当事各方应签署书面的股权收购协议（合同），必要时聘请中介机构出具评估、审计等报告，及时办理股权变更手续。前述涉及的协议（合同）、报告、股权变更资料等均应及时收集并存档，以备税务机关检查。

（4）准确计算两个比例以确定是否满足特殊性税务处理条件：收购企业购买的股权不低于被收购企业全部股权的75%（自2014年后修改为50%）；收购企业在该股权收购发生时的股权支付金额不低于其交易支付总额的85%。

选择适用特殊性税务处理的，一定要按规定报送相关资料。并注意后续税务处理及纳税调整符合税法规定。

（5）如果股权收购双方是关联企业的（如同一控制下控股合并），需要保证股权收购交易符合独立交易原则，而无避税嫌疑。

（6）股权收购的双方应采用相同的税务处理方法，需要避免交易一方采用特殊性税务处理，另一方采用一般性税务处理。交易双方最好在交易发生前做好沟通与约定，并在交易协议（合同）条款中予以体现。

四、资产收购的财税处理

资产收购，是指一家企业（以下称为受让企业）购买另一家企业（以下称为转让企业）实质经营性资产的交易。受让企业支付对价的形式包括股权支付、非股权支付或两者的组合。

此处所称的实质经营性资产，是指企业用于从事生产经营活动、与产生经营收入直接相关的资产，包括经营所用各类资产、企业拥有的商业信息和技术、经营活动产生的应收款项、投资资产等。

资产收购，以转让合同（协议）生效且当事各方已经会计处理的日期为重组日。

资产收购中当事各方，指收购方、转让方。资产收购，主导方为资产转让方。

（一）资产收购的一般性税务处理

相关规定与要求，和股权收购一致，详见本章“股权收购”一般性税务处理相关内容。

（二）资产收购的特殊性税务处理

1. 资产收购特殊性税务处理，需要同时满足以下条件

相关规定与要求，和股权收购一致，详见本章“股权收购”特殊性税务处理相关内容。

根据《财政部 国家税务总局关于促进企业重组有关企业所得税处理问题的通知》（财税〔2014〕109号）规定，自2014年1月1日起，“资产收购，受让企业收购的资产不低于转让企业全部资产的75%”调整为“资产收购，受让企业收购的资产不低于转让企业全部资产的50%”。

2. 资产收购满足特殊性税务处理规定条件的特殊性税务处理

相关规定与要求，和股权收购一致，详见本章“股权收购”特殊性税务处理相关内容。

3. 资产收购适用特殊性税务处理的，需向主管税务机关报送以下10项资料

（1）资产收购业务总体情况说明，包括资产收购方案、基本情况，并逐条说明资产收购的商业目的。

（2）资产收购业务合同（协议），需有权部门（包括内部和外部）批准的，应提供批准文件。

（3）相关资产评估报告或其他公允价值证明。

（4）被收购资产原计税基础的证明。

（5）12 个月内不改变资产原来的实质性经营活动、原主要股东不转让所取得股权的承诺书。

（6）市场监管部门等有权机关登记的相关企业股权变更事项的证明材料。

（7）重组当事各方一致选择特殊性税务处理并加盖当事各方公章的证明资料。

（8）涉及非货币性资产支付的，应提供非货币性资产评估报告或其他公允价值证明。

（9）重组前连续 12 个月内有无与该重组相关的其他股权、资产交易，与该重组是否构成分步交易、是否作为一项企业重组业务进行处理情况的说明。

（10）按会计准则规定当期应确认资产（股权）转让损益的，应提供按税法规定核算的资产（股权）计税基础与按会计准则规定核算的相关资产（股权）账面价值的暂时性差异专项说明。

五、企业合并的财税处理

企业合并，是指一家或多家企业（以下称为被合并企业）将其全部资产和负债转让给另一家现存或新设企业（以下称为合并企业），被合并企业股东换取合并企业的股权或非股权支付，实现两个或两个以上企业的依法合并。

合并中当事各方，指合并企业、被合并企业及被合并企业股东。合并，主导方为被合并企业，涉及同一控制下多家被合并企业的，以净资产最大的一方为主导方。

合并，以合并合同（协议）生效、当事各方已进行会计处理且完成工商新设登记或变更登记日为重组日。按规定不需要办理工商新设或变更登记的合并，以合并合同（协议）生效且当事各方已进行会计处理的日期为重组日。

（一）企业合并的一般性税务处理

1. 企业合并一般性税务处理，当事各方应按下列规定处理。

（1）合并企业应按公允价值确定接受被合并企业各项资产和负债的计税基础。

（2）被合并企业及其股东都应按清算进行所得税处理。

（3）被合并企业的亏损不得在合并企业结转弥补。

2. 企业发生合并，适用一般性税务处理，应按照财税〔2009〕60 号文件规定进行清算。被合并企业在报送《企业清算所得纳税申报表》时，应附送以下资料

（1）企业合并的工商部门或其他政府部门的批准文件。

（2）企业全部资产和负债的计税基础以及评估机构出具的资产评估报告。

（3）企业债务处理或归属情况说明。

（4）主管税务机关要求提供的其他资料证明。

（二）企业合并的特殊性税务处理

1. 特殊性税务处理规定

企业合并，企业股东在该企业合并发生时取得的股权支付金额不低于其交易支付总额的 85%，以及同一控制下且不需要支付对价的企业合并，可以选择按以下规定处理：

（1）合并企业接受被合并企业资产和负债的计税基础，以被合并企业的原有计税基础确定。

（2）被合并企业合并前的相关所得税事项由合并企业承继。

（3）可由合并企业弥补的被合并企业亏损的限额 = 被合并企业净资产公允价值 × 截至合并业务发生当年年末国家发行的最长期限的国债利率。

（4）被合并企业股东取得合并企业股权的计税基础，以其原持有的被合并企业股权的计税基础确定。

（5）股权支付暂不确认有关资产的转让所得或损失的，其非股权支付仍应在交易当期确认相应的资产转让所得或损失，并调整相应资产的计税基础。

非股权支付对应的资产转让所得或损失 =（被转让资产的公允价值 − 被转让资产的计税基础）×（非股权支付金额 / 被转让资产的公允价值）

2. 企业发生合并特殊性税务处理的，当事各方需按规定向主管税务机关报送 12 项资料

（1）企业合并的总体情况说明，包括合并方案、基本情况，并逐条说明企业合并的商业目的。

（2）企业合并协议或决议，需有权部门（包括内部和外部）批准的，应提供批准文件。

（3）企业合并当事各方的股权关系说明，若属同一控制下且不需支付对价的合并，还需提供在企业合并前，参与合并各方受最终控制方的控制在 12 个月以上的证明材料。

（4）被合并企业净资产、各单项资产和负债的账面价值和计税基础等相关资料。

（5）12 个月内不改变资产原来的实质性经营活动、原主要股东不转让所取得股权的承诺书。

（6）市场监管部门等有权机关登记的相关企业股权变更事项的证明材料。

（7）合并企业承继被合并企业相关所得税事项（包括尚未确认的资产损失、分期确认收入和尚未享受期满的税收优惠政策等）情况说明。

（8）涉及可由合并企业弥补被合并企业亏损的，需要提供其合并日净资产公允价值证明材料及主管税务机关确认的亏损弥补情况说明。

（9）重组当事各方一致选择特殊性税务处理并加盖当事各方公章的证明资料。

（10）涉及非货币性资产支付的，应提供非货币性资产评估报告或其他公允价值证明。

（11）重组前连续 12 个月内有无与该重组相关的其他股权、资产交易，与该重组是否构成分步交易、是否作为一项企业重组业务进行处理情况的说明。

（12）按会计准则规定当期应确认资产（股权）转让损益的，应提供按税法规定核算的资产（股权）计税基础与按会计准则规定核算的相关资产（股权）账面价值的暂时性差异专项说明。

六、企业分立的财税处理

分立，是指一家企业（以下称为被分立企业）将部分或全部资产分离转让给现存或新设的企业（以下称为分立企业），被分立企业股东换取分立企业的股权或非股权支付，实现企业的依法分立。

分立中当事各方，指分立企业、被分立企业及被分立企业股东。主导方为被分立企业。

以分立合同（协议）生效、当事各方已进行会计处理且完成工商新设登记或变更登记日为重组日。

（一）企业分立的一般性税务处理

1. 企业分立适用一般性税务处理的，当事各方应按下列规定处理

（1）被分立企业对分立出去资产应按公允价值确认资产转让所得或损失。

（2）分立企业应按公允价值确认接受资产的计税基础。

（3）被分立企业继续存在时，其股东取得的对价应视同被分立企业分配进行处理。

（4）被分立企业不再继续存在时，被分立企业及其股东都应按清算进行所得税处理。

（5）企业分立相关企业的亏损不得相互结转弥补。

2. 资料报送

企业发生分立一般性税务处理业务，被分立企业不再继续存在，应按照（财税〔2009〕60号）文件规定进行清算。被分立企业在报送《企业清算所得纳税申报表》时，应附送以下资料：

（1）企业分立的工商部门或其他政府部门的批准文件。

（2）被分立企业全部资产的计税基础以及评估机构出具的资产评估报告。

（3）企业债务处理或归属情况说明。

（4）主管税务机关要求提供的其他资料证明。

（二）企业分立的特殊性税务处理

1. 特殊性税务处理规定

企业分立，被分立企业所有股东按原持股比例取得分立企业的股权，分立企业和被分立企业均不改变原来的实质经营活动，且被分立企业股东在该企业分立发生时取得的股权支付金额不低于其交易支付总额的85%，可以选择按以下规定处理：

（1）分立企业接受被分立企业资产和负债的计税基础，以被分立企业的原有计税基础确定。

（2）被分立企业已分立出去资产相应的所得税事项由分立企业承继。

（3）被分立企业未超过法定弥补期限的亏损额可按分立资产占全部资产的比例进行分配，由分立企业继续弥补。

（4）被分立企业的股东取得分立企业的股权（以下简称“新股”），如需部分或全部放弃原持有的被分立企业的股权（以下简称“旧股”），“新股”的计税基础应以放弃“旧股”的计税基础确定。如不需放弃“旧股”，则其取得“新股”的计税基础可从以下两种方法中选择确定：直接将“新股”的计税基础确定为零；或者以被分立企业分立出去的净资产占被分立企业全部净资产的比例先调减原持有的“旧股”的计税基础，再将调减的计税基础平均分配到“新股”上。

2. 特殊性税务处理的资料报送

企业发生分立特殊性税务处理的，当事各方需按规定向主管税务机关报送11项资料：

（1）企业分立的总体情况说明，包括分立方案、基本情况，并逐条说明企业分立的商业目的。

（2）被分立企业董事会、股东会（股东大会）关于企业分立的决议，需有权部门（包括内部和外部）批准的，应提供批准文件。

（3）被分立企业的净资产、各单项资产和负债账面价值和计税基础等相关资料。

（4）12 个月内不改变资产原来的实质性经营活动、原主要股东不转让所取得股权的承诺书。

（5）市场监管部门等有权机关认定的分立和被分立企业股东股权比例证明材料，分立后分立和被分立企业工商营业执照复印件。

（6）重组当事各方一致选择特殊性税务处理并加盖当事各方公章的证明资料。

（7）涉及非货币性资产支付的，应提供非货币性资产评估报告或其他公允价值证明。

（8）分立企业承继被分立企业所分立资产相关所得税事项（包括尚未确认的资产损失、分期确认收入和尚未享受期满的税收优惠政策等）情况说明。

（9）若被分立企业尚有未超过法定弥补期限的亏损，应提供亏损弥补情况说明、被分立企业重组前净资产和分立资产公允价值的证明材料。

（10）重组前连续 12 个月内有无与该重组相关的其他股权、资产交易，与该重组是否构成分步交易、是否作为一项企业重组业务进行处理情况的说明。

（11）按会计准则规定当期应确认资产（股权）转让损益的，应提供按税法规定核算的资产（股权）计税基础与按会计准则规定核算的相关资产（股权）账面价值的暂时性差异专项说明。

七、非货币性资产对外投资递延纳税的财税处理

《财政部 国家税务总局关于非货币性资产投资企业所得税政策问题的通知》（财税〔2014〕116 号）和《国家税务总局关于非货币性资产投资企业所得税有关征管问题的公告》（国家税务总局公告 2015 年第 33 号）规定，实行查账征收的居民企业以非货币性资产对外投资确认的非货币性资产转让所得，可自确认非货币性资产转让收入年度起不超过连续 5 个纳税年度的期间内，分期均匀计入相应年度的应纳税所得额，按规定计算缴纳企业所得税。

符合财税〔2014〕116 号文件规定的企业非货币性资产投资行为，同时又符合《财政部国家税务总局关于企业重组业务企业所得税处理若干问题的通知》（财税〔2009〕59 号）、《财政部 国家税务总局关于促进企业重组有关企业所得税处理问题的通知》（财税〔2014〕109 号）等文件规定的特殊性税务处理条件的，可由企业选择其中一项政策执行，且一经选择，不得改变。

非货币性资产对外投还涉及视同销售的税务问题，本书第四章第一节中关于“用于对外投资视同销售收入”有专门讲解和案例，此处不再赘述。

八、技术入股递延纳税的财务处理

（一）税务处理基本规定

《财政部 国家税务总局关于完善股权激励和技术入股有关所得税政策的通知》（财税〔2016〕101号）规定：自2016年9月1日起，企业或个人以技术成果投资入股到境内居民企业，被投资企业支付的对价全部为股票（权）的，企业或个人可选择继续按现行有关税收政策执行，也可选择适用递延纳税优惠政策。选择技术成果投资入股递延纳税政策的，经向主管税务机关备案，投资入股当期可暂不纳税，允许递延至转让股权时，按股权转让收入减去技术成果原值和合理税费后的差额计算缴纳所得税。

说明：发生在2014年1月1日至2016年8月31日的技术入股，可以执行财税〔2014〕116号文件规定的递延纳税政策。

（二）税务征管要求规定

《国家税务总局关于股权激励和技术入股所得税征管问题的公告》（国家税务总局公告2016年第62号）规定：

（1）选择适用财税〔2016〕101号文件中递延纳税政策的，应当为实行查账征收的居民企业以技术成果所有权投资。

（2）企业适用递延纳税政策的，应在投资完成后首次预缴申报时，将相关内容填入《技术成果投资入股企业所得税递延纳税备案表》（附件5）。

（3）企业接受技术成果投资入股，技术成果评估值明显不合理的，主管税务机关有权进行调整。

（三）技术入股递延纳税与技术转让所得减免优惠政策重叠问题

以技术入股，可分解为技术成果转让和投资两个环节。

对于技术成果转让所得，《企业所得税法》第二十七条规定，符合条件的技术转让所得，可以减征、免征企业所得税。《企业所得税法实施条例》第九十条规定，一个纳税年度内，居民企业技术转让所得不超过500万元的部分，免征企业所得税；超过500万元的部分，减半征收企业所得税。而财税〔2014〕116号和财税〔2016〕101号文件均规定，技术成果对外投资入股可以享受递延纳税的优惠政策。

目前，没有任何文件规定技术转让所得减免优惠政策与技术入股递延纳税不可以叠加享受。因此，企业可以选择对企业最有利的税务处理方式。如果技术转让所得在500万元以内的，应直接选择适用免征企业所得税的优惠政策；如果技术转让所得超过500万元的，应先选择适用技术转让所得减免优惠政策，然后就剩余应纳税部分再次选择适用递延纳税的优惠政策。

九、股权划转、资产划转递延纳税的财务处理

（一）税务处理基本规定

根据《财政部 国家税务总局关于促进企业重组有关企业所得税处理问题的通知》（财税〔2014〕109号）规定，自2014年1月1日起，对100%直接控制的居民企业之间，以及受同一或相同多家居民企业100%直接控制的居民企业之间按账面净值划转股权或资产，凡具有合理商业目的、不以减少、免除或者推迟缴纳税款为主要目的，股权或资产划转后连续12个月内不改变被划转股权或资产原来实质性经营活动，且划出方企业和划入方企业均未在会计上确认损益的，可以选择按以下规定进行特殊性税务处理：

（1）划出方企业和划入方企业均不确认所得。

（2）划入方企业取得被划转股权或资产的计税基础，以被划转股权或资产的原账面净值确定。

（3）划入方企业取得的被划转资产，应按其原账面净值计算折旧扣除。

（二）税务征管规定

《国家税务总局关于资产（股权）划转企业所得税征管问题的公告》（国家税务总局公告2015年第40号）对此有明确规定。

（1）进行特殊性税务处理的股权或资产划转，交易双方应在协商一致的基础上，采取一致处理原则统一进行特殊性税务处理。

（2）交易双方应在企业所得税年度汇算清缴时，分别向各自主管税务机关报送《居民企业资产（股权）划转特殊性税务处理申报表》和相关资料。相关资料包括：

① 股权或资产划转总体情况说明，包括基本情况、划转方案等，并详细说明划转的商业目的；

② 交易双方或多方签订的股权或资产划转合同（协议），需有权部门（包括内部和外部）批准的，应提供批准文件；

③ 被划转股权或资产账面净值和计税基础说明；

④ 交易双方按账面净值划转股权或资产的说明（需附会计处理资料）；

⑤ 交易双方均未在会计上确认损益的说明（需附会计处理资料）；

⑥ 12个月内不改变被划转股权或资产原来实质性经营活动的承诺书。

（3）交易双方应在股权或资产划转完成后的下一年度的企业所得税年度申报时，各自向主管税务机关提交书面情况说明，以证明被划转股权或资产自划转完成日后连续12个月内，没有改变原来的实质性经营活动。

（4）交易一方在股权或资产划转完成日后连续12个月内发生生产经营业务、公司性质、资产或股权结构等情况变化，致使股权或资产划转不再符合特殊性税务处理条件的，发生变化的交易一方应在情况发生变化的30日内报告其主管税务机关，同时书面通知另一方。另一方应在接到通知后30日内将有关变化情况报告其主管税务机关。

第四节　弥补亏损的财税处理

一、亏损的概念

亏损，既是会计概念，也是税务概念，二者密切相关，但是也有很大不同。

税法所称亏损，是指企业根据《企业所得税法》及其实施条例的规定，将每一个纳税年度的收入总额，减除不征税收入、免税收入和各项扣除后小于零的数额。在企业所得税法中，亏损是一个很重要的概念，其结转和弥补直接涉及应纳税所得额的计算问题。

会计所称亏损，是指企业按国家统一会计制度（准则）计算的本年利润为“负数”，或者是一个会计年度内总收益小于总支出。

二、亏损弥补的现行税收政策

（一）一般规定

（1）《企业所得税法实施条例》第十条规定，企业所得税法第五条所称亏损，是指企业依照企业所得税法和本条例的规定将每一纳税年度的收入总额减除不征税收入、免税收入和各项扣除后小于零的数额。

（2）《企业所得税法》第十八条规定，企业纳税年度发生的亏损，准予向以后年度结转，用以后年度的所得弥补，但结转年限最长不得超过五年。

（二）不允许弥补亏损的规定

（1）《国家税务总局关于企业所得税若干问题的公告》（国家税务总局公告 2011 年第 34 号）第五条规定，被投资企业发生的经营亏损，由被投资企业按规定结转弥补；投资企业不得调整减低其投资成本，也不得将其确认为投资损失。

（2）《企业所得税核定征收办法（试行）》（国税发〔2008〕30 号）第六条及《国家税务总局关于企业所得税核定征收若干问题的通知》（国税函〔2009〕377 号）规定，核定征收不得弥补以前年度亏损实行企业所得税核定征收的纳税人，其以前年度应弥补而未弥补的亏损不能在核定征收年度进行弥补。

（3）《企业所得税法》第十七条规定，境外亏损不得弥补境内盈利企业在汇总计算缴纳企业所得税时，其境外营业机构的亏损不得抵减境内营业机构的盈利。

（4）《财政部 国家税务总局关于企业重组业务企业所得税处理若干问题的通知》（财税〔2009〕59 号）第四条规定，一般性税务处理下，合并前的亏损不得结转弥补被合并企业的亏损，不得在合并企业结转弥补；企业分立相关企业的亏损不得相互结转弥补。

（三）与亏损相关的特殊规定

1．筹办期间不算亏损年度的规定

《国家税务总局关于贯彻落实企业所得税法若干税收问题的通知》（国税函〔2010〕79 号）

第七条规定，企业筹办期间不计算为亏损年度企业自开始生产经营的年度，为开始计算企业损益的年度。企业从事生产经营之前进行筹办活动期间发生筹办费用支出，不得计算为当期的亏损。

2. 查增应纳税所得额弥补以前年度亏损的规定

《国家税务总局关于查增应纳税所得额弥补以前年度亏损处理问题的公告》（国家税务总局公告 2010 年第 20 号）规定：

税务机关对企业以前年度纳税情况进行检查时调增的应纳税所得额，凡企业以前年度发生亏损、且该亏损属于企业所得税法规定允许弥补的，应允许调增的应纳税所得额弥补该亏损。

弥补该亏损后仍有余额的，按照企业所得税法规定计算缴纳企业所得税。对检查调增的应纳税所得额应根据其情节，依照《中华人民共和国税收征收管理法》有关规定进行处理或处罚。

3. 以前年度实际资产损失追补导致亏损的弥补

《企业资产损失所得税税前扣除管理办法》（国家税务总局公告 2011 年第 25 号）第六条规定，企业以前年度发生的资产损失未能在当年税前扣除的，可以按照本办法的规定，向税务机关说明并进行专项申报扣除。其中，属于实际资产损失，准予追补至该项损失发生年度扣除，其追补确认期限一般不得超过五年。

企业实际资产损失发生年度扣除追补确认的损失后出现亏损的，应先调整资产损失发生年度的亏损额，再按弥补亏损的原则计算以后年度多缴的企业所得税税款，并按前款办法进行税务处理。

4. 其他规定

《财政部 国家税务总局关于企业重组业务企业所得税处理若干问题的通知》（财税〔2009〕59 号）规定，采用特殊性税务处理的，企业合并业务，每年可由合并企业弥补的被合并企业亏损的限额 = 被合并企业净资产公允价值 × 截至合并业务发生当年年末国家发行的最长期限的国债利率。企业分立，被分立企业未超过法定弥补期限的亏损额可按分立资产占全部资产的比例进行分配，由分立企业继续弥补。

（四）亏损结转年限为 10 年的特殊政策

《财政部 税务总局关于延长高新技术企业和科技型中小企业亏损结转年限的通知》（财税〔2018〕76 号）规定，自 2018 年 1 月 1 日起，当年具备高新技术企业或科技型中小企业资格的企业，其具备资格年度之前 5 个年度发生的尚未弥补完的亏损，准予结转以后年度弥补，最长结转年限由 5 年延长至 10 年。

（五）与亏损弥补相关的热点问题

1. 企业季度预缴所得税时，可以弥补以前年度亏损吗？

企业季度预缴所得税时，可以弥补以前年度亏损。

政策依据：《国家税务总局关于发布〈中华人民共和国企业所得税月（季）度预缴纳税申报表（A 类，2018 年版）〉等报表的公告》（国家税务总局公告 2018 年第 26 号）填报说明。

2. 企业因技术开发费加计扣除形成的年度亏损，可以结转以后年度弥补吗?

企业技术开发费加计扣除部分已形成企业年度亏损，可以用以后年度所得弥补，但结转年限最长不得超过5年。

政策依据:《国家税务总局关于企业所得税若干税务事项衔接问题的通知》(国税函〔2009〕98号)第八条。

3. 企业清算时，是否可以弥补以前年度亏损?

企业清算时可以依法弥补以前年度亏损。

政策依据:《财政部 国家税务总局关于企业清算业务企业所得税处理若干问题的通知》(财税〔2009〕60号)第三条。

三、亏损弥补的税会差异

亏损弥补的税会差异，除了税务和会计赋予的内涵不一致外，其弥补的途径也存在差异。

税务上所称的亏损弥补，仅仅是指企业依法用税前所得进行弥补的情形。而会计上，亏损弥补渠道则相对较多，包括:

(1)用以后年度税前利润弥补;

(2)用以后年度税后利润弥补;

(3)用盈余公积弥补;

(4)用实收资本(或股本)弥补。

四、亏损弥补的税务风险说明及管理

1. 误算以前年度可弥补亏损额的风险

对于企业以前年度申报的亏损额，因其跨年度结转弥补的特殊性，企业在实务操作时，有可能错误地多计算或少计算可弥补亏损额。

企业应将各年度的企业亏损额登记台账备查，因为从某种意义上来说，可弥补亏损额也属于企业的一项“资产”，必须如实认真记载。

2. 错误填写《企业所得税弥补亏损明细表》(A106000)的风险

《企业所得税弥补亏损明细表》(A106000)涉及的行次、列次较多，涉及多个年度弥补亏损情况的填报，准确填列的难度相对较大，据不完全统计，有80%的纳税人不能一次性将这张表填写准确。

3. 应税所得与免税所得能否相互弥补及填表把握不准确的风险

根据税法规定，应税项目所得与免税项目所得可以相互抵减，但所得减免不得增加可弥补亏损额。《中华人民共和国企业所得税年度纳税申报表》(A100000)第19行“纳税调整后所得”与表A106000第6行2列“当期纳税调整后所得”的含义不同，所填列的数字也不一定相等。

第五节　租赁的财税处理及税务风险管理

2018 年 12 月 7 日，财政部发布了修订后的《企业会计准则第 21 号——租赁》（财会〔2018〕35 号发布）。同时规定：

（1）在境内外同时上市的企业以及在境外上市并采用国际财务报告准则或企业会计准则编制财务报表的企业，自 2019 年 1 月 1 日起施行；其他执行企业会计准则的企业自 2021 年 1 月 1 日起施行。

（2）母公司或子公司在境外上市且按照国际财务报告准则或企业会计准则编制其境外财务报表的企业，可以提前执行本准则，但不应早于其同时执行我部 2017 年 3 月 31 日印发的《企业会计准则第 22 号——金融工具确认和计量》和 2017 年 7 月 5 日印发的《企业会计准则第 14 号——收入》的日期。

因此，现阶段的《企业会计准则第 21 号——租赁》就同时存在两个版本，即 2006 版和 2018 版，在本届中没有特别说明版本的均是指 2018 版。

根据 2018 版准则（以下简称新准则）的定义，租赁，是指在一定期间内，出租人将资产的使用权让与承租人以获取对价的合同。

2006 版租赁准则（以下简称旧准则）将无论是承租人还是租赁人都将租赁类型分类为融资租赁和经营租赁，因此会计处理上也按融资租赁和经营租赁分别处理。

新租赁准则的核心变化是，取消承租人关于融资租赁与经营租赁的分类，要求承租人对所有租赁（选择简化处理的短期租赁和低价值资产租赁除外）确认使用权资产和租赁负债，并分别确认折旧和利息费用。在出租人方面，基本沿袭了原租赁准则的会计处理规定，但改进了出租人的信息披露，要求出租人披露对其保留的有关租赁资产的权利所采取的风险管理战略、为降低相关风险所采取的措施等。

一、承租人的财税处理及税务风险管理

新准则第十四条规定，在租赁期开始日，承租人应当对租赁确认使用权资产和租赁负债，短期租赁和低价值资产租赁选择简化处理的除外。

而旧准则第四条规定，承租人和出租人应当在租赁开始日将租赁分为融资租赁和经营租赁。

融资租赁在会计处理上也是要确认资产和负债，因此租赁准则修订后，除开短期租赁和低价值租赁外，包括按照 2006 版租赁准则归入经营租赁的一部分也要确认资产和负债。

承租人确认资产和负债，导致后续计量必然要以折旧的形式进入成本费用。

但根据现有企业所得税法，经营租赁下，承租方不确认相关资产，因此企业所得税法对相应的折旧、减值准备、利息确认都不予以认可；同时，对租赁（包括融资租赁和经营租赁）导致的可变租赁付款额带来的当期收益，由于并非实际收益，因此也在所得税法上不予认可，亦需要进行相应的纳税调整。

租赁准则修订，导致会计处理和税务处理差异增大，因而也导致税务风险的增大，企业及财务人员必须充分重视。

（一）租赁期开始日承租人的财税处理及税务风险管控

1. 新旧准则会计处理对比

新旧准则对于承租人的会计处理差异是比较大的。

旧准则对于承租人的会计处理是要分类为经营租赁和融资租赁两类，分别规定了会计处理办法，其中只有融资租赁才要求承租人确认租入资产和租赁负债，而对经营租赁则没有要求，形成了经营租赁不再资产负债表中体现，变成人们常说的表外租赁。因此，在适用旧准则的情况下，承租人首要做的就是判定租赁的分类情况。

新准则对于承租人则取消了经营租赁和融资租赁的分类，除短期租赁和低价值资产租赁外，要求确认对租赁确认使用权资产和租赁负债。因此，在适用新准则的情况下，只要确定短期租赁和低价值租赁是否选择简化处理即可，相对于旧准则而言要简单一些。

租赁期开始日承租人的会计处理，新旧准则对比见表 7-5-1。

表 7-5-1　租赁期开始日承租人新旧准则会计处理对比

项　目	2006版租赁准则		2018版租赁准则
	经营租赁	融资租赁	
资产与负债确认	不确认	确认	确认
租赁开始日	不作处理	确认租入资产和租赁负债	确认使用权资产和租赁负债
初始直接费用	计入当期损益	计入租入资产价值	计入使用权资产初始成本
资产入账价值	不涉及	租赁开始日租赁资产公允价值与最低租赁付款额现值两者中较低者作为租入资产的入账价值	租赁负债的初始计量金额-已享受的租赁激励相关金额+初始直接费用+修复成本
租赁负债	不涉及	最低租赁付款额作为长期应付款的入账价值	按照租赁期开始日尚未支付的租赁付款额的现值
租赁付款额现值计算的利率选择	不涉及	按下列顺序选择： 1.租赁内含利率作为折现率； 2.租赁合同规定的利率； 3.同期银行贷款利率。	按下列顺序选择： 1.租赁内含利率作为折现率； 2.承租人增量借款利率。

2. 租赁期开始日承租人的税务处理

在企业所得税法相关规定中，对经营租赁和融资租赁没有进行定义或界定，但是有承租人经营租赁和融资租赁的相关规定。按照税法没有规定遵从会计准则规定的原则，企业所得税法中融资租赁的判断标准基本上是按照旧准则来确定的。

一般来说，融资租赁是指出租人根据承租人对租赁物的特定要求和对供货人的选择，由出租人出资向供货人购买租赁物，并租给承租人使用，承租人则分期向出租人支付租金，在租赁期内租赁物的所有权属于出租人所有，承租人拥有租赁物的使用权。租期届满，按照合同有关条款或者交易习惯，一般由承租人取得租赁物的所有权。

《企业所得税法实施条例》第四十七条规定，以经营租赁方式租入固定资产发生的租赁费支出，按照租赁期限均匀扣除。

《企业所得税法实施条例》第五十八条第三款规定，融资租入的固定资产，以租赁合同约定的付款总额和承租人在签订租赁合同过程中发生的相关费用为计税基础，租赁合同未约定付款总额的，以该资产的公允价值和承租人在签订租赁合同过程中发生的相关费用为计税基础。

3. 租赁期开始日承租人的会计处理和税务处理差异分析

（1）旧准则会计处理的税会差异分析。

在判定为经营租赁后，只要扣除凭证不再存在问题的话，一般在租赁开始日是不会存在税会差异的。

在判定为融资租赁后，税务上没有要求计算最低租赁付款额的现值，而是采用相对简化的处理方式，根据合同约定的付款总额来确定计税基础，同时规定对于付款总额没有约定的，采用公允价值代替。这将导致融资租赁租入固定资产的计税基础大于会计账面原值，以后期间会计折旧与财务费用之和，与税法折旧的差额，作为纳税调整处理。

（2）新准则会计处理的税会差异分析。

短期租赁和低价值租赁如果选择简化处理的话，就跟旧准则的经营租赁基本一致，也基本上不存在税会差异。

适用新准则确认使用权资产和租赁负债的，在税务处理要区分为经营租赁和融资租赁。如果税务处理分类为经营租赁的话，其初始直接费用可在当年度税前扣除，与会计处理通过后期的折旧来扣除可能存在时间或金额上的差异，需要注意进行纳税调整。如果税务处理分类为融资租赁的话，其税会差异与适用旧准则时的税会差异是一样的，此处不再赘述。

【案例 7-5】租赁期开始日承租人的财税处理及税务风险管理

资料：骊威公司是在境内外同时上市的公司，从 2019 年 1 月 1 日开始适用新租赁准则。

2019 年 11 月 30 日，骊威公司因业务拓展需要，与甲公司签署了一份门面房屋租赁合同。租赁合同约定：

（1）租赁期限：2019 年 12 月 1 日至 2022 年 12 月 31 日。

（2）租金：不含税金额每月 10 万元，含税金额 10.5万元，甲公司负责开具增值税专用发票。2019 年 12 月份免租金，用于骊威公司装修。

（3）租金支付时间：从 2019 年开始的每年 12 月、3 月、6 月、9 月的最后一天前支付，每次支付一个季度的租金。

（4）住房押金：10 万元，2019 年 12 月 1 日支付给甲公司，租赁到期后退还。

假定骊威公司在合同签订后的 12 月 1 日就按约定支付了住房押金 10 万元给甲公司，同时发生了中介费等 1 万元（取得普通发票）。骊威公司对租赁房屋进行装修共花费了 100 万元（不含税金额），取得可抵扣进项税额共计 6 万元（不符合加计抵扣进项税额的情形）。房屋装修在 2019 年 12 月底前完成并交付使用。

假定租赁合同到期后，骊威公司将继续租赁该房屋，不会发生修复成本。骊威公司无法确定租赁内含利率，决定采用的增量借款利率为6%。

问题：骊威公司租赁房屋的财税处理及税务风险管理。

解析：

1. 会计处理

骊威公司每个季度应付租金30万元，但是在不同时间点支付，需要按照增量贷款利率折算租赁负债现值。

假定季度实际利率为n，则有$(1+n)^4-1=6\%$，解方程得出：$n=1.467\,4\%$。同样方法可以计算出月度实际利率=0.486 8%。

骊威公司租赁合同的租赁开始日为2019年12月1日。从2019年12月31日开始支付租金，每隔一个季度支付一次，构成了预付现金的支付形式，共计支付12次。

租赁期开始日租赁负债现值=30×[(P/A,1.467 4%,11)+1]/(1+0.486 8%)，通过查询年金现值系数表或者通过Excel表格函数公式计算可以得出现预付金现值系数[(P/A,1.467 4%,11) +1] =11.09，因此，租赁期开始日租赁负债现值=30×11.09/(1+0.486 8%)=331.09（万元）。

租赁付款额=10×3×12=36（万元）。

未确认融资费用=360−331.09=28.91（万元）

初始直接费用为1万元，修复成本忽略不计，因此骊威公司租入使用权资产入账成本=331.09+1=332.09（万元）。

因此，骊威公司在2019年12月份的会计处理为：

（1）确认使用权资产和租赁负债

	借方	贷方
借：使用权资产	3 320 900.00	
租赁负债——未确认融资费用	289 100.00	
贷：银行存款		10 000.00
租赁负债——租赁付款额		3 600 000.00

（2）支付租房押金

	借方	贷方
借：长期应收款——租房押金（甲公司）	100 000.00	
贷：银行存款		100 000.00

（3）支付房屋装修费用

	借方	贷方
借：使用权资产	1 000 000.00	
应交税费——应交增值税（进项税额）	60 000.00	
贷：银行存款		1 060 000.00

（4）2019年12月31日前支付一个季度的租金

①先计提租赁负债的利息费用

	借方	贷方
借：财务费用——租赁融资利息	16 100.00	
贷：租赁负债——未确认融资费用		16 100.00

说明：租赁融资利息＝租赁负债初始金额331.09万元 × 月度实际利率0.486 8%；计算

过程具体参看本节表 7-5-3。

②支付租金

借：租赁负债——租赁负款额　　300 000.00

　　应交税费——应交增值税（进项税额）　　15 000.00

　贷：银行存款　　315 000.00

2019 年 12 月份对租入房屋不计提折旧。

2. 税务处理及税会差异分析

根据对租赁合同的判断，骊威公司的房屋租赁构成税务上的经营租赁，因此租赁初始直接费用可以在 2019 年度税前扣除。另外，经营租赁发生的租金，可以按照直线法在租赁期间摊销扣除。骊威公司租赁期间共计 37 个月，租金金额为 360 万元，平均每月租金 9.73 万元。因此，骊威公司可以在 2019 年度税前扣除租金 9.73 万元。

因此，在 2019 年度骊威公司共存在的税会差异：（1）初始直接费用处理不一样；（2）支付的租金处理不一样；（3）会计处理计提的租赁负债利息不得税前扣除。

下面通过填报企业所得税申报表来说明具体的纳税调整过程。

只需填写《纳税调整项目明细表》即可，见表 7-5-2。

表 7-5-2

A105000　　纳税调整项目明细表　　单位：万元

行次	项目	账载金额	税收金额	调增金额	调减金额
		1	2	3	4
12	二、扣除类调整项目（13+14+…24+26+27+28+29+30）	—	—	0.61	9.73
26	（十三）跨期扣除项目	0.00	9.73	0.00	9.73
30	（十七）其他	1.61	1.00	0.61	0.00

说明：（1）“跨期扣除项目”的税收金额栏填写依照税法规定计算可以税前扣除的租金支出；（2）“其他”的账载金额栏填写根据新租赁准则计提的租赁负债利息费用，税收金额栏填写依照税法规定可以税前扣除的初始直接费用。

3. 承租人在租赁开始日的税务风险管控

（1）承租人应保存好租赁合同以及租金支付凭据，作为税前扣除的凭据；同时，注意检查出租人开具的租金发票是否符合税法规定，如果不符要及时在税法规定的期限内要求对方重开或者更换。

特别说明：

①纳税人无论开具的是增值税专用发票还是普通发票，都应在备注栏注明不动产的详细地址。

②无论是自行开具还是税务机关代开，都应在备注栏注明不动产的详细地址。

③未在“备注栏注明不动产的详细地址”的发票，都属于不符合规定的发票。

（2）注意会计处理与税务处理的差异，如存在税会差异的话，及时进行台账登记。

（3）因租赁负债产生的利息费用在“财务费用”下面单独设置明细科目进行核算，防止与向金融企业和非金融企业借款利息相混淆，避免遗漏纳税调整。

（4）年度企业所得税汇算清缴时，严格按照程序进行纳税调整，并在备查簿登记调整事项，以备税务机关时候查核。

（二）租赁期间后续计量的财税处理及税务风险管控

1. 租赁融资费用的财税处理

（1）租赁融资费用分摊的会计处理。

在适用旧准则时融资租赁情况下，承租人向出租人支付的租金中，包含了本金和利息两部分。承租人支付租金时，一方面应减少长期应付款，另一方面应同时将未确认的融资费用按一定的方法确认为当期融资费用。

在适用新准则后，除短期租赁和低价值资产租赁外，需要确认使用权资产和租赁负债，承租人向出租人支付的租金中，包含了本金和利息两部分。

新旧准则的差别在于新准则直接以租赁负债的现值入账，而不是未来租金合计金额入账，故而新准则没有差额需要计入未确认融资费用科目。

（2）租赁融资费用的税务处理及差异分析。

税务并无租赁融资费用分摊的相关规定，对于会计上适用旧准则计入“未确认融资费用”的也是计入固定资产计税基础的，适用新准则对于承租人计算租赁负债在租赁期内各期间的利息费用并计入当期损益，也不是属于借款费用不得税前扣除。

因此，对于会计上分摊的“未确认融资费用”或租赁负债的利息费用——财务费用，不得在税前扣除，但是可以税务处理判定为融资租入固定资产以折旧的形式在税前扣除，二者在时间上存在差异。

2. 履约成本的会计处理和税务处理差异

履约成本是指在租赁期内为租赁资产支付的各种使用费用，如维修费、培训费、保险费等。承租人发生的履约成本通常应计入当期损益，在实际发生的当期据实扣除，会计与税务没有差异。

3. 或有租金的会计处理和税务处理差异

或有租金是指金额不固定，以时间长短以外的其他因素（如销售量、使用量、物价指数等）为依据计算的租金。由于或有租金的金额不固定，无法采用系统合理的方法对其进行分摊，在或有租金实际发生时，计入当期损益。由于或有租金金额不固定，税法不允许计入融资租赁固定资产的计税基础，应在实际发生时据实扣除。

4. 租赁期届满时的会计处理和税务处理

租赁期届满时，承租人对租赁资产的处理通常有返还、优惠续租和留购三种情况，其会计处理和税务处理见表 7-5-3。

表 7-5-3

租赁期届满时的税会处理差异

<table>
<tr><td rowspan="3">项目</td><td colspan="3">会计处理</td><td>税务处理</td></tr>
<tr><td colspan="2">2006版租赁准则</td><td rowspan="2">2018版租赁准则
（短期租赁和低价值资产租赁除外）</td><td>—</td></tr>
<tr><td>融资租赁</td><td>经营租赁</td><td>—</td></tr>
<tr><td>返还</td><td>借：长期应付款
累计折旧
贷：固定资产</td><td>不作处理</td><td>借：使用权资产累计折旧
使用权资产减值准备
贷：使用权资产
资产处置损益（差额，也可能在借方）</td><td>不需要处理</td></tr>
<tr><td>优惠续租</td><td colspan="3">视同该租赁一直存在而做出相应的账务处理；如没有选择续租，可能需要向出租人支付违约金，计入营业外支出</td><td>支付的违约金可以税前扣除</td></tr>
<tr><td>留购</td><td>支付购买价款：
借：长期应付款
应交税费——应交增值税（进）
贷：银行存款等
同时，将固定资产从“融资租入固定资产”明细科目转入有关明细科目</td><td>视同购入资产：
借：固定资产
应交税费——应交增值税（进）
贷：银行存款等</td><td>支付购买价款：
借：固定资产
应交税费——应交增值税（进项税额）
使用权资产累计折旧
使用权资产减值准备
贷：使用权资产
银行存款
资产处置损益（差额，也可能在借方）
累计折旧</td><td>不做税务处理</td></tr>
</table>

【案例 7-6】租赁期间承租人的财税处理及税务风险管理

资料：继承【案例 7-5】的资料。

问题：骊威公司 2020 年度租赁的财税处理及税务风险管控

解析：

1. 会计处理

（1）计算各租赁期间应计算的利息费用，计算过程见表 7-5-4。

表 7-5-4

各租赁期间应计息费用

单位：万元

日期 ①	租金 ②	确认的融资费用 ③=期初⑤×IRR	应付本金减少额 ④=②-③	应付本金余额 期末⑤=期初⑤-④
2019/12/1				331.09
2019/12/31	30.00	1.61	28.39	302.70
2020/3/31	30.00	4.44	25.56	277.14
2020/6/30	30.00	4.07	25.93	251.21
2020/9/30	30.00	3.69	26.31	224.90
2020/12/31	30.00	3.30	26.70	198.20

续上表

日期 ①	租金 ②	确认的融资费用 ③=期初⑤ × IRR	应付本金减少额 ④=②-③	应付本金余额 期末⑤=期初⑤-④
2021/3/31	30.00	2.91	27.09	171.11
2021/6/30	30.00	2.51	27.49	143.62
2021/9/30	30.00	2.11	27.89	115.73
2021/12/31	30.00	1.70	28.30	87.43
2022/3/31	30.00	1.28	28.72	58.71
2022/6/30	30.00	0.86	29.14	29.57
2022/9/30	30.00	0.43	29.57	—
合计	360.00	28.91	331.09	—

说明：（1）2019年12月1日至2019年12月31日采用月度实际利率0.486 8%计算；（2）其余各租赁期间采用季度实际利率1.467 4%计算。

（2）2020 年度的会计处理

① 2020 年 3 月 31 日

计提租赁负债的利息费用：

借：财务费用——租赁融资利息　　44 400.00

　贷：租赁负债——未确认融资费用　　44 400.00

支付租金：

借：租赁负债——租赁付款额　　300 000.00

　　应交税费——应交增值税（进项税额）　　15 000.00

　贷：银行存款　　315 000.00

其余三个季度的会计处理基本一致，只是变换计提的利息费用，不再赘述。

2020 年共计计提租赁负债的利息费用 =4.44+4.07+3.69+3.30=15.50（万元）

② 2020 年租入使用权资产折旧

根据租赁合同约定和实际交付使用的使用时间，可以判定租入房屋实际使用时间为 3 年，因此每年的折旧额 =332.09/3=110.70（万元）（假定采用直线法折旧）。

因此，2020 年会计处理（假定折旧费计入管理费用）：

借：管理费用——折旧费　　1 107 000.00

　贷：使用权资产累计折旧　　1 107 000.00

2. 税务处理及税会差异分析

根据对租赁合同的判断，骊威公司的房屋租赁构成税务上的经营租赁，因此经营租赁发生的租金，可以按照直线法在租赁期间摊销扣除。骊威公司租赁期间共计 37 个月，租金金额为 360 万元，平均每月租金 9.73 万元。因此，骊威公司可以在 2020 年度税前扣除租金 116.76 万元。

会计处理确认的利息费用 15.50 万元在税务上不认可，不能税前扣除；同样的，会计处理对租赁资产计提的折旧费 110.70 万元，由于税务判断是不构成融资租入固定资产，其属于经营租赁固定资产，其折旧费也不能税前扣除。因此，会计处理就有 126.2 万元不能税前扣除，需要进行纳税调增。

但是，对于税务上按照直线法分摊的租金 116.76 万元可以税前扣除，而会计处理却没有体现，需要进行纳税调减。

下面通过填报企业所得税申报表来说明纳税调整的过程：

第一步：填写《资产折旧、摊销情况及纳税调整明细表》（A105080），见表 7-5-5。

表 7-5-5

A105080　　资产折旧、摊销情况及纳税调整明细表　　单位：万元

行次	项目		账载金额			税收金额			纳税调整
			资产原值	本年折旧、摊销额	累计折旧、摊销额	资产计税基础	税收折旧额（摊销额）	累计折旧、摊销额	金额
			1	2	3	4	5	8	9(2−5)
1	一、固定资产（2+3+4+5+6+7）		332.09	110.70	110.70	0.00	0.00	0.00	110.70
7	所有固定资产	（六）其他	332.09	110.70	110.70	0.00	0.00	0.00	110.70

第二步：填写《纳税调整项目明细表》A105000，见表 7-5-6。

表 7-5-6

A105000　　纳税调整项目明细表　　单位：万元

行次	项目	账载金额	税收金额	调增金额	调减金额
		1	2	3	4
12	二、扣除类调整项目（13+14+⋯24+26+27+28+29+30）	—	—	0.00	116.76
26	（十三）跨期扣除项目	0.00	116.76	0.00	116.76
31	三、资产类调整项目（32+33+34+35）	—	—	110.70	0.00
32	（一）资产折旧、摊销（填写A105080）	110.70	0.00	110.70	0.00
46	合计（1+12+31+36+44+45）	—	—	110.70	116.76

3. 税务风险管理

（1）在适用新版租赁准则的情况下，发生租赁资产减值、租赁负债变动等情况计入当期损益的，都是不可以直接税前扣除的，应及时做好税会差异备查登记，并按程序做好纳税调整。

（2）注意区分租赁在税务处理时的分类，税务处理时融资租入固定资产是可以税前扣除其按照税法规定的折旧额的，避免将税务处理与会计处理混淆。

【案例 7-7】融资租入固定资产的财税处理及税务风险管理（适用 2006 版租赁准则）

资料：甲公司是一家生产制造企业，一般纳税人，适用 2006 版租赁准则。乙公司是生产

装载运输车的企业。

2019 年 12 月，甲公司与乙公司签署了一份租赁合同。租赁合同的主要条款及资料如下。

1. 租赁标的物：装载运输车 3 辆。

2. 租赁期开始日：租赁手续办妥之日（即 2019 年 12 月 31 日）。

3. 租赁期：3 年（即从 2019 年 12 月 31 日～2022 年 12 月 30 日）。

4. 租金及支付方式：分别在 2019 年、2020 年、2021 年的 12 月 31 日各支付租金 100 万元（不含税），合计金额 300 万元（不含税）。

5. 该 3 辆装载运输车在 2019 年 12 月 31 日公允价值 265 万（不含税）。

6. 租赁合同规定的利率为 8%（年利率）。

7. 合同到期后，承租人按约定支付租金后车辆所有权归属于承租人甲公司。

8. 甲公司资料：

（1）采用实际利率法确认本期应分摊的未确认融资费用。

（2）采用平均年限法计提固定资产折旧。

（3）甲公司在租赁谈判和签订租赁合同过程中发生可归属于项目的手续费、差旅费 2 万元（无进项税额可抵扣）。

（4）该车辆为全新，预计使用年限 5 年，期末残值率 5%。

假定整个租赁期内装载运输车适用的增值税税率为 13%。

要求：做出承租人甲公司各环节的财税处理，并分析可能产生的税会差异及税务风险管理。

解析：

1. 租赁开始日的会计处理

第一步，判断租赁类型。

租赁期 3 年占资产尚可使用年限 5 年的 60%（小于 75%），没有满足融资租赁的租赁期限标准；最低租赁付款额的现值为 278.33 万元（计算过程见后）大于租赁资产公允价值的 90% [265×90%=238.5（万元）]，满足融资租赁的标准。因此，甲公司应当将该项租赁认定为融资租赁。

第二步，计算租赁开始日最低租赁付款额的现值，确定租赁资产的入账价值。

由于甲公司不知道出租人乙公司的租赁内含利率。因此，应选择租赁合同规定的利率 8% 作为最低租赁付款额的折现率。

最低租赁付款额＝各期租金之和＋承租人担保的资产余值

=100×3+0=300（万元）

计算现值：

每期租金 100 万元的年金现值 =100×[（P/A,8%,2）+1]，查表得知：

（P/A,8%,3）=1.783 3。租金现值之和 =100×2.783 3=278.33（万元），大于租赁资产的公允价值 265 万元。

根据孰低原则，租赁资产的入账价值应为 265 万元。

第三步，计算未确认融资费用

未确认融资费用＝最低租赁付款额——租赁资产的入账价值

=300-265=35（万元）

第四步，将初始直接费用计入资产原值

租赁固定资产入账价值 =265+2=267（万元）

会计分录：

借：固定资产——融资租入固定资产　　2 670 000.00

　未确认融资费用　　350 000.00

　贷：长期应付款——应付融资租赁款　　3 000 000.00

　　银行存款　　20 000.00

2. 租赁开始日的税务处理及税会差异分析

融资租入固定资产的计税基础等于合同约定的付款总额＋直接费用，等于 302 万元（300+2）。与会计处理的固定资产入账原值 267 万元存在差异。

3. 分摊未确认融资费用的会计处理和税务处理及差异分析

会计处理：

第一步，确定未确认融资费用分摊率。

根据 2006 版租赁准则的《应用指南》规定："以租赁资产公允价值作为入账价值的，应当重新计算分摊率。该分摊率是使最低租赁付款额的现值与租赁资产公允价值相等的折现率。"

本案例就属于是以租赁资产公允价值入账的情形。在 Excel 表格中利用函数 IRR 可以非常方便的计算出实际利率为 13.842 7%，也可以使用其他数学方法计算出该比率。

第二步，在租赁期内按照重新计算的分摊率分摊未确认融资费用。计算过程见表 7-5-7。

表 7-5-7

租赁期内分摊未确认融资费用

日期 ①	租金 ②	确认的融资费用 ③=期初⑤ × IRR	应付本金减少额 ④=②-③	应付本金余额 期末⑤=期初⑤-④
2019/12/31				265.00
2019/12/31	100.00	0.00	100.00	165.00
2020/12/31	100.00	22.84	77.16	87.84
2021/12/31	100.00	12.16	87.84	—
合计	300.00	35.00	265.00	

说明：表中IRR=13.842 7%

第三步，会计分录。

2019 年 12 月 31 日支付首期租金：

借：长期应付款——应付融资租赁款　　1 000 000.00
　　应交税费——应交增值税（进项税额）　　130 000.00
　贷：银行存款　　1 130 000.00

2020 年 12 月 31 日支付第二期租金：

（1）先分摊未确认融资费用

借：财务费用　　228 400.00
　贷：未确认融资费用　　228 400.00

（2）支付租金

借：长期应付款——应付融资租赁款　　1 000 000.00
　　应交税费——应交增值税（进项税额）　　130 000.00
　贷：银行存款　　1 130 000.00

2021 年 12 月 31 日的会计处理与 2020 年 12 月 31 日处理基本一致，只是变换了“财务费用”和“未确认融资费用”的数值，不再赘述。

税务处理：税法上不认可“未确认融资费用”及其分摊，因此分摊的“财务费用”不能在税前扣除，应予以进行纳税调整。

4. 融资租入固定资产折旧

会计年度折旧额 =267×（1-5%）/5=50.73（万元）

税务年度折旧额 =302×（1-5%）/5=57.38（万元）

借：管理费用——折旧费　　507 300.00
　贷：累计折旧　　507 300.00

因此，由于融资租入固定资产的会计入账原值小于计税基础，即便是在折旧年限、方法完全一致的情况下，会计折旧额也会小于税务折旧额的，应进行纳税调整。

5. 租赁期届满的税务与会计处理

2022 年 12 月 31 日，依照合同约定，车辆所有权过户到承租人甲公司，则甲公司

借：固定资产——装载车　　2 670 000.00
　贷：固定资产——融资租入固定资产　　2 670 000.00

6. 租赁期间税会差异及纳税调整

以甲公司 2020 年度融资租入固定资产的税会差异进行分析：会计方面，“未确认融资费用”分摊计入“财务费用”22.84 万元，租入固定资产折旧金额 50.73 万元，二者合计 73.57 万元；税务处理方面，融资租入固定资产折旧金额 57.38 万元，不认可“未确认融资费用”分摊计入的“财务费用”。税会差异金额 16.19 万元，应做纳税调增。其他年度类似。

7. 税务风险管理

（1）严格按照会计准则规定对租赁类型进行适当的分类。

（2）租赁合同、支付租金凭证等归档保存，以备检查。

（3）及时对税会差异进行台账登记以及企业所得税申报时逐项核实调整，避免遗漏。

（三）短期租赁和低价值资产租赁的财税处理及税务风险管理

1. 短期租赁和低价值资产租赁的会计处理

作为会计术语，短期租赁和低价值资产租赁是新租赁准则新增加的。

短期租赁，是指在租赁期开始日，租赁期不超过 12 个月的租赁。包含购买选择权的租赁不属于短期租赁。

低价值资产租赁，是指单项租赁资产为全新资产时价值较低的租赁。低价值资产租赁的判定仅与资产的绝对价值有关，不受承租人规模、性质或其他情况影响。

根据新租赁准则的规定，承租人对于短期租赁和低价值资产租赁的会计处理具有选择权，一是选择确认使用权资产和租赁负债，二是选择不确认而做简化处理。

短期租赁和低价值资产租赁的承租人会计处理见表 7-5-8。

表 7-5-8

短期租赁和低价值资产租赁的承租人会计处理

项目	会计处理	
资产与负债确认	不确认	确认
租赁开始日	不作处理	确认使用权资产和租赁负债
支付租金	在租赁期内各个期间按照直线法或其他系统合理的方法计入相关资产成本或当期损益	减少租赁负债
初始直接费用	计入当期的管理费用	计入使用权资产初始成本
计提折旧	不计提折旧	计提折旧
或有租金	在实际发生时计入当期损益	

【备注】初始直接费用，是指为达成租赁所发生的增量成本。增量成本是指若企业不取得该租赁，则不会发生的成本，主要是指在租赁谈判和签订租赁合同的过程中发生的，可直接归属于租赁项目的相关费用，如手续费、律师费、差旅费、印花税等。

2. 短期租赁和低价值资产租赁时承租人的税务规定

在企业所得税法相关规定中，暂时没有短期租赁和低价值资产租赁的相关概念，但是有经营租赁的相关规定，短期租赁和低价值资产租赁从税务处理角度出发就是经营租赁。

《企业所得税法实施条例》第四十七条规定，以经营租赁方式租入固定资产发生的租赁费支出，按照租赁期限均匀扣除。

3. 短期租赁和低价值资产租赁会计处理和税务处理的差异

短期租赁和低价值资产租赁，承租人在会计处理上具有选择权。如果选择简化处理，即不确认使用权资产和租赁负债的话，那么就与 2006 版准则中经营租赁的会计处理一致了。如果选择确认使用权资产和租赁负债的话，其会计处理就与 2006 版准则中融资租赁会计处理基本上差不多了。

因此，在执行 2018 版准则后，企业对短期租赁和低价值资产租赁会计处理的选择不同，将导致不同的税款差异。

（1）选择简化处理。

二者都是将支付的租赁费分期确认为费用；但是会计上可以采用直线法或其他合理方法，而税法上只能采用直线法。当会计上采用其他合理方法对经营租赁的租金费用进行分摊时，会计处理和税务处理存在差异，需要进行纳税调整。

（2）选择确认资产和负债处理。

选择确认使用权资产和租赁负债的话，因租赁而发生的初始直接费用会计入资产初始成本，可能造成当期会计确认的租赁费用（成本）小于税务处理可税前扣除金额；后续资产的折旧费，可能金额与税务处理可以税前扣除的租赁金额不一致，都是需要进行纳税调整的。

二、出租人的财税处理及税务风险管理

新旧租赁准则均对出租人的租赁都分类为经营租赁和融资租赁。

（一）出租人对经营租赁的财税处理及税务风险管控

1. 出租人对经营租赁的会计处理

在经营租赁下，与租赁资产所有权有关的风险和报酬并没有实质上转移给承租人，出租人对于经营租赁的资产仍应按自有资产的处理方法，将租赁资产反映在资产负债表上。

新旧租赁准则虽然对出租人的会计处理规定相差不大，但是对于出租人经营租赁的会计处理也有细微差异，主要是对“初始直接费用”的会计处理。

2006 版和 2018 版租赁准则对出租人经营租赁的会计处理，见下表 7-5-9。

表 7-5-9

2006版和2018版租赁准则对出租人经营租赁的会计处理

项　目	会计处理	
	2006版	2018版
收到租金	采用直线法或其他合理方法在租赁各期间内确认为收入	
初始直接费用	计入当期的损益	先资本化，后在租赁期内分摊
计提折旧/摊销	固定资产计提折旧或摊销；其他经营资产，采用合理方法进行摊销	
或有租金	在实际发生时计入当期损益	

2. 出租人经营租赁的税务处理

（1）《企业所得税法实施条例》第十九条规定，租金收入，按照合同约定的承租人应付租金的日期确认收入的实现。

（2）《国家税务总局关于贯彻落实企业所得税法若干税收问题的通知》（国税函〔2010〕79 号）规定：

根据《实施条例》第十九条的规定，企业提供固定资产、包装物或者其他有形资产的使用权取得的租金收入，应按交易合同或协议规定的承租人应付租金的日期确认收入的实现。其中，如果交易合同或协议中规定租赁期限跨年度，且租金提前一次性支付的，根据《实施

条例》第九条规定的收入与费用配比原则，出租人可对上述已确认的收入，在租赁期内，分期均匀计入相关年度收入。

3. 出租人经营租赁的税会差异分析

（1）出租人在会计上按照权责发生制确认收入；税法上主要规定是按照合同约定应付款日期确认收入，属于变相的收付实现制原则，只有满足国税函〔2010〕79号规定的严格条件，才可以选择权责发生制处理；二者存在时间差异，需要进行纳税调整。

（2）租赁期限跨年度且租金提前一次性支付的，出租人在会计处理和税务处理都是可以将租金收入分期计入相关年度收入，但是会计上采用的方法可以是直线法或其他合理方法，而税法上只能采用直线法分期均匀计入相关年度收入。

【案例7-8】出租人对经营租赁的财税处理及税务风险管理

资料：沿用【案例7-5】的资料。

补充资料：甲公司为了出租房屋，共支付了0.9万元的中介费等初始直接费用（无进项税额抵扣）。假定甲公司也适用新租赁准则。

问题：出租人甲公司对经营租赁的财税处理及税务风险管控。

解析：

1. 会计处理

（1）2019年12月收到对方支付的租房押金

借：银行存款　　100 000.00

　贷：其他应付款　　100 000.00

（2）支付初始直接费用

根据新准则规定，出租人因出租而发生的初始直接费用，在发生时应先予以资本化，然后在租赁期间合理分摊。

借：长期待摊费用　　9 000.00

　贷：银行存款　　9 000.00

（3）2019年12月收到租金

借：银行存款　　315 000.00

　贷：预收账款　　300 000.00

　　　应交税费——简易计税　　15 000.00

2020年3月以及租赁期间收到各季度租金时也做上面相同分录，不再赘述。

（4）确认租赁收入

假定甲公司会计处理按照合同约定的租金收入确认收入，即免租期间不确认收入，那么2019年度就不需要再做会计处理，从2020年1月起，每月做如下会计分录：

借：预收账款　　100 000.00

　贷：其他业务收入　　100 000.00

租赁期间每年确认收入120万元。

（5）初始直接费用的分摊

假定甲公司对于资本化的初始直接费用在免租期间不分摊，其余期间按照直线法分摊。

每年应分摊的金额 =0.9/3=0.3（万元）

借：其他业务成本　　3 000.00

　贷：长期待摊费用　　3 000.00

（6）租赁物折旧

出租的房屋属于固定资产，出租期间并不改变其原来的折旧政策。假定甲公司房屋每年的折旧金额 30 万元（符合税法规定），则会计分录：

① 2019 年 12 月的折旧，无论是否发生租赁业务，该折旧都是要发生的，不属于因租赁业务才发生的增量成本，不可计入初始直接费用。

借：管理费用——折旧费　　25 000.00

　贷：累计折旧　　25 000.00

②租赁期间 2020 年至 2022 年内，房屋折旧属于房屋出租取得租金收入的成本。

借：其他业务成本　　300 000.00

　贷：累计折旧　　300 000.00

（7）出租房屋缴纳房产税

①租赁合同约定 2019 年 12 月为免租期，但是根据《财政部 国家税务总局关于安置残疾人就业单位城镇土地使用税等政策的通知》（财税〔2010〕121 号）：对出租房产，租赁双方签订的租赁合同约定有免收租金期限的，免收租金期间由产权所有人按照房产原值缴纳房产税。

因此，甲公司在 2019 年 12 月仍然需要按照房产原值缴纳房产税。该免租期间缴纳的税金是为了整个租赁而发生的，也可以视为是初始直接费用。假定甲公司 2019 年 12 月应缴纳 0.3 万元的房产税，由于该房产税不属于增量成本，不可计入租赁业务的初始直接费用，则会计处理：

借：税金及附加　　3 000.00

　贷：应交税费——应交房产税　　3 000.00

② 2020 年及租赁期间的年度内房产税，按照租金收入的 12% 计算缴纳，每年应交房产税 =10×12×12%=14.4（万元）。在每个季度缴纳时：

借：税金及附加　　36 000.00

　贷：银行存款　　36 000.00

2. 税务处理及税会差异分析

（1）初始直接费用

2019 年 12 月出租房屋支付的中介费等初始直接费用 0.9 万元，会计处理是把其进行了资本化处理，没有计入当期损益，而税务方面是可以税前扣除的，因此 2019 年度需要进行纳税调整，调减应纳税所得额。

在租赁的 2020 年至 2022 年期间，会计处理分摊的初始直接费用，税务处理已经在租赁开始的 2019 年度进行了税前扣除，需要进行纳税调整，调增应纳税所得额。

（2）租金收入

2019 年 12 月 31 日前收取的 2020 年一季度租金，不满足国税函〔2010〕79 号规定的条件，应依照《企业所得税法实施条例》第十九条规定，按照合同约定的承租人应付租金的日期确认收入的实现。因此，甲公司 2019 年度应确认租金收入 30 万元。会计处理没有在 2019 年度确认租金收入的实现，需要进行纳税调整，调增收入。

2020 年度和 2021 年度会计处理和税务处理确认的租金收入金额一致，都是 120 万元 / 年，不需要进行纳税调整。在租赁的最后的 2022 年，会计处理确认的租金收入是 120 万，税务处理确认的租金收入是 90 万元，需要进行纳税调整，调减收入。

（3）折旧

2019 年 12 月以及租赁期间计提的折旧金额，都可以在税前扣除，无税会差异，不需要进行纳税调整。

（4）房产税

2019 年 12 月依照房产原值以及租赁期间依照租金计算缴纳的房产税，都可以在税前扣除，无税会差异，不需要进行纳税调整。

（5）纳税调整

下面以 2019 年度企业所得税申报表填报为例来说明纳税调整过程。

第一步：填写《视同销售和房地产开发企业特定业务纳税调整明细表》（A105010），见表 7-5-10。

表 7-5-10

A105010　　视同销售和房地产开发企业特定业务纳税调整明细表　　单位：万元

行次	项　　目	税收金额	纳税调整金额
		1	2
1	一、视同销售（营业）收入（2+3+4+5+6+7+8+9+10）	30.00	30.00
10	（九）其他	30.00	30.00
11	二、视同销售（营业）成本（12+13+14+15+16+17+18+19+20）	0.00	0.00
20	（九）其他	0.00	0.00

说明：案例所涉及的2019年12月预收的租金，属于会计上不满足收入确认但是税法规定却要确认收入的情形。为什么要通过“视同销售”调整，原因已经在【案例2-1】的“税务风险说明”中已经说明，此处不再赘述，具体参看【案例2-1】。

第二步：填写《纳税调整项目明细表》（A105000），见表 7-5-11：

表 7-5-11

A105000　　纳税调整项目明细表　　单位：万元

行次	项目	账载金额	税收金额	调增金额	调减金额
		1	2	3	4
1	一、收入类调整项目（2+3+…8+10+11）	—	—	30.00	0.00

续上表

行次	项目	账载金额	税收金额	调增金额	调减金额
		1	2	3	4
2	（一）视同销售收入（填写A105010）	—	30.00	30.00	—
12	二、扣除类调整项目（13+14+…24+26+27+28+29+30）	—	—	0.00	116.76
13	（一）视同销售成本（填写A105010）	—	0.00	—	0.90
30	（十七）其他	0.00	0.90	0.00	0.90
46	合计（1+12+31+36+44+45）	—	—	30.00	0.90

3. 税务风险说明及管理

（1）税法对租金收入的确认规定，在总体上是按照合同约定收款时间来确认的，与会计处理一般按照权责发生制处理确认收入是完全不一致的，即便是按照（国税函〔2010〕79号）可以分期确认收入，但是要求也是很严格的。因此，企业在发生经营租赁时，一定要严格注意税会差异，注意按税法规定确认计税收入，必要时进行纳税调整。

（2）注意适用新准则后初始直接费用会计处理变化带来的税会差异。

（3）对税会差异进行台账备查登记，企业所得税汇算清缴申报时，逐一按程序进行纳税调整。

（4）租赁合同等按规定归档，以备检查。

（二）出租人对融资租赁直租业务的财税处理及税务风险管理

融资租赁根据租赁物在租赁业务发生前是否属于承租人，可以分为直租和售后租回两类。此处单独讲解直租业务，售后租回业务在下一段专门讲解。

1. 租赁期开始日会计处理和税务处理差异

（1）会计处理。

在融资租赁直租业务下，出租人将与租赁资产相关的所有权的风险和报酬实质上转移给承租人，将租赁资产的使用权长期转让给承租人，并依此收取租金，在经济实质上就变成了收取租金的债权。租赁期开始日，出租人对融资租赁的会计处理，新旧准则的处理有细微差异。

①应收融资租赁款的入账价值：2006版租赁准则，是租赁开始日最低租赁收款额与初始直接费用之和；而2018版租赁准则，是租赁投资净额，也就是未担保余值和租赁期开始日尚未收到的租赁收款额按照租赁内含利率折现的现值之和。

②未实现融资收益：2006版租赁准则要求计入“未实现融资收益”科目，2018版则计入“应收租赁款——未实现融资收益”科目。

（2）税务处理。

融资租赁直租业务在企业所得税处理方面，因承租方是作为自有固定资产并通过折旧的方式分期扣除，因此，对于出租方而言，应作为分期收款销售有形动产或不动产，根据《企业所得税法实施条例》第二十三条第（一）项，“以分期收款方式销售货物的，按照合同约定的收款日期确认收入的实现。”同时，根据《企业所得税法》第八条及《企业所得税法实施条例》第九条规定的配比性原则和权责发生制原则，应分期确认租赁资产的成本。计算公式如下。

纳税年度应确认的资产转让所得＝本期应收租赁费－租出资产的计税基础 ×（本期应收租赁费/应收租赁费总额）

（3）税会差异分析。

出租人将资产融资出租时，如果租赁资产的计税基础与账面价值一致时，在适用2006版租赁准则时会计与税务处理确认的财产转让所得是一致的，没有差异。但是，如果出租人对租赁资产计提过减值准备，或者前期使用过程中，会计折旧与税法折旧不同，则会导致计税基础与账面价值发生差异，在出租作为财产转让处理则必然存在差异，需要进行纳税调整。

如果企业适用的是2018版租赁准则且是租赁物的生产商或经销商身份的，在租赁期开始日，该出租人应当按照租赁资产公允价值与租赁收款额按市场利率折现的现值两者孰低确认收入，并按照租赁资产账面价值扣除未担保余值的现值后的余额结转销售成本。生产商或经销商出租人为取得融资租赁发生的成本，应当在租赁期开始日计入当期损益。这时就与税务处理可能存在差异了，因为税务处理是按照租赁资产的公允价值确认收入的。

2. 租赁期间融资收益确认的会计处理和税务处理及差异

（1）会计处理。

2006版租赁准则要求按照实际利率法计算确认当期的融资收入，也就是“未确认融资收益”在租赁期内进行分配。

2018版租赁准则按照固定的周期性利率计算并确认租赁期内各个期间的利息收入。

（2）税务处理。

《企业所得税法实施条例》第十九条规定：租金收入，按照合同或协议约定的承租人应付租金的日期确认收入的实现。

企业租金收入金额，应当按照有关租赁合同或协议约定的金额全额确定。租赁合同或协议约定的金额应当包括承租人行使优惠购买租赁资产的选择权所支付的价款。

由于融资租赁业务的实质是融资，取得的租金收入，相当于以租赁资产的公允价值作为本金，贷款给承兑人取得的利息作为收入。因此，在按租赁费总额作为计税收入的同时，租赁资产的公允价值应当作为成本扣除。

（3）税会差异分析。

会计处理方面，采用按照权责发生制确认融资收益；税务处理，按照合同约定的应收租金确认收入，即使没有实际收到也应在当年确认计税收入，同时扣除租赁资产的公允价值和初始直接费用。二者如果存在差异，需要进行纳税调整。

3. 应收融资租赁坏账准备的财税处理及税会差异

（1）会计处理。

融资租赁形成的债权，与企业其他债权一样，也应进行减值测试。出租人应当根据承租人的财务和经营情况，以及租金的逾期期限情况等因素，分析应收融资租赁款的风险程度和回收的可能性，对应收融资租赁应收款合理计提坏账准备。出租人应对应收租赁款减去未实现收益的差额部分（在金额上等于本金的部分）计提坏账准备，而不是对应收租赁款全额计提坏账准备（之所以不是全额，理论上租赁资产所有权是归出租人的）。计提坏账准备的方法根据会计准则自行确定，一经确定，不得随意变更。

（2）税务处理及税会差异。

企业各项资产减值准备，除另有规定，不得税前扣除。融资租赁出租人对租赁应收款计提的减值准备，不能在税前扣除，应纳税调增；当实际发生坏账损失时，再进行税前扣除，做纳税调减。

4. 未担保余值发生变动时的税会差异

（1）会计处理。

由于未担保余值的金额决定了租赁内含利率的大小，从而决定着未实现融资收益的分配，为真实地反映企业的资产和经营业绩，根据谨慎性原则的要求，在未担保余值发生减少和已确认损失的未担保余值得以恢复的情况下，均应重新计算租赁期内含利率，以后各期根据修正后的租赁投资净额和重新计算的租赁内含利率确定应确认的租赁收入。在未担保余值增加时，不做任何会计处理。

（2）税务处理及税会差异分析。

未担保余值发生变动时，实际上相当于资产减值准备的计提与冲回，按税法规定，计提的减值准备不能税前扣除，冲回的减值准备也无须计入应税收入。

因此，当未担保余值的预计可收回金额低于账面价值时，会计上未担保余值计提减值准备，计入资产减值损失，但是税务上不能税前扣除，应做纳税调增；当已确认损失的未担保余值得以恢复时，转回的资产减值损失不需要计入应税收入，应纳税调减。

5. 或有租金的税会处理及差异

或有租金，会计准则规定应当在实际发生时计入当期损益。由于或有租金具有不确定性，出租人在融资租赁下收到的或有租金，只有在实际收到时才能确认应税收入，与会计一致，无差异。

【案例 7-9】出租人对融资租赁的财税处理及税务风险管理（适用 2018 版租赁准则）

资料：乙公司是一家生产大型医疗设备的企业，一般纳税人，假定适用 2018 版租赁准则。

2019 年 12 月，乙公司为推销自己生产的产品，与丙医院签署了一份融资租赁合同。租赁合同的主要条款及资料如下：

1. 租赁标的物：某大型医疗设备。

2. 租赁期开始日：租赁手续办妥之日（即 2020 年 1 月 1 日）。

3. 租赁期：3 年（即从 2020 年 1 月 1 日 ~ 2022 年 12 月 31 日）。

4. 租金及支付方式：自租赁开始日起每月 5 日前支付租金 10 万元（不含税），合计金额 360 万元（不含税），税金按当时国家规定的增值税税率计算。

5. 该大型医疗设备在2020年1月1日公允价值330万（不含税）。

6. 租赁合同规定的利率为6%（年利率，市场利率）。

7. 合同到期后，承租人按约定支付租金后设备所有权归属于承租人丙医院。

8. 乙公司资料：

（1）在租赁谈判和签订租赁合同过程中发生可归属于项目的手续费、差旅费3万元（无进项税额可抵扣）。

（2）该大型医疗设备为乙公司产成品，其账面价值为240万元（计税基础），未计提跌价准备。

假定整个租赁期内医疗设备的增值税税率为13%。

要求：出租人乙公司2020年度的财税处理，并分析可能产生的税会差异及税务风险管控。

解析：

1. 租赁开始日的财税处理

（1）会计处理

第一步，计算租赁内含利率

根据租赁内含利率的定义，租赁内含利率是指在租赁开始日，使最低租赁收款额的现值与未担保的现值之和等于租赁资产公允价值与出租人的初始直接费用之和的折现率。

由于本案例不存在担保余值，因此最低租赁收款额等于最低租赁付款额。

因此，有10×（P/A，R，36）=330+3=333（万元）（租赁资产公允价值＋初始直接费用）。

经在Excel表格中适用IRR函数公式可以计算出租赁内含报酬率：R=0.427 6%（月度实际利率）。

第二步，计算租赁开始日最低租赁收款额及其现值

最低租赁收款额=10×36=360（万元）

最低租赁收款额按内含利率计算的现值=10×（P/A, 0.427 6%,36）=333（万元）

最低租赁收款额按市场利率计算的现值=10×（P/A, 0.486 8%,36）=331.09（万元），大于租赁期开始日租赁资产的公允价值330万元。

（说明：市场利率6%为年利率，折算为月度利率为0.486 8%）

根据2018版租赁准则第四十二条规定，生产商或经销商作为出租人的融资租赁，在租赁期开始日，该出租人应当按照租赁资产公允价值与租赁收款额按市场利率折现的现值两者孰低确认收入，因此乙公司应按照租赁资产的公允价值确认收入330万。

第三步，会计处理

①确认应收融资租赁款：

借：应收融资租赁款——租赁收款额	3 600 000.00	
贷：银行存款		30 000.00
主营业务收入		3 300 000.00
应收融资租赁款——未实现融资收益		270 000.00

②同时，结转销售成本：

借：主营业务成本　　2 400 000.00

　贷：产成品　　2 400 000.00

（2）税务处理及税会差异分析

在该环节由于出租人的身份属于生产商或经销商，按新准则第四十二条规定，一次性的确认收入和销售成本。而税务处理应按照合同约定的租金收取时间确认收入，二者之间存在时间差异，应进行纳税调整。

2. 融资收益的财税处理

（1）会计处理

①出租人计算租赁期内各个期间的利息收入，见表 7-5-12。

表 7-5-12

出租人租赁期间内各个期间的利息收入

期数 ①	租金收入 ②	确认的融资收入 ③=期初⑤ × IRR	应收本金减少额 ④=②-③	应收本金余额 期末⑤=期初⑤-④
0				333
1	10	1.42	8.58	324.42
2	10	1.39	8.61	315.81
…	…	…	…	…
35	10	0.09	9.91	9.97
36	10	0.03	9.97	0
	360	27	333	

说明：（1）为展示方便将表格中间部分隐藏了，读者可以在Excel表格中制作一份看计算过程；（2）表中IRR= 0.427 6%，为租赁内含利率折算为月度利率。

账务处理：

② 2020 年 1 月份确认的利息收入：

借：应收融资租赁款——未实现融资收益　　14 200.00

　贷：租赁收入　　14 200.00

其余月份确认利息收入的会计分录一致，只是按照表 7-5-12 变换数值即可，不再赘述。

2020 年度，乙公司会计处理确认利息收入共计 14.63 万元（通过表 7-5-12 计算得到）。

③ 2020 年 1 月份收到租金时：

借：银行存款　　113 000.00

　贷：应收融资租赁款——租赁收款额　　100 000.00

　　　应交税费——应交增值税（销项税额）　　13 000.00

同样道理，其他月份会计分录类似，不再赘述。

（2）税务处理及税会差异分析

收入方面，税务上应按照租赁合同约定时间的应收的租赁款金额确认计税收入，故 2020 年应确认计税收入 120 万元。

成本方面，税务处理应根据 2020 年度应收取的租金占总租金收入的比例，去分摊租赁资产的计税基础。因此，2020 年可税前扣除的成本 =（120/360）×（240+3）=81（万元）。

因此，出租人乙公司 2020 年度存在如表 7-5-13 的税会差异。

表 7-5-13

乙公司2020年度的税会差异

项　目	会计处理	税务处理	税会差异
主营业务收入	330.00	0.00	-330.00
租赁收入	14.63	120.00	105.37
成本	240.00	81.00	-159.00

3. 纳税调整

由于乙公司因融资租赁业务产生税会差异，需要进行纳税调整。

下面就通过企业所得税申报表填报来说明纳税调整的过程。

第一步：填写《未按权责发生制确认收入纳税调整明细表》（A105020），见表 7-5-14。

表 7-5-14

A105020　　未按权责发生制确认收入纳税调整明细表　　单位：万元

行次	项　　目	合同金额（交易金额）	账载金额		税收金额		纳税调整金额
			本年	累计	本年	累计	
		1	2	3	4	5	6（4-2）
13	四、其他未按权责发生制确认收入	360.00	344.63	344.63	120.00	120.00	-224.63

说明：“账载金额”=330.00万元+14.63万元=344.63（万元）

第二步：填写《纳税调整项目明细表》（A105000），如表 7-5-15：

表 7-5-15

A105000　　纳税调整项目明细表　　单位：万元

行次	项 目	账载金额	税收金额	调增金额	调减金额
		1	2	3	4
1	一、收入类调整项目（2+3+…8+10+11）	—	—	0.00	224.63
3	（二）未按权责发生制原则确认的收入（填写A105020）	344.63	120.00	0.00	224.63
12	二、扣除类调整项目（13+14+…24+26+27+28+29+30）	—	—	0.00	0.00
30	（十七）其他	240.00	81.00	159.00	0.00
46	合计（1+12+31+36+44+45）	—	—	159.00	224.63

4. 税务风险说明及管理

（1）出租人对融资租赁的会计处理与税务处理差异较大且相对较难，企业财务人员应认真学习掌握其相关规定，并在财务处理时，对税会差异进行分析并逐笔登记台账，在企业所得税申报调整后逐一注销。

（2）保存好融资租赁合同、租赁资产发运单、租金收入凭证、租金发票等租赁业务过程中发生的凭证，以备核查。

三、售后租回交易的财税处理及税务风险管理

售后回租是一种特殊形式的租赁业务，是指卖主（也是承租人）将资产出售后，又将该资产从买主（同时也是出租人）租回，习惯上称为“回租”。

对于售后回租业务的销售行为，新租赁准则首先要求根据《企业会计准则第 14 号——收入》规定判断资产转让是否属于销售；而旧租赁准则没有强调这一点，但是一般理解是售后租回对于承租人（出卖人）构成的经营租赁的，就属于销售，如果构成的是融资租赁，则不属于销售。

旧准则要求对于售后回租业务，无论是承租人还是出租人，均应按照租赁的分类标准，将售后回租交易进行判断，确认是属于融资租赁还是经营租赁。同样，税务上也是要区分为经营租赁和融资租赁的。

新租赁准则取消了对承租人对经营租赁和融资租赁的分类，在租赁期开始日，除短期租赁和低价值资产租赁外，均要求确认使用权资产和租赁负债。

税务处理与旧准则比较接近，与新准则的税会差异更大。下面主要以新准则来讲解财税处理及税务风险管控。

（一）售后租回交易中的资产转让构成销售的承租人财税处理

根据新租赁准则的规定，对于售后租回业务，首先要判断出卖人（承租人）的资产转让是否满足收入准则的规定，是否属于销售。

下面以案例的形式说明售后租回交易中的资产转让属于销售的财税处理及税务风险管控。

【案例 7-10】售后租回交易中的资产转让属于销售的财税处理及税务风险管理

资料：山海集团公司是一家主营房地产开发的综合性企业，从 2019 年度开始适用新租赁准则。2019 年 6 月，将企业自行开发的一批酒店式公寓对外销售，同时与购房者签署了售后租回合同，租回后集团用于公寓酒店经营。

汇总合同资料如下。

1. 销售酒店式公寓 500 套，销售金额合计 5 500 万元（不含税）。

2. 租赁期限为 10 年，即从 2019 年 7 月 1 日至 2029 年 6 月 30 日，合同到期后经协商后可以继续续租。

3. 租金约定：以购买房屋金额为基础计算，前 5 年租金为购买房屋金额的 5%，后 5 年租金为购买房屋金额的 6%。租金约定为不含税金额，税额按照出租方开具的增值税专用发票上注明的税额计算。租金支付日期为租赁期间的每年的 7 月 1 日，分 10 次支付。假定租金水平符合租赁合同签订时的市场水平。

山海集团公司相关资料：

1. 该批酒店式公寓系山海集团公司的开发产品，会计处理计入存货的，账面价值 3 000 万元，未计提跌价准备，之前也没有对外进行预售。

2. 山海集团公司从 2019 年 6 月开始进行装饰装修，直到 2019 年 9 月完成交付使用，公寓式酒店在国庆节期间开始试营业。装修共花费支出 1 500 万元（不含税金额），取得可抵扣进项税额 90 万元。

3. 集团对外销售房屋适用增值税税率为 9%，一般计税方式；7 月 1 日支付首笔租金，取得购房者（出租人）在酒店所在地税务机关代开的增值税专用发票，增值税专用发票注明的金额合计为 275 万元，税额为 13.75 万元。

4. 山海集团公司在租赁签订时增量贷款利率为 6%。

假定本案例只考虑增值税和企业所得税，不考虑其他税费；使用权资产的折旧按照直线法折旧，不预留残值。

问题：山海集团公司 2019 年度售后租回的财税处理及税务风险管控。

解析：

1. 销售开发产品时的财税处理

（1）确认收入

借：银行存款　　59 950 000.00

　贷：主营业务收入　　55 000 000.00

　　　应交税费——应交增值税（销项税额）　　4 950 000.00

（2）结转成本

借：主营业务成本　　30 000 000.00

　贷：开发产品　　30 000 000.00

（3）税务处理及税会差异分析

在销售的过程中，税会处理一致，没有税会差异。

2. 租回时的财税处理

（1）会计处理

按照租赁合同约定，前 5 年租金为 275 万元 / 年，后 5 年租金为 330 万元 / 年。按照山海集团公司的增量贷款利率折现：

租金在 2019 年 7 月 1 日的现值 =275×[1+（P/A，6%，4）]+330×[1+（P/A，6%，4）]×(P/F，6%，5)，通过查询年金现值系数表和复利现值系数表可以得出：

现值 =275×4.465 1+330×4.465 1×0.747 3=2 329.04（万元）

借：使用权资产　　23 290 400.00

　　租赁负债——未确认融资费用　　6 959 600.00

　贷：租赁负债——租赁付款额　　30 250 000.00

（2）税务处理及税会差异分析

该案例中的租赁，按照税法规定判断，属于经营租赁，因此在租赁期开始日不需要处理，暂时不产生税会差异。

3. 房屋装修的财税处理

（1）会计处理

房屋装修属于投入使用前必要条件，因此应计入使用权资产价值。但是，考虑到酒店行业的特殊性，装饰装修使用年限不超过5年，预计租赁期内会发生两次装饰装修，因此山海集团公司应将2019年发生的装饰装修支出作为“长期待摊费用”单独列支，并在预计的下一次进行翻新装修前的期间内摊销。

借：长期待摊费用　　15 000 000.00

　　应交税费——应交增值税（进项税额）　　900 000.00

　贷：银行存款　　15 900 000.00

预计装饰装修使用期限为5年，则2019年应摊销的金额=1 500×3/(5×12)=75（万元）。

借：管理费用　　750 000.00

　贷：长期待摊费用　　750 000.00

（2）税务处理及税会差异分析

根据《企业所得税法》第十三条规定：“在计算应纳税所得额时，企业发生的下列支出作为长期待摊费用，按照规定摊销的，准予扣除：（一）已足额提取折旧的固定资产的改建支出；（二）租入固定资产的改建支出；（三）固定资产的大修理支出；（四）其他应当作为长期待摊费用的支出。”

《企业所得税法实施条例》第六十八条第一款：企业所得税法第十三条第（一）项和第（二）项所称固定资产的改建支出，是指改变房屋或者建筑物结构、延长使用年限等发生的支出。

《企业所得税法实施条例》第六十八条第二款：企业所得税法第十三条第（二）项规定的支出，按照合同约定的剩余租赁期限分期摊销。

因此，山海集团公司对于2019年度发生租赁房屋装饰装修费应在2019年10月1日至2029年6月30日之间（即9年9个月内）进行摊销，每月摊销金额=1 500/(9×12+9)=12.82(万元)，2019年度内税务处理应摊销金额=12.82×3=38.46（万元）。

因此，对于装饰装修的摊销，税会处理存在差异，需要进行纳税调整。

4. 租金支付的财税处理

（1）会计处理

借：租赁负债——租赁付款额　　2 750 000.00

　　应交税费——应交增值税（进项税额）　　137 500.00

　贷：银行存款　　2 887 500.00

说明：由于2019年度是租赁期开始日就支付了第一年的租金，属于预付年金，不计提融资利息，从第二年起支付租金前就要计提融资利息。

（2）税务处理

该案例中的租赁，按照税法规定判断属于税务上的经营租赁，支付的租金可以在租赁期间直按照线法摊销扣除，因此，2019年度可以税前扣除的租金=275×6/12=137.5（万元）。

因此，租金支付的财税处理存在税会差异，需要进行纳税调整。

5. 租入房屋折旧的财税处理

（1）会计处理

按照预计可使用期限进行折旧。假定中途翻新装饰装修要占用3个月时间，加上初始装饰装修占用3个月时间，时间可使用时间预计为9年6个月。因此，每月折旧额=2 329.04/(9×12+6)=20.43（万元）；2019年度实际使用3个月，则折旧额=20.43×3=61.29（万元）。

借：管理费用——折旧费　　612 900.00

　贷：使用权资产累计折旧　　612 900.00

（2）税务处理及税会差异分析

由于案例中的租赁，属于税务上的经营租赁，根据税法规定不能对经营租赁的固定资产进行折旧，因此会计上计提的折旧金额不得税前扣除。

6. 纳税调整

将前述的财税处理归纳整理对比见表7-5-16，就可以看出山海集团公司2019年度应进行纳税调的项目。

表 7-5-16

前述的财税处理归纳整理对比

项　目	会计处理	税务处理	税会差异
主营业务收入	5 500.00	5 500.00	0.00
主营业务成本	3 000.00	3 000.00	0.00
长期待摊费用摊销	75.00	38.46	-36.54
租金摊销	0.00	137.50	137.50
折旧	61.29	0.00	-61.29

下面以企业所得税申报表填报来说明纳税调整的过程。

第一步：填写《资产折旧、摊销情况及纳税调整明细表》（A105080），见表7-5-17。

表 7-5-17

A105080　　资产折旧、摊销情况及纳税调整明细表　　单位：万元

行次	项　　目		账载金额			税收金额			纳税调整
			资产原值	本年折旧、摊销额	累计折旧、摊销额	资产计税基础	税收折旧额（摊销额）	累计折旧、摊销额	金额
			1	2	3	4	5	8	9(2-5)
1	一、固定资产（2+3+4+5+6+7）		2 329.04	61.29	61.29	0.00	0.00	0.00	61.29
7	所有固定资产	（六）其他	2 329.04	61.29	61.29	0.00	0.00	0.00	61.29
31	四、长期待摊费用（32+33+34+35+36）		1 500.00	75.00	75.00	1 500.00	38.46	38.46	36.54
33	（二）租入固定资产的改建支出		1 500.00	75.00	75.00	1 500.00	38.46	38.46	36.54
39	合计（1+18+21+31+37+38）		3 829.04	136.29	136.29	1 500.00	38.46	38.46	97.83

第二步：填写《纳税调整项目明细表》（A105000），见表 7-5-18。

表 7-5-18

A105000　　纳税调整项目明细表　　单位：万元

行次	项目	账载金额	税收金额	调增金额	调减金额
		1	2	3	4
12	二、扣除类调整项目（13+14+…24+26+27+28+29+30）	—	—	0.00	137.50
26	（十三）跨期扣除项目	0.00	137.50	0.00	137.50
31	三、资产类调整项目（32+33+34+35）	—	—	97.83	0.00
32	（一）资产折旧、摊销（填写A105080）	136.29	38.46	97.83	0.00
46	合计（1+12+31+36+44+45）	—	—	97.83	137.50

说明：“跨期扣除项目”填写的是租金支出分摊金额。

7. 税务风险说明及管理

（1）在执行新租赁准则后，可能导致会计处理与税务处理的差异，需要注意分辨存在的税会差异并按规定进行纳税调整。

（2）对税会差异逐笔登记台账，申报时逐笔检查是否有进行纳税调整。

（3）租赁合同等存档备查。

（二）售后租回交易中的资产转让不构成销售的承租人财税处理

下面以案例的形式说明售后租回交易中的资产转让不构成销售的财税处理及税务风险管理。

【案例 7-11】售后租回交易中的资产转让属于销售的财税处理及税务风险管理

资料：博威公司是一家生产制造型企业，一般纳税人。2019 年技术改造购进了一批新设备，但是流动资金比较缺乏，因此与专门从事融资租赁业务的丁公司（有牌照）签署了一份售后租回的合同。合同约定的主要条款如下：

1. 标的物：生产设备 5 台；

2. 销售价款：1 200 万元（博威公司 2019 年 6 月 30 日实际收到）；

3. 租赁期间：2019 年 7 月 1 日至 2022 年 6 月 30 日；

4. 租金及支付时间：租赁期间每季度最后一天支付，118 万元 / 季度，租金合计金额 1 416 万元。

5. 合同约定利率为 6%。

博威公司资料：

标的物为全新设备，尚未开始计提折旧，账面价值为 1 500 万元，从 2019 年 7 月开始使用并折旧，采用直线法，折旧期限 5 年，不考虑残值率。

假定博威公司折旧符合税法规定，固定资产原值与计税基础一致，且不考虑其他涉及到固定资产的优惠政策。

假定博威公司适用2018版租赁准则。

问题：博威公司2019年度售后租回的财税处理及税务风险管理。

解析：

1. 会计处理

（1）租赁期开始日的会计处理

根据2018版租赁准则第五十二条规定，“售后租回交易中的资产转让不属于销售的，承租人应当继续确认被转让资产，同时确认一项与转让收入等额的金融负债”，因此会计处理如下：

借：银行存款　　12 000 000.00

　贷：租赁负债——租赁付款额　　12 000 000.00

说明：因为售后租回交易中的标的物资产原本已经确认了资产，按照会计准则继续“确认被转让资产”，实际上就是不改变原资产的确认，故此处不需要再对被转让资产进行调整即可。

（2）折旧处理

2019年度折旧金额 =1 500×6/（5×12）=150（万元）

借：制造费用　　1 500 000.00

　贷：累计折旧　　1 500 000.00

（3）租金支付的处理

通过Excel表格中的IRR函数可以非常方便的计算出租赁内含利率等于2.922 9%（季度实际利率），因此我们可以通过表格来计算租赁期间因确认的融资利息见表7-5-19。

表7-5-19

租赁期间确认的融资利息

期数	租金支出	确认的融资费用	应付本金减少额	应付本金余额
①	②	③=期初⑤×IRR	④=②-③	期末⑤=期初⑤-④
0				1 200.00
1	118.00	31.72	86.28	1 113.72
2	118.00	29.44	88.56	1 025.16
3	118.00	27.09	90.91	934.25
4	118.00	24.69	93.31	840.94
5	118.00	22.23	95.77	745.17
6	118.00	19.69	98.31	646.86
7	118.00	17.10	100.90	545.96
8	118.00	14.43	103.57	442.39
9	118.00	11.69	106.31	336.08
10	118.00	8.88	109.12	226.96
11	118.00	6.00	112.00	114.96
12	118.00	3.04	114.96	0.00
合计	1 416.00	216.00	1 200.00	

说明：表中的IRR=2.643 0%

因此，博威公司2019年度支付租金的会计处理如下：

①2019年9月30日

第一步先确认融资利息：

借：财务费用——售后租回融资费用　　317 200.00

　贷：租赁负债——租赁付款额　　317 200.00

第二步支付租金：

借：租赁负债——租赁付款额　　1 180 000.00

　贷：银行存款　　1 180 000.00

②2019年12月31日的会计处理与9月30日的处理基本一致，只是变换一下“财务费用”的金额即可，不再赘述。

2. 税务处理及税会差异分析

（1）针对融资性售后回租业务中承租方出售资产行为的税务规定

根据《国家税务总局关于融资性售后回租业务中承租方出售资产行为有关税收问题的公告》（国家税务总局公告2010年第13号）规定：融资性售后回租业务是指承租方以融资为目的将资产出售给经批准从事融资租赁业务的企业后，又将该项资产从该融资租赁企业租回的行为。融资性售后回租业务中承租方出售资产时，资产所有权以及与资产所有权有关的全部报酬和风险并未完全转移。

融资性售后回租业务中承租方出售资产的行为，不属于增值税征收范围，不缴纳增值税。

根据现行企业所得税法及有关收入确定规定，融资性售后回租业务中，承租人出售资产的行为，不确认为销售收入，对融资性租赁的资产，仍按承租人出售前原账面价值作为计税基础计提折旧。租赁期间，承租人支付的属于融资利息的部分，作为企业财务费用在税前扣除。

（2）关于发票开具的规定

融资性售后回租业务的发票开具，国家税务总局没有统一而明确的规定各地税务机关都是根据国家税务总局公告2010年第13号和营改增的财税〔2016〕36号文理解执行，因此各地税务机关要求并不一致。

一般情况下是：

出租方（资产购买者、资金提供者、租赁公司）：向承租方（资产出售者）收取的有形动产价款本金，不得开具增值税专用发票，可以开具0税率的普通发票（也有地方可以不开具）；利息部分开具增值税普通发票。

承租方（资产出售者、资金使用者）：收取本金（资产销售价款）时，开具0税率的普通发票。

（3）增值税抵扣进项税额的规定

《关于全面推开营业税改征增值税试点的通知》（财税〔2016〕36号）附件1《营业税改征增值税试点实施办法》第二十七条规定：下列项目的进项税额不得从销项税额中抵扣：（六）购进的贷款服务、餐饮服务、居民日常服务和娱乐服务。

该办法所附的《销售服务、无形资产或者不动产注释》中，关于贷款服务，解释如下：贷款，是指将资金贷与他人使用而取得利息收入的业务活动。

各种占用、拆借资金取得的收入，包括金融商品持有期间（含到期）利息……以及融资性售后回租……业务取得的利息及利息性质的收入，按照贷款服务缴纳增值税。

因此，承租人支付的租金中包含的利息是不可以抵扣进项税额的。

（4）博威公司的税务处理及税会差异分析

①增值税：不属于增值税征税范围。但是，收取租赁公司销售价款 1 000 万元，可以开机增值税普通发票给丁公司；支付的利息不得抵扣进项税额。

②融资利息

虽然（国家税务总局公告 2010 年第 13 号）规定，租赁期间，承租人支付的属于融资利息的部分，作为企业财务费用在税前扣除。

但是，按照税法规定可以税前扣除的利息应该是本金乘以利率（名义利率）的金额，而不是会计处理时采用的实际利率。因此，博威公司 2019 年度可以税前扣除的融资利息 = 1 200 × 6%/2=36（万元）。

会计处理确认的利息 =31.72+29.44=61.16（万元），差额 25.16 万元需要进行纳税调整。

③折旧：由于博威公司的折旧符合税法规定，没有税会差异，无须进行纳税调整。

3. 税务风险说明及管控

（1）融资性售后回租业务中对于发票开具，由于国家税务总局没有统一而明确的规定，导致全国各地执行标准不一致。因此，企业如果遇到该类业务，一定要多与主管税务机关沟通与咨询，得到企业所在地具体的执行标准，避免因发票开具问题给企业带来税务风险。

（2）注意税前扣除的融资利息是按照租赁公司的名义利率计算的金额，而不是会计处理按照实际利率法计算的金额。对于因此而产生的税会差异，应逐笔进行台账登记，申报时逐一进行纳税调整。

（3）对租赁合同等涉及到融资性售后租回业务的资料存档保存，以备检查。

第八章 企业所得税优惠政策事项的财税处理及税务风险管理

税收优惠政策是政府调控经济的重要手段之一，适当的优惠政策能够促进实现国家的经济目标。企业所得税优惠政策事项，是指企业所得税法规定的税收优惠事项，以及税法授权国务院和民族自治地方制定的企业所得税优惠事项。包括免税收入、减计收入、加计扣除、加速折旧、所得减免、抵扣应纳税所得额、减低税率、税额抵免、民族自治地方享受部分减免等。

固定资产加速折旧优惠政策在本书第五章第一节中已经涉及，本章不再赘述。

第一节　企业所得税优惠事项管理

2015 年，国家税务总局根据国家“放管服”改革要求，发布了《企业所得税优惠政策事项办理办法》（国家税务总局公告 2015 年第 76 号，已失效），全面取消对企业所得税优惠事项的审批管理，一律实行备案管理。该办法通过简化办税流程、精简涉税资料、统一管理要求，为企业能够及时、精准享受到所得税优惠政策创造了条件、提供了便利。为了深入贯彻落实党中央、国务院关于优化营商环境和推进“放管服”改革的系列部署，进一步优化税收环境，国家税务总局对该办法进行了修订，并以《国家税务总局关于发布修订后的〈企业所得税优惠政策事项办理办法〉的公告》（国家税务总局公告 2018 年第 23 号，以下简称“《办法》”）重新发布。

一、优惠政策事项办理方式

根据《办法》规定，企业所得税优惠事项全部采用“自行判别、申报享受、相关资料留存备查”的办理方式。企业在年度纳税申报及享受优惠事项前无需再履行备案手续，不再必须报送《企业所得税优惠事项备案表》《汇总纳税企业分支机构已备案优惠事项清单》和享受优惠所需要的相关资料，备案资料作为留存备查资料，保留在企业，以备税务机关后续核查时根据需要提供。

二、留存备查资料管理

（一）留存备查资料的种类

留存备查资料是指与企业享受优惠事项有关的合同、协议、凭证、证书、文件、账册、说明等资料。留存备查资料分为主要留存备查资料和其他留存备查资料两类。

主要留存备查资料由企业按照《企业所得税优惠事项管理目录（2017 版）》（以下简称《目录》）列示的资料清单准备，其他留存备查资料由企业根据享受优惠事项情况自行补充准备。

主要留存备查资料清单随《目录》修订而修订。

（二）留存备查资料整理的时间要求

留存备查资料是企业自行判断是否符合相关优惠事项规定条件的直接依据，企业应当在年度纳税申报前全面归集、整理并认真研判。在本企业完成汇算清缴后，留存备查资料应当归集和整理完毕，以备税务机关核查。如：企业享受《目录》第 1 项优惠事项，并在 2018 年 4 月 30 日完成 2017 年度企业所得税纳税申报和缴纳税款，其应在 4 月 30 日同步将第 1 项优惠事项的留存备查资料归集和整理完毕。

（三）分支机构以及被汇总纳税的非居民企业机构、场所留存备查资料管理规定

1. 报送总机构汇总的情形

分支机构以及被汇总纳税的非居民企业机构、场所按照规定可独立享受优惠事项的，完成汇算清缴后，除需要将留存备查资料应当归集和整理完毕外，还需将留存的备查资料清单报送总机构汇总。如，企业设在西部地区的分支机构享受《目录》第 63 项优惠事项，该分支机构在 2018 年 4 月 30 日完成 2017 年度企业所得税纳税申报和缴纳税款，其应在 4 月 30 日同步将第 63 项优惠事项的留存备查资料归集和整理完毕，并将备查资料清单报送总机构汇总。

2. 分支机构负责归集并留存相关备查资料的情形

由于我国企业所得税实行法人所得税制，因此跨地区经营汇总纳税企业享受优惠事项的，应当由总机构负责统一归集并留存相关备查资料，但是分支机构按照规定可以独立享受优惠事项的，则由分支机构负责归集并留存相关备查资料。如，设在西部地区的鼓励类产业企业减按 15% 的税率征收企业所得税优惠事项，当设在西部地区的分支机构符合规定条件而享受优惠事项的，由该分支机构负责归集并留存相关备查资料，并同时将其留存备查资料的清单提供总机构汇总。

三、企业享受优惠政策的权利义务和法律责任

企业依法享有享受税收优惠的权利，也有依法按时如实申报、接受监督和检查的义务。

《办法》实施后，企业可以根据经营情况自行判断是否符合相关优惠事项规定的条件，在符合条件的情况下，企业可以自行按照《目录》中列示的“享受优惠时间”自预缴申报时开始享受或者在年度纳税申报时享受优惠事项。

在享受优惠事项后，企业有义务提供留存备查资料，并对留存备查资料的真实性与合法

性负责。如果企业未能按照税务机关的要求提供留存备查资料，或者提供的留存备查资料与实际生产经营情况、财务核算情况、相关技术领域、产业、目录、资格证书等不符不能证实其符合优惠事项规定的条件的，或者存在弄虚作假情况的，税务机关将依法追缴其已享受的企业所得税优惠。

四、享受优惠政策事项的后续管理要求

为加强管理，《办法》规定税务机关将对企业享受优惠事项开展后续管理，企业应当予以配合并按照税务机关规定的期限和方式提供留存备查资料。其中，按照《财政部 国家税务总局 发展改革委 工业和信息化部关于软件和集成电路产业企业所得税优惠政策有关问题的通知》（财税〔2016〕49 号）的有关规定，享受《目录》第 30 至 31 项、第 45 至 53 项、第 56 至 57 项软件和集成电路产业优惠事项的，企业应当在汇算清缴后按照《目录》"后续管理要求"项目中列示的资料清单向税务部门提交资料，提交资料时间不得超过本年度汇算清缴期。如，企业享受《目录》第 45 项优惠事项，在 2018 年 4 月 30 日完成 2017 年度企业所得税纳税申报和缴纳税款，其应在 4 月 30 日同步将留存备查资料归集和整理完毕，并在 2018 年 5 月 31 日前按照第 45 项优惠事项"后续管理要求"项目中列示的资料清单向税务机关提交相关资料。

其他优惠事项的核查，由各省税务机关（含计划单列市税务机关）按照统一安排，开展后续管理等。

第二节　免税收入优惠事项

免税是指国家为了实现一定的政治经济政策，给某些纳税人或征税对象的一种鼓励或特殊照顾。企业所得税纳税申报表《免税、减计收入及加计扣除优惠明细表》（A107010）中要求填报的"免税收入"共计有 13 项，包括企业和非营利组织的收入，此处只介绍部分常见企业的免税收入。

一、国债利息收入免征企业所得税

国债利息收入，是指企业持有国务院财政部门发行的国债取得的利息收入。不包括持有外购政府国债取得的利息收入，也不包括持有企业（含国有铁路企业和国有金融企业）发行债券取得的利息收入。

企业持有国务院财政部门发行的国债取得的利息收入免征企业所得税。

（一）主要政策依据

主要的政策依据，根据《目录》所列有以下几项：

（1）《中华人民共和国企业所得税法》第二十六条第一项；

（2）《中华人民共和国企业所得税法实施条例》第八十二条；

（3）《国家税务总局关于企业国债投资业务企业所得税处理问题的公告》（国家税务总局公告 2011 年第 36 号）。

（二）主要留存备查资料

主要留存备查资料，根据《目录》所列有以下几项：

（1）国债净价交易交割单；

（2）购买、转让国债的证明，包括持有时间、票面金额、利率等相关材料；

（3）应收利息（投资收益）科目明细账或按月汇总表；

（4）减免税计算过程的说明。

（三）国债利息收入的税务处理

1．国债利息收入时间确认

企业投资国债从国务院财政部门（以下简称发行者）取得的国债利息收入，应以国债发行时约定应付利息的日期，确认利息收入的实现。

企业转让国债，应在国债转让收入确认时确认利息收入的实现。

说明：持有国债的利息收入确认，税务处理与会计处理可能存在差异。税务处理是按照国债约定付息时间确认收入，会计处理是按照权责发生制处理确认收入。

2．国债利息收入计算

企业到期前转让国债、或者从非发行者投资购买的国债，其持有期间尚未兑付的国债利息收入，按以下公式计算确定：

国债利息收入＝国债金额 ×（适用年利率 /365）× 持有天数（公式①）

上述公式中的“国债金额”，按国债发行面值或发行价格确定；“适用年利率”按国债票面年利率或折合年收益率确定；如企业不同时间多次购买同一品种国债的，“持有天数”可按平均持有天数计算确定。

3．国债利息收入免税问题

企业取得的国债利息收入，免征企业所得税。具体按以下规定执行：

（1）企业从发行者直接投资购买的国债持有至到期，其从发行者取得的国债利息收入，全额免征企业所得税。

（2）企业到期前转让国债、或者从非发行者投资购买的国债，其按前述公式①计算的国债利息收入，免征企业所得税。

说明：企业到期前转让国债、或者从非发行者投资购买的国债，免征企业所得税部分仅限于按照公式①计算的金额，其超出部分仍然需要交税。

（四）国债转让收入的税务处理

1．国债转让收入时间确认

（1）企业转让国债应在转让国债合同、协议生效的日期，或者国债移交时确认转让收入的实现。

（2）企业投资购买国债，到期兑付的，应在国债发行时约定的应付利息的日期，确认国债转让收入的实现。

2. 国债转让收益（损失）计算

企业转让或到期兑付国债取得的价款，减除其购买国债成本，并扣除其持有期间按规定计算的国债利息收入以及交易过程中相关税费后的余额，为企业转让国债收益（损失）。

3. 国债转让收益（损失）征税问题

企业转让国债，应作为转让财产，其取得的收益（损失）应作为企业应纳税所得额计算纳税。

（五）国债成本确定和计算方法

（1）通过支付现金方式取得的国债，以买入价和支付的相关税费为成本。

（2）通过支付现金以外的方式取得的国债，以该资产的公允价值和支付的相关税费为成本。

（3）企业在不同时间购买同一品种国债的，其转让时的成本计算方法，可在先进先出法、加权平均法、个别计价法中选用一种。计价方法一经选用，不得随意改变。

（六）优惠政策享受时间

根据《目录》所列，税收优惠政策为预缴享受，即季度（月度）预缴时就可以享受该优惠政策。

【案例 8-1】国债利息收入的财税处理

甲公司 2018 年 7 月 1 日购入 2018 年 7 月 1 日发行的国债 A 一批，支付价款 1 000 万元。该批国债面值合计 1 000 万元，票面利率 6%，5 年期国债，付息时间为每年 6 月 30 日，最后一期还本。

甲公司在 2018 年 9 月 1 日通过交易所再次购入国债 A 一批，支付价款 1 005 万元，国债面值合计 1 000 万元。

甲公司在 2018 年 12 月 1 日通过交易所售出国债 A 一批，面值合计 500 万元，收到价款 512 万元。

国债 A 在 2018 年 12 月 31 日交易所的收盘价为 105.80 万元 /100 万元（面值）。

假定甲公司为一般纳税人，将国债 A 划分为交易性金融资产，交易过程中未发生交易税负支出。

问题：甲公司国债 A 在 2018 年度的财税处理。

解析：

1. 会计处理

（1）2018 年 7 月 1 日购入

借：交易性金融资产——成本　　　　10 000 000.00

　贷：银行存款　　　　　　　　　　　　10 000 000.00

（2）2018 年 9 月 1 日购入

借：交易性金融资产——成本　　　　10 050 000.00

　贷：银行存款　　　　　　　　　　　　10 050 000.00

（3）2018 年 12 月 1 日售出

借：银行存款　　5 120 000.00

　贷：交易性金融资产——成本 5 000 000.00（假定成本计算方法选择先进先出法）

　　应交税费——转让金融商品应交增值税6 800.00[（5 120 000−5 000 000）×6%/1.06]

　　投资收益　　113 200.00

说明：根据（财税〔2016〕36 号）文附件 2 第一条第（三）款第 3 项规定，金融商品转让，按照卖出价扣除买入价后的余额为销售额，按金融服务缴纳增值税。国债利息收入免增值税，但是未到期前转让不免增值税。

（4）2018 年 12 月 31 日公允价值变动损益

公允价值 =1 500（面值）×105.80/100（面值）=1 587（万元）。

公允价值变调整前的账面价值 =1 000+1 005−500=1 505（万元）。

公允价值变动损益 =1 587−1 505=82（万元）

借：交易性金融资产——公允价值变动　　820 000.00

　贷：公允价值变动损益　　820 000.00

2. 税务处理

（1）计算企业到期前转让免征企业所得税的国债利息收入

免征国债利息收入 = 国债金额 ×（适用年利率 /365）× 持有天数 =500×（6%/365）×153=12.58（万元）

说明：持有天数从 2018 年 7 月 1 日至 2018 年 12 月 1 日计算。

（2）国债转让收益计算

国债转让收益 = 收到价款 − 成本 − 税费 − 持有期间国债利息收入 =521−500−0.68−12.58=−1.26（万元）

计算结果为负数，为国债转让损失，可以在税前扣除。

会计处理时，国债转让的成本采用先进先出法，符合税法规定，不用调整。

（3）纳税调整

下面通过企业所得税申报表填报来说明纳税调整的过程。

《资产损失税前扣除及纳税调整明细表》（A105090）填写，见表 8-2-1。

表 8-2-1

A105090　　资产损失税前扣除及纳税调整明细表　　单位：万元

行次	项　目	资产损失账载金额	资产处置收入	赔偿收入	资产计税基础	资产损失的税收金额	纳税调整金额
		1	2	3	4	5=4−2−3	6（1−5）
25	十、通过各种交易场所、市场买卖债券、股票、期货、基金以及金融衍生产品等发生的损失	0.00	498.74	0.00	500.00	1.26	−1.26

说明：资产处置收入=收到价款512万元−税费0.68万元−持有期间国债利息收入12.58万元=498.74（万元）。

《纳税调整项目明细表》（A105000）的填写，见表 8-2-2。

表 8-2-2

A105000　　纳税调整项目明细表　　单位：万元

行次	项　目	账载金额	税收金额	调增金额	调减金额
		1	2	3	4
1	一、收入类调整项目（2+3+…8+10+11）	—	—	0.00	82.00
7	（六）公允价值变动净损益	82.00	—	0.00	82.00
31	三、资产类调整项目（32+33+34+35）	—	—	0.00	1.26
34	（三）资产损失（填写A105090）	0.00	1,26	0.00	1.26

《免税、减计收入及加计扣除优惠明细表》（A107010）填写，见表 8-2-3。

表 8-2-3

A107010　　免税、减计收入及加计扣除优惠明细表　　单位：万元

行次	项　目	金　额
1	一、免税收入（2+3+6+7+…+16）	12.58
2	（一）国债利息收入免征企业所得税	12.58

然后自动生成主表相关栏目数据。

二、地方政府债券利息收入免征企业所得税

地方政府债券利息收入免征企业所得税的优惠政策与国债利息收入免征企业所得税有太多相似的地方，此处只介绍二者不同之处，其他可以参照国债利息收入。

企业取得的地方政府债券利息收入（所得）免征企业所得税。

（一）主要政策依据

主要的政策依据，根据《目录》所列有以下 2 项：

（1）《财政部 国家税务总局关于地方政府债券利息所得免征所得税问题的通知》（财税〔2011〕76 号）；

（2）《财政部 国家税务总局关于地方政府债券利息免征所得税问题的通知》（财税〔2013〕5 号）。

（二）主要留存备查资料

主要留存备查资料，根据《目录》所列有以下几项：

（1）购买地方政府债券证明，包括持有时间、票面金额、利率等相关材料；

（2）应收利息（投资收益）科目明细账或按月汇总表；

（3）减免税计算过程的说明。

三、符合条件的居民企业之间的股息、红利等权益性投资收益免征企业所得税

符合条件的居民企业之间的股息、红利等权益性投资收益，是指居民企业直接投资于其他居民企业取得的权益性投资收益免征企业所得税。所称股息、红利等权益性投资收益，不包括连续持有居民企业公开发行并上市流通的股票不足12个月取得的投资收益。

（一）主要政策依据

主要的政策依据，根据《目录》所列有以下几项：

（1）《中华人民共和国企业所得税法》第二十六条第二项；

（2）《中华人民共和国企业所得税法实施条例》第十七条、第八十三条；

（3）《财政部 国家税务总局关于执行企业所得税优惠政策若干问题的通知》（财税〔2009〕69号）；

（4）《国家税务总局关于贯彻落实企业所得税法若干税收问题的通知》（国税函〔2010〕79号）。

（二）主要留存备查资料

主要留存备查资料，根据《目录》所列有以下几项：

（1）被投资企业的最新公司章程（企业在证券交易市场购买上市公司股票获得股权的，提供相关记账凭证、本公司持股比例以及持股时间超过12个月情况说明）；

（2）被投资企业股东会（或股东大会）利润分配决议或公告、分配表；

（3）被投资企业进行清算所得税处理的，留存被投资企业填报的加盖主管税务机关受理章的《中华人民共和国清算所得税申报表》及附表三《剩余财产计算和分配明细表》复印件；

（4）投资收益、应收股利科目明细账或按月汇总表。

（三）优惠政策享受时间

根据《目录》所列税收优惠政策为预缴享受，即季度（月度）预缴时就可以享受该优惠政策。

相关案例请参阅本书第四章【案例4-35】的内容。

第三节　减计收入优惠事项

减计收入是指按照税法规定准予对企业某些经营活动取得的应税收入，按一定比例减少计入收入总额，进而减少应纳税所得额的一种税收优惠措施。

一、综合利用资源生产产品取得的收入减计

（一）政策规概述

企业自2008年1月1日起，以《资源综合利用企业所得税优惠目录》规定的资源作为主要原材料，生产国家非限制和非禁止并符合国家及行业相关标准的产品取得的收入，减按90%计入企业当年收入总额。

在填写《免税、减计收入及加计扣除优惠明细表》(A107010)时，填报纳税人综合利用资源生产产品取得的收入总额乘以10%的金额。

(二)主要政策依据

(1)《中华人民共和国企业所得税法》第三十三条；

(2)《中华人民共和国企业所得税法实施条例》第九十九条；

(3)《财政部 国家税务总局关于执行资源综合利用企业所得税优惠目录有关问题的通知》(财税〔2008〕47号)；

(4)《财政部 国家税务总局 国家发展改革委关于公布资源综合利用企业所得税优惠目录(2008年版)的通知》(财税〔2008〕117号)。

(三)主要留存备查资料

(1)企业实际资源综合利用情况(包括综合利用的资源、技术标准、产品名称等)的说明；

(2)综合利用资源生产产品取得的收入核算情况说明。

(四)优惠政策享受时间

根据《目录》所列：预缴享受，即季度(月度)预缴时就可以享受该优惠政策。

二、取得铁路债券利息收入减半征收企业所得税

企业持有铁路债券取得的利息收入，减半征收企业所得税。

在填写《免税、减计收入及加计扣除优惠明细表》(A107010)时，填报纳税人铁路债券利息收入总额乘以50%的金额。

(一)主要政策依据

(1)《财政部 国家税务总局关于铁路建设债券利息收入企业所得税政策的通知》(财税〔2011〕99号)；

(2)《财政部 国家税务总局关于2014、2015年铁路建设债券利息收入企业所得税政策的通知》(财税〔2014〕2号)；

(3)《财政部 国家税务总局关于铁路债券利息收入所得税政策问题的通知》(财税〔2016〕30号)。

(二)主要留存备查资料

(1)购买铁路债券证明资料，包括持有时间、票面金额、利率等相关资料；

(2)应收利息(投资收益)科目明细账或按月汇总表；

(3)减免税计算过程的说明。

(三)优惠政策享受时间

根据《目录》所列，税收优惠政策为预缴享受，即季度(月度)预缴时就可以享受该优惠政策。

第四节 加计扣除优惠事项

加计扣除是指按照税法规定，在实际发生数额的基础上，再加成一定比例，作为计算应纳税所得额时的扣除数额的一种税收优惠措施。如对企业的研发支出实施加计扣除，则称之为研发费用加计扣除。

一、研究开发费用加计扣除

（一）政策概述

研发活动是指企业为获得科学与技术新知识，创造性运用科学技术新知识，或实质性改进技术、产品（服务）、工艺而持续进行的具有明确目标的系统性活动。

按照《企业所得税法》规定，企业为了开发新技术、新产品、新工艺的研发费用，未形成无形资产计入当期损益的，在按照规定据实扣除的基础上，按照研发费用的 50% 加计扣除；形成无形资产的，按照无形资产成本的 150% 摊销。

对于科技型中小企业而言，自 2017 年 1 月 1 日至 2019 年 12 月 31 日，研发费用加计扣除比例由 50% 提高到 75%。

对从事文化产业支撑技术等领域的文化企业，开发新技术、新产品、新工艺发生的研究开发费用，允许按照税收法律法规的规定，在计算应纳税所得额时加计扣除。

《财政部 税务总局 科技部关于提高研究开发费税前加计扣除比例的通知》（财税〔2018〕99 号）规定，企业开展研发活动中实际发生的研发费用，未形成无形资产计入当期损益的，在按规定据实扣除的基础上，在 2018 年 1 月 1 日至 2020 年 12 月 31 日期间，再按照实际发生额的 75% 在税前加计扣除；形成无形资产的，在上述期间按照无形资产成本的 175% 在税前摊销。

（二）研发费用加计扣除与研发费用据实扣除的相同点

（1）适用对象相同：适用于财务核算健全并能准确归集研发费用的企业。

（2）研发活动特征相同：都是企业为获得科学与技术（不包括人文、社会科学）新知识，创造性运用科学技术新知识，或实质性改进技术、工艺、产品（服务）而持续进行的具有明确目标的研究开发活动。

（3）研发费用处理方式相同：企业实际发生的研发支出费用化与资本化处理的原则，按照财务会计制度规定执行。

（4）禁止税前扣除费用范围相同：行政法规和国家税务总局规定不允许企业所得税税前扣除的费用和支出项目，同样不可以加计扣除。

（5）核算要求基本相同：企业未设立专门的研发机构或企业研发机构同时承担生产经营任务的，应对研发费用和生产经营费用分开进行核算，准确、合理地计算各项研发费用支出。

（三）研发费用加计扣除与研发费用据实扣除的不同点

1. 限制不同

享受研发费用加计扣除的企业有行业负面清单的限制，而研发费用据实扣除的企业则没有行业负面清单的限制。

财税〔2015〕119号文件列举的不适用税前加计扣除政策行业（6+1）有：（1）烟草制造业；（2）住宿和餐饮业；（3）批发和零售业；（4）房地产业；（5）租赁和商务服务业；（6）娱乐业；（7）财政部和国家税务总局规定的其他行业。上述行业以《国民经济行业分类与代码（GB/4754—2011）》为准，并随之更新。

财税〔2015〕119号文件所列不适用税前加计扣除政策行业的企业，是指以所列行业业务为主营业务，其研发费用发生当年的主营业务收入占企业按税法第六条规定计算的收入总额减除不征税收入和投资收益的余额50%（不含）以上的企业。

享受科技型中小企业加计扣除政策的，企业须具备科技型中小企业资质。

2. 研发费用范围不同

享受加计扣除的企业研发费用范围限于财税〔2015〕119号文件和国家税务总局公告2017年第40号列举的6项费用及明细项，而实行税前据实扣除的企业研发费用范围按照财务会计制度的规定进行确定。

（四）研发费用税前加计扣除的范围

财税〔2015〕119号文件和国家税务总局公告2017年第40号对研发费用税前加计扣除范围进行了列举。允许税前加计扣除的费用包括以下7项：

1. 人员人工费用

包括直接从事研发活动人员的工资薪金、基本养老保险费、基本医疗保险费、失业保险费、工伤保险费、生育保险费和住房公积金，以及外聘研发人员的劳务费用。

注意：不包括直接从事研发活动人员的职工福利费、职工教育经费、工会经费、补充养老保险、补充医疗保险等职工薪酬。

（1）直接从事研发活动人员包括研究人员、技术人员、辅助人员。研究人员是指主要从事研究开发项目的专业人员；技术人员是指具有工程技术、自然科学和生命科学中一个或一个以上领域的技术知识和经验，在研究人员指导下参与研发工作的人员；辅助人员是指参与研究开发活动的技工。外聘研发人员是指与本企业或劳务派遣企业签订劳务用工协议（合同）和临时聘用的研究人员、技术人员、辅助人员。

接受劳务派遣的企业按照协议（合同）约定支付给劳务派遣企业，且由劳务派遣企业实际支付给外聘研发人员的工资薪金等费用，属于外聘研发人员的劳务费用。

（2）工资薪金包括按规定可以在税前扣除的对研发人员股权激励的支出。

（3）直接从事研发活动的人员、外聘研发人员同时从事非研发活动的，企业应对其人员活动情况做必要记录，并将其实际发生的相关费用按实际工时占比等合理方法在研发费用和生产经营费用间分配，未分配的不得加计扣除。

2. 直接投入费用

（1）研发活动直接消耗的材料、燃料和动力费用。

（2）用于中间试验和产品试制的模具、工艺装备开发及制造费，不构成固定资产的样品、样机及一般测试手段购置费，试制产品的检验费。

企业研发活动直接形成产品或作为组成部分形成的产品对外销售的，研发费用中对应的材料费用不得加计扣除。

产品销售与对应的材料费用发生在不同纳税年度且材料费用已计入研发费用的，可在销售当年以对应的材料费用发生额直接冲减当年的研发费用，不足冲减的，结转以后年度继续冲减。

（3）用于研发活动的仪器、设备的运行维护、调整、检验、维修等费用，以及通过经营租赁方式租入的用于研发活动的仪器、设备租赁费。

以经营租赁方式租入的用于研发活动的仪器、设备，同时用于非研发活动的，企业应对其仪器设备使用情况做必要记录，并将其实际发生的租赁费按实际工时占比等合理方法在研发费用和生产经营费用间分配，未分配的不得加计扣除。

3. 折旧费用

是指用于研发活动的仪器、设备的折旧费。

（1）用于研发活动的仪器、设备，同时用于非研发活动的，企业应对其仪器设备使用情况做必要记录，并将其实际发生的折旧费按实际工时占比等合理方法在研发费用和生产经营费用间分配，未分配的不得加计扣除。

（2）企业用于研发活动的仪器、设备，符合税法规定且选择加速折旧优惠政策的，在享受研发费用税前加计扣除政策时，就税前扣除的折旧部分计算加计扣除。

4. 无形资产摊销

是指用于研发活动的软件、专利权、非专利技术（包括许可证、专有技术、设计和计算方法等）的摊销费用。

（1）用于研发活动的无形资产，同时用于非研发活动的，企业应对其无形资产使用情况做必要记录，并将其实际发生的摊销费按实际工时占比等合理方法在研发费用和生产经营费用间分配，未分配的不得加计扣除。

（2）用于研发活动的无形资产，符合税法规定且选择缩短摊销年限的，在享受研发费用税前加计扣除政策时，就税前扣除的摊销部分计算加计扣除。

5. 新产品设计费、新工艺规程制定费、新药研制的临床试验费、勘探开发技术的现场试验费

是指企业在新产品设计、新工艺规程制定、新药研制的临床试验、勘探开发技术的现场试验过程中发生的与开展该项活动有关的各类费用。

6. 其他相关费用

财税〔2015〕119 号文件：与研发活动直接相关的其他费用，如技术图书资料费、资料翻译费、专家咨询费、高新科技研发保险费，研发成果的检索、分析、评议、论证、鉴定、评审、评估、验收费用，知识产权的申请费、注册费、代理费，差旅费、会议费等。

国家税务总局公告 2017 年第 40 号与财税〔2015〕119 号文件相比，新增职工福利费、补充养老保险费、补充医疗保险费。

此项费用总额不得超过可加计扣除研发费用总额的 10%。

7. 财政部和国家税务总局规定的其他费用。

（五）不适用税前加计扣除政策的活动范围

根据财税〔2015〕119号文件规定，不适用税前加计扣除政策的活动以下7项：

（1）企业产品（服务）的常规性升级；

（2）对某项科研成果的直接应用，如直接采用公开的新工艺、材料、装置、产品、服务或知识等；

（3）企业在商品化后为顾客提供的技术支持活动；

（4）对现存产品、服务、技术、材料或工艺流程进行的重复或简单改变；

（5）市场调查研究、效率调查或管理研究；

（6）作为工业（服务）流程环节或常规的质量控制、测试分析、维修维护；

（7）社会科学、艺术或人文学方面的研究。

（六）主要留存备查资料

《目录》分一般企业和科技型中小企业对研发费用加计扣除主要留存备查资料做了要求。

1. 一般企业

（1）自主、委托、合作研究开发项目计划书和企业有权部门关于自主、委托、合作研究开发项目立项的决议文件；

（2）自主、委托、合作研究开发专门机构或项目组的编制情况和研发人员名单；

（3）经科技行政主管部门登记的委托、合作研究开发项目的合同；

（4）从事研发活动的人员（包括外聘人员）和用于研发活动的仪器、设备、无形资产的费用分配说明（包括工作使用情况记录及费用分配计算证据材料）；

（5）集中研发项目研发费决算表、集中研发项目费用分摊明细情况表和实际分享收益比例等资料；

（6）“研发支出”辅助账及汇总表；

（7）企业如果已取得地市级（含）以上科技行政主管部门出具的鉴定意见，应作为资料留存备查。

2. 科技型中小企业

（1）自主、委托、合作研究开发项目计划书和企业有权部门关于自主、委托、合作研究开发项目立项的决议文件；

（2）自主、委托、合作研究开发专门机构或项目组的编制情况和研发人员名单；

（3）经科技行政主管部门登记的委托、合作研究开发项目的合同；

（4）从事研发活动的人员（包括外聘人员）和用于研发活动的仪器、设备、无形资产的费用分配说明（包括工作使用情况记录及费用分配计算证据材料）；

（5）集中研发项目研发费决算表、集中研发项目费用分摊明细情况表和实际分享收益比例等资料；

（6）“研发支出”辅助账及汇总表；

（7）企业已取得的地市级（含）以上科技行政主管部门出具的鉴定意见；

（8）科技型中小企业取得的入库登记编号证明资料。

（七）享受优惠时间

根据《目录》所列，税收优惠政策为汇缴享受，即季度（月度）预缴时不可以享受该优惠政策，只有汇算清缴时才可以享受该优惠政策。

（八）享受研发费用加计扣除政策的会计核算要求

企业需要关注的是，财税〔2015〕119号文件对研发费用会计核算提出了若干要求：

（1）遵照国家统一会计制度：企业应按照国家财务会计制度要求，对研发支出进行会计处理。

（2）设置研发支出辅助账：对享受加计扣除的研发费用，按研发项目设置辅助账，准确归集核算当年可加计扣除的各项研发费用实际发生额。企业在一个纳税年度内进行多项研发活动的，应按照不同研发项目分别归集可加计扣除的研发费用。

（3）研发与生产分别核算：企业应对研发费用和生产经营费用分别核算，准确、合理归集各项费用支出，对划分不清的，不得实行加计扣除。

国家税务总局公告2015年第97号为指导企业设置研发支出辅助账做了细化规定，以帮助企业防范相关风险：

（1）研发项目立项时应设置研发支出辅助账，由企业留存备查。

（2）企业可参照97号公告所附样式，设置研发支出辅助账、编制研发支出辅助账汇总表。

（3）年末汇总分析填报研发支出辅助账汇总表，并在报送《年度财务会计报告》的同时随附注一并报送主管税务机关。

特别推荐：目前网上有研发费用加计扣除辅助软件，可以对企业研发费用进行归集并自动生成研发支出辅助账、编制研发支出辅助账汇总表，并可以进行多项目管理。建议企业搜索下载使用。

（九）其他事项

（1）企业取得的政府补助，会计处理时采用直接冲减研发费用方法且税务处理时未将其确认为应税收入的，应按冲减后的余额计算加计扣除金额。

（2）企业取得研发过程中形成的下脚料、残次品、中间试制品等特殊收入，在计算确认收入当年的加计扣除研发费用时，应从已归集研发费用中扣减该特殊收入，不足扣减的，加计扣除研发费用按零计算。

（3）企业开展研发活动中实际发生的研发费用形成无形资产的，其资本化的时点与会计处理保持一致。

（4）失败的研发活动所发生的研发费用可享受税前加计扣除政策。

（5）国家税务总局公告2015年第97号第三条所称“研发活动发生费用”是指委托方实际支付给受托方的费用。无论委托方是否享受研发费用税前加计扣除政策，受托方均不得加计扣除。委托方委托关联方开展研发活动的，受托方需向委托方提供研发过程中实际发生的研发项目费用支出明细情况。

（6）企业取得作为不征税收入处理的财政性资金用于研发活动所形成的费用或无形资产，不得计算加计扣除或摊销。

（7）《关于企业委托境外研究开发费用税前加计扣除有关政策问题的通知》（财税〔2018〕64号）规定，自2018年1月1日起，委托境外进行研发活动所发生的费用，按照费用实际发生额的80%计入委托方的委托境外研发费用。委托境外研发费用不超过境内符合条件的研发费用三分之二的部分，可以按规定在企业所得税前加计扣除。

财税〔2018〕64号文件未在《目录》所列的“主要政策依据”之内，涉及委托境外研发活动的企业应注意关注该文。

二、创意设计活动费用加计扣除

企业为获得创新性、创意性、突破性的产品进行创意设计活动而发生的相关费用，可以按照规定进行税前加计扣除。创意设计活动是指多媒体软件、动漫游戏软件开发，数字动漫、游戏设计制作；房屋建筑工程设计（绿色建筑评价标准为三星）、风景园林工程专项设计；工业设计、多媒体设计、动漫及衍生产品设计、模型设计等。

该优惠事项涉及的主要政策依据、主要留存备查资料、优惠政策享受时间等详见《目录》第21项。

三、安置残疾人员所支付的工资加计扣除

企业安置残疾人员的，在按照支付给残疾职工工资据实扣除的基础上，按照支付给残疾职工工资的100%加计扣除。残疾人员的范围适用《中华人民共和国残疾人保障法》的有关规定。

该优惠事项涉及的主要政策依据、主要留存备查资料、优惠政策享受时间等详见《目录》第23项。

第五节　所得减免优惠事项

所得减免是指按照税法规定，对符合税法规定的项目所得实施免征或减征企业所得税的一种税收优惠措施。

企业同时从事适用不同企业所得税待遇的项目的，其优惠项目应当单独计算所得，并合理分摊企业的期间费用；没有单独计算的，不得享受企业所得税优惠。

一、农、林、牧、渔业项目减免所得税

（一）政策概述

1. 免征企业所得税

企业从事蔬菜、谷物、薯类、油料、豆类、棉花、麻类、糖料、水果、坚果的种植，农

作物新品种选育，中药材种植，林木培育和种植，牲畜、家禽饲养，林产品采集，灌溉、农产品初加工、兽医、农技推广、农机作业和维修等农、林、牧、渔服务业项目，远洋捕捞项目所得免征企业所得税。

2. 减半征收企业所得税

企业从事花卉、茶以及其他饮料作物和香料作物种植，海水养殖、内陆养殖项目所得减半征收企业所得税。

3. “公司+农户”经营模式

对以“公司+农户”经营模式从事农、林、牧、渔业项目生产的企业，可以按照《企业所得税法实施条例》第八十六条的有关规定，享受减免企业所得税优惠政策。

4. 享受优惠政策的具体范围

可以享受农、林、牧、渔业项目减免所得税优惠政策的具体范围由以下文件规定：

（1）《财政部 国家税务总局关于发布享受企业所得税优惠政策的农产品初加工范围（试行）的通知》（财税〔2008〕149 号）；

（2）《财政部 国家税务总局关于享受企业所得税优惠的农产品初加工有关范围的补充通知》（财税〔2011〕26 号）；

（3）《国家税务总局关于实施农林牧渔业项目企业所得税优惠问题的公告》（国家税务总局公告 2011 年第 48 号）。

（二）享受税收优惠政策的核算要求

企业从事《企业所得税法实施条例》第八十六条第（二）项规定的适用企业所得税减半优惠的种植、养殖项目，并直接进行初加工且符合农产品初加工目录范围的，企业应合理划分不同项目的各项成本、费用支出，分别核算种植、养殖项目和初加工项目的所得，并各按适用的政策享受税收优惠。

企业同时从事适用不同企业所得税政策规定项目的，应分别核算，单独计算优惠项目的计税依据及优惠数额；分别核算不清的，根据国家税务总局公告 2011 年第 48 号规定，可由主管税务机关按照比例分摊法或其他合理方法进行核定。但是，放管服改革后税务机关不再核定。因此，没有单独核算的，根据《企业所得税法实施条例》第一百零二条规定，不得享受企业所得税优惠。

（三）其他事项

该优惠事项涉及的主要政策依据、主要留存备查资料、优惠政策享受时间等详见《目录》第 24 项。

二、国家重点扶持的公共基础设施项目减免所得税

企业从事《公共基础设施项目企业所得税优惠目录》规定的港口码头、机场、铁路、公路、城市公共交通、电力、水利等项目的投资经营的所得，自项目取得第一笔生产经营收入所属纳税年度起，第一年至第三年免征企业所得税，第四年至第六年减半征收企业所得税；

企业承包经营、承包建设和内部自建自用的项目，不得享受上述规定的企业所得税优惠。饮水工程运营管理单位从事《公共基础设施项目企业所得税优惠目录》规定的饮水工程新建项目投资经营的所得，自项目取得第一笔生产经营收入所属纳税年度起，第一年至第三年免征企业所得税，第四年至第六年减半征收企业所得税。

该优惠事项涉及的主要政策依据、主要留存备查资料、优惠政策享受时间等详见《目录》第 25 项。

三、符合条件的环境保护、节能节水项目减免所得税

企业从事《环境保护、节能节水项目企业所得税优惠目录》所列项目的所得，自项目取得第一笔生产经营收入所属纳税年度起，第一年至第三年免征企业所得税，第四年至第六年减半征收企业所得税。

该优惠事项涉及的主要政策依据、主要留存备查资料、优惠政策享受时间等详见《目录》第 26 项。

四、符合条件的技术转让项目减免所得税

（一）一般规定

《企业所得税法实施条例》第九十条规定，符合条件的技术转让所得免征、减征企业所得税，是指一个纳税年度内，居民企业技术转让所得不超过 500 万元的部分，免征企业所得税；超过 500 万元的部分，减半征收企业所得税。

（二）享受优惠应符合的条件

税法所称的“符合条件”，是指享受减免企业所得税优惠的技术转让应符合以下条件：

1. 享受优惠的技术转让主体是企业所得税法规定的居民企业

2. 技术转让属于财政部、国家税务总局规定的范围

技术转让的范围，包括居民企业转让专利技术、计算机软件著作权、集成电路布图设计权、植物新品种、生物医药新品种，以及财政部和国家税务总局确定的其他技术。其中，专利技术，是指法律授予独占权的发明、实用新型和非简单改变产品图案的外观设计。

技术转让，是指居民企业转让其拥有符合技术转让范围内技术的所有权或 5 年以上（含 5 年）全球独占许可使用权的行为。

3. 境内技术转让经省级以上科技部门认定

技术转让应签订技术转让合同。其中，境内的技术转让须经省级以上（含省级）科技部门认定登记，跨境的技术转让须经省级以上（含省级）商务部门认定登记，涉及财政经费支持产生技术的转让，需省级以上（含省级）科技部门审批。

4. 向境外转让技术经省级以上商务部门认定

居民企业技术出口应由有关部门按照商务部、科技部发布的《中国禁止出口限制出口技术目录》（商务部、科技部令 2008 年第 12 号）进行审查。居民企业取得禁止出口和限制出口

技术转让所得，不享受技术转让减免企业所得税优惠政策。

5. 国务院税务主管部门规定的其他条件

享受技术转让所得减免企业所得税优惠的企业，应单独计算技术转让所得，并合理分摊企业的期间费用；没有单独计算的，不得享受技术转让所得企业所得税优惠。

居民企业从直接或间接持有股权之和达到100%的关联方取得的技术转让所得，不享受技术转让减免企业所得税优惠政策。

（三）技术转让所得的计算

《国家税务总局关于技术转让所得减免企业所得税有关问题的通知》（国税函〔2009〕212号）规定，符合条件的技术转让所得应按以下方法计算：

技术转让所得 = 技术转让收入 − 技术转让成本 − 相关税费

1. 技术转让收入

技术转让收入是指当事人履行技术转让合同后获得的价款，不包括销售或转让设备、仪器、零部件、原材料等非技术性收入。不属于与技术转让项目密不可分的技术咨询、技术服务、技术培训等收入，不得计入技术转让收入。

《国家税务总局关于技术转让所得减免企业所得税有关问题的公告》（国家税务总局公告2013年第62号）规定，自2013年11月1日起，可以计入技术转让收入的技术咨询、技术服务、技术培训收入，是指转让方为使受让方掌握所转让的技术投入使用、实现产业化而提供的必要的技术咨询、技术服务、技术培训所产生的收入，并应同时符合以下条件：

（1）在技术转让合同中约定的与该技术转让相关的技术咨询、技术服务、技术培训；

（2）技术咨询、技术服务、技术培训收入与该技术转让项目收入一并收取价款。

2. 技术转让成本

技术转让成本是指转让的无形资产的净值，即该无形资产的计税基础减除在资产使用期间按照规定计算的摊销扣除额后的余额。

3. 相关税费

相关税费是指技术转让过程中实际发生的有关税费，包括除企业所得税和允许抵扣的增值税以外的各项税金及其附加、合同签订费用、律师费等相关费用及其他支出。

（四）非独占许可使用权转让所得减免所得税

《国家税务总局关于许可使用权技术转让所得企业所得税有关问题的公告》（国家税务总局公告2015年第82号）规定：

（1）自2015年10月1日起，全国范围内的居民企业转让5年（含，下同）以上非独占许可使用权取得的技术转让所得，纳入享受企业所得税优惠的技术转让所得范围。居民企业的年度技术转让所得不超过500万元的部分，免征企业所得税；超过500万元的部分，减半征收企业所得税。

所称技术包括专利（含国防专利）、计算机软件著作权、集成电路布图设计专有权、植物新品种权、生物医药新品种，以及财政部和国家税务总局确定的其他技术。其中，专利是指法律授予独占权的发明、实用新型以及非简单改变产品图案和形状的外观设计。

（2）企业转让符合条件的 5 年以上非独占许可使用权的技术，限于其拥有所有权的技术。

（3）符合条件的 5 年以上非独占许可使用权技术转让所得应按以下方法计算：

技术转让所得 = 技术转让收入 − 无形资产摊销费用 − 相关税费 − 应分摊期间费用

技术转让收入是指转让方履行技术转让合同后获得的价款，不包括销售或转让设备、仪器、零部件、原材料等非技术性收入。不属于与技术转让项目密不可分的技术咨询、服务、培训等收入，不得计入技术转让收入。技术许可使用权转让收入，应按转让协议约定的许可使用权人应付许可使用权使用费的日期确认收入的实现。

无形资产摊销费用是指该无形资产按税法规定当年计算摊销的费用。涉及自用和对外许可使用的，应按照受益原则合理划分。

相关税费是指技术转让过程中实际发生的有关税费，包括除企业所得税和允许抵扣的增值税以外的各项税金及其附加、合同签订费用、律师费等相关费用。

应分摊期间费用（不含无形资产摊销费用和相关税费）是指技术转让按照当年销售收入占比分摊的期间费用。

（五）其他事项

该优惠事项涉及的主要政策依据、主要留存备查资料、优惠政策享受时间等详见《目录》第 27 项。

五、实施清洁机制发展项目减免所得税

清洁发展机制项目 (以下简称“CDM 项目”) 实施企业将温室气体减排量转让收入的 65% 上缴给国家的 HFC 和 PFC 类 CDM 项目，以及将温室气体减排量转让收入的 30% 上缴给国家的 N2O 类 CDM 项目，其实施该类 CDM 项目的所得，自项目取得第一笔减排量转让收入所属纳税年度起，第一年至第三年免征企业所得税，第四年至第六年减半征收企业所得税。

该优惠事项涉及的主要政策依据、主要留存备查资料、优惠政策享受时间等详见《目录》第 28 项。

六、符合条件的节能服务公司实施合同能源管理项目减免所得税

对符合条件的节能服务公司实施合同能源管理项目，符合企业所得税税法有关规定的，自项目取得第一笔生产经营收入所属纳税年度起，第一年至第三年免征企业所得税，第四年至第六年按照 25% 的法定税率减半征收企业所得税。

该优惠事项涉及的主要政策依据、主要留存备查资料、优惠政策享受时间等详见《目录》第 29 项。

第六节　抵扣应纳税所得额优惠事项

抵扣应纳税所得额是指按照税法规定在计算应纳税所得额时不属于扣除项目的投资，准予按照一定比例直接抵扣应纳税所得额的一种税收优惠方式。

《企业所得税法》规定创业投资企业从事国家需要重点扶持和鼓励的创业投资，可以按投资额的一定比例抵扣应纳税所得额。

一、创业投资企业直接投资抵扣应纳税所得额

（一）投资于未上市中小高新技术企业

创业投资企业采取股权投资方式投资于未上市的中小高新技术企业 2 年以上的，可以按照其投资额的 70% 在股权持有满 2 年的当年抵扣该创业投资企业的应纳税所得额；当年不足抵扣的，可以在以后纳税年度结转抵扣。

该优惠事项涉及的主要政策依据、主要留存备查资料、优惠政策享受时间等详见《目录》第 32 项。《财政部 税务总局关于创业投资企业和天使投资个人有关税收政策的通知》（财税〔2018〕55 号）和《国家税务总局关于创业投资企业和天使投资个人税收政策有关问题的公告》（国家税务总局公告 2018 年第 43 号）规定的税收优惠政策未包含在《目录》“主要政策依据” 内，需要注意更新（下同）。

（二）投资于种子期、初创期科技型企业

公司制创业投资企业采取股权投资方式直接投资于种子期、初创期科技型企业满 2 年（24 个月）的，可以按照投资额的 70% 在股权持有满 2 年的当年抵扣该公司制创业投资企业的应纳税所得额；当年不足抵扣的，可以在以后纳税年度结转抵扣。

该优惠事项涉及的主要政策依据、主要留存备查资料、优惠政策享受时间等详见《目录》第 33 项。

二、通过有限合伙制创业投资企业投资抵扣应纳税所得额

（一）投资于未上市中小高新技术企业

有限合伙制创业投资企业采取股权投资方式投资于未上市的中小高新技术企业 2 年（24 个月）以上，该有限合伙制创业投资企业的法人合伙人可按照其对未上市中小高新技术企业投资额的 70% 抵扣该法人合伙人从该有限合伙制创业投资企业分得的应纳税所得额，当年不足抵扣的，可以在以后纳税年度结转抵扣。

该优惠事项涉及的主要政策依据、主要留存备查资料、优惠政策享受时间等详见《目录》第 34 项。

（二）投资于种子期、初创期科技型企业

有限合伙制创业投资企业采取股权投资方式直接投资于种子期、初创期科技型企业满

2 年的，该合伙创投企业的法人合伙人可以按照对种子期、初创期科技型企业投资额的 70% 抵扣法人合伙人从有限合伙制创业投资企业分得的所得；当年不足抵扣的，可以在以后纳税年度结转抵扣。

该优惠事项涉及的主要政策依据、主要留存备查资料、优惠政策享受时间等详见《目录》第 35 项。

第七节　减低税率优惠项目

企业所得税目前的法定税率是 25%。为满足国家经济发展目标，支持小微企业、特定行业和设在特殊地区企业等的发展给予低于法定税率的优惠政策。

一、小微企业所得税优惠政策

（一）优惠政策内容

《财政部 税务总局关于实施小微企业普惠性税收减免政策的通知》（财税〔2019〕13 号）和《国家税务总局关于实施小型微利企业普惠性所得税减免政策有关问题的公告》（国家税务总局公告 2019 年第 2 号）规定：

自 2019 年 1 月 1 日至 2021 年 12 月 31 日，对小型微利企业年应纳税所得额不超过 100 万元的部分，减按 25% 计入应纳税所得额，按 20% 的税率缴纳企业所得税；对年应纳税所得额超过 100 万元但不超过 300 万元的部分，减按 50% 计入应纳税所得额，按 20% 的税率缴纳企业所得税。

（二）小型微利企业普惠性所得税减免政策的适用范围

小型微利企业无论按查账征收方式或核定征收方式缴纳企业所得税，均可享受上述优惠政策。

（三）小微企业的条件

所谓“符合条件的小型微利企业”，是指从事国家非限制和禁止行业，且同时符合年度应纳税所得额不超过 300 万元、从业人数不超过 300 人、资产总额不超过 5 000 万元等三个条件的企业。

从业人数，包括与企业建立劳动关系的职工人数和企业接受的劳务派遣用工人数。所称从业人数和资产总额指标，应按企业全年的季度平均值确定。具体计算公式如下。

季度平均值 =（季初值＋季末值）/2

全年季度平均值 = 全年各季度平均值之和 /4

年度中间开业或者终止经营活动的，以其实际经营期作为一个纳税年度确定上述相关指标。

（四）预缴企业所得税时小型微利企业的判断方法

从2019年度开始，在预缴企业所得税时，企业可直接按当年度截至本期末的资产总额、从业人数、应纳税所得额等情况判断是否为小型微利企业。与此前需要结合企业上一个纳税年度是否为小型微利企业的情况进行判断相比，方法更简单、确定性更强。

具体判断方法为：资产总额、从业人数指标比照财税〔2019〕13号第二条规定中“全年季度平均值”的计算公式，计算截至本期末的季度平均值；年应纳税所得额指标按截至本期末不超过300万元的标准判断。示例如下：

【案例8-2】成立满一年的企业是否满足享受普惠性所得税减免政策的条件的判断

资料：甲公司2017年成立，从事国家非限制和禁止行业，2019年各季度的资产总额、从业人数以及累计应纳税所得额情况见表8-7-1。

表8-7-1

甲公司2019年各季度的资产总额、从业人数以及累计应纳税所得额情况

季度	从业人数（人）		资产总额（万元）		应纳税所得额（累计值，万元）
	期初	期末	期初	期末	
第1季度	120	200	2 000	4 000	150
第2季度	400	500	4 000	6 600	200
第3季度	350	200	6 600	7 000	280
第4季度	220	210	7 000	2 500	350

问题：判断甲公司2019年各季度是否满足享受普惠性所得税减免政策的条件。

解析：

甲公司在预缴2019年度企业所得税时，判断是否符合小型微利企业条件的具体过程见表8-7-2。

表8-7-2

判断甲公司是否符合小型微利企业条件的具体过程

指　标		第1季度	第2季度	第3季度	第4季度
从业人数	季初	120	400	350	220
	季末	200	500	200	210
	季度平均值	（120+200）/2=160	（400+500）/2=450	（350+200）/2=275	（220+210）/2=215
	截至本期末季度平均值	160	（160+450）/2=305	（160+450+275）/3 = 295	（160+450+275 +215）/4=275

续上表

指　标		第1季度	第2季度	第3季度	第4季度
资产总额（万元）	季初	2 000	4 000	6 600	7 000
	季末	4 000	6 600	7 000	2 500
	季度平均值	（2 000+4 000）/2 = 3 000	（4 000+6 600）/2 = 5 300	（6 600+7 000）/2= 6 800	（7 000+2 500）/2= 4 750
	截至本期末季度平均值	3 000	（3 000+5 300）/2 = 4 150	（3 000+5 300+6 800）/3 =5 033.33	（3 000+5 300+6 800 + 4 750）/4=4 962.5
应纳税所得额（累计值，万元）		150	200	280	350
判断结果		符合	不符合（从业人数超标）	不符合（资产总额超标）	不符合（应纳税所得额超标）

【案例 8-3】成立不足一年的企业是否满足享受普惠性所得税减免政策的条件的判断

资料：乙公司 2019 年 5 月成立，从事国家非限制和禁止行业，2019 年各季度的资产总额、从业人数以及累计应纳税所得额情况见表 8-7-3。

表 8-7-3

乙公司2019年各季度的资产总额、从业人数以及累计应纳税所得额情况

季　度	从业人数（人）		资产总额（万元）		应纳税所得额（累计值，万元）
	期初	期末	期初	期末	
第2季度	100	200	1 500	3 000	200
第3季度	260	300	3 000	5 000	350
第4季度	280	330	5 000	6 000	280

问题：判断乙公司 2019 年各季度是否满足享受普惠性所得税减免政策的条件。

解析：

乙公司在预缴 2019 年度企业所得税时，判断是否符合小型微利企业条件的具体过程见表 8-7-4。

表 8-7-4

判断乙公司是否符合小型微利企业条件的具体过程

指标		第2季度	第3季度	第4季度
从业人数（人）	季初	100	260	280
	季末	200	300	330
	季度平均值	（100+200）/2=150	（260+300）/2=280	（280+330）/2=305
	截至本期末季度平均值	150	（150+280）/2=215	（150+280+305）/3=245

续上表

<table>
<tr><th colspan="2">指标</th><th>第2季度</th><th>第3季度</th><th>第4季度</th></tr>
<tr><td rowspan="4">资产总额（万元）</td><td>季初</td><td>1 500</td><td>3 000</td><td>5 000</td></tr>
<tr><td>季末</td><td>3 000</td><td>5 000</td><td>6 000</td></tr>
<tr><td>季度平均值</td><td>（1 500+3 000）/2=2 250</td><td>（3 000+5 000）/2=4 000</td><td>（5 000+6 000）/2=5 500</td></tr>
<tr><td>截至本期末季度平均值</td><td>2 250</td><td>（2 250+4 000）/2=3 125</td><td>（2 250+4 000+5 500）/3=3 916.67</td></tr>
<tr><td colspan="2">应纳税所得额(累计值，万元)</td><td>200</td><td>350</td><td>280</td></tr>
<tr><td colspan="2" rowspan="2">判断结果</td><td rowspan="2">符合</td><td>不符合</td><td rowspan="2">符合</td></tr>
<tr><td>（应纳税所得额超标）</td></tr>
</table>

（五）预缴企业所得税时小型微利企业实际应纳所得税额和减免税额的计算方法

根据财税〔2019〕13号规定，小型微利企业年应纳税所得额不超过100万元、超过100万元但不超过300万元的部分，分别减按25%、50%计入应纳税所得额，按20%的税率缴纳企业所得税。

【案例8-4】预缴企业所得税时小型微利企业实际应纳所得税额和减免税额的计算方法

资料：丙公司2019年第1季度预缴企业所得税时，经过判断不符合小型微利企业条件，但是此后的第2季度和第3季度预缴企业所得税时，经过判断符合小型微利企业条件。第1季度至第3季度预缴企业所得税时，相应的累计应纳税所得额分别为50万元、100万元、200万元。

解析：

丙公司在预缴2019年第1季度至第3季度企业所得税时，实际应纳所得税额和减免税额的计算过程见表8-7-5。

表8-7-5

丙公司实际应纳所得税额和减免税额的计算过程

<table>
<tr><th>计算过程</th><th>第1季度</th><th>第2季度</th><th>第3季度</th></tr>
<tr><td>预缴时，判断是否为小型微利企业</td><td>不符合小型微利企业条件</td><td>符合小型微利企业条件</td><td>符合小型微利企业条件</td></tr>
<tr><td>应纳税所得额（累计值，万元）</td><td>50</td><td>100</td><td>200</td></tr>
<tr><td>实际应纳所得税额（累计值，万元）</td><td>50×25%=12.5</td><td>100×25%×20%=5</td><td>100×25%×20%+（200−100）×50%×20%=15</td></tr>
<tr><td rowspan="2">本期应补（退）所得税额（万元）</td><td rowspan="2">12.5</td><td>0</td><td rowspan="2">15−12.5=2.5</td></tr>
<tr><td>（5−12.5<0，本季度应缴税款为0）</td></tr>
</table>

续上表

计算过程	第1季度	第2季度	第3季度
已纳所得税额（累计值，万元）	12.5	12.5+0=12.5	12.5+0+2.5=15
减免所得税额（累计值，万元）	50 × 25%−12.5=0	100 × 25%−5=20	200 × 25%−15=35

（六）享受优惠时间与征管问题

（1）小型微利企业所得税统一实行按季度预缴。

（2）原不符合小型微利企业条件的企业，在年度中间预缴企业所得税时，按公告第三条规定判断符合小型微利企业条件的，应按照截至本期申报所属期末累计情况计算享受小型微利企业所得税减免政策。当年度此前期间因不符合小型微利企业条件而多预缴的企业所得税税款，可在以后季度应预缴的企业所得税税款中抵减。

按月度预缴企业所得税的企业，在当年度 4 月、7 月、10 月预缴申报时，如果按照公告第三条规定判断符合小型微利企业条件的，下一个预缴申报期起调整为按季度预缴申报，一经调整，当年度内不再变更。

（3）小型微利企业在预缴和汇算清缴企业所得税时，通过填写纳税申报表相关内容，即可享受小型微利企业所得税减免政策。

（4）企业预缴企业所得税时已享受小型微利企业所得税减免政策，汇算清缴企业所得税时不符合财税〔2019〕13 号第二条规定的，应当按照规定补缴企业所得税税款。

（5）实行核定应纳所得税额征收的企业，根据小型微利企业所得税减免政策规定需要调减定额的，由主管税务机关按照程序调整，并及时将调整情况告知企业。

（七）主要留存备查资料

（1）所从事行业不属于限制和禁止行业的说明；

（2）从业人数的计算过程；

（3）资产总额的计算过程。

二、国家需要重点扶持的高新技术企业优惠政策

国家需要重点扶持的高新技术企业，减按 15% 的税率征收企业所得税。国家需要重点扶持的高新技术企业，是指拥有核心自主知识产权，产品（服务）属于国家重点支持的高新技术领域规定的范围、研究开发费用占销售收入的比例不低于规定比例、高新技术产品（服务）收入占企业总收入的比例不低于规定比例、科技人员占企业职工总数的比例不低于规定比例，以及高新技术企业认定管理办法规定的其他条件的企业。对从事文化产业支撑技术等领域的文化企业，按规定认定为高新技术企业的，减按 15% 的税率征收企业所得税。

该优惠事项涉及的主要政策依据、主要留存备查资料、优惠政策享受时间等详见《目录》第 37 项。

三、西部大开发优惠政策

对设在西部地区的鼓励类产业企业减按 15% 的税率征收企业所得税。对设在赣州市的鼓励类产业的内资企业和外商投资企业减按 15% 的税率征收企业所得税。2010 年 12 月 31 日前新办的符合规定的交通、电力、水利、邮政、广播电视企业，执行原政策到期满为止。

该优惠事项涉及的主要政策依据、主要留存备查资料、优惠政策享受时间等详见《目录》第 63 项。

四、软件企业优惠政策

（一）符合条件的软件企业减免企业所得税

我国境内符合条件的软件企业，在 2017 年 12 月 31 日前自获利年度起，第一年至第二年免征企业所得税，第三年至第五年按照 25% 的法定税率减半征收企业所得税，并享受至期满为止。

该优惠事项涉及的主要政策依据、主要留存备查资料、优惠政策享受时间等详见《目录》第 56 项。

（二）国家规划布局内重点软件企业可减按 10% 的税率征收企业所得税

国家规划布局内的重点软件企业，如当年未享受免税优惠的，可减按 10% 的税率征收企业所得税。

该优惠事项涉及的主要政策依据、主要留存备查资料、优惠政策享受时间等详见《目录》第 57 项。

五、集成电路产业优惠政策

涉及到集成电路产业的优惠政策很多，该类优惠事项涉及的主要政策依据、主要留存备查资料、优惠政策享受时间等详见《目录》第 45 项至第 55 项。

企业涉及集成电路产业的，建议仔细核对与比照。

六、动漫企业优惠政策

经认定的动漫企业自主开发、生产动漫产品，可申请享受国家现行鼓励软件产业发展的所得税优惠政策。即在 2017 年 12 月 31 日前自获利年度起，第一年至第二年免征企业所得税，第三年至第五年按照 25% 的法定税率减半征收企业所得税，并享受至期满为止。

该优惠事项涉及的主要政策依据、主要留存备查资料、优惠政策享受时间等详见《目录》第 44 项。

七、民族自治地方优惠政策

民族自治地方的自治机关对本民族自治地方的企业应缴纳的企业所得税中属于地方分享的部分，可以决定减征或者免征。自治州、自治县决定减征或者免征的，须报省、自治区、直辖市人民政府批准。

民族自治地方，是指依照《中华人民共和国民族区域自治法》的规定，实行民族区域自治的自治区、自治州、自治县。

对民族自治地方内国家限制和禁止行业的企业，不得减征或者免征企业所得税。

由于民族自治地方优惠政策不属于全国统一政策，所以《目录》中没有该优惠事项。企业所在地若属于民族自治地方，应向当地主管税务机关或当地政府（招商局）查询具体的优惠政策，按规定的时间享受，并按民族自治地方税务机关要求进行留存备查资料的准备等。

第八节　税额抵免优惠项目

企业购置并实际使用《环境保护专用设备企业所得税优惠目录》《节能节水专用设备企业所得税优惠目录》和《安全生产专用设备企业所得税优惠目录》规定的环境保护、节能节水、安全生产等专用设备的，该专用设备的投资额的10%可以从企业当年的应纳税额中抵免；当年不足抵免的，可以在以后5个纳税年度结转抵免。

享受上述规定的企业所得税优惠的企业，应当实际购置并自身实际投入使用前款规定的专用设备；企业购置上述专用设备在5年内转让、出租的，应当停止享受企业所得税优惠，并补缴已经抵免的企业所得税税款。

该优惠事项涉及的主要政策依据、主要留存备查资料、优惠政策享受时间等详见《目录》第66项。

第九节　企业所得税优惠政策叠加享受问题

企业所得税优惠政策类型很多，当企业可以同时适用多项优惠政策时，根据税法规定，有些优惠政策可以叠加享受，有些优惠政策不能叠加享受。

企业所得税优惠政策叠加享受，是指企业在享受一项企业所得税优惠的基础上还可以同时享受其他一项或多项企业所得税优惠，即企业对多项企业所得税优惠可以累加享受。

一、不能叠加享受的情形

《国务院关于实施企业所得税过渡优惠政策的通知》（国发〔2007〕39号）第三条规定：

企业所得税过渡优惠政策与新税法及实施条例规定的优惠政策存在交叉的，由企业选择最优惠的政策执行，不得叠加享受，且一经选择，不得改变。

二、可以叠加享受的规定

（一）企业所得税法及其实施条例中规定的各项税收优惠可以叠加享受

《财政部国家税务总局关于执行企业所得税优惠政策若干问题的通知》（财税〔2009〕

69号）第二条规定,《国务院关于实施企业所得税过渡优惠政策的通知》（国发〔2007〕39号）第三条所称不得叠加享受，且一经选择，不得改变的税收优惠情形，限于企业所得税过渡优惠政策与企业所得税法及其实施条例中规定的定期减免税和减低税率类的税收优惠。企业所得税法及其实施条例中规定的各项税收优惠，凡企业符合规定条件的，可以同时享受。

（二）西部大开发优惠政策可以叠加享受

《国家税务总局关于深入实施西部大开发战略有关企业所得税问题的公告》（国家税务总局公告2012年第12号）规定，根据《财政部国家税务总局关于执行企业所得税优惠政策若干问题的通知》（财税〔2009〕69号）第一条及第二条的规定，企业既符合西部大开发15%优惠税率条件，又符合《企业所得税法》及其实施条例和国务院规定的各项税收优惠条件的，可以同时享受。在涉及定期减免税的减半期内，可以按照企业适用税率计算的应纳税额减半征税。

（三）近年出台的优惠政策可以叠加享受

根据《企业所得税法》第三十六条规定，根据国民经济和社会发展的需要，或者由于突发事件等原因对企业经营活动产生重大影响的，国务院可以制定企业所得税专项优惠政策，报全国人民代表大会常务委员会备案。

按照上述规定，近年推出的固定资产加速折旧、研发费用加计扣除、科技型中小企业所得税优惠政策等文件，均属于依据企业所得税法制定的企业所得税专项优惠政策，可以按照《财政部 国家税务总局关于执行企业所得税优惠政策若干问题的通知》（财税〔2009〕69号）规定，叠加享受企业所得税优惠政策。

《目录》所列69项优惠事项，除第69项属于“享受过渡期税收优惠定期减免企业所得税”外，其余68项都属于可以叠加享受的优惠政策。

三、《减免所得税优惠明细表》（A107040）“减：项目所得额按法定税率减半征收企业所得税叠加享受减免税优惠”

国家税务总局公告2018年第57号修订后的《减免所得税优惠明细表》（A107040）填报说明规定第29行“二十九、减：项目所得额按法定税率减半征收企业所得税叠加享受减免税优惠”：纳税人同时享受优惠税率和所得项目减半情形下，在填报本表低税率优惠时，所得项目按照优惠税率减半计算多享受优惠的部分。

企业从事农林牧渔业项目、国家重点扶持的公共基础设施项目、符合条件的环境保护、节能节水项目、符合条件的技术转让、集成电路生产项目、其他专项优惠等所得额应按法定税率25%减半征收，同时享受小型微利企业、高新技术企业、技术先进型服务企业、集成电路线生产企业、国家规划布局内重点软件企业和集成电路设计企业等优惠税率政策，由于申报表填报顺序，按优惠税率减半叠加享受减免税优惠部分，应在本行对该部分金额进行调整。本行应大于等于0且小于等于第1+2+…+20+22+…+28行的值。

计算公式：本行＝减半项目所得额 ×50%×（25%－优惠税率）。

第九章 企业所得税的后续管理

第一节　企业所得税汇算清缴后和纳税检查后的调账处理

税法规定，企业所得税分月或者分季预缴。除年度中间终止经营活动外，企业应当自年度终了之日起五个月内，向税务机关报送年度企业所得税纳税申报表，并汇算清缴，结清应缴应退税款。因此，汇算清缴后企业可能需要进行账务调整。

近些年来，税务系统深化“放管服”改革，取消了很多税务行政审批和前置性审核事项，同时加大了后续管理的力度。税务机关根据上级部门要求、涉税举报及当地税源特点等，运用风险管理的理念和手段，对企业进行税务检查（稽查）或纳税评估。同时，企业出于规避涉税风险的考虑，有时也会对自身的纳税情况进行自查。在纳税检查和企业自查后，企业除了按规定补缴企业所得税外，还应分析纳税调整的具体情况，及时作出账务调整。

目前企业适用的会计准则或会计制度有三类，此处所述账务调整是指企业适用《企业会计准则》的账务调整。无论是汇算清缴后调账处理还是税务检查或自查后的调账处理，都是属于对前期会计差错更正，应适用《企业会计准则第 28 号——会计政策、会计估计变更和差错更正》的规定。

鉴于汇算清缴后调账处理与税务检查（自查）后调账处理基本一致，下面就以汇算清缴后的调账处理来说明。

一、企业所得税汇算清缴后可能存在的情况

企业所得税汇算清缴可以延后至次年的 5 月 31 日前，企业年终账务处理不可能等到汇算清缴完成后才进行，一般都是在年终时根据企业利润情况和初步的税会差异纳税调整情况，先预计企业所得税应交数，计入“应交税费——应交企业所得税”；然后在次年 5 月 31 日前进行汇算清缴。经过仔细填报申报表和对税会差异进行清理并纳税调整，汇算结果可能三种情况：

第一种情况：企业应交数与计提数刚好相等；

第二种情况：企业应交数小于计提数；

第三种情况：企业应交数大于计提数。

后两种情况肯定都需要进行账务调整，第一种情况也可能需要进行账务调整。

二、税会差异的分类

适用《企业会计准则》，需要区分永久性差异和暂时性差异，还需要对暂时性差异区分“应纳税暂时性差异”和“可抵扣暂时性差异”，因为不同的税会差异可能意味着不同的账务调整。

（一）永久性差异

永久性差异是指某一会计期间，由于国家会计制度和税法在计算收益、费用或损失时的口径不同，所产生的税前会计利润与应纳税所得额之间的差异。这种差异在本期发生，永久存在，不会在以后各期转回。

基于税收政策、社会政策及经济政策的考虑，有些会计报表上的收入或费用，在税法上不属于收入或费用；而有些财务报表上不属于收入的项目，在税法上却作为应课税收入。目前的永久性差异主要有：

（1）企业所得税优惠政策带来的收入与费用（扣除）差异，包括：

① 免税收入，包括国债利息收入、地方政府债券利息收入等；

② 减计收入，包括综合利用资源生产产品取得的收入等；

③ 所得减免和加计扣除等，包括农、林、牧、渔业项目，研发费用加计扣除等。

（2）超过税法规定扣除标准的费用或损失，包括超标的职工福利费、广告费等。

（3）税法规定不得税前扣除的支出，包括税收滞纳金，罚金、罚款和被没收财物的损失，与取得收入无关的支出等。

（二）暂时性差异

暂时性差异是指资产、负债的账面价值与其计税基础不同而产生的差额。因资产、负债的账面价值与其计税基础不同，产生了在未来收回资产或清偿债务的期间内，应纳税所得额增加或减少并导致未来期间应交所得税增加或减少的情况，形成企业的资产或负债，在有关暂时性差异发生当期，符合确认条件的情况下，应当确认相关的递延所得税资产或递延所得税负债。

按照暂时性差异对未来期间应税金额的影响，分为应纳税暂时性差异和可抵扣暂时性差异。除因资产、负债的账面价值与其计税基础不同产生的暂时性差异以外，按照税法规定可以结转以后年度的未弥补亏损和税款抵减，也视同可抵扣暂时性差异处理。

1. 应纳税暂时性差异

通俗讲，是指按税法处理上本年度不用纳税或少交税，但在以后年度要产生应纳税的暂时性差异。比如固定资产在本年度采用一次性扣除，就会产生本年度少纳税，但是以后年度会因纳税调整而产生补交这部分少交的税款的情况。

2. 可抵扣暂时性差异

通俗讲，是指税法上本年度要纳税或多交税，但在以后年度可抵扣税额的暂时性差异。比如广告费和业务宣传费本年度超标，超标部分在本年度会因纳税调整而需要多交税，以后年度会因该超标部分税前扣除而在以后年度少交税，相当于本年度多交税部分而在以后年度进行了抵扣。

三、盈利企业的账务调整

下面分几种情况介绍企业所得税汇算后的账务处理（注：在以下所有情况的差异处理中，其差异均是指企业在年底计提应交所得税时未予以考虑或少考虑的那部分）。

（一）对永久性差异的账务调整

1. 当应纳税所得调增额大于调减额时，按两者之差做如下处理：

第一步：补提“应交企业所得税”

借：以前年度损益调整

　贷：应交税费——应交企业所得税

第二步：追溯调整（冲减多计提的“盈余公积”）

借：利润分配——未分配利润

　　盈余公积

　贷：以前年度损益调整

【案例9-1】汇算清缴发现永久性差异中应纳税所得调增额大于调减额的账务调整

甲公司2018年5月31日，对其2017年度企业所得税进行了汇算清缴。通过汇算清缴发现以下事项：

（1）违反环境保护法，被当地环保金罚款50万元；

（2）企业研发费用中有80万元可以享受加计扣除（加计扣除比例50%）。

假定甲公司除上述税会差异外不存在其他差异；甲公司企业所得税税率25%；2017年度共计计提企业所得税100万元已经全部预缴，其“应交税费——应交企业所得税”在2018年5月1日的余额为0。

假定甲公司盈余公积按照净利润的10%计提。

问题：甲公司汇算清缴后的账务调整。

解析：

（1）税务处理

违反环境保护法罚款不得税前扣除，应做纳税调增；研发费用可以按50%扣除，应做纳税调减。案例所涉及到两处差异均属于永久性差异，只会影响当期应纳税所得额，不影响以后年度的应纳税所得额。

应纳税所得额调整金额 =50-80×50%=10（万元）

应补缴企业所得税 =10×25%=2.5（万元）

（2）账务调整

第一步：补提“应交企业所得税”

借：以前年度损益调整　　25 000.00

　贷：应交税费——应交企业所得税　　25 000.00

第二步：追溯调整，冲减多计提的“盈余公积”

借：利润分配——未分配利润　　22 500.00

　　盈余公积　　2 500.00（25 000×10%）

　贷：以前年度损益调整　　25 000.00

2．当应纳税所得调增额小于调减额时，按两者之差做如下处理：

第一步：冲减多计提的“应交企业所得税”

贷：应交税费——应交企业所得税（用红字或负数）

贷：以前年度损益调整

第二步：追溯调整（补计提的盈余公积）

借：以前年度损益调整

　贷：利润分配——未分配利润

　　　盈余公积

【案例 9-2】汇算清缴发现永久性差异中应纳税所得调增额小于调减额的账务调整

甲公司 2018 年 5 月 31 日，对其 2017 年度企业所得税进行了汇算清缴。通过汇算清缴发现以下事项：

（1）违反环境保护法，被当地环保金罚款 40 万元；

（2）企业研发费用中有 100 万元可以享受加计扣除（加计扣除比例 50%）。

假定甲公司除上述税会差异外不存在其他差异；甲公司企业所得税税率 25%；2017 年度共计计提企业所得税 100 万元已经全部预缴，其“应交税费——应交企业所得税”在 2018 年 5 月 1 日的余额为 0。

假定甲公司盈余公积按照净利润的 10% 计提。

问题：甲公司汇算清缴后的账务调整。

解析：

（1）税务处理

违反环境保护法罚款不得税前扣除，应做纳税调增；研发费用可以按 50% 扣除，应做纳税调减。

应纳税所得额调整金额 =40-100×50%=-10（万元）

应退预缴的企业所得税 =10×25%=2.5（万元）

（2）账务调整

第一步：冲减多计提的“应交企业所得税”

贷：应交税费——应交企业所得税　　-25 000.00

贷：以前年度损益调整　　25 000.00

第二步：追溯调整，补计提“盈余公积”

借：以前年度损益调整　　25 000.00

贷：利润分配——未分配利润　　22 500.00

盈余公积　　2 500.00（25 000×10%）

（二）对暂时性差异的账务调整

暂时性差异不但会影响当年度的应纳税所得额，还会影响以后年度的应纳税所得额。

1. 应纳税暂时性差异的账务调整

所谓“应纳税暂时性差异”，是指以后年度“应纳税”的暂时性差异。既然是以后年度才“应纳税”，那当年度就可以“不纳税”或少交税了，而当年不交或少交税部分就相当于是负债。比如，企业选择适用固定资产一次性扣除优惠政策，购入当年就会少交税，但是以后年度要多交税。

如果企业在做计提企业所得税的会计处理时，没有正确区分识别应纳税暂时性差异，或会计处理时企业没有考虑适用会产生应纳税暂时性差异的税收政策等，导致多计提了应交所得税，那么账务调整就需要冲减多计提部分。

假如汇算清缴时，企业企业选择适用固定资产一次性扣除优惠政策，一次性扣除了100万元，而会计处理折旧只有10万元。如果原会计处理没有考虑一次性扣除问题，就会多计提所得税，则账务调整：

贷：应交税费——应交企业所得税　　-225 000.00（900 000×25%）

贷：递延所得税负债　　225 000.00（900 000×25%）

因应纳税暂时性差异，会在后期需要多交税，故需要在应纳税暂时性差异产生时确认递延所得税负债。

2. 可抵扣暂时性差异的账务调整

所谓“可抵扣暂时性差异”，是指当年年度交税，以后年度“可抵扣”的暂时性差异。既然是以后年度“可抵扣”，那当年度已交税款就相当于是企业的一项资产。比如，企业对资产计提了减值准备，而税法不允许税前扣除，就会导致会计上好似“多交税”了，但是这部分“多交税”款项在资产处置时可以“抵扣”。

如果企业在做计提企业所得税的会计处理时，没有正确区分识别可抵扣暂时性差异，或会计处理时企业没有考虑适用会产生可抵扣暂时性差异的税收政策等，就会导致计提应交所得税小于实际应交数，那么账务调整就需要补计提该部分补缴数。

不是所有的“可抵扣暂时性差异”都要确认“递延所得税资产”，需要根据谨慎性原则进行职业判断，对有可能在以后年度得不到抵扣的暂时性差异不得确认“递延所得税资产”。比如企业每年的广告费和业务宣传费都是超标的，理论上以后年度是可以继续税前扣除的，但是实际上因为年年超标而根本就不会有这样的机会，所以这样就不得确认“递延所得税资产”。

因此，对于可抵扣暂时性差异的账务调整需要分两种情况。

第一种情况：以后年度可得到抵扣的差异部分。

如汇算清缴时发现，企业计提了 10 万元资产减值准备，由于不得税前扣除，汇算清缴需要补税 2.5 万元。但是，所补税款在资产处置时可以抵扣，因此账务调整：

借：递延所得税资产　　25 000.00

　贷：应交税费——应交企业所得税　　25 000.00

说明：这种情况下，补缴税款不会对企业的所有者权益产生影响。

第二种情况：以后年度有可能得不到抵扣的差异部分。

虽然是可抵扣暂时性差异，但是由于以后年度可能得不到抵扣，暂时性差异就变成了永久性差异，补缴税款就会对以前年度损益产生影响，进而对所有者权益产生影响。

比如汇算清缴发现，企业超支广告费和业务宣传费 100 万元，由于不得税前扣除，汇算清缴需要补税 25 万元。假定企业会计处理时未考虑到该税会差异。

虽然按照税法规定，以后年度广告费和业务宣传费低于限额时可以继续扣除。但是，由于该企业业务性质的问题，每年的广告费和业务宣传费都会超支，以前年度超支部分在以后年度不可能得到扣除。所补税款只能作为费用支出影响当期损益，因此账务调整：

第一步：补提“应交企业所得税”

借：以前年度损益调整　　250 000.00

　贷：应交税费——应交企业所得税　　250 000.00

第二步：追溯调整

借：盈余公积　　25 000.00（假定按 10% 计提）

　　利润分配——未分配利润　　225 000.00

　贷：以前年度损益调整　　250 000.00

（三）同时存在永久性差异、应纳税暂时性差异和可抵扣暂时性差异的账务调整

实务中，基本上不可能存在单一差异需要账务调整的情况，一般情况下都是多种差异共同存在。因此，实务中遇到账务调整时一定需要化繁为简，将各种需要进行纳税调整的情况进行分别处理即可。

因为可能存在各种差异，虽然补计了“递延所得税资产”和“递延所得税负债”等，但是“应交税费——应交企业所得税”最终也可能因正负相抵而变化为零（即不需要补缴税款）。

在有多种差异存在时，会计调整分录也可以合并进行，但是“递延所得税资产”和“递延所得税负债”不能相互抵消合并，其他会计科目如果相同可以合并抵消。

四、亏损企业的账务调整

适用《企业会计准则》的企业，虽然因为亏损而不交税，但是同样可能存在账务调整。

（一）对于永久性差异的账务调整

对于经过汇算清缴纳税调整或税务检查纳税调整后，企业税务上仍然属于亏损的，新发现的永久性差异不用进行账务处理。

对税务检查后，企业税务上仍然属于亏损的，新发现的永久性差异虽然不用进行账务处理，但是需要调整税务确认的“亏损额”。

（二）对于暂时性差异的账务调整

1. 对应纳税暂时性差异的账务处理

在企业出于亏损时，年终一般不会进行计提企业所得税等处理。比如，企业账面亏损100万元，年终未做账务处理。所得税汇算时，企业选择适用固定资产一次性扣除优惠政策，将100万元研发设备一次性扣除，而会计处理只是计提了10万元折旧。

所得税汇算清缴后，税务亏损额比会计亏损额大90万元。当年多出的90万元折旧额，以后年度折旧额就会少90万元，导致以后年度就需要“应纳税”22.5万元（90×25%），因此这22.5万元就是递延所得税负债。

同时，这22.5万元需要以后年度“应纳税”，按照权责发生制原则当然不能确认为当年的“所得税费用”（调整时用“以前年度损益调整”）。虽然不能确认为当年度的费用，但是又却是会影响所有者权益，故应直接调整“利润分配”。

借：利润分配——未分配利润　　225 000.00

　贷：递延所得税负债　　225 000.00

2. 对可抵扣暂时性差异的账务处理（以企业未来有足够的所得额来抵扣为限）

比如企业账面亏损了100万元，年终未对所得税进行账务处理。所得税汇算清缴时，发现企业计提减值准备10万元，无其他税会差异。

经过所得税汇算的纳税调整，税务确认亏损额为90万元，依然不需要交税。但是，会计上应进行账务调整。

借：递延所得税资产　　25 000.00

　贷：利润分配——未分配利润　　25 000.00

说明：汇算清缴中确认的亏损额也是一种可抵扣暂时性差异，如果企业在未来5年内有足够的所得额来弥补这部分亏损，企业也可做确认“递延所得税资产”。

（三）亏损企业经过纳税调整后需要补税的调账处理

亏损企业经过纳税调整后需要补税，就意味着虽然企业会计账面亏损，但是经过纳税调整后，在税务上已经不是亏损企业了。

【案例9-3】亏损企业经过纳税调整后需要补税的调账处理

甲公司2017年度会计利润-100万元，企业按会计利润未计提应交所得税。2018年5月汇算调整事项如下。

1. 不得税前扣除的罚款、不合规票据支出50万元，调增应纳税所得额；

2. 2017年11月新购进固定资产100万元享受一次性扣除政策（会计上折旧10万元），调减应纳税所得额；

3. 本期计提坏账准备100万元，调增应纳税所得额。

甲公司适用《企业会计准则》，企业所得税税率25%，盈余公积按照净利润的10%提取。假定可抵扣暂时性差异以后年度均可得到抵扣。

问题：甲公司汇算清缴后的调账处理。

解析：

1. 第1项属于永久性差异，应调增应纳税所得额

第一步：补提“应交企业所得税”

借：以前年度损益调整　　125 000.00

　贷：应交税费——应交企业所得税　　125 000.00（500 000×25%）

第二步：追溯调整

借：利润分配——未分配利润　　112 500.00

　　盈余公积　　12 500.00

　贷：以前年度损益调整　　125 000.00

2. 第2项属于应纳税暂时性差异，应补记“递延所得税负债”

　贷：应交税费——应交企业所得税　　-225 000.00

　贷：递延所得税负债　　225 000.00（900 000×25%）

3. 第3项属于可抵扣暂时性差异，应补记“递延所得税资产”

借：递延所得税资产　　250 000.00

　贷：应交税费——应交企业所得税　　250 000.00（1 000 000×25%）

说明：最终合并后，甲公司应补缴税款15万元（12.5-22.5+25）。

上述账务调整过程中，将税会差异进行区分是为了讲解账务调整的原理，实务中一个企业可能几种情况都是同时存在的。既有永久性差异，也有暂时性差异；既有应纳税暂时性差异，也有可抵扣暂时性差异；可抵扣暂时性差异可能又要区分实际可抵扣和实际不可抵扣。因此，实际账务调整过程中，为了简化，可以对会计分录进行合并的。但是，需要注意“递延所得税资产”和“递延所得税负债”是不能相互抵消的。

第二节　核定征收转为查账征收的衔接处理

随着税务管理越来越规范，各地税务机关对违反规定扩大核定征收企业所得税范围、按照行业或者企业规模大小“一刀切”地开展核定征收情况进行了清理整顿，要求企业完善会计核算转为查账征收。

一、核定征收企业所得税的范围

（一）可以核定的情形

根据《企业所得税核定征收办法（试行）》（国税发〔2008〕30号）的第三条规定，纳税人具有下列情形之一的，核定征收企业所得税：

（1）依照法律、行政法规的规定可以不设置账簿的；

（2）依照法律、行政法规的规定应当设置但未设置账簿的；

（3）擅自销毁账簿或者拒不提供纳税资料的；

（4）虽设置账簿，但账目混乱或者成本资料、收入凭证、费用凭证残缺不全，难以查账的；

（5）发生纳税义务，未按照规定的期限办理纳税申报，经税务机关责令限期申报，逾期仍不申报的；

（6）申报的计税依据明显偏低，又无正当理由的。

（二）不得核定征收的企业或行业

为了加强对特定行业或特定企业的所得税管理，根据《企业所得税核定征收办法（试行）》（国税发〔2008〕30号）、《国家税务总局关于企业所得税核定征收若干问题的通知》（国税函〔2009〕377号）、《国家税务总局关于企业所得税核定征收有关问题的公告》（国家税务总局公告2012年第27号）规定，以下“特定纳税人”不得实行核定征收企业所得税：

（1）享受《企业所得税法》及其实施条例和国务院规定的一项或几项企业所得税优惠政策的企业（不包括仅享受《企业所得税法》第二十六条规定免税收入优惠政策的企业，以及符合条件的小型微利企业）。

（2）汇总纳税企业。

（3）上市公司。

（4）银行、信用社、小额贷款公司、保险公司、证券公司、期货公司、信托投资公司、金融资产管理公司、融资租赁公司、担保公司、财务公司、典当公司等金融企业。

（5）会计、审计、资产评估、税务、房地产估价、土地估价、工程造价、律师、价格鉴证、公证机构、基层法律服务机构、专利代理、商标代理以及其他经济鉴证类社会中介机构。

（6）专门从事股权（股票）投资业务的企业。

（7）国家税务总局规定的其他企业。

《国家税务总局关于印发《房地产开发经营业务企业所得税处理办法》的通知》（国税发〔2009〕31号）第四条规定，企业出现《中华人民共和国税收征收管理法》第三十五条规定的情形，税务机关可对其以往应缴的企业所得税按核定征收方式进行征收管理，并逐步规范，同时按《中华人民共和国税收征收管理法》等税收法律、行政法规的规定进行处理，但不得事先确定企业的所得税按核定征收方式进行征收、管理。

对上述规定之外的企业，主管税务机关要严格按照规定的范围和标准确定企业所得税的征收方式，不得违规扩大核定征收企业所得税范围；对其中达不到查账征收条件的企业核定征收企业所得税，并促使其完善会计核算和财务管理，达到查账征收条件后要及时转为查账征收。

二、征收方式转换中收入与成本的衔接处理

实务中，核定征收企业绝大多数是采取按经营收入乘以应税所得率的方式计算企业所得税。在这种情况下，企业由核定征收转为查账征收，其在核定年度已经确认的经营收入通常不涉及税务衔接处理。但是，对于部分特定企业来说，由于会计与税法在确认收入方面存在着较大的差异，在纳税申报时不能简单地按照改为查账征收后的会计账面数字进行确认收入和成本，而是需要进行相应的衔接调整，否则会导致重复缴税。

以房地产开发企业为例，在开发产品完工之前，企业预收的售房款在会计上记入“预收账款”科目，按税法规定缴纳相应的城市维护建设税、教育费附加和土地增值税记入“应交税费”的借方，由于开发产品并未完工，此时会计上不需要确认相应的收入、成本和税金及附加，从而影响当期损益。但是，根据国税发〔2009〕31号的规定，即使开发产品尚未完工，只要企业通过正式签订《房地产销售合同》或《房地产预售合同》所取得的收入，就应当在税务上确认为销售收入的实现；另外，企业发生的期间费用、已销售开发产品计税成本、税金及附加、土地增值税准予当期按规定扣除。鉴于会计与税法对预售收入以及相应税金及附加的处理存在前述差异，如果房地产企业在开发项目预售阶段实行核定征收，在项目完工时调整为查账征收，就会涉及较为复杂的衔接处理问题。

三、征收方式转换中资产的衔接处理

企业在按收入总额核定定率和按核定定额征收企业所得税的情况下，企业成本费用支出额、扣除额不能准确核算，成本费用的真实性不能确定。因此，当纳税人由核定征收转为查账征收后，应当对核定征收期间结转过来的成本费用进行合法性、真实性分析，提供以后年度允许税前扣除的资产历史成本资料，并以此确定资产的计税基础。在确定计税基础的过程中，资产购入时的发票就显得非常重要。在核定征收的情况下，购入资产没有发票时也不影响核定征收应纳税额。但是，转为查账征收后，资产的计税基础要以发票为基础确定。

固定资产、无形资产和长期待摊费用等长期资产，核定年度无论是会计上是如何处理的，在转为查账征收后，应从资产投入时至转为查账征收上月为止计算已经使用年限。固定资产等在查账征收剩余的折旧（摊销）年限，等于以不低于税法规定的最低使用年限减去已经使用年限；固定资产等在查账征收时的计税基础应减去已使用年限内按税法规定计算的折旧（摊销）额。

四、征收方式转换后查账征收年度盈利不得弥补核定征收年度会计账目亏损

在核定征收方式下，无论企业实际是盈利还是亏损，均按核定的数额缴纳企业所得税，即税法不确认企业核定年度的亏损。因此，企业由核定征收方式改为查账征收，其核定年度会计核算中的亏损不得在查账征收年度进行弥补。与此对应，如果企业从查账征收转为核定

征收，核定征收年度核定的应纳税所得额也不得弥补之前查账征收年度的亏损。

五、征收方式当年的企业所得税处理

根据《企业所得税核定征收办法（试行）》（国税发〔2008〕30号）的规定，税务机关应在每年6月底前对上年度实行核定征收企业所得税的纳税人进行重新鉴定，对符合查账征收条件的纳税人要及时调整征收方式，实行查账征收。

根据税法规定，企业所得税是按年计算，鉴定的期限应当从当年1月1日开始。如果改变征收方式是在第一季度申报期后进行的，因一季度已经按照核定征收方式申报缴纳了所得税，这就涉及改变征收方式对当年已缴所得税的处理。

比如，甲公司2018年实行核定征收，按季预缴所得税，2019年5月进行了重新鉴定，当年被调整为查账征收。在这种情况下，由于甲公司同一季度已经按照核定征收方式缴纳了企业所得税，改为查账征收方式后其在申报预缴二季度企业所得税时，已经按照核定征收方式缴纳的税款可以作为已缴税款进行申报处理。

读者意见反馈表

亲爱的读者：

感谢您对中国铁道出版社有限公司的支持，您的建议是我们不断改进工作的信息来源，您的需求是我们不断开拓创新的基础。为了更好地服务读者，出版更多的精品图书，希望您能在百忙之中抽出时间填写这份意见反馈表发给我们。随书纸制表格请在填好后剪下寄到：北京市西城区右安门西街8号中国铁道出版社有限公司大众出版中心 王佩 收（邮编：100054）。或者采用传真（010-63549458）方式发送。此外，读者也可以直接通过电子邮件把意见反馈给我们，E-mail地址是：1958793918@qq.com。我们将选出意见中肯的热心读者，赠送本社的其他图书作为奖励。同时，我们将充分考虑您的意见和建议，并尽可能地给您满意的答复。谢谢！

所购书名：______________________

个人资料：

姓名：__________性别：__________年龄：__________文化程度：______________

职业：______________电话：______________E-mail：______________

通信地址：______________________________邮编：______________

您是如何得知本书的：

□书店宣传 □网络宣传 □展会促销 □出版社图书目录 □老师指定 □杂志、报纸等的介绍 □别人推荐

□其他（请指明）______________________________

您从何处得到本书的：

□书店 □邮购 □商场、超市等卖场 □图书销售的网站 □培训学校 □其他

影响您购买本书的因素（可多选）：

□内容实用 □价格合理 □装帧设计精美 □带多媒体教学光盘 □优惠促销 □书评广告 □出版社知名度

□作者名气 □工作、生活和学习的需要 □其他

您对本书封面设计的满意程度：

□很满意 □比较满意 □一般 □不满意 □改进建议

您对本书的总体满意程度：

从文字的角度 □很满意 □比较满意 □一般 □不满意

从技术的角度 □很满意 □比较满意 □一般 □不满意

您希望书中图的比例是多少：

□少量的图片辅以大量的文字 □图文比例相当 □大量的图片辅以少量的文字

您希望本书的定价是多少：

本书最令您满意的是：

1.

2.

您在使用本书时遇到哪些困难：

1.

2.

您希望本书在哪些方面进行改进：

1.

2.

您需要购买哪些方面的图书？对我社现有图书有什么好的建议？

您更喜欢阅读哪些类型和层次的书籍（可多选）？

□入门类 □精通类 □综合类 □问答类 □图解类 □查询手册类

您在学习计算机的过程中有什么困难？

您的其他要求：